T5-BPY-505

Wolfgang Schluchter
Religion und Lebensführung

Band 2

Studien zu Max Webers
Religions- und Herrschaftssoziologie

Suhrkamp

B
3361
.27
S35
1988
v.2

Erste Auflage 1988
© Suhrkamp Verlag Frankfurt am Main 1988
Alle Rechte vorbehalten
Druck: Hieronymus Mühlberger, Augsburg
Printed in Germany

CIP-Titelaufnahme der Deutschen Bibliothek
Schluchter, Wolfgang:
Religion und Lebensführung / Wolfgang Schluchter. –
Frankfurt am Main : Suhrkamp.
ISBN 3-518-57934-7
Bd. 2. Schluchter, Wolfgang: Studien zu Max Webers Religions-
und Herrschaftssoziologie. – 1. Aufl. – 1988

Schluchter, Wolfgang:
Studien zu Max Webers Religions- und Herrschaftssoziologie /
Wolfgang Schluchter. –
1. Aufl. – Frankfurt am Main : Suhrkamp, 1988
(Religion und Lebensführung / Wolfgang Schluchter ; Bd. 2)
ISBN 3-518-57945-2 Gewebe
ISBN 3-518-57934-7 (Gesamtw.)
NE: Schluchter, Wolfgang: [Sammlung]

Inhalt

BAND 2
STUDIEN ZU MAX WEBERS
RELIGIONS- UND HERRSCHAFTSSOZIOLOGIE

Teil III:
Beiträge zu den Typen und Entwicklungs-
geschichten des Rationalismus

5. Rationalismus der Weltanpassung: Konfuzianismus und Taoismus 15
   1. Der Ausgangspunkt von Webers vergleichenden Studien zur Wirtschaftsethik der Weltreligionen: Puritanismus und Konfuzianismus 15
   2. Arten religiösen Rationalismus: Eine Systematisierung von Webers Projekt 22
   3. Die Rationalisierung des Traditionalismus im kaiserlichen China: Die ›Wahlverwandtschaft‹ von konfuzianischer Ethik und Patrimonialbürokratie 42
   4. Webers Konfuzianismusstudie: Eine kritische Würdigung 54

6. Rationalismus der Weltflucht und des organischen Relativismus: Hinduismus und Buddhismus 62

A. Die »Zwischenbetrachtung« 62
   1. Weltbejahung und Weltverneinung 62
   2. Askese und Kontemplation 80
   3. Typologie erlösungsreligiöser Welthaltungen 97
   4. Strategien der Spannungs- und Konfliktbewältigung 104

B. Die Studie über Hinduismus und Buddhismus 106
   5. Der Ansatz 106
   6. Das hinduistische soziale System 108
   7. Das hinduistische ›Glaubenssystem‹ 115
   8. ›Orthodoxe‹ und ›heterodoxe‹ Reaktionen 120

7. Ursprünge des Rationalismus der Weltbeherrschung:
Das antike Judentum 127
  1. Problemstellung 127
  2. Bezugsrahmen 141
  3. Die religiöse Ausgangskonstellation 154
  4. Die Rationalisierung der religiösen Ethik und die
     Theologisierung des Rechts 173
  5. Religiöse Anschlußpositionen 182
  6. Schlußbetrachtung: Entwicklung und Vergleich . . . 192

8. Ursprünge des Rationalismus der Weltbeherrschung:
Das antike Christentum 197
  1. Der Ausgangspunkt: Die Pharisäer 197
  2. Die Gesinnungsrevolution durch Jesus und Paulus . . 203
  3. Von der charismatischen Gelegenheitsvergemein-
     schaftung zur charismatischen Dauervergemein-
     schaftung 210
  4. Die paulinische Gemeinde als charismatische
     Gemeinde 219
  5. Talmudisches Judentum, frühes Christentum und
     ›Welt‹ 232
  6. Von der charismatischen Vergemeinschaftung zur
     charismatischen Vergesellschaftung 236
  7. Die christliche Kirche als charismatische Anstalt . . . 243
  8. Der Endpunkt: Der asketische Protestantismus . . . 254

9. Zwischen Welteroberung und Weltanpassung:
Der frühe Islam 261
  1. Das Schicksal der Islam-Studie 261
  2. Grundzüge der Analyse des Islams 263
     a. Methodische Vorüberlegung 283
     b. Die islamische religiöse Ethik: Weltbeherrschung
        als Welteroberung und Weltanpassung 289
     c. Die islamische politische Herrschaft:
        Orientalischer Pfründenfeudalismus 318
     d. Die islamische politische Herrschaft: Fehlende
        Stadtautonomie 341
     e. Das islamische Recht: Theokratische und
        patrimoniale Kadijustiz 348
  3. Die Kritik an Webers Islamanalyse 359

10. Religion, politische Herrschaft, Wirtschaft und bürgerliche Lebensführung: Die okzidentale Sonderentwicklung 382
  1. Themen und Fragen 383
  2. Die Erklärung der okzidentalen Sonderentwicklung: Die drei großen Transformationen seit der Karolingerzeit und ihr historisches Erbe 407
    a. Historische Vorbedingungen und historische Epochen 407
    b. Das Erklärungsobjekt: Der bürgerliche Betriebskapitalismus mit der rationalen Organisation freier Arbeit 425
    c. Die erste Transformation: Päpstliche, feudale und städtische ›Revolution‹ 437
    aa) Die ›päpstliche Revolution‹ 437
    bb) Die ›feudale Revolution‹ 456
    cc) Die ›städtische Revolution‹ 463
    d. Die zweite Transformation: Die ethische Fundierung der bürgerlichen Lebensführung 476
    e. Die dritte Transformation: Das Gehäuse für die neue Hörigkeit 502
  3. Schlußbemerkung: Der Status des Erklärungsansatzes 504

11. Die Zukunft der Religionen 506
  1. Die Zukunft einer Realität 506
  2. Die Unumkehrbarkeit der Säkularisierung 513
  3. Das religiöse und das wissenschaftliche Weltbild: Zwei Reaktionen auf die Herausforderungen der modernen Welt 530

12. Umbildung des Charismas: Überlegungen zur Herrschaftssoziologie 535
  1. Umbildung als Veralltäglichung und als Versachlichung 535
  2. Der ungeklärte Status des Charismabegriffs 538
    a. Bedeutungsschrumpfung und Bedeutungserweiterung 538
    b. Ambivalenzen in Webers Verwendungsweise . . 541

3. Eine Erweiterung der Herrschaftssoziologie 545
4. Systematische Konsequenzen 549

ANHANG
TEIL IV:
STUDIEN ZUR WERKGESCHICHTE

13. Die Religionssoziologie: Eine werkgeschichtliche
    Rekonstruktion 557
    1. Friedrich H. Tenbrucks Herausforderung 557
    2. Zehn Überlegungen zur Religionssoziologie 564
    3. Die Komplementarität der beiden Großprojekte . . 588

14. »Wirtschaft und Gesellschaft«: Das Ende eines
    Mythos 597
    1. Drei offene Fragen 597
    2. Überblick über die Werkentwicklung 599
    3. Diskussion der Fragen 615
    4. Ergebnisse 632

    Literaturverzeichnis 635
    Nachweise 655
    Personenregister 657
    Sachregister 662

BAND 1
STUDIEN ZU MAX WEBERS
KULTUR- UND WERTTHEORIE

Vorwort   15

TEIL I:
MAX WEBERS FORSCHUNGSPROGRAMM

1. Wirtschaft und Kultur: Von Karl Marx zu Max Weber .   23
    1. Die Problemsituation in der Nationalökonomie:
       Historische gegen theoretische Richtung, objektive
       gegen subjektive Wertlehre   25
    2. Webers erster Durchbruch: Die Logik der histori-
       schen und theoretischen Kulturwissenschaft. . . .   40
    3. Die Überwindung des naturalistischen Monismus
       durch idealtypische Begriffsbildung   52
    4. Die Entwicklungsgeschichte des modernen
       Kapitalismus: Webers methodologische Kritik
       an Marx   64
    5. Die Entwicklungsgeschichte des modernen Kapita-
       lismus: Webers theoretische Kritik an Marx   73
    6. Von der Nationalökonomie zur kantianisierenden
       Soziologie.   80
    7. Von der »Protestantischen Ethik« zur »Wirtschafts-
       ethik der Weltreligionen«   88
    8. Entwicklung ohne Fortschritt: Webers Kritik an der
       Entwicklungstheorie von Marx   93
    9. Webers zweiter Durchbruch: Auf dem Weg zu einer
       Soziologie und Typologie des Rationalismus   102
   10. Webers entwickeltes Forschungsprogramm:
       Historische und theoretische verstehende
       Soziologie.   107

2. Gesellschaft und Kultur: Von Talcott Parsons zu Max Weber 114
1. Das Problem 114
2. Zwei Ansätze einer voluntaristischen Theorie des Handelns bei Parsons 123
3. Die analytische Kraft des ersten Ansatzes 134
4. Weber und Parsons: Der Vergleich von zwei Begriffsstrategien 140
5. Eine Theorie der institutionellen Differenzierung . 148
6. Zwei Gegenwartsdiagnosen 157
7. Ausblick: Divergenz statt Konvergenz 161

TEIL II:
BEITRÄGE ZUR WERTTHEORIE

3. Gesinnungsethik und Verantwortungsethik: Probleme einer Unterscheidung 165
1. Die polemische Verwendung eines Begriffspaares . . 166
2. Die Karriere eines Begriffspaares 173
   a. Stichworte aus der ersten Phase der Werkentwicklung: Die Freiburger Antritts- vorlesung 173
   b. Stichworte aus der zweiten Phase der Werkentwicklung: Die bürgerliche Revolution in Rußland und die sexuelle Revolution in Deutschland 182
   c. Stichworte aus der dritten Phase der Werkentwick- lung: Von der »Zwischenbetrachtung« zu »Wissenschaft als Beruf« 195
3. Typologie der Ethik 200
   a. Ethik und Klugheitslehre 200
   b. Magische ›Ethik‹, Normenethik und Prinzipienethik 219
   c. Reflexive Prinzipienethik als formale Gesinnungsethik 225
   d. Reflexive Prinzipienethik als formale Verantwortungsethik 250

4. Ethik als Teil der Wertlehre 274
   a. Formale Verantwortungsethik und der absolute
     ›Polytheismus‹ der Werte 274
   b. Relativistische, kritizistische und kognitivistische
     Verantwortungsethik 314
  5. ›Unsere Verantwortung für die Zukunft‹ 333

4. »Der Kampf der Götter«: Von der Religionskritik zur
Religionssoziologie 339
  1. Die Überwindung der Religionskritik durch die
   Religionssoziologie 339
  2. »Der Kampf der Götter«: Rückfall in die Religionskritik? 346
  3. Die Götter in der Religionssoziologie 351
  4. Der ›Gott‹ der Religionssoziologie und sein
   Verhältnis zum Gott der Theologie 357

Literaturverzeichnis 364
Personenregister 378
Sachregister 382

Teil III:
Beiträge zu den Typen und Entwicklungsgeschichten des Rationalismus

5. Rationalismus der Weltanpassung
Konfuzianismus und Taoismus

1. Der Ausgangspunkt von Webers vergleichenden Studien zur Wirtschaftsethik der Weltreligionen: Puritanismus und Konfuzianismus
2. Arten religiösen Rationalismus: Eine Systematisierung von Webers Projekt
3. Die Rationalisierung des Traditionalismus im kaiserlichen China: Die ›Wahlverwandtschaft‹ von konfuzianischer Ethik und Patrimonialbürokratie
4. Webers Konfuzianismusstudie: Eine kritische Würdigung

> »Denn da liegt der Grundunterschied dieser beiden Arten von ›Rationalismus‹. Der konfuzianische Rationalismus bedeutet rationale Anpassung an die Welt. Der puritanische Rationalismus: rationale *Beherrschung* der Welt.«
>
> Max Weber, RS I, S. 534.

1. Der Ausgangspunkt von Webers vergleichenden Studien zur Wirtschaftsethik der Weltreligionen: Puritanismus und Konfuzianismus

Mit seiner Studie über Konfuzianismus und Taoismus, umrahmt von einer allgemeinen »Einleitung« und »Zwischenbetrachtung«, beginnt Max Weber im Jahre 1915 die Veröffentlichung seiner religionssoziologischen Skizzen über die Wirtschaftsethik der Weltreligionen.[1] Damit nimmt er publizistisch

1 Vgl. dazu Max Weber, »Die Wirtschaftsethik der Weltreligionen. Religionssoziologische Skizzen. Einleitung. Der Konfuzianismus I, II«, in: *Archiv für Sozialwissenschaft und Sozialpolitik*, 41. Band, Heft 1, S. 1-87 (ausgeliefert am 14. Oktober 1915), und ders., »Die Wirtschaftsethik der Weltreligionen. (Zweiter Artikel.) Der Konfuzianismus III, IV. (Schluß.) Zwischenbetrachtung. Stufen und Richtungen der religiösen Weltablehnung«, in: *Archiv für Sozialwissenschaft und Sozialpolitik*, 41. Band, Heft 2, S. 335-421 (ausgeliefert am 23. Dezember 1915). Die Serie wurde

eine Frage wieder auf, die er schon gut zehn Jahre zuvor in der Studie über die protestantische Ethik und den ›Geist‹ des Kapitalismus und in den darauf folgenden Artikeln über ›Kirchen‹ und ›Sekten‹ in Nordamerika in den Mittelpunkt gestellt hatte[2]: die Frage nach den religiösen Voraussetzungen von Wirtschaftsethiken und Wirtschaftsgesinnungen, und zwar unter dem besonderen Gesichtspunkt ihrer Beziehung zu demjenigen Typus von ökonomischem Rationalismus, der »den Okzident als eine Teilerscheinung der dort heimisch gewordenen Art der bürgerlichen Lebensrationalisierung seit dem 16. und 17. Jahrhundert zu beherrschen begann«.[3] Diese Frage, zunächst 1904/ 05 am Beispiel einzelner Strömungen des asketischen Protestantismus erörtert, hat ihn in der Folge allem Anschein nach ständig beschäftigt, äußerlich, weil diese erste Studie eine heftige Kontroverse entfachte, die ihn zu Antikritiken herausforderte,[4] innerlich, weil er sie damit für sich als keineswegs abgeschlossen ansah. Am Ende des zweiten Teils der Protestantismusstudie

fortgesetzt mit Studien über Hinduismus und Buddhismus sowie über das antike Judentum.

2 Vgl. Max Weber, »Die protestantische Ethik und der ›Geist‹ des Kapitalismus. I. Das Problem«, in: *Archiv für Sozialwissenschaft und Sozialpolitik*, 20. Band, Heft 1, S. 1-54 (ausgeliefert im November 1904), und ders., »Die protestantische Ethik und der ›Geist‹ des Kapitalismus. II. Die Berufsidee des asketischen Protestantismus«, in: *Archiv für Sozialwissenschaft und Sozialpolitik*, 21. Band, Heft 1, S. 1-110 (ausgeliefert etwa Juni 1905). Ferner Max Weber, »›Kirchen‹ und ›Sekten‹«, in: *Frankfurter Zeitung*, 50. Jg., Nr. 102 und 104 (13.4. bzw. 15.4.1906). Der Aufsatz erschien in etwas erweiterter Fassung unter dem Titel »›Kirchen‹ und ›Sekten‹ in Nordamerika. Eine kirchen- und sozialpolitische Skizze« im selben Jahr in der Zeitschrift *Die christliche Welt*. Die Protestantismusstudie wie die Studie über die Sekten sind für den ersten Band der *Gesammelten Aufsätze zur Religionssoziologie*, Tübingen 1920, überarbeitet und dort abermals publiziert worden.

3 Max Weber, RS I, S. 265. Ich wähle bewußt diese späte Formulierung, weil sie die Zielsetzung auch der ersten Version der Protestantismusstudie wiedergibt.

4 Vgl. dazu die von Johannes Winckelmann zusammengestellte Kontroverse, die auch einen Teil ihrer weiterreichenden Wirkung dokumentiert, Max Weber, PE II.

aus dem Jahre 1905 formulierte Weber ein Programm, durch das die vorgelegte Analyse teilweise ergänzt, teilweise erweitert werden sollte. Die Erweiterung bezieht sich unter anderem auf die Art, »wie die protestantische Askese ihrerseits durch die Gesamtheit der gesellschaftlichen Kulturbedingungen, insbesondere auch der *ökonomischen*, in ihrem Werden und ihrer Eigenart beeinflußt worden ist«.[5] In seinem »Antikritischen Schlußwort zum ›Geist des Kapitalismus‹« aus dem Jahre 1910, mit dem er die für ihn angeblich unerquickliche Diskussion mit seinen Herren Kritikern beendete, wiederholte er dieses Programm in modifizierter Form, stellte es aber in eine weitere historische Perspektive. Ihn interessierten jetzt neben den nachreformatorischen Entwicklungen und den Ansätzen »ähnlicher Entwicklung im Mittelalter« auch solche im antiken Christentum.[6]

Nun ist sowohl 1905 wie 1910 zwar von Entwicklungen innerhalb des Christentums, nicht aber vom Konfuzianismus, Hinduismus, Buddhismus, Islam oder vom Judentum die Rede, von jenen Kulturreligionen also, die neben dem Christentum entweder bereits in die religionssoziologischen Skizzen, die vom Oktober 1915 bis Januar 1920 im *Archiv für Sozialwissenschaft und Sozialpolitik* erschienen, oder aber in den Plan zu ihrer Ergänzung und Erweiterung von 1919 aufgenommen sind.[7] Wie ist diese Programmverschiebung zu erklären? Ist sie Folge von Zufällen, oder gibt es dafür auch systematische Gründe? Weber selbst hat zumindest *einen* systematischen Grund angegeben. In der überarbeiteten Fassung seiner Protestantismusstudie aus dem Jahre 1920 kommt er auf das ›Schicksal‹ seines ursprünglichen Programms zu sprechen. Danach hat er zunächst einen anderen Weg eingeschlagen, um die Protestantismusstudie »ihrer Isoliertheit zu entkleiden und in die Gesamtheit der Kulturentwicklung hineinzustellen«.[8] Dies wohl vor allem deshalb,

5 Max Weber, *Archiv*, 21. Band, S. 110.
6 Vgl. Max Weber, PE II, S. 322.
7 Vgl. dazu *Neuigkeiten aus dem Verlag von J. C. B. Mohr (Paul Siebeck) und der H. Laupp'schen Buchhandlung*, 1919, Nr. 3, vom Oktober 1919, S. 11. Der volle Text ist zitiert in *Religion und Lebensführung*, Kap. 7 und 13.
8 Vgl. Max Weber, RS I, S. 206.

weil, um eine von ihm in einem anderen Zusammenhang gemachte methodologische Bemerkung zu verwenden, »im Wege der Vergleichung die historische Eigenart der europäischen Kulturentwicklung genetisch schärfer zu fassen« ist.[9] Resultat dieser vergleichenden Studien über die Zusammenhänge von Religion und Gesellschaft sind die Serie über die Wirtschaftsethik der Weltreligionen und das religionssoziologische Kapitel von *Wirtschaft und Gesellschaft*.[10] Für beide bilden die in der Protestantismusstudie aufgeworfene Frage und die dort gewonnenen Erkenntnisse ein Leitmotiv. Gerade in den religionssoziologischen Skizzen wird diese Stellung der Protestantismusstudie besonders deutlich. Die erste Skizze dieser Serie, die über Konfuzianismus und Taoismus, schließt Weber damit, daß er den konfuzianischen Rationalismus mit dem puritanischen Rationalismus direkt vergleicht.

Aber nicht nur die Protestantismusstudie, auch die Konfuzianismusstudie hat ein interessantes werkgeschichtliches ›Schicksal‹. Sie enthält nämlich denjenigen religionssoziologischen Text, den Weber nach Veröffentlichung am umfassendsten veränderte. Als er daran ging, den bereits 1915 ins Auge gefaßten Plan zu verwirklichen, alle bis dahin veröffentlichten religionssoziologischen Aufsätze für die ersten beiden Bände einer auf vier Bände geplanten Ausgabe gesammelter Aufsätze nicht nur durchzusehen, sondern sie auch »durch beträchtliche Einschiebungen und Beibringung von Belegen« zu ergänzen,[11] profitierte vor allem die Konfuzianismusstudie von diesem Unternehmen. Anders als bei der Protestantismusstudie, anders aber auch als bei »Einleitung« und »Zwischenbetrachtung«, wo sich die Eingriffe in den Text auf kleinere Veränderungen, Einschiebungen und Umstellungen beschränken, wird der Text der Konfuzianismusstudie nahezu auf doppelte Länge gebracht. Dies schlägt

---

9 Diese Bemerkung findet sich in Webers Auseinandersetzung mit dem Althistoriker Eduard Meyer, die für das Verständnis von Webers eigenem Versuch, »eine Universalgeschichte der *heutigen* Kultur« zu geben, von grundlegender Bedeutung ist. Ich bin mir bewußt, daß ich das Zitat aus seinem Zusammenhang nehme. Vgl. Max Weber, WL, S. 258.

10 Deshalb stehen auch beide in einem Ergänzungsverhältnis, was Weber an mehreren Stellen betont.

11 Vgl. dazu *Neuigkeiten*, zitiert in Fn. 7.

sich äußerlich im Inhaltsverzeichnis nieder. Weber ändert nicht nur den Titel der Studie, sondern aus den vier Kapiteln, in die er die Abhandlung für die Veröffentlichung im Jahre 1915 gegliedert hatte, werden in dem von ihm selbst noch zum Druck gegebenen ersten Band der *Gesammelten Aufsätze zur Religionssoziologie* aus dem Jahr 1920 acht (siehe Tabelle 1).

Was sind die Folgen dieser massiven Eingriffe in den Text von 1915, der, nach Webers eigenen Angaben, übrigens bereits 1913 geschrieben war?[12] Wird dadurch das Zentralproblem, unter dem er Konfuzianismus und Taoismus behandelt, verändert, und vor allem: verändert sich dadurch das Ergebnis? Jeder Leser, der die erhebliche Veränderung des Textbestandes zur Kenntnis nimmt,[13] wird dies erwarten. Und doch: Eine vergleichende Lektüre der beiden Texte bestätigt in meinen Augen diese Erwartung nicht. Zunächst: Die Veränderungen bestehen vorwiegend in Erweiterungen, die den alten Textbestand unberührt lassen, ferner in Umstellungen, die durch die neue Disposition nahegelegt sind. Will man diese Erweiterungen grob gewichten, so gibt dafür schon die neue Gliederung einen Anhalt. Erweitert sind vor allem die von Weber so genannten soziologischen Grundlagen, d. h. die wirtschafts-, verwaltungs- und rechtssoziologischen Analysen, die Passagen also, die sich letztlich auf die chinesische »Staats*struktur*« beziehen.[14] Schon weniger stark erweitert sind jene Passagen, die sich mit kultur- bzw. religionssoziologischen Fragen beschäftigen, in denen also die gesinnungsmäßigen Grundlagen der Lebensorientierungen von Chinas führenden Schichten erörtert werden.[15] Vor allem aber: Das alte Kapitel IV, die Zusammenfassung, das Resultat, bleibt ohne wesentliche sachliche Revisionen. Die Veränderungen, die

12 Vgl. Max Weber, *Archiv*, 41. Band, S. 1.

13 Das kann man nicht überall voraussetzen. So basiert beispielsweise die erste größere Kritik an Webers Studie, die Kritik des Sinologen Arthur von Rosthorn, auf dem Text von 1915 bzw. 1913. Vgl. Arthur von Rosthorn, »Religion und Wirtschaft in China«, in: Melchior Palyi (Hg.), *Hauptprobleme der Soziologie. Erinnerungsgabe für Max Weber*, Bd. 2, München–Leipzig 1923, S. 221 ff.

14 Max Weber, RS I, S. 391.

15 Weber nennt die Aufklärung dieser Grundlagen in der Konfuzianismusstudie »unser eigentliches Thema«, vgl. ebd., S. 395.

Tabelle 1

Archiv für Sozialwissenschaft und Sozialpolitik, 41. Band, Heft 1 (Oktober 1915) und Heft 2 (Dezember 1915):	Gesammelte Aufsätze zur Religionssoziologie, I, Tübingen 1920:
Der Konfuzianismus	*Konfuzianismus und Taoismus*
I. Die soziologischen Grundlagen	I. Soziologische Grundlagen: A. Stadt, Fürst und Gott
II. Der ›Geist‹ der konfuzianischen Bildung und die Wirtschaft	II. Soziologische Grundlagen: B. Feudaler und präbendaler Staat
III. Orthodoxie und Heterodoxie in ihren sozialethischen Wirkungen	III. Soziologische Grundlagen: C. Verwaltung und Agrarverfassung
IV. Zusammenfassung. Konfuzianismus und Puritanismus	IV. Soziologische Grundlagen: D. Selbstverwaltung, Recht und Kapitalismus
	V. Der Literatenstand
	VI. Die konfuzianische Lebensorientierung
	VII. Orthodoxie und Heterodoxie (Taoismus)
	VIII. Resultat: Konfuzianismus und Puritanismus

hier vorliegen, beruhen zu einem erheblichen Teil auf Textumstellungen, auf der Hereinnahme von Passagen des alten Kapitels III in das neue Kapitel VIII. Mit dieser werkgeschichtlichen Diagnose läßt sich nun aber eine systematische Folgerung verbinden. Wie schon in der Protestantismusstudie, interessiert sich Weber auch in der Konfuzianismusstudie zunächst und vor allem für den Einfluß religiöser Mächte und der mit ihnen verbundenen Pflichtvorstellungen auf die Lebensführung.[16] Doch anders als in der Protestantismusstudie bearbeitet er in der Konfuzianismusstudie von Beginn an nicht nur diese »Seite der

16 Vgl. ebd., S. 12.

Kausalbeziehung«.[17] Er versucht auch zu zeigen, wie die konfuzianische Lebensorientierung, wie die mit ihr verbundene Art »praktisch-rationaler *Lebensführung*«[18] durch die soziale Schichtung, ja durch die Gesamtheit der gesellschaftlichen Kulturbedingungen, insbesondere auch der ökonomischen, beeinflußt ist. Doch war diese Seite des Problems in der ersten Version der Studie noch zu kursorisch behandelt. Deshalb gilt ihr bei der Überarbeitung die besondere Aufmerksamkeit. Dies aber nicht deshalb, um das ursprüngliche Ergebnis zu revidieren oder gar die ursprüngliche Skizze in eine umfassende Kulturanalyse Chinas zu überführen. Weder die Konfuzianismusstudie noch die übrigen Studien zur Wirtschaftsethik der Weltreligionen dürfen nach Weber als umfassende Kulturanalysen verstanden werden, weil sie in jedem ausgewählten Kulturgebiet nur das betonen, »was im *Gegensatz* stand und steht zur okzidentalen Kulturentwicklung«.[19] Vielmehr dienen die Erweiterungen dazu, die 1915 bzw. 1913 formulierte Hauptthese zu stützen und gründlicher als zuvor »die *Vergleich*spunkte zu unseren okzidentalen *Kultur*religionen« aufzudecken,[20] Vergleichspunkte, die sich auch bei partialen Kulturanalysen niemals nur auf die gesinnungsmäßigen Grundlagen beziehen. Es ist meine These, daß Max Weber in seiner Konfuzianismusstudie, insbesondere in ihrer revidierten Fassung, neben gesinnungsmäßigen vor allem ökonomische und politisch-rechtliche Vergleichspunkte zur »weiterhin zu analysierenden okzidentalen Entwicklung« identifizierte[21] und daß für ihn die chinesische Kultur in ihren konsequentesten Ausprägungen »trotz fortwährender und scheinbarer Analogien« zum okzidentalen, insbesondere zu seinem zunächst puritanisch, dann utilitaristisch motivierten praktischen Rationalismus ein radikal entgegengesetztes System der Lebensreglementierung, ja eine andere Welt repräsentierte.[22]

17 Ebd.
18 Ebd.
19 Ebd., S. 13.
20 Ebd., S. 15.
21 Ebd., S. 12.
22 Ebd., S. 266.

2. Arten religiösen Rationalismus:
Eine Systematisierung von Webers Projekt

Es ist also das Interesse am Unterschied zwischen Kulturen, genauer: das Interesse an der Frage, wie sich die verschiedenen magisch oder religiös mitbedingten Arten der Lebensführung zum modernen ökonomischen Kapitalismus stellen, das die Konfuzianismusstudie und andere Studien zur Wirtschaftsethik der Weltreligionen leitet. Dieses Interesse motiviert zu möglichst klaren, ja scharfen, mitunter überpointierten Entgegensetzungen in Begriffen, die an der eigenen Kultur entwickelt sind. Dies ist zwar Eurozentrismus, aber dieser ist nicht normativer, sondern heuristischer Natur.[23] Jedenfalls bestimmt dieses Interesse Auswahl und Reihenfolge der mit dem asketischen Protestantismus in Vergleich gebrachten Religionen. Weber beginnt seine Serie 1915 mit dem Konfuzianismus, nicht weil er ihn möglicherweise als erste asiatische Kulturreligion studiert hat,[24] auch nicht weil er diejenige Kulturreligion ist, die von den ausgewählten im Vergleich zum asketischen Protestantismus geographisch am weitesten entfernt liegt, und schon gar nicht weil er in seinen Augen eine durch den asketischen Protestantismus überbotene Stufe der Kulturentwicklung darstellt, sondern aus »inneren Zweckmäßigkeitsgründen« der Darstellung[25]: Er steht, insofern er wie der Puritanismus einen Typus rationaler Weltbehandlung,[26] einen Typus eines primär praktischen, nicht theoretischen Rationalismus repräsentiert, zu diesem bei größter äußerer Ähnlichkeit in größter innerer Dif-

---

23 Vgl. *Religion und Lebensführung*, Kap. 1.
24 Wann Weber mit seinen Studien über Asien begann und welches Kulturgebiet er zuerst aufgriff, ist bislang nicht geklärt. Auch das Tagebuch des Eranoskreises, eines religionshistorischen und religionssoziologischen Zirkels in Heidelberg, dem Weber angehörte, gibt darüber keinen Aufschluß. Das Tagebuch hat M. Rainer Lepsius aufgefunden. Allerdings hielt Arthur von Rosthorn, ein von Weber offensichtlich geschätzter Sinologe (vgl. RS I, S. 276 ff. und S. 396), in diesem Kreis am 29. Juli 1906 einen Vortrag zum Thema »Die Anfänge der chinesischen Religion«. Vielleicht lenkte er damit Webers Aufmerksamkeit auf China.
25 Max Weber, RS I, S. 267.
26 Vgl. ebd., S. 524.

ferenz. Diese Differenz, ja radikale Gegensätzlichkeit ist nach Weber vor allem auf drei Merkmale zurückzuführen: 1. auf den Charakter der »irrationalen Verankerung« der Ethiken[27]; 2. auf den Charakter der Trägerschichten dieser Ethiken; und 3. auf den Charakter der Ordnungskonfiguration, in die diese Ethiken letztlich eingebettet sind.

Läßt sich, aus der Sicht des Weberschen Werkes, Genaueres über den typologischen Ort von Konfuzianismus und asketischem Protestantismus sagen? Ich meine ja, wenn man seine Vergleichspunkte begrifflich systematisiert. Dabei muß man freilich berücksichtigen, daß Weber seine vergleichenden religionssoziologischen Versuche weder als universale Stufentheorie noch als systematische Typologie der Religionen verstanden wissen wollte. Freilich vertrat er auch nicht, wie noch Talcott Parsons meinte, einen Typenatomismus,[28] und er nahm gerade in seinen religionssoziologischen Studien für sich in Anspruch, daß er bei der vereinfachten Darstellung der von ihm ausgewählten Religionen und ihrer Ethiken nicht willkürlich vorgegangen sei.[29] Mehr noch: Er sah diese Studien explizit als Beiträge zu einer Soziologie und Typologie des Rationalismus wie auch zu einer Kasuistik von Ethiken.[30] Tatsächlich enthält die Webersche Soziologie Begriffe, die an den erwähnten Vergleichspunkten orientiert und nach einer gesichtspunktabhängigen Systematik zu ordnen sind.[31] Sie ist gesichtspunktabhängig in-

27 Ebd., S. 527.
28 Vgl. Talcott Parsons, *The Structure of Social Action. A Study in Social Theory with Special Reference to a Group of Recent European Writers*, 2. Aufl., New York: The Free Press 1949, bes. S. 610. Parsons verbindet diesen Vorwurf mit dem des Fiktionalismus.
29 Vgl. Max Weber, RS I, S. 267.
30 Ebd., S. 266 und S. 537.
31 Diese Einschränkung gilt in meinen Augen selbst für die »Soziologischen Grundbegriffe« in WuG, wo Weber etwa über die von ihm eingeführten Typen der Handlungsorientierung auf S. 13 sagt: »Sehr selten ist Handeln, insbesondere soziales Handeln, *nur* in der einen *oder* der andren Art orientiert. Ebenso sind diese Arten der Orientierung natürlich in gar keiner Weise erschöpfende Klassifikationen der Arten der Orientierung des Handelns, sondern für soziologische Zwecke geschaffene, begrifflich reine Typen, denen sich das reale Handeln mehr oder minder annähert oder aus denen es – noch häufiger – gemischt ist. Ihre

23

sofern, als sie in einem besonderen, nicht in einem allgemeinen Interesse an Kultur und Gesellschaft gründet, in dem Interesse an der Eigenart und der Entstehung des »›Rationalismus‹ der okzidentalen Kultur«,[32] auf das auch die Analyse anderer Kulturen bezogen bleibt. Weber hat in diesem Sinne seine Begriffsbildung als nicht endgültig verstanden. Doch bedeutet dies nicht, daß sie unsystematisch und nur für seine besondere Problemstellung brauchbar sei. Es bedeutet auch nicht, daß seine Begriffsfolgen in all ihren Verzweigungen offen zutage lägen. Um sie aufzudecken, bedarf es der Interpretation, teilweise der Explikation. Ein produktiv-kritisches Verhältnis zum Weberschen Werk muß beides einschließen: Begriffsarbeit und Prüfung des historischen Gehalts.

Welche Begriffsfolgen sind geeignet, den typologischen Ort der Studien über Konfuzianismus und über den asketischen Protestantismus zu bestimmen? Ich greife zur Illustration zwei aus der Religionssoziologie heraus. Die eine bezieht sich auf Religionen und religiöse Ethiken, die andere auf Trägerschichten. Beide sind für die Religionssoziologie von zentraler Bedeutung, weil Weber die Eigenart einer Religiosität unter anderem aus dem Wechselspiel von religiösen Quellen und Schichtung, von Ideen und materiellen sowie vor allem ideellen Interessen, analysiert.[33]

Um die in seiner Religionssoziologie behandelten Systeme der Lebensreglementierung zu bezeichnen, verwendet Weber drei Begriffe: Weltreligion, Kulturreligion und Erlösungsreligion. Die Bedeutungsfelder dieser Begriffe überschneiden sich, sind aber nicht identisch. Worin besteht der Unterschied? Um sich dies klarzumachen, ist eine Erinnerung an Webers Verständnis von religiösem Handeln nützlich.[34] Dieses entsteht, wenn sich als Folge eines mehrstufigen Abstraktionsprozesses die Welt

---

Zweckmäßigkeit für *uns* kann nur der Erfolg ergeben.« Ich lese dies so, daß Max Weber hier von *seinen* soziologischen Zwecken spricht.

32 Max Weber, RS I, S. 11.

33 Vgl. dazu ebd., S. 240 ff. und WuG, Kap. V, § 7. Dieser Ansatz führt Weber dazu, den ökonomischen und den psychologischen Reduktionismus, ja jeden Reduktionismus in der Religionssoziologie abzulehnen. Vgl. auch *Religion und Lebensführung*, Kap. 4.

34 Vgl. dazu Max Weber, WuG, Kap. V, §§ 1-3.

des Menschen ›verdoppelt‹, wenn Menschen, Dinge und Vorgänge nicht mehr nur bedeuten, was sie sind, sondern selber zu Symptomen oder Symbolen einer anderen Realität werden, einer ›Hinterwelt‹ mit ›Seelen‹, ›Göttern‹ und ›Dämonen‹, deren Beziehungen zu den Menschen mit symbolischen Mitteln zu ordnen »nun das Reich des *›religiösen‹ Handelns* ausmacht«.[35] Der Mensch und seine Wirklichkeit werden damit in einen »symbolischen Zauberkreis« hineingezogen, in dem zunächst eine nicht mehr nur naturalistische, sondern symbolistische Magie waltet. Sie bestimmt mit ihren tabuartigen Normen, mit ihrem Ritualismus und mit ihrer Unterscheidung von für den Menschen nützlichen und schädlichen ›Geistern‹ und ›Göttern‹ die Beziehung zwischen ›Welt‹ und ›Hinterwelt‹. Unter welchen Bedingungen die ›ausschließliche‹ Herrschaft des magisch-mythischen Weltbildes zerfällt, ist für Weber eine historische Frage, die keine allgemeine Formel beantwortet. Ein Vehikel dazu aber ist die weitere Abstraktion und Systematisierung der ›Hinterwelt‹. Über Anthropomorphisierung, Kompetenzabgrenzung und Spezialisierung sowie über Pantheonbildung werden die ›Geister‹ und ›Götter‹ der magischen Hinterwelt gedanklich durchgearbeitet und geordnet. Dies führt zugleich zu einer Vertiefung der Kluft, die zwischen den beiden Realitätsebenen besteht. Neben die magische Beziehung tritt nun eine spezifisch religiöse, für die nicht mehr ›heilige Tabus‹, sondern ›heiliges Recht‹ und nicht mehr Gotteszwang, sondern Gottesdienst bestimmend sind. Die religiöse Beziehung wächst also aus der magischen heraus. Sie kann diese deshalb nicht einfach schon verdrängen. Doch sie stellt ihr gegenüber etwas prinzipiell Neues dar. Weber sieht es in den Ansätzen zu einer Metaphysik und Ethik und im Entstehen neuer Eliten wie Priestern, Propheten und Laienintellektuellen. Mit Hilfe von Metaphysik und Ethik läßt sich der Unterschied zwischen beiden Realitätsebenen nun prinzipiell fassen, und durch das Entstehen von neuen Eliten wird die ungleiche religiöse Qualifikation, die auch schon unter rein magischen Verhältnissen existierte, vertieft und gewissermaßen auf Dauer gestellt. Gleichzeitig differenzieren sich materielle und ideelle Interessen. Und auch die urwüchsi-

35 Ebd., S. 247.

gen Glücks- und Erlösungsverheißungen transformieren sich und werden gleichsam gegeneinander frei. Gerade die Erlösungsidee kann dadurch einen neuen Status gewinnen, daß sich jetzt Leiderfahrung mit einem metaphysischen Bedürfnis nach Erklärung und Sinngebung verbindet, ein Vorgang, der seinen sichtbarsten Ausdruck findet in der Formulierung konsequenter Theodizeen.[36] Während zuvor ausschließlich Zauber über das Schicksal der Menschen bestimmte, ist es nun auch Lebensführung.[37] Und die Frage, unter welchen Bedingungen es aus religiösen Motiven zur »Systematisierung des praktischen Handelns in Gestalt einer Orientierung an einheitlichen Werten«, also zu einer Lebensführung kommt, rückt deshalb in den Mittelpunkt der Religionssoziologie.[38]

Was läßt sich nun aus dieser Rückerinnerung für die drei Begriffe lernen? Zunächst: Die typologisch wichtigste Unterscheidung ist offensichtlich die zwischen Magie und Religion. Sie ist bei Weber der in der religionswissenschaftlichen Diskussion seiner Zeit üblichen Unterscheidung zwischen natürlichen und ethischen Religionen ›nachempfunden‹.[39] Denn ein gewisses Maß an Ethisierung der sozialen Beziehungen ist entscheidend für den ›Ausbruch‹ aus der Magie.[40] Nun ist zwar jede ethische Religion Kulturreligion, nicht aber jede Kulturreligion auch schon Erlösungs- oder Weltreligion. Zur Erlösungsreligion wird sie nur, wenn sie eine Erlösungslehre oder Erlösungsethik entwickelt und darin eine diesseitige oder jenseitige Erlösung verheißt, zur Weltreligion aber, wenn sie »besonders große

36 Weber nennt bekanntlich drei konsequente Theodizeen: das Prädestinationsdekret des deus absconditus, den zarathustrischen Dualismus und die indische Karmanlehre. Vgl. ebd., § 8, ferner RS I, S. 247 und S. 571 ff. Sie repräsentieren zugleich drei Möglichkeiten, den Dualismus zwischen ›Welt‹ und ›Hinterwelt‹ zu interpretieren: die ethische, die spiritualistische und die ontologische.

37 Vgl. Max Weber, RS I, S. 485, wo er vom Taoismus sagt, Zauber, nicht Lebensführung habe hier über das Schicksal des Menschen bestimmt.

38 Max Weber, WuG, S. 321.

39 Vgl. dazu Gottfried Küenzlen, »Unbekannte Quellen der Religionssoziologie Max Webers«, in: Zeitschrift für Soziologie, 7 (1978), S. 215 ff., bes. S. 219 ff. sowie sein Buch Die Religionssoziologie Max Webers. Eine Darstellung ihrer Entwicklung, Berlin–München 1981.

40 Max Weber, WuG, S. 262 f.

Mengen von Bekennern« hat.[41] Tatsächlich gibt es in Webers vergleichender Religionssoziologie denn auch zwei Fälle, auf die nicht alle drei Begriffe gleichzeitig zutreffen: Das Judentum ist für ihn eine Erlösungsreligion, aber keine Weltreligion, der Konfuzianismus eine Weltreligion, aber keine Erlösungsreligion.[42]

Nun ist nicht die Unterscheidung in Weltreligion und Kulturreligion, wohl aber die in Erlösungsreligion und Kulturreligion systematisch von Bedeutung. Denn nur Erlösungsreligionen, nicht aber ›erlösungsfreie‹ Kulturreligionen entwickeln nach Weber in der Regel systematisierte Methodiken der religiösen Selbstvervollkommnung.[43] Das hat zur Folge, daß mit diesen zwei Typen von Kulturreligion jeweils eine andere Art der Lebensführung verbunden ist. Diese Methodiken sind, sofern Erlösung nicht als Folge von Gnadenspendung, sondern als Folge ›eigener Leistung‹ gedacht wird, in erster Linie Mystik und Askese in ihren inner- und außerweltlichen Varianten. Daneben existiert die Pneumatik, deren Berücksichtigung besonders für Webers Verständnis des Urchristentums wichtig ist. In Erlösungsreligionen können diese soteriologischen Heilsmethodiken an die Stelle der in der Magie üblichen orgiastisch-ekstatischen Heilsmethoden, aber auch an die Stelle einer bloß ›bildungsmäßigen‹ Durchkultivierung des Menschen treten, die ein Merkmal ›erlösungsfreier‹ Kulturreligionen ist. Weber hat nun aber darüber hinaus insbesondere zwischen den soteriologischen Heilsmethodiken und den Gottesvorstellungen einen Zusammenhang gesehen. Wo die ›Hinterwelt‹ als eine unpersönliche, immanente, unerschaffene und ewige Ordnung gedacht wird, besteht eine Tendenz, die kontemplativ-mystische Heilsmethodik zu bevorzugen, wo sie dagegen als ein persönlicher transzendenter Schöpfergott gedacht wird, besteht die Tendenz, die angemessene Heilsmethodik in Askese zu sehen. Freilich: Diese Verbindungen sind nicht zwingend. Und dies gilt nicht nur für den Zusammenhang zwischen Gottesvorstellung und soteriologischer Heilsmethodik, sondern auch für den Zusam-

41 Max Weber, RS I, S. 237.
42 Für das Judentum ist dies gezeigt in *Religion und Lebensführung*, Kap. 7. Für den Konfuzianismus vgl. die folgenden Passagen.
43 So der Ausdruck in Max Weber, WuG, S. 324.

menhang von Gottesvorstellung und Erlösungsidee. Auch eine ›erlösungsfreie‹ Kulturreligion kann zwischen den beiden Realitätsebenen, der ›Welt‹ und der ›Hinterwelt‹, mit Hilfe einer Gottesvorstellung prinzipiell unterscheiden, wobei anzumerken ist, daß mit der prinzipiellen Unterscheidung noch nichts über den Sitz der Götter (immanent-transzendent) und über die Art des Heils (Glück – diesseitige oder jenseitige Erlösung) ausgesagt ist. Die Art der Gottesvorstellung ist für Weber aber vor allem wichtig, um noch auf der Ebene der Kulturreligionen zwischen zwei großen Strömungen differenzieren zu können: Auf der einen Seite stehen die indischen und chinesischen Kulturreligionen, die die Vorstellung von der unpersönlichen ewigen Ordnung vertreten und insofern kosmozentrisch orientiert sind, auf der anderen alle iranischen und vorderasiatischen sowie die von ihnen beeinflußten okzidentalen Kulturreligionen, die die Vorstellung vom persönlichen Schöpfergott enthalten und insofern theozentrisch ausgerichtet sind.[44]

Hält man sich diese Zusammenhänge vor Augen, so lassen sich wenigstens vier Kriterien nennen, um den typologischen Ort von Konfuzianismus und asketischem Protestantismus als Religionen, als religiöse Ethiken, zu bestimmen: 1. die Unterscheidung zwischen ›Welt‹ und ›Hinterwelt‹ (graduell-prinzipiell); 2. die Konzeptualisierung der ›Hinterwelt‹ (kosmozentrisch-theozentrisch); 3. die ›Prämien‹ für Lebensführung (Glück – diesseitige oder jenseitige Erlösung); 4. die Heilsmethodik (Bildung – mystische oder asketische Selbstvervollkommnung). Diese Kriterien lassen sich in dieser Reihenfolge ›hintereinanderschalten‹.[45] Sie ermöglichen zugleich einen ersten groben

44 Vgl. Max Weber, RS I, S. 257 f. Zur Begriffswahl vgl. Wolfgang Schluchter, *Die Entwicklung des okzidentalen Rationalismus*, Tübingen 1979, bes. S. 230.

45 Ich greife damit einen Gedanken auf, den Klaus Allerbeck entwickelt hat. Vgl. seinen Aufsatz »Zur formalen Struktur einiger Kategorien Max Webers«, in: *Kölner Zeitschrift für Soziologie und Sozialpsychologie*, 34 (1982), S. 665 ff. Allerbeck sucht die ›generative Grammatik‹ der Weberschen Begriffsbildung zu identifizieren und findet sie in einer hierarchischen und selektiven Kombination von Dichotomien. Diese Beziehungen zwischen den Begriffen lassen sich als Baumdiagramm darstellen. Sie sind also weder ein- noch mehrdimensional, sondern adimensio-

Überblick über die ›Topographie‹ von Webers vergleichenden Studien zur Wirtschaftsethik der Weltreligionen (siehe Tabelle 2).

Nun ließe sich diese ›Topographie‹ weiter verfeinern, insbesondere durch Differenzierung und Tiefengliederung der Heilsme-

Tabelle 2

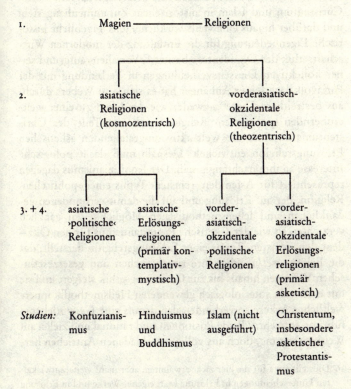

1.	Magien ——————— Religionen			
2.	asiatische Religionen (kosmozentrisch)		vorderasiatisch-okzidentale Religionen (theozentrisch)	
3. + 4.	asiatische ›politische‹ Religionen	asiatische Erlösungsreligionen (primär kontemplativ-mystisch)	vorderasiatisch-okzidentale ›politische‹ Religionen	vorderasiatisch-okzidentale Erlösungsreligionen (primär asketisch)
Studien:	Konfuzianismus	Hinduismus und Buddhismus	Islam (nicht ausgeführt)	Christentum, insbesondere asketischer Protestantismus

nal, was, so Allerbeck, sowohl Parsons' wie meiner bisherigen Interpretation der Weberschen Begriffsstrategie widerspricht. Nun bin ich nicht der Meinung, daß sich beide Auffassungen ausschließen, weil sie die Dichotomien nur anders kombinieren. Ich gebe aber zu, daß man mit Hilfe des von Allerbeck vorgeschlagenen Verfahrens insbesondere längere Begriffsketten besser darstellen und den selektiven Charakter der Begriffsbildung betonen kann.

thodiken, für die Webers Religionssoziologie ein ganzes Arsenal von Kriterien anbietet.[46] Doch genügt dieser grobe Überblick, um schon zwei Fragen zu klären. Die erste betrifft die Stellung des Judentums, die zweite die von Konfuzianismus und asketischem Protestantismus innerhalb des Gesamtprojekts. Das Judentum taucht hier nicht auf, weil Weber mit ihm weniger ein typologisches, als vielmehr ein genetisches Interesse verbindet. Es ist in seinen Augen eine Erlösungsreligion, die mit Christentum und Islam in historischem Zusammenhang steht und darüber hinaus eine »teils wirkliche, teils angebliche historische Eigenbedeutung für die Entfaltung der modernen Wirtschaftsethik des Okzidentes« besitzt.[47] Vor allem aufgrund seiner kollektiven Diesseitsverheißungen in Verbindung mit der Pariavolkslage seiner Anhänger hat es sich – so Webers durchaus bestreitbare These[48] – weder wie der Islam zu einer welterobernden ›politischen‹ Religion noch wie Teile des Christentums zu einer die Welt aktiv umgestaltenden asketischen Erlösungsreligion entwickelt. Deshalb muß das typologische Interesse an ihm nachrangig sein. Der Konfuzianismus dagegen repräsentiert für Asien den ›reinsten‹ Typus einer ›politischen‹ Religion, der auf Erlösung und auf die damit verbundenen gedanklichen und lebensmethodischen Möglichkeiten gänzlich verzichtet, so wie der asketische Protestantismus für den Okzident den ›reinsten‹ Typus einer Erlösungsreligion darstellt, der die Erlösungsethik über ihre ritualistischen und gesetzesethischen Varianten hinaus bis zur Gesinnungsethik steigert und sie mit einer rein soteriologisch gewendeten Heilsmethodik innerweltlicher Askese so verbindet, daß daraus eine Gesamtlebensführung entsteht.[49] Beide Positionen sind rational und zielen auf Weltbearbeitung, doch aus völlig verschiedenen Antrieben her-

46 Dies gilt etwa für die hier zwar erwähnten, aber nicht weiterentwickelten Unterscheidungen in Erlösung kraft eigener Werke und in Erlösung kraft Gnadenspendung sowie in innerweltliche und außerweltliche Askese oder Mystik. Vgl. dazu Religion und Lebensführung, Kap. 6 A.

47 Max Weber, RS I, S. 328.

48 Vgl. dazu Wolfgang Schluchter (Hg.), Max Webers Studie über das antike Judentum, darin unter anderem die Beiträge von Günter Stemberger, Freddy Raphaël und Eugène Fleischmann.

49 Vgl. Max Weber, WuG, S. 324 und S. 348.

aus und mit völlig verschiedenen Konsequenzen. Dies wird deutlicher, wenn man die Typologie der Religionen um eine Typologie der Trägerschichten ergänzt.

Doch bevor dies geschieht, sei noch ein kurzer Blick auf den typologischen Ort der beiden anderen kulturreligiösen Strömungen gestattet, wobei die Bemerkungen über den Islam deshalb spekulativ bleiben müssen, weil Weber diese Studie zwar bis zuletzt geplant, aber nicht mehr ausgeführt hat. Aus seinen verstreuten Bemerkungen dazu in *Wirtschaft und Gesellschaft*, insbesondere im Kapitel »Die Kulturreligionen und die ›Welt‹«,[50] läßt sich schließen, daß er ihn in erster Linie als eine ›politische‹ Religion behandelt hätte, nicht als eine Erlösungsreligion im strengen Sinne, denn »der Begriff ›Erlösung‹ im ethischen Sinn des Worts ist ihm direkt fremd«.[51] Es ist freilich eine ›politische‹ Religion, die sich wiederum vom Konfuzianismus deutlich unterscheidet. Dies hat unter anderem mit den religiösen Quellen, mit den Gottesvorstellungen, zu tun. Wo das Göttliche unpersönlich bleibt, wird ganz unabhängig von der Heilsmethodik der Mensch vorzugsweise als Gefäß des Göttlichen interpretiert, wo das Göttliche personalisiert ist, wird der Mensch gern als Werkzeug des Göttlichen aufgefaßt. Dies muß sich nun auch in den politischen Grundorientierungen niederschlagen. Im Konfuzianismus ist die politische Grundhaltung eher pazifistisch, auf Schlichtung, ausgerichtet, im Islam ›kriegerisch‹, ausgerichtet auf Kampf. Auch die asiatischen Erlösungsreligionen liegen wegen der Gefäßvorstellung trotz der enormen Bedeutung der Askese im Unterschied zu den okzidentalen letztlich auf der kontemplativ-mystischen Linie. Wie der asketische Protestantismus die okzidentale Erlösungs*ethik* mit konsequenter innerweltlicher Askese verbindet, so der alte Buddhismus die asiatische Erlösungs*lehre* mit konsequenter außerweltlicher Mystik und Kontemplation. Der Konfuzianismus, der alte Buddhismus, der frühe Islam und der asketische Protestantismus sind deshalb jene Kulturreligionen, die in den genannten Vergleichspunkten untereinander in schärfstem Gegensatz stehen.

50 Ebd., Kap. V, § 12.
51 Ebd., S. 375. Vgl. dazu ausführlicher *Religion und Lebensführung*, Kap. 9.

Dies läßt sich freilich nicht allein als Ausfluß der religiösen Quellen interpretieren. Keine Lebensführung ist ausschließlich durch diese bestimmt. Sie ist auch bestimmt durch materielle und vor allem durch ideelle Interessen. Und diese haben mit Schichtung zu tun. Sie muß gemäß dem beschriebenen ›Doppelgesicht‹ der Weberschen Religionssoziologie bereits in einer Typologie von Religionen und religiösen Ethiken berücksichtigt werden. Dabei kann es auch hier nicht um umfassende Analyse gehen. Vielmehr gilt es, die Interessen derjenigen Schichten herauszuarbeiten, »welche die praktische Ethik der betreffenden Religion am stärksten bestimmend beeinflußt und ihr die charakteristischen – d. h. hier: die sie von anderen unterscheidenden *und* zugleich für die Wirtschaftsethik wichtigen – Züge aufgeprägt haben«.[52] Das ist, wie Weber fortfährt, für den jeweiligen Fall durchaus nicht immer nur eine und auch im Zeitverlauf nicht immer dieselbe Schicht. Man muß dabei allerdings die soziale von der religiösen Schichtung analytisch trennen. »Religiöse Virtuosen« stehen sozial nicht notwendigerweise oben, »religiöse Massen« nicht notwendigerweise unten.[53]

Den Trägerschichten, denen Weber in der Wirtschaftsethik der Weltreligionen in erster Linie nachgeht, ist zunächst ein Merkmal gemeinsam: Sie streben nach religiöser Qualifikation, und zwar nicht mehr durch Zauber, sondern durch Lebensführung im weitesten Sinn. Die Masse der Menschen, so Weber, ist unabhängig von ihrer sozialen Lage zu allen Zeiten und überall in der Welt »religiös unmusikalisch«[54] geblieben, hat sich mit Magie oder mit »Heiligen- oder Heroen- oder Funktionsgötterkult« zufriedengegeben. Wo eine Trägerschicht mit ihrem religiösen Weltbild und ihrer Lebensführung diese Masse durchdringen wollte, ist sie regelmäßig an deren magischem und reli-

---

52 Max Weber, RS I, S. 239.
53 Weber betont ausdrücklich, daß die religiöse ›Ständeordnung‹ nicht immer mit der weltlichen zusammenfällt. Vgl. ebd., S. 260.
54 Zur Unterscheidung von religiös musikalisch und religiös unmusikalisch und zu der damit verbundenen religiösen Schichtung ebd., S. 259 f. Man sollte aber nicht nur zwischen religiösen Massen und religiösen Virtuosen, sondern, innerhalb der von den Massen ständisch abgehobenen ›Virtuosen‹, zwischen der Trägerschicht und einzelnen Eliten in ihr unterscheiden.

giösem ›Traditionalismus‹ gescheitert: »Der Konfuzianismus läßt ihn in Gestalt des taoistischen Pantheons neben sich bestehen, der popularisierte Buddhismus duldet die Gottheiten der Länder seiner Verbreitung als dem Buddha untergeordnete Kultempfänger, Islam und Katholizismus haben Lokalgötter, Funktionsgötter und Berufsgötter als Heilige, denen die eigentliche Devotion des Alltags bei den Massen gilt«.[55] Nur Judentum und asketischer Protestantismus sind nach Webers Auffassung diesem Schicksal entgangen, und nicht zuletzt dies macht ihre religionsgeschichtliche Bedeutung aus. In ihrem religiösen Streben unterscheiden sich diese Trägerschichten nun aber danach, ob sie sich in einer positiv oder negativ privilegierten sozialen Lage befinden, ob sie also Herrenschichten oder plebejische Schichten im weitesten Sinne sind. Plebejische Schichten zeigen nämlich im Vergleich zu Herrenschichten eine größere Affinität zu ethisch gefaßten Erlösungsideen und zu Theodizeen des Leidens mit ihrer Tendenz zur Weltablehnung. Herrenschichten dagegen stehen schon wegen ihrer privilegierten Lage und des damit verbundenen Würdegefühls diesen Ideen fern. Dies hängt allerdings davon ab, welchen Aufgaben sie sich widmen, ob sie sich mit Problemen der äußeren oder der inneren Not befassen, ob sie ein aktives oder kontemplatives Leben führen. Wo sie von aktivem Handeln ›entlastet‹ ist, kann auch eine Herrenschicht Erlösungsideen mit weltablehnenden Konsequenzen übernehmen. Dies geschieht häufig mittels einer intellektuell-theoretischen Durcharbeitung des Verhältnisses von Gott, Mensch und Welt. Dies verbindet sich mit der Neigung, die Stellungnahme zur Welt so zu konzipieren, daß sie sich auf *individuelle* Erlösung richtet. So verfährt vor allem der »vornehme Intellektualismus«, der deshalb meist einen theoretischen Rationalismus vertritt. Insbesondere den *politisch* und *militärisch* aktiven Herrenschichten dagegen muß diese »Intellektuellenweltflucht« mit ihrem hochgezüchteten theoretischen Rationalismus fremd bleiben. Sie bejahen die Welt, wie sie ist, und wenn sie überhaupt nach gesteigerter Befriedigung ihrer inneren ideellen Interessen streben, so sind sie zu einem erlösungsfreien praktischen Rationalismus disponiert. Diese Diffe-

55 Max Weber, WuG, S. 297.

renzierung findet sich auch bei den plebejischen Schichten. Träger eines theoretischen Rationalismus sind hier kleinbürgerliche Intellektuelle und Pariaintellektuelle, Träger eines praktischen Rationalismus aber Händler, Handwerker und alle Arten von Gewerbetreibenden, die aktiv im *ökonomischen* Leben stehen. Zusammen bilden sie die ›bürgerlichen‹ Schichten im weitesten Sinne. Sie sind, wie Weber immer wieder betont, außerordentlich heterogen und weisen die vielfältigsten Beziehungen zum religiösen Deutungsangebot auf. Sie lassen sich zunächst nur negativ gegen die bäuerlichen Schichten mit ihrer starken Disposition für Magie abgrenzen, obgleich ›bürgerliche‹ Schichten keineswegs als solche schon zu Magieablehnung neigen. Will man den Religionsbezug von plebejischen Schichten typologisch näher bestimmen, so muß man deshalb nicht nur zwischen ländlichen und städtischen plebejischen Schichten unterscheiden, sondern auch bei den städtischen darauf sehen, in welchem Typus von Stadt sie verankert sind.[56]

Auch für die religiösen Trägerschichten lassen sich also Kriterien angeben, deren Kombination es erlaubt, den typologischen Ort der verschiedenen Studien zur Wirtschaftsethik der Weltreligionen zu bestimmen. Es sind dies vor allem drei: 1. religiöse Lage (›unten‹ – ›oben‹); 2. soziale Lage (›oben‹ – ›unten‹); 3. Art der Aufgaben (praktisch handelnd – denkend). Auch diese Kriterien lassen sich hintereinanderschalten (siehe Tabelle 3).

Die Wahlverwandtschaft zwischen Religion und Trägerschicht, wie sie sich in den Beispielen ausdrückt, ist also vor allem deshalb von Bedeutung, weil durch sie die Richtung mitbestimmt wird, in der sich eine religiös motivierte Stellungnahme zum Verhältnis von Gott, Mensch und Welt entwickelt. Wo Trägerschichten praktisch handelnd im Leben stehen, werden sie eher zu praktisch-ethischen als zu theoretisch-intellektuellen Stellungnahmen neigen, und dies gilt ganz unabhängig davon, ob die religiösen Quellen die Erlösungsidee einschließen oder nicht. Praktisch handelnde Trägerschichten fördern, wenn sie ihre Stellungnahme systematisieren, einen *praktischen* Rationalismus, Intellektuellenschichten dagegen einen *theoretischen*

---

56 Vgl. Max Weber, RS I, S. 240 und seine Untersuchung über die Stadt in WuG, Kap. IX, 8. Abschnitt.

Rationalismus. Welche Art von praktischem oder theoretischem Rationalismus dabei entsteht, ist aber nicht nur abhängig von den Interessenlagen, sondern eben auch von der Art der religiösen Quellen. So wird etwa dort, wo eine Kulturreligion mit der Erlösungsidee und mit durch »metaphysische Verheißungen gegebenen Erlösungswegen« operiert, das Potential für eine religiöse Entwertung der Welt größer sein als bei einer Kulturreligion, die keine Erlösungsidee kennt.[57] Dies kann nicht ohne Konsequenzen für das Weltverhältnis bleiben, selbst wenn man mit Weber davon ausgeht, daß der Grad der religiösen Entwertung der Welt und der Grad ihrer praktischen Ab-

Tabelle 3

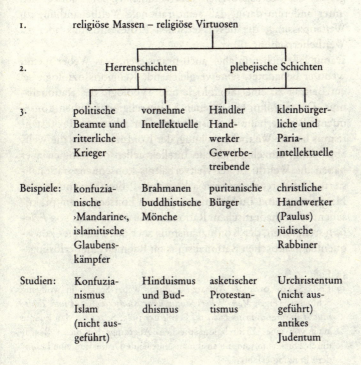

1.	religiöse Massen – religiöse Virtuosen			
2.	Herrenschichten		plebejische Schichten	
3.	politische Beamte und ritterliche Krieger	vornehme Intellektuelle	Händler Handwerker Gewerbetreibende	kleinbürgerliche und Pariaintellektuelle
Beispiele:	konfuzianische ›Mandarine‹, islamitische Glaubenskämpfer	Brahmanen buddhistische Mönche	puritanische Bürger	christliche Handwerker (Paulus) jüdische Rabbiner
Studien:	Konfuzianismus Islam (nicht ausgeführt)	Hinduismus und Buddhismus	asketischer Protestantismus	Urchristentum (nicht ausgeführt) antikes Judentum

57 Max Weber, RS I, S. 514.

lehnung »nicht identisch« sind.[58] Daraus aber folgt: Konfuzianismus und asketischer Protestantismus sind im Unterschied zu Hinduismus und Buddhismus, aber auch im Unterschied zu bestimmten Strömungen des Judentums in erster Linie Vertreter eines praktischen, nicht eines theoretischen Rationalismus. Dieser resultiert einmal aus der Systematisierung und Institutionalisierung einer Erlösungsethik, einmal aus der Systematisierung und Institutionalisierung einer politischen und sozialen Standesethik, einer Art Ziviltheologie.[59] Denn der Konfuzianismus, so jedenfalls Webers Behauptung, kennt weder eine Erlösungsethik noch das radikal Böse oder eine »einheitliche widergöttliche Macht der ›Sünde‹«, und er steht überhaupt am Rande dessen, was noch als religiöse Ethik gelten kann.[60] Damit aber ist sein Potential für eine religiöse Entwertung der Welt geringer als das des asketischen Protestantismus. Dies äußert sich unter anderem darin, daß seine rationale Weltbehandlung zu Weltanpassung, die des asketischen Protestantismus aber zu Weltbeherrschung führt.

Damit läßt sich nun aber auch präzisieren, was Weber meint, wenn er behauptet, seine vergleichende Religionssoziologie sei ein Beitrag zu einer Soziologie und Typologie des Rationalismus. Die von ihm behandelten Kulturreligionen haben konsequente Weltverhältnisse ausgebildet. Der asketische Protestantismus hat die Weltbeherrschung, der Konfuzianismus die Weltanpassung, einzelne indische Intellektuellensoteriologien aber haben die Weltflucht als Weltverhältnis konsequent ›rationalisiert‹. Dabei repräsentieren asketischer Protestantismus sowie Hinduismus und Buddhismus Fälle von konsequentem praktischem bzw. theoretischem Rationalismus im Rahmen von *Erlösungs*religionen, der Konfuzianismus aber den Fall eines konsequenten praktischen Rationalismus im Rahmen einer erlösungs-

58 Ebd.

59 Ebd., S. 239 sowie der Aufsatz von Peter Weber-Schäfer in Wolfgang Schluchter (Hg.), *Max Webers Studie über Konfuzianismus und Taoismus. Interpretation und Kritik*, Frankfurt 1983, S. 202 ff. Man könnte auch von einer Zivilreligion sprechen. Allerdings hat dieser Begriff durch Durkheim und die an ihn anschließende Diskussion eine besondere Prägung erfahren.

60 Vgl. Max Weber, WuG, S. 268, S. 319, S. 341.

freien ›*politischen*‹ Religion. Folgt man der Logik dieses Schemas, so müßte es auch den Fall eines konsequenten theoretischen Rationalismus im Rahmen einer ›politischen‹ Religion geben. Eine Analyse dieser Art fehlt. Man könnte an Griechenland und den Hellenismus denken. Die verstreuten Bemerkungen, die Weber außerhalb der *Agrarverhältnisse* dazu macht, lassen allerdings kein begründetes Urteil zu.[61]

Nun dürfen diese Überlegungen nicht so verstanden werden, als ob eine Kulturreligion *entweder* einen praktischen *oder* einen theoretischen Rationalismus vertrete. Jede religiöse Stellungnahme zur Welt enthält vielmehr Elemente beider zugleich. Und nicht nur dies: Sie bezieht sich dabei immer auch auf zwei ›Welten‹, auf die ›Welt‹ und auf die ›Hinterwelt‹ als ›Überwelt‹. Daran läßt sich die These anschließen, daß die religiöse Stellungnahme ihr Weltverhältnis aus der Verbindung von mindestens vier Weltbeziehungen aufbaut: aus einer theoretischen und einer praktischen Beziehung zur ›Welt‹ *und* aus einer theoretischen und praktischen Beziehung zur ›Überwelt‹. Kulturreligionen scheinen nun darin verschieden, wie sie diese Beziehungen bestimmen und ihr Verhältnis untereinander gewichten. ›Politische‹ Religionen beispielsweise stellen im Vergleich zu Erlösungsreligionen die Beziehungen zu dieser Welt gegenüber denen zur ›Überwelt‹ in den Vordergrund. Dies zeigt sich unter anderem darin, daß sie zu Weltbejahung, Erlösungsreligionen dagegen zu Weltablehnung neigen. Dies ist ein Gesichtspunkt, der die Anordnung von Webers vergleichenden religionssoziologischen Versuchen leitet, der also zu den ›inneren Zweckmäßigkeitsgründen der Darstellung‹ gehört.

Doch ist diese Überlegung nicht allein wichtig, um die ›Logik der Anordnung‹ dieser Studien verständlich zu machen. Sie ist auch von Bedeutung für eine systematisch befriedigende Bestimmung der Begriffe Rationalismus und Rationalisierung, die in ihnen eine zentrale Rolle spielen. Weber verwendet diese für ihn wichtigen Begriffe ja durchaus in ›inflationärer‹ Weise. Und dies nicht allein deshalb, weil er beim Leser das Bewußtsein

---

61 Überlegungen zur systematischen Berücksichtigung des Hellenismus finden sich bei Jürgen Habermas, *Theorie des kommunikativen Handelns*, 2 Bde., Frankfurt 1981, bes. S. 198 ff. Sein Anschluß an Weber weicht allerdings von dem hier vorgeschlagenen ab.

dafür schärfen will, daß mit ihnen »höchst Verschiedenes« verbunden werden kann.[62] Vielmehr erweckt er auch den Eindruck, als würde er seine Verwendungsweisen ad hoc wählen. Und dies wäre ein Mangel, selbst wenn man ihm – in Abwandlung des Eröffnungssatzes des religionssoziologischen Kapitels aus *Wirtschaft und Gesellschaft* – zugestünde, daß die Definition dessen, was Rationalismus und Rationalisierung ›sind‹, unmöglich an der Spitze, sondern allenfalls am Schluß einer Erörterung stehen kann.[63] Die analytisch saubere Bestimmung der fundamentalen Komponenten von sinngebenden Stellungnahmen bietet nun in meinen Augen einen Ansatzpunkt, diesen Mangel zu beheben. Aus ihnen läßt sich ein Bezugsrahmen aufbauen, in den die historisch-vergleichenden Analysen von Rationalismus und Rationalisierung eingebettet werden können. Rationalisierung und, als Folge davon, Rationalismus hat es nach Weber in allen Kulturreligionen, ja selbst in der Magie gegeben. Nicht dies ist für die kulturgeschichtliche Betrachtung entscheidend, sondern erst: »*welche* Sphären und in welcher Richtung sie rationalisiert« worden sind.[64] ›Welt‹ und ›Hinterwelt‹ aber lassen sich als fundamentale Sphären, intellektuell-theoretische und praktisch-ethische Interessen aber als fundamentale Richtungen interpretieren. Ihre Kombination erlaubt die Identifikation von fundamentalen Formen der Rationalisierung und des Rationalismus, deren verschiedene historische Ausprägungen Weber in seinen vergleichenden Studien in selektiver Weise untersucht (siehe Tabelle 4).

Nun muß man diesen Vorschlag zumindest in einer Hinsicht qualifizieren. Weber spricht an verschiedenen Stellen von Ordnungen und Wertsphären, aber auch von Lebensgebieten, in denen das historische Handeln verläuft. Zu diesen gehören zum Beispiel Religion, Ökonomie, Politik, Wissenschaft und Kunst, aber auch die »geschlechtliche Liebe«, und er nennt nicht nur ihnen ›entsprechende‹ Werte, sondern erwähnt auch Kulturwerte, und zwar einmal als Sammelbezeichnung für jene, einmal als eine von jenen zu unterscheidende Wertkategorie.[65] Ich bin

---

62 Vgl. etwa Max Weber, RS I, S. 265.
63 Vgl. Max Weber, WuG, S. 245.
64 Max Weber, RS I, S. 12.
65 Vgl. dazu insbesondere ebd., S. 536 ff., ferner WuG, Kap. V, § 11 und

nun der Meinung, daß diese empirisch aufgenommenen Ordnungen und ›Wertsphären‹ auf das vorgeschlagene Schema bezogen werden können. Sie ergeben sich aus einer Differenzierung von ›Interessenrichtungen‹ in ihrem Doppelbezug auf ›Welt‹ und ›Hinterwelt‹. Dies führt etwa für den ›praktischen Bereich‹ zu einer Differenzierung von ›Ethiken‹ (religiöse Ethik, Wirtschaftsethik, politische Ethik etc.) und von ihnen korrespondierenden ›Techniken‹ (Heilstechnik, ökonomische Technik, politische Technik etc.), aber auch zu der Frage, ob neben theoretischen und praktischen Interessen nicht andere fundamentale Interessen, zum Beispiel ästhetische, existieren, die nicht einfach Varianten theoretischer und praktischer Interessen sind. Diese Frage kann hier nur aufgeworfen, nicht aber beantwortet werden. Die Antwort setzt eine systematische Erörterung von Webers werttheoretischem Ansatz voraus.[66]

Tabelle 4   Fundamentale Formen von Rationalisierung
und Rationalismus

Interessenrichtung / Sphäre	theoretisch	praktisch
›Welt‹	kausale Rationalisierung ›Erfahrung‹ ›wissenschaftlicher‹ Rationalismus	Zweckrationalisierung ›Technik‹ technischer Rationalismus
›Hinterwelt‹	intellektuelle Rationalisierung ›Metaphysik‹ metaphysischer Rationalismus	Wertrationalisierung ›Ethik‹ ethischer Rationalismus

WL, S. 603 f., ferner, zur Interpretation, *Religion und Lebensführung*, Kap. 3.

66 Einen Versuch in dieser Richtung habe ich unternommen in *Religion und Lebensführung*, Kap. 2. Die Werttheorie und die Theorie des Rationalismus bzw. der Rationalisierung hängen natürlich zusammen. Über

Mit diesem Schema lassen sich nun vier Folgerungen verbinden, die für die Einschätzung von Webers Konfuzianismus- und Protestantismusstudie, ja seiner vergleichenden religionssoziologischen Studien insgesamt wichtige Aufschlüsse geben. 1. Man kann je zwei Begriffe von theoretischem und von praktischem Rationalismus unterscheiden, einen weiteren und einen engeren. Der weitere umfaßt die weltliche und die überweltliche Sphäre, der engere nur die weltliche, und dies läßt sich mit der These verbinden, daß mit wachsender Rationalisierung der Weltbeziehungen nach ihren eigenen Gesetzen die Verklammerung dieser Formen immer schwieriger wird. Es gehört zu Webers Gegenwartsdiagnose, daß in der ›auf eigenen Füßen‹ stehenden modernen okzidentalen Kultur der wissenschaftliche den metaphysischen und der technische den ethischen Rationalismus gleichsam von sich abstößt, daß also ein umfassender Begriff von theoretischem oder praktischem Rationalismus, wie ihn beispielsweise noch die Philosophie der Aufklärung formuliert hat, immer unplausibler wird. Dies zeigt sich unter anderem in der »Tendenz zur Spaltung in ein rationales Erkennen und eine rationale Beherrschung der Natur einerseits, und andererseits ›mystische‹ Erlebnisse, deren unaussagbare Inhalte« auf das einzige Jenseits verweisen, das »neben dem entgotteten Mechanismus der Welt« noch möglich scheint.[67] 2. Man kann zwei Verbindungen von theoretischem und praktischem Rationalismus hervorheben, die metaphysisch-ethische und die wissenschaftlich-technische. Die

letztere gibt es keine Übereinstimmung in der Sekundärliteratur. Interessante neuere Beiträge finden sich bei Stephen Kalberg, »Max Weber's Types of Rationality: Cornerstones for the Analysis of Rationalization Processes in History«, in: *American Journal of Sociology*, 85 (1981), S. 1145 ff. und Donald N. Levine, »Rationality and Freedom: Weber and Beyond«, in: *Sociological Inquiry*, 51 (1981), S. 5 ff. sowie Jürgen Habermas, *Theorie des kommunikativen Handelns*, S. 239 ff. Mein Vorschlag stimmt mit diesen nicht überein. Mit ihm korrigiere ich zugleich eine von mir zuerst 1976 benutzte Unterscheidung. Vgl. Wolfgang Schluchter, *Rationalismus der Weltbeherrschung*, Frankfurt 1980, Kap. I.

67 Max Weber, RS I, S. 254. Diese Aussage gilt aber offensichtlich nach Weber nicht nur für die moderne okzidentale Kultur.

erste manifestiert sich vor allem in den Kulturreligionen, die zweite in der okzidentalen Moderne. Weber interessiert sich in der Religionssoziologie in erster Linie für die erste Verbindung, und zwar immer auch unter dem Gesichtspunkt, welche Komponente, die theoretische oder die praktische, die kognitive oder die evaluative, dabei im Vordergrund steht. Dies ist ein wichtiger Gesichtspunkt, um Art und Ausmaß der theoretischen *und* praktischen »Durchrationalisierung des Weltbildes und der Lebensführung«[68] zu erfassen, um zu klären, ob diese Durchrationalisierung eher mit einer Ortho*doxie* bzw. Hetero*doxie* oder aber mit einer Ortho*praxie* bzw. Hetero*praxie* verbunden ist.[69] 3. Eine sinnhafte Stellungnahme zur Welt kann in jeder der ›Teilwelten‹ primär verankert werden. Dies bleibt nicht ohne Einfluß auf die historische Ausprägung von Rationalisierung und Rationalismus. Freilich ist nicht allein der Ort der primären Verankerung wichtig, sondern auch das Verhältnis der ›Teilwelten‹ zueinander, und zwar unter dem doppelten Gesichtspunkt von Differenzierung und Verklammerung. 4. Je schwächer die Verankerung in der ›Hinterwelt‹ ist, desto geringer ist das Potential für Weltentwertung. Dies gilt unabhängig davon, ob die primäre Verankerung im theoretischen oder im praktischen Bereich erfolgt. Das primitive Weltbild etwa, das in Webers Sicht insofern einheitlich ist, als alles »konkrete Magie« bleibt,[70] als zwischen fundamentalen Sphären und Interessenrichtungen allenfalls graduell unterschieden wird, besitzt keinen ›archimedischen Punkt‹, um aus dem symbolischen Zauberkreis, in dem alles gefangen bleibt, herauszutreten, um Teile der Welt zu entwerten, zu entzaubern. Aber auch das moderne Weltbild, das auf erfolgreicher Entzauberung beruht, fördert Weltbejahung, ja Weltanpassung, weil ihm die überweltliche Verankerung weitgehend fehlt. Auch für einen Teil der Kulturreligionen gilt diese Diagnose. Und dies führt noch einmal zu der Unterscheidung zwischen ›politischen‹ Religionen und Er-

68 Ebd., S. 253.
69 Vgl. zu diesen Unterscheidungen den Beitrag von Helwig Schmidt-Glintzer in Wolfgang Schluchter (Hg.), *Max Webers Studie über Konfuzianismus und Taoismus*, S. 298 ff.
70 Max Weber, RS I, S. 254.

lösungsreligionen zurück. Während der asketische Protestantismus und auch der Buddhismus eine starke überweltliche Verankerung besitzen, die noch dadurch verstärkt wird, daß die religiösen Traditionen, aus denen sie stammen, Prophetien kennen, behauptet Weber vom Konfuzianismus, daß ihm nicht nur jede Prophetie fremd sei, sondern daß er auch letztlich keine metaphysische Verankerung habe[71] und daß die von ihm vertretene Ethik im Grunde keine *religiöse* Ethik sei. Obgleich der Konfuzianismus nicht zuletzt aufgrund einer ausgebauten Kosmogonie zwischen den fundamentalen Sphären unterscheidet, ist er doch nicht schon deshalb zu Weltablehnung fähig. Er gilt Weber vielmehr als »diejenige (der Absicht nach) rationale Ethik, welche die Spannung gegen die Welt, sowohl ihre religiöse Entwertung wie ihre praktische Ablehnung, auf ein absolutes Minimum« reduziert.[72]

3. Die Rationalisierung des Traditionalismus im kaiserlichen China: Die ›Wahlverwandtschaft‹ von konfuzianischer Ethik und Patrimonialbürokratie

Was ist nun das Zentralproblem von Webers Konfuzianismusstudie? Die Antwort darauf dürfte nach den bisherigen Ausführungen nicht überraschen. Weber fragt, warum es nach Befriedung des Reiches unter den Ch'ing (ab 1644 n. Chr.) und nach der Gewährung größerer Freiheiten trotz Bevölkerungsvermehrung und Vermehrung der Edelmetallvorräte, trotz zwar nicht rechtlicher, wohl aber faktischer Autonomie der ›Berufsverbände‹, trotz stark ausgeprägten Erwerbstriebs der Bevölkerung und trotz ihres sprichwörtlichen Fleißes im späten 17. und frühen 18. Jahrhundert in China von innen heraus zu keiner modern-kapitalistischen Entwicklung, ja nicht einmal zu einer modern-bürokratischen Entwicklung gekommen ist.[73] Unter modernem Kapitalismus versteht Weber dabei die zweckrationale Organisation von Wirtschaftsbetrieben, die auf formell

---

71 So ebd., S. 266.
72 Ebd., S. 514.
73 Ebd., S. 290, S. 340 f., S. 350, S. 390 f.

freier Arbeit, also auf Lohnarbeit, beruhen und formell friedliche Erwerbschancen für sich nutzen; unter moderner Bürokratie versteht Weber die zweckrationale Organisation von Verwaltungsbetrieben mit einem vor allem juristisch geschulten Fachbeamtentum, das formell korrekt zustande gekommene Gesetze und Verordnungen ohne Ansehen der Person anwendet.[74] Wie bereits erwähnt, nennt Weber drei Klassen von Ursachen, um dieses Ausbleiben einer modernen Entwicklung im europäischen Sinne in China zu ›erklären‹: 1. die Art der ›religiösen‹ Quellen; 2. die materiellen und ideellen Interessen der Trägerschichten; 3. die Art der Ordnungskonfiguration. Gehen wir diese kurz durch.

Webers Einschätzung der ›religiösen‹ Quellen des Konfuzianismus wurde bereits an mehreren Stellen angedeutet. Er konstatiert das Fehlen einer Erlösungsidee, einer Idee von der »satanischen Macht des Bösen«,[75] selbst eines Wortes für Religion.[76] Er behauptet das Fehlen einer Metaphysik und einer Philosophie im abendländischen Sinne. Was als Philosophie gelten könne, habe keinen »spekulativ-systematischen Charakter«, keine »fachmäßige *Logik*« und setze das Gleichnis an die Stelle rationaler Argumentation.[77] Die dem Konfuzianismus zugeschriebenen Schriften basierten auf Heldenepen, die zwar auf dem Wege einer »systematische(n) Purifikation« ins Ethische gewendet worden seien.[78] Doch würden dabei die Zeremonial- und Ritualnormen nicht nur mit den Rechtsnormen auf »völlig gleicher Linie« behandelt, sie würden auch allenfalls zu einer ritualistischen Ethik und zu einer Gesetzesethik, nicht aber zu einer Gesinnungsethik systematisiert.[79] Der diesem Normensystem entsprechende ›Geist‹ ist, um mit Kant zu sprechen, nicht der der Moralität, sondern der der Legalität. Dies, weil eben ein für den asketischen Protestantismus, aber auch für den alten Buddhismus charakteristisches Moment fehle: »die zentrale

74 Ebd., S. 1-9.
75 Ebd., S. 490.
76 Ebd., S. 432.
77 Ebd., S. 415.
78 Ebd., S. 402.
79 Max Weber, WuG, S. 348 f.

methodisch *lebensorientierende* Macht einer Erlösungsreligion«.[80]

Nun darf man diese innerweltliche Ethik mit ihren Diesseitsverheißungen aber auch in Webers Augen keineswegs mit Magie gleichsetzen. Denn es ist gerade eines ihrer Merkmale, daß durch sie die Heilsbedeutung der Magie bestritten wird.[81] Dies nicht zuletzt deshalb, weil sie auf Voraussetzungen beruht, die das magische Weltbild sprengen. Eine davon ist die Gotteskonzeption. Weber sieht sie, wie überall, aus magischen Vorstellungen entstanden. Und auch noch in ihrer entwickelten Form tradiert sie Reste dieses ›Ursprungs‹ fort. Entscheidend aber ist: Sie transformiert nützliche und schädliche Geister ins Ethische sowie ins Unpersönliche, was sich allerdings »nicht ohne dauernde Rückstände der Personalkonzeption vollzog«.[82] Weber bringt diese Entwicklung, die in seiner Sicht wohl in der für die Prägung der geistigen Kultur Chinas entscheidenden Zeit zwischen dem 8. und dem 3. Jahrhundert v. Chr. einsetzt und bis ins 12. Jahrhundert n. Chr. dauert,[83] mit politischen, insbesondere außenpolitischen Konstellationen zusammen, wobei er die Lage Chinas mit der in Vorderasien, insbesondere mit der in Altisrael vergleicht.[84] Wie in Altisrael, so wird auch in China der magische Ausgangspunkt ethisch gewendet. Doch anders als dort entsteht daraus hier kein persönlicher Himmelsgott, sondern eine »unpersönliche Himmelsmacht«, kein ethischer Gott, sondern ein ›ethischer Himmel‹, der eine ewige Ordnung schützt, die Himmlisches und Irdisches umgreift.[85] Dieser ›Schutz‹ äußert sich unter anderem in der Forderung, daß die Beziehung zwischen Himmlischem und Irdischem harmonisch sei, wodurch diese Harmonie Heilsbedeutung gewinnt. Sie aber ist durch die Existenz magischer Kräfte ständig bedroht. Ein Mittel gegen diese Bedrohung ist tugendhaftes Handeln vor

---

80 Max Weber, RS I, S. 458.
81 Ebd., S. 443 f.
82 Ebd., S. 301.
83 Ebd., S. 304, S. 319, S. 459.
84 Vgl. ebd., S. 298 ff. und, für den Vergleich, *Religion und Lebensführung*, Kap. 7.
85 Max Weber, RS I, S. 307.

allem der politisch Herrschenden, des Kaisers und seines Verwaltungsstabs.[86] Der Kaiser als ›Sohn des Himmels‹ gilt dabei als Repräsentant der menschlichen Ordnung gegenüber dem Numinosen und des Numinosen gegenüber der menschlichen Ordnung.[87] Weber sieht ihn allerdings in erster Linie als einen ins Ethische transformierten Regenmacher und – in einer möglicherweise mißverständlichen Analogie zu okzidentalen Konstellationen – als einen Pontifex, als einen Papst.[88]

Nun muß man diese Charakterisierung der ›religiösen‹ Quellen nach Weber in zwei Hinsichten qualifizieren. Zunächst: Die Konzeption einer höchsten unpersönlichen Himmelsmacht[89] schließt die Aufnahme von personalisierten Geistern und Göttern in ein ›Pantheon‹ nicht aus. Im Anschluß an de Groot nennt Weber neben dem Kult des Himmels zwanzig weitere Kulte und ihnen entsprechende Geister und Götter, meist Funktions- und Lokalgötter, die zum Staatskult gehören. Die meisten von ihnen sind nicht als unpersönliche Mächte konzipiert.[90] Allerdings: Die personalisierten Mächte, so Weber, stehen zwar *über* den Menschen, aber *unter* den unpersönlichen Mächten, und sie sind auch leichter als diese nach Bedarf austauschbar. Sodann: Der an die Gotteskonzeption anschließende Kult des Himmels läßt den Ahnenkult mit seiner Vorstellungswelt unangetastet. Weber bezeichnet ihn als den »einzigen nicht durch die cäsaropapistische Regierung und ihre Beamten, sondern durch den Hausvorstand als Hauspriester, unter Assistenz der Familie besorgten, aber unzweifelhaft klassischen und uralten ›Volkskult‹«.[91] Die Bedeutung dieser religiösen Quelle zeigt sich auch darin, daß die Ahnengeister des Kaisers »die nahezu gleichgeordnete Gefolgschaft des Himmelsgeistes« abgeben.[92]

---

86 Ebd., S. 310 ff., S. 444 ff., S. 457 f. Dazu auch der Beitrag von Thomas Metzger in Wolfgang Schluchter (Hg.), *Max Webers Studie über Konfuzianismus und Taoismus*, S. 229 ff.

87 So die Formulierung von Peter Weber-Schäfer in *Max Webers Studie über Konfuzianismus und Taoismus*, S. 202 ff.

88 Dazu Max Weber, RS I, S. 304, S. 311, S. 319 ff. und die Kritik von Peter Weber-Schäfer an dieser Auffassung.

89 Max Weber, RS I, S. 466 f., wo der Begriff des Tao erläutert wird.

90 Vgl. ebd., S. 308 f., Fn.

91 Ebd., S. 376.   92 Ebd., S. 377.

Dadurch aber werden Staatskult und Ahnenkult, die Vorstellungswelt von der ewigen unpersönlichen Ordnung und die animistische Vorstellungswelt zusammengeschlossen, werden überhaupt ethische mit magischen Elementen verzahnt. Dennoch: Webers Behandlung der konfuzianischen ›religiösen‹ Quellen zwingt in meinen Augen zu der Folgerung, der Konfuzianismus sei nicht, wie er selbst sagt, magisch, sondern ethisch verankert, wenngleich er richtig sieht, daß diese ethische Verankerung nicht religiös, sondern politisch-sozial gewendet wird.[93]

Diese Wendung aber hängt mit den diese Quellen rationalisierenden Trägerschichten zusammen, mit den materiellen und ideellen Interessen insbesondere derjenigen Schicht, die Weber als die führende Chinas bezeichnet: »des Beamten- und Amtsanwärterstandes«.[94] Dieser Stand formiert sich in Wechselwirkung mit der Ausbildung des chinesischen Patrimonialstaates. Wie immer bei herrschaftssoziologischen Analysen, so betrachtet Weber auch die chinesische Staatsentwicklung vor allem unter dem Gesichtspunkt, wie das Verhältnis des Herrn, in diesem Fall des Kaisers, zu seinem Verwaltungsstab gestaltet worden ist. Dafür hat die chinesische Geschichte vor allem drei ›Modelle‹ ausgebildet, die von verschiedenen Schichten ›propagiert‹ wurden: den Feudalismus, den die erbcharismatischen Sippen und ›Großen Familien‹ wollten; den Sultanismus, den vor allem die Eunuchen wünschten, der aber auch den absolutistischen Neigungen mancher Kaiser entgegenkam; und den Patrimonialismus, der vor allem im Interesse der Literatenschicht lag. Diese Schichten standen insbesondere nach Überwindung der Teilstaaten und nach Zerschlagung des Feudalismus, also ab 221

---

93 Vgl. dazu auch die Ausführungen von Wolfram Eberhard in *Max Webers Studie über Konfuzianismus und Taoismus*, S. 55 ff., der darauf hinweist, daß der Konfuzianismus keine Religion, sondern ein weltliches Regelsystem sei, das vor allem für die Beziehungen in Haus und Familie gelte und zusammen mit Taoismus, Buddhismus und staatlichen Opferzeremonien das Handeln reguliere. Zur politischen Wendung des Konfuzianismus vor allem der Beitrag von S. N. Eisenstadt in jenem Band.

94 Max Weber, RS I, S. 341. Daß dieser ›Stand‹ sehr differenziert gesehen werden muß, zeigt Peter Weber-Schäfer in *Max Webers Studie über Konfuzianismus und Taoismus*.

v. Chr., untereinander in heftigen Kämpfen. In diese spielte nach Weber auch der sich freilich erst allmählich ausbildende Schulgegensatz zwischen den Anhängern des Konfuzius und denen des Lao-tsu, zwischen Konfuzianismus und Taoismus, mit hinein.[95] Während der Taoismus sich zunächst mit den Aristokraten, dann mit den Eunuchen verband, kam es zwischen Konfuzianismus und Literatenschicht zu einer immer engeren Wahlverwandtschaft, so daß der von ihr favorisierte Patrimonialismus zu der »für den Geist des Konfuzianismus grundlegende(n) Strukturform« avancierte.[96] Der Ausgang dieser Kämpfe blieb relativ lange offen. Doch gelang der Literatenschicht schon unter den Han eine wichtige Weichenstellung: »Die Literaten .. setzten (124 vor Chr.) durch, daß *ihnen* die hohen Aemter vorbehalten blieben.«[97] Dies ebnete den Weg für einen relativ offenen Präbendalismus. Dieser ist dadurch gekennzeichnet, daß nicht die Militär-, sondern die Verwaltungsleistung im Zentrum der Politik steht und daß die Ämter, die als Pfründe behandelt werden, weder erblich sind noch gemäß der ›freien Willkür‹ des Herrn vergeben werden, sondern aufgrund individueller Qualifikation. Das wichtigste Instrument, diese individuelle Qualifikation zu sichern, ist das Prüfungswesen. Weber sieht es in einem über Jahrhunderte anhaltenden Prozeß allmählich entstehen.[98] Es ist freilich offensichtlich niemals der einzige Mechanismus zur Rekrutierung von Beamten gewesen.[99] Dennoch: Es prägt zunehmend die Lebensorientierung der Literatenschicht als einer vornehmen Beamtenschicht. Denn dieses Prüfungswesen, das übrigens nicht nur die Feudalisierung oder Sultanisierung der Verwaltung verhindert, sondern auch, wegen der damit verbundenen individuellen Konkurrenz,

---

95 RS I, S. 329 f., S. 474 ff. Dazu, teilweise kritisch, die Beiträge von Helwig Schmidt-Glintzer und Nathan Sivin in *Max Webers Studie über Konfuzianismus und Taoismus.*

96 RS I, S. 330.   97 Ebd., S. 329.

98 Weber sieht das Prüfungswesen erst im 7. Jahrhundert nach Chr. voll durchgeführt und erst im 14. Jahrhundert nach Chr. voll institutionalisiert. Vgl. ebd., S. 405 f.

99 Darauf weist Peter Weber-Schäfer in *Max Webers Studie über Konfuzianismus und Taoismus* hin. Neben der Prüfung stand immer der Ämter- und Titelkauf.

die Eigenmacht des Kaisers gegenüber seiner Verwaltung sichert, ist mit Bildungsidealen gekoppelt. Sie finden ihre Stütze in jenen Quellen, von denen die Rede war. Diese haben neben den bereits erwähnten ›inneren‹ auch ›äußere‹ Eigenschaften, die gerade in vergleichender Perspektive besondere Beachtung verdienen: Sie sind schon früh schriftlich und in einem spezifischen Sinne literarisch, bestehend aus Annalen, Kalendern, Ritual- und Zeremonialbüchern und ähnlichem mehr.[100] Daran kann sich eine schriftgebundene Bildung nichtmilitärischen Zuschnitts anschließen, die sowohl auf charismatische Erweckung wie auf fachliche Einschulung verzichtet. Es ist eine ständische Erziehung zum ›Kulturmenschentum‹.[101] Die damit verbundene Exklusivität kommt den materiellen und vor allem den ideellen Interessen einer vornehmen Staatspfründnerschicht besonders entgegen. Diese wendet denn auch die Quellen ins Praktische, ja ins Politische, und bildet aus ihnen einen nüchternen politisch-praktischen Rationalismus, der das innerweltliche Glück mit den Mitteln der Verwaltung fördern will. Dieses Glück bemißt sich nicht allein am Wohlergehen der Herrschenden, sondern auch an dem der Untertanen, des Volkes. Doch dies sprengt nicht den patrimonialstaatlichen Rahmen: Die Wohlfahrtsförderung bleibt an durch Tradition gestützten materialen Gerechtigkeitspostulaten orientiert.[102] Die nach Amtspfründen strebende Literatenschicht schafft also letztlich eine »innerweltliche Laiensittlichkeit«, die sowohl magische Ekstase wie soteriologische Askese oder Mystik, ja die Religion selbst »im Innersten« verachtet: Nicht Erlösung von der Welt, sondern Einfügung in sie wird zum letzten Ziel.[103]

Diesen Zusammenhang darf man freilich nicht isoliert behandeln. Er gewinnt erst seine volle soziologische Bedeutung, wenn man sich klarmacht, wie Weber den seit der Teilstaatenzeit über Jahrhunderte sich formierenden chinesischen patri-

---

100 Vgl. RS I, S. 396 ff.
101 Ebd., S. 408 ff., wo Weber seine ›Erziehungssoziologie‹ in Umrissen entwickelt.
102 Dies gilt nach Weber letztlich für alle Patrimonialstaaten, die sich deshalb in ihrer Wohlfahrtspolitik von modernen Staaten grundsätzlich unterscheiden.
103 Vgl. ebd., S. 445, ferner S. 433 ff. und S. 441.

monialen Einheitsstaat als eine Ordnungskonfiguration charakterisiert. Die Ursachen, die er für das Ausbleiben einer endogenen modern-kapitalistischen und modern-bürokratischen Entwicklung in China nennt, beziehen sich ja nicht nur auf die gesinnungsmäßigen Grundlagen und auf die materiellen und ideellen Interessen von Chinas herrschenden Schichten, sondern auch auf die »Staats*struktur*« selber.[104] Und diese ist für ihn offensichtlich anhand von Kaiser- und Mandarinentum allein noch nicht zureichend analysiert. Vielmehr müssen weitere Ordnungs- und Handlungszusammenhänge einbezogen werden. Damit stellt sich wieder ein Auswahlproblem. Weber löst es abermals durch den Seitenblick auf die okzidentale Entwicklung. Mehr als in jedem anderen Text, so wurde behauptet, sind in der Konfuzianismusstudie die für die Erweiterung der Protestantismusstudie wichtigen politisch-rechtlichen und ökonomischen Vergleichspunkte kenntlich gemacht. Dies läßt sich an einer Behauptung und an einer ›Erklärung‹ illustrieren. Weber behauptet, in China habe wie in allen Patrimonialstaaten die Entwicklung der Geldwirtschaft den ökonomischen Traditionalismus nicht untergraben, sondern gestärkt. Es gebe nur eine Ausnahme von dieser ›Regel‹: den europäischen Okzident. Er erklärt: Dies deshalb, weil hier »starke, auf eigenen Füßen stehende Mächte« existieren, die in China weitgehend fehlten.[105] Welches sind diese Mächte?

Es kann meines Erachtens keinem Zweifel unterliegen, daß Weber in erster Linie an drei Mächte denkt, denen er in den verschiedensten Zusammenhängen die Eigenart der okzidentalen Entwicklung zurechnet: an die autonome Kirche mit ihrer Hierokratie, an die autonome Gewerbestadt mit ihrem Bürgertum und an das Lehenswesen mit seinen Ständen.[106] Alle drei fehlen in dieser Form in China. Der urwüchsige

104 Vgl. ebd., S. 390 f. Weber formuliert etwa in der Mitte seiner Studie, alle bisher vorgetragenen Gründe führten hauptsächlich auf die Staatsstruktur zurück.
105 Ebd., S. 349.
106 Dazu gibt es im Werk viele Hinweise. Besonders deutlich die Eröffnungspassagen von Band 1 und 3 der *Gesammelten Aufsätze zur Religionssoziologie*. Vgl. ausführlich *Religion und Lebensführung*, Kap. 10, 2 c.

Cäsaropapismus, zum Staatskult weiterentwickelt, verhindert den Dualismus von Staat und Kirche; die frühe Einrichtung einer »Beamten-(und: Offiziers-)Organisation«, zur Patrimonialbürokratie weiterentwickelt, hemmt zumindest die autonome Stadtentwicklung und die rechtliche Absicherung einer autonomen Stadtwirtschaftspolitik[107]; der Einheitsstaat schließlich entsteht aus der Zerschlagung des Feudalismus und der politischen Entmachtung des Adels. Wohl bildeten sich immer wieder große Grundherrschaften. Doch blieben sie letztlich politisch bedeutungslos. Wie Weber zusammenfassend formuliert: Dem »Recht nach stand über dem Kleinbürger und Kleinbauern unmittelbar der patrimonialbureaukratische Mechanismus. Es fehlte dem Recht und im wesentlichen auch der Sache nach die feudale Zwischenschicht des mittelalterlichen Okzidents.«[108]

In China stehen sich also in Webers Sicht zentrale und lokale Schichten gleichsam direkt gegenüber, nicht politisch mediatisiert durch feudale oder bürgerliche Zwischenschichten. Älteste und Honoratioren, Sippenverbände, Ahnenkult und Dörfer einerseits, kaiserlicher Hof, Patrimonialbürokratie, Staatskult und Verwaltungsstädte andererseits, dies sind die wichtigsten Bausteine, aus denen sich die chinesische Staatsstruktur aufbaut. Sie kennt zwei Gravitationszentren der Herrschaft: Im Dorf herrscht die Sippe, außerhalb des Dorfs die Patrimonialbürokratie. Allerdings: Die Intensität dieser Bürokratie ist, wie Weber immer wieder betont, so gering, daß es ihr nicht gelingt, die außerdörflichen Lebensbereiche wirklich zu durchdringen. Ihre mangelhafte Einheitlichkeit, Präzision und Effizienz aber hat mit dem Gegensatz von innerer und äußerer Verwaltung, mit der kleinen Zahl der offiziellen Beamten, mit den kurzen Amtsfristen, mit dem Verbot der Anstellung in der Heimatprovinz, mit dem Zensorensystem, mit der fehlenden Orts- und Sprachkenntnis der offiziellen Beamten und mit ihrer Abhängigkeit von den orts- und sprachkundigen unoffiziellen ›Beamten‹ zu tun.[109] So kommt es insbesondere in den Städten zwar zu keiner rechtlich garantierten, wohl aber zu einer faktischen

---

107 Max Weber, RS I, S. 298.   108 Ebd., S. 373.
109 Vgl. dazu ebd., S. 330 ff.

Selbstverwaltung der ›Berufsverbände‹, der Gilden und Zünf-te.[110] Doch entscheidend ist: Dies hebt die politische Monopol-position der Patrimonialbürokratie auf zentraler Ebene nicht auf. Diese verstärkt sich noch mit der Befriedung des Reiches, weil nun auch die ›äußeren‹ Gegenmächte verschwinden. Dies ist für Weber ein weiterer wichtiger Unterschied zum Okzi-dent.

Doch in China fehlt in Webers Sicht die Konkurrenz nicht nur auf dem Gebiet des Politischen, sie fehlt nach der Befriedung des Reiches auch weitgehend auf dem Gebiet des Geistigen. Gewiß: Es gab die Kämpfe zwischen Konfuzianern und Taoi-sten, die insbesondere in der noch ›offenen‹ Teilstaatenzeit und in den ihr folgenden Jahrhunderten auch von politischer Bedeu-tung waren. Gewiß: Der Taoismus zeigt zunächst durchaus er-lösungsreligiöse Züge, er fördert zumindest ein individualisti-sches Erlösungsstreben und baut über Klöster und Hierokratie auch eine zum Cäsaropapismus alternative Organisationsform auf. Doch läßt er, so Weber, nicht nur wichtige Prämissen des Konfuzianismus unangetastet, er entwickelt sich auch, je länger je mehr, zur aktiven Stütze eines magischen Weltbildes und einer ihm entsprechenden magischen Praxis, und dies, ohne damit den Widerstand des Konfuzianismus zu wecken, der zwar Ma-gie als unklassisch verachtet, ihr gegenüber aber letztlich inner-lich hilflos bleibt.[111] Es scheint sogar, wie insbesondere Helwig Schmidt-Glintzer ausführt, als seien Konfuzianismus, Taoismus und Buddhismus in China nach anfänglichen Kämpfen eine Art friedlicher Koexistenz eingegangen, als hätten sie verschiedene Funktionen innerhalb desselben Rahmens übernommen, eines Rahmens, den Weber möglicherweise im Auge hatte, als er von dem der Orthodoxie und der Heterodoxie gemeinsamen chine-

110 Entscheidend ist für Weber das Fehlen der rechtlichen Garantien, was die ›Unterentwicklung‹ von Stadtfreiheit und städtischer Selbstverwal-tung zur Folge hat. Die faktische Macht der Berufsverbände dagegen war in seinen Augen größer als die der Gilden und Zünfte im Okzi-dent. Auf S. 381, ebd. formuliert er überspitzt: »›Stadt‹ gleich Manda-rinensitz ohne Selbstverwaltung, – ›Dorf‹ gleich Ortschaft mit Selbst-verwaltung ohne Mandarinen!«

111 Weber führt dies wohl letztlich auf die ungebrochene Bedeutung des Ahnenkults für alle Schichten zurück.

sischen Weltbild sprach.[112] Wie auch immer: Zentral für Webers ›Erklärung‹ der ausgebliebenen endogenen Entwicklung zum modernen Rationalismus in China ist die These vom Fehlen der starken, auf eigenen Füßen stehenden Mächte, die ökonomisch, politisch und geistig die Klammer zwischen dem patrimonial-staatlichen und dem primordialen Mechanismus hätten dauerhaft aufbrechen können. Anders als etwa in Altisrael während der Periode des Ersten Tempels, anders aber auch als in Europa in der nachreformatorischen Phase, fehlen die konkurrierenden Kräfte, durch die erst eine den Traditionalismus nicht bloß rationalisierende, sondern ihn sprengende Entwicklungsdynamik entsteht. Weber faßt denn auch in meinen Augen das zentrale Argument seiner Studie in dem folgenden Zitat zusammen: »Im Ergebnis konnte sich also hier die immanente Stellungnahme einer Beamtenschaft zum Leben, der nichts, keine rationale Wissenschaft, keine rationale Kunstübung, keine rationale Theologie, Jurisprudenz, Medizin, Naturwissenschaft und Technik, keine göttliche und keine ebenbürtige menschliche Autorität Konkurrenz machte, in dem *ihr* eigentümlichen praktischen Rationalismus ausleben und eine ihr kongruente Ethik schaffen, begrenzt nur durch die Rücksicht auf die Mächte der Tradition in den Sippen und im Geisterglauben. Es trat ihr keines der anderen Elemente spezifisch *modernen* Rationalismus, welche für die Kultur des Westens konstitutiv waren, zur Seite, weder konkurrierend noch unterstützend. Sie blieb aufgepfropft auf eine Unterlage, welche im Westen schon mit der Entwicklung der antiken Polis im wesentlichen überwunden war. Es kann also die von ihr getragene Kultur annähernd als ein Experiment gelten: welche Wirkung rein von sich aus der *praktische* Rationalismus der Herrschaft einer Amtspfründnerschaft hat. Das Resultat dieser Lage war: der orthodoxe Konfuzianismus.«[113]

Es sind keineswegs die gesinnungsmäßigen Grundlagen und ihre Aneignung durch die jeweiligen Trägerschichten allein, die die chinesische Welt von der des asketischen Protestantismus scheiden. Es ist auch die Ordnungskonfiguration, dort der pa-

112 Über die Gemeinsamkeiten von Orthodoxie und Heterodoxie vgl. ebd., S. 466 ff. und S. 479 f.
113 Ebd., S. 440.

trimoniale Einheitsstaat, hier der Ständestaat, die die Eigenart der jeweiligen Entwicklung entscheidend mitbestimmt. Was für die gesinnungsmäßigen Grundlagen gesagt wurde, läßt sich nun aber auch für die Staatsstruktur sagen: Trotz mancher Analogie und äußerer Ähnlichkeit größte innere Differenz. Das kann man gerade am Vergleich von chinesischer und okzidentaler Bürokratie zeigen. In China und im Okzident wurde in Webers Sicht der bürokratische Mechanismus am konsequentesten rationalisiert. In diesem Sinne läßt sich seine Bemerkung in *Wirtschaft und Gesellschaft* lesen, der Konfuzianismus und die Römische Kirche seien die »beiden größten religiös-rationalistischen Mächte der Geschichte« gewesen.[114] Doch entwickeln sie dabei nicht zwei ›Stufen‹ der Bürokratie, die auf derselben Linie lägen, sondern zwei gänzlich verschiedene Arten von Bürokratie mit verschiedener Entwicklungsrichtung und verschiedenem Entwicklungspotential. Dies hängt unter anderem mit den beiden Rechtstraditionen zusammen. China kennt weder, wie der Okzident, die Rechtsfigur der Korporation noch die des subjektiven Rechts. Beide aber haben den Charakter der okzidentalen Bürokratie entscheidend beeinflußt, vor allem haben sie ihr Verständnis als eine ›sachliche Gemeinschaft‹ wie auch die ›freiheitsrechtliche‹ Beschränkung ihres Interventionsanspruchs möglich gemacht. Obgleich Weber, wie insbesondere Karl Bünger zeigt, die chinesische Rechtsentwicklung in vieler Hinsicht falsch einschätzt, insbesondere die Rolle der Legisten für sie nicht berücksichtigt, kann Bünger doch diese beiden Punkte bestätigen.[115] Sie mögen mit erklären, weshalb sich, so Webers Behauptung, in China ein Verpflichtungsgefühl gegenüber ›sachlichen Gemeinschaften‹ letztlich nicht entwickelt hat.[116] Wie dem auch sei: Für Weber bleibt die chinesische Bürokratie *Patrimonial*bürokratie, die trotz funktionaler Gliederung der Staatstätigkeit und trotz ihrer Bindung an ein Statutenrecht als ›Gesetzesrecht‹ letztlich zwischen Amt und Person, Verwaltungs- und Rechtsgang, formalem Recht und materialer Gerechtigkeit nicht streng scheidet. Sie hat deshalb den bürokratischen Mechanismus nicht wirklich zu versachlichen ver-

114 Max Weber, WuG, S. 326.
115 Vgl. Max Weber, RS I, S. 381, S. 391 ff., S. 435 f.
116 Vgl. ebd., S. 494.

mocht. Das Mandarinentum rationalisiert die Bürokratie konsequent, aber im traditionalen, durch das Pietätsprinzip bestimmten Rahmen. Es konnte dadurch gerade nicht, wie etwa die Römische Kirche, dazu beitragen, daß diese traditionellen Rahmenbedingungen gesprengt wurden.

4. Webers Konfuzianismusstudie: Eine kritische Würdigung

Was sind die Einwände, die Webers Analyse herausfordert? Ich greife drei heraus. Der erste betrifft den ›zeitlichen Rahmen‹ der Studie, der zweite die These, China sei trotz konfuzianischer Ethik gekennzeichnet durch den »ungebrochenen Fortbestand rein magischer Religiosität«.[117] Der dritte Einwand bezieht sich auf das ›Erklärungsmodell‹ selber, auf die Faktoren, die darin vorkommen, und auf ihren Zusammenhang.

Webers vergleichende religionssoziologische Versuche sind allgemein dadurch gekennzeichnet, daß sie nach Aufbau und Argumentation nur sehr bedingt der historischen Chronologie der behandelten Kulturkreise folgen. Darin schlägt sich in meinen Augen ein doppeltes Interesse nieder: die Gleichsetzung von Zeitfolge und Kausalfolge zu vermeiden und ›historische Erbschaften‹ zu identifizieren, die in einem Kulturkreis als ›Weichensteller‹ für ›universalgeschichtliche Abläufe‹ wirksam sind.[118] Dennoch unterlegt er diesen Studien ein Zeitschema, schon weil kausale Zurechnungen Vorher-Nachher-Modelle verlangen. Dabei konzentriert sich sein Augenmerk vor allem auf jene ›Epochen‹, in denen in seiner Sicht die geistige Kultur und die politische Struktur eines Kulturkreises geprägt wurden. Für China sind dies die Epoche der Teilstaaten und die ihr vorausliegenden und ›nachfolgenden‹ Epochen, also die Zeit der Hsia, Shang, Chou, Ch'in und Han. Von hier aus springt Weber ins 17. Jahrhundert n. Chr., in die Zeit der Ch'ing, für die er sein Zentralproblem formuliert. Die Zeit dazwischen bleibt weitgehend dunkel, ihr gelten nur verstreute und unsystemati-

117 Ebd., S. 515.
118 Zu dem Begriff historische Erbschaften vor allem Reinhard Bendix, *Könige und Volk*, 2 Teile, Frankfurt 1980, Einführung. Danach können also nicht nur Ideen als Weichensteller wirken.

sche Hinweise. Eine gewisse Ausnahme bildet die Zeit vom 7.
bis zum 11. Jahrhundert n. Chr., die für ihn wohl die Zeit ist, in
der sich vor allem die Patrimonialbürokratie ausgebildet hat.[119]
Eine Epoche entscheidender Neuerungen zwischen den Han
und den Ch'ing scheint für ihn nicht zu existieren. Die für ihn
wichtigen Weichen werden unter den Ch'in und den Han gestellt. Dabei legt er seiner Periodisierung weniger die Dynastien
als vielmehr die Abfolge der Strukturformen chinesischer Herrschaft zugrunde: urwüchsiger Patriarchalismus (Hsia und
Shang), politischer Feudalismus (Chou), Patrimonialismus
(Ch'in und Han), schließlich ausgebildeter patrimonial-präben-
daler Einheitsstaat (Ch'ing). Ein wichtiges ereignisgeschichtli-
ches Datum ist dabei das Jahr 221 v. Chr., ein Jahr, durch das
äußerlich der Übergang vom feudalen zum präbendalen Staat
markiert wird.

Nun hängt diese Sicht der Dinge natürlich auch mit der zu
Webers Zeit existierenden Quellenlage zusammen. Darauf weist
vor allem Wolfram Eberhard hin.[120] Trotzdem scheint Weber
mit seiner ›Gewichtung‹ der frühen Epochen nicht schlecht zu
liegen. So führt Karl Bünger aus, daß das chinesische Recht und
der chinesische Staat seit der Reform der Ch'in etwa auf dem
Niveau des europäischen Mittelalters stehen. Dennoch: Webers
Periodisierung hat aus heutiger Sicht einen zentralen Mangel.
Sie berücksichtigt die gewaltigen Veränderungen nicht, die zwischen 1000 und 1500 n. Chr. stattfanden und die Forscher von
einer Ära chinesischer Überlegenheit auf nahezu allen Gebieten
sprechen lassen.[121] Es ist offensichtlich zugleich jene Epoche, in
der die von Weber relativ abschätzig behandelte chinesische
Philosophie wichtige Beiträge hervorbringt. Dies jedenfalls
folgt aus Tu Wei-ming, der sich vor allem auf Quellen aus dieser
Epoche stützt. Überhaupt ist Webers Skizzierung der geistigen

119 Dies jedenfalls folgt aus der Vorlesungsnachschrift, die erschienen ist
als Max Weber, *Wirtschaftsgeschichte*, 3. Aufl., Berlin 1958, S. 289 f.
120 Zum Folgenden die Beiträge in Wolfgang Schluchter (Hg.), *Max Webers Studie über Konfuzianismus und Taoismus.*
121 Vgl. dazu etwa William H. McNeill, *The Pursuit of Power*, Chicago:
University of Chicago Press 1982, Kap. 2 und die Beiträge von Wolfram Eberhard und Nathan Sivin in *Max Webers Studie über Konfuzianismus und Taoismus.*

Kultur Chinas insofern limitiert, als er weder die Legisten noch den Neo-Konfuzianismus behandelt. Auch die Konstruktion einer konfuzianischen Orthodoxie und einer taoistischen Heterodoxie entspricht, wie Helwig Schmidt-Glintzer zeigt, nicht mehr dem heutigen Forschungsstand. Folgt man Nathan Sivin, so sind die Begriffe Konfuzianismus und Taoismus bereits zur Zeit der Han reine Worthülsen, und sie können mit keiner spezifischen Trägerschicht mehr verbunden werden. Auch Webers Bemerkungen über den chinesischen Buddhismus fallen sehr kursorisch aus. Dies sind Limitationen, die nicht nur mit den gewählten Vergleichspunkten zusammenhängen. Sie betreffen auch die von ihm in den Mittelpunkt gestellte ›Sache‹ und haben ihn zu sachlich falschen Urteilen oder doch zu sachlich fragwürdigen Gewichtungen geführt.

Auch Webers Behauptung von der ungebrochenen Macht der Magie in China muß zunächst vor allem Kritik herausfordern. Sie wird unter anderem von S. N. Eisenstadt vorgebracht. Dieser bemängelt, Weber habe nicht scharf genug zwischen der Spannung, die mit der prinzipiellen Unterscheidung zwischen ›Welt‹ und ›Hinterwelt‹ gesetzt sei, und der Lösung dieser Spannung unterschieden. Die Spannung selber liege der geistigen Kultur Chinas zweifellos zugrunde, doch werde sie im Rahmen einer innerweltlichen Orientierung verarbeitet und dadurch gleichsam entschärft. Auch Thomas Metzger argumentiert in dieser Richtung. Er schlägt vor, Webers Spannungstheorem umzuformulieren. Entscheidend sei nicht die Spannung, sondern die Vorstellung, wie Heilsziele und Heilsmittel zueinander stehen, ob daran geglaubt werde, daß die Ziele mit den Mitteln grundsätzlich erreichbar sind. Ist dies nicht der Fall, so entstehe ein Gefühl der Bedrängnis. Nicht, wie Weber dachte, habe grenzenloser Optimismus, sondern dieses Gefühl der Bedrängnis die geistige Kultur Chinas mitgeprägt.[122]

Nun muß man allerdings Webers Magiebehauptung in meinen Augen differenzieren. Sie wird nämlich wenigstens in drei verschiedenen Zusammenhängen vorgetragen: bei der Erörterung der konfuzianischen Ethik und ihrer Beziehung zu den religiö-

---

122 Dazu außer Thomas Metzgers Beitrag im genannten Band vor allem sein Buch *Escape from Predicament*, New York: Columbia University Press 1977, Kap. 3.

sen Massen, bei der eher kursorischen Diskussion des Taoismus und bei der Analyse der chinesischen Staatsorganisation. Zunächst gilt, was Weber von allen religiösen Ethiken außerhalb von Judentum und Protestantismus behauptet: daß die konfuzianische Ethik die Massen nicht durchdrungen hat. Dies vor allem aus zwei Gründen: Sie ist eine Standesethik, deren Träger sich die Ausrottung der Magie bei den Massen gar nicht zum Ziel genommen hatten, und sie wertet die Heilsbedeutung der Magie nicht für alle Lebensbereiche gleichermaßen ab. Es gilt zwar der Grundsatz, die Magie sei gegen die Tugend machtlos, doch sie behält selbst im »orthodoxen Konfuzianismus ihren anerkannten Platz«.[123] Während dieser die Magie aber allenfalls duldet, wird sie, so Weber, vom Taoismus aktiv gefördert. Dieser gilt ihm in seinem Endstadium als eine »höchst subaltern gewordene magische Makrobiotik, Therapeutik und Apotropie« und als eine magische Wissenschaft, die in der Welt einen Zaubergarten sieht.[124] Schließlich aber gehört die Magie in Webers Sicht schon wegen des Staatskultes und seiner Mixtur von unpersönlichen und persönlichen Geistern und mit seiner Verbindung zum Ahnenkult zu den »konstitutionellen Grundlagen der chinesischen Regierungsmachtverteilung«.[125] All dies wirkt zusammen, um die Entzauberung der Welt zu verhindern. Es schafft sogar eine Konstellation, die der Erhaltung und Kultivierung eines magischen Zaubergartens günstig ist.[126]

Dennoch ist diese Behauptung überzogen. Sie führt Weber zunächst dazu, das Entwicklungspotential der geistigen Kultur Chinas allgemein zu unterschätzen. Dies gilt etwa für seine Beurteilung der chinesischen Wissenschaftsentwicklung, deren angebliche Rückständigkeit er aus der Magiebefangenheit des

---

123 Max Weber, RS I, S. 490.
124 Ebd., S. 481, S. 484.
125 Ebd., S. 485.
126 Vgl. ebd., S. 513. Das Problem ist, daß Weber seinen Magiebegriff in wenigstens drei Bedeutungen verwendet: zur Charakterisierung einer Vorstellungswelt (magisches Weltbild), zur Charakterisierung eines Normtypus (tabuartige Normen, magische Ethik) und zur Charakterisierung einer Heilsmethodik (magischer Ritualismus). Es bleibt deshalb auch häufig unklar, ob sich der Begriff auf die ›Heilsziele‹ oder auf die ›Heilswege‹ oder auf beides zugleich bezieht.

Taoismus ›herleitet‹. Wie Nathan Sivin im Anschluß an die Arbeiten von Joseph Needham und Benjamin Nelson zeigt, sind die chinesischen Wissenschaften, gerade auch die Naturwissenschaften, denen Europas wenigstens bis ins 12. und 13. Jahrhundert n. Chr. ›voraus‹ gewesen, außerdem hat ihre Entwicklung, sieht man von der Alchimie ab, mit dem Taoismus so gut wie nichts zu tun. Die überzogene Behauptung führt Weber aber auch dazu, die ethische Entwicklung falsch zu beurteilen. Er dehnt seine Magiebehauptung am Ende auf die konfuzianische Ethik aus. Er behauptet, die Erhaltung des Zaubergartens sei nicht allein der Wirkung des Taoismus und des Staatskultes zuzurechnen, sie gehöre auch »zu den intimsten Tendenzen der konfuzianischen Ethik«.[127] Und der Vergleich mit der Ethik des Puritanismus schließt mit dem Urteil: »Beide Ethiken hatten ihre irrationale Verankerung: dort die Magie, hier die letztlich unerforschlichen Ratschlüsse eines überweltlichen Gottes.«[128] Damit wird es aber nicht allein schwierig, im Rahmen des Weberschen Ansatzes etwa Thomas Metzgers Beobachtung Rechnung zu tragen, es fällt auch nicht leicht, Weber mit sich selber in Übereinstimmung zu halten. Denn seine eigene Analyse zeigt, daß die konfuzianische Ethik auf dem Niveau einer Kulturreligion steht und deshalb letztlich nicht in Magie verankert sein kann. Wie der praktische Rationalismus des Konfuzianismus und der des asketischen Protestantismus zwar äußerlich Ähnlichkeiten aufweisen, aber auf völlig verschiedenen Voraussetzungen aufruhen und mit völlig verschiedenen Konsequenzen verbunden sind, so die Weltbejahung der Magie und die Weltbejahung der konfuzianischen Ethik. Diese wichtige Differenz hat Weber im Resultat seiner Studie verwischt, weil er hier, entgegen seinem eigenen Bezugsrahmen, Religion tendenziell mit Erlösungsreligion identifiziert.

Auch Webers ›Erklärungsmodell‹ führt in eine Reihe von Problemen. Zunächst muß man sich in meinen Augen allerdings klarmachen: Er gibt für das Ausbleiben einer endogenen modern-kapitalistischen oder modern-bürokratischen Entwicklung in China keine Erklärung im Sinne eines Subsumtions-

127 Ebd., S. 513.
128 Ebd., S. 527.

urteils, sondern eine Konstellations*beschreibung*, für die er sich an den genannten Vergleichspunkten orientiert. Er beurteilt dabei einzelne ›Faktoren‹ und ihre Beziehung untereinander daraufhin, ob sie, nach unserem ›Erfahrungswissen‹, geeignet erscheinen, den ökonomischen Traditionalismus, ja den Traditionalismus insgesamt auszubauen oder zu sprengen. Dafür rückt die Idee von den »starken, auf eigenen Füßen stehenden Mächten« in den Mittelpunkt. Wo diese weitgehend fehlen, kann sich angesichts der gleichsam ›natürlich‹ fundierten Macht des Traditionalismus eine auch ihm eigene Entwicklungsdynamik nicht zugunsten seiner Revolutionierung auswirken. Da diese Entwicklungsdynamik keine mechanische Kraft ist, sondern sich aus Handlungszusammenhängen aufbaut, setzt die Konstellationsbeschreibung immer den Doppelbezug auf die ›Bedingungen‹ und auf die ›Deutungen‹ von Handeln voraus. In diesem Sinne hat Weber am Ende der Protestantismusstudie erklärt, er wolle mit *seiner* Kulturwissenschaft nicht an die Stelle einer einseitig materialistischen eine einseitig spiritualistische »kausale Kultur- und Geschichtsdeutung« setzen. Denn: »*Beide* sind *gleich möglich*, aber mit beiden ist, wenn sie nicht Vorarbeit, sondern Abschluß der Untersuchung zu sein beanspruchen, der historischen Wahrheit gleich wenig gedient.«[129]

Von den Faktoren, die in Webers Konstellationsbeschreibung eingehen, nehmen diejenigen, die sich auf die Staatsstruktur beziehen, neben jenen, die mit der geistigen Kultur zusammenhängen, den breitesten Raum ein. Auch ihre Einschätzung durch Weber wird von Sinologen vor allem kritisiert. Dies gilt für seine Einschätzung der chinesischen Bürokratie und des chinesischen Rechts, die in den Beiträgen von Wolfram Eberhard und von Karl Bünger untersucht wird. Dies gilt für seine Einschätzung des Prüfungswesens, dessen Aufbau und Wirkung in dem Beitrag von Peter Weber-Schäfer im Mittelpunkt stehen. Dies gilt aber auch für seine Einschätzung der chinesischen Stadtentwicklung, die von Sybille van der Sprenkel analysiert wird. Das Ergebnis ist, daß viele von Webers Formulierungen, gemessen am heutigen Forschungsstand, unzulässige Vereinfachungen enthalten. Folgt man der Analyse von Mark El-

129 Ebd., S. 205 f.

vin, so sind aber nicht nur einzelne Faktoren entweder unzureichend oder gar falsch beschrieben, auch der behauptete Zusammenhang zwischen ihnen ist nicht überzeugend dargelegt. Webers Erklärungsproblem, so die These, läßt sich einfacher, konziser und faktennäher lösen, wenn man ein ›Modell‹ verwendet, das in erster Linie mit ökonomischen und ökologischen Faktoren und mit der Idee von der Gleichgewichtsfalle auf hohem Niveau (high level equilibrium trap) arbeitet. Kulturelle Faktoren spielten, so die Behauptung, nur eine nachrangige Rolle. Wo sie überhaupt ins Spiel kämen, seien es nicht jene, die Weber in den Mittelpunkt rückt.

Nun sind diese Einwände zweifellos von großem Gewicht für die Beurteilung von Webers Konfuzianismusstudie heute. Denn sie scheinen das zu tangieren, was Weber als wünschenswert deklarierte: daß der sinologische Fachmann in seiner Studie »nichts zur Sache *Wesentliches* findet, was er als sachlich *falsch* beurteilen muß«.[130] Doch verweisen sie auch auf Probleme der Verständigung zwischen Sinologen und Soziologen, die Arnold Zingerle am Beispiel einer älteren sinologischen Weberinterpretation aufzeigt, sowie auf Probleme kulturvergleichender Analyse im allgemeinen. Diese muß Vergleichspunkte wählen und ihre Begriffe daran orientieren. Vergleichspunkte und Begriffe entstammen dabei jener Kultur, um deren Erkenntnis willen der Vergleich letztlich angestellt wird. Es wird deshalb gerade bei vergleichenden Analysen immer eine strittige Frage bleiben, welche ihrer Einseitigkeiten auf das Konto eines nicht bloß heuristischen ›Eurozentrismus‹ und welche auf das Konto der vergleichenden Methode gehen.[131] Nicht strittig in diesem Sinne

130 Ebd., S. 13.
131 Viele der Weberschen Begriffe haben eine ›okzidentale‹ Herkunft, wie etwa der Begriff der Theodizee oder die Unterscheidung in Kirche und Sekte. Auch seine Auffassungen von Patriarchalismus und Pietät, die gerade in der Konfuzianismusstudie eine Rolle spielen, scheinen an der okzidentalen, insbesondere der römischen Geschichte abgelesen, weshalb ihre Übertragung auf chinesische Verhältnisse zu Verzerrungen führt. Dies legen Untersuchungen von Gary Hamilton nahe, der das römische Konzept der patria potestas mit dem chinesischen hsiao vergleicht. Vgl. »Patriarchalism in Imperial China and Western Europe. A Revision of Weber's Sociology of Domination«, in: *Theory and Society*,

kann allerdings sein, welche ›Klassen‹ von Faktoren dabei Berücksichtigung verdienen. Dies ist jedenfalls nicht nur ein Problem der Wertinteressen, es ist auch ein theoretisches Problem. Für Weber kann die kulturwissenschaftliche Analyse aus theoretischen Gründen auf die Einbeziehung sogenannter kultureller Faktoren nicht verzichten. Dies ist so, weil sie letztlich auf einer Handlungs- und Ordnungstheorie beruhen muß.

Weber hat gerade in seiner Konfuzianismusstudie ein sehr komplexes Argument vorgetragen. Dieses kann man nur voll würdigen, wenn man es auf dem Hintergrund seines Gesamtprojektes liest. Es muß historisch kritisiert werden. Aber es ist auch ein Argument, dessen Wert sich nicht allein danach bemißt, wieviel an ihm aus heutiger Sicht noch historisch richtig ist. Es ist vielmehr ein Argument, das eine Fragerichtung begründet. Und diese bleibt für eine Soziologie *und* Sinologie, die auf eine kulturwissenschaftliche Betrachtung aus ist, auch heute noch relevant.

13 (1984), S. 393 ff. Auch Thomas Metzger weist darauf hin, daß Weber die chinesischen Auffassungen von Pietät einseitig interpretiert und daß er nicht nur hier die in der chinesischen Gesellschaft angelegten Transformationstendenzen übersieht.

6. Rationalismus der Weltflucht und des organischen Relativismus Hinduismus und Buddhismus

A. Die »Zwischenbetrachtung«
  1. Weltbejahung und Weltverneinung
  2. Askese und Kontemplation
  3. Typologie erlösungsreligiöser Welthaltungen
  4. Strategien der Spannungs- und Konfliktbewältigung

B. Die Studie über Hinduismus und Buddhismus
  5. Der Ansatz
  6. Das hinduistische soziale System
  7. Das hinduistische ›Glaubenssystem‹

> »Wer alles Anhängen an die Frucht der Werke aufgegeben hat, immer zufrieden ist, ohne irgendwelche Abhängigkeit, tut nichts, obwohl er sich ständig betätigt.«
> *Bhagavad Gītā*, IV, 20.

> »Wie kann man sich selbst kennenlernen? Durch Betrachten niemals, wohl aber durch Handeln. Versuche deine Pflicht zu tun, und du weißt gleich, was an dir ist.«
> Goethe, *Wilhelm Meisters Wanderjahre*,
> Zweites Buch, Elftes Kapitel
> (Betrachtungen im Sinne der Wanderer).

A. Die »Zwischenbetrachtung«

1. Weltbejahung und Weltverneinung

Max Webers Studie über Hinduismus und Buddhismus, die in die drei Abschnitte »Das hinduistische soziale System«, »Die orthodoxen und heterodoxen Heilslehren der indischen Intellektuellen« und »Die asiatische Sekten- und Heilandsreligiosität« gegliedert ist, beginnt nicht mit der Analyse des hinduistischen sozialen Systems. Sie beginnt vielmehr mit einer systematischen Betrachtung, durch die er die Behandlung der indischen Heilslehren in eine weitere Perspektive stellt. Darin geht es um ein Grundproblem, mit dem sich zumindest alle Erlösungsreligionen, seien sie eher lehrhaft oder eher ethisch ausgerichtet, konfrontiert sehen: daß ihr Anspruch mit den Realitäten des Lebens in Spannung, ja in Konflikt gerät. Diese systematische Betrachtung, die auf andere, etwa auf die »Einleitung«, verweist, ist uns in drei Fassungen überliefert. Über deren Verhältnis ist kurz zu sprechen, will man klären, worin genau diese weitere Perspektive besteht.

Die erste und zeitlich vermutlich früheste Fassung findet sich im religionssoziologischen Kapitel von *Wirtschaft und Gesellschaft*. Sie trägt den Titel »Religiöse Ethik und ›Welt‹« und ist von Untersuchungen über »Die Erlösungswege und ihr Einfluß auf die Lebensführung« und »Die Kulturreligionen und die ›Welt‹« eingerahmt. Die zweite Fassung, die offenbar in großer zeitlicher Nähe zur ersten konzipiert wurde, hat Weber im Novemberheft des *Archivs für Sozialwissenschaft und Sozialpolitik* aus dem Jahre 1915 veröffentlicht. Sie ist mit »Zwischenbetrachtung. Stufen und Richtungen der religiösen Weltablehnung« überschrieben und zwischen die Studien über die Wirtschaftsethik der chinesischen und der indischen Kulturreligionen gestellt. In dieser Stellung ist sie auch in dem von Weber selbst noch zum Druck gegebenen 1. Band der *Gesammelten Aufsätze zur Religionssoziologie* aus dem Jahre 1920 belassen. Hier hat sie den Titel »Zwischenbetrachtung: Theorie der Stufen und Richtungen religiöser Weltablehnung«. Während nun die erste und die zweite Fassung sowohl nach ihrer äußeren Textgestalt wie zum Teil auch thematisch und begrifflich trotz großer sachlicher Nähe durchaus voneinander abweichen, sind die zweite und die dritte Fassung unter diesen Gesichtspunkten weitgehend identisch. Zwar stimmen die Texte nicht völlig überein, doch die Eingriffe, die Weber an der zweiten Fassung vornahm, bestehen hauptsächlich in Einschüben, die den alten Textbestand kaum berühren, ein Vorgehen übrigens, das für seine Bearbeitung bereits veröffentlichter Texte insgesamt charakteristisch ist.[1]

1 Zu den werkgeschichtlichen Zusammenhängen vgl. Wolfgang Schluchter,

Rationalismus der Weltbeherrschung. Studien zu Max Weber, Frankfurt 1980, S. 208 ff. sowie *Religion und Lebensführung*, Kap. 13. Es ist das Verdienst von Eduard Baumgarten, als erster auf die Unterschiede der drei Fassungen hingewiesen zu haben. Leider hat er dabei ungenau datiert und, wie ich meine, sachlich falsche Akzente gesetzt. Dies blieb nicht ohne Einfluß auf die Sekundärliteratur. Hier ist es, nicht zuletzt mit Bezug auf Baumgarten, zu einem in meinen Augen völlig unzureichenden ›biographischen Reduktionismus‹ gekommen, den man freilich nicht ihm anlasten kann. Baumgarten sieht den Zusammenhang zwischen Werk und Person keineswegs reduktionistisch, wenngleich auch bei ihm eine überzeugende methodische Begründung seines Ansatzes fehlt. Vgl. Eduard Baumgarten, *Max Weber. Werk und Person*, Tübingen 1964, bes. S. 472 ff. Um nur einige Ungenauigkeiten zu nennen: Baumgarten behauptet, das Kapitel »Religiöse Ethik und ›Welt‹« sei nicht später als 1911 geschrieben. Einen Beweis dafür legt er nicht vor. Prüft man den Text, so stellt man fest, daß Weber Literatur verwendet, die erst 1912 erschienen ist, z. B. Hermann Levy, *Die Grundlagen des ökonomischen Liberalismus in der Geschichte der englischen Volkswirtschaft*, Jena 1912. Baumgarten behauptet, die »Zwischenbetrachtung« sei 1916 erschienen. Sie erschien aber im Novemberheft des *Archivs für Sozialwissenschaft und Sozialpolitik* aus dem Jahre 1915 und wurde vermutlich sehr viel früher konzipiert. Baumgarten behauptet, das Bild, das in der Fassung von 1911 von den Spannungen zwischen der ökonomischen und politischen Rationalisierung und der Gesinnungs- und Erlösungsreligiosität gezeichnet werde, habe sich in der Fassung von 1916 »außer in *einem* wichtigen Punkt – wenig verändert. In der Sphäre der Intellektualität, Erkenntnis und Wissenschaft gleichfalls wenig.« Diese Sphäre kommt aber in der ersten Fassung überhaupt nicht vor. Baumgarten möchte ›auf der Ebene der Texte‹ beweisen, Weber habe, wohl in Abhängigkeit von persönlichen Erfahrungen, vor allem seine Einschätzungen der Lebensmacht Sexualität und Erotik geändert. Auch dafür sehe ich keinen Beweis. Gewiß: Weber hat gerade diesen Abschnitt zwischen 1915 und 1920 nicht unerheblich bearbeitet. Aber es handelt sich nicht um *Umarbeitungen*, sondern, wie Baumgarten selbst ja richtig sieht, um *Ergänzungen*. Selbst für die neue, schöne Schlußpassage dieses Abschnitts in der Fassung von 1920 läßt sich eine ›wissenschaftliche‹, nicht ›persönliche‹ Motivation finden. Weber hat sich für die Überarbeitung der Protestantismusstudien, insbesondere der Sektenstudie, vermutlich noch einmal mit dem Puritanismus, insbesondere mit den Quäkern, beschäftigt und dafür vor allem auch das Buch von Gerhard von Schultze-Gaevernitz, *Britischer Imperialismus und englischer Freihandel zu Beginn des zwanzigsten Jahrhunderts*, Leipzig 1906 herangezogen, in dem man auf S. 48 f. über Penns Beziehungen zu seiner

Weshalb schreibt Weber die zweite Fassung, und vor allem: weshalb weist er ihr die beschriebene Stellung zu? Dafür lassen sich unter anderem zwei Gründe nennen. Beide haben mit äußeren und inneren ›Zweckmäßigkeitsgründen der Darstellung‹ zu tun.[2] Zum einen sind die Aufsätze über die Wirtschaftsethik der Weltreligionen, zu denen die Studien über die chinesischen und indischen Kulturreligionen gehören, nach Webers eigenen Worten unter anderem dazu bestimmt, das religionssoziologische Kapitel von *Wirtschaft und Gesellschaft* zu ergänzen und zu interpretieren, wie auch durch dieses interpretiert zu werden.[3] Das schafft einerseits Entlastung durch ›Arbeitsteilung‹, andererseits die Möglichkeit, die dort entwickelten systematischen Gedanken hier in knapper und zugespitzter Form zu verwenden,[4] und zwar so, wie es nach dem Gang der Darstellung zweckmäßig ist. In diesem Sinne bildet die »Zwischenbetrachtung« neben der »Einleitung« ein Scharnier, durch das die *Gesammelten Aufsätze zur Religionssoziologie* mit *Wirtschaft und Gesellschaft* äußerlich und innerlich verbunden werden. Zum anderen fordert der Gang von Webers Darstellung gerade

Frau ähnliches wie bei Weber lesen kann. Natürlich hat Weber nicht *nur* ergänzt, sondern auch umgearbeitet. Doch besteht der Kern der Umarbeitung zwischen 1915 und 1920 in einer Standardisierung der Begriffe. So wird aus Raffinierung Sublimierung (ein auch vor 1915 bei ihm schon gebrauchter Begriff), aus bestialisch animalisch und aus virtuosenhaft in einigen Fällen heldenhaft, aus dem Virtuosen in einigen Fällen der Held. Die Gründe für die letzte Änderung erläutert er selbst. Vgl. RS I, S. 260, Fn. Ein Beispiel für biographischen Reduktionismus, der mit Baumgartens ›Erkenntnissen‹ arbeitet, ist Arthur Mitzman, *The Iron Cage. An Historical Interpretation of Max Weber*, New York: Grosset & Dunlap 1971. Mitzmans Versuch, sein relativ simples psychoanalytisches Modell gleichsam wissens- und kultursoziologisch anzureichern, ändert am grundlegenden Sachverhalt nichts.

2 Vgl. RS I, S. 267, Fn. 1, wo es heißt: »Die *Reihenfolge* der Betrachtung ist – um auch das zu bemerken – nur zufällig geographisch, von Ost nach West gehend. In Wahrheit ist nicht diese äußere örtliche Verteilung, sondern sind, wie sich vielleicht bei näherer Betrachtung zeigt, innere Zweckmäßigkeitsgründe der Darstellung dafür maßgebend gewesen.« So auch die Formulierung im *Archiv*.

3 RS I, S. 237, Fn. 1.

4 Dazu ausführlicher *Religion und Lebensführung*, Kap. 13.

an dieser Stelle tatsächlich einen systematischen Exkurs. Eine Zwischenbetrachtung dient ja allgemein dazu, den Fluß einer Darstellung zu unterbrechen, um auf die bis dahin gewonnenen Resultate zu reflektieren und eine Perspektive für die weiteren Erörterungen zu entwerfen. Nicht zufällig schließt Webers »Zwischenbetrachtung« an das »Resultat« der Konfuzianismus-studie unmittelbar an. Dieses aber lautet: Die chinesischen Kulturreligionen haben weder in ihren orthodoxen noch in ihren heterodoxen Varianten bei ihren Anhängern starke Weltablehnungsmotive ›gezüchtet‹. Gerade durch ihre orthodoxen Varianten wurde vielmehr eine Haltung der Weltbejahung, ja der Weltanpassung rational unterbaut. Dies bringt die konfuzianische Ethik, typologisch gesehen, in schärfsten Gegensatz zur puritanischen. Denn diese hat ihren Anhängern eine Haltung der Weltverneinung angesonnen und sie dadurch »in den Zusammenhang einer gewaltigen und pathetischen Spannung gegenüber der ›Welt‹« gestellt.[5] Das Weltverneinungs- oder Weltablehnungsmotiv ist nun aber keineswegs nur dem Puritanismus oder anderen christlichen Strömungen eigen. Vielmehr hat es nach Weber seine radikalsten Ausprägungen gerade nicht in den vorderasiatischen und okzidentalen Gebieten, sondern in Asien gehabt. Das jedenfalls sagen die Eröffnungssätze der »Zwischenbetrachtung«: »Das Gebiet der *indischen* Religiosität, in welches wir eintreten wollen, ist im stärksten Kontrast gegen China die Wiege der theoretisch und praktisch weltverneinendsten Formen von religiöser Ethik, welche die Erde hervorgebracht hat. Ebenso ist hier die entsprechende ›Technik‹ am höchsten entwickelt. Das Mönchtum und die typischen Manipulationen der Askese und Kontemplation sind hier nicht nur am frühesten, sondern auch sehr konsequent durchgebildet worden und diese Rationalisierung hat vielleicht auch historisch von da aus ihren Weg durch die Welt gemacht.«[6] Wenn dem aber so ist, dann muß nach der Darstellung von religiösen Ethiken und Lehren der Weltbejahung am Beispiel Chinas die Analyse von religiösen Ethiken und Lehren der Weltverneinung noch im Rahmen der Darstellung der asiatischen Kulturreligio-

5 RS I, S. 513.
6 Ebd., S. 536.

nen beginnen. Man sieht, daß der Schnitt, den die »Zwischenbetrachtung« gleichsam durch die Kulturreligionen legt, nicht mit der Unterscheidung zwischen asiatischen und vorderasiatisch-okzidentalen Kulturreligionen zusammenfällt.

Dies heißt nun freilich nicht, daß Weltbejahung nur in China vorkäme. Weber spricht unter anderem in der »Einleitung« von der naiven »›Weltbejahung‹ des ungebrochenen Menschentums etwa in der Antike und im Laien-Katholizismus«.[7] Es scheint, als seien in seiner Sicht religiös unterbaute Weltablehnungsmotive, die handlungsrelevant werden, eher die Ausnahme als die Regel und dort, wo sie vorkommen, jedenfalls kein Massenphänomen. Religiöse Weltablehnung scheint vielmehr in erster Linie eine Sache hochgestimmter ›Virtuosen‹, religiöser Eliten.[8] Sie setzt ferner die ›Fortentwicklung‹ der Heilsidee zur Erlösungsidee, der Heilstechniken zu soteriologischen Methodiken und des Sinnbedürfnisses zum Erlösungsbedürfnis voraus. In China – so Webers nicht unproblematische These – ist es dazu letztlich nicht gekommen. Denn der Konfuzianismus stellt strenggenommen keine Erlösungs-, sondern eine Bildungs-, eine Art Zivilreligion, dar.[9] Dies ist in Indien, aber auch im Iran, in Vorderasien und im Okzident anders. Hier entwickelten sich Erlösungsreligionen, so in bestimmten Varianten des Brahmanismus, im Jainismus, im Buddhismus, im Zarathustrismus, im Judentum, im Christentum sowie – bei Weber allerdings mit gewissen Einschränkungen – im Islam.[10] Von diesen Erlösungs-

7 Ebd., S. 263.
8 Über Webers Elitentheorie im Rahmen der Religionssoziologie später. Der Begriff ›Virtuose‹ ist, wie Weber ausdrücklich betont, ohne Wertbeigeschmack gebraucht. Er würde den Ausdruck ›heroistische‹ Religiosität vorziehen, »wenn er nicht für manche hierhergehörige Erscheinungen allzuwenig adäquat wäre«. Vgl. ebd., S. 260, Fn. 1, die 1920 eingefügt wurde. Weber geht es bei dieser Begriffswahl um den religionsgeschichtlichen Grundsachverhalt, daß fast alle Religionen für die ›religiös Musikalischen‹ Sonderethiken ausgebildet haben, die an diese höhere Anforderungen stellen als an den Durchschnittsgläubigen.
9 Vgl. dazu ausführlich *Religion und Lebensführung*, Kap. 5 und Wolfgang Schluchter (Hg.), *Max Webers Studie über Konfuzianismus und Taoismus. Interpretation und Kritik*, Frankfurt 1983.
10 Webers Einordnung des Islams ist unklar. Einerseits bezeichnet er ihn als eine weltangepaßte Religion, die, ähnlich dem Konfuzianismus, primär

religionen sind zudem einige zu Weltreligionen geworden, d. h. zu solchen Religionen, die »besonders große *Mengen* von Bekennern um sich zu scharen gewußt haben«[11], weil es – um nur einen Grund zu nennen – für ihre Missions- und Propagandatätigkeit keine religionsimmanenten Schranken gab.[12] Was diese Erlösungsreligionen bei allen Unterschieden miteinander verbindet, ist ihre Tendenz zur Weltverneinung und damit zu Weltentwertung in der Theorie und zu Weltablehnung in der Praxis. Wie stark diese Tendenz ausgeprägt ist und in welche Richtung sie wirkt, dies wiederum unterscheidet sie. Die »Zwischenbetrachtung«, die ja nicht zufällig bereits im Titel von Stufen und Richtungen der Weltablehnung spricht, sucht diese

politisch ausgerichtet ist, allerdings nicht auf friedliche Verwaltung, sondern auf Glaubenskampf. Er gilt ihm also, zumindest in seinem Ursprung, als eine »ständisch orientierte Kriegerreligion«, eine »Herrenreligion«, der »der Begriff der ›Erlösung‹ im ethischen Sinn des Worts... direkt fremd« ist. Den Kern der Trägerschaft bilden Ritter, nicht vornehme Intellektuelle oder Bürger, und die Askese, die dieser Ritterorden ausbildete, ist allenfalls kriegerische Askese, »nicht mönchische und erst recht nicht bürgerliche asketische Systematik der Lebensführung.« Auch die Unterwerfung der Ungläubigen verbindet sich zunächst nicht mit dem Versuch ihrer Bekehrung. Andererseits ist der Islam eine der monotheistischen Religionen mit einer streng überweltlichen Gotteskonzeption und einer Prädestinationslehre, die allerdings – so Weber – eine Prädeterminationslehre darstellt und als solche »auf die Schicksale im *Diesseits*, nicht auf das *jenseitige* Heil« bezogen ist. Vgl. WuG, S. 375 f. und zum letzten Zitat RS I, S. 102, Fn. 2. Es bleibt also offen, ob die Anpassung im Rahmen von Weltbejahung oder Weltverneinung erfolgt. Zu Webers Einschätzung des Islams ferner aus der Sekundärliteratur Bryan S. Turner, *Weber and Islam. A Critical Study*, London und Boston 1974 und Wolfgang Schluchter (Hg.), *Max Webers Sicht des Islams. Interpretation und Kritik*, Frankfurt 1987. Turner hält Webers implizite These, die islamische Kriegerethik habe sich hemmend auf die Entwicklung eines Kapitalismus im okzidentalen Sinn ›von innen heraus‹ ausgewirkt, für falsch, dagegen die Analyse des mittelalterlichen Islams im Rahmen der Theorie des orientalischen Patrimonialismus weitgehend für richtig. Die Aufsätze in dem Sammelband zeichnen teilweise ein anderes Bild.

11 RS I, S. 237.
12 Solche Schranken gab es nach Weber etwa für das Judentum nach dem Sturz des Zweiten Tempels.

Gemeinsamkeiten und Differenzen »in einer schematischen und theoretischen Konstruktion« vorzuführen.[13] Sie zieht also einzelne Religionen zunächst nur zur Illustration objektiv möglicher Weltablehnungsmotive heran.[14] Die konkrete ideelle und soziale Konstitution dieser Motive und ihre Wirkung werden dagegen in den Einzeldarstellungen beschrieben. Im Rahmen der »Wirtschaftsethik der Weltreligionen« gilt die erste Einzeldarstellung dieser Art den Erlösungsreligionen Indiens.[15]

Doch bezieht sich die schematische und theoretische Konstruktion nicht allein auf die Verdeutlichung objektiv möglicher religiöser Weltablehnungsmotive. Dadurch soll darüber hinaus geklärt werden, welche Spannungen, ja Konflikte bei religiös motivierter Weltablehnung zwischen den Ansprüchen der Religion und denen anderer Wertsphären und Lebensordnungen, zwischen religiöser Lehre oder Ethik und den ›Lehren‹ oder ›Ethiken‹ der ›Welt‹, objektiv möglich sind. Mehr noch: Es geht

13 RS I, S. 536.

14 Der Begriff der objektiven Möglichkeit spielt in Webers Werk seit seinem Versuch, die ›Logik‹ des historischen Erklärens im Rahmen eines von Rickert beeinflußten kulturwissenschaftlichen Ansatzes zu klären, eine wichtige Rolle. Um so erstaunlicher ist es, daß diese ›Kategorie‹ weder werkgeschichtlich noch systematisch in der Sekundärliteratur die ihr gebührende Aufmerksamkeit gefunden hat. Hier beginnt sich eine Wende abzuzeichnen. Vgl. etwa Stephen P. Turner und Regis A. Factor, »Objective Possibility and Adequate Causation in Weber's Methodological Writings«, in: *Sociological Review*, 29 (1981), S. 5 ff. und Gerhard Wagner und Heinz Zipprian, »Methodologie und Ontologie – Zum Problem der kausalen Erklärung bei Max Weber« in: *Zeitschrift für Soziologie*, 14 (1985), S. 115 ff. Die Formulierung in der »Zwischenbetrachtung« bezieht sich auf Webers ›letzten‹ Erkenntnisstand in dieser Frage, wie er in den Eröffnungspassagen zu *Wirtschaft und Gesellschaft* niedergelegt ist. Es geht also dabei in erster Linie um die ›richtige‹ Konstruktion von sinnadäquaten Typen.

15 Eine interessante Studie zu Webers Rationalitätsbegriff, die auch auf die »Zwischenbetrachtung« eingeht, ist Roger Brubaker, *The Limits of Rationality. An Essay on the Social and Moral Thought of Max Weber*, London: Allen & Unwin 1984, bes. S. 61 ff. Er schlägt zugleich eine Unterscheidung zwischen einem axiologischen, einem normativen und einem kausalen Verständnis von Wertkonflikten vor. Allerdings darf man die »Zwischenbetrachtung« nicht, wie er es tut, von den materialen Analysen isolieren. Dies versuche ich in der Folge zu zeigen.

zugleich um die Entwicklungsdynamik, die aus solchen Spannungen und Konflikten erwächst, sowie um die Art ihrer ›Beherrschung‹, d. h. um Versuche der Spannungs- und Konfliktbewältigung.

Man kann diese Grundidee, die Webers »Zwischenbetrachtung« trägt, interessanterweise an einem scheinbar völlig abgelegenen Text, nämlich an seiner fragmentarisch gebliebenen Musiksoziologie, studieren. Dort fragt er nach spezifischen Bedingungen der okzidentalen Musikentwicklung, konkret: »warum sich gerade an einem Punkt der Erde aus der immerhin ziemlich weitverbreiteten Mehrstimmigkeit sowohl die polyphone wie die harmonisch-homophone Musik und das moderne Tonsystem überhaupt entwickelt hat, im Gegensatz zu anderen Gebieten mit einer – wie namentlich im hellenischen Altertum, aber auch z. B. in Japan – mindestens gleichen Intensität der musikalischen Kultur«.[16] In analoger Weise fragt er bekanntlich auch nach den spezifischen Bedingungen der okzidentalen Wirtschaftsentwicklung, ja nach denen der materiellen und ideellen Kultur im Okzident insgesamt. In der Musiksoziologie werden – wie meist auch sonst – diese Bedingungen in ›rationale‹, technische und soziale gegliedert. Die ›rationalen‹ haben mit Musiktheorie, die technischen und sozialen mit Musikpraxis im weitesten Sinne zu tun. Die okzidentale Musikentwicklung basiert nun auf einer Musiktheorie, die bei der Herstellung des Tonmaterials und bei seiner Verarbeitung das Harmonie- und Tonalitätsprinzip, nicht aber das sonst weitverbreitete harmoniefeindliche Distanzprinzip verwendet. Dies hat zum Aufbau eines akkordharmonischen Systems geführt. Dieses erscheint als eine »rational geschlossene Einheit«.[17] Doch zeigt sich bei näherem Zusehen, daß diese rationale Geschlossenheit brüchig ist. Der musiktheoretische Anspruch auf Konsequenz will einfach nicht glatt aufgehen. Und dies wird um so sichtbarer, je stärker die Musiktheorie diesem Gebot folgt. Gerade dann werden jene ›unentfliehbaren Irrationalitäten‹ scharf herausgearbeitet, die die rationale Geschlossenheit sprengen. Solche Brüche können neue Rationalisierungsschübe auslösen.

16 WuG, S. 911.
17 Ebd., S. 878.

Und dies macht ihre entwicklungsdynamische Bedeutung aus. Diesem allgemeinen Vorgang ist auch das akkordharmonische System unterlegen. Es hatte, immanent gesehen, mit mehreren ›irrationalen‹ Widerständen zu kämpfen, und es hat ihre Bewältigung »in den Dienst des Reichtums der Tonalitäten« gestellt.[18] Den Ausgangspunkt dafür bildete die Tatsache, daß die akkordharmonisch rationalisierte Musik die Oktave, tonphysikalisch gesehen, in ungleiche Tonschritte teilen mußte. Daraus entstanden untereinander verschiedene Ganztonschritte und untereinander verschiedene Halbtonschritte. Diese ungleichen Tonschritte waren Folge der strengen Anwendungen des ›harmonischen‹ Teilungsschlüssels. Nun hätte es damit sein Bewenden haben können, hätte dies nicht zu immanenten Schwierigkeiten und zur ›Verletzung‹ anderer musikalischer ›Bedürfnisse‹ geführt. Eine Schwierigkeit ergab sich beispielsweise dadurch, daß der bei der Dur-Tonleiter ›natürliche‹ Leitton bei der Moll-Tonleiter ›künstlich‹ geschaffen werden mußte, um einen tonartspezifischen Dominantenseptimenakkord zu gewinnen. Dies geschah durch Erhöhung des 7. Tones (Übergang vom reinen zum harmonischen Moll). Doch hat dies ein Folgeproblem gezeitigt: Der vor dem Leitton entstehende Tonschritt wurde für das melodische Empfinden zu groß. Dem begegnete man mit der Verkleinerung dieses Tonschritts (melodisches Moll). Die bedürfnisgerechte Konstruktion der Moll-Tonleitern ›zwang‹ also zu einer Abweichung vom reinen Harmonieprinzip. Eine andere Schwierigkeit ergab sich daraus, daß die ungleichen Tonschritte die Transponierbarkeit von Melodien erschwerten, wieder eine andere, daß dadurch die Instrumententechnik, insbesondere die Technik der Tasteninstrumente, vor großen Problemen stand. Solchen Schwierigkeiten entgehen Musiksysteme, die auf dem Distanzprinzip aufbauen. Doch dieses schafft zwar zum Beispiel Transponierbarkeit, aber keine konsonanten Akkorde. Die genannten Spannungen zusammen mit anderen drängten die okzidentale Musiktheorie auf den Weg der Temperierung. Temperierung aber bedeutet strenggenommen, daß man zumindest Elemente des Distanzprinzips akzeptiert. Dies

18 RS I, S. 253. Diese Stelle zeigt auch, welche Bedeutung die Muksiksoziologie für die Entfaltung der Rationalismusproblematik im Weberschen Werk hat. Dazu *Religion und Lebensführung*, Kap. 13.

führt also zu theoretischen Inkonsequenzen. Andererseits schafft diese sekundäre musikalische Rationalisierung auch ganz neue Möglichkeiten, wie etwa die enharmonische Verwechslung. Erst die Temperierung – so Weber – hat deshalb der okzidentalen akkordharmonischen Musik ihre »volle Freiheit« gegeben.[19] Und doch ist sie zugleich ein Zeichen für ihre unvollkommene rationale Geschlossenheit. Was aber hier am Beispiel der okzidentalen Musikentwicklung angedeutet wurde, gilt auch für die Erlösungslehren und für die Erlösungsethiken. Je stärker sie dem Gebot der Konsequenz folgen, desto größer ist die Wahrscheinlichkeit, daß ihr Prinzip mit den Realitäten des Lebens und mit anderen Prinzipien kollidiert und daß dies zu Kompromissen, zur Verbindung von ›Widersprüchlichem‹, führt. Dies scheint geradezu ein zentrales Merkmal historischer Gebilde. Wie Weber in der »Einleitung« formuliert: »... die Religionen so wenig wie die Menschen waren ausgeklügelte Bücher. Sie waren historische, nicht logisch oder auch nur psychologisch widerspruchslos konstruierte, Gebilde. Sie ertrugen sehr oft in sich Motivenreihen, die, jede für sich konsequent verfolgt, den andern hätte in den Weg treten, oft ihnen schnurstracks zuwiderlaufen müssen. Die ›Konsequenz‹ war hier die Ausnahme, und nicht die Regel.«[20]

Und dennoch: Konsequenz ist für Weber ein »Gebot« menschlichen Denkens und Handelns. Und es hat als solches, insbesondere für religiöse Virtuosen, historisch gewirkt. Dies ist einer der Gründe, weshalb ›rationale‹ Konstruktionen, Idealtypen von Weltablehnungsmotiven und von Konflikten, die der Beobachter entwirft, in diesem Zusammenhang besondere Bedeutung haben: Das heuristische Ordnungsmittel des Beobachters kann inhaltlich übereinstimmen mit dem normativen Orientierungsziel des Teilnehmers. Man hat darin einen Verstoß gegen die Methodologie des Idealtypus oder gar ein westlichrationalistisches Vorurteil sehen wollen. Weder das eine noch das andere trifft in meinen Augen zu. Die inhaltliche Übereinstimmung zwischen den heuristischen Ordnungsmitteln des Beobachters und dem normativen Orientierungsziel des Teil-

19 WuG, S. 919.
20 RS I, S. 264.

nehmers hebt die Differenz von Beobachter und Teilnehmer, Idealtypus und Ideal nicht auf, solange sich der Forscher dieses Unterschieds bewußt bleibt und entsprechend verfährt: Wer den Idealtypus *nicht* stillschweigend an die Stelle des historisch einflußreichen Ideals setzt, wird ihre Übereinstimmung zunächst feststellen und dann begründen. Entweder kann man sie von Fall zu Fall empirisch zu belegen suchen, oder man macht, wie Weber, die allgemeine Annahme, daß »das Rationale im Sinne der logischen oder teleologischen ›Konsequenz‹ einer intellektuell-theoretischen oder praktisch-ethischen Stellungnahme« zumindest begrenzte »Gewalt über die Menschen« besitzt.[21] Diese allgemeine Annahme mag zwar ein rationalistisches Vorurteil ausdrücken, aber gewiß kein westliches. Denn das Konsequenzgebot wird letztlich für alle Menschen als Kulturmenschen ausgesprochen. Nur seine Intensität und seine Beziehung zu anderen ›Geboten‹ variieren. Zudem ist dadurch nicht vorentschieden, für welche Voraussetzungen, für welche Prämissen, es ›Geltung‹ beansprucht. Daß es davon immer mehrere gibt, zeigt schon der Vergleich von Distanz- und Harmonieprinzip in der Musiksoziologie. Was für den Beobachter und für den Teilnehmer ›rational‹, was ›irrational‹ ist, bleibt in diesem Sinne gesichtspunktabhängig. Das hat nicht erst der ›späte‹ Weber, sondern schon der Weber der ersten Fassung der »Protestantischen Ethik« betont.[22] Seine Soziologie, insbesondere

21 Ebd., S. 537.

22 Vgl. ebd., S. 62 (und *Archiv*, Band XX, S. 35), wo es heißt: »Man kann eben das Leben unter höchst verschiedenen letzten Gesichtspunkten und nach sehr verschiedenen Richtungen hin ›rationalisieren‹. Der ›Rationalismus‹ ist ein historischer Begriff, der eine Welt von Gegensätzen in sich schließt…« (Weber fügt 1920 nach »eben« ein: »– dieser einfache Satz, der oft vergessen wird, sollte an der Spitze jeder Studie stehen, die sich mit ›Rationalismus‹ befaßt –«.) Auch in den Antikritiken unterstreicht er diese Auffassung. Vgl. etwa Max Weber, PE II, S. 156. Sie liegt auch noch einer Antwort auf einen Einwand von Lujo Brentano zugrunde, die er 1920 gibt: »›Irrational‹ ist etwas stets nicht an sich, sondern von einem bestimmten ›rationalen‹ *Gesichtspunkte* aus. Für den Irreligiösen ist jede religiöse, für den Hedoniker jede asketische Lebensführung ›irrational‹, mag sie auch, an *ihrem* letzten Wert gemessen, eine ›Rationalisierung‹ sein. Wenn zu irgend etwas, so möchte dieser Aufsatz dazu beitragen, den nur scheinbar eindeutigen Begriff des ›Rationalen‹

in seiner Vielseitigkeit aufzudecken.« Vgl. RS I, S. 35, Fn. 1. Es handelt sich also um eine ›durchgehaltene‹ Position, die in der «Wirtschaftsethik der Weltreligionen» nicht etwa korrigiert, sondern konsequent entfaltet wird, und zwar durch ihre Anwendung im intra- und interkulturellen Vergleich. Gerade dadurch soll die ›Vielseitigkeit‹ des Rationalen aufgedeckt werden. Dies heißt nicht, daß es beliebig viele letzte ›rationale‹ Gesichtspunkte gäbe, noch auch, daß dies beliebige Gesichtspunkte wären. Es heißt aber sehr wohl, daß, kulturhistorisch gesehen, mehrere davon existieren, über deren Wertverhältnis Webers kulturvergleichende Soziologie nichts sagen kann, die sie also als ›gleichrangig‹ behandeln muß. Jürgen Habermas hat darin eine Ambivalenz der Weberschen Position gesehen, ein Schwanken zwischen Universalismus und Kulturalismus bzw. Relativismus, die er zugunsten des Universalismus auflösen will. Dafür verwendet er unter anderem die Unterscheidung zwischen kultureller und gesellschaftlicher Rationalisierung und die zwischen Struktur und Inhalt. Hätte Weber – so Habermas – »das Besondere des okzidentalen Rationalismus nicht auf eine *kulturelle Eigenart*, sondern auf das *selektive Muster* zurückgeführt..., den [!] die Rationalisierungsprozesse *unter Bedingungen des modernen Kapitalismus* angenommen haben«, so hätte er seine relativistischen Vorbehalte gegenüber der Moderne aufgeben können. Vgl. dazu Jürgen Habermas, *Theorie des kommunikativen Handelns*, Band 1, Frankfurt 1981, S. 255. Aber: Die Pointe der Weberschen Analyse liegt gerade in der Identifikation der *kulturellen* Eigenart des Okzidents, insbesondere des modernen Okzidents, die der gesellschaftlichen gleichsam vorausliegt. Der okzidentale Rationalismus ist ihm ein *historischer* Begriff, der die kulturelle und gesellschaftliche Ebene umfaßt. In dieser Vorstellung ist auch die Sozialismuskritik verankert. Denn die kulturelle Eigenart des modernen Okzidents ändert sich nicht dadurch, daß man die Rationalisierungsprozesse etwa unter die Bedingungen des modernen Sozialismus stellt. Auch dieser bleibt ein kultureller Rationalismus der Weltbeherrschung. Er setzt diesen nur mit anderen ›Mitteln‹ fort. Vgl. dazu Wolfgang Schluchter, *Aspekte bürokratischer Herrschaft*, München 1972, bes. S. 301 ff. (Neuauflage Frankfurt 1985). Um in dem Bezugsrahmen von Habermas zu sprechen: Nicht nur die Rationalisierung ist doppelstufig (kulturelle und gesellschaftliche Rationalisierung), auch die selektiven Muster sind es (kulturelle Eigenart und deren selektive Nutzung durch Institutionalisierung und Internalisierung). Demzufolge stellt sich auch das Struktur-Inhalt-Problem doppelstufig. Ich glaube, daß die Herausforderung der Weberschen Kultursoziologie für eine Theorie der Rationalität, wie Habermas sie anstrebt, gerade in der historisch abgestützten ›Vermutung‹ besteht, die Unvereinbarkeit der historischen Ausprägungen des seine Religionssoziologie, zielt deshalb auch nicht auf eine Theorie *der* Rationalität, sondern auf eine Typologie des religiösen Rationalismus in entwicklungsgeschichtlicher Perspektive. Dies setzt voraus, daß die Wirklichkeit mehrere rationale Formen annehmen kann. Über deren Wertverhältnis will und kann diese Soziologie nichts sagen. Dies wird immer wieder verkannt. Vielleicht hat dieses Wissen Weber motiviert, in der dritten Fassung der »Zwischenbetrachtung« den Status seiner schematischen und theoretischen Konstruktion noch einmal zu präzisieren. Denn er fügte in diesem Zusammenhang eine interessante Passage ein. »Das konstruierte Schema hat natürlich nur den Zweck, ein idealtypisches *Orientierungsmittel* zu sein«, hieß es 1915. Und nun fährt er fort: »nicht aber eine eigene Philosophie zu lehren. Seine gedanklich konstruierten Typen von Konflikten der ›Lebensordnungen‹ besagen lediglich: an diesen Stellen sind diese innerlichen Konflikte *möglich* und ›adäquat‹, – *nicht* aber etwa: es gibt keinerlei Standpunkt, von dem aus sie als ›aufgehoben‹ gelten könnten. Die einzelnen Wertsphären sind dabei, wie man leicht sieht, in einer rationalen Geschlossenheit herauspräpariert, wie sie in der Realität *selten* auftreten, aber allerdings: auftreten können und in historisch wichtiger Art aufgetreten *sind*.«[23] Im Sinne von Karl Jaspers' *Psychologie der Weltanschauungen*, die ja gerade von Webers Religionssoziologie stark beeinflußt ist, kann man deshalb die »Zwischenbetrachtung« als Kernstück einer Art Weltanschauungspsychologie und -soziologie ansehen, man darf sie aber nicht als prophetische Philosophie mißverstehen.[24]

Kulturmenschentums habe mit der notwendigen Selektivität jeden Inhalts gegenüber den formalen Eigenschaften des Weltverständnisses und Weltverhältnisses zu tun. Habermas ›überwindet‹ dieses Problem, indem er dem Begriff des kommunikativen Handelns einen Doppelstatus einräumt. Damit identifiziert er letztlich die formalen Eigenschaften der Lebenswelt als solcher mit den Eigenschaften der modernen Lebenswelt, eine Variante der Theorie vom praktisch wahr werdenden Begriff.

23 RS I, S. 536f.
24 Vgl. Karl Jaspers, *Psychologie der Weltanschauungen*, Berlin 1919, Einleitung, S. 2ff. Weber hat sich in der »Vorbemerkung« positiv über diesen Versuch geäußert (wie auch über Ludwig Klages' *Prinzipien der Charakterologie*, Leipzig 1910). Auch Karl Mannheim hat seine frühe Kul-

Weber behandelt also in dieser systematischen Betrachtung in erster Linie die bei religiöser Weltablehnung objektiv möglichen Wertkonflikte. Wie bei der Musik, so geht eben auch bei den Erlösungsreligionen die Rechnung des ›konsequenten Rationalismus‹ nie auf.[25] Wertkonflikte aber sind Ausdruck für die Gleichzeitigkeit von Wertschöpfung und Wertvernichtung. Sie verweisen auf die antinomische Struktur des menschlichen Daseins, der objektiven und der subjektiven Welt.[26] Weltablehnung macht diese antinomische Struktur sichtbar. Dies heißt selbstverständlich nicht, daß eine weltbejahende Religion konfliktfrei lebt. Es heißt aber, daß weltablehnende Religionen verglichen mit weltbejahenden die Erfahrung der Konflikte intensivieren, wohl auch: daß die damit aufgeworfene ›existentielle‹ Problematik hier eine bewußtere theoretische und praktische Verarbeitung, etwa in Form von Theodizeen und am Heilsziel systematisch kontrollierten Lebensführungen, verlangt.[27] Weber stellt dabei der religiösen Wertsphäre und Lebensordnung andere Wertsphären und Lebensordnungen, so die ökonomische, die politische, die ästhetische, die erotische und die intellektuelle, gegenüber. Deren mögliche Ansprüche an den Menschen präsentiert er gleichfalls in ›rationaler Geschlossenheit‹. Wie für die Weltablehnungsmotive, so werden auch für die Konflikte und für ihre Lösungen die einzelnen Religionen nur zur Illustration herangezogen. Die ideelle und soziale Konstitution von konkreten Konflikten und vor allem die konkreten Versuche ihrer Bewältigung beschreibt die Einzeldarstellung. Weber spricht deshalb im Kapitel »Religiöse Ethik und ›Welt‹« von *der* religiösen Gesinnungsethik, in der »Zwischenbetrachtung« von *der* Brüderlichkeitsethik der Erlösungsreligionen, die mit der ›Welt‹

tursoziologie nicht zuletzt mit Blick auf Weber als eine Art Weltanschauungssoziologie angesetzt. Vgl. Karl Mannheim, *Strukturen des Denkens*, Frankfurt 1980, bes. S. 101 ff.

25 RS I, S. 253.

26 Dazu Karl Jaspers, *Psychologie der Weltanschauungen*, S. 198 ff. Er sieht Analogien zwischen der Erfahrung der Wertkollision und der Erfahrung der Grenzsituation.

27 Strenggenommen kennen also nur weltablehnende Religionen, d. h. Erlösungsreligionen, Theodizeen. Weber benutzt diesen Begriff freilich allgemeiner, wie insbesondere die »Einleitung« zeigt.

in Konflikt gerate. Diese ›Welt‹ aber löst er in die genannten Wertsphären und Lebensordnungen und in die damit verbundenen fundamentalen Lebensvollzüge auf.[28] Diese stellt er einzeln, nicht in ihrer Gesamtheit, dem religiösen Postulat gegenüber. Auch die möglichen Konflikte zwischen den ›weltlichen‹ Wertsphären und Lebensordnungen bleiben ausgespart. Diese paarweise Konfrontation hat offenbar den Zweck, sowohl die speziellen wie die allgemeinen Aspekte der möglichen Konflikte zwischen ›Religion‹ und ›Welt‹ herauszuarbeiten. Jede Wertsphäre und Lebensordnung hat ihre speziellen Voraussetzungen und Bedingungen, bindet das Handeln an spezielle Werte und Mittel, was einen speziellen Konflikt zwischen religiöser Ethik und ›Welt‹, einen Konflikt aus antiökonomischer, antipolitischer, antiästhetischer, antierotischer und antiwissenschaftlicher Weltablehnung, zur Folge haben kann.[29] Doch diese speziellen Konflikte haben einen gemeinsamen Nenner. Er besteht darin, daß die religiöse, insbesondere die erlösungsreligiöse Forderung nach gerechtem Ausgleich, nach Brüderlichkeit und nach Liebe grundsätzlich auf eine ›Welt‹ der Gewalt und Brutalität, des Egoismus und der Lieblosigkeit trifft. Dies ist die weitere Perspektive, der Bezugsrahmen, den die materiale Religionssoziologie durch Analyse der historischen ideellen und sozialen Voraussetzungen und Konsequenzen der verschiedenen Kulturreligionen und ›ihrer Welt‹ ausfüllt. Nicht zufällig folgt bereits in *Wirtschaft und Gesellschaft* auf die Untersuchung »Religiöse Ethik und ›Welt‹« die allerdings fragmentarisch gebliebene Untersuchung »Die Kulturreligionen und die ›Welt‹«. Dieser weiteren Perspektive, diesem Orientierungsmittel, mag man neben der wissenschaftlich-heuristischen auch eine lebenspraktische Bedeutung zusprechen. Der verstehende Nachvollzug wichtiger historischer Konfliktkonstellationen und ihrer ›Lösung‹ kann tatsächlich dem Kulturmenschen hel-

---

28 Wie bereits erwähnt, sind die ›Kataloge‹ der Wertsphären und Lebensordnungen in beiden Texten nicht identisch. Auch scheint Weber im früheren Text noch eine Präferenz für den Begriff ›Kosmos‹ (an Stelle von Wertsphäre und Lebensordnung) zu haben, woraus sich möglicherweise die Wortwahl akosmistisch erklärt.

29 Diese Formulierungen verwendet Weber in WuG, S. 351 ff.

fen, den Dämon zu finden, »der *seines* Lebens Fäden hält.«[30]
Doch entscheidend ist: Weder läßt sich dieser Dämon dadurch
erschaffen, noch läßt sich seine Wahl dadurch rechtfertigen.
Denn dies setzte die in Webers Sicht nicht mögliche empirische
Begründung von Werturteilen voraus.

Weber sucht also in seiner Religionssoziologie grundlegende
religiös motivierte Einstellungen zur ›Welt‹ zu identifizieren
und zu ›erklären‹, wie sie entstanden und welche Wirkungen
davon auf die Religion selber und auf andere Wertsphären und
Lebensordnungen ausgegangen sind. Dabei setzt er eine Struktur des menschlichen Daseins voraus, derzufolge erlösungsreligiöse Ansprüche, die dem Gebot der Konsequenz folgen, in die
Erfahrung von der Irrationalität der Welt führen. Diese hat er
sogar explizit zur treibenden Kraft *aller* Religionsentwicklung
erklärt.[31] Doch ist solche Erfahrung keineswegs ausschließlich
mit der Erfüllung erlösungsreligiöser Ansprüche verbunden.
Der hiatus irrationalis, um den Weber ja auch seine Begriffsbildungstheorie zentriert, ist über die Religion hinaus ein grundle-
gendes, vielleicht sogar *das* grundlegende Lebensproblem. Jeder
›rationale‹ Anspruch stößt, systematisch gesehen, an zwei
Grenzen: Anspruch und Wirklichkeit fallen auseinander, und
der Mensch muß immer auch ›nichtrationalen‹ Ansprüchen folgen, sieht sich Forderungen gegenüber, die dem Eigenrecht und
den Eigengesetzlichkeiten von Lebensmächten entstammen,
»deren Wesen von Grund aus arationalen oder antirationalen
Charakters« ist.[32] Weltbejahung und Weltverneinung lassen sich

---

30 So der bekannte Schluß in der Rede »Wissenschaft als Beruf«. Vgl. WL,
   S. 613. Dämon heißt hier offensichtlich Individualität, Charakter im
   Sinne Goethes. So jedenfalls hat dieser die erste Stanze seiner Urworte
   erläutert, auf die sich Weber wohl bezieht, vgl. Johann Wolfgang von
   Goethe, *Werke*, Hamburger Ausgabe, Band 1, S. 359 ff., S. 403 ff. Interessant für das Verständnis von Webers Haltung ist auch, daß Goethe bei
   seinen Erläuterungen den Bezug zur Apologie und den dort entwickelten Begriff des Daimonion herstellt. Vgl. Platon, Apologie, 31c–32a und
   39c–40c. Dort heißt es über diesen Begriff: »eine Stimme, nämlich,
   welche jedesmal, wenn sie sich hören läßt, mir von etwas abredet, was
   ich tun will, zugeredet aber hat sie mir nie.« Ebd., 31d.
31 PS, S. 542.
32 RS I, S. 554.

78

deshalb als zwei Grundhaltungen interpretieren, mit denen Menschen auf das Problem der Irrationalität der ›Welt‹ theoretisch und praktisch reagieren. Weltbejahung akzeptiert diese ›Welt‹ als die beste aller möglichen, und sie spielt das Irrationalitätsproblem herunter; Weltverneinung kann sich mit der Unvollkommenheit der ›Welt‹ nicht abfinden, und sie verschärft dadurch theoretisch und praktisch das Irrationalitätsproblem. Um diese Verschärfung und ihre Wirkung differenzierter erfassen zu können, muß die Grundhaltung der Weltverneinung selbst differenziert werden. Was sagt die Webersche Religionssoziologie hierzu?

Hier zeigt sich nun in meinen Augen eine interessante Akzentverschiebung zwischen der Religionssoziologie in *Wirtschaft und Gesellschaft* und der »Wirtschaftsethik der Weltreligionen«. In *Wirtschaft und Gesellschaft* beschreibt Weber die Welthaltungen der Kulturreligionen hauptsächlich mit den Begriffen Weltanpassung, Weltzugewandtheit, Weltablehnung und Weltflucht. Diese Begriffe verwendet er gleichsam in einer Linie. Das aber heißt: Der Gegensatz zwischen Weltbejahung (auch Weltanpassung) und Weltverneinung (auch Weltablehnung), der die »Wirtschaftsethik der Weltreligionen« in Darstellung *und* Systematik mit leitet, ist in *Wirtschaft und Gesellschaft* noch nicht in diese Rolle eingerückt. Mehr noch: Die Zuordnungen der verschiedenen Kulturreligionen zu den grundlegenden Welthaltungen kommen in beiden Textkonvoluten nicht völlig zur Deckung. Jedenfalls bringen »Zwischenbetrachtung« und »Einleitung« hier eine Präzisierung, die am veränderten Status des Begriffs der Weltverneinung oder Weltablehnung abzulesen ist. In *Wirtschaft und Gesellschaft* spricht Weber beispielsweise von der Weltzugewandtheit des Judentums, von der Weltangepaßtheit des Islams, von der Weltflüchtigkeit des alten Buddhismus und vom weltablehnenden Frühchristentum.[33] In der »Zwischenbetrachtung« und auch in der »Einleitung« dagegen ist Weltablehnung ein Begriff, mit dem er zunächst die Welthal-

33 Vgl. WuG, § 12. Johannes Winckelmann spricht in seinem *Erläuterungsband* zur 5. Auflage von WuG davon, Weber habe vier Religionen als weltzugewandt eingeordnet: den Konfuzianismus, den Calvinismus, das Judentum und den Islam (vgl. S. 80, S. 91 und S. 100 des *Erläuterungsbandes*).

tung der religiösen Eliten *aller* Erlösungsreligionen charakterisiert.

Will man sich die Unterschiede in den Welthaltungen der Erlösungsreligionen schematisch und konstruktiv klarmachen, so kann man also beim Gegensatz von Weltbejahung und Weltverneinung nicht stehenbleiben, man muß vielmehr die möglichen »Gegensätze auf dem Gebiete der Weltablehnung« präzisieren.[34] Auch dies wird in der »Zwischenbetrachtung« getan.

2. Askese und Kontemplation

Um sich den gewählten Ansatz zu vergegenwärtigen, ist eine systematische Vorüberlegung nützlich. Eine Handlung ist durch Ziel, Mittel, Bedingung und durch normative Standards für die Koordination dieser Komponenten bestimmt.[35] Auch erlösungsreligiöses Handeln läßt sich im Rahmen dieses teleologischen Handlungsmodells analysieren. Es ist ein Handeln, das auf die Herstellung eines heilswichtigen status spiritualis als Dauerhabitus mittels systematisierter Heilstechniken zielt. Dadurch soll der status naturalis, die Bedingung allen Handelns, religiös ›kontrolliert‹ werden. Es geht also letztlich um die Frage, welchen Einfluß neben dem status naturalis, zu dem auch der status socialis gehört, Erlösungsziele und Erlösungswege auf die Lebensführung von Menschen haben. Für die Charakterisierung der Gegensätze auf dem Gebiet der religiösen Weltablehnung sind nun offensichtlich die mit Erlösungsreligionen verbundenen Heilsgüter und Heilswege bzw. Heilsmittel von besonderer Bedeutung. Wenden wir uns diesen beiden Komponenten erlösungsreligiösen Handelns kurz zu.

Ich beginne mit den Heilswegen bzw. Heilsmitteln, die Weber nicht streng voneinander unterscheidet. Darauf geht die »Zwischenbetrachtung« unter dem Titel »Typologie der Askese und Mystik« ein. Diese Passage ist ausdrücklich auf die »Einleitung«

34 RS I, S. 538.
35 Dazu Talcott Parsons, *The Structure of Social Action. A Study in Social Theory with Special Reference to a Group of Recent European Writers*, 2. Aufl., New York: The Free Press 1949, bes. S. 43 ff. Parsons ›zerlegt‹ auf diese Weise das Webersche Zweck-Mittel-Schema.

bezogen, und zwar insofern, als sie die bereits dort verwendeten
›polaren Begriffe‹ spezialisiert und ihre Zuordnung zu Heilsgütern präzisiert. Doch stehen diese Begriffe darüber hinaus in
weiteren werkgeschichtlichen Zusammenhängen. Diese sollte
man sich zunächst vor Augen führen, bevor man systematische
Folgerungen zieht.

Weber verwendet die Begriffe Askese und Mystik bereits in der
ersten Fassung der »Protestantischen Ethik«. Hier dienen sie
ihm unter anderem dazu, einen Gegensatz innerhalb des Protestantismus herauszuarbeiten, den Gegensatz zwischen dem Luthertum, insbesondere dem Spätluthertum, einem Vertreter des
nichtasketischen Protestantismus, und dem Calvinismus, einem
Vertreter des asketischen Protestantismus: dort die Ruhe *in*
Gott, die unio mystica, gepaart mit Passivität, stimmungsmäßi-
ger Innerlichkeit und ›Schickung‹ in die Ordnungen der ›Welt‹;
hier die Bewährung *vor* Gott, eine zum System gesteigerte
Werkheiligkeit, gepaart mit Aktivität, systematischer Selbst-
kontrolle, insbesondere Affektkontrolle, und die Ordnungen
der ›Welt‹ als Aufgabe, die gemäß dem göttlichen Willen, sei es
friedlich, sei es gewaltsam, umzugestalten sind.[36] Diese Charakterisierung operiert also mit den polaren Begriffen ›Rationalität‹
und ›Gefühl‹, Handeln und Betrachten oder Kontemplieren.
Doch bleibt der Begriff Mystik gleichsam residual bestimmt.
Weber interessiert sich in erster Linie für eine begriffliche Differenzierung der Askese. Dies zeigt sich auch daran, daß er die
Askese des Calvinismus mit der des mittelalterlichen Mönchtums vergleicht. Beide sind ›rational‹, doch die eine ist innerweltlich, die andere außerweltlich ausgerichtet. Die innerweltliche Askese wendet sich der ›Welt‹ als dem Ort der Bewährung
zu, die außerweltliche aber von ihr ab, überwindet sie. Es geht
also vor allem darum, innerhalb des vor- und nachreformatorischen Christentums religiöse Haltungen rationaler planmäßiger
Handlungsbestimmtheit zu spezifizieren und von einer religiösen Haltung nichtrationaler planloser Gefühlsbestimmtheit abzugrenzen. Handlungskultur steht gegen Gefühlskultur. Die
Gefühlskultur nennt Weber unter anderem mystisch, aber in

36 Vgl. RS I, S. 106. Ich lasse natürlich die Einfügungen aus dem Jahre 1920
   unbeachtet. Vgl. *Archiv*, Band 21, S. 21 ff.

einem unspezifischen Sinn. Das machen auch die Antikritiken deutlich, in denen er christliche Gefühlsbestimmtheit beschreibt, ohne den Begriff der Mystik zu verwenden. Hier heißt es unter anderem: »Ich spreche bei der katholischen Askese *ausdrücklich* von der *rationalisierten* Askese (wie sie in höchster Potenz der Jesuitenorden aufweist) im *Gegensatz* z. B. zu ›planloser Weltflucht‹ (auf katholischer Seite) und bloßer Gefühls-›Askese‹ (auf protestantischer Seite)«.[37] Angestoßen vermutlich durch die Studien über die Russische Revolution von 1905, in denen Weber unter anderem eine Diagnose der religiösen Situation in Rußland gibt, erfährt aber auch der Begriff der Mystik eine Vertiefung. Diesen Eindruck jedenfalls gewinnt man aus Webers Diskussionsreden zu Ernst Troeltschs Vortrag über »Das stoisch-christliche Naturrecht und das moderne profane Naturrecht« auf dem Ersten Deutschen Soziologentag im Oktober 1910. Hier sieht er die orthodoxe Kirche durchsetzt von Mystik. Und diese repräsentiert ja nicht, wie etwa die Mystik eines Tauler, bloß eine heterodóxe Bewegung, noch ist sie identisch mit der spätlutherischen Gefühlskultur. Wie schon das Urchristentum, so ist auch die orthodoxe Kirche eine in Liebe verbundene *Gemeinschaft*, in der sich der Gläubige an den anderen verschenkt, bedingungslos hingibt. Weber nennt diese Hingabe objektlos, akosmistisch, die Realitäten des Lebens leugnend, eine heilige Prostitution der Seele, weshalb diese Haltung in schärfstem typologischem Kontrast zu der des Calvinisten mit seiner auf die *Gesellschaft* bezogenen asketischen Werkheiligkeit steht.[38] Weber stellt also der ›kosmischen‹ rationalen Ethik eine ›akosmische‹ emotionale Liebe gegenüber und nimmt damit Troeltschs These von den beiden Seiten des Evangeliums, seinem absoluten Universalismus und seinem absoluten Individualismus, auf seine Weise auf.[39] Denn die konse-

37 Max Weber, *PE* II, S. 155.
38 Vgl. dazu Max Weber, »Zur Lage der bürgerlichen Demokratie in Rußland«, in: *Archiv für Sozialwissenschaft und Sozialpolitik*, Band 22 (1906), bes. S. 273 ff. sowie *Verhandlungen des Ersten Deutschen Soziologentages*, Tübingen 1911, S. 197 ff. und S. 210 f.
39 Vgl. dazu Ernst Troeltsch, *Die Soziallehren der christlichen Kirchen und Gruppen*, Aalen 1977, S. 39 ff. (zuerst erschienen 1912, aber zuvor schon in Artikelform veröffentlicht) und, zur Interpretation, Wolfgang

quente kosmistische rationale Ethik und die konsequente akosmistische emotionale Liebe können in seiner Sicht durchaus ähnliche Wirkungen haben: einen unbrüderlichen Egoismus, einmal aus übersteigerter Sachlichkeit, einmal aus übersteigerter Nächstenliebe, die gerade dadurch zur Selbstliebe wird. Entscheidend aber ist: Der Begriff der Mystik bleibt noch innerhalb der Koordinaten, die bereits die erste Fassung der »Protestantischen Ethik« aufstellte: hier asketische Handlungskultur, dort mystische Gefühlskultur. Die asketische Handlungskultur, ob inner- oder außerweltlich gerichtet, aber ist mit Weltablehnung, die mystische Gefühlskultur mit (planloser) Weltflucht verbunden. Weltflucht heißt dabei zugleich: Hingabe an jeden anderen Menschen, nur weil er zufällig da ist. In diesem Sinne kennt das Christentum, typologisch gesehen, zwei extreme Positionen: einen mystischen Liebesakosmismus der weltflüchtigen Hingabe einerseits, eine asketische Werkheiligkeit der Weltbearbeitung andererseits.

Ich vermute nun, daß Weber durch seine Beschäftigung mit Indien insbesondere seine Interpretation der Mystik änderte. Denn im alten Buddhismus begegnete ihm das Phänomen einer planvollen, d. h. ›rationalen‹ Weltflucht, die zudem nicht zu einem Liebesakosmismus im Sinne des Christentums führt. Mehr noch: Diese Beschäftigung zeigte ihm darüber hinaus, wie wichtig es ist, auch zwischen christlicher und nichtchristlicher Askese präziser zu unterscheiden. Will man die Verschiedenartigkeit dieser historischen Phänomene berücksichtigen, so muß man eine ›gleichrangige‹ Spezifizierung der Begriffe Askese und Mystik anstreben und zugleich die Frage klären, wie Grundbegriffe als (genetisch) klassifikatorische Begriffe und historische Begriffe, relativ und absolut historische Begriffe, hier zueinander stehen. Dieses doppelte Problem hat Weber in meinen Augen erst in der »Zwischenbetrachtung« einigermaßen befriedigend lösen können. Der wichtigste ›Zwischenschritt‹ auf dem Wege dahin ist die Untersuchung über »Die Erlösungswege und ihr Einfluß auf die Lebensführung« aus *Wirtschaft und Gesellschaft*, jene Untersuchung also, die der über »Religiöse Ethik

Schluchter, *Die Entwicklung des okzidentalen Rationalismus. Eine Analyse von Max Webers Gesellschaftsgeschichte*, Tübingen 1979, S. 243 ff.

und ›Welt‹«, der ersten Fassung der »Zwischenbetrachtung«, vorangestellt ist.

Weber diskutiert hier die Ergebnisse seiner vergleichenden religionssoziologischen Forschungen zum Zusammenhang von Erlösungswegen und Lebensführung unter einer Leitfrage. Sie lautet: Wie kann sich der Mensch seines Heils, der perseverantia gratiae, versichern, wie erlangt er die certitudo salutis?[40] Die Antwort auf diese Frage ist in seiner Sicht für jeden religiösen Menschen von zentraler Bedeutung. »*Hier* entsprangen alle psychologischen Antriebe rein *religiösen* Charakters«, heißt es später gerade mit Blick auf die Erlösungsreligionen Indiens.[41] Diese Gewißheit kann von Dritten ›gespendet‹ oder muß selbst errungen werden. Wird sie gespendet, so kann dies durch Personen oder durch Institutionen geschehen. Muß sie selbst errungen werden, so sind ›Leistungen‹ zu erbringen. Sie können entweder ritueller bzw. kultischer oder sozialer bzw. ethischer Art sein. Ferner kann entweder die Einzelleistung oder die Gesamtleistung zählen. Durch ›Leistungen‹ aber soll der status naturalis überwunden werden. Sie dienen der mehr oder weniger methodisch herbeigeführten ›Wiedergeburt‹ einer Person. Dafür spielen nun drei Wege oder Mittel eine wichtige Rolle: Ekstase, Askese und Kontemplation. Von diesen hat die Ekstase, wie immer sublimiert, eine Sonderstellung. Denn sie läßt strenggenommen nur punktuelle ›Wiedergeburt‹, ›Wiedergeburt‹ nicht als *Dauer*habitus zu. Dies aber leisten die beiden anderen Heilstechniken, sofern sie aus magischen Voraussetzungen gelöst und unter soteriologische Voraussetzungen gestellt werden. Dann sind sie Mittel zu einer *dauernden* Selbstvervollkommnung, zu einer *methodischen* Disziplinierung im Dienste des Heils. Obgleich die Ekstase auch unter erlösungsreligiösen Voraussetzungen vorkommt, tritt hier meist die Kontemplation an ihre Stelle, und zwar deshalb, weil sie *planvolle* Anwendung erlaubt. Askese und Kontemplation können also

40 WuG, S. 326.
41 Der volle Text lautet: »Die Frage der certitudo salutis *selbst* aber war für jegliche nicht sakramentale Erlösungsreligion – mochte sie Buddhismus, Jainismus oder was immer sein – schlechthin zentral; das möge man nicht verkennen. *Hier* entsprangen alle psychologischen Antriebe rein *religiösen* Charakters.« Vgl. RS I, S. 103, Fn. 2 (Einfügung von 1920).

als die wichtigsten soteriologischen Methodiken gelten, wobei Askese eher praktische, Kontemplation eher intellektuelle Disziplinierung fördert. Dies läßt sich an ihren hauptsächlichen Ergebnissen ablesen. Askese kann zu methodischer Kontrolle psychophysischer Prozesse oder zu ›richtigem Handeln‹ führen, Kontemplation aber zur Entleerung des Bewußtseins oder zu ›richtigem Wissen‹, zur Erleuchtung, zu einem Zustand also, den Weber Mystik nennt. Askese dient der Herstellung eines ›konstanten Handelns‹, Kontemplation der Herstellung eines ›konstanten Bewußtseinszustands‹. Dies ist einer der Gründe, weshalb Weber dazu neigt, Askese mit Ethik und Kontemplation mit Gnosis zu verbinden und darüber hinaus Askese mit Handeln und Kontemplation mit Mystik, weshalb er also das ›Mittel‹ mit dem ›Resultat‹ in einer Kategorie vereint.

Doch gibt es dafür noch andere Gründe. Sie haben mit der Einbeziehung religiöser Traditionen in die Begriffsbildung zu tun. Die beiden soteriologischen Heilsmethodiken, die beiden Erlösungswege, hängen nämlich für Weber eng mit den Vorstellungen vom Göttlichen zusammen, weil diese die Heilsgüter prägen. Und von diesen Vorstellungen interessieren ihn wiederum vor allem zwei. Die eine, die z. B. in der christlichen Tradition vorherrscht, ist die Vorstellung vom persönlichen transzendenten Gott, der diese Welt erschuf und der sie dereinst auch wieder vernichten wird, die andere, die in vielen asiatischen Kulturreligionen vorherrscht, ist die von der unpersönlichen immanenten Ordnung, die als unerschaffen gilt und deshalb ewig ist. Ziel allen religiösen Strebens ist es, so wurde gesagt, eine ›gesicherte‹ Beziehung zum Göttlichen herzustellen. Wie diese aussehen kann, hängt auch von den Gottesvorstellungen ab. Insbesondere die christlichen Traditionen definieren sie als Gottesknechtschaft oder Gotteskindschaft, die asiatischen aber als Gottesbesitz. Der Christ ›sichert‹ sie durch gottgefälliges Handeln, der Anhänger einer asiatischen Erlösungsreligion durch Vereinigung mit dem Göttlichen. Weber drückt dies auch so aus, daß der Mensch im einen Fall das Werkzeug Gottes, im anderen Fall das Gefäß des Göttlichen sei. Damit gibt er dem asketischen Handeln eine aktive, der kontemplativen Mystik eine passive Fassung. Es bleibt allerdings unklar, ob dies klassifikatorische oder historische Bestimmun-

gen sind. Verglichen mit der ersten Fassung der »Protestantischen Ethik« ist nun freilich die Unterscheidung zwischen
Askese und Mystik um einige Bestimmungen reicher: Werk-
zeug-Gefäß, Kampf-Ruhe, Handeln-Nichthandeln oder Nicht-
denken, Leisten-Haben, dies sind einige der Gegensatzpaare,
mit denen Weber operiert. Dies zeigt, daß er die zunächst weitgehend residuale Bestimmung der Mystik überwindet. Askese
und Mystik werden begrifflich ›gleichrangig‹ behandelt und zudem weiter spezialisiert.

Dafür wählt Weber die Weltbeziehung. Der nach Erlösung Strebende kann entweder in den Ordnungen dieser ›Welt‹ bleiben,
oder er kann sich von ihnen abwenden, was natürlich nicht
heißt, daß er von ihnen nicht weiterhin abhängig bleibt.[42] In der
»Protestantischen Ethik« und in den Antikritiken hatte Weber
dafür das Begriffspaar innerweltlich-außerweltlich gewählt und
es unter anderem zur Abgrenzung der okzidentalen Mönchsaskese von der ›protestantischen‹ Askese verwendet.[43] In *Wirtschaft und Gesellschaft* hält er am Begriff der innerweltlichen
Askese fest, spricht aber interessanterweise nicht von außerweltlicher, sondern von weltablehnender Askese, der er die
Weltflucht der kontemplativen Mystik *direkt* gegenüberstellt.
Er vermeidet es also ausdrücklich, von weltflüchtiger Askese zu
reden. Dies vor allem deshalb, weil auch noch die weltabgewandte Askese im Gegensatz zur Kontemplation eine positive
Wirkung auf das Handeln hat. Dennoch sind – so Weber hier –
die Gegensätze zwischen weltablehnender Askese und weltflüchtiger Kontemplation »in ganz besonderem Maße« flüssig.[44]
Dies ist beim zweiten Gegensatzpaar anders: beim innerweltli-

---

42 Man kann sogar sagen: Je nach der Art der Abwendung wächst diese
   Abhängigkeit. Der arbeitsenthobene weltabgewandte buddhistische
   Mönch beispielsweise ist von der ›Welt‹ weit abhängiger als der okzidentale Mönch, für den ›Arbeit‹ Teil der asketischen Disziplinierung ist.
   Vgl. dazu auch die Bemerkungen über die Unterschiede zwischen bud-
   dhistischem und christlichem Mönchtum in dem Beitrag von Stanley
   Tambiah in Wolfgang Schluchter (Hg.), *Max Webers Studie über Hinduismus und Buddhismus. Interpretation und Kritik*, Frankfurt 1984,
   S. 202 ff. Ferner WuG, S. 331.
43 Dazu RS I, S. 116 ff.
44 WuG, S. 330.

chen Asketen und jenem kontemplativen Mystiker, der »innerhalb der Welt und ihrer Ordnungen lebt«.[45] Denn der innerweltliche Asket und der innerweltliche Mystiker entwickeln völlig konträre Haltungen gegenüber der Welt und ihren Ordnungen: Weltbearbeitung, ja Wirtschafts- und Gesellschaftsbeherrschung einerseits, Welthinnahme, ›Schickung‹ in die Welt, wie sie ist, andererseits. Es lohnt sich, hier eine längere Passage zu zitieren, die für Webers Interpretation der Wirkung kontemplativer Heilssuche insgesamt zentral ist. Von ihr geht in seiner Sicht keinerlei Antrieb zur »rationalen Umgestaltung der irdischen Ordnungen« aus.[46] Weber beschreibt die Welthaltungen des innerweltlichen Asketen und des innerweltlichen Mystikers so: »Die Welt als solche wird weder von der Askese noch von der Kontemplation bejaht. Aber vom [innerweltlichen] Asketen werden ihr kreatürlicher, ethisch irrationaler empirischer Charakter, ihre ethischen Versuchungen der Weltlust, des Genießens und Ausruhens auf ihren Freuden und Gaben, abgelehnt. Dagegen wird das eigene rationale Handeln innerhalb ihrer Ordnungen als Aufgabe und Mittel der Gnadenbewährung bejaht. Dem innerweltlich lebenden kontemplativen Mystiker dagegen ist Handeln, und vollends Handeln innerhalb der Welt, rein an sich eine Versuchung, gegen die er seinen Gnadenstand zu behaupten hat. Er minimisiert also sein Handeln, indem er sich in die Ordnungen der Welt, so wie sie sind, ›schickt‹, in ihnen sozusagen inkognito lebt, wie die ›Stillen im Lande‹ es zu aller Zeit getan haben, weil Gott es nun einmal so gefügt hat, daß wir darin leben müssen. Eine spezifische, demutsvoll gefärbte ›Gebrochenheit‹ zeichnet das innerweltliche Handeln des kontemplativen Mystikers aus, von welchem hinweg er sich immer wieder in die Stille der Gottinnigkeit flüchten möchte und flüchtet. Der Asket ist, wo er in Einheit mit sich selbst handelt, sich dessen sicher, Gottes Werkzeug zu sein. Seine eigene pflichtgemäße kreatürliche ›Demut‹ ist daher stets von zweifelhafter Echtheit. Der Erfolg seines Handelns ist ja ein Erfolg Gottes selbst, zu dem er beigetragen hat, mindestens aber ein Zeichen seines Segens ganz speziell für ihn und sein

45 Ebd., S. 331.
46 Ebd., S. 333.

Tun. Für den echten Mystiker kann dagegen der Erfolg seines *innerweltlichen* Handelns keinerlei Heilsbedeutung haben und ist die Erhaltung echter Demut in der Welt in der Tat die *einzige* Bürgschaft dafür, daß seine Seele ihr nicht anheimgefallen ist.«[47] Obgleich damit gerade auch christliche Verhältnisse angesprochen sind – und die Beispiele, die Weber zur Illustration der allgemeinen Wirkung kontemplativer Mystik anführt, bestätigen dies[48] –, benutzt er die beiden entwickelten und spezialisierten Begriffe jetzt nicht so sehr dazu, um innerhalb der christlichen erlösungsreligiösen Traditionen, sondern um zwischen den christlichen und vor allem den indischen erlösungsreligiösen Traditionen unter dem Gesichtspunkt zu unterscheiden, welche Welthaltungen dadurch favorisiert, welche Effekte im Handeln dadurch erzielt worden sind. Wie Weber formuliert: »Es ist nun der historisch entscheidende Unterschied, der vorwiegend morgenländischen und asiatischen, gegenüber den vorwiegend okzidentalen Arten der Erlösungsreligiosität, daß die ersteren wesentlich in Kontemplation, die letzteren in Askese ausmünden.«[49]

Dies verweist auf »fundamentale Unterschiede« zwischen diesen Traditionen. Wie in der Musik sieht Weber auch hier sowohl theoretische als auch praktische Unterschiede. Sechs dieser fundamentalen Differenzpunkte nennt er in *Wirtschaft und Gesellschaft*. Einige davon greife ich systematisierend heraus. Es sind die theoretischen, die mit den religiösen Weltbildern zusammenhängen. Darin sind die Elemente einer religiösen Tradition systematisch verbunden, jedenfalls dort, wo, wie bei den meisten Erlösungsreligionen, die soteriologischen Voraussetzungen zum Gegenstand theoretischer Rationalisierung gemacht worden sind. Dazu gehören neben den Gottesvorstellungen auch solche über die ›Welt‹, sowie über göttliches und heilswichtiges menschliches Handeln, also eine ›Theologie‹, eine Kosmologie und eine Rechtfertigungslehre, die sowohl eine

---

47 Ebd., S. 332 f.

48 Weber erwähnt in diesem Zusammenhang Tauler, das Luthertum, das Urchristentum, das orientalische Christentum und den slavophilen Gemeinschaftsbegriff, in dem sich der orientalische Kirchenbegriff säkularisiert fortsetzt.

49 Ebd., S. 334.

Rechtfertigung ›Gottes‹ vor den Menschen (›Theodizee‹) wie vor allem eine Rechtfertigung des Menschen vor ›Gott‹ enthält. Ein erlösungsreligiöses Weltbild führt deshalb vor, wovon, wozu und wie der Mensch erlöst wird. Es deutet sinnhaft die Beziehung ›Gott‹–Mensch–›Welt‹.[50] Einige der fundamentalen Unterschiede zwischen den christlichen und den indischen erlösungsreligiösen Weltbildern lassen sich nun in idealtypischer Zuspitzung hervorheben. Dafür ziehe ich Aspekte des Gott-Mensch-Verhältnisses, der Rechtfertigungslehre und des Verhältnisses von religiösem Postulat und ›Welt‹ heran. Beim Gott-Mensch-Verhältnis liegt im Christentum der Akzent auf dem Abstand zwischen Gott und Mensch zumindest im Diesseits: »Der Erlösungsmethodik war damit der Weg zur Selbstvergottung und zum genuin mystischen Gottesbesitz wenigstens im eigentlichen Sinne des Worts als blasphemische Kreaturvergötterung und ebenso zu den letzten pantheistischen Konsequenzen verschlossen«.[51] Statt dessen stehen der Werkzeugcharakter des Menschen sowie Askese, Gebot, ›richtiges Handeln‹, d. h. Ethik, im Mittelpunkt. In Indien dagegen gibt es die Vereinigung des Menschen mit dem Göttlichen selbst im Diesseits. Hier stehen der Gefäßcharakter des Menschen sowie Kontemplation, Richtschnur, ›richtiges Wissen‹, d. h. Gnosis, im Mittelpunkt. Bei der Rechtfertigung des Menschen liegt im Christentum der Akzent auf Gnade und Glaube, nicht auf den ›Werken‹. Diese können jedenfalls letztlich niemals der Realgrund der Erlösung sein. Die ›Werkheiligkeit‹, die gerade im Calvinismus eine so große Rolle spielt, ist ja selbst hier durch die Gnadenwahllehre gebrochen. Dies ist einer der Gründe, weshalb im Christentum zwischen ›Werkheiligkeit‹ und ›Anstaltsgnade‹, ›Sekte‹ und ›Kirche‹ eine unauflösbare Spannung existiert. In Indien zählen allein die ›Werke‹. Erlösung ist ausschließlich Folge der ›Leistung‹ des einzelnen. Die indischen Erlösungsreligionen sind nichtsakramentale Religionen. Sie haben keine Kirche hervorgebracht. Beim Verhältnis von religiösem Postulat und ›Welt‹ liegt im Christentum der Akzent auf der Diskrepanz von religiösem Gleichheitsgebot und natürlicher und sozialer Un-

50 Vgl. RS II, S. 220. Bei der entsprechenden Stelle der »Einleitung« fehlt das »wie«. Vgl. ebd., S. 252.
51 WuG, S. 334 f.

gleichheit. Es gibt ein ›religiöses Naturrecht‹, das reformerische oder gar revolutionäre Konsequenzen haben kann. In Indien dagegen fehlt ein religiöses Naturrecht. Auch das soziale Schicksal des einzelnen gilt zunächst als religiös verdient. Um es in einer Formel zu sagen: Während das Christentum eine Haltung der Selbst- und Weltvervollkommnung, der Selbst- und Weltbeherrschung im und durch Handeln rational unterbaute, förderten die indischen Erlösungsreligionen eine Haltung der Selbstvergottung und der Weltflucht, der Weltentsagung in und durch Kontemplation.

Weber verknüpft also in *Wirtschaft und Gesellschaft* seine Unterscheidung zwischen Askese und Mystik eng mit den okzidentalen und indischen erlösungsreligiösen Traditionen. Er schränkt zudem den Begriff der Weltablehnung durch die Rede von der weltablehnenden Askese zumindest terminologisch stark ein. Gewiß: Es gibt für ihn nicht nur indische, sondern auch christliche Mystik, so wie es für ihn nicht nur christliche, sondern auch indische Askese gibt. Weber macht klar: Dies sind historische Begriffe, sie bezeichnen jeweils einen sehr komplexen historischen Sinn- und Handlungszusammenhang. Doch bleiben dabei historische und klassifikatorische Gesichtspunkte ineinander verwoben, und vor allem: dadurch werden fundamentale Gemeinsamkeiten zwischen christlichen und indischen Erlösungsreligionen verdeckt. Dem kann man begegnen, indem man stärker zwischen klassifikatorischen und historischen Gesichtspunkten unterscheidet und den Begriff der Weltablehnung verallgemeinert. Genau dies hat Weber in der »Zwischenbetrachtung« getan.

Welche Aufgabe der »Zwischenbetrachtung« in dieser Hinsicht im Rahmen der Studien über die Wirtschaftsethik der Weltreligionen zukommt, läßt sich gerade am Vergleich mit der »Einleitung« zu dieser Serie zeigen. Denn darin wird der Schnitt durch die Kulturreligionen anders gelegt als in der »Zwischenbetrachtung«. Während hier in erster Linie der Unterschied zwischen weltbejahenden und weltverneinenden Kulturreligionen im Mittelpunkt steht, ist es dort der zwischen asiatischen und vorderasiatisch-okzidentalen Kulturreligionen, zwischen zwei ›großen historischen Traditionen‹ also, in denen jeweils sowohl weltbejahende wie weltverneinende Haltungen entstanden sind.

Daß Weber die Kulturreligionen in diesen systematischen Texten jeweils anders ›sortiert‹, ist nun keineswegs zufällig. Es hat vielmehr mit der Funktion dieser Texte zu tun. Die »Einleitung« führt in die gesamte Serie ein, die »Zwischenbetrachtung« dagegen leitet – wie gezeigt – zu jenen Teilen der Serie über, in denen es in erster Linie um Voraussetzungen und Konsequenzen religiöser Weltablehnung geht. Für den Unterschied zwischen asiatischen und vorderasiatisch-okzidentalen Kulturreligionen aber sind nicht die grundbegrifflichen, die ›gattungsmäßigen‹, sondern die historischen Gesichtspunkte maßgebend, vor allem die Art der Gotteskonzeption, die Art der Heilstechnik und die Art der Trägerschicht. Weber bestätigt deshalb in der »Einleitung« für die Heilstechniken zunächst noch einen Aspekt des Diskussionsstands von *Wirtschaft und Gesellschaft*. Die drei wichtigsten Heilstechniken sind Ekstase, Askese und Kontemplation – er spricht von aktiver Askese und vom kontemplativen und apathisch-ekstatischen Leben –, und sie stehen in einer besonderen Wahlverwandtschaft zu den Gottesvorstellungen und darüber hinaus zu Formen der Prophetie, der Sendungsprophetie und der exemplarischen Prophetie. Bezogen auf die Haltungen bilden asketische Weltbearbeitung und kontemplative Weltflucht die äußersten Gegenpole.[52] Beide werden jetzt aber ausdrücklich als Gegensätze auf dem Gebiet der Weltablehnung vorgestellt. Dennoch: Es fehlt sowohl die schärfere Trennung von klassifikatorischen und historischen Gesichtspunkten als auch die Spezifizierung. Letztere bleibt in der »Einleitung« sogar hinter dem in *Wirtschaft und Gesellschaft* erreichten Stand zurück.

An diesen Stand schließt Weber in der »Zwischenbetrachtung« an, und zwar so, daß er dabei zugleich den Status der in *Wirtschaft und Gesellschaft* niedergelegten Ergebnisse sachlich und terminologisch präzisiert. In sachlicher Hinsicht unterstreicht er die für ihn ja keineswegs neue Einsicht, daß die Vorstellung vom persönlichen überweltlichen Schöpfergott dem Erlösungsweg der aktiven Askese, der Arbeitsaskese, zwar wahlverwandt ist, daß zwischen beiden aber kein notwendiger Zusammenhang besteht. Das zeigt sich historisch schon daran, daß weder Ju-

---

52 RS I, S. 263.

dentum noch Islam eine solche Askese ausgebildet haben, obwohl ihre Gotteskonzeption mit der christlichen weitgehend übereinstimmt. Diese Unabhängigkeit gilt auch für die Prophetie, für die Vermittlung der erlösungsreligiösen Botschaft, sei es durch Propheten, sei es durch Heilande.[53] Auch hier kennen

---

53 Wie Gananath Obeyesekere in seinem Beitrag in *Max Webers Studie über Hinduismus und Buddhismus* ausführt, ist Webers Einordnung des Buddha als eines exemplarischen Propheten problematisch, überhaupt seine Unterscheidung zwischen ethischer und exemplarischer Prophetie unzureichend ausgeführt. Der Buddha habe nicht persönliche Nachfolge gesucht, sondern eine Lehre verkündet, die eine Art Richtschnur für ›richtiges‹ Leben sein wollte. Insofern sei der Buddha tatsächlich kein ethischer, aber eben auch kein exemplarischer Prophet. Um ihn angemessener einordnen zu können, möchte er den Begriff exemplarische Prophetie durch ethisch geleitete Askese ersetzen. Dies scheint nun mir wiederum problematisch zu sein. Andererseits: Weber ist tatsächlich weder bei den Unterscheidungskriterien noch bei der Zuordnung der Typen zu Phänomenen eindeutig. Vgl. etwa WuG, S. 268, S. 273 und RS I, S. 422 f. und S. 257 f. Ich möchte deshalb Obeyesekeres Überlegung aufgreifen, sie aber anders als er weiterführen. Weber verwendet nämlich in meinen Augen zwei Unterscheidungskriterien im Wechsel: Art der Botschaft (Ethik-Lehre, Gebot-Richtschnur) und Interesse der Anhängerschaft (an der Botschaft oder an der Person). Kombiniert man diese beiden Dimensionen, so kommt man zu folgender Typologie von charismatischen religiösen Führern:

Art der Botschaft / Interesse der Anhänger an	Ethik/Gebot	Lehre/Richtschnur
Botschaft	ethische Propheten Beispiel: vorexilischer Prophet (Jeremia)	lehrende Propheten Beispiel: Buddha
Person	ethische Heilande Beispiele: Zarathustra, Jesus, Muhammad	lehrende Heilande Beispiel: indischer Guru

Vgl. auch *Religion und Lebensführung*, Kap. 7.

Judentum und Islam die Sendungsprophetie, doch hat dies bei ihnen zu keiner aktiven Askese geführt. Was aber für die eher vorderasiatisch-okzidentalen Erlösungsreligionen gesagt werden muß, läßt sich auch für die asiatischen Erlösungsreligionen sagen: Zwischen der Vorstellung von der immanenten unpersönlichen göttlichen Macht und der kontemplativen Mystik besteht zwar eine Wahlverwandtschaft, aber keine unbedingte Zusammengehörigkeit. Man muß das Weltbild vom Erlösungsweg analytisch trennen, weil das eine auf ideelle, das andere auf institutionelle Faktoren verweist.

In seiner Terminologie tilgt Weber nun den Begriff der weltablehnenden Askese. Damit macht er auch durch die Wortwahl klar, was sachlich längst feststeht: daß Askese und Kontemplation in ihren entwickelten Formen Erlösungstechniken der Weltablehnung sind. Die Spezialisierung der »Gegensätze auf dem Gebiete der Weltablehnung« aber folgt einem in *Wirtschaft und Gesellschaft* und bereits davor entwickelten Gesichtspunkt: ob die Erlösungstechnik der Weltablehnung als Weltzuwendung (innerweltlich) oder als Weltabwendung (außerweltlich, weltflüchtig) dient. Folgerichtig unterscheidet Weber zwischen innerweltlicher und weltflüchtiger Askese sowie innerweltlicher und weltflüchtiger Kontemplation oder Mystik. Und anders als in *Wirtschaft und Gesellschaft* sieht er den radikalen Gegensatz jetzt nicht zwischen innerweltlicher Askese und innerweltlicher Kontemplation oder Mystik; sondern zwischen innerweltlicher Askese und weltflüchtiger Kontemplation oder Mystik. Dies mag auch mit dem Gegenstand zusammenhängen, auf den die materiale Analyse zustrebt. Denn dabei interessiert nicht in erster Linie der Gegensatz zwischen christlicher innerweltlicher Arbeitsaskese und christlichem Liebesakosmismus, sondern zwischen der christlichen Handlungskultur und der indischen ›Wissens‹-, nicht: Gefühlskultur.

So wichtig nun diese beiden Präzisierungen für das Verständnis von Webers vergleichenden religionssoziologischen Studien auch sind, ich finde sie nach wie vor nicht gänzlich befriedigend. Sie gehen in meinen Augen nicht weit genug. Weber eröffnet die Passage, in der er Askese und Mystik definiert und spezialisiert, mit folgendem Satz: »Als Gegensätze auf dem Gebiete der Weltablehnung wurden schon in den einleitenden Bemerkungen hingestellt: die aktive Askese: ein gottgewolltes *Handeln* als Werkzeug Gottes einerseits, andererseits: der kontemplative Heils*besitz* der Mystik, der ein ›Haben‹, nicht ein Handeln bedeuten will, und bei welchem der Einzelne nicht Werkzeug, sondern ›Gefäß‹ des Göttlichen ist, das Handeln in der Welt mithin als Gefährdung der durchaus irrationalen und außerweltlichen Heilszuständlichkeit erscheinen muß.«[54] Dies sind die Definitionen von Askese und Mystik, von denen die Typologie ausgeht. Die folgenden Ausführungen spezialisieren sie, sie ergänzen oder korrigieren sie aber nicht. Diese Wahl des Ausgangspunktes halte ich zumindest für mißverständlich. Weber erreicht damit nicht deutlich genug, was er mit seiner Typologie von Askese und Mystik doch offenbar erreichen will. Nun könnte man sagen: Definitionsfragen sind Zweckmäßigkeitsfragen und zudem problemabhängig. Und Weber hat ja selber immer wieder betont, es gebe keinen endgültigen historischen Begriff und schon gar keinen »abgestempelten ›Askese‹-Begriff«.[55] Es scheint also nicht zu lohnen, um Definitionen zu streiten, solange klar ist, was ein Autor mit seiner Begriffswahl bezweckt. Doch Weber will ja seine Typologie so fassen, daß Variationen zwischen Gotteskonzeption und Erlösungswegen möglich bleiben. Genau dies aber scheint bei der Wahl des Ausgangspunktes verbaut. Die Askese, von der hier gesprochen wird, ist die christliche Askese, die Werkzeugkonzeption wird an die christliche Gotteskonzeption gekoppelt. Damit geht eine zwar historisch wichtige, aber keineswegs unbedingte Zusammengehörigkeit in die Definition von Askese ein.

Gerade Ausführungen in »Einleitung« und »Zwischenbetrachtung« machen aber deutlich, weshalb es tunlich ist, diese Zusammengehörigkeit nicht definitorisch, sondern historisch zu etablieren. Denn Weber unterscheidet nicht nur zwischen magischer und religiöser bzw. soteriologischer Askese, er sieht darüber hinaus selbstverständlich auch, daß nicht jede soteriologische Askese *aktive* Askese ist. Man muß also die Typologie so anlegen, daß sich begriffliche und materiale Analysen nicht widersprechen. Dies aber verlangt eine noch schärfere Scheidung

54 RS I, S. 538 f.
55 Vgl. Max Weber, PS, S. 61, Fn. 1 und PE II, S. 155.

von klassifikatorischen und historischen Gesichtspunkten, als sie in dieser Ausgangsdefinition vorgenommen ist.

Auch bleiben terminologische Unklarheiten. Immer noch werden Askese mit Handeln und Kontemplation mit Mystik tendenziell identifiziert. Zudem erscheint mir die Gegenüberstellung innerweltlich–weltflüchtig nicht glücklich. Weltzuwendung und Weltabwendung halte ich für der Sache angemessene Bezeichnungen. Doch sind diese terminologischen Fragen von sekundärer Bedeutung. Wichtig ist vielmehr eine Erweiterung der Typologie von Askese und Mystik, und zwar so, daß man damit auch die Wirkung religiöser Weltablehnung differenziert erfassen kann.

Bevor ich diese Erweiterung versuche, muß die andere Komponente erlösungsreligiösen Handelns kurz betrachtet werden, die Erlösungsziele oder Heilsgüter, von denen bislang nur indirekt, im Zusammenhang mit den Gotteskonzeptionen, die Rede war.

Für Webers »rein empirische Betrachtung«, für seine »überaus nüchternen Darlegungen«[56] sind ja Heilsgüter für den Gläubigen zunächst und vor allem psychische Zustände, die bereits im Diesseits errungen sein wollen, sie haben einen Gefühlswert, der hier und jetzt von Bedeutung ist. Dies gilt auch dann, wenn ein Heilsgut ›jenseitig‹ ist und, wie etwa beim Calvinisten, durch gottgewolltes Handeln als Werkzeug Gottes erstrebt wird. Der dabei schon hier erlebte Heilszustand besteht in einem Werkzeuggefühl.[57] Die Herstellung solcher Gefühlsqualitäten ist Teil der ›Sicherung‹ der Beziehung zum Göttlichen. Wie diese Qualitäten aussehen können, hängt deshalb tatsächlich hauptsächlich von den Gotteskonzeptionen ab.

Weber sieht nämlich ein Heilsgut im wesentlichen von zwei Faktorengruppen beeinflußt: von der äußeren Interessenlage der das Heilsgut erstrebenden Menschen, also von ihrer sozialen Lage, und von ihrer inneren Interessenlage – letztlich also von ihrer ›äußeren‹ und ›inneren‹ Not. Diese Not ist auf das religiöse Weltbild und seine Werte bezogen. Von hier erfährt sie eine Deutung, die, wie Webers berühmte Formulierung lautet, »die Bahnen bestimmt, in denen die Dynamik der Interessen das Handeln« fortbewegt.[58] Dazu gehört die Deutung der

---

56 WuG, S. 334 und RS I, S. 14.   57 Ebd., S. 141, Fn. 2.
58 Ebd., S. 252.

›Gott‹-Mensch-Beziehung. Ihr kommt für die Ermittlung jener erlebbaren psychischen Heilszustände besondere Bedeutung zu. Werkzeug–Gefäß, Abstand–Abstandslosigkeit, Handeln–Haben, Kampf–Ruhe, Selbstvervollkommnung–Selbstvergottung, dies waren Gegensatzpaare, die Weber in mehr oder weniger engem Zusammenhang mit der Analyse der ›Gott‹-Mensch-Beziehung verwandte. Die jeweils ersten Begriffe deuten auf Aktivität, die jeweils zweiten auf Passivität. ›Bewährung‹ und ›demütige Hinnahme‹, Aktivitäts- und Passivitätsgefühl, das sind psychische Heilszustände, die tatsächlich eine innere Verwandtschaft mit den beiden Gotteskonzeptionen aufweisen. Doch sie stehen damit in keinem notwendigen Zusammenhang. Weber hat seine eigene Unterscheidung zwischen Werkzeug und Gefäß, Werkzeuggefühl und Gefäßgefühl letztlich selbst so eingeordnet. Dies jedenfalls kann man einer Passage entnehmen, die er in die zweite Fassung der »Protestantischen Ethik« von 1920 eingefügt hat. Dort heißt es: »Tiefgehende, für die Klassifikation aller [!] praktischen Religiosität überhaupt geltende Unterschiede der entscheidenden Heilszuständlichkeiten kommen darin zum Ausdruck: Der religiöse Virtuose kann seines Gnadenstandes sich versichern *entweder*, indem er sich als Gefäß, *oder*, indem er sich als Werkzeug göttlicher Macht fühlt. Im ersten Fall neigt sein religiöses Leben zu mystischer Gefühlskultur, im letzteren zu asketischem *Handeln*. Dem ersten Typus stand Luther näher, dem letztern gehörte der Calvinismus an.«[59] Wenn aber die Unterscheidung zwischen Werkzeug und Gefäß für die Klassifikation *aller* praktischen Religiosität gilt und selbst für die interne Differenzierung des Christentums verwendet werden kann, dann sollte man sie nicht nur von den Gotteskonzeptionen, wie im Zitat, sondern auch von den soteriologischen Heilsmethodiken analytisch unabhängig machen. Aktivitäts- und Passivitätsgefühle, Werkzeug- und Gefäßgefühle, können dann Folge sowohl asketischer wie kontemplativer Disziplinierung sein.

59 Ebd., S. 108.

3. Typologie erlösungsreligiöser Welthaltungen

Damit läßt sich ein Zentralstück der Weberschen Religionssoziologie, die Typologie der Welteinstellungen oder Welthaltungen auf dem Gebiet der religiösen Weltablehnung, systematisch
zusammenfassen. Sie gilt für religiöse Virtuosen, für religiöse
Eliten, nicht für die religiösen ›Massen‹, die, wie Webers Bemerkung über den Laienkatholizismus zeigt, auch im Rahmen
von Erlösungsreligionen zu naiver Weltbejahung neigen, also
darin den Menschen ähnlich sind, die unter magischen Voraussetzungen leben. Die Typologie präsentiert also Formen des
›Heilsaristokratismus‹, Formen einer religiösen ›Qualitäts‹-
oder ›Leistungs‹-, nicht einer ›Positions‹-Aristokratie,[60] wie sie
auf dem Entwicklungsniveau von Kulturreligionen auftreten
können. Denn für Kulturreligionen ist ja charakteristisch, daß
sie eine religiöse Schichtung aufweisen, die ideell auf der Ausbildung von Virtuosen- und Massen- bzw. Laienmoralen gründet, auf einer Art Stufung religiöser Lehren und Ethiken also,
wie sie sich in der christlichen Tradition besonders plastisch an
der vor allem in der Scholastik entwickelten Lehre von den
consilia evangelica, den Evangelischen Räten, ablesen läßt, die
zu einer der Grundlagen einer von der Laien- und auch Prie-
sterethik abgestuften Mönchsethik geworden ist.[61] Diese religiöse Schichtung, die neben Qualitäts- oder Leistungseliten und
›Massen‹ auch Positionseliten umfassen kann, fällt zudem nicht
notwendigerweise mit der sozialen Schichtung zusammen.
Mehr noch: Den religiösen Eliten kann gerade in Gestalt von
Laieneliten, die wiederum Qualitäts- oder Positionseliten sein
können, eine Konkurrenz um das von ihnen meist reklamierte
Sinndeutungsmonopol entstehen. Dies gilt besonders für den

---

60 Vgl. dazu Max Weber, »»Kirchen‹ und ›Sekten‹ in Nordamerika. Eine
kirchen- und sozialpolitische Skizze«, in: *Die Christliche Welt*, Nr. 25,
21. Juni 1906, S. 580.

61 Die Evangelischen Räte waren zunächst Ratschläge, durch deren Befolgung man sich Verdienste erwarb. Sie wurden dann Bestandteil des
Mönchsgelübdes, also in Forderungen umgewandelt. Daraus entstand
eine Virtuosenethik, die sich von der Massenethik unterschied. Sie wurde nicht wegen ihres Anspruchsniveaus, sondern wegen der damit verbundenen Werkgerechtigkeit in der Reformation bekämpft.

›Laienintellektualismus‹, etwa für Philosophen, die ihre Deutungsangebote auf andere Voraussetzungen als die Erlösungsreligionen gründen.[62] Damit aber unterliegen Kulturreligionen einem Vorgang, den Weber als einen allgemeinen Vorgang des differenzierten sozialen Lebens vorführt: dem Kampf um die Öffnung und Schließung sozialer Beziehungen, dem spannungsreichen Gegeneinander von ›Heilsdemokratismus‹ und ›Heilsaristokratismus‹.[63] Weber interessiert sich dabei vor allem deshalb für die Struktur und für den ›Kampf‹ der religiösen Eliten in vergleichender Perspektive, weil diese in traditionalen Gesellschaften eine strategische Deutungsposition besetzen. Von ihren Welteinstellungen hängt es unter anderem ab, ob und, wenn ja, welche entwicklungsdynamischen Impulse vom religiösen Lebensbereich auf andere Lebensbereiche ausgehen. Dazu untersucht Weber vor allem ihre Wirkung auf den wirtschaftlichen Lebensbereich.[64]

Ausgangspunkt der Typologie ist die ›Gott‹-Mensch-›Welt‹-Beziehung. Sie läßt sich in zwei Teilbeziehungen gliedern: in die normativ gebotene Beziehung zum Göttlichen und die normativ gebotene Beziehung zur ›Welt‹. Die Beziehung zum Göttlichen hat zwei Komponenten: Heilsziel oder Heilsgut, hier: Heilszustand, und Heilsweg oder Heilsmittel, mit deren Hilfe der Heilszustand herbeigeführt werden soll. Zusammen mit der

---

62 Weber diskutiert ja an verschiedenen Stellen die Unvereinbarkeit dieser Voraussetzungen, etwa dort, wo er die Tertullian zugerechnete Formel vom credo quia absurdum gebraucht, um auf die Übervernünftigkeit, nicht: Widervernünftigkeit des erlösungsreligiösen Glaubens zu verweisen. Auch die Konsequenzen, die von diesen unvereinbaren Voraussetzungen aus gezogen werden, unterscheiden sich, wie etwa die unterschiedliche Bewertung des Freitods zeigt. Vgl. RS I, S. 570.

63 Die beiden Begriffe beziehen sich auf den Zugang zu den Heilsgütern. Sie werden von Weber häufig mit ›Heilspartikularismus‹ und ›Heilsuniversalismus‹ gleichgesetzt. Dies ist terminologisch unglücklich, da sich dieses Begriffspaar auf die Geltungsgrundlagen des Heilsguts bezieht. Zur Strategie der Öffnung und Schließung s. bes. Frank Parkin, *Marxism and Class Theory. A Bourgeois Critique*, London: Tavistock 1979.

64 Es ist klar, daß man die Analyse darauf nicht einzuschränken braucht. Insbesondere Shmuel N. Eisenstadt hat seinen an Weber orientierten Ansatz dem politischen Lebensbereich gewidmet.

Beziehung zur ›Welt‹ ergibt dies drei Komponenten oder Dimensionen der Typologie. Sie haben jeweils zwei Ausprägungen: bei den Heilszuständen: Aktivitäts- und Werkzeuggefühl oder Passivitäts- und Gefäßgefühl, kurz: aktiv und passiv; bei den Heilsmitteln Askese oder Kontemplation; bei den Weltbeziehungen: Zuwendung oder Abwendung. Durch Kombination erhält man Typen erlösungsreligiöser Virtuosen. Zugleich läßt sich spezifizieren, wie bei ihnen die Weltablehnung wirkt (siehe Tabelle 1).

Diesem Schema lassen sich nun einige interessante Hinweise entnehmen. Die Fälle 1 bis 4 scheinen die psychologisch *und* historisch ›konsequenten‹ Fälle zu sein. Mit ihnen hauptsächlich arbeitet die »Zwischenbetrachtung«. Hier bilden Heilsgut, Heilsweg und Weltbeziehung eine ›rational geschlossene Einheit‹, deren Wirkung freilich jeweils unterschiedlich ist. Es handelt sich um Formen der religiösen Lebensführung, wie sie »in

Tabelle 1   Typologie erlösungsreligiöser Virtuosen

Beziehung zum Göttlichen / Beziehung zur ›Welt‹	aktiv		passiv	
	Askese	Kontemplation	Askese	Kontemplation
Zuwendung (innerweltlich)	1 aktiver weltzugewandter Asket (Weltbeherrschung)	5 aktiver weltzugewandter Mystiker (Weltindifferenz)	7 passiver weltzugewandter Asket (Weltindifferenz)	3 passiver weltzugewandter Mystiker (Schickung in die Welt)
Abwendung (außerweltlich)	2 aktiver weltabgewandter Asket (Weltüberwindung)	6 aktiver weltabgewandter Mystiker (Weltindifferenz)	8 passiver weltabgewandter Asket (Weltindifferenz)	4 passiver weltabgewandter Mystiker (Weltflucht)

historisch wichtiger Art« auftraten:[65] so etwa in Gestalt der aktiven Berufsaskese des Protestantismus und der aktiven Mönchsaskese des Katholizismus (Fall 1 und 2) oder in Gestalt des indischen ›Waldbewohners‹, der sich von allen sozialen Bindungen löst und von Beeren lebt (Fall 4). In allen diesen Fällen handelt es sich um auf Dauer gestellte ›Wiedergeburten‹. Doch nur im ersten Fall hat die ›Wiedergeburt‹ direkte entwicklungsdynamische Wirkungen auf die Ordnungen dieser ›Welt‹. Denn hier werden, jedenfalls der Intention nach, die Ordnungen der ›Welt‹, sei es in ihrer Gesamtheit, sei es einzeln, der religiösen Kontrolle unterworfen. Dies ist der Fall der ›innerweltlichen Askese‹, dessen kulturhistorische Bedeutung Weber früh erkannte und um dessen ›universalhistorische‹ Einordnung er sich in seiner vergleichenden Religionssoziologie bemüht. Sodann: Bei den Fällen 5 und 6 besteht zwischen Heilsgut und Heilsweg schon psychologisch eine ›Spannung‹. Dies gilt nicht in gleichem Sinne für die Fälle 7 und 8. Denn man kann sich zwar mittels Askese durchaus in einen Zustand der Passivität, der Ruhe, bringen, nicht aber mittels Kontemplation in einen Zustand der Aktivität oder gar des Kampfes. Und schließlich: ›Konsequenzen‹ und ›Inkonsequenzen‹ werden noch deutlicher, wenn wir an das Schema die beiden Gotteskonzeptionen herantragen, also den Sinnzusammenhang inhaltlich weiter auffüllen, in dem die ›Gott‹-Mensch-›Welt‹-Beziehung steht. Denn der überweltliche Schöpfergott, der, strafend und liebend, dem Virtuosen Gebote auferlegt, verstärkt den Aktivismus bis hin zum instrumentellen Aktivismus; und die immanente unerschaffene Ordnung, mit der sich der Virtuose tatsächlich vereinigen kann, stärkt den Passivismus bis hin zu einer physiologisch gerade noch möglichen Inaktivität. Daraus entsteht jene Sondergestalt der okzidentalen Askese, die sie von der indischen dadurch unterscheidet, daß sie im Kern *Arbeits*askese ist. Daraus entsteht jene Sondergestalt der indischen Mystik, die sich von der okzidentalen dadurch unterscheidet, daß sie im Kern *Selbstvergottungs*mystik ist. Daß der okzidentale Mystiker wegen der Gotteskonzeption sich letztlich mit seinem Gott doch nicht vereinigen

---

65 Vgl. Wolfgang Schluchter, *Die Entwicklung des okzidentalen Rationalismus*, S. 235 ff. Ich führe die dort entwickelten Überlegungen weiter. Zur Einordnung des Islams vgl. Anmerkung 10 oben.

kann, sondern sich vor ihm ›bewähren‹ muß, trägt in diese Mystik Paradoxien und Spannungen hinein, »welche der indischen Mystik erspart blieben.«[66] Und die aktive Selbstvergottungs-askese, der der Jainismus anhing, hat diesen in der indischen Tradition in analoge Paradoxien und Spannungen geführt.[67] Dennoch: Es gibt nicht nur die ›konsequenten‹, sondern eben auch die ›widersprüchlichen‹ historischen Gebilde. Die damit verbundenen Lebensführungen aber favorisieren eine weltindifferente Haltung, sei diese nun eher eine Hingabe an die ›Welt‹ oder eine Hinnahme der ›Welt‹, sei sie also eher aktiv oder passiv gefärbt.

Diese Präzisierung von Gegensätzen, besser: Variationen auf dem Gebiet der Weltablehnung, läßt sich auch noch anders wenden. Dadurch gewinnt man zugleich einen Einblick in die systematische Anlage von Webers vergleichendem religions-soziologischem Projekt. Obgleich eine Kulturreligion niemals nur einen Typus von religiösen Eliten ausbildet und im Zeitverlauf häufig auch der führende Elitetypus wechselt, herrscht in einer Kulturreligion doch in der Regel eine fundamentale Welthaltung vor. Wie bereits gezeigt, sind Webers Studien über die Wirtschaftsethik der Weltreligionen so angelegt, daß er zunächst eine weltbejahende Kulturreligion in Gestalt des Konfuzianismus behandelt. Die »Zwischenbetrachtung« leitet dann zu den weltverneinenden oder weltablehnenden Kulturreligionen über, die gemeinsam haben, daß sie Erlösungsreligionen sind. Diese werden unter anderem mit Hilfe des entwickelten Schemas ›geordnet‹. Sie scheiden sich zunächst in die beiden großen Gruppen der weltzugewandten und der weltabgewandten Erlösungsreligionen und diese wiederum in solche, bei denen entweder ein asketisches oder ein kontemplatives und apathisch-ekstatisches Leben dominiert. Diese ›Ordnung‹ ist insofern formal, als dadurch die Kulturreligionen noch ohne Bezug auf die Gottesvorstellungen und andere wichtige inhaltliche Merkmale klassifiziert werden. Daran läßt sich zugleich ablesen, welche übergreifenden Vergleichsgesichtspunkte Weber in seinem Gesamtprojekt für die Analyse der Religionsbedingtheit von ›Welthandeln‹ wählte und wie die Teilprojekte, die ausge-

66 WuG, S. 335.   67 RS II, S. 217.

führten und die geplanten, in dieser Hinsicht zueinander stehen[68] (siehe Tabelle 2).

Tabelle 2 Klassifikation von Kulturreligionen

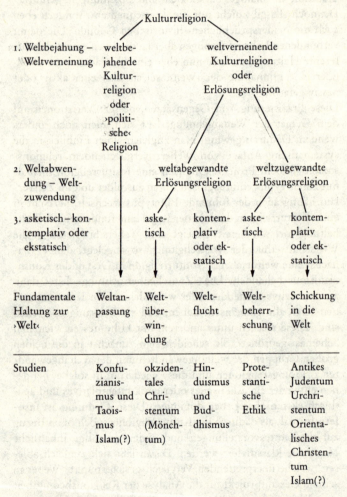

Kulturreligion					
1. Weltbejahung – Weltverneinung	weltbejahende Kulturreligion oder ›politische‹ Religion	weltverneinende Kulturreligion oder Erlösungsreligion			
2. Weltabwendung – Weltzuwendung		weltabgewandte Erlösungsreligion		weltzugewandte Erlösungsreligion	
3. asketisch–kontemplativ oder ekstatisch		asketisch	kontemplativ oder ekstatisch	asketisch	kontemplativ oder ekstatisch
Fundamentale Haltung zur ›Welt‹	Weltanpassung	Weltüberwindung	Weltflucht	Weltbeherrschung	Schickung in die Welt
Studien	Konfuzianismus und Taoismus Islam(?)	okzidentales Christentum (Mönchtum)	Hinduismus und Buddhismus	Protestantische Ethik	Antikes Judentum Urchristentum Orientalisches Christentum Islam(?)

68 Die folgende Klassifikation knüpft an an Wolfgang Schluchter, *Die Entwicklung des okzidentalen Rationalismus*, S. 217 ff. und vor allem ders., *Religion und Lebensführung*, Kap. 5. Zu Webers religionssoziologi-

Damit wird auch deutlicher, was Weber meint, wenn er am Beginn der »Zwischenbetrachtung« formuliert, ein religionssoziologischer Versuch, wie er ihn unternimmt, müsse und wolle »nun einmal zugleich ein Beitrag zur Typologie und Soziologie des Rationalismus selbst sein.«[69] Denn diese fundamentalen religiösen Welthaltungen oder Welteinstellungen sind theoretisch konsequent und praktisch planvoll in der Realität nur selten, unter sehr komplexen Bedingungen, aufgetreten, und diese Bedingungen sind nicht nur kulturspezifisch, sie sind auch so beschaffen, daß sie selektiv wirken, d. h., daß die rationalsten Formen dieser Welthaltungen nicht alle in *einer* kulturreligiösen Tradition ausgeprägt werden konnten. Wie der Konfuzianismus die Weltanpassung und der asketische Protestantismus die Weltbeherrschung in ihre jeweils rationalste Form brachte, so die indischen Erlösungslehren die Weltflucht. Weber behauptet ja darüber hinaus etwa vom alten Buddhismus, daß dieser »die denkbar radikalste Form des Erlösungsstrebens überhaupt« gewesen sei.[70] Doch ist dies keineswegs die einzige religiöse ›Leistung‹, die einzige Kulturerscheinung von möglicherweise ›universeller Bedeutung und Gültigkeit‹, mit der die indische Kulturwelt den Okzident ›überbietet‹. Weber sagt ähnliches von der indischen ›Theodizee‹, von der indischen Kontemplation *und* Askese, ja selbst von der indischen Philosophie. Diese ›Leistungen‹ können durchaus mit jenen des Okzidents konkurrieren, deren Aufzählung er, am Ende seines Lebens, der Sammlung seiner religionssoziologischen Versuche in Gestalt der berühmten »Vorbemerkung« voranstellte. In Indien gibt es aber neben dem Rationalismus der Weltflucht eine zweite Form des Rationalismus, der ein Platz in einer Typologie und Soziologie des Rationalismus zukommt: den »Rationalismus der religiösen organischen Gesellschaftslehre«, die »organische Heilspragmatik«, die »›organische‹ Sozialethik«, die, trotz des Thomismus, in Webers Augen in Indien am konsequentesten entwickelt und

schem Programm ebd., Kap. 13. Zur Typologie der Welthaltungen oder Welteinstellungen auch Jürgen Habermas, *Theorie des kommunikativen Handelns*, Band I, bes. II, 2.
69 RS I, S. 537.
70 RS II, S. 220.

handlungswirksam umgesetzt worden ist.[71] Dies führt zu einem letzten Aspekt, den die »Zwischenbetrachtung« schematisch und konstruktiv vorführt: den rationalsten Strategien der Spannungs- und Konfliktbewältigung bei spannungs- und konflikterzeugender religiöser Weltablehnung.

4. Strategien der Spannungs- und Konfliktbewältigung

Die religiöse Weltablehnung erzeugt Spannungen und Konflikte an zwei Fronten: in der ›wiedergeborenen‹ Person, durch den Gegensatz von status spiritualis und status naturalis, und im Verhältnis von religiösem Postulat und ›Welt‹, religiösem ›Gesetz‹ und lex naturae, jenem ›Gesetz‹ also, unter dem die nichtreligiösen Lebensordnungen stehen. Strenggenommen muß man noch eine dritte Front berücksichtigen, von der bereits kurz gesprochen wurde: die Front, die zwischen Virtuosen und ›Massen‹ verläuft. Diese drei Fronten kreuzen sich in der Person des ›Wiedergeborenen‹. Er muß die damit verbundenen Spannungen und Konflikte letztlich bewältigen. Doch reicht dafür in aller Regel eine ›persönliche‹ Lösung allein nicht aus. Zur ›persönlichen‹ Lösung müssen institutionelle Lösungen hinzukommen, insbesondere dort, wo es nicht allein um das individuelle, sondern um das kollektive religiöse Leben, wo es um die Gestaltung der religiösen Lebensordnung und um ihr Verhältnis zu den nichtreligiösen Lebensordnungen geht. Neben die ›Individualethik‹ oder ›Individuallehre‹ muß dann eine ›Sozialethik‹ oder ›Soziallehre‹ treten, neben die religiöse Organisation, die ›Kirchenverfassung‹ im weitesten Sinne, die institutionelle Vereinigung von ›Religion‹ und ›Welt‹.

Weber behandelt nun in erster Linie zwei Strategien der Spannungs- und Konfliktbewältigung. Die eine könnte man Verabsolutierung nennen, die andere hat er selber Relativierung, auch Spezialisierung und Differenzierung genannt.[72] Verabsolutierung besteht in der radikalen Unterwerfung des status naturalis des einzelnen, der ›Massen‹ und der ›Welt‹ insgesamt unter den

71 Vgl. dazu RS I, S. 551 f.
72 Dazu ebd. und WuG, S. 360 f.

religiösen Anspruch. Diese Strategie verschärft letztlich die Spannungen, statt sie zu mildern, weil sie weder die natürliche und soziale Ungleichheit unter den Menschen noch die Eigenrechte der ›Welt‹ akzeptiert. Sie führt deshalb, konsequent geübt, entweder in Gewaltsamkeiten oder in den Eskapismus, oder aber sie kollabiert in Kompromissen, die angesichts des religiösen Postulats letztlich nicht tragfähig sind. Die Relativierung dagegen setzt auf ein geordnetes Neben- und Miteinander von status spiritualis und status naturalis, von Virtuosenethik und Laienethik, von Religion und den übrigen Lebensordnungen. Sie sucht die verschiedenen Ansprüche in ihrem relativen Recht anzuerkennen und organisch miteinander zu verknüpfen. Ihr Modell ist nicht die totale Über-Unterordnung, sondern die organische Gliederung, nicht das Entweder-Oder, sondern das Sowohl-als-Auch.

Diese Strategien können sich entweder in erster Linie auf die religiöse Lebensordnung oder auf die ›Welt‹ im ganzen richten. Entsprechend sehen die institutionellen ›Lösungen‹ aus. Richtet sich die Verabsolutierung allein auf die religiöse Lebensordnung, so entsteht eine aristokratische Virtuosengemeinschaft auf der Basis von ›Leistung‹. Die Menschen werden in Gläubige und Ungläubige, in Erwählte und Nichterwählte, in Erlöste und Nichterlöste geschieden, und diese Scheidung bleibt auch dort bestehen, wo die religiöse Institution, wie etwa die Kirche im Calvinismus, beide Kategorien umfaßt. Die wahlverwandten Institutionen aber sind die Sekte und der Orden, jene Einrichtungen also, denen der ›Heilsaristokratismus‹ gleichsam schon an der Stirn geschrieben steht. Beispiele bieten die protestantischen Sekten, aber auch der *saṅgha*, der buddhistische Mönchs- und Nonnenorden, insbesondere in seiner frühen Zeit. Richtet sich die Verabsolutierung auf die ›Welt‹ im ganzen, so ist die Theokratie die geeignete institutionelle Lösung. Sie hat gerade die auf Weltbeherrschung ausgerichteten Virtuosen, von den Genfer Calvinisten bis zu den Sekten Neuenglands, immer wieder gelockt. Richtet sich die Relativierung auf die religiöse Lebensordnung, so kommt es zur Stufung zwischen Virtuosen- und Laienethik. Sie kann im Rahmen einer Institution erfolgen, wie etwa im mittelalterlichen Katholizismus mit seiner Kirche und ihren religiösen Sondereinrichtungen, oder

durch eine lockere Verknüpfung von Virtuosen- und Laienschaft, wie sie etwa für die ›heterodoxen‹ erlösungsreligiösen
Strömungen Indiens charakteristisch scheint. Richtet sich aber
die Relativierung auf die ›Welt‹ im ganzen, so kommt es zum
Dualismus zwischen hierokratischer und politischer Gewalt
oder gar zu einem organischen Pluralismus, der das Eigenrecht
und auch die Eigengesetzlichkeiten der verschiedenen Wertsphären und Lebensordnungen ausdrücklich anerkennt. Dies
gilt in gewissem Sinne für Luthers Zwei-Reiche-Lehre, besonders aber für den Thomismus und für Varianten des Brahmanismus. Doch nicht der Okzident, sondern Indien hat die Strategie
der organischen Relativierung in ihre volle Konsequenz gebracht.[73] In Indien lasen sich also zwei Kulturerscheinungen
von möglicherweise »universeller Bedeutung und Gültigkeit«
studieren: das weltflüchtige Erlösungsstreben und die organische Sozialethik, die beide hier am rationalsten entwickelt worden sind.

Dies ist also die weitere Perspektive, die Weber in der »Zwischenbetrachtung« exponiert und in die er die Studie über Hinduismus und Buddhismus hineinstellt. Deren Resultat wird am
Ende der »Zwischenbetrachtung« antizipiert. Denn dieser Text
endet mit einem Hinweis auf die außerordentlichen Leistungen,
die die indischen Erlösungsreligionen zustande brachten: »Vereinigung virtuosenhafter Selbsterlösung aus eigener Kraft mit
universeller Zugänglichkeit des Heils, strengster Weltablehnung
mit organischer Sozialethik, Kontemplation als höchsten Heils-
wegs mit innerweltlicher Berufsethik«.[74]

B. Die Studie über Hinduismus und Buddhismus

5. Der Ansatz

Wie ist es zu dieser Vereinigung des scheinbar Unvereinbaren
gekommen? Wie konnten außerweltliches und innerweltliches
Handeln gleichzeitig konsequent rationalisiert werden, ohne

73 Vgl. PS, S. 543.
74 RS I, S. 573.

daß daraus ein fundamentaler Konflikt, ein den überlieferten sozialen Kosmos sprengender entwicklungsdynamischer Impuls entstand? Diese Frage will ich in erster Linie an Webers Interpretation der ›orthodoxen‹ indischen Heilslehren diskutieren und dann mit wenigen Strichen skizzieren, worin er den Unterschied zwischen der brahmanischen und der christlichen Lösung, insbesondere der des asketischen Protestantismus, sah.

Weber folgt in der »Wirtschaftsethik der Weltreligionen« einem ›Erklärungsmodell‹, das in der vereinfachten Form von einer zweifachen Bedingtheit der Lebensführung religiöser Virtuosen ausgeht: der Schichtungsbedingtheit und der Religionsbedingtheit.[75] Beide Bedingungskomplexe werden zunächst in relativer Isolation voneinander entwickelt und dann zusammengeführt. Dieses Vorgehen hat methodische und sachliche Gründe. Methodisch geht es um die Zurückweisung des Reduktionismus in Gestalt einer Theorie der letzten Instanz, sachlich um den historisch zu führenden Nachweis, daß ein relativ selbständiger ›Geist‹ und eine relativ selbständige ›Form‹ tatsächlich eine Wahlverwandtschaft eingingen, in der sie sich wechselseitig stützten. Nicht zufällig spricht Weber, beide Gesichtspunkte zusammenfassend, vom »ideellen Unterbau«.[76] Dieses Vorgehen, das schon die Konfuzianismusstudie bestimmt, läßt sich auch an der Hinduismusstudie ablesen. Zunächst wird das hinduistische soziale System, dann werden die orthodoxen und heterodoxen Heilslehren der indischen Intellektuellen untersucht. Diese sind nicht gleichursprünglich. Und sie haben sich weder von Anfang an noch auch harmonisch, konfliktfrei, aneinander adaptiert. Diesen wechselseitigen Anpassungsprozeß stellt Weber nicht ereignisgeschichtlich dar, sondern gleichfalls schematisch und konstruktiv. Doch geht es jetzt nicht in erster Linie um Begriffsbildung, sondern um die Anwendung von Begriffen auf historisches Material. Dieses wird aus ›Quellen‹ gewonnen und, durch interkulturelle Vergleiche relationiert, auf eine Leitfrage bezogen. Sie lautet: Warum ist in Indien eine kapitalistische Entwicklung im

75 So in der »Einleitung«.
76 Ebd., S. 257.

okzidentalen Sinn ›von innen heraus‹ ausgeblieben, und welche Rolle haben dabei neben anderen Faktoren die indischen Religionen gespielt?[77]

6. Das hinduistische soziale System

Verfolgen wir kurz die beiden Ausgangsschritte: die Charakterisierung der indischen Sozialstruktur und die Charakterisierung des indischen religiösen Deutungsangebots. Weber zentriert seine Analyse des indischen sozialen Systems um den Begriff der Kastenordnung. Er stellt also, anders als in der Konfuzianismusstudie, nicht die politische Ordnung, die ›Staatsstruktur‹, sondern die Sozialordnung in den Mittelpunkt. Diese repräsentiert eine besondere Form der sozialen Schichtung, die man, wie alle Besonderheiten des historischen Lebens, nur durch Vergleich genauer bestimmen kann. Dieser Vergleich hat eine klassifikatorische und eine historische Seite. Die klassifikatorische bezieht sich auf die Definition von Kaste im Rahmen einer Theorie der sozialen Schichtung, die historische auf die Gegenüberstellung von indischen Berufskasten und okzidentalen Berufsverbänden.

Ein Schichtungssystem ist ein System sozialer Ungleichheiten. Diese lassen sich als Folge kollektiv bewerteter Differenzierungen auffassen, wie sie zum Beispiel aus Arbeitsteilung entstehen. Schon daran zeigt sich, daß jedes Schichtungssystem Mechanismen der Teilung und der Koordinierung kombiniert. Die Teilung äußert sich in der Schließung sozialer Beziehungen und in einer damit verbundenen Privilegierung, die Koordinierung in der Kooperation über soziale Schranken hinweg. Diese Kooperationsbeziehungen sind bei Privilegierung meist Macht- oder Herrschaftsbeziehungen. Privilegierungen wiederum können auf Besitz oder auf marktgängigen Leistungsqualifikationen, auf Herkunft oder der Fähigkeit zu einer bestimmten Art der Lebensführung beruhen. Weber unterscheidet demgemäß zwischen Besitz- und Erwerbsklassen sowie zwischen Geburts-

---

77 RS II, S. 4. Zu Webers Quellen vgl. den Beitrag von Karl-Heinz Golzio in *Max Webers Studie über Hinduismus und Buddhismus*, S. 363 ff.

und Lebensführungsständen, die auch Berufsstände sein können. Die Kriterien sind klassifikatorisch gemeint und treten historisch in Kombinationen auf. Das zeigt sich etwa daran, daß sich gewöhnlich Klassenelemente mit ständischen Elementen verschwistern, nicht zuletzt deshalb, weil der Mensch nicht nur materielle, sondern auch ideelle Interessen hat und sich dies auch in seiner äußeren Interessenlage niederschlägt. Menschen erstreben gewöhnlich materielle Vorteile *und* soziale Anerkennung, soziale Ehre. Und diese ideelle Seite ihrer äußeren Interessenlage kann von ihrer inneren Interessenlage relativ unabhängig sein. Doch trotz der Verbindung von Klassenelementen und ständischen Elementen lassen sich Klassengesellschaften von ständischen Gesellschaften unterscheiden. Anders als in Klassengesellschaften sind in ständischen Gesellschaften Regeln der Lebensführung ein zentrales Ordnungsprinzip.[78] Das hinduistische soziale System ist ein Beispiel für eine ständische Gesellschaft. Will man seiner Besonderheit auf die Spur kommen, so muß man erklären, wie die Begriffe Stand und Kaste zueinander stehen.

Eine ständische Gesellschaft besteht immer aus mehreren Ständen. Der einzelne Stand ist ein sozialer Teilverband, weder ökonomisch noch politisch autark. Der Zusammenschluß von Ständen zu einem sozialen Gesamtverband, der die ökonomische Beschränkung der einzelnen Teilverbände in einem System ständisch gegliederter Arbeitsteilung überwindet, ist nicht unbedingt auch schon ein politischer Gesamtverband, sondern die politische Organisation muß noch hinzukommen. Eine der urwüchsigsten politischen Organisationen ist der Stamm. Eine Kaste könnte sich von einem Stand nun dadurch unterscheiden, daß sie eine politische Organisationsform darstellt. Weber bestimmt deshalb den Begriff Kaste im doppelten Vergleich mit Stand und Stamm. Darüber hinaus wird der Berufsverband, Zunft oder Gilde, zum Vergleich herangezogen. Damit kommt zugleich die historische Seite ins Spiel.[79]

Weber bestimmt die Kaste zunächst mit Hilfe von drei Merkmalen: sie hat kein Gebiet und ist ökonomisch beschränkt, was

---

78 WuG, S. 180.
79 Zu diesen und zu den folgenden Passagen RS II, S. 32-109.

sie vom Stamm unterscheidet, und der Zugang zu ihr ist erblich, was für Zunft oder Gilde in der Regel nicht gilt. Sie ist also ein geschlossener sozialer Teilverband mit Verbrüderung nur nach innen. Darin aber stimmt sie mit dem Geburtsstand überein. Vom Geburtsstand unterscheidet sie sich aber dadurch, daß bei ihr die Schließung nicht in erster Linie rechtlich, sondern religiös abgesichert ist. Zu den üblichen Schranken kommen rituelle hinzu. In Abwandlung einer Definition, die Weber im Zusammenhang mit dem Judentum als einem Pariavolk gibt, kann man deshalb formulieren: Kaste ist eine durch rituelle Kommensalitäts- und Konnubialschranken nach außen abgegrenzte, durch positive oder negative Privilegierung und durch ökonomische Sondergebarung nach innen zusammengeschlossene erbliche Gemeinschaft innerhalb eines sozialen Gesamtverbandes.[80] (Vgl. Tabelle 3.)

Die historische Besonderheit der indischen Kaste als eines rituellen Geburtsstandes macht nun der Vergleich mit den traditionalen okzidentalen Berufsverbänden deutlich. Hierfür reicht freilich die rein formale Unterscheidung von offen und geschlossen nicht aus. Entscheidend ist, *wie* Offenheit und Geschlossenheit fundiert sind, in diesem Falle: wie der religiöse Unterbau beschaffen ist. Dabei geht es um die rituell-kultische Seite des religiösen Lebens. Und in dessen Zentrum steht in den christlich bestimmten Gewerbestädten des Okzidents das

Tabelle 3

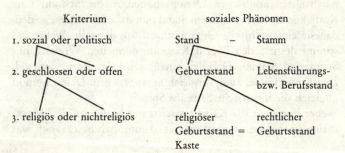

Kriterium	soziales Phänomen	
1. sozial oder politisch	Stand –	Stamm
2. geschlossen oder offen	Geburtsstand	Lebensführungs- bzw. Berufsstand
3. religiös oder nichtreligiös	religiöser Geburtsstand = Kaste	rechtlicher Geburtsstand

80 Vgl. WuG, S. 300.

Abendmahl. Dieses aber ist, sozial gesehen, eine religiöse Institution interständischer Verbrüderung. Sie reißt die Kommensalitätsschranke nieder, aber sie geht in ihrer Wirkung weit darüber hinaus. Darin sieht Weber die kulturhistorische Bedeutung des für Judenchristen anstößigen Verhaltens Petri in Antiochien, von dem der Galaterbrief berichtet: daß er die Kommensalitätsschranke mißachtete und mit Heiden aß. Der religiöse Kastenunterbau dagegen stabilisiert, ja dramatisiert geradezu die Kommensalitätsschranke und mit ihr zugleich andere Schranken zwischen den Ständen. Man kann deshalb den kulturhistorischen Unterschied von indischen Berufskasten und okzidentalen Berufsverbänden im Rahmen von Webers religionssoziologischem Projekt auf diese Formel bringen: Bei indischen Berufskasten gilt selbst bei ökonomischer Interessengleichheit rituelle Trennung, bei okzidentalen Berufsverbänden selbst bei ökonomischen Interessengegensätzen rituelle Verbrüderung.[81]

Mit der Bestimmung der Kaste hat man noch keine Bestimmung der Kastenordnung gewonnen. Dafür bedarf es eines oder mehrerer Kriterien, durch die man mehrere Kasten untereinander in eine Rangfolge bringen kann. Hier stellt sich ein bekanntes Problem vieler Schichtungstheorien: Sind diese Kriterien solche des Beobachters oder solche der Teilnehmer, und wenn der Teilnehmer, sind sie universell oder nicht, und wenn universell, werden sie auch ›gleich‹ angewandt? Nun gehört es zu den Besonderheiten der indischen Sozialgeschichte, daß die Kastenordnung bis zu einem gewissen Grade ein Kunstprodukt von ›Beobachtern‹ darstellt, genauer: ein Kunstprodukt der englischen Kolonialverwaltung, auf deren statistische Daten aus dem Zensus von 1901 und 1911 sich Weber bei seiner Analyse vorwiegend stützt.[82] Doch bin ich der Meinung, daß er soziologisch vorging, das heißt: die statistisch gebildeten Kategorien

81 RS II, S. 36 ff.
82 Zur Beeinflussung des europäischen Indienbildes durch den Kolonialismus, die sich auch bei Weber zeigt, vgl. Jakob A. Rösel, *Zur Hinduismus-These Max Webers. Eine kritische Würdigung*, München 1982. Zum problematischen Status des Zensus auch der Aufsatz von Jan C. Heesterman in *Max Webers Studie über Hinduismus und Buddhismus*, S. 72 ff.

nach ihrer Handlungsrelevanz beurteilte, und dadurch zu einer erstaunlich ›dynamischen‹ Betrachtung der indischen Kastenordnung kam.

Wenn eine Kaste ein religiöser Geburtsstand ist, dann müssen bei einer Kastenordnung neben ökonomischen und politischen vor allem religiöse Rangordnungskriterien eine Rolle spielen. Dies verschafft jenen, die diese religiösen Kriterien ›verwalten‹, eine herausgehobene Position. Das sind nach Weber die Brahmanen, ohne die es in seinen Augen keine Kastenordnung gäbe. Sie bilden gewissermaßen den Maßstab, an dem sich nicht nur Beobachter für statistische Zwecke, sondern auch Teilnehmer orientieren. Dies heißt natürlich nicht, daß die Brahmanen eine homogene soziale Schicht bildeten, die Indien diese Ordnung oktroyiert hätte und die sie kraft eines Monopols des physischen oder auch nur des psychischen Zwanges garantierte. Weder bilden sie eine homogene Schicht, noch besitzen sie die politische oder auch nur eine ›kirchliche‹ Macht. Allerdings: Als religiöse Experten, als Ritualkundige, wirken sie mit bei der Erhaltung und Entwicklung dieser Ordnung. Denn bei allen Rangfragen, die sich zwischen sozialen Gruppen stellen, kommen sie sowohl als Maßstab wie als ›Schiedsrichter‹ ins Spiel. Freilich muß der Ritualbeamte gerade in diesen Fragen mit der weltlichen Macht zusammenarbeiten, was zu erheblichen Spannungen zwischen weltlicher und ›priesterlicher‹ Macht führen kann. Weber faßt diesen für das hinduistische System fundamentalen Sachverhalt wie folgt zusammen: »Daß dabei der König eine erhebliche sachliche Macht zu entwickeln vermochte, lag vor allem daran, daß die Brahmanenkaste weder eine hierarchisch gegliederte Priesterschaft noch auch eine organisierte Zauberer-Gilde war, einer einheitlichen Organisation vielmehr durchaus, für uns von jeher, entbehrte. Der König war daher in der Lage, sich die ihm willfährigsten Brahmanen auszusuchen, und erstaunlich ist unter diesen Umständen nicht seine Macht, sondern umgekehrt die gewaltige Machtstellung der Brahmanen und der Kasten überhaupt.«[83]

83 RS II, S. 50. Zur Schiedsrichterfunktion der Brahmanen siehe bes. J. Duncan M. Derrett in *Max Webers Studie über Hinduismus und Buddhismus*, S. 178 ff.

Das Kastensystem basiert also unter anderem auf sozial-religiösen Endogamieregeln, die zur Unterscheidung von geschlossenen sozialen Gruppen benutzt werden. Die Grobgliederung geht auf die *varṇa*-Theorie zurück. Sie führt zu den vier großen klassischen Kasten: zur Kaste der Brahmanen, der *kṣatriya*, der *vaiśya* und der *śūdra*, die in dieser Folge in eine Prestigehierarchie gebracht sind. Weber sieht natürlich klar: Dies ist eine Grobgliederung von außen, die dadurch gewonnenen Einheiten sind keine Handlungseinheiten. Selbst der hoch differenzierte Zensus bietet sie nicht. Es ist gar nicht möglich, auf diese Weise zu einem System von Handlungseinheiten zu kommen. Und zwar aus vier Gründen: Erstens gibt es viele lokale Kasten; zweitens ist die Rangfolge zwischen Kasten und Unterkasten ständig umstritten; drittens verwenden die Kasten und Unterkasten unterschiedliche Kriterien der Selbsteinordnung; viertens können Unterkasten zwar tatsächliche Handlungseinheiten darstellen, doch zählen diese mitunter »mehrere Hundert«[84], so daß wegen ihres niedrigen ›Aggregationsniveaus‹ Aussagen über das Gesamtsystem nicht abgeleitet werden können. Die Kastenordnung ist deshalb für Weber kein monolithischer Block, sie repräsentiert keine monotone Prestigeskala, sondern einen regional und lokal vielfältig gegliederten Verbund von sozialen Teileinheiten, in und zwischen denen es ständig Rangkonflikte gibt. Diese Ordnung ist deshalb auch durch hohe soziale Mobilität gekennzeichnet. Diese ist freilich keine Mobilität von Individuen, sondern von sozialen Gruppen. Die Einheiten sind Kasten und Unterkasten, fremde Stämme, die, nach dem Verlust ihrer politischen Selbständigkeit, durch Überschichtung hinduisiert werden, Sekten, die, nachdem sie ihre Mitglieder zunächst kastenunspezifisch rekrutierten, eine neue Verortung in der Sozialordnung suchen, oder Berufsgruppen, die durch die Entwicklung der Arbeitsteilung neu entstanden sind. Gerade wegen dieser hohen kollektiven Mobilität hat die Kastenordnung offensichtlich eine erstaunliche Assimilationskraft entwickelt. Das zeigt sich nach Weber an der Behandlung von ›Gastvölkern‹, überhaupt an der Verarbeitung der ethnischen Vielfalt, die ja für jedes System der sozialen Schichtung,

84 RS I, S. 48.

für jede Sozialordnung, ein besonderes Problem darstellt. Die Kraft der Hinduisierung ist so groß, daß Ethnien, die in den Umkreis der Kastenordnung geraten, »nicht fremde Barbarenstämme, sondern die ›unreinen Kasten‹ der hinduistischen Klassifikation« bilden.[85] Diese Kombination von hoher kollektiver Mobilität und großer Assimilationskraft ist allerdings an *eine* unverzichtbare Voraussetzung gebunden: daß die Rangstufe aller sozialen Gruppen, selbst jener, die die Lehr- und Ritualautorität der Brahmanen ablehnen, durch die »Art der positiven oder negativen Beziehung« bestimmt bleibt, in der sie zu diesen stehen.[86] Insofern spiegelt die *varṇa*-Theorie tatsächlich nicht eine bloße Außenansicht wider, sie ist vielmehr Teil der Innenansicht des Systems.

Das hinduistische System, das natürlich nicht ausschließlich auf sozial-religiösen Endogamieregeln, sondern zum Beispiel auch auf dem gentilcharismatisch interpretierten Sippenprinzip beruht, durchbricht aber – so Webers These – trotz seiner sozialen Dynamik nicht die Welt des Traditionalismus. Ähnlich wie der chinesische bürokratische Patrimonialstaat, trägt auch die Kastenordnung zwar zu einer Rationalisierung traditionaler Strukturen, nicht aber zu ihrer Überwindung bei. Weber sieht dafür unter anderem ideelle Hemmungen. Diese aber liegen nicht in Einzelschwierigkeiten, sondern »im ›Geist‹ des ganzen Systems.«[87]

85 RS II, S. 13. Daß das Konzept der Hinduisierung, das Weber in diesem Zusammenhang entwickelt, auch noch für die heutige soziologisch orientierte Indologie nützlich sein könnte, zeigt unter anderem Hermann Kulke. Vgl. dazu seinen Beitrag, »Hinduization, Legitimation and the Patrimonial State in the Context of Max Weber's Studies on India«, Manuskript, Heidelberg 1984.

86 RS II, S. 32. Zur *varṇa*-Theorie sowie zur *jāti*-Ordnung, durch welche die Kastenordnung letztlich auf kontradiktorische Prinzipien gestellt wird, vor allem Jan C. Heestermans Beitrag in *Max Webers Studie über Hinduismus und Buddhismus*, S. 72 ff. Er zeigt, daß daraus eine Spannung in diese Sozialordnung hineingetragen wurde, die unlösbar ist und in deren Zentrum nicht eigentlich der Brahmane, sondern der König steht. Auch er unterstreicht den dynamischen Charakter der Kastenordnung.

87 RS II, S. 110. Nicht zufällig steht diese These im Zusammenhang einer Kritik an den Indienanalysen von Karl Marx.

7. Das hinduistische ›Glaubenssystem‹

Was läßt sich über diesen ›Geist‹ sagen? Was ist der Hinduismus als ›Glaubenssystem‹? Weber sieht zunächst klar: Es ist keine Religion in unserem, im westlichen Sinne.[88] Es gibt zwar einen ›dogmatischen Kern‹, eine Art Minimallehre, die *saṃsára*- und die *karma*-Lehre, die Lehre von Seelenwanderung und von Vergeltung, derzufolge nicht der Zufall der Geburt waltet, sondern das individuelle Schicksal verdient ist, und zwar kraft der ›Tatsache‹, »daß jede einzelne ethisch relevante Handlung unabwendbar ihre Wirkung auf das Schicksal des Täters übt, daß also keine solche Wirkung verloren gehen kann«.[89] Doch um diesen dogmatischen Kern wuchert ein Pluralismus von religiösen und philosophischen Lehrmeinungen, mit denen sich ein Pluralismus von Heilszielen, Heilswegen und Organisationsformen verbindet. Das einigende Band dieses Glaubenssystems, das sich natürlich erst in einem langen historischen Prozeß herauskristallisierte, ist deshalb neben diesem ›dogmatischen Kern‹ die Ritualpflicht, der *dharma*, der nach sozialer Lage verschieden ist. Er basiert auf »Spruchpraxis und literarisch rational entwikkelter Lehre der Brahmanen«, ist also »ausschließliches Produkt der Priester und der von ihnen geschaffenen Literatur.«[90] Zwar kennt auch der Hinduismus ein ›heiliges Buch‹, den Veda. Doch enthält er weder den ›dogmatischen Kern‹ noch eine Reihe von Ritualpflichten, die für den Hinduismus als Glaubenssystem maßgebend wurden, noch auch die Kastenordnung und die mit ihr verbundenen rituellen Pflichten in ihrer entwickelten Form. Anders als etwa die Bibel für Juden und Christen, ist der Veda für den Hindu nicht schlechthinniger Ausdruck des gesollten religiösen Lebens. Er dient vielmehr als Ausgangs- und Anknüpfungspunkt für die Legitimation einer »fortinterpretierenden Tradition« und vor allem: für die Legitimation der »sozia-

---

88 Vgl. dazu RS II, S. 24. Natürlich ist der Hinduismus für Weber auch keine Kirche im westlichen Sinne. Weber meint wohl zu Recht, dem westlichen Religionsbegriff komme der Begriff *sampradāya* am nächsten.

89 RS II, S. 118.

90 Ebd., S. 27.

len Rangstellung« des Brahmanentums.[91] Seine Götter – und hierin folgt Weber wohl nicht zuletzt Oldenberg – sind keine ethischen Götter, sondern Funktions- und Heldengötter, und sie stehen zueinander und zur ›Welt‹ wie die Funktions- und Heldengötter bei Homer.[92] Entscheidend für unseren Zusammenhang aber ist: Der ›dogmatische Kern‹ und die ›Ritualpflicht‹ werden innerlich und äußerlich verbunden. Das Schicksal des einzelnen ist vor allem durch die Konformität mit oder durch die Abweichung von Ritualpflichten verdient. Diese Konstruktion, die Weber eine Theodizee nennt, ist das Produkt einer intellektuellen und ethischen Rationalisierung. Sie ist ›fertig‹, bevor sie sich mit der sozialen Ordnung ›vermählt‹: »Die in ihrer Art geniale Verknüpfung der Kastenlegitimität mit der Karmanlehre und also mit der spezifisch brahmanischen Theodizee ist schlechterdings nur ein Produkt rational ethischen Denkens, nicht irgendwelcher ökonomischer ›Bedingungen‹. Und erst die Vermählung dieses Gedankenprodukts mit der realen sozialen Ordnung durch die Wiedergeburtsverheißungen gab dieser Ordnung die unwiderstehliche Gewalt über das Denken und Hoffen der in sie eingebetteten Menschen, das feste Schema, nach dem die Stellung der einzelnen beruflichen Gruppen und Pariavölker religiös und sozial geordnet werden konnte.«[93]

91 Ebd., S. 31.
92 Vgl. ebd., S. 28 und Hermann Oldenberg, *Die Religion des Veda*, Stuttgart o. J., bes. S. 275-306. Karl-Heinz Golzio schätzt die Bedeutung Oldenbergs für Weber geringer ein. Doch benutzt Weber Oldenbergs Arbeiten nicht nur als Quelle, sondern auch als eine ›kongeniale‹ religionsgeschichtliche und religionssoziologische Perspektive. Dies gilt auch für Oldenbergs Buddha-Buch.
93 RS II, S. 131 f. Diese These von der brahmanischen Theodizee und ihrer Stützfunktion für die Kastenordnung, die dadurch soteriologische Bedeutung gewinnt, ist vermutlich eine idealtypische ›Überzeichnung‹. Das jedenfalls legen die Beiträge von Jan C. Heesterman, Wendy O'Flaherty und David Shulman in *Max Webers Studie über Hinduismus und Buddhismus* nahe. Man muß allerdings dabei die von Weber selbst immer wieder betonten Limitationen seiner Analyse beachten. Sie sind methodischer und sachlicher Natur. Methodisch wird dem wechselseitigen Anpassungsprozeß von Religion und Schichtung in den verschiedenen Kulturen nur soweit nachgegangen, »als notwendig ist, um die *Ver-*

Weber sieht also in der *karma*-Theodizee einen genialen ideellen Unterbau einer aus ethnischen und ökonomischen Ursachen entstandenen geburtsständischen Ordnung. Dieser Unterbau verstärkt deren Tendenz zur Schließung, er konterkariert sie nicht. Mehr noch: Er gibt dem traditionalen innerweltlichen Handeln, insbesondere dem beruflichen Handeln, Heilsbedeutung. Das traditionalistische ›Bleibe in deinem Beruf‹, das auch das Christentum kennt, wird hier ins Extrem gesteigert, der Berufstraditionalismus religiös nicht revolutioniert, sondern rational legitimiert. Das ›Bleibe in deinem Beruf‹ aber heißt zugleich: ›Bleibe in deiner Kaste‹, jedenfalls so lange, wie dein Heilsziel die Verbesserung deiner Wiedergeburtchancen und damit ein besseres und schöneres Leben im zukünftigen Diesseits ist. Wo man an eine solche Konstruktion glaubt, muß dies nicht nur zu einem extremen Berufstraditionalismus, sondern auch zu einem extremen sozialen und politischen Traditionalismus führen. So ›erklärt‹ Weber, wie eine enorme soziale und auch ideelle Dynamik, die er für Indien annimmt, mit einer grundsätzlichen Stabilität eines traditionalen institutionellen Rahmens, der Kastenordnung, zusammengehen kann.

Freilich bleibt diese enorme soziale und ideelle Dynamik, historisch gesehen, keineswegs ohne Folgen. Schließlich hat in Indien zeitweilig der Buddhismus, der weder die Sonderstellung des Brahmanentums noch die Kastenordnung anerkannte, als ›heterodoxe‹ Bewegung geherrscht.[94] Diese Dynamik ging auch

*gleich*spunkte mit der weiterhin zu analysierenden okzidentalen Entwicklung zu finden.« Vgl. RS I, S. 12. Sachlich beschränkt Weber seine Analyse zunächst ausdrücklich auf die religiösen Eliten. Die Anpassung der symbolischen Konstrukte der Intellektuellen an die Bedürfnisse der ›Massen‹ steht nicht im Mittelpunkt. Daß es diese Anpassung ständig gibt, hat gerade Weber gesehen. Und in seiner Analyse des Buddhismus führt er einen solchen Anpassungsprozeß vor, der zugleich ein Transformationsprozeß ist. Diese mag, wie Stanley Tambiah argumentiert, mißlungen sein. Aber sie zeigt, daß er sich der Bedeutung dieses Problems für die religionssoziologische Analyse voll bewußt war. Insofern lassen sich insbesondere die Beiträge von Wendy O'Flaherty und David Shulman weniger als eine Kritik an Weber, als vielmehr als eine Ergänzung seiner Hinduismusstudie lesen.

94 Über die Problematik der Unterscheidung von ›orthodox‹ und ›heterodox‹, bezogen auf den indischen Fall, vgl. bes. den Beitrag von Hermann

an der ›orthodoxen‹ Tradition nicht spurlos vorüber, ja sie wurde durch sie auf ideeller Ebene ständig genährt. Weber sprengt selbst das ›geschlossene Bild‹, das er von der Vermählung von Kaste und *karma* so eindrucksvoll zeichnet.[95] Denn die ›Lösung‹, die der Brahmanismus für die Heilsbedeutung insbesondere der Berufspflicht des innerweltlichen Handelns findet, ist keineswegs konfliktfrei und vor allem: keineswegs für jeden befriedigend. Weber sieht das Streben nach verbesserter Wiedergeburt in erster Linie als ein Heilsziel der religiösen ›Massen‹. Diese haben zudem den strengen *karma*-Mechanismus uminterpretiert, sei es durch Personifizierung, sei es durch den Einbau von ›Zufall‹, etwa in Gestalt von Gnade und Laune, und damit, wie Wendy O'Flaherty ausführt, aus einer »Uhr« eine »Wolke« gemacht.[96] Die religiösen ›Virtuosen‹ dagegen geben sich mit Wiedergeburt als Heilsziel, in welch modifizierter Form auch immer, häufig erst gar nicht zufrieden: Sie wollen Erlösung, und dies heißt auch: Erlösung vom Wiedertod. Dies gilt gerade auch für die orthodoxen Bewegungen. Die heterodoxen haben nur radikalisiert, was in den orthodoxen immer schon angelegt war.

Um diesen in meinen Augen zentralen Gedanken von Webers Hinduismusstudie zu entwickeln, ist zunächst ein Blick auf den historischen Typ jener religiösen Virtuosen nützlich, die nach Weber die orthodoxen Bewegungen trugen: auf die Brahmanen also, die er Intellektuelle, eine vornehme Bildungsschicht, einen Priesteradel nennt.[97] Im Hintergrund steht sein übliches reli-

Kulke in *Max Webers Studie über Hinduismus und Buddhismus*, S. 293 ff. Sie ist natürlich nicht nur hier problematisch, weil Orthodoxie und Heterodoxie weder ohne Bezug aufeinander bestimmt werden können noch historisch konstante Größen sind.

95 Zur Problematik dieses Bildes bes. der Beitrag von Jan C. Heesterman. Er vermutet, darin komme Webers Bedürfnis nach der Ganzheit einer vollkommen geordneten Welt unter der Herrschaft einer rationalen Sozialethik zum Ausdruck, deren Konsequenz er jedoch zugleich fürchte. Ich versuche zu zeigen, daß Weber ›historische‹ Gründe hatte, sein geschlossenes Bild aufzubrechen.

96 Vgl. den Beitrag von Wendy O'Flaherty in diesem Band.

97 RS II, S. 134 ff. Weber vergleicht die Brahmanen mit den chinesischen Literaten und den griechischen Philosophen. Leider ist der zweite Vergleich nicht ausgeführt.

gionsgeschichtliches ›Entwicklungsschema‹: von Magie zu Soteriologie, vom Zauberer zum Priester. Im Hintergrund steht ferner der Vergleich mit China: in Indien eine positiv privilegierte, ›entpolitisierte‹ Schicht, die deshalb zu theoretischem Rationalismus, in China eine positiv privilegierte, ›politisierte‹ Schicht, die deshalb zu einem praktischen Rationalismus neigt.[98] Dies zeigt sich nicht zuletzt an der Art des Wissens. In beiden Fällen ist es im Kern zeremoniell-ritualistisch, doch wird es dort zum philosophisch-gnostischen Wissen, hier zum literarischen Bildungswissen ausgebaut. An die Stelle der in China üblichen literarischen Durchkultivierung tritt in Indien eine komplexe ontologische und kosmologische Spekulation, gepaart mit asketischen und kontemplativen Heilstechniken. In beiden Fällen werden dadurch magische Techniken überwunden. Doch während in China die literarische Durchkultivierung ausschließlich einer Alltagslebensführung der Mandarine dient, werden Askese und Kontemplation in Indien zu Techniken fortentwickelt, die über das, was der brahmanische Opferpriester für seine Alltagslebensführung braucht, weit hinausführen. Dies deshalb, weil für die brahmanische Lehre der klassischen Zeit gilt, »daß rituelle und andere tugendhafte Werke allein lediglich zur Verbesserung der Wiedergeburtschancen, nicht aber zur ›Erlösung‹ führen können. Diese ist stets durch ein außeralltägliches, über die Pflichten in der Welt der Kasten qualitativ hinausgehendes Verhalten bedingt: durch die weltflüchtige Askese oder Kontemplation.«[99]

Damit aber wird eine fundamentale Spannung, ja eine Spaltung in die religiös führende Schicht hineingetragen. Denn hier geht es nicht mehr allein um einen Pluralismus von religiösen und philosophischen Lehrmeinungen, um einen Pluralismus von Schulen, sondern um alternative religiöse Lebensführungen: auf der einen Seite der Ritualtechniker, der Opferpriester, der ›Jurist‹, der Seelenhirt,[100] auf der anderen Seite der Entsager, der

98 Vgl. zu diesen Affinitäten ausführlicher *Religion und Lebensführung*, Kap. 5.

99 RS II, S. 154.

100 Zu den ›Juristen‹, den *śāstrīs*, die eigentlich Gelehrte sind, und zu ihrer Beziehung zu den Sūtras vgl. den Beitrag von J. Duncan M. Derrett in *Max Webers Studie über Hinduismus und Buddhismus*, S. 178 ff. Die

śramaṇa, der große Asket. Zwischen dem großen und dem kleinen *dharma*, zwischen Erlösung und Alltagspflichten, kommt es zu einem Konflikt, der keinen Kompromiß duldet: entweder Erfüllung der Alltagspflichten, dann keine Erlösung, oder Erlösung, dann keine Erfüllung der Alltagspflichten, also auch keine Erfüllung der Kastenpflichten. An die Stelle der Zweierbeziehung König – Brahmane tritt die Dreierbeziehung König – Brahmane – Entsager,[101] an die Stelle des Zweierkonflikts ein Dreierkonflikt, der auch ein Konflikt zwischen Sozialpflicht und Erlösungsinteresse des einzelnen ist. Dieser Konflikt stellt ein kompliziertes Vermittlungsproblem sowohl auf ideeller wie auf institutioneller Ebene. Ideell geht es um die Frage, wie Erlösungsidee, Wiedergeburtsidee und die ›Eigenrechte‹ der innerweltlichen Wertsphären und Lebensordnungen zueinander in eine rational befriedigende Beziehung gesetzt werden können, institutionell geht es um die Frage, wie kastengebundene und ›kastenungebundene‹ Rollen, wie *karma*gebundenes und *karma*ungebundenes Leben zueinander stehen.

8. ›Orthodoxe‹ und ›heterodoxe‹ Reaktionen

Dieses Problem hat die Orthodoxie in einem ihrer klassischen Texte abgehandelt: in der Bhagavad Gītā, die ein Teil des Mahābhārata ist und die gleichsam ›zwischen‹ den Upaniṣaden und den Sūtras steht, mit denen zusammen sie zum dreifachen Kanon gehört. Nach Weber spiegelt dieses Lehrgedicht die Probleme der inneren Not der hochgebildeten *kṣatriya*-Gesellschaft der Kleinfürstenzeit in priesterlicher Redaktion wider.[102] Doch ist der Text gerade für ihn nicht allein unter diesem sozialhistorischen Gesichtspunkt interessant. Darin findet sich vielmehr eine Welthaltung formuliert, die über den indischen Fall hinaus-

Vielzahl der *śāstras* und die Vielzahl der Funktionen hängen zusammen. Für Weber vgl. RS II, S. 137 und S. 162 f.

101 Dazu außer dem Beitrag von Jan C. Heesterman die Analyse von Shmuel N. Eisenstadt in *Max Webers Studie über Hinduismus und Buddhismus*, der diese Dreier-Beziehung der Zweier-Beziehung König – *saṅgha* im Buddhismus gegenüberstellt.

102 RS II, S. 189.

weist. Insofern steht dieses Lehrgedicht in meinen Augen nicht nur im Zentrum seiner Hinduismusstudie, sondern auch mit im Zentrum seiner ›Weltanschauungssoziologie‹ insgesamt. Für das Problem der »Zwischenbetrachtung«, für den Konflikt zwischen dem universalistischen erlösungsreligiösen Postulat und dem Eigenrecht und den Eigengesetzlichkeiten der Ordnungen dieser ›Welt‹, bietet dieser Text eine ›konsequente‹ Lösung, eine Lösung freilich, die, kulturhistorisch gesehen, in dieser Form eben nur in Indien gefunden worden ist. Dies macht den indischen Fall zu einem Fall von *universeller* Bedeutung, zumal für einen religionssoziologischen Versuch, der, wie bereits zitiert, nun einmal »zugleich ein Beitrag zur Typologie und Soziologie des Rationalismus« sein will.[103]

Im Mittelpunkt des Lehrgedichts stehen der Held Arjuna und der Wagenlenker Kṛṣṇa, der, wie auch Arjuna, viele Namen hat und ihm als Inkarnation der höchsten göttlichen Macht gegenübertritt. Für Arjuna, der kämpfen soll, sogar gegen nahe Verwandte kämpfen soll, stellt sich letztlich die Frage: Kann ich kämpfen, kann ich mich dem Pragma der Gewaltsamkeit, ja den Eigengesetzlichkeiten des innerweltlichen Handelns insgesamt überlassen, ohne mein Heil zu verwirken? Die Antwort: Du kannst, wenn du die dir angesonnenen innerweltlichen Pflichten mit innerer Distanz erfüllst, die das rechte Wissen schenkt. Es ist zwar nicht notwendig, die Ordnungen der ›Welt‹ äußerlich zu verlassen, man muß sie aber gleichsam innerlich verlassen. Nur dann kann das innerweltliche Handeln nicht heilsschädlich, sondern sogar »positiv heilwirkend« sein.[104] Weber faßt seine Sicht der in der Bhagavad Gītā vertretenen Welthaltung so zusammen: »daß sich der wissende Mensch gerade im Handeln, richtiger: gegen sein eigenes Handeln in der Welt, bewährt, indem er das Gebotene – das ist immer: das durch die Kastenpflichten Gebotene – zwar vollzieht, aber innerlich gänzlich unbeteiligt daran bleibt: handelt, als handelte er nicht. Das ist beim Handeln vor allem dadurch bedingt, daß man es ohne alles und jedes Schielen nach dem Erfolge, ohne Begierde nach seinen Früchten, vollzieht. Denn diese Begierde würde ja Verstrickung in die Welt und also Entstehung von Karman be-

---

103 RS I, S. 537.   104 RS II, S. 196.

wirken. Wie der alte Christ ›recht tut und den Erfolg Gott anheimstellt‹, so tut der Bhagavata-Verehrer das ›notwendige Werk‹, – wir würden sagen: ›die Forderung des Tages‹ –, die ›von der Natur bestimmte Obliegenheit‹.«[105]

Diese Lösung, die die ›Kastenideologie‹ gedanklich gleichsam auf eine höhere Reflexionsstufe hebt, läßt sich nun als Teil einer konsequenten Relativierung interpretieren: einer Relativierung der Heilsziele sowohl wie des erlösungsreligiösen Postulats vor dem Eigenrecht und der Eigengesetzlichkeit der Lebensordnungen der ›Welt‹. Denn letztlich bleibt es dabei: Nur wer die Ordnungen der ›Welt‹ auch äußerlich verläßt, wer wie ein *śramaṇa* lebt, kann den Heilszustand des Erlösten, des *jīvanmukta*, erreichen. Wer äußerlich in der ›Welt‹ bleibt, wie der König, aber auch wie der rituell korrekte Brahmane oder der Hausvater, dem winkt ›nur‹ verbesserte Wiedergeburt. Zwar kann man den Konflikt zwischen innerweltlicher *karma*-Ethik und weltflüchtigem Erlösungsstreben durch die Theorie der inneren Weltflucht entschärfen, doch kann man ihn dadurch nicht beseitigen. Dies gilt auch dann, wenn man sich die gestuften Heilsziele sukzessive zugänglich macht, etwa dadurch, daß man die ›innerweltlichen‹ und die ›außerweltlichen‹ Rollen nacheinander im Lebenszyklus übernimmt. Mehr noch: Diese Relativierung nimmt dem erlösungsreligiösen Postulat auch seine Sprengkraft gegenüber dem innerweltlichen Traditionalismus. Das erlösungsreligiöse Postulat und der innerweltliche Pflichtenkanon werden dadurch nur äußerlich und innerlich *koordiniert*, was gerade nicht zu einer Veränderung der Alltagsnormen führt. In Indien wurden deshalb, anders als in China, das Eigenrecht und die Eigengesetzlichkeit der Wertsphären und Lebensordnungen durchaus konsequent entfaltet. Doch erfolgte deren Rationalisierung nicht ›von innen‹, von der ›religiösen Gesinnung‹, sondern ›von außen‹, von den Mitteln, her. Weber hat immer wieder betont, Indien habe im politischen Bereich einen Machiavellismus entwickelt, wie man ihn in dieser Schärfe bei Machiavelli selbst und auch sonst im Okzident nicht finde.[106]

105 Ebd., S. 193 f. Weber sieht in dem Lehrgedicht zugleich den Übergang zur Glaubensreligiosität.
106 Vgl. ebd., S. 143 ff., bes. S. 145 und PS, S. 543, mit Bezug auf das *Arthaśāstra* des Kautilīya.

Und was für die Techniken der Politik gesagt werden kann, gilt auch für andere Techniken, etwa für die Heilstechniken der Askese und der Kontemplation.

Diese vom Brahmanismus selbst herausgearbeitete und durch Relativierung ›gelöste‹ Spannung ist nun, strukturell gesehen, das Einfallstor für die ›heterodoxen‹ Bewegungen. Weber sieht sie nicht zuletzt auch als eine Reaktion auf die ungelösten Erlösungsprobleme der vornehmen Laienstände an. Die beiden wichtigsten ›heterodoxen‹ Bewegungen, der Jainismus und der Buddhismus, haben bei allen Unterschieden eines gemeinsam: Sie sind antibrahmanisch und antiritualistisch und entziehen damit der Kastenordnung den ideellen Unterbau. Was sich innerhalb der orthodoxen Tradition um den *śramaṇa* kristallisiert, eine religiöse Kultur individueller Weltentsagung, wird aufgenommen und zugleich in die Sozialform des Mönchtums eingebettet, die sowohl die individuellen Weltentsager untereinander wie auch die Weltentsager mit den Laien, mit den Vertretern der ›Welt‹, locker verbindet. Diese Weltentsager sind ursprünglich wandernde Bettelmönche. Dies unterstreicht ihre Alltagsenthobenheit. Sie verbinden äußere und innere Weltflucht. Letztere aber ist im Buddhismus, anders als im Jainismus, kontemplativ gewendet, und dies macht, angesichts der Gotteskonzeption, die buddhistische, nicht aber die jainistische Weltflucht konsequent und damit rational. Es ist freilich umstritten, ob Weber den Buddha, den er als exemplarischen Propheten, und den frühen Buddhismus, den er als eine »spezifisch unpolitische und antipolitische Standesreligion oder richtiger gesagt: religiöse ›Kunstlehre‹ eines wandernden, intellektuell geschulten, Bettelmönchtums« bezeichnet, insgesamt richtig einschätzt,[107] noch umstrittener, ob er die Entwicklung des

---

107 RS II, S. 220. Gananath Obeyesekere weist darauf hin, daß Webers Paradefall eines exemplarischen Propheten, der Buddha, zwar durchaus ein Beispiel gegeben habe, aber nicht im Sinne einer persönlichen Nachfolge. Im Mittelpunkt der buddhistischen Lehre stehe nicht die Buddhaschaft, sondern das *arhat*-Ideal. Im Unterschied zu den ethischen Propheten habe der Buddha allerdings nicht Gebote verkündet, sondern eine Richtschnur für richtiges Leben formuliert. Dies aber sei durch Webers Begriff der exemplarischen Prophetie nicht zureichend abgedeckt. Vgl. dazu auch Anm. 53 oben. Heinz Bechert beispielsweise

Buddhismus richtig diagnostiziert.[108] Doch für unseren Zusammenhang ist nicht dies, sondern ein anderer, unbestrittener Sachverhalt von Bedeutung: daß der Buddhismus sowohl in seiner frühen wie in seiner entwickelten Gestalt an der Differenz zwischen Mönchs- und Laienethik, also am Stufencharakter der religiösen Ethik, festgehalten hat. Typologisch gesehen stehen also die orthodoxen und die heterodoxen Erlösungslehren Indiens in einer Reihe mit dem mittelalterlichen Katholizismus, freilich mit dem kulturgeschichtlich entscheidenden Unterschied, daß die verschiedenen Moralen *nicht* über eine sakramentale Anstaltsgnade vermittelt sind.

Daran aber wird, noch jenseits aller inhaltlichen Fragen, die Sonderstellung des asketischen Protestantismus deutlich: Er hebt den Stufenbau der religiösen Ethik auf, und zwar so, daß dabei die Mönchsethik die Laienethik wird. Er folgt also nicht der Strategie der Relativierung, sondern der der Verabsolutierung. Dies heißt aber zugleich, daß die lex naturae, die ›natürliche Sittlichkeit‹ des innerweltlichen Handelns, dem religiösen Postulat nicht bloß äußerlich und innerlich zu koordinieren, sondern ihm zu unterwerfen und nach religiösen Kriterien umzuschaffen ist. Daß dies im Rahmen einer überweltlichen Gottekonzeption und mit Hilfe von Askese geschieht, verstärkt noch die Tendenz zur Sprengung des innerweltlichen Traditionalismus. Sie wäre vermutlich noch stärker gewesen, hätte die okzidentale Gotteskonzeption die indische Idee von einer Erlösung ausschließlich aus eigener Leistung konsequent erlaubt. Dies aber ist bekanntlich nicht der Fall gewesen. Für keinen wirklich gläubigen Christen ist Erlösung selbstverdient. Gerade der konsequente protestantische Asket hatte unter diesem Sachverhalt zu leiden. Diese Spannung gefährdete immer wieder

hält Webers Analyse des frühen, des kanonischen Buddhismus im Grundsatz nach wie vor für gültig, Stanley Tambiah dagegen den dafür gewählten Ausgangspunkt bereits für verfehlt. Vgl. die Beiträge beider Autoren in *Max Webers Studie über Hinduismus und Buddhismus*. Gananath Obeyesekeres Einschätzung liegt in dieser Hinsicht gleichsam dazwischen.

108 Dies gilt besonders für Webers Ausführungen über den Theravāda-Buddhismus. Vgl. dazu den Beitrag von Heinz Bechert im genannten Band.

auch seinen heilsaristokratischen Anspruch. Wie in Indien die Relativierung den Grundkonflikt zwischen Wiedergeburt und Erlösung nicht beseitigen konnte, so im Okzident die Verabsolutierung nicht den zwischen Leistung und Gnade, zwischen einer aristokratischen Werkheiligkeit und einer demokratischen Anstaltsgnade.

Indien hat also tatsächlich die organische Relativierung, den Stufenbau der religiösen Ethik, konsequenter als der Okzident entwickelt. Ihre Prägekraft war so groß, daß, anders als im Okzident, selbst die heterodoxen Bewegungen davon nicht losgekommen sind. Indien hat auch das Eigenrecht und die Eigengesetzlichkeiten der innerweltlichen Wertsphären und Lebensordnungen konsequenter als der Okzident entwickelt. Doch hat dies nur zu ihrer Rationalisierung von außen, nicht, wie schließlich im Okzident, zu ihrer Rationalisierung von innen heraus geführt. Gerade weil in den indischen orthodoxen und heterodoxen Erlösungslehren Erlösung letztlich selbstverdient ist und in die reale Vereinigung mit dem Göttlichen mündet, fallen ›Welt‹ und ›Hinterwelt‹ auseinander: auf der einen Seite der religiöse Rationalismus des innerweltlichen Handelns im Rahmen einer organischen Sozialethik, auf der anderen Seite der religiöse Rationalismus des weltflüchtigen Erlösungsstrebens im Rahmen einer kontemplativen Mystik.

Weber sieht darin in meinen Augen die beiden großen Leistungen der indischen ›Religionsgeschichte‹. Gerade deshalb hat ihn der Versuch ihrer konsequenten Verbindung in der Bhagavad Gītā wohl besonders fasziniert. Diese Faszination hatte, wie mir scheint, neben der wissenschaftlichen auch eine persönliche Seite. Die innere Distanz, mit der der indische Held das notwendige Werk vollzieht – darin ist ein Lebensgefühl ausgedrückt, das dem seinen wahlverwandt gewesen sein muß. Vielleicht mehr als alles andere hat Weber Distanzlosigkeit verachtet, in der Wissenschaft wie im persönlichen Leben. Und er hat sie, wo immer es möglich war, bekämpft. Gewiß: Als Lebenshilfe für andere oder gar für sich hat er seine Analysen nicht verstanden. Und hätte er Lebenshilfe gebraucht, so hätte er sie wohl eher beim späten Goethe als in der Bhagavad Gītā gesucht. Doch gerade seine Hinduismusstudie zeigt, wie sehr er dort, wo es um letzte menschliche Haltungen geht, sich auch von seinem eigenen kulturellen Erbe distanzieren konnte. Und es bleibt zumindest eine offene Frage, wem er mehr persönliche Sympathie entgegenbrachte: dem aktiven asketischen Protestanten, der in glücklicher Borniertheit auf alles Fragen verzichtet oder in glaubenskämpferischem Eifer mit sich und der Welt streitet, oder dem vornehmen indischen Intellektuellen, der, in innerer Ruhe, entweder das notwendige Werk tut oder aber dieser Welt entsagt.

7. Ursprünge des Rationalismus der Weltbeherrschung Das antike Judentum

1. Problemstellung
2. Bezugsrahmen
3. Die religiöse Ausgangskonstellation
4. Die Rationalisierung der religiösen Ethik und die Theologisierung des Rechts
5. Religiöse Anschlußpositionen
6. Schlußbetrachtung: Entwicklung und Vergleich

> »Ein Prophet ist Systematisator im Sinn der Vereinheitlichung der Beziehung des Menschen zur Welt aus letzten einheitlichen Wertpositionen heraus. Die Priesterschaft systematisiert den Gehalt der Prophetie oder der heiligen Ueberlieferungen im Sinn kasuistisch-rationaler Gliederung und Adaptierung an die Denk- und Lebensgewohnheiten ihrer eigenen Schicht und der von ihr beherrschten Laien.«
>
> Max Weber, WuG, S. 280.

> »Der Löwe brüllt; wer sollte sich nicht fürchten? Jahwe redet; wer sollte nicht weissagen?«
>
> Am 3, 8

1. Problemstellung

Max Weber hat sich mit der Kulturbedeutung des Judentums an verschiedenen Stellen seines Werkes und in verschiedenen Phasen seiner Entwicklung beschäftigt. Dies zeigt schon eine oberflächliche Durchsicht der wichtigsten Schriften, die nach der Jahrhundertwende entstanden sind. Bemerkungen über die Kulturbedeutung des Judentums lassen sich bereits in der ursprünglichen Fassung der Studie über die protestantische Ethik entdecken. Sie gehen also auf die Jahre 1904 und 1905 zurück. Sie beziehen sich vor allem auf die Bedeutung, die die Bestimmungen des Alten Testaments, insbesondere die alttestament-

liche Gottesvorstellung und der alttestamentliche Erwählungs-
gedanke, für den asketischen Protestantismus besitzen, sowie
auf die Frage, welche »charakterologischen Folgen« die »Durchdringung des Lebens mit alttestamentlichen Normen« gehabt
haben mag.[1] Diese Frage wird in dieser Studie nur aufgeworfen,
noch nicht beantwortet. Ihre Beantwortung aber bleibt für
Weber offensichtlich ein Desiderat.[2] In der dritten Version der
Untersuchung über die Agrarverhältnisse im Altertum ist ein
Abschnitt »Altisrael« bzw. »Israel« überschrieben. Er behandelt die Sozial-, Politik- und teilweise auch Religionsgeschichte
von der palästinensischen Landnahme bis zur Ausbildung des
»bureaukratischen Stadtstaates« unter Josia, umfaßt also im wesentlichen die Zeit vor dem babylonisch-persischen Exil. Der
Abschnitt enthält allerdings noch kaum mehr als eine erste entwicklungsgeschichtliche Orientierung. Er fällt – wie übrigens
auch die Abschnitte über Mesopotamien und über Ägypten –
im Vergleich zur Analyse der griechischen und der römischen
Verhältnisse bescheiden aus.[3] In den religionssoziologischen
Teilen von *Wirtschaft und Gesellschaft*, deren Entstehen gewöhnlich auf die Zeit zwischen 1910 und 1914 datiert wird,
spielt das Judentum, unterteilt in die altisraelitische und jüdische Religion, geordnet nach der vorexilischen, exilischen und
nachexilischen, insbesondere talmudischen Phase, dagegen bereits eine prominente Rolle. Es ist hier eine wichtige Gestalt im
Kreis der Kulturreligionen, deren Weltverhältnis Weber diskutiert. Es regt ihn darüber hinaus an zu religionssoziologischen
Begriffsbildungen, zu Begriffen wie ethische Prophetie, Erlö-

1 Vgl. Max Weber, RS I, S. 181.
2 Vgl. ebd. Weber behält diese Formulierung übrigens auch nach Erscheinen seiner Studie über das antike Judentum bei. Immerhin hat er diese
wohl selbst als Teilerfüllung dieser »reizvollen Aufgabe« gesehen.
3 Vgl. Max Weber, SW, S. 83 ff. Dies gilt nicht nur quantitativ, sondern
auch für die verwendeten Begriffe. Weber ist offensichtlich in erster Linie
an der Rechts- und Sozialgeschichte Griechenlands und Roms orientiert.
Vgl. dazu den Beitrag von Christa Schäfer in Wolfgang Schluchter (Hg.),
Max Webers Studie über das antike Judentum. Interpretation und Kritik,
Frankfurt 1981, S. 78 ff. und ausführlicher dies., *Stadt und Eidgenossenschaft im Alten Testament. Eine Auseinandersetzung mit Max Webers
Studie ›Das antike Judentum‹*, Berlin 1983.

sungsreligiosität und rational ethische Religiosität, aber auch zu Begriffen wie Ressentiment, Vergeltungsreligiosität, Pariavolkslage, Pariaintellektualismus und Pariareligiosität.[4] Hinzu tritt die Auseinandersetzung mit Werner Sombart, die durch dessen Thesen über den Zusammenhang von Judentum und Kapitalismus ausgelöst wurde.[5] Weber sucht deshalb zugleich darzulegen, weshalb das Judentum trotz Magiefeindlichkeit und rationaler religiöser Ethik an der Erfindung des modernen kapitalistischen Wirtschaftssystems und der modernen kapitalistischen Wirtschaftsgesinnung gerade nicht entscheidend beteiligt gewesen ist.[6] Auch in der Einleitung zu den vergleichenden religionssoziologischen Skizzen über die Wirtschaftsethik der Weltreligionen, von Weber 1915 publiziert, aber nach seinem eigenen Bekunden bereits 1913 geschrieben, ist das Judentum ein wichtiges Modell für religiös motiviertes Weltverhalten und die Basis für begriffliche Entscheidungen. Wie schon in *Wirtschaft und Gesellschaft*, geht es auch hier vor allem um den Ressentimentbegriff und um seinen Zusammenhang mit Begriffen wie negative Privilegierung, Erlösungsreligiosität und Theodizee des Leidens, aber auch um den Begriff der Sendungsprophetie.[7] All dies liest sich freilich im Rückblick noch wie das Präludium zur eigentlichen soziologischen Analyse der altisraelitischen und der jüdischen religiösen Ethik. Sie ist als Teil der Serie über die

4 Vgl. dazu Max Weber, WuG, bes. Kap. V, §§ 7 und 12.
5 Dazu Werner Sombart, *Die Juden und das Wirtschaftsleben*, Leipzig 1911. Freilich könnte schon die erste Version von Webers Studie über die Bedeutung der protestantischen Ethik für den ›Geist‹ des Kapitalismus teilweise ›gegen‹ Sombart geschrieben sein. Dies vermutet Gordon Marshall in seiner ausgezeichneten Studie, *Presbyteries and Profits. Calvinism and the Development of Capitalism in Scotland, 1560–1707*, Oxford: Clarendon Press 1980, S. 23 f. Sombart hatte in seinem Buch *Die deutsche Volkswirtschaft im neunzehnten Jahrhundert*, zuerst 1903, auf die Bedeutung der Juden für die Entwicklung des Kapitalismus in Europa verwiesen, einem Buch, das Weber im Zusammenhang mit einer allgemein anerkennenden Bemerkung über Sombarts große, sprich: frühe Arbeiten in der ersten Version seiner Studie zitiert. Vgl. Max Weber, RS I, S. 42.
6 Vgl. Max Weber, WuG, S. 369.
7 Vgl. Max Weber, RS I, S. 237 ff., bes S. 241 ff., 257 ff.

Wirtschaftsethik der Weltreligionen unter dem übergreifenden und zugleich programmatischen Titel »Das antike Judentum« vom Oktober 1917 bis Januar 1920 in durchaus ›ungleichen Folgen‹ im *Archiv für Sozialwissenschaft und Sozialpolitik* erschienen und wohl auch erst seit Beginn des Jahres 1917 in diese Form gebracht.[8] Obgleich Weber dabei das Judentum nicht als

8 Vgl. *Archiv für Sozialwissenschaft und Sozialpolitik*, 44. Band (1917/18), S. 52 ff., S. 349 ff., S. 601 ff. und 46. Band (1918/19), S. 40 ff., S. 311 ff., S. 541 ff. Weber beginnt die Veröffentlichung mit folgender Anmerkung: »Die nachstehende Darstellung wird hier unter Fortlassung der Erörterung der ägyptischen, babylonischen und persischen Verhältnisse publiziert. Bei einer künftigen Sammlung und umgearbeiteten (und für China mit Quellenzitaten versehenen und ergänzten) Veröffentlichung dieser in Verbindung mit andern ältern und einigen noch unpublizierten Aufsätzen wird der fehlende Teil eingefügt werden.« Vgl. ebd., S. 52. Diese Fußnote ist in mehrfacher Hinsicht von Interesse: 1. Weber äußerte bereits 1917 öffentlich den festen Plan, *Gesammelte Aufsätze zur Religionssoziologie* herauszugeben; wir wissen inzwischen, daß dieser Plan älter ist; 2. er formuliert: »dieser in Verbindung mit anderen älteren« Aufsätzen, was darauf hindeutet, daß auch die Studie über das antike Judentum zumindest in Teilen schon *vor* 1917 geschrieben ist; 3. er sieht die Notwendigkeit, die Entwicklung Palästinas stärker in den Zusammenhang der Entwicklung der Nachbarkulturen zu stellen, also, bezogen auf die wissenschaftliche Problemsituation der Zeit, den Gesichtspunkt von Eduard Meyer gegenüber dem von Julius Wellhausen zu berücksichtigen, neben die endogene Erklärung der Entwicklungstendenzen der Jahwereligion die exogene Erklärung zu stellen, ein Problem, das bekanntlich zwischen Wellhausen und Meyer heftig diskutiert worden war. Allerdings spricht vieles dafür, daß Weber seine Studie erst seit 1917 in eine endgültige Fassung brachte. Ich sehe dafür vor allem folgende Indizien: 1. Weber gibt am Ende bestimmter Folgen Hinweise, die er dann nicht voll einhält. So heißt es am Ende von Band 44, Heft 2: Schluß folgt in Band 44, Heft 3; der angekündigte Schluß wird dann aber erst in Band 46, Heft 1 publiziert. 2. Die Studie wird in 6 Folgen veröffentlicht. Betrachtet man deren Umfang, so gewinnt man den Eindruck, Webers Produktion habe mit der 3. Folge kurzfristig gestockt. 3. Die 3. und 4. Folge beschäftigen sich mit der Rolle von Leviten und Laienintellektuellen bei der Rationalisierung der altisraelitischen Ethik. Vergleicht man den Aufbau von Webers Studie mit seinem im Januar 1917 gehaltenen Vortrag »Die soziologischen Grundlagen der Entwicklung des Judentums«, über den *Das Jüdische Echo. Bayerische Blätter für die jüdischen Angelegenheiten*, 4 (1917), am 26. Januar auf S. 40 f. berichtet, so fehlt

eine Weltreligion einstuft,[9] will er dennoch auf seine ausführliche Behandlung im Rahmen dieser Serie nicht verzichten. Und dies aus zwei Gründen: wegen »entscheidende(r) geschichtliche(r) Voraussetzungen«, die es für die christliche und für die islamische religiöse Ethik enthält,[10] und wegen »seiner teils wirklichen, teils angeblichen historischen Eigenbedeutung für die Entfaltung der modernen Wirtschaftsethik des Okzidentes«.[11] Während der zweite Grund erkennbar mit Sombarts Herausforderung zusammenhängt, verweist der erste auf weitergesteckte Interessen. Weber ist offensichtlich auf eine Rekonstruktion der »israelitisch-jüdisch-christlichen Religionsentwicklung«, auf eine Art Genealogie zur okzidentalen Ethik aus.[12] Sie ist aber ohne Einbeziehung des antiken Judentums mit

> dort ein Hinweis auf die Rolle von Leviten und Laienintellektuellen für die Entwicklung der Jahwereligion. Im Mittelpunkt steht allein die Prophetie. Ich vermute deshalb, daß die Abschnitte über Leviten und über das Denken frommer gebildeter Laienkreise erst 1917 geschrieben worden sind. Einschränkend muß man allerdings sagen, daß die Konstellation Priester, Propheten, Laienintellektuelle im Zusammenhnag mit der Ausbildung einer rationalen religiösen Ethik gerade im religionssoziologischen Teil von *Wirtschaft und Gesellschaft* bereits eine zentrale Rolle spielt.

9 Vgl. Max Weber, RS I, S. 237 f., wo er von fünf »religiösen oder religiös bedingten Systemen der Lebensreglementierung« spricht, welche »besonders große *Mengen* von Bekennern um sich zu scharen gewußt haben: die konfuzianische, hinduistische, buddhistische, christliche, islamitische religiöse Ethik«. Das Judentum gilt ihm im Sinne dieser Definition nicht als Weltreligion. Allerdings gibt es Passagen, wo Weber das Judentum zumindest implizit als Weltreligion bezeichnet, so etwa, wenn er den Unterschied zwischen Juden und Samaritanern darzulegen sucht. Vgl. dazu RS III, S. 376. Hier scheint die konfessionelle Entwicklung das Entscheidende.

10 Vgl. RS I, S. 238. Daß das Judentum nicht nur geschichtliche Voraussetzungen, sondern *entscheidende* geschichtliche Voraussetzungen für Christentum und Islam enthält, fügt Weber 1920 in den Text ein. Dies könnte ein Hinweis darauf sein, daß die Studie über das antike Judentum zumindest erst durchformuliert wurde, *nachdem* die erste Version der »Einleitung« gedruckt war.

11 Ebd.

12 Vgl. Max Weber, RS III, S. 2, Fn. Weber hält sich hier an die in der protestantischen Theologie der Zeit übliche Periodisierung: Von Israel

seinen vorexilischen, exilischen und nachexilischen Ausprägungen nicht zu leisten. Und die Analyse des nachexilischen Judentums wiederum zeigt, daß man dafür darüber hinaus auch noch das antike Christentum berücksichtigen muß. Diese Einsicht reflektieren auch die letzten Äußerungen, die Weber zur Kulturbedeutung des Judentums, insbesondere des antiken Judentums, machte. Sie finden sich in der überarbeiteten Fassung der Studie über die protestantische Ethik aus dem Jahr 1920 und in der Nachschrift zur Vorlesung »Abriß der universalen Sozial- und Wirtschaftsgeschichte«, die er – offensichtlich mehr aus Pflicht denn aus Neigung – im Wintersemester 1919/20 an der

zum Judentum zum Christentum. Daß er dennoch die israelitische Phase (unter dem Titel: Die israelitische Eidgenossenschaft und Jahwe) und die jüdische Phase (unter dem Titel: Die Entstehung des jüdischen Pariavolkes) von vornherein durch den Titel: Das antike Judentum verklammert, zeigt, daß für ihn zwar das babylonisch-persische Exil eine wichtige Zäsur darstellt, doch keine, die einen Kontinuitätsbruch markiert. Weber scheint sich in der Anlage der Studie vor allem an den Thesen von Wellhausen und seiner Schule zu orientieren: daß das Pentateuch in drei Schichten zerlegt werden könne – die jehowistische Gesetzgebung, die deuteronomistische Gesetzgebung und die priesterliche Gesetzgebung – und daß der Priesterkodex zur Zeit Ezras, das Deuteronomium zur Zeit Josias, die jehowistische Gesetzgebung aber als lose Überlieferung vor dem Deuteronomium entstanden sei. Vgl. dazu Julius Wellhausen, *Prolegomena zur Geschichte Israels*, 4. Aufl., Berlin 1895 und ders., *Israelitische und jüdische Geschichte*, 7. Aufl., Berlin 1914, bes. Kap. 9. Allerdings akzentuiert gerade Wellhausen den mit dem Exil einsetzenden Traditionsbruch, die Umschreibung der Vergangenheit auf der Basis der Gegenwart etwa bei Hesekiel, der für Wellhausen ein Priester im Prophetenmantel ist. Die Periodisierung Wellhausens, die auch für Weber maßgebend ist, läßt sich folgendermaßen skizzieren:

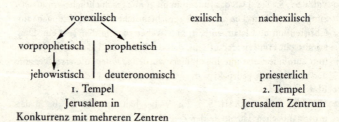

vorexilisch   exilisch   nachexilisch

vorprophetisch   prophetisch

jehowistisch   deuteronomisch   priesterlich
1. Tempel   2. Tempel
Jerusalem in   Jerusalem Zentrum
Konkurrenz mit mehreren Zentren

Universität München gehalten hat.[13] In der überarbeiteten Fassung der »Protestantischen Ethik« spricht Weber von einem großen religionsgeschichtlichen Prozeß »der *Entzauberung* der Welt, welcher mit der altjüdischen Prophetie einsetzte und, im Verein mit dem hellenischen wissenschaftlichen Denken, alle *magischen* Mittel der Heilssuche als Aberglaube und Frevel« verworfen habe, ein Prozeß, der im asketischen Protestantismus ende, im Calvinismus einerseits, in den täuferischen Sekten andererseits.[14] In der Münchener Vorlesung nennt er drei religionsgeschichtliche Ereignisse, die für den Ozident entscheidend gewesen seien: »die jüdische Prophetie, welche die Magie innerhalb des Judentums vernichtete, so daß Zauberei zwar noch als etwas Reales, aber als etwas Teuflisches, nicht etwas Göttliches galt; das Pfingstwunder, die Verbrüderung im christlichen Pneuma, die für die ungeheure Verbreitung des altchristlichen Enthusiasmus entscheidend geworden ist; endlich der Tag von Antiochien (Gal. 2,11 ff.), wo Paulus (im Gegensatz zu Petrus) kultische Gemeinschaft mit Nichtbeschnittenen pflegte«.[15]

Überblickt man diese werkgeschichtliche Lage, so drängt sich die Vermutung auf, Weber habe seine Einschätzung der Kultur-

---

13 Vgl. Max Weber, *Wirtschaftsgeschichte*. Man muß sich bei Verwendung dieses Textes immer daran erinnern, was die Herausgeber in der ersten Auflage, S. XVIII, feststellten: »Max Weber hat die Vorlesung, die hier der Öffentlichkeit übergeben wird, unter dem Titel ›Abriß der universalen Sozial- und Wirtschaftsgeschichte‹ im Wintersemester 1919/20 auf Andringen der Studenten abgehalten, ungern, denn seine Aufmerksamkeit fesselten vollständig die großen soziologischen Aufgaben, denen er sich zugewandt hatte…« Und weiter: »Auch wenn Max Weber ein längeres Leben beschieden gewesen wäre, würde er die ›Wirtschaftsgeschichte‹, wenigstens in der Gestalt, wie sie hier vorliegt, nicht der Öffentlichkeit übergeben haben: Äußerungen von ihm zeigen, daß er sie als eine ihm aufgedrungene Improvisation mit tausend Unvollkommenheiten betrachtete…« Der veröffentlichte Text basiert auf Vorlesungsnachschriften, nicht auf einem Originalmanuskript.

14 Max Weber, RS I, S. 94 f. Weber hat bekanntlich neben dem Calvinismus das Täufertum des 16. und 17. Jahrhunderts (Baptisten, Mennoniten und Quäker) als selbständigen Träger der protestantischen Askese angesehen. Vgl. ebd., S. 150 f.

15 Max Weber, *Wirtschaftsgeschichte*, S. 276 f. Vgl. auch S. 307 ff. und RS II, S. 40.

bedeutung des Judentums im Laufe seiner Entwicklung verändert. Und dies ist nun in meinen Augen tatsächlich der Fall. Obgleich er bereits in der ursprünglichen Fassung der Studie über die protestantische Ethik eine Art Wahlverwandtschaft zwischen Judentum und asketischem Protestantismus konstatiert und gar vom »Eindringen alttestamentlich-jüdischen Geistes in den Puritanismus« spricht,[16] hat er hier die weitere Kulturbedeutung gerade des alten Judentums für den okzidentalen Rationalismus noch nicht im Auge. Er sieht das Judentum weitgehend aus der Perspektive des asketischen Protestantismus: Ihn interessieren vor allem jene Bestandteile des Alten Testaments, die der asketische Protestantismus sich angeeignet hat. So sind es die »nüchterne hebräische Lebensweisheit« der Sprüche Salomos und mancher Psalmen, die Gottverherrlichung Hiobs und die Lebenskontrolle der Erzväter, die Weber am Alten Testament als kulturbedeutsam hervorhebt.[17] Und es entspricht dieser ›verengten‹ Sicht, wenn er die wichtigste Ähnlichkeit zwischen Judentum und asketischem Protestantismus nicht so sehr in ihrem gemeinsamen Bezug auf den darin ausgedrückten »alttestamentliche(n) Rationalismus«,[18] sondern in ihrer gemeinsamen Schätzung der »*formale(n) Rechtlichkeit* als Kennzeichen gottwohlgefälligen Wandels« sieht.[19] Denn diese Schätzung der Rechtlichkeit gilt im Falle des Judentums nach Weber gerade nicht für das palästinensische Judentum, sondern für das Judentum, »wie es unter dem Einfluß der vielen Jahrhunderte formalistisch-gesetzlicher und talmudischer Erziehung allmählich wurde«,[20] eine Rechtlichkeit übrigens, von der er auch hier schon behauptet, sie würde in beiden Fällen verschiedenes bedeuten, einmal äußere Pflichterfüllung, einmal innere Bewährung, einmal Legalität, einmal Moralität.[21] Gewiß: Weber verweist auch schon in der ursprünglichen Fassung der Protestan-

16 Vgl. Max Weber, RS I, S. 110, Fn. 1. Die entsprechende Stelle findet sich im *Archiv*, 21. Band, S. 23.
17 Vgl. Max Weber, RS I, S. 121 f. und S. 178 ff. und die entsprechenden Stellen im *Archiv*, 21. Band S. 33 f. und S. 87 ff.
18 So RS I, S. 122.
19 Vgl. ebd., S. 180.
20 Ebd., S. 181.
21 Ebd., S. 182, Fn.

tismusstudie auf das »mächtige Pathos der Propheten« und auch darauf, daß zwischen diesem Pathos und dem alttestamentlichen Rationalismus eine Spannung besteht.[22] Doch er hat offenbar noch keine volle Vorstellung von der enormen Kulturbedeutung des »palästinensische(n) Judentum(s) aus der Zeit der Entstehung der alttestamentlichen Schriften« für den okzidentalen Rationalismus gewonnen,[23] und dies heißt auch: noch keine volle Vorstellung von der enormen Kulturbedeutung der altjüdischen, insbesondere der vorexilischen Prophetie.

Dies hat sich bereits im religionssoziologischen Teil von *Wirtschaft und Gesellschaft* geändert, von dem Weber ja sagt, daß er in einem komplementären Verhältnis zu den Aufsätzen über die Wirtschaftsethik der Weltreligionen steht.[24] Hier werden die Ähnlichkeiten insbesondere zwischen dem alten Judentum und dem asketischen Protestantismus in einem weiteren Zusammenhang behandelt: daß beide, im Verein mit dem Islam, die streng monotheistischen Religionen der Religionsgeschichte repräsentieren,[25] daß nur sie es verstanden haben, dem »Heiligen- oder Heroen- oder Funktionsgötterkult bei ihrer Adaptierung an die Massenbedürfnisse« zu entgehen.[26] Nimmt man spätere Äußerungen hinzu, so haben nur altes Judentum und asketischer Protestantismus eine »von Magie sowohl wie von allen Formen irrationaler Heilssuche freie *religiöse Ethik* des *innerweltlichen Handelns*« verwirklicht.[27] Und es ist vor allem die Magiefeindschaft, die das alte Judentum nicht nur dem asketischen Prote-

---

22 Ebd., S. 122.

23 Ebd., S. 181. All dies sind alte, unveränderte Formulierungen.

24 Vgl. ebd., S. 237, wo es heißt: »Die Aufsätze waren nebenbei auch bestimmt, gleichzeitig mit der im ›Grundriß der Sozialökonomik‹ enthaltenen Abhandlung über ›Wirtschaft und Gesellschaft‹ zu erscheinen, den religionssoziologischen Abschnitt zu interpretieren und zu ergänzen (allerdings auch in vielen Punkten durch ihn interpretiert zu werden).« Diese Formulierung stammt aus dem Jahre 1920. Sie ist identisch mit der aus dem Jahre 1915. Weber hat also an der Auffassung vom komplementären Verhältnis beider Konvolute festgehalten.

25 Vgl. Max Weber, WuG, S. 257.

26 Ebd., S. 297.

27 Max Weber, RS III, S. 6.

stantismus, sondern dem Christentum insgesamt vererbt.[28] Sie aber ist durch die altjüdische Prophetie besonders der vorexilischen Zeit geprägt worden. Die Periode vom 9. bis zum 6. Jahrhundert v. Chr. stellt deshalb wie die vom 15. bis 17. Jahrhundert n. Chr. für Weber offensichtlich eine Periode folgenreicher ›okzidentaler‹ Innovationen dar.[29] Diese Periode vom 9. bis zum 6. Jahrhundert v. Chr. ist aber offenbar nicht nur für die mittelmeerische, sondern auch für die indische und für die chinesische Welt von besonderer Bedeutung gewesen. Wie etwa Webers Bruder Alfred formuliert: »In Verfolg der zweiten Hälfte der Zeit der großen Wanderungswellen aber, vom 9. bis zum 6. Jahrhundert v. Chr., gelangen die drei inzwischen herausgebildeten Kultursphären der Welt, die vorderasiatisch-griechische, die indische und die chinesische, in merkwürdiger Gleichzeitigkeit, anscheinend unabhängig voneinander, zu universell gerichtetem religiösem und philosophischem Suchen, Fragen und Entscheiden. Sie entfalten von diesem Ausgangspunkt an seit Zoroaster, den jüdischen Propheten, den griechischen Philosophen, seit Buddha, seit Laotse und Konfuzius in einem synchronistischen Weltzeitalter diejenigen religiösen und philosophischen Weltdeutungen und Haltungen, die, fort- und umgebildet, zusammengefaßt, neugeboren oder in gegenseitiger Beeinflussung transformiert und reformiert, die weltreligiöse Glaubenssubstanz und die philosophische Deutungssubstanz der Menschheit bilden, zu deren religiösem Teil

---

28 Vgl. Max Weber, *Wirtschaftsgeschichte*, S. 307. Weber hat diesen Vorgang spätestens seit 1913 mit dem Begriff der Entzauberung bezeichnet. Vermutlich wurde der Begriff aber schon früher von ihm benutzt. Vgl. etwa dazu Max Weber, WL, S. 433. Der Abschnitt, in dem er hier den Begriff verwendet, ist nach seiner Aussage »schon vor längerer Zeit« geschrieben, d. h. längere Zeit vor Erscheinen des Aufsatzes im Jahre 1913. Vgl. zum Entzauberungsbegriff jetzt auch Johannes Winckelmann, »Die Herkunft von Max Webers ›Entzauberungs‹-Konzeption«, in: *Kölner Zeitschrift für Soziologie und Sozialpsychologie*, 32 (1980), S. 12 ff., der allerdings die genannte Bemerkung Webers anders interpretiert. Vgl. ebd., S. 14 f.

29 Daß das »Antike Judentum« auch eine Studie zur Soziologie der Innovationen ist, hat besonders Reinhard Bendix betont. Vgl. Reinhard Bendix, *Max Weber. Das Werk*, München 1964, S. 205.

seit dem Ende dieser Periode, d.h. seit dem 16. Jahrhundert,
nichts grundlegend Neues mehr hinzugetreten ist.«[30]
Tatsächlich lassen sich der religionssoziologische Teil von *Wirtschaft und Gesellschaft* und die Studien über die Wirtschaftsethik der Weltreligionen auch als Versuche im Sinne dieser Bemerkung lesen: als Versuche, die Weichenstellungen zu verfolgen,
durch die lange vor Christus verschiedene große kulturelle Traditionen begründet wurden,[31] als Versuche aber auch, anhand
dieser Konstitutionsphase herauszufinden, worauf das Besondere der vorderasiatisch-okzidentalen Weichenstellung beruht.
Weber sieht sie offensichtlich in der Gotteskonzeption, in einer
relativ rationalen, systematischen religiösen Ethik und in ihrer
magiefeindlichen Institutionalisierung. Und er behandelt deshalb das Entstehen eines magiefreien ethischen Monotheismus
in Altisrael als einen Vorgang von universalgeschichtlichem
Rang. Er ist nicht in Babylon, Athen, Alexandrien oder Rom,
sondern im vorexilischen Jerusalem, im spätjüdischen Galiläa
und in der spätrömischen Provinz Afrika auf den Weg gebracht
worden, nicht in den kulturellen Zentren der Antike, sondern
in ihren kulturellen Peripherien.[32] Seine Träger sind auch nicht
in erster Linie die orthodoxen, sondern vor allem die heterodoxen Eliten, nicht die Kultpriester, Pharisäer oder Kirchenmän-
ner, sondern die alt- und neutestamentlichen Propheten und
beispielsweise die donatistischen ›Sektierer‹, die die sektenbil-
dende Potenz des Neuen Testaments nutzen und damit »die

30 Alfred Weber, *Kulturgeschichte als Kultursoziologie*, München 1960, S. 24.
31 Nicht nur Max Webers Studie über die okzidentale Entwicklung, son-
    dern auch die über die chinesische und die indische Entwicklung reicht
    bis in diese Zeit zurück. Vgl. dazu auch die entsprechenden Bemerkun-
    gen bei Reinhard Bendix, *Max Weber*, S. 78 in Verbindung mit S. 378
    und S. 124 in Verbindung mit S. 386. Max Weber spricht in seiner Studie
    über China, bezogen auf den Konfuzianismus, von der »für die Prägung
    der geistigen Kultur entscheidenden Zeit zwischen dem 8. und 3. Jahr-
    hundert vor Chr.«. Vgl. RS I, S. 304.
32 Vgl. dazu Max Weber, RS III, S. 220 f. Er zieht diese Linie weiter aus
    über das Bettelmönchtum, das Luthertum, den Zwingliismus und den
    Calvinismus bis zu den Mennoniten und den protestantischen Sekten
    Neu-Englands und gibt damit die von ihm teilweise behandelten, teil-
    weise wohl noch zu behandelnden Stationen in der Genealogie der okzi-
    dentalen religiösen Ethik an.

große Reihe der antikirchlichen Sektenbildungen« eröffnen, die die Geschichte des okzidentalen Christentums durchzieht.[33] Kult gegen Wort, Gesetz gegen Geist, Kirche gegen Sekte, diese Gegensätze markieren schlagwortartig Spannungslinien, die die antike israelitisch-jüdisch-christliche Religionsentwicklung beherrschen. Innerhalb dieser Entwicklung aber gebührt der altisraelitischen Phase und der in ihr entstehenden altisraelitischen religiösen Ethik ein herausgehobener Platz.

Tatsächlich ist Webers Studie über das antike Judentum in weiten Teilen darauf gerichtet, die Entstehungs- und Entwicklungsbedingungen der altisraelitischen religiösen Ethik aufzuklären. Ich möchte sogar behaupten, daß man dieses Buch nur ›richtig‹ liest, wenn man die Lektüre unter diese Voraussetzung stellt. Gewiß: Weber interessiert sich darüber hinaus auch für das Entstehen des von ihm so genannten jüdischen Pariavolkes. Und dies ist zugleich ein Interesse an der Wirkung des priesterlichen Formalismus und vor allem: an den Gründen für das Ende der ekstatischen ethischen Prophetie. Doch nicht der Priesterkodex, sondern das Deuteronomium, nicht der Priesterprophet Hesekiel, sondern die ›freien‹ Propheten von Amos bis Jeremia, nicht die Psalmen, sondern das Buch Hiob haben die für den okzidentalen Rationalismus wichtige Ausgangslage geschaffen. Und dies sind, mag auch ihre literarische Formulierung in die exilische und in die nachexilische Zeit fallen, ›Errungenschaften‹ aus der Zeit vor dem babylonisch-persischen Exil. Ähnlich wie Julius Wellhausen, sieht auch Weber diese vorexilischen ›Errungenschaften‹ äußerlich in die Reform des Josia münden. Und ähnlich wie Julius Wellhausen sieht auch Weber im Deuteronomium ein Dokument »relativ weitgehende(r) rationale(r) Systematisierung«, die die altisraelitische religiöse Ethik endgültig in einen ›Gegensatz‹ zu den religiösen Ethiken der wichtigsten Nachbarkulturen, zur ägyptischen und mesopotamischen Ethik, bringt.[34] Diese Ethik aber ist ein Entwicklungs-

33 Vgl. dazu bes. Ernst Troeltsch, *Die Soziallehren der christlichen Kirchen und Gruppen*, (3. Neudruck der 2. Aufl., Tübingen 1922) Aalen 1977, S. 189.

34 Vgl. zum ersten Max Weber, RS III, S. 181 und zum zweiten ebd., S. 271, wo er etwa den ethischen Dekalog mit den unsystematischen Sündenregistern in Ägypten und Babylon vergleicht und formuliert:

produkt, sie fällt nicht vom Himmel. Sie ist das Produkt einer Stadtkultur, der Arbeit von ›städtischen‹ Interessenten, von Lehrpriestern, religiös motivierten Laienintellektuellen und jenem besonderen Typus von Sendungspropheten auf städtischem Boden, den nur Altisrael kennt. Zwar ist der mit den mosaischen Sozialgesetzen verbundene Jahwekult von Beginn an nicht so sehr wegen des Inhalts seiner Forderungen, sondern vor allem wegen seines ›Konstruktionsprinzips‹, wegen des mit dem Bundesgedanken verbundenen Solidarhaftprinzips, von den Ethiken der Umwelt abgehoben.[35] Doch steht auch die altisraelitische Ethik zunächst noch unter magischen Einflüssen: Die israelitische Religiosität der vorstaatlichen und der vorprophetischen Zeit ist »noch stark Bauernreligiosität«.[36] Als solche aber vermag sie sich dem Bannkreis der Magie, in dem fast alle Bauernreligionen der Welt letztlich verbleiben, noch nicht völlig zu entwinden. Dies ist erst auf dem »Boden der Polis Jerusalem« geschehen. Erst dort ist die israelitische Religion zur »eigentlich ethischen Religion« geworden.[37] Damit aber avancierte sie zu einem »Angelpunkt der ganzen Kulturentwicklung des Occidents und vorderasiatischen Orients«.[38] Es ist meine These, daß Weber in der Studie über das antike Judentum die frühe Entwicklungsgeschichte der okzidentalen religiösen Ethik des innerweltlichen Handelns zeichnet und daß ihn dabei die Absicht leitet, einen Angelpunkt zu identifizieren,

»Aus keinem dieser beiden Kulturgebiete ist ... irgend etwas überliefert, was einer systematischen religiös-ethischen Paränese von der Art des Deuteronomium gleich käme oder auch nur ähnlich wäre.« Und weiter: In beiden Kulturgebieten gab es »keine einheitlich zusammengefaßte religiös fundamentierte Ethik, wie sie schon im vorexilischen Israel existierte«.

35 Vgl. ebd., S. 280 und S. 266 ff., wo Weber einen Vergleich der altisraelitischen mit der ägyptischen und babylonischen Ethik gibt. Schon am Beginn der Studie bemerkt er, »daß die dekalogische Ethik in wichtigen Anforderungen nicht nur gegenüber der indischen (vor allem der jainistischen) und zarathustrischen, sondern auch gegenüber der ägyptischen, bescheidener« sei. Vgl. ebd., S. 2, Fn.

36 Max Weber, WuG, S. 287 und über die Affinität der Bauern zu einer magischen Religiosität ebd., S. 285 ff.

37 Ebd., S. 286.

38 Vgl. Max Weber, RS III, S. 7.

um den sich die weitere okzidentale Entwicklung dreht. Diese Entwicklungsgeschichte hat vier Stationen: die Ethik der vor-prophetischen Zeit, die zwar schon eine Gesetzesethik ist, aber noch stark mit Magie durchsetzt bleibt, die Gesetzesethik der prophetisch-vorexilischen Zeit, die gesinnungsethisch sublimiert wird, die Gesetzesethik der prophetischen exilischen und nachexilischen Zeit, die die gesinnungsethischen Züge beibehält, diese aber zunehmend stimmungsreligiös wendet, und die Gesetzesethik der nachprophetischen und nachexilischen Zeit, die einen formalistischen Zuschnitt erhält und das talmudische Judentum vorbereitet. Webers Interesse ist dabei nicht nur auf die Vorgänge gerichtet, die zu einer Überwindung der Magie führen, sondern auch und gerade auf die gesinnungsethische Wendung, der diese Religion unterliegt. Anders formuliert: Ihm geht es nicht nur um den Prozeß einer dauerhaften Scheidung von Naturalität und Kulturalität, sondern auch um den einer Scheidung von Legalität und Moralität.[39] Um diese Entwicklungsgeschichte schreiben zu können, verwendet er eine idealtypische Entwicklungskonstruktion. Nur durch den Vergleich damit lassen sich historische Entwicklungsniveaus einer Religion identifizieren und die immer komplexen historischen Mischungsverhältnisse, die sie mit anderen Größen eingeht, übersehen. Diese idealtypische Entwicklungskonstruktion hat Weber in seiner Studie nicht explizit bezeichnet. Doch läßt sie sich aus seiner Analyse rekonstruieren und mit Überlegungen aus dem religionssoziologischen Teil von *Wirtschaft und Gesellschaft* versehen. Diese Rekonstruktion will ich in einem ersten Schritt versuchen, um dann in einem zweiten Schritt die Erklärungskraft zu prüfen, die dieses Raster für ein angemessenes Verständnis der herausgehobenen Bedeutung des Deuteronomiums, vor allem aber der vorexilischen Prophetie besitzt. Schließlich will ich in einem dritten Schritt kurz skizzieren, was Webers Argument ist, wenn er behauptet, das Judentum habe trotz Magiefeindlichkeit und rationaler religiöser Ethik keinen entscheidenden Beitrag zur

---

39 Zu diesen Unterscheidungen und zu ihrem theoretischen Hintergrund vgl. Wolfgang Schluchter, *Die Entwicklung des okzidentalen Rationalismus. Eine Analyse von Max Webers Gesellschaftsgeschichte*, Tübingen 1979, S. 59 ff., bes. S. 76 f. und, revidiert, *Religion und Lebensführung*, Kap. 3.

›Entbindung‹ des modernen okzidentalen Wirtschaftsethos geleistet. Einige Folgerungen schließen sich an.

2. Bezugsrahmen

Beginnen wir die Rekonstruktion des systematischen Bezugsrahmens mit einem Seitenblick auf Emile Durkheim. Dieser hat Religion als ein mehr oder weniger ausgebildetes System von Glaubensüberzeugungen und Handlungsweisen bzw. Praktiken definiert, die sich auf ›Heiliges‹ beziehen und durch die sich eine Gemeinschaft, die er Kirche nennt, als moralische, als solidarische Gemeinschaft konstituiert. Heiliges ist von Profanem isoliert und geschützt vor allem durch Verbote. Heiliges ist mit Profanem ›vermittelt‹ vor allem durch Gebote. Religionen unterscheiden sich danach, was sie als Heiliges vorstellen und wie sie Heiliges und Profanes ›vermitteln‹. Diese ›Vermittlung‹ muß immer so erfolgen, daß der Antagonismus zwischen Heiligem und Profanem aufrechterhalten bleibt.[40] Eine Religion besteht also aus kollektiven Vorstellungen und Praktiken, die um einen normativen Kern zentriert sind. Sie setzt einen kontinuierlichen ›Betrieb‹, der Solidarität zwischen Personen stiftet, voraus. Darin läßt sich nach Durkheim auch Religion von Magie unterscheiden: daß der Magie die solidarische Gemeinschaftsbildung fehlt.[41]

40 Vgl. Emile Durkheim, *Die elementaren Formen des religiösen Lebens,* Frankfurt 1981, S. 61 ff.
41 Ebd., S. 42 ff. Dazu auch Marcel Mauss und Henri Hubert, »Entwurf einer allgemeinen Theorie der Magie«, in: Marcel Mauss, *Soziologie und Anthropologie* I, München 1964, S. 43 ff. Beide suchen, ähnlich wie Durkheim, die Magie mit Hilfe der drei Elemente Vorstellung, Praktik und Träger zu definieren und Magie von Religion, Ritus von Kultus abzusetzen. Danach gilt jener ›heilige Akt‹ als »*Ritus, der nicht Teil eines organisierten Kultes,* sondern privat, heimlich, geheimnisvoll ist und zum verbotenen Ritus als seinem Extrem tendiert«. Vgl. ebd., S. 58. Ich übernehme in der Folge zwar nicht diesen eingeschränkten Begriff von Magie, wohl aber die drei Elemente der Definition und vor allem, mit Weber, die Unterscheidung in magische und religiöse Ethik sowie, in Anlehnung an Mauss und Hubert, die Unterscheidung in Ritus und Kultus. Hinzu tritt, wiederum an Weber orientiert, die Unterscheidung

Weber wählt in der Religionssoziologie von *Wirtschaft und Gesellschaft* eine zwar ähnliche, aber nicht identische Perspektive. Zunächst springen freilich die Ähnlichkeiten ins Auge: Durkheims Unterscheidung in Glaubensüberzeugungen und Praktiken entspricht Webers Unterscheidung in den Gedankengehalt einer Religion und die mit ihm verbundene ›sittliche‹ Praxis,[42] Durkheims Unterscheidung in Heiliges und Profanes Webers Unterscheidung in Außeralltäglichkeit und Alltäglichkeit.[43] Und noch eine weitere Ähnlichkeit läßt sich entdecken: Durkheim und Weber sind vor allem am normativen Kern der Religionen interessiert. Freilich: Im Unterschied zu Durkheim achtet Weber stärker auf die »durch den religiösen Glauben und die Praxis des religiösen Lebens geschaffenen« bestimmten Arten von sozialem Handeln, wobei er das Zusammenspiel von religiösen Anreizen und religiösen Antrieben in den Mittelpunkt der Analyse rückt.[44] Mit einem Satz aus dem Deuteronomium charakterisiert er die urwüchsige Motivlage allen religiösen Handelns: »Auf daß es dir wohl gehe und du lange lebest auf

in Zauberer (Magier), Priester und Prophet, eine Unterscheidung, die in der Durkheimschule zwar angedeutet, aber nicht hinreichend durchgeführt ist.

42 Weber hat immer wieder darauf hingewiesen, daß trotz seines Interesses an den psychologischen und pragmatischen Konsequenzen der Religion und nicht an ihren Lehren und dogmatischen Unterlagen es dennoch nicht zulässig sei, »die dogmatischen Unterlagen ebenso wie die ethische Theorie ganz zu ignorieren und uns rein an die sittliche Praxis zu halten«. Gegen William James etwa hebt er hervor, daß »es gerade praktisch von der allerhöchsten Wichtigkeit ist, von welcher *Art* das *Gedanken*system ist, welches das unmittelbar religiös ›Erlebte‹ nun für sich, sozusagen, konfisziert und in seine Bahnen lenkt«. Vgl. Max Weber, RS I, S. 86 und S. 112, Fn. Die Unterscheidung in Glaubensvorstellungen – der Begriff kommt bei Weber selbst vor – und Praxis ist auch für Webers Religionssoziologie zentral.

43 Darauf hat zuerst Talcott Parsons aufmerksam gemacht. Vgl. Talcott Parsons, *The Structure of Social Action*, 2. Aufl., New York: The Free Press 1949, bes. S. 661 ff. Vgl. ferner Reinhard Bendix, »Two Sociological Traditions«, in: Reinhard Bendix and Guenther Roth, *Scholarship and Partisanship. Essays on Max Weber*, Berkeley: University of California Press 1971, S. 294. Bendix relativiert allerdings diese Parallele.

44 Max Weber, RS I, S. 88 und ders., WuG, S. 245.

Erden.«[45] Diese Motivlage gilt aber nicht nur für das religiöse, sondern ganz besonders für das magisch bestimmte Handeln. Wie Reinhard Bendix dargelegt hat, entsteht daraus die ›Suche‹ nach jenen Objekten oder Personen, denen, aufgrund ihrer besonderen Beziehung zum Heiligen, außeralltägliche charismatische Kräfte zugeschrieben sind.[46] Dies aber hat unter anderem

45 Max Weber, WuG, S. 245. Den Hinweis entnehme ich dem Aufsatz von Bendix.

46 Bendix betont damit die diesseitigen Interessen, die mit religiösem Handeln verbunden sind, also die durch Religion immer auch zu befriedigenden ›pharisäischen Bedürfnisse‹ nach äußerem Glück. Diese lassen sich aber darüber hinaus zum Erlösungsbedürfnis sublimieren, das zwar nach wie vor auch Ausdruck einer »soziale(n) oder ökonomische(n) Gedrücktheit« sein kann, aber zunehmend auch eine innere Not repräsentiert und auf inneres, mitunter sogar jenseitiges Glück zielt. Vgl. etwa Max Weber, WuG, S. 299. Diesen Gesichtspunkt hat Friedrich H. Tenbruck in den Mittelpunkt seiner Weberinterpretation der letzten Zeit gestellt. Vgl. seinen Aufsatz »Das Werk Max Webers«, in: *Kölner Zeitschrift für Soziologie und Sozialpsychologie*, 27 (1975), S. 663 ff., bes. S. 684 f. Interessant ist in diesem Zusammenhang, wie nah Weber am Beginn des religionssoziologischen Teils von *Wirtschaft und Gesellschaft* mit dem Charismabegriff Durkheim kommt. Vgl. WuG, S. 245 f. Zunächst merkt er an, nicht jedem Objekt und nicht jeder Person würde die Fähigkeit zu magischem Zwang zugeschrieben, um fortzufahren: »Nicht immer nur diese, aber vornehmlich diese *außeralltäglichen* Kräfte sind es, welchen gesonderte Namen: ›mana‹, ›orenda‹, bei den Iraniern: ›maga‹ (davon: magisch) beigelegt werden, und für die wir hier ein für allemal den Namen ›Charisma‹ gebrauchen wollen. Das Charisma kann entweder – und nur dann verdient es in vollem Sinn diesen Namen – eine schlechthin an dem Objekt oder der Person, die es nun einmal von Natur besitzt, haftende, durch nichts zu gewinnende, Gabe sein. Oder es kann und muß dem Objekt oder der Person durch irgendwelche, natürlich außeralltägliche, Mittel künstlich verschafft werden.« Allerdings verweist diese Definition zugleich auf eine mögliche Differenz: Für Durkheim ist die Heiligkeit von Personen und Dingen niemals die Folge der ihnen innewohnenden Eigenschaften, sondern immer dieser Eigenschaft hinzugefügt, auferlegt. Man muß auch Webers Charismabegriff in diesem Sinne als ›soziale Zuschreibung‹ interpretieren. Vgl. dazu auch Edward A. Shils, *Center and Periphery. Essays in Macrosociology*, Chicago and London: The University of Chicago Press 1975, Kap. 15.

zwei Konsequenzen: Stärker als Durkheim sieht Weber den gemeinschaftsbildenden Charakter nicht nur des religiös, sondern auch des magisch bestimmten Handelns, und stärker als dieser richtet er die religionssoziologische Analyse insgesamt an den magischen und religiösen Eliten, an den die Heilsgüter spendenden und verwaltenden Personengruppen, aus.[47]

In der Studie über das antike Judentum macht Weber tatsächlich Angaben über die Gedankengehalte, über die Praktiken und über die wichtigsten Träger des vorexilischen religiösen Lebens. Er schreibt über die Rechtssammlungen des Bundesbuches und des Deuteronomiums, über die israelitische Literatur, wie sie etwa im Deborahlied ihren Niederschlag findet, über die jahwistischen und elohistischen Sammlungen und abermals über das Deuteronomium.[48] Er schreibt über Totenkulte, Baalkulte und Jahwekulte und die Konkurrenz, die zwischen ihnen waltet.[49] Er schreibt über magische Ekstase in ihrer militärischen und rechtlich-religiösen Bedeutung, über Nasiräer und Nebijim, über die Richter als charismatische Kriegsekstatiker, als Träger der Rechtsoffenbarung und – an anderer Stelle – gar als Heilande der Jahwereligion,[50] über Orakelpriester, Opferpriester, Kultpriester und Lehrpriester, über Seher, Heils- und Unheilspropheten, Propheten des Wortes und Propheten der Schrift.[51] Daneben verweist er auf den Laienrationalismus, der gleichfalls in verschiedenen Gestalten erscheint.

Läßt sich in diese Begriffsvielfalt, der ja durchaus eine Phänomenvielfalt entspricht, systematische Ordnung bringen? Ich glaube ja, wenn man sie auf Dimensionen bringt. Dazu kann man sich der wichtigsten Überlegungen aus dem religionssoziologischen Teil von *Wirtschaft und Gesellschaft* bedienen. Dort geht Weber in den ersten Abschnitten auf grundlegende ›heilige‹ Gedankengehalte (magische ›Ethik‹ – religiöse Ethik), auf

---

47 Vgl. dazu Reinhard Bendix, »Two Sociological Traditions«, S. 295 und Wolfgang Schluchter, *Rationalismus der Weltbeherrschung. Studien zu Max Weber*, Frankfurt 1980, Kap. 1.

48 Vgl. Max Weber, RS III, S. 66 ff. und S. 207 ff.

49 Vgl. ebd., S. 150 ff., S. 165 ff., S. 202 ff.

50 So in WuG, S. 286. Zur Analyse der Richter vgl. den Beitrag von Abraham Malamat in *Max Webers Studie über das antike Judentum*, S. 110 ff.

51 Vgl. RS III, S. 87 ff., S. 173 ff., S. 281 ff.

grundlegende ›heilige‹ Praktiken (Geister- bzw. Götterzwang – Gottesdienst) und auf grundlegende religiöse Rollen (Zauberer, Priester, Propheten) ein.[52] Diese Unterscheidungen, die natürlich nicht für einen historischen Fall allein gedacht sind, lassen sich auch aus der Perspektive des antiken Judentums lesen. Vermutlich hat sogar, werkgeschichtlich gesehen, die Beschäftigung mit dem Judentum die Exposition der systematischen Religionssoziologie in erheblichem Maße mitbestimmt.[53]

Wie lassen sich nun diese grundlegenden Unterscheidungen rechtfertigen? Ich beginne mit der in Magie und religiöse Ethik, die der in Natur- und Kulturreligion vergleichbar ist. Die Magie kennt zwar Verbote in Gestalt von Tabus, doch keine Pflichten, sie kennt zwar Tabunormen, doch kein Gesetz. Gewiß: Die Magie ist nicht nur ›heilige Handlung‹, sondern auch ›heiliges Wissen‹, nicht nur Ritus, sondern auch Zauberformel und Spruch. Mehr noch: Neben der magischen Technik steht die magische Ekstase, die persönliche ›Offenbarung‹, wie sie etwa das Inspirationsorakel der Traumdeuter und Visionäre, aber auch die Rechtsoffenbarung des magischen ›Rechtspropheten‹ repräsentiert. Doch das Resultat etwa der magischen Rechtsoffenbarung ist der konkrete Weisspruch, nicht der verallgemeinerbare ›Rechtssatz‹. Sie leistet noch keinen Beitrag zu einem Gebotsregister vom Charakter des Dekalogs, wie sie mit dem Übergang zur religiösen Ethik entstehen. Kulturreligionen sind denn auch nicht mehr allein auf Wahrsagerei und Orakelwesen gegründet. Sie kennen den Typus des Gesetzgebers, für den etwa, übrigens bei Weber mit erheblichen Einschränkungen, die Gestalt des Mose steht. Deshalb tritt hier an die Stelle des konkreten Weis- und Orakelspruchs auch die Lehre, an die Stelle der Mantik die Seelsorge und die Predigt, die lehrhafte Bezie-

---

52 Vgl. WuG, Kap. V, §§ 1-4.
53 Dies gilt sicherlich für die Prophetie. Allerdings finden sich ähnliche Expositionen in den entsprechenden Artikeln des Handwörterbuchs *Die Religion in Geschichte und Gegenwart*, hg. von Friedrich Michael Schiele und Leopold Zscharnack, Tübingen 1909 ff., das man gerade für Webers Religionssoziologie immer wieder vergleichend heranziehen muß.

hung zwischen dem religiösen Virtuosen und dem Gläubigen.[54]

Der Unterscheidung in Tabu und Gesetz sowie in Spruch und Lehre auf der Ebene der ›heiligen‹ Gedankengehalte entspricht die in Zauberritual und Kultus auf der Ebene der kollektiven ›heiligen‹ Praktiken. Dies jedenfalls läßt sich folgern, wenn man Webers Hinweis auf die Differenz zwischen Gottes- besser: Geisterzwang und Gottesdienst im Blick auf Durkheim interpretiert. Dann gilt, daß das magisch motivierte Handeln unter der ›Maxime‹ steht, Götter, Geister und Dämonen nicht durch Bitte oder Gebet, sondern durch Zwang oder Bestechung für sich zu gewinnen. Zwar kennt es auch das Opfer, doch wird es gleichfalls als Zwangs- oder Bestechungsmittel eingesetzt. Erst auf dem Niveau der religiösen Ethik erlangt das Opfer eine neue Bedeutung. Jetzt ist es Ausdruck von Bitte und Verehrung gegenüber ›Göttern‹ und den von ihnen gesetzten und geschützten Geboten, wie überhaupt bei Existenz einer religiösen Ethik die Beziehung des Menschen zu den übersinnlichen Mächten durch ein höheres Maß wechselseitiger ›Freiheit‹ gekennzeichnet ist. Weber hat freilich die Unterscheidung zwischen Zwang und Dienst und damit zwischen Zauberritual und Kultus nicht streng durchgehalten, wohl auch deshalb nicht, weil – wie er zu Recht bemerkt – sie historisch »fast nirgends restlos durchführbar« ist. Dies führt ihn allerdings mitunter dazu, die magische Vermittlung zwischen Heiligem und Profanem mit der religiösen, insbesondere der sakramentalen Vermittlung zwischen Heiligem und Profanem zu identifizieren, eine Identifikation, die nicht ohne Folgen für den Entzauberungsbegriff geblieben ist. Dennoch liegt Webers Argumentation bei den ›heiligen Handlungen‹ auf der Linie der Unterscheidung von Zauberritual und Kultus. Wie er zusammenfassend formuliert: »Man kann diejenigen Formen der Beziehung zu den übersinnlichen Gewalten, die sich als Bitte, Opfer, Verehrung äußern, als ›Religion‹ und ›Kultus‹ von der ›Zauberei‹ als dem magischen Zwange scheiden und dementsprechend als ›Götter‹ diejenigen Wesen bezeichnen, welche religiös verehrt

---

54 Vgl. dazu die Ausführungen über heiliges Wissen, Predigt und Seelsorge, WuG, S. 279 ff.

und gebeten, als ›Dämonen‹ diejenigen, welche magisch gezwungen und gebannt werden.«[55]

Diese Bemerkung leitet zur dritten Unterscheidung über: zu der zwischen Zauberer und Priester und, in ihrem Gefolge, zwischen Priester und Prophet. Zunächst: Die Priesterrolle ist für Weber kultgebunden. Dies heißt nicht, daß ein priesterloser Kultus nicht möglich ist. Der Kultus kann durchaus, wie etwa auch in bestimmten Zeiten Altisraels, von Laien, etwa vom Hausvater, vollzogen werden. Doch für Webers Priesterdefinition bleibt »die Eingestelltheit eines *gesonderten Personen*kreises auf den *regelmäßigen*, an bestimmte Normen, Orte und Zeiten gebundenen und auf bestimmte *Verbände* bezogenen *Kultusbetrieb*« das Entscheidende.[56] Wie aber nicht jeder Kultus Priesterkultus ist, so ist auch nicht jeder Priester Kultpriester. Vielmehr gilt: In dem Maße, wie sich die religiöse Ethik entwickelt, entfalten ›Theorie‹ und ›Praxis‹ eine Eigengesetzlichkeit. So können sich neben den Kult- und Opferpriestern zum Beispiel Lehrpriester etablieren, ein Phänomen, das für das Verständnis der Entwicklung der altisraelitischen Ethik von grundlegender Bedeutung ist. Und nicht nur dies: Stärker als bei der Magie können sich bei der Religion sowohl ›Handlung‹ und ›heiliges Wissen‹ wie ›amtliche‹ und ›persönliche‹ Berufung differenzieren. Wo dies geschieht, entstehen religiöse Charismatiker, die man, im Blick auf die Religionsgeschichte Altisraels, als Kult- oder als Lehrpropheten bezeichnen kann.[57] Auf der Grundlage dieser Unterscheidungen erhält man jenseits der Magie vier wichtige Typen religiöser Eliten: den Kultpriester und den Kultpropheten, die kraft ›amtlicher‹ bzw. persönlicher Berufung kultische Handlungen vollziehen, und den Lehrpriester und den Lehrpropheten, die kraft ›amtlicher‹ bzw. persönlicher Berufung eine religiöse Heilswahrheit lehren oder verkündigen.[58]

55 Ebd., S. 259.
56 Ebd., S. 260.
57 Vgl. dazu unter anderem Dorothy Emmet, »Prophets and Their Societies«, in: *Journal of the Royal Anthropological Society*, 86 (1956), S. 18 ff.
58 Weber formuliert in WuG, S. 268: »Im Gegensatz zum Propheten spendet der Priester Heilsgüter kraft seines Amtes.« Vgl. ferner das Zitat, das dem Aufsatz als Motto voransteht.

Diese Überlegungen lassen sich sytematisieren und schematisch darstellen. Den Ausgangspunkt bildet Webers Unterscheidung in Magie und Religion. Sie bezieht sich zweifellos auf Stufen der religiösen Entwicklung. Die Religion erweitert, verglichen mit der Magie, den Freiheitsspielraum des Menschen und ermöglicht ein höheres Organisationsniveau des ›heiligen‹ Handlungsbereichs.[59] Geisterglaube–Götterglaube, Tabu–Gesetz, Spruch––Lehre, Zwang–Dienst, dies sind Begriffspaare, mit denen Weber magisch bestimmtes von religiös bestimmtem Handeln scheidet. Doch interessiert er sich nicht allein für Magie und Religion in ihren ›reinen‹ Formen, sondern auch für die Mischungsverhältnisse, die zwischen ihnen bestehen. Spruch, Tabu und Zauberritual einerseits, Gesetz, Lehre und Kultus andererseits sind zwar Komponenten, die eine ›Wahlverwandtschaft‹ aufweisen und die insofern zusammengehören. Doch darf man diese Zusammengehörigkeit sicherlich nicht als unbedingte verstehen. Es liegt also nahe, ›heilige‹ Vorstellungen und ›heilige‹ Praxis, Heilsgehalt und Heilsmittel, als Dimensionen zu behandeln, die unabhängig voneinander sind. Dies ergibt vier mögliche Fälle, die freilich historisch nicht gleich wahrscheinlich sind (siehe Tabelle 1).

Diese elementare Typologie ›heilsbezogener‹ Gemeinschaften läßt sich nun zu einer Typologie magischer und religiöser Eliten erweitern. Dabei gehe ich bei den ›heilsbezogenen‹ Gemeinschaften aus Gründen der Vereinfachung nicht von den Mischungsverhältnissen, sondern von den ›reinen‹ Formen als Kontextbedingungen aus. Innerhalb des magischen und des religiösen Entwicklungsniveaus gibt es nun eine Mehrzahl ›heiliger‹ Rollen. Sie lassen sich danach charakterisieren, welche Funktion ihre Inhaber in erster Linie erfüllen und wie sie dazu legitimiert worden sind. So kann man Rollen, bei denen die kollektiven ›heiligen‹ Praktiken im Vordergrund stehen, von solchen unterscheiden, die sich vor allem den kollektiven ›heiligen‹ Vorstellungen widmen, und Rollen, deren Übernahme

---

59 Dazu grundsätzlich Robert N. Bellah, *Beyond Belief. Essays on Religion in a Post-Traditional World*, New York: Harper and Row 1970, S. 20 ff. Zum Begriff des magischen Weltbildes mit Rücksicht auf Weber vgl. Murray Wax, »Ancient Judaism and the Protestant Ethic«, in: *The American Journal of Sociology*, LXV (1960), S. 449 ff., bes. S. 450 f.

durch ›amtliche‹ Berufung legitimiert ist, von solchen, bei denen die Legitimation auf persönlicher Berufung beruht. Vergleicht man beide Kontextbedingungen miteinander, so steht allerdings zu vermuten, daß die Magie gegenüber der Religion ein geringeres Maß an Rollenspezialisierung aufweist. Dies hängt mit dem Organisationsniveau der Magie zusammen: Es ist, verglichen mit dem der Religion, niedriger (siehe Tabelle 2).

Mit Hilfe dieser Unterscheidungen will ich Webers Analyse der Entwicklung der altisraelitischen religiösen Ethik untersuchen. Insofern er diese Entwicklung unter dem doppelten Gesichtspunkt der Herausbildung einer religiösen Ethik mit religiöser Praxis sowie ihrer Sublimierung zur Gesinnungsethik diskutiert, kann man erwarten, daß diese Analyse mit historischen Ausprägungen dieser verschiedenen heilsbezogenen Gemeinschaften und ›heiligen‹ Eliten operiert. Zu den ›heiligen‹ Eliten kommen darüber hinaus die Laien, einmal als Objekte des Heils, einmal als ›Heilsgestalter‹, da insbesondere Laienintellektuelle neben Priestertum und Prophetie »Träger der Systematisierung und Rationalisierung der religiösen Ethik« sind.[60]

Tabelle 1   Elementare Typologie »heilsbezogener« Gemeinschaften

»Heilige« Vorstellungen / »Heilige« Praxis	Spruch und Tabu	Lehre und Gesetz
Zauberritual	magische »Ethik« mit magischer Praxis	religiöse Ethik mit magischer Praxis
Kultus	magische »Ethik« mit religiöser Praxis	religiöse Ethik mit religiöser Praxis

Bevor ich diese Typologie anwende, sind noch zwei Ergänzungen am Platze. Die eine bezieht sich auf zusätzliche Faktoren der Analyse, die andere auf Affinitäten zwischen religiösen Eli-

60 Max Weber, WuG, S. 268.

ten und Rationalisierungsstrategien. Weber hat in bezug auf die Vermittlung des religiösen ›heiligen Wissens‹ immer wieder die Bedeutung des ›Mediums‹ unterstrichen: Es ist für den Charakter dieses Wissens von erheblicher Bedeutung, ob seine Vermittlung in Wort oder in Schrift erfolgt. So gelten ihm etwa die vorexilischen Propheten als Männer des Worts oder allenfalls der Flugschrift: »Schriftstellernde Propheten kennt erst das Exil.«[61] Daher ihre Qualifikation als an teilweise durchaus kurzfristigen Einflußchancen orientierte religiöse *Demagogen*. Solche Prophetie ist, anders als die Schriftprophetie, trotz ihrer grundsätzlich ethischen Orientierung in hohem Maße emotional gefärbt.[62]

Tabelle 2 Typologie »heiliger« Eliten
nach Entwicklungsniveau, Funktion und Legitimation

Entwicklungsniveau und Funktion / Legitimation	Magie		Religion	
	»heilige« Praktiken	»heilige« Vorstellungen	»heilige« Praktiken	»heilige« Vorstellungen
Spende von Heilsgütern kraft »Amtes«	(Manipulation)	(Manik)	Kultpriester	Lehrpriester
	Zauberer			
Spende von Heilsgütern kraft »persönlicher Offenbarung«	(Ekstase)	(Vision)	Kultprophet	Lehrprophet

61 Max Weber, RS III, S. 282.
62 Vgl. ebd., S. 285 ff. Man muß betonen, daß es sich um religiöse Demagogen handelt, weil Weber auch von politischen Demagogen spricht. Doch politisch sind jene nur insofern, als sie an aktuellen, meist außerpolitischen Krisen ansetzen und ihnen eine religiöse Deutung geben. Sie sind weder realpolitisch noch in der Regel sozialpolitisch interessiert. Vgl. dazu auch Efraim Shmueli, »The ›Pariah-People‹ and its ›Charismatic Leadership‹. A Revaluation of Max Weber's Ancient Judaism«, in: *Pro-*

Weber hat aber darüber hinaus in bezug auf die Vermittlung des ›heiligen Wissens‹ immer wieder auf die Bedeutung der ökonomischen Regelungen verwiesen: Es ist für den Charakter dieses Wissens von erheblicher Bedeutung, ob seine Vermittlung gegen ›Entgelt‹ erfolgt oder nicht. So gilt ihm etwa der vorexilische Prophet vor allem als ein »formell reiner Privatmann«.[63] Daher seine Disposition zur *Unheils*prophetie. Unentgeltliche Prophetie ist, anders als etwa die Königsprophetie, anders aber auch als die Tröstungs- und Heilsweisung der exilischen und nachexilischen Propheten, trotz ihrer grundsätzlichen Orientierung am »(diesseitigen) Glück des Einzelnen« und des Volkes[64] frei von persönlichen, sozialen und politischen Rücksichten. Sie ist nicht zufällig von einem gewaltigen Zorn getragen, von einem Zorn insbesondere gegen die Gewalthaber und die sie stützenden Schichten, von einem Zorn aber auch gegen das ›ganze Israel‹.[65] Weber unterstellt aber auch Affinitäten zwischen den wichtigen religiösen Rollen und der Wissensrationalisierung. Während der Prophet, insbesondere der Lehrprophet, eine Heilswahrheit im Sinne einer Vereinheitlichung der Beziehung des Menschen zur Welt systematisiert, diese also tendenziell gesinnungsethisch wendet, systematisiert der Priester, insbesondere der Lehrpriester, die Heilswahrheit im Sinne dogmatischer Fundierung und kasuistischer Gliederung, gibt ihr also eine tendenziell gesetzesethische Ausdeutung.

Und noch eine weitere Vorüberlegung ist nützlich. Sie hat mit den Konkurrenz- und Spannungsverhältnissen zwischen magischen und religiösen Eliten einerseits, zwischen religiösen Eliten untereinander andererseits zu tun. Wo, wie etwa in Altisrael,

---

ceedings of the American Academy for Jewish Research, Vol. XXXVI (1968), S. 167 ff., bes. S. 228. Shmueli führt diese politische Wendung der Prophetie allerdings auf die Sonderstellung einer monotheistischen Religion »admidst the pagan world« zurück.

63 Max Weber, RS III, S. 285.

64 Vgl. ebd., S. 298. Auf S. 320 formuliert er: »mit dem endgültigen Tempelsturz ist die Unheilsprophetie alsbald *zu Ende* und die Tröstung und Heilsweissagung beginnt.«

65 Obgleich mit durchaus ›plebejischer‹ Orientierung, ist die Prophetie nicht primär Herrschaftskritik im Interesse der sozial Deklassierten, sondern Kritik am ›ganzen‹ existierenden Israel.

die Religion einen zumindest relativen ethischen Monotheismus vertritt, müssen zwischen Religion und Magie scharfe Spannungen herrschen: Der Priester Jahwes kann nicht einfach gewöhnlicher Zauberer, der Prophet Jahwes nicht einfach orgiastischer Ekstatiker sein.[66] Wo aber, wie in Israel, dem Priestertum eine freie Prophetie gegenübertritt, kommt es auch innerhalb der religiösen Eliten zu erheblichen Spannungen. Sie müssen sich besonders zwischen freien Lehrpropheten und Kultpriestern äußern, nicht so sehr zwischen Lehrpropheten und Lehrpriestern, denen das Interesse an der lehrhaften, ethischen Seite der Religion gemeinsam ist. Dies bedeutet natürlich nicht, daß zwischen Priestertum und Prophetentum keine Verbindung, keine Vermittlung bestünde. Dies gilt weder institutionell noch personell.[67] Doch das Aufkommen der Prophetie, insbesondere der freien Prophetie, ist nach Weber allgemein mit einer Schwächung der Priestergewalt verbunden. Wäre etwa in der vorexilischen Zeit »die Stellung der Priester schon die gleiche gewesen wie in Aegypten oder auch nur wie in Babylon oder wie in Jerusalem nach dem Exil, so wäre die freie Prophetie zweifellos, als gefährlichste Konkurrentin, von ihnen erstickt worden.«[68]

Sucht man nach einem geeigneten Ausgangspunkt für die Anwendung der vorgeschlagenen Typologie, so kann man sich zunächst an einer Arbeit von Antonin Causse orientieren. Sie steht unter der Leitfrage: Wie kommt es in Palästina zum Übergang »de cette mentalité primitive, prélogique et grégaire, où la

66 Vgl. dazu etwa RS III, S. 236 f.

67 Vgl. etwa ebd., S. 296. Dies ist in der Sekundärliteratur umstritten. Frei wird mitunter als institutionell und personell ›freischwebend‹ interpretiert und insbesondere in der Polarisierung Priester-Prophet ein gleichsam unsoziologischer Einfluß der Wellhausenschule gesehen. Besonders kritisch in dieser Hinsicht, auf der Grundlage der Ergebnisse der skandinavischen alttestamentlichen Schule, Peter Berger, »Charisma and Religious Innovation: The Social Location of Israelite Prophecy«, in: American Sociological Review, 28 (1963), S. 940 und abwägender, aber mit ähnlicher Tendenz, Efraim Shmueli, »The ›Pariah-People‹ and its ›Charismatic Leadership‹«. Vgl. ferner Herbert B. Huffmon, »The Origins of Prophecy«, in: F. Cross, W. Lemke und P. Miller (eds.), Magnalia Dei: The Mighty Acts of God, New York: Doubleday 1976, S. 171 ff.

68 Max Weber, RS III, S. 296.

religion est encore mal dégagée de la magie, à des conceptions éthiques, rationelles et individualistes plus évoluées?«[69] Diese Leitfrage ist deshalb interessant, weil sie zwar auf Weber zuführt, sich bei Causse aber zugleich mit einer Abgrenzung von ihm verbindet. Denn für Causse hat Weber, weitgehend auf der Well-hausenschule fußend, zwar vieles an der Entwicklung Altisraels richtig gesehen, doch bleibt in seiner Sicht sein Ansatz in zwei Hinsichten korrekturbedürftig: Er hat die primitive Mentalität und die mit ihr verknüpfte soziale Organisation des vorstaatli-chen Israel nicht genügend herausgearbeitet, und er hat mit der Pariathese eine Entwicklungsphase des Mittelalters in das Alter-tum hineinprojiziert.[70] Der zweite Vorwurf steht hier zunächst nicht zur Debatte. Der erste Vorwurf dient mir als Ausgangs-punkt. Denn anders als Causse hat Weber mit voller Absicht im Falle Israels den Rückgang auf die Konstruktion einer primiti-ven Mentalität und einer ihr entsprechenden sozialen Organisa-tionsform vermieden. Zwar begann das vorstaatliche Altisrael sein geschichtliches Dasein in Webers Sicht als eine bäuerliche Eidgenossenschaft, »aber (ähnlich etwa der Schweiz) inmitten einer Umwelt mit längst entwickelter Schriftkultur, Städteorga-nisation, See- und Karawanenhandel, Beamtenstaaten, Priester-wissen, astronomischen Beobachtungen und kosmologischen Spekulationen«,[71] und dies heißt auch: nicht unbeeinflußt da-von. Mehr noch: Palästina, in dem der Bauernbund Fuß faßt, ist ein altes Durchgangsland für den Fernhandel, für den Handel »zwischen Aegypten, den Orontes- und Euphratgebieten, dem Roten und dem Mittelmeer«.[72] Obgleich primär eine bäuerliche Eidgenossenschaft, steht Altisrael durchaus schon in vorstaat-licher Zeit kulturell und sozial auf einem Entwicklungsniveau ähnlich dem der benachbarten Zivilisationen. Es ist zudem von ›Beginn‹ an kein rein magisch-agnatischer, sondern immer

---

69 Vgl. Antonin Causse, *Du groupe ethnique à la communauté religieuse. Le problème sociologique de la religion d'Israel*, Paris 1937, S. 9. Zur Bedeutung von Causse und zu seiner Beziehung zu Weber vgl. S. T. Kimbrough, »A Non-Weberian Sociological Approach to Israelite Reli-gion«, in: *Journal of Near Eastern Studies*, 31 (1972), S. 195 ff.

70 Vgl. Antonin Causse, *Du groupe ethnique*, S. 9.

71 Max Weber, RS III, S. 3, Fn.

72 Ebd., S. 26.

schon ein religiös-politischer Verband. Dieser erscheint freilich zunächst in der Gestalt regulierter Anarchie und charismatischer Führung.[73] Folgt man einer vielbeachteten Einteilung von Robert Bellah, so könnte man die vorstaatliche Religion Altisraels nach dem Auszug aus dem ägyptischen ›Diensthaus‹ als archaisch-historisch charakterisieren. In dem Maße aber, wie der Verband sich verstaatlicht, wird sie zu einer historischen Religion kat exochen.[74]

3. Die religiöse Ausgangskonstellation

Weber wählt als Ausgangspunkt seiner Analyse der altisraelitischen Religionsgeschichte also nicht die Konstruktion einer primitiven Mentalität und einer ihr entsprechenden sozialen Organisationsform. Er warnt ausdrücklich davor, sich Palästina »als ein zu irgendeiner historischen Zeit von eigenen Bildungsschichten entblößtes Gebiet vorzustellen, in welchem nur barbarische Magie und ganz primitive religiöse Vorstellungen geherrscht hätten.«[75] Gewiß: Auch in Palästina lassen sich zweifellos die »überall auf der Erde sehr ähnlichen Stufen der Magie« nachweisen.[76] Und die Kulturbedeutung des magischen Weltverhältnisses wirkt bis in die vorexilische Zeit hinein und darüber hinaus. Doch darf diese Tatsache in Webers Sicht einen wichtigen Sachverhalt nicht verdecken: daß Palästina nicht nur von Großreichen umgeben und beeinflußt ist, sondern daß es

73 Vgl. dazu, im Anschluß an Sigrist und Weber, Christa Schäfer in *Max Webers Studie über das antike Judentum*, S. 78 ff. Ferner Hayim Tadmor, »›The People‹ and the Kingship in Ancient Israel. The Role of Political Institutions in the Biblical Period«, in: *Journal of World History*, 11 (1968), S. 46 ff.

74 Vgl. dazu Robert Bellah, *Beyond Belief. Essays on Religion in a Post-Traditional World*, New York: Harper and Row 1970, S. 20 ff. Ferner Talcott Parsons, *Societies. Evolutionary and Comparative Perspectives*, Englewood Cliffs, N.J.: Prentice Hall, S. 95 ff. sowie Victor Lidz and Talcott Parsons (eds.), *Readings on Premodern Societies*, Englewood Cliffs, N.J.: Prentice Hall 1972, bes. Part 3, 4 und 5.

75 Max Weber, RS III, S. 219.

76 Max Weber, WuG, S. 261.

schon früh ihnen gegenüber eine »große *Selbständigkeit*« seiner intellektuellen Kultur besitzt.[77] Diese intellektuelle Selbständigkeit existiert, obgleich Palästinas politische Selbständigkeit ständig bedroht ist. Denn es stellt eines der bevorzugten Beuteobjekte dieser Nachbarländer, vor allem der vorderasiatischen und iranischen Großreiche, dar. Diese betreiben eine Expansionspolitik mit »furchtbarer Kriegsführung«. Und dies hat – so Weber – gerade bei der Bevölkerung Altisraels je länger je mehr eine »wahnsinnige Angst vor diesen erbarmungslosen Eroberern« erzeugt.[78] Das Lebensgefühl dieser Bevölkerung ist denn auch mitbestimmt von einer Folge traumatischer kollektiver Erlebnisse, vor allem vom Erlebnis der ägyptischen Knechtschaft, vom Untergang des Nordreichs und vom babylonisch-persischen Exil. Nur zwischen dem 13. und 10. Jahrhundert v. Chr. konnte sich Palästina weitgehend unabhängig vom politischen Willen fremder Großmächte entwickeln, sah sich Altisrael Nachbarn gegenüber, die ihm nicht von vornherein militärisch eindeutig überlegen gewesen sind. Weber nennt diese Periode eine Zwischenzeit, mit der sich die größte äußere und innere Machtentfaltung Altisraels verbindet. Sie bringt die »militärische Höhe des israelitischen Bundes, des Reichs Davids und dann der Königreiche Israel und Juda«.[79] Freilich: Selbst diese Periode äußerer Konsolidierung bleibt für die Bevölkerung Altisraels nicht ohne politische Schrecken. Denn in diese Zeit fällt die Entstehung des Fronstaates, der nicht nur den alten Bund endgültig vernichtet, sondern auch der Erinnerung an das ägyptische Diensthaus neue Nahrung gibt. Es ist deshalb vor allem die Erfahrung der *politischen* Not, an der die Deutungs- und Erlösungsbedürfnisse der altisraelitischen Eliten und Massen ansetzen. Es ist das angstvolle Erstaunen über den *politischen* Gang der Welt, das zu immer neuen Sinnkonstruktionen gerade im religiösen Bereich proviziert.[80] Daß die Erfahrung von der Irrationalität der Welt, die für Weber ja die treibende Kraft *aller* Religionsentwicklung darstellt, im Falle Altisraels

77 Max Weber, RS III, S. 219.
78 Ebd., S. 281.
79 Ebd., S. 9.
80 Vgl. ebd., S. 220 f. Weber verbindet mit diesen Überlegungen eine ›allgemeine‹ Theorie religiöser Innovationen.

vor allem die Erfahrung von der *politischen* Irrationalität der Welt ist, verweist auf den engen Zusammenhang, der hier insbesondere zwischen Politik und Religion waltet.[81] Und dieser Zusammenhang steht nicht nur im Mittelpunkt der Sinnkonstruktionen der altisraelitischen religiösen Eliten, sondern auch von Webers Rekonstruktion der Religionsentwicklung Altisraels.[82] Dieser Rekonstruktion kann man deshalb diesen Leitgedanken zugrunde legen: Altisrael gewinnt eine große intellektuelle Selbständigkeit gegenüber den Nachbarländern, es nimmt ihnen gegenüber eine eigenständige kulturelle Entwicklung, *weil* seine politische Selbständigkeit ständig auf dem Spiele steht.

Diese große intellektuelle Selbständigkeit läßt sich zunächst an der Gotteskonzeption ablesen. Diese kreist um die Idee eines »überweltlichen, persönlichen, zürnenden, vergebenden, liebenden, fordernden, strafenden« Schöpfergottes,[83] die zur Idee eines »persönlichen ethischen Welterlösergottes« gesteigert,[84] um die Idee eines Gottes der politisch-militärischen Geschichte, die zur Idee eines Weltgottes, eines Gottes der Weltgeschichte, sublimiert wird.[85] Dieser Gott ist ursprünglich vor allem ein Gott von kriegserprobten Bauern und Hirten, dann von entmilitarisierten und vorwiegend stadtsässigen Plebejern, von Schichten also, die »nicht am Besitz der *politischen* Macht partizipierten und nicht Träger des Militär- und Fronstaats der Könige und der sozialen Machtstellung des Patriziats« gewesen sind.[86] Diese Gotteskonzeption ist von den religiösen, aber auch von den politischen Bedürfnissen dieser Schichten mit beeinflußt. Dies heißt freilich nicht, daß sie eine bloße »›Ideologie‹ oder eine ›Widerspiegelung‹« ihrer materiellen und ideellen Interessen sei. Wie alle religiösen Sinnkonstruktionen, so speist sich auch diese aus »re-

---

81 Vgl. dazu die Formulierung in Max Weber, PS, S. 542.
82 Insofern kann man sagen, daß Weber in dieser Studie eher der Perspektive einer politischen als der einer ökonomischen Geschichtsinterpretation folgt. Zum Begriff der Geschichtsinterpretation und zu seiner Eingrenzung vgl. Max Weber, WL, S. 163 ff.
83 Max Weber, RS I, S. 257 f.
84 Ebd., S. 306.
85 Vgl. Max Weber, RS III, S. 239 f., S. 386 f.
86 Ebd., S. 238 f.

ligiösen Quellen«.[87] Und diese fließen wiederum nicht unabhängig vom Charakter und vom Grad der Selbständigkeit einer intellektuellen Kultur. Was Weber für seinen religionssoziologischen Ansatz ganz allgemein sagt, läßt sich auch für seine Studie über das antike Judentum sagen: daß man die Eigenart einer Religiosität nur dort erfaßt, wo man sich jedes Reduktionismus enthält. Denn weder ist die religiöse Lebensordnung eine einfache Funktion etwa der ökonomischen oder der politischen Lebensordnung, noch sind Ideen und Weltbilder eine einfache Funktion von Interessenlagen, seien diese materieller oder ideeller Natur.[88]

Was läßt sich nun über die Entwicklungsbedingungen dieser besonderen Gotteskonzeption sagen, was über ihren typologischen Ort? Will man diese Fragen beantworten, so sollte man sich nicht allein auf die Studie über das antike Judentum stützen, sondern den Blick auch auf die Studie über Konfuzianismus und Taoismus richten. Denn dort hat Weber die allgemeinen Entwicklungsbedingungen der Vorstellung von Gott als einem Himmelskönig beschrieben und zugleich die vorder- und ostasiatische Gottesvorstellung miteinander konfrontiert.[89] Diese Ausweitung macht es möglich, die allgemeinen von den speziellen Entwicklungsbedingungen dieser Gotteskonzeption zu unterscheiden und ihren typologischen Ort in einem doppelten Vergleich zu bestimmen: in einem Vergleich zwischen Jahwe und dem Tao einerseits, in einem Vergleich zwischen Jahwe und Baal andererseits.

Der altisraelitischen Gotteskonzeption liegt die Idee eines Him-

---

87 Dazu Max Weber, RS I, S. 240 f. Diese Überlegungen sind bekanntlich gegen den »sog. historischen Materialismus« und gegen Nietzsche gerichtet. Sie bauen auf einer ›Mehr-Welten-Theorie‹ auf. Webers Feststellung, er sei nicht an den Dogmen und Lehren, sondern an den psychologischen und pragmatischen Konsequenzen der Religionen interessiert, darf jedenfalls nicht als Aufforderung mißverstanden werden, den Unterschied von Ideen und Interessen, von Wert, Sinn und Gut zu negieren.

88 Entscheidend für den Weberschen Ansatz ist, daß er neben materiellen auch ideelle Interessen kennt und daß er *beide* den Ideen und den aus Ideen aufgebauten Weltbildern gegenüberstellt.

89 Vgl. dazu Max Weber, RS I, S. 298 ff.

melskönigs zugrunde. Diese aber ist keineswegs auf Altisrael beschränkt. In ihr scheinen sich zwei Vorstellungsreihen zu verbinden, die mit Regen und Bewässerung zusammenhängen. Regen und Bewässerung aber sind ein Problem vor allem jener Völker, die aus der Wüste kommen oder die gegen die Wüste dauerhaft zu kämpfen gezwungen sind. Nun kennt schon der primitive Geisterglaube nicht nur gute, weil nützliche, und schlechte, weil schädliche Geister, sondern auch Erd- und Himmelsgeister. Wo Regen und Bewässerung ein besonderes Problem darstellen, liegt es deshalb nahe, den Primat der Himmelsgeister, später Himmelsgötter zu postulieren, zu glauben, »daß die Götter der Berge und Wasserbäche die Welt regieren, weil von den Bergen der Regen kommt«.[90] Vor allem Ägypten und Mesopotamien, aber auch das südliche China waren ökonomisch von der Regelung des Wasserproblems in großem Maßstab abhängig. Hier existierten deshalb objektive Bedingungen, die die Ausarbeitung der Idee des Himmelsgottes begünstigten. Mehr noch: Wo dieses Problem wie hier durch einen allmächtigen König und durch eine Verwaltung mittels Stromuferregulierung und Kanalbauten ›gelöst‹ wurde, konnte dieser als Modell für diese Ausarbeitung dienen. Denn er schien ja derjenige zu sein, der »direkt die Ernte« schuf.[91] Tatsächlich liegt Webers Analyse diese kausale Zurechnung zugrunde. Und so vermerkt er lapidar: »Der Gott Vorderasiens war nach dem Modell des irdischen Königs geformt.«[92]

Die Idee des Himmelskönigs lebt also nicht nur in Vorderasien, sondern auch in China. Ursprünglich war deshalb in Webers Sicht der Gegensatz zwischen der vorder- und ostasiatischen Gotteskonzeption keineswegs in »starker Schroffheit« ausgeprägt.[93] Allerdings: Trotz dieser ähnlichen Ausgangslage ist es im Laufe der Enwicklung zu diesem schroffen Gegensatz gekommen. Und dies hat unter anderem mit den unterschiedlichen politisch-militärischen Rahmenbedingungen in beiden Kulturkreisen zu tun. Altisrael blieb immer ein ›Kleinstaat‹ inmitten feindlicher ›Weltreiche‹: Es war politisch, aber auch ökonomisch letztlich gefährdete Peripherie. Altchina dagegen

90 Ebd., S. 306. 91 Ebd., S. 299.
92 Ebd., S. 298, vgl. auch Max Weber, WuG, S. 273 f.
93 Max Weber, RS I, S. 299.

entwickelte sich trotz aller äußeren und vor allem inneren Konflikte zunehmend zu einem befriedeten Weltreich, zu einem weitgehend pazifizierten politischen und ökonomischen Zentrum, für das nicht, wie für Altisrael, Unruhe und Unordnung, sondern Ruhe und Ordnung der bestimmende Grundzug blieb. Deshalb wurde hier auch der Himmelsgott nicht zum überweltlichen Kriegsgott, sondern zur übergöttlichen himmlischen Ordnung, zur »unpersönlichen Himmelsmacht« verarbeitet.[94] Wie Weber in bezeichnender Weise formuliert: »Der ›Himmel‹ konnte daher hier nicht die Form eines in Krieg, Sieg, Niederlage, Exil und Heimatshoffnung verehrten, in der Irrationalität der außenpolitischen Schicksale des Volks sich offenbarenden Heldengottes annehmen. Dafür waren, wenn man von der Zeit der Mongolenstürme absieht, seit der Errichtung der großen Mauer diese Schicksale im Prinzip nicht mehr wichtig und nicht irrational genug, standen gerade in den Zeiten der ruhigen Entwicklung der religiösen Spekulation nicht greifbar genug, als drohende oder als überstandene Fügungen, als beherrschende Probleme der ganzen Existenz, jederzeit vor Augen, waren vor allem nicht eine Angelegenheit der Volks*genossen*.«[95]
Es sind also in Webers Sicht unter anderem die unterschiedlichen politisch-militärischen, aber auch die ökonomischen Rahmenbedingungen, die daran mitwirken, daß sich aus der Idee des Himmelskönigs in China die Idee einer unpersönlichen, in Israel aber die einer persönlichen Himmelsmacht entwickelt, daß in China die Beziehung dieser Himmelsmacht zur Welt harmonisch, in Israel aber konflikthaft vorgestellt wird. Diese Rahmenbedingungen schaffen existentielle Problemlagen, die mit Hilfe überlieferter Vorstellungen religiös gedeutet werden. Doch sind die religiösen Antworten offensichtlich weder durch die Problemlagen noch durch die überlieferten Vorstellungen determiniert. Problemlagen und überlieferte Vorstellungen müssen mittels Rezeptions- und Konstruktionsleistungen aufeinander bezogen werden. Und diese sind abhängig vom Charakter und vom Grad der Selbständigkeit der intellektuellen Kultur. Gerade in seiner Studie über das antike Judentum hat

94 Ebd., S. 307.
95 Ebd., S. 304f.

Weber auf die Bedeutung solcher Rezeptions- und Konstruktionsleistungen verwiesen. Denn die altisraelitische Religion arbeitet zunächst mit Vorstellungen, die von denen, die in den Nachbarländern vorherrschen, keineswegs grundsätzlich verschieden sind. Gewiß: Jahwe ist schon ursprünglich kein einfacher Funktions- und Lokalgott, sondern ein »›Gott aus der Ferne‹«, kein den Israeliten »altvertrauter Orts- oder Stammesgott, sondern eine fremde und geheimnisvolle Gestalt«.[96] Gewiß: der Jahwekult ist schon ursprünglich bildlos, das Objekt der Verehrung also unsichtbar und damit umgeben von einem besonderen Fluidum der Heiligkeit. Aber Berg- und Himmelsgötter hat es auch in den Nachbarländern gegeben, und Bildlosigkeit ist – so Weber – auch bei manchen frühhellenischen und altkretischen Kulturen nachweisbar.[97] Selbst die Konstruktion einer jahwistischen Kosmogonie, die Vorstellung, das, was auf Erden geschieht, sei ausschließlich das Werk Jahwes, ist in dieser Form allgemein verbreitet. Denn »in fast allen Kosmogonien schafft ein Gott die Welt und an die anderen wird nicht gedacht«.[98] Mehr noch: Ähnlich den meisten ›archaischen‹ Göttern, figuriert Jahwe zunächst einmal als ein ›Naturgott‹, genauer: als ein Sturm- und Naturkatastrophengott mit stark anthropomorphen Zügen.[99] Er besitzt weniger religiös-ethische als vielmehr magische Qualitäten, wird geschätzt vor allem als »akute dämonisch-übermenschliche Kraft«,[100] und sein Handeln ist keineswegs geprägt durch Weisheit und Güte, sondern durch Willkür, Leidenschaft und Zorn.[101]

Worin aber besteht das Besondere der ›ursprünglichen‹ altisraelitischen Rezeptions- und Konstruktionsleistung, und wer hat sie vollbracht? Die entscheidende Rezeptionsleistung sieht Weber darin, daß Jahwe, der als ein auf den Bergen residierender Gott der Stürme und der Naturkatastrophen ein fremder und zugleich ›fertiger‹ Gott ist, von Altisrael *gewählt* wurde, die

96 Max Weber, RS III, S. 133.
97 Vgl. ebd., S. 168. Dies gilt offensichtlich auch für die frühen iranischen Kulte.
98 Ebd., S. 241.
99 Ebd., S. 138.
100 Ebd.
101 Ebd., S. 139.

entscheidende Konstruktionsleistung aber darin, daß diese Wahl als eine *wechselseitige* vorgestellt wurde, die deshalb einen Bund konstituiert. Beide Elemente dieser Konstruktion, die Gottesvorstellung sowohl wie die Bundesvorstellung, sind für sich genommen nichts Neues. Neu ist ihre spezifische Kombination. Die Tatsache freilich, daß Jahwe als »Gegenpartei« erscheint,[102] daß er nicht nur frei gewählt wird, sondern daß auch er frei gewählt hat, daß der Bund nicht vor, sondern mit ihm geschlossen wird, macht beide Parteien noch nicht zu gleichen. Jahwe gibt die für den Bund konstitutive Satzung. Und nicht Altisrael, sondern er ändert sie und überwacht ihre Einhaltung.[103] Allerdings: Der Bund basiert nicht nur auf einer positiven göttlichen Satzung mit im Vergleich zu den Nachbarländern übrigens zunächst keineswegs besonders anspruchsvollen rituell-kultischen und rechtlich-ethischen Vorschriften, sondern auch auf wechselseitigen Versprechungen: daß Altisrael den Bund halten wird und daß der Gott ihm dafür nach der Befreiung aus ägyptischer Knechtschaft die Herrschaft über Kanaan schenkt.[104] Damit aber kann trotz der asymmetrischen Beziehung zwischen den ›Vertragsparteien‹ die Bundesvorstellung zu einem entscheidenden Vehikel für ein ethisches Verständnis des religiösen Handelns werden. Denn dadurch gilt, in Anwendung von Durkheims Unterscheidung in technische und moralische Regeln, die ›heilige‹ Handlung nicht mehr als mechanisch, son-

102 Ebd., S. 126.
103 Ebd., S. 142. Weber formuliert: »Das Recht war nicht ein ewiges Tao oder Dharma, sondern eine positive göttliche Satzung, über deren Innehaltung Jahwe eiferte.« Und weiter: »Die Verfügungen des Gottes stehen in seiner Hand und sind an sich wandelbar.« Jahwe ist eben zunächst ganz nach dem Modell des irdischen Königs gebaut. Immerhin: Es ist von Beginn an nicht nur ritueller, sondern ethischer Frevel, der seinen Zorn erregt. Vgl. ebd., S. 147.
104 Ebd., S. 136. Weber sieht darin einen ungebrochenen primitiven Naturalismus wirksam, wie er überhaupt wesentliche Züge des ›ursprünglichen‹ Jahwe und seiner Verehrung mit den primitiven materiellen und sozialen Kulturverhältnissen in Altisrael zusammenbringt. Diese Feststellungen dürfen freilich nicht dazu verführen, auf die Linie von Causse einzuschwenken. Dies läßt sich aber nur vermeiden, wenn man einer analytisch sauberen Bestimmung von Entwicklungsniveaus folgt.

dern als willentlich mit ihrer Folge verknüpft.[105] Gott setzt im Bundesschluß ausdrücklich anerkannte Gebote, an denen Israels freie Handlungen gemessen werden. Wo diese den Geboten entsprechen, werden sie von diesem Gott mit positiven, wo nicht, mit negativen *Sanktionen* versehen. Die Idee des Gehorsams gegenüber der mit dem Bundesschluß anerkannten positiven göttlichen Satzung *und* die Idee des Abfalls von ihr können ins Zentrum der Weltbildkonstruktion treten. Die Bundesvorstellung wird so zu einem entscheidenden entwicklungsdynamischen Faktor für die »ethischen Konzeptionen der Priesterlehre und Prophetie«.[106]

Weber sieht also in der Tatsache, daß in Altisrael ein fremder und bereits ›fertiger‹ Gott als Gott eines Personalverbandes gewählt wird und daß dadurch ein »eidgenössischer Bundesgott« entsteht,[107] eine für die weitere Enwicklung zentrale Weichenstellung. Denn diese Rezeption und Konstruktion überlieferter Vorstellungen hebt Jahwe von vornherein über die verbreiteten partikularistischen Funktions- und Lokalgötter mit ihrem magischen Charisma hinaus. Gewiß: Auch der so rezipierte und konstruierte Jahwe bleibt noch partikularistisch, und er wird dadurch auch noch nicht zu einem Gott, der »eine ewig gültige Ethik« vertritt.[108] Auch macht ihn dies noch nicht zum Alleinherrscher. Der universalistische ethische Monotheismus ist vielmehr spätes Entwicklungsprodukt. Doch diese ›ursprüngliche‹ Gotteskonzeption gibt dem altisraelitischen Bundesrecht, wie es uns im zweiten und fünften Buch Mose, im Exodus und im Deuteronomium, überkommen ist, die entscheidende Prägung. Dieses Recht, das zunächst den seßhaften Ackerbauern, dann das Verhältnis eines stadtsässigen Patriziats zu den bewucherten

---

105 Vgl. dazu Emile Durkheim, *Soziologie und Philosophie*, Frankfurt 1967, S. 92 ff. Durkheim sucht hier bekanntlich zwei Regelarten zu unterscheiden, die historisch immer gelten: Regeln der Natur und Regeln der Gesellschaft. Doch ist zugleich für das magische Denken charakteristisch, daß es Regeln der Gesellschaft mit Regeln der Natur identifiziert. Dieser Vermengung wird durch den Bundesgedanken entgegengewirkt.

106 Max Weber, RS III, S. 129.

107 Ebd., S. 218.

108 Ebd., S. 147.

Bauern zum Gegenstand hat,[109] ist von vornherein nicht mehr nur rituell, sondern auch ethisch orientiert. Zwar besteht es noch aus »ganz positive(n) Verpflichtungen, über deren absoluten ethischen Wert man zunächst nicht grübelte und nicht zu grübeln hatte«,[110] bleibt also, klassifikatorisch gesprochen, auf dem Niveau einer Gesetzesethik, der der Prinzipiencharakter fehlt.[111] Doch hat es die Ausgangslage für drei miteinander kombinierte Entwicklungsreihen geschaffen: für die Spiritualisierung der Gotteskonzeption, für die Rationalisierung der religiösen Ethik und für die Theologisierung des Rechts.[112] Doch ist damit nur die eine wichtige Rezeptions- und Konstruktionsleistung beschrieben. Ihr steht eine zweite zur Seite, die sich nicht auf die ›heiligen‹ Vorstellungen, sondern auf die ›heiligen‹ Praktiken bezieht. Beide unterhalten zwar eine innere Beziehung zueinander, doch lassen sie sich nicht deshalb auseinander deduzieren. Denn die Art der Gotteskonzeption weist zwar der Art der Gottesverehrung und der Gottesbefragung die Richtung, aber sie determiniert diese nicht. Was nun für die ›heiligen‹ Vorstellungen gesagt wurde, gilt auch für die ›heilige‹ Praxis: daß nicht so sehr die Erfindung neuer, als vielmehr die selektive und konstruktive Nutzung überkommener Praktiken für die ›ursprüngliche‹ Konstellation das Entscheidende ist. Tatsächlich sind nach Weber sowohl bei der Verehrung Jahwes wie vor allem bei seiner Befragung die meisten der unter archaischen Bedingungen verbreiteten Mittel vorgekommen. Doch haben wegen der Gotteskonzeption bestimmte Mittel besondere Chancen, ausgelesen zu werden: bei der Verehrung Jahwes das Gabeopfer, später das Sühne- als Sündenopfer, um bittende Anrufung und schuldhafte Verstrickung auszudrücken;[113] bei der Befragung die »Verkündigung durch Jahwe an einen in seiner Vollmacht redenden wahren Seher und Propheten« sowie

---

109 So interpretiert Weber den sozialökonomischen Hintergrund der beiden Rechtssammlungen. Zentral für ihn ist dabei die Unterscheidung Land-Stadt. Vgl. ebd., S. 66 ff.

110 Ebd., S. 147.

111 Dazu Wolfgang Schluchter, *Die Entwicklung des okzidentalen Rationalismus*, S. 59 ff., bes. S. 70. Ferner *Religion und Lebensführung*, Kap. 3, 3 b.

112 Vgl. dazu Max Weber, RS III, S. 81, S. 139, S. 170, S. 259.

113 Ebd., S. 177.

»das Losorakel der berufsmäßigen Orakelpriester mit Hilfe der Orakeltafeln«, um den Willen Gottes zu erforschen und festzustellen, welches seiner Gebote übertreten worden ist.[114] Daran aber wird zweierlei deutlich: Die Beziehung Jahwes zu seinem Volk und zum einzelnen ist keine Zwangsbeziehung, sondern eine freiwillige Unterwerfungsbeziehung, und diese Beziehung ist vor allem ›wissensbestimmt‹. Der Bundesgedanke favorisiert nicht nur die ethische Orientierung, er drängt auch die Gottesbefragung »in die Bahn einer mindestens relativ *rationalen* Fragestellung und rationaler Mittel ihrer Beantwortung«.[115] Zwar können weder die gesandten Charismatiker noch die Orakelpriester als besonders rational gelten. Doch sind sie es gegenüber Traumvisionären einerseits, gegenüber »Wahrsager(n), Vogelschauer(n), Tagewähler(n), Zeichendeuter(n), Totenbeschwörer(n)« andererseits zumindest relativ.[116]

Diese beiden zentralen Rezeptions- und Konstruktionsleistungen, der Bundesgott sowie das Losorakel und der Sendungscharismatismus, hängen natürlich auch mit der Sozialverfassung Altisraels und mit seinen ›heiligen‹ Eliten zusammen: mit der Tatsache, daß diese Sozialverfassung »zum sehr wesentlichen Teil auf einer durch Kontrakt regulierten Dauerbeziehung grundbesitzender Kriegersippen mit *Gaststämmen*« ruhte[117] und daß der dadurch vorgeprägte Bundesgedanke mit dem fremden Gott durch Priester vermittelt war.[118] Dieser Priesterschaft, ›organisiert‹ im ordensartigen Kultverband der Rechabiten, bescheinigt Weber angesichts der labilen Bundesorganisation ohne permanente politische Organe besonders im Frieden eine starke Stellung. Denn nur der Krieg zwang sozusagen dem Bund neben der kultischen die politisch-militärische ›Einheit‹

---

114 Ebd., S. 178. Weber erwähnt außerdem die Traumvision, die aber unter »zunehmenden Vorbehalten« stand.

115 Ebd., S. 179.

116 Ebd. Weber bemerkt freilich, daß das Losorakel gewiß nicht rationaler gewesen sei »als die babylonische Leberschau: nur freilich gab es keinen Anknüpfungspunkt für kosmische Spekulationen wie diese«. Ebd., S. 180.

117 Ebd., S. 87.

118 Vgl. RS I, S. 301. Der Akzent liegt hier auf Priester im Gegensatz zu Zauberer und Prophet.

auf. Altisrael ist in Webers Augen deshalb vor allem ein Kult-
und Kriegsbund und hat als solcher den Charakter von »Glau-
benskämpferorganisationen«.[119] Dies ist auch der Grund, weshalb aus dem Gott der Stürme und der Naturkatastrophen sehr
schnell ein Kriegsgott, ein Gott der politisch-militärischen Geschichte, wird. Dies führt aber auch dazu, daß bei den sozialen
Strukturformen der religiöse Verbandstyp zunächst Selektions-
vorteile gegenüber dem politischen hat.[120] Damit ist zugleich die
Ausgangslage für eine vierte Entwicklungsreihe angedeutet: für
die Theokratisierung der israelitischen Sozialverfassung.[121]
Weber sieht also vor allem drei Komponenten, die im Altisrael
der vorstaatlichen Zeit die Ausgangslage für die israelitisch-
jüdisch-christliche Religionsentwicklung bestimmen: die relative Personalisierung, Ethisierung und Universalisierung der
Himmelsmacht, die ethische Wendung des Opferbegriffs und
die Wissensbestimmtheit der Gottesbefragung sowie die Fusion
von politischer und religiöser Lebensordnung bei Vorrang der
letzteren. Die erste Komponente bezieht sich auf die ›herrschenden‹ Gedanken, die zweite auf die ›herrschende‹ Praxis
innerhalb der religiösen Lebensordnung, die dritte aber auf den
Differenzierungsmodus, der zwischen religiöser und politischer
Lebensordnung besteht. Da Weber in der Studie über das antike
Judentum vor allem an der Religionsgeschichte im engeren Sinne interessiert ist, stehen über weite Passagen die beiden ersten
Komponenten im Mittelpunkt der Analyse. Doch darf man
darüber die dritte Komponente nicht übersehen. Erst dadurch

119 Max Weber, RS III, S. 105.
120 Vgl. ebd., S. 88. Weber formuliert in diesem Zusammenhang eine Passage, die für seinen ganzen Ansatz charakteristisch ist: »Der Tatbestand
war dabei nun nicht etwa der: daß die Lebensbedingungen der Bedui-
nen und Halbnomaden eine Ordensgründung aus sich heraus ›erzeugt‹
hätten, etwa als ›ideologische Exponenten‹ ihrer ökonomischen Exi-
stenzbedingungen. Diese Art materialistischer Geschichtskonstruktion
ist hier wie sonst gleich unzutreffend. Vielmehr: *wenn* eine solche
Gründung erfolgte, so hatte sie, unter den Lebensbedingungen dieser
Schichten, die weitaus stärksten *Chancen*, im Auslesekampf die übrigen, labileren, politischen Gebilde zu überdauern. *Ob* sie aber entstand, das hing von ganz konkreten religionshistorischen und oft von
höchstpersönlichen Umständen und Schicksalen ab.«
121 Vgl. ebd., S. 81.

läßt sich die Dynamik innerhalb der religiösen Lebensordnung voll verstehen. Die religionsgeschichtliche Ausgangslage im engeren Sinne aber wurde nach Weber nicht zuletzt von Mose mitgeschaffen. Darin, nicht in der ›Erfindung‹ des Dekalogs, ist in seinen Augen dessen welthistorische Leistung zu sehen. So formuliert er mit Blick auf dessen religionsgeschichtliche Bedeutung: »Die Rezeption Jahwes als Bundesgott und des levitischen Orakels sind die beiden Leistungen, welche mit gutem Grund auf Mose zurückgeführt werden dürfen. Das ist nicht wenig: aus der Eigenart des Bundesgotts und der Leviten folgte – unter Mitwirkung bestimmter historischer Verkettungen – später alles andere.«[122]

Diese These, daß aus der Eigenart der ›heiligen‹ Vorstellungen und der ›heiligen‹ Praxis des vorstaatlichen Altisrael wenn nicht alles, so doch vieles folgte, gilt es weiter zu verfolgen. Dazu eignet sich zunächst die genauere Bestimmung des typologischen Orts der altisraelitischen Gotteskonzeption. Wie bereits erwähnt, läßt sich dieser mit Hilfe eines doppelten Vergleichs eingrenzen: mit Hilfe eines interkulturellen Vergleichs zwischen Altisrael und Altchina einerseits, mit Hilfe eines intrakulturellen Vergleichs zwischen Altisrael und Kanaan andererseits.

In den vergleichenden religionssoziologischen Skizzen und Versuchen, in denen es Weber darum geht, Gemeinsamkeiten und Differenzen von Kulturreligionen, vornehmlich von Weltreligionen herauszuarbeiten und ihre Konsequenzen für das religiöse und außerreligiöse, insbesondere wirtschaftliche Handeln zu prüfen, spielt bekanntlich die Gotteskonzeption eine zentrale Rolle, vor allem »die folgenschwere Entwicklung zur überweltlichen oder zur immanenten Gotteskonzeption.«[123] Der Unterschied zwischen diesen Gotteskonzeptionen, von denen die erste »die iranische und vorderasiatische und die aus dieser abgeleitete okzidentale, die zweite die indische und chinesische Religiosität« beherrscht,[124] ist in seinen Augen nicht von Anfang an vorhanden. Er wächst vielmehr unter dem Einfluß unterschiedlicher historischer Umstände, äußerer und innerer Interessenlagen insbesondere der herrschenden Schichten und der Rezeptions- und Konstruktionsleistungen ›heiliger‹ Eliten

122 Ebd., S. 257.   123 So Max Weber, RS I, S. 258.
124 Ebd.   125 Ebd.

aus den »überall sehr ähnlichen primitiven animistischen Geister- und heroistischen Götter-Vorstellungen« heraus.[125] Wie bereits der kurze vergleichende Hinweis auf Altisrael und Altchina gezeigt hat, operieren hier beide Gotteskonzeptionen mit der Idee einer Himmelsmacht. Für beide ist charakteristisch, daß die Idee des Himmelsgottes die des Erdgottes, die der chtonischen Geister und Götter und der mit ihnen verbundenen Vorstellungswelten, ›besiegt‹. Mehr noch: Dieser Himmelsgott, diese Himmelsmacht, steht der irdischen Welt mit einem Geltungsanspruch gegenüber, und zwar so, daß die Erfüllung dieses Geltungsanspruchs für das Heil von Bedeutung ist. Zwar variiert das Heilsgut nicht nur mit der Gotteskonzeption, sondern auch mit den diese Gotteskonzeption aktualisierenden Religionen.[126] Und dies heißt auch, daß selbst die Erlösungsidee eine variable Größe ist. Doch wird die Idee dieses Himmelsgottes, dieser Himmelsmacht, zunehmend nicht nur ›sinnlich‹, sondern ›übersinnlich‹, metaphysisch gedeutet. Und daraus entsteht ein wachsendes Potential für Weltablehnung. Erst die religiös-metaphysische Verankerung eines Weltbildes erlaubt es dem stellungnehmenden und darin sinnkonstruierenden Menschen, der existierenden Welt ablehnend gegenüberzutreten, sie als aus sich heraus sinnlos zu interpretieren und ›im Namen Gottes‹ die Forderung zu erheben: »daß das Weltgefüge in seiner Gesamtheit ein irgendwie sinnvoller ›Kosmos‹ sei oder: werden könne und solle.«[127] Darin eben unterscheidet sich die magisch-mythische von der religiös-metaphysischen Phase der Heilsentwicklung: daß es nicht nur Geister und Götter gibt, die hinter den Dingen stehen, sondern daß zwischen der Welt und der ›Hinterwelt‹ nicht mehr nur ein gradueller, sondern ein prinzipieller Unterschied besteht. Dieser prinzipielle Unterschied muß denkend und handelnd überbrückt werden. Und dafür reichen die überkommenen mythischen und magischen

126 Vgl. dazu ebd., S. 252, wo Weber die verschiedensten Erlösungsideen und die mit ihnen verbundenen Heilsgüter aufreiht.
127 Ebd., S. 253. Entscheidend ist, daß der Weltsinn problematisch geworden ist und daß er ›bewußt‹ konstruiert werden muß. Weber nennt dieses Verlangen nach Weltsinn »das Kernprodukt des eigentlich *religiösen Rationalismus*«. Sowohl das Verlangen wie seine ›Befriedigung‹ sind also Entwicklungsprodukt.

Mittel immer weniger aus. Dies gilt ganz unabhängig davon, ob, wie im Falle Altchinas, Harmonie oder, wie im Falle Altisraels, Konflikt zwischen himmlischer und irdischer Ordnung postuliert wird. Denn wo die Idee des Himmelskönigs zur überweltlichen oder zur immanenten Gotteskonzeption, zu Jahwe oder zu Tao fortentwickelt ist, muß die urwüchsige Beziehung zwischen Faktum und Bedeutung zerfallen und mit ihr die »urwüchsige Unbefangenheit der Beziehung« des Menschen zur Außenwelt, aber auch zur Innenwelt.[128]

Es ist dieser Sachverhalt, der die altchinesische mit der altisraelitischen Gotteskonzeption verbindet. Und es ist dieser Sachverhalt, der zugleich die altisraelitische Gotteskonzeption von der unter phönizischen und babylonischen Einflüssen stehenden kanaanäischen Gotteskonzeption trennt. Dies gilt schon äußerlich, denn Baal ist anders als Jahwe und das Tao ein chtonischer Gott, ein Erdgott. Dies gilt aber vor allem innerlich, denn Baal ist anders als Jahwe und das Tao ein Lokal- und Funktionsgott, und er bleibt letztlich Teil einer Vorstellungswelt, in der die Idee des Gotteszwangs vorherrschend ist.[129]

Doch sosehr die altchinesische und die altisraelitische Gotteskonzeption im Vergleich zur kanaanäischen Gemeinsamkeiten aufweisen, so sehr unterscheiden sie sich doch wieder untereinander. Denn in Altchina wird die Idee der Himmelsmacht entpersonalisiert und enthistorisiert, in Altisrael aber personalisiert und historisiert. Daraus ist einmal die ewige und unpersönliche, in diesem Sinne immanente Ordnung, einmal der geschichtliche und persönliche, in diesem Sinne überweltliche Schöpfergott entstanden, ein Gott, der nicht zufällig als ein Gott der Naturkatastrophen und nicht als ein Gott »der ewigen Natur*ordnung*« erscheint.[130] Diese Eigenschaft aber, daß er in den Weltablauf eingreift, ist ihm dauerhaft geblieben. Jahwe ist ein Gott geschichtlichen Handelns, kein Gott einer ewigen Zuständlichkeit. Dies erklärt, weshalb sich mit dieser Gotteskonzeption

128 Ebd., S. 541.   129 Max Weber, RS III, S. 165 ff.
130 Ebd., S. 139. Dies erklärt auch, weshalb in Webers Sicht der Jahwismus
    ursprünglich kein Naturrecht kannte. Die Idee des Naturrechts, die für
    die weitere okzidentale Entwicklung so große Bedeutung erlangte,
    stammt in seinen Augen aus der hellenischen Welt. Jahwe stiftet positi-
    ves Vertragsrecht, das von ihm geändert werden kann. Alle Vorstellun-

nicht nur ein ethisches, sondern auch ein geschichtliches Bewußtsein verbindet. Schon Altisrael zeichnet sich durch ausge-
prägtes Geschichtsbewußtsein aus.[131]

Damit läßt sich der typologische Ort der altisraelitischen Gotteskonzeption auch formal bezeichnen. Wie die Interpretation
gezeigt hat, unterscheidet Weber Gottesvorstellungen unter den
Gesichtspunkten, ob die Geister oder Götter in der Welt oder
über der Welt residieren und ob der Dualismus zwischen irdischer und ›heiliger‹ Ordnung als ein gradueller oder als ein
prinzipieller aufgefaßt wird. Die erste Unterscheidung bezieht
sich auf Möglichkeiten, die im Rahmen des magisch-mythischen wie des religiös-metaphysischen Weltbildes existieren. So
gibt es schon unter magischen Bedingungen Erd- *und* Himmelsgeister bzw. Erd- und Himmelsgötter, so wie diese Vorstellungswelt mit urwüchsigen Dualismen wie nützlich – schäd-
lich, männlich – weiblich, irdisch – himmlisch operiert. Die
zweite Unterscheidung dagegen bezieht sich auf Stufen der
Heilsentwicklung. Sie hat letztlich mit fundamentalen Weltbild-
differenzen zu tun (siehe Tabelle 3).

Tabelle 3   Typologie von Gottesvorstellungen[132]

Weltbild Sitz der »Götter«	magisch- mythisch	religiös- metaphysisch
immanent	Baal	Tao
transzendent	–	Jahwe

gen über ewige Ordnungen sind für Weber Produkte priesterlicher
Redaktion.

131 Vgl. dazu besonders den Beitrag von Abraham Malamat in *Max Webers
Studie über das antike Judentum*, S. 110 ff. Zu dem damit verbundenen
Zeitbewußtsein, das sich von dem des magischen Weltbildes unter-
scheidet, vgl. Murray Wax, »Ancient Judaism and the Protestant
Ethic«, S. 452 ff.

132 Siehe S. 170.

Jahwe läßt sich also typologisch sowohl vom Tao wie vor allem aber von Baal als dem wichtigsten unmittelbaren Konkurrenzgott unterscheiden. Jahwe ist nicht wie Baal ein Erdgott, sondern ein Berggott, nicht magischer Funktions- und Lokalgott, sondern wenigstens dem Ansatz nach ein rechtlich-ethischer Gott eines überörtlichen Verbands. Obgleich Baal und Jahwe über lange Phasen friedlich koexistierten, wurden diese verschiedenen Merkmalskombinationen langfristig für ihre feindliche Beziehung bestimmend, zumal die Verschiedenheit der Gottesvorstellung auch mit einer Verschiedenheit der ›heiligen‹ Praxis verbunden ist. Nicht so sehr die Bildlosigkeit Jahwes, als vielmehr die aus seiner positiven geschichtlichen Handlungsbezogenheit folgende Ablehnung der orgiastischen Kulte,

132 Diese Typologie läßt sich dadurch verfeinern, daß man die beiden alternativen Beziehungsvorstellungen zwischen weltlicher und ›heiliger‹ Ordnung, Harmonie und Konflikt, miteinbezieht. Zugleich gibt mir dieses Schema Anlaß, einen Interpretationsvorschlag, den ich an anderer Stelle gemacht habe, zu modifizieren. In früheren Arbeiten zu Webers Religionssoziologie habe ich im Anschluß an Bellah der Unterscheidung immanent-transzendent die in monistisch-dualistisch gegenübergestellt. Dies kann insofern zu Mißverständnissen führen, als Weber den Begriff Dualismus in verschiedenen Zusammenhängen verwendet: Einerseits operiert in seinen Augen bereits der primitive Geisterglaube mit dualistischen Konstruktionen, andererseits gilt ihm der Dualismus als eine der drei konsequenten Theodizeen: »Das seit ewigen Zeiten und für ewige Zeiten bestehende Neben- und Gegeneinander einer Macht des Lichts, der Wahrheit, Reinheit und Güte und einer Macht der Finsternis, der Lüge, Unreinheit und Bosheit war letztlich nur eine unmittelbare Systematisierung des magischen Pluralismus der Geister mit ihrer Scheidung von guten (nützlichen) und bösen (schädlichen) Geistern, der Vorstufen des Gegensatzes von Göttern und Dämonen.« Vgl. RS I, S. 572. Außerdem läßt sich Webers eigener Ansatz insofern als dualistisch charakterisieren, als er gegen die Reduktion von Wert auf Faktum, Sollen auf Sein, Kultur auf Natur usw. gerichtet ist. Es erscheint mir deshalb terminologisch sauberer, an die Stelle des Begriffspaares Monismus-Dualismus eine Charakterisierung der Arten des Dualismus zu setzen und davon die Beziehungsvorstellungen zu unterscheiden, die zwischen weltlicher und ›heiliger‹ Ordnung angenommen werden (Harmonie-Konflikt). Weitere Variationen ergeben sich dann daraus, wie viele Geister bzw. Götter angesetzt werden, ob ein Geist bzw. ein Gott oder mehrere.

der Vegetations- und Fruchtbarkeitskulte, aber auch der Ahnen- und Totenkulte war hier entscheidend. Und dies schloß die Ablehnung von chtonischen Mysterien genauso wie von Jenseitsspekulationen ein.[133]

Daran aber zeigt sich: Jahwe hat tatsächlich ursprünglich eine Art archaisch-historischer Zwischenstellung. Als Funktionsgott, als Gott der Naturkatastrophen und des Krieges, aber auch als Gott mit »hochgradigen anthropomorphen« Zügen[134] scheint er noch der archaischen Götterwelt anzugehören, als ein ferner Gott, der unnahbar, bildlos, »*unbeweibt* und daher kinderlos«[135] das freie, am Gesetz orientierte innerweltliche Handeln fördert, weist er über die archaische Götterwelt hinaus. Einen solchen Gott kann man nicht mehr magisch zwingen, man kann sich aber auch nicht mit ihm mystisch vereinigen wollen. Ihm gegenüber muß man sich vielmehr handelnd bewähren, und dafür verheißt er innerweltliches Glück. Wo andere heilsbezogene Gemeinschaften in Magie steckenblieben oder sich in Mythologisierungen und Jenseitsspekulationen verspinnen, erscheint Jahwe als ein zwar übermenschlicher, aber »doch verständlicher persönlicher Herr, dem man zu gehorchen hatte«.[136] Und aus dieser praktischen und zugleich wissensbestimmten Ausrichtung erklärt sich die Affinität, die dieser Gott zur Lebenslage und zum Lebensgefühl von zunächst militarisierten, dann entmilitarisierten plebejischen Schichten besitzt. So kann Weber seine Einschätzung der Kulturbedeutung Altisraels in dieser These resümieren: »daß hier und nur hier plebejische Schichten Träger einer *rationalen* religiösen Ethik« geworden sind.[137]

Weber interpretiert also die Religionsgeschichte des antiken Judentums mit Hilfe von vier Leithypothesen: Spiritualisierung der Gottesvorstellung, Rationalisierung der religiösen Ethik, Theologisierung des Rechts und Theokratisierung der Sozialverfassung. Mit den ersten drei Leithypothesen werden Entwicklungen der religiösen Vorstellungswelt und der religiösen

133 Vgl. Max Weber, RS III, S. 155 ff., S. 202 ff.
134 Ebd., S. 137.
135 Ebd., S. 148.
136 Ebd., S. 239.
137 Ebd.

Praxis, mit der vierten Entwicklungen im Verhältnis von Religion und Politik beschrieben. Alle aber dienen der Beantwortung von zwei miteinander verbundenen Fragen: 1. Warum befinden wir uns bei der Betrachtung der Entwicklungsbedingungen des antiken Judentums »an einem Angelpunkt der ganzen Kulturentwicklung des Occidents und vorderasiatischen Orients«?[138] Warum ist das antike Judentum zu einem Pariastatus von »höchst spezifischer« Art gelangt?[139] Anders formuliert: Warum hat die altisraelitische religiöse Ethik eine überragende Kulturbedeutung für den Okzident gewonnen, und warum entwickelte sich das Judentum dennoch zu einem marginalisierten konfessionellen Verband?[140] Die vier Leithypothesen setzen gleichsam an verschiedenen Seiten des skizzierten Ausgangspunkts an und bringen diese in Perspektive. Dies heißt freilich nicht, daß die altjüdische religiöse Entwicklung bereits in diesem Ausgangspunkt enthalten sei. Dieser setzt zwar, um eine in anderem Zusammenhang benutzte Formulierung von Otto Kirchheimer zu übernehmen, restriktive Bedingungen. Doch nehmen davon Kräfte ihren Ausgang, denen es gelingt, diese aufzuheben, was zu revolutionären Durchbrüchen führt.[141] Die vier Leithypothesen sind in dieses Modell einer Dialektik von restriktiven Bedingungen und revolutionären Durchbrüchen eingebettet. Sie signalisieren also weder Kontinuität noch Linearität oder auch nur Gleichzeitigkeit von Teilentwicklungen

138 Ebd., S. 7.
139 Ebd., S. 8. Die erste Frage zielt auf die weitere vorderasiatisch-okzidentale Entwicklung, die zweite auf die Entwicklung des Judentums. In der Studie über das antike Judentum steht die zweite Frage im Vordergrund. Deshalb formuliert Weber auf S. 8: »Das Problem ist also: wie sind die Juden zu einem Pariavolk mit dieser höchst spezifischen Eigenart geworden?« Doch bleibt die zweite Frage auf die erste bezogen. Nur wenn man dies im Auge behält, vermag man die Gründe für die Selektivität von Webers Analyse des Judentums zu übersehen. Vgl. dazu die Kritik von Eugène Fleischmann in *Max Webers Studie über das antike Judentum*, S. 263 ff.
140 Vgl. dazu Max Weber, RS III, S. 350. Weber ist zugleich der Meinung, daß nur diese Entwicklung den »Fortbestand der Jahwegemeinschaft nach der Zerstörung Jerusalems ermöglichte«.
141 Vgl. Otto Kirchheimer, *Politische Herrschaft. Fünf Beiträge zur Lehre vom Staat*, Frankfurt 1967, S. 30 ff.

einer Ordnungskonfiguration. Sie operieren auch nicht mit der Annahme, diese Teilentwicklungen seien rein endogen bestimmbar.[142] Sie verweisen allerdings auf solche revolutionäre Durchbrüche, durch die wiederum Entwicklungsbedingungen geschaffen werden, die teilweise von »universalhistorische(r) Wirkung« sind.[143]

4. Die Rationalisierung der religiösen Ethik und die Theologisierung des Rechts

Von diesen Teilentwicklungen sind hier zwei von besonderem Interesse: die Rationalisierung der religiösen Ethik und die Theologisierung des Rechts. In grober Vereinfachung kann man sie als das Werk von zwei in sich differenzierten religiösen Eliten bezeichnen: als das Werk der vorexilischen Propheten von Amos bis Jeremia und der vorexilischen levitischen Thoralehrer; als das Werk der Lehrpropheten und der Lehrpriester, die selbst in historisch komplizierten Prozessen aus den Kriegspropheten und aus den Opfer- und Orakelpriestern des bäuerlichen Kriegsbundes entstanden sind.[144] Als institutionellen Ausdruck dieser kombinierten Entwicklungen kann man die Reform des Josia ansehen. In ihr setzt sich, jedenfalls dem Anspruch nach, die lehrhafte Absicht gegenüber der kultischen und die Monopolisierung beider durch die Leviten unter Leitung Jerusalems durch.[145] Als ideeller Ausdruck dieser kombi-

142 So wie Weber gegen jede reduktionistische Theorie der Basis in der Religionssoziologie kämpft, so auch gegen eine reduktionistische Theorie des Ueberbaus. Schon in der Studie über die protestantische Ethik wehrt er sich gegen die Vorstellung eines Ideenemanatismus: »Aber die Jugend solcher Ideen ist überhaupt dornenvoller, als die Theoretiker des ›Ueberbaues‹ annehmen und ihre Entwicklung vollzieht sich nicht wie die einer Blume.« Vgl. RS I, S. 38.

143 Vgl. Max Weber, RS III, S. 7.

144 Vgl. ebd., S. 138, S. 191, S. 235.

145 Dies bleibt in vieler Hinsicht ein Anspruch, obgleich Weber wohl im Recht ist, wenn er konstatiert, daß mit der deuteronomischen Reform die Stellung der Priesterschaft einen gewaltigen Aufschwung nimmt. Zugleich wird im Deuteronomium das Kultmonopol für Jerusalem gefordert. Weber sieht deshalb das Deuteronomium als das Produkt

nierten Entwicklungen aber kann das Deuteronomium gelten. Weber hat es explizit als Resultat einer »Theologisierung des Rechts einerseits«, einer »Rationalisierung der religiösen Ethik andererseits« interpretiert.[146] Er sieht in ihm ein Sündenregister, das die überkommenen Gebote systematisiert, vereinheitlicht und erweitert sowie insbesondere die ethischen von den rituellen und den sozialpolitischen Vorschriften scheidet. Es gilt ihm zudem als ein Kompendium, das den ethischen Dekalog gegenüber den übrigen Geboten, insbesondere gegenüber den se-

einer »um die Jerusalemiter Priesterschaft gruppierten Intellektuellenschicht«. Vgl. ebd., S. 188, S. 197. Es ist allerdings zweifelhaft, ob diese Interpretation haltbar ist. So schreibt Hans-Joachim Kraus auf der Basis der neueren Forschung zu diesem Komplex: »Wer aber waren diese Leviten? Niemand anders als die übers ganze Land verstreuten, in den Landstädten wohnenden, den Traditionen des Zwölfstämmeverbandes verpflichteten Hüter und Wahrer der Gesetze. Diese ›Landleviten‹ verrichteten nicht den Tempeldienst in Jerusalem, sondern interpretierten das göttliche Recht in den Ortschaften, in unmittelbarer Nähe der Landbevölkerung. In neuer Zeit neigt man sogar zu der Annahme, daß ein großer Teil dieser Priesterschaft ursprünglich in Nordisrael beheimatet war und erst nach der Zerstörung Samarias in den Landstädten Judas Zuflucht gefunden hatte. Zur Zeit Josias war aus ihr eine ›deuteronomische Bewegung‹ hervorgegangen; wahrscheinlich hatten auch Leviten hinter der freien Landbevölkerung gestanden, die bei der Thronerhebung des achtjährigen Josia den Ausschlag gab. Jedenfalls müssen sich die Traditionen des ursprünglichen Jahve-Glaubens auf dem Lande, das fremden Einflüssen viel weniger ausgesetzt war als der Palast und der Tempel, länger gehalten haben als in der Hauptstadt. Daraus erklären sich denn auch nach Gerhard von Rad die sowohl im Kultischen als auch im Politischen wirksamen restaurativen Tendenzen, die von der freien Landbevölkerung und den levitischen Priestern ausgingen.« Versteht man unter restaurativen Tendenzen den Rückgriff auf das ›alte Recht‹, auf die alten Gesetzestraditionen, so trifft sich dies wieder mit Webers These, die levitischen Thoralehrer und mehr noch die Thorapropheten seien stadt- und königsfeindlich eingestellt. Vgl. Hans-Joachim Kraus, »Israel«, in: Golo Mann und Alfred Heuss (Hg.), *Propyläen Weltgeschichte*, Zweiter Band, 1. Halbband, Frankfurt-Berlin 1976 (Taschenbuchausgabe), S. 302.

146 Max Weber, RS III, S. 259.

xuellen und den kultischen Geboten akzentuiert.[147] Doch ist das Deuteronomium nicht nur Dokument einer Systematisierung und Vereinheitlichung ›von außen‹, sondern auch ›von innen‹: Dieser »einheitlich zusammengefaßte(n) religiös fundamentierte(n) Ethik« korrespondiert die Forderung nach einer Gesamthaltung zu Gott, die gesinnungsethische Züge trägt.[148] Sie aber ist vor allem von der Prophetie propagiert worden. Und die priesterliche Redaktion hat sie in die Gotteskonzeption übersetzt. Dies zeigt sich daran, daß im Deuteronomium die Macht des alten Kriegsgotts ins »Riesenhafte, Monotheistische« gesteigert,[149] daß aus dem in freier Willkür und Gnade schaltenden und waltenden königlichen Herrn ein »im letzten Grunde rational und planmäßig handelnde(r) Gott der Intellektuellen« geworden ist.[150]

Diese kombinierten Entwicklungen sind freilich nicht allein aus sich heraus verständlich. Sie bleiben vielmehr an politisch-militärische und ökonomische Rahmenbedingungen rückgebunden, die nicht mehr die des alten Bauern- und Hirtenbundes sind. Diese Rahmenbedingungen wurden vor allem durch das Königtum geschaffen, das den Schwerpunkt des gesellschaftlichen Lebenszusammenhangs vom Land in die Stadt, vom Patriarchalismus zum Patrimonialismus, vom Bauern- zum Ritterheer verschiebt. Dies führt auch zu einer Veränderung im Verhältnis von politischer und religiöser Lebensordnung: die politisch-militärische wird von der religiösen, die Sicherungs- wird von der Deutungsfunktion differenziert. Nicht nur die religiösen Massen, die Bauern und Hirten, sondern vor allem die religiösen Eliten unterliegen dabei der ›Entmilitarisierung‹: An die Stelle des Orakels für eine politische Gemeinschaft tritt das Orakel für eine private Kundschaft, an die Stelle der Kriegsprophetie die »ekstatische *Weissagung*«.[151] Zugleich entstehen königliche Kultstätten mit regelmäßigen Opfern[152] sowie Königs-

147 Zu Webers Interpretation von Herkunft und Stellung der »Dekaloge« vgl. ebd., S. 250 ff., bes. S. 259.
148 Vgl. ebd., S. 271 sowie S. 261.
149 Ebd., S. 261.
150 Ebd., S. 238.
151 Ebd., S. 111.
152 Vgl. ebd., S. 176.

propheten,[153] die in einen Gegensatz zu den nichthöfischen Priestern und Propheten geraten. Der antike Klassengegensatz zwischen Patriziern und Plebejern schlägt zunehmend auf die religiöse Lebensordnung durch. Aus dieser Grundkonstellation erklärt sich, weshalb die nichthöfische Prophetie, die Weber auch als Unheilsprophetie bezeichnet, letztlich »stadtadels- und königsfeindlich« ist[154] und vor allem an vorsalomonischen Traditionen orientiert bleibt.[155] Sie erklärt auch, weshalb die priesterliche Redaktion nicht in erster Linie adliges Heldentum verklärt, sondern den »friedlich frommen Bauern und Hirten«, weshalb ihr zunehmend die »Tugenden eines idealen israelitischen Plebejers in Land und Stadt« zum Bezugspunkt ihrer literarischen Arbeit werden.[156] Freilich: Gerade das Königtum setzt für die religiös-metaphysische Entwicklung auch entscheidende Impulse. Die Schwerpunktverlagerung vom Land in die Stadt hilft die Magie zurückzudrängen, und die Differenzierung von politischer und religiöser Lebensordnung ist mit einer Reorganisation beider auf höherem Aggregationsniveau verknüpft. Zudem gelingt es selbst unter dem Fronkönigtum der politischen Lebensordnung nicht, sich die religiöse Lebensordnung unterzuordnen. Zwar hat der König das Recht, Priester einzusetzen und zu entlassen. Doch fehlt ihnen die Qualifikation, »Orakel zu geben, Weihe und Sühne zu spenden. Dies war dem charismatisch Qualifizierten: dem Propheten und später dem geschulten Leviten, vorbehalten.«[157]
Die gewaltige Kulturbedeutung der altisraelitischen religiösen Ethik ist also in Webers Sicht vor allem ein Resultat der kombinierten Arbeit von vorexilischen levitischen Thoralehrern und vorexilischen ›Unheilspropheten‹. Diese operieren im Rahmen

153 Vgl. ebd., S. 112 ff.
154 Ebd., S. 126.
155 Vgl. ebd., S. 292 und S. 120, wo es heißt: Maßstab der Kritik aber ist das »›gute alte Recht‹ des altisraelitischen Bundes, so, wie die Träger der Kritik es verstanden«.
156 Ebd., S. 239.
157 Ebd., S. 122. Weber weist allerdings darauf hin, daß die religiöse Opposition gegen das Königtum nicht einheitlich war. Dagegen stand das hohe Prestige des Königtums insbesondere in seiner Aufschwungphase.

einer Ordnungskonfiguration, die, wie insbesondere S. N. Eisenstadt gezeigt hat, allgemein durch außergewöhnliche Heterogenität gekennzeichnet ist.[158] Diese große Heterogenität läßt sich gerade auch für die religiöse Lebensordnung und für die Zeit von ca. 900 bis ca. 600 v. Chr. konstatieren, für die Zeit von der Teilung des Königreichs bis zum persisch-babylonischen Exil. In dieser Zeit vermag weder der Jahwismus den magischen Gotteszwang noch der Lehrpriester den Kultpriester oder der Priester den Propheten zu verdrängen.[159] Diese große Heterogenität der religiösen Lebensordnung aber hat mit einer Mehrzahl sich teilweise überlagernder religiöser Konfliktfronten zu tun. Land gegen Stadt, plebejisch gegen patrizisch, Kult gegen Lehre, Erbcharisma und Amtscharisma gegen persönliche charismatische Qualifikationen, dies sind Stichworte für einige dieser Konfliktfronten. Hinzu kommt seit der Teilung des Königreichs der Gegensatz zwischen Norden und Süden, der nicht nur politische, sondern auch religiöse Bedeutung besitzt.[160] Dies ist die Konstellation, die die immer schon selbständige intellektuelle Kultur Palästinas dazu befähigt, sich reich zu entfalten.[161] Dies ist auch die Konstellation, in der wegen der wachsenden politischen Gefährdung des Landes diese intellektuelle Kultur unter wachsenden religiösen Sinngebungszwang gerät.[162]

Dieser Sinngebungszwang wird vor allem von den vorexilischen Unheilspropheten aufgenommen, die, im Rückgriff auf die alten Bundesvorstellungen, die politischen Probleme religiös interpretieren. Ihr Handeln ist religiös motiviert und politisch

158 Vgl. dazu die Analyse von S. N. Eisenstadt in *Max Webers Studie über das antike Judentum*, S. 134 ff.
159 Religionsgeschichtlich gesehen ist allerdings in Webers Sicht entscheidend, daß die Magie von Priestern nicht »zwecks Domestikation der Massen *systematisiert*« wurde. Vgl. Max Weber, RS III, S. 236.
160 Vgl. ebd., S. 206 f. Über die unterschiedliche Bedeutung des politischen Untergangs und des Exils für das Nord- und das Südreich und über die unterschiedlichen nachexilischen Entwicklungen in beiden Gebieten vgl. ebd., S. 360 ff., S. 370 f., S. 376.
161 Vgl. dazu ebd., S. 317.
162 Vgl. dazu ebd., S. 281 ff.

relevant.[163] Die religiöse Deutung der politischen Lage, die sie geben, macht sie politisch gefährlich. Dies führt dazu, daß sie sich nicht nur in religiöse, sondern vor allem in politische Parteigegensätze und Interessenkämpfe verstricken. Diese religiös motivierte Prophetie aber hat ideelle und institutionelle Voraussetzungen. Weber hat sie – anders als manche Interpreten meinen –[164] in seiner Studie relativ deutlich dargelegt. Ideell basiert die vorexilische Unheilsprophetie auf den »aus der Thora erwachsenen Konzeptionen der Intellektuellen«,[165] vor allem auf jenen Konzeptionen, die von den an den religiösen Interessen einer Privatkundschaft orientierten levitischen Thoralehrern formuliert worden sind.[166] Diese werden von ihr auf den Bundesgedanken bezogen: Der Unheilsprophetie geht es um die Dramatisierung der Solidarhaft des ganzen Volkes.[167] Institutionell basiert diese Prophetie auf der ›Gleichursprünglichkeit‹ von ›Priestern‹ und ›Propheten‹ in der Bundeszeit und auf der Differenzierung von politischer und religiöser Lebensordnung ohne cäsaropapistische Vermittlung, wie sie in der Zeit der Könige eingeleitet wurde. Nicht zuletzt das Königtum selber hat durch die Anerkennung der Königsprophetie der Prophetie ganz allgemein zu einem »feststehenden Prestige« verholfen.[168] Außerdem ist die vorexilische Unheilsprophetie keineswegs ›sozial freischwebend‹. Sie bildet Schulen und wird von mächtigen »Sippen frommer Laien« unterstützt.[169] Die vorexilischen Unheilsprophetien gewinnen also für Alt-

163 Vgl. ebd., S. 296, wo Weber formuliert: »Man sieht: alles, sowohl in der außenpolitischen wie in der innenpolitischen Haltung, war rein religiös motiviert, nichts realpolitisch.«

164 Hier ist insbesondere der bereits erwähnte Aufsatz von Peter Berger zu nennen, der meines Erachtens die bei Weber angelegten Möglichkeiten einer soziologischen Fassung des Charismabegriffs in der Studie über das antike Judentum, insbesondere aber in *Wirtschaft und Gesellschaft* nicht voll nutzt.

165 Max Weber, RS III, S. 298.

166 Vgl. ebd., S. 310, S. 318. Außerdem vertreten die Propheten »die sozialethischen Karitätsgebote der levitischen Paränese zugunsten der kleinen Leute«. Vgl. dazu ebd., S. 291.

167 Ebd., S. 330ff.

168 Ebd., S. 296.

169 Ebd. Weber erwähnt an dieser Stelle übrigens, daß Jeremia mit Prie-

israel mit wachsendem politischem Problemdruck wachsende Bedeutung. Weber deutet sogar an, daß ohne sie die altisraelitische Religiosität möglicherweise nicht überlebensfähig gewesen wäre.[170] Diese wachsende Bedeutung läßt sich freilich aus den aufgeführten exogenen Faktoren allein nicht verständlich machen. Sie hat – so Weber – auch mit endogenen Faktoren zu tun. Diese hängen mit den »pathologische(n) Zuständlichkeiten und pathologische(n) Handlungen« der Propheten zusammen,[171] genauer: mit der Art und Weise, wie diese Zuständlichkeiten und Haltungen auf die von Laienintellektuellen und Leviten bearbeitete positive göttliche Satzung bezogen sind. Sie dienen nämlich dazu, deren aus der Thora erwachsene Konzeptionen gleichsam zu synthetisieren. Das ›Prinzip‹ aber, das solche Synthesis leitet, ist nicht die Reflexion, sondern die Emotion. Sie spricht sich aus in einem neuen Glauben. Er bedeutet »das bedingungslose Vertrauen darauf, daß Jahwe schlechthin alles vermöge, daß seine Worte ernst gemeint seien und aller äußeren Unwahrscheinlichkeit zum Trotz in Erfüllung gehen werden.«[172]

Wie aber hängen levitisches Wissen und prophetischer Glaube zusammen, wie priesterliche Rationalität und prophetische Emotionalität? Zunächst: Zwischen beiden besteht ein Konfliktverhältnis, eine Gegensatzbeziehung, und zwar sowohl ideell wie institutionell. Doch hat dieses Konfliktverhältnis, diese Gegensatzbeziehung, in vorexilischer Zeit eine besondere Note: Die prophetische Emotionalität macht die Errungenschaften der priesterlichen Rationalität nicht einfach rückgängig. Auch die Prophetie besitzt nämlich eine rationale Komponente, weil ihre Emotionalität nicht einfach Folge von Ekstase, sondern Folge von *gedeuteter* Ekstase ist. Der vorexilische Unheilsprophet *grübelt* über den *Sinn* seiner pathologischen Zuständlichkeiten und Haltungen. Solange er ihn nicht erfaßt, bleibt er von einem »einsamen Rausch« und einer »einsame(n) Qual« beherrscht. Diese lösen sich erst durch das »Aufblitzen

stern Jerusalems in enger Beziehung stand und daß auch Hesekiel durchaus priesterlich orientiert gewesen sei.
170 Vgl. ebd., S. 280.
171 Ebd., S. 300.
172 Ebd., S. 333.

der *Deutung*«.[173] Wenn er zu seinen Schülern oder zum Volk spricht, ist deshalb seine Erregung bereits »postekstatische(r)« Natur.[174] Seiner Deutungsarbeit aber sind durch die Gotteskonzeption enge Grenzen gezogen. Denn der Gott ist zwar ein überweltlicher, aber auch ein verständlicher Gott.[175] Die prophetische Emotionalität bleibt deshalb nicht auf eine Überwindung, sondern auf eine Verstärkung des positiven Charakters der göttlichen Satzung gerichtet. Sie durchbricht nicht die Schranken, die das überkommene Weltbild setzt.[176]

Daraus aber folgt: Die vorexilischen Unheilspropheten erbringen zwar neue Deutungsleistungen, doch erfinden sie keine neuen Gebote. Sie bewegen sich in einem Deutungsrahmen, der durch die Idee des Bundesschlusses und durch die vorexilische levitische Thoralehre abgesteckt ist. Dennoch schafft die vorexilische Prophetie gegenüber der vorexilischen Thoralehre etwas Neues: Sie trägt entscheidend dazu bei, daß die in erster Linie gesetzesethische Thoralehre eine gesinnungsethische Wendung nimmt. Anders als im Deuteronomium weht in manchen prophetischen Büchern nicht ein erbaulicher, weicher, karitativer, ja mitunter miserabilistischer Geist, sondern der Geist einer »zentrale(n) religiöse(n) *Gesinnung*«;[177] anders als im Deuteronomium geht es in manchen prophetischen Büchern nicht um »Segens- und Unsegens-Weissagungen nach Sittenprediger-Art«,[178] sondern um die Prophezeiung einer »gewaltige(n) Umwälzung«,[179] die Jahwe in dieser Welt bewirken wird. Diese Umwälzung steht unmittelbar bevor und wird Unheil über das abgefallene Volk bringen, sofern es nicht zu der im Bundesschluß selbstauferlegten ›Lebensführung‹ zurückfindet. Nicht zufällig zeigt der Gott dieser Propheten gegenüber dem der Leviten und Laienintellektuellen eine andere Kolorierung: Er gilt ihnen nicht so sehr als ein rational und planvoll handelnder,

---

173 Ebd., S. 306 f.
174 Ebd., S. 305.
175 Ebd., S. 330.
176 Vgl. ebd., S. 240.
177 Ebd., S. 333. Zum Deuteronomium vgl. S. 264.
178 Ebd., S. 347.
179 Ebd.

sondern vor allem als ein »furchtbarer Gott«.[180] Indem die vorexilische Unheilsprophetie die von der vorexilischen Thoralehre gesammelten, systematisierten und erweiterten Gebote in radikaler Weise auf den freien göttlichen Willen bezieht und das ›Gesetz‹ in einen von Gott selbst exekutierten Unheils- bzw. Heilsplan einbettet, setzt sie einen gewaltigen Stimulus, der die Religionsentwicklung über das gesetzesethische Niveau hätte hinaustreiben können. Deshalb »reicht der Schatten dieser Riesengestalten durch die Jahrtausende bis in die Gegenwart hinein.«[181]

Vorexilische levitische Thoralehrer, Laienintellektuelle und vorexilische Thorapropheten treiben also die altisraelitische Religionsentwicklung bis zu einem Niveau, von dem ›universalhistorische Wirkungen‹ ausgehen. Die Lehrpriester schaffen den gegen die Magie gerichteten puritanischen Jahwismus, die Lehrpropheten geben ihm einen gesinnungsethischen Zug. Damit scheint zugleich die weitere ethische Entwicklung vorgezeichnet: Eine von Magie freie universalistische religiöse Gesinnungsethik des innerweltlichen Handelns liegt im Möglichkeitshorizont. Mit ihr würde sich der Übergang vom heiligen Recht zur heiligen Gesinnung, von der Norm zum Prinzip verbinden. Denn religiöse Gesinnungsethik bedeutet, daß an die Stelle des Werts der Einzelleistung und Einzelhandlung »der Wert des persönlichen Gesamthabitus« tritt und daß die »Einzelnormen zugunsten der ›sinnhaften‹ Gesamtbeziehung der Lebensführung auf das religiöse Heilsziel« überschritten werden.[182] Doch ist diese Entwicklung nach Weber nicht eingetreten. Dafür nennt er vor allem zwei Gründe: die Art der göttlichen Verheißungen und die Art der religiösen Vorschriften, die in der exilischen und der nachexilischen Lage des Volkes in den Vordergrund treten. Die göttlichen Verheißungen bleiben gerade wegen der vorexilischen Prophetie Diesseitsverheißungen, die sich in erster Linie auf das Kollektivschicksal, nicht auf das Einzelschicksal richten.[183] Die exilische und die nachexilische Lage des Volkes aber begünstigen Vorschriften, durch die die

180 Ebd., S. 324.
181 Ebd., S. 350.
182 Max Weber, WuG, S. 324, S. 349.
183 Vgl. etwa ebd., S. 302.

Absonderung von der übrigen Welt religiös gerechtfertigt werden kann.[184] Dies zeigt sich vor allem in zwei Zusammenhängen: In der »Festlegung und schriftlichen Fixierung sowohl der Kultordnung wie der rituellen Gebote für die Lebensführung und in einer entsprechenden Ueberarbeitung der gesamten bis dahin schriftlich vorliegenden geschichtlichen Ueberlieferung und levitischen Thora«.[185] Obgleich erst im Exil der Gottesuniversalismus konsequent ausgearbeitet wird[186] und obgleich erst hier eine »wirklich ernsthafte *Theodizee*« entsteht,[187] zwei Bedingungen also, die für die Entwicklung einer universalistischen religiösen Gesinnungsethik günstig sein mußten, ist es weder während des Exils noch auch nach dem Exil dazu gekommen. Wie Weber mit Blick auf das nachexilische, vor allem talmudische Judentum formuliert: »die einheitliche Beziehung zur ›Welt‹ aus dem Gesichtspunkt der certitudo salutis als Zentrum, aus welchem alles gespeist wird, fehlt.«[188]

5. Religiöse Anschlußpositionen

Weber sieht also in der altisraelitischen religiösen Ethik der vorexilischen Zeit einen Angelpunkt mit mehreren Entwicklungsmöglichkeiten. Sucht man seine teilweise verstreuten Bemerkungen zu gewichten, so scheint er sich vor allem für vier ›Anschlußpositionen‹ zu interessieren: für Hesekiel, für Deutero- und Tritojesaja, für die Psalmen und für das Hiobbuch. Der Priesterprophet Hesekiel markiert den Übergang von der Unheils- zur Heilsprophetie und eine ›Versöhnung‹ von Priestertum und Prophetismus, die das Ende des prophetischen Zeitalters im Judentum selber einleitet. Deuterojesaja fördert den Gottesuniversalismus und verbindet seine Heilsprophetie mit einer Theodizee des Leidens, die das *unschuldige* Leiden prämiert. Tritojesaja sucht den Gottesuniversalismus weiter zu steigern

184 Vgl. ebd.
185 Max Weber, RS III, S. 365.
186 Vgl. ebd., S. 384 ff. Ähnlich auch Martin Buber, *The Prophetic Faith*, New York: Harper and Row 1966, S. 208 ff.
187 Max Weber, RS III, S. 384.
188 Max Weber, WuG, S. 373.

und zur Weltmission zu nutzen. Er gilt Weber als der energischste Vertreter einer »religiösen Weltpropaganda«.[189] In den Psalmen wird die neue Leidensreligiosität mit einem Ressentimentmoralismus verbunden. Sie sind in weiten Teilen Ausdruck für die »moralistische Befriedigung und Legitimierung offenen oder mühsam verhaltenen Rachebedürfnisses«.[190] Im Buch Hiob schließlich finden sich Vorstellungen, die auf den asketischen Protestantismus verweisen. Hier wird mit der Idee vom »Sichfügen in die absolute Souveränität Gottes über seine Kreaturen« eine Theodizee des Einzelschicksals formuliert, die die Prädestinationslehre antizipiert.[191] Von diesen ›Anschlußpositionen‹ bleibt die letzte »fast völlig unverstanden«.[192] Und auch Idee und Praxis der Weltmission scheinen eher ein Übergangsphänomen zu sein.[193] Dagegen wirkt die Prophetie auch in ihrer neuen Gestalt nicht zuletzt wegen ihres durch die doppelte Untergangserfahrung gestiegenen Prestiges weiter, allerdings zunehmend domestiziert durch den formalistischen Rationalismus der Priester, deren Macht seit dem Exil ständig wächst.[194] Was

189 Max Weber, RS III, S. 388.
190 Max Weber, WuG, S. 301.
191 Ebd., S. 302.
192 Ebd. Weber nennt als Grund dafür den kollektiven Vergeltungsgedanken, der sich in den exilischen und nachexilischen Schriften vorbereite und zunehmend die jüdische Religiosität bestimme.
193 Allerdings scheint nach der Rückkehr aus dem Exil der Proselytismus zunächst erheblich gewesen zu sein. Weber verweist auf den Parallelismus von ritueller Absonderung und Begünstigung des Eintritts von Proselyten. Vgl. RS III, S. 376 f. Diese Situation hält wohl bis zur Zerstörung des Zweiten Tempels im großen und ganzen an. Vgl. auch ebd., S. 435 ff. Doch dann wird, unter dem wachsenden externen Druck, das spannungsreiche Gleichgewicht zwischen Konfessionalität, Nationalität und Gentilizität zugunsten der Gentilizität aufgelöst.
194 Die sich abzeichnende Priesterherrschaft schon während der Exilszeit geht offenbar sowohl auf die Politik der Perser gegenüber der Exilsgemeinde wie auf die Interessen der Priester selber zurück. Sie ist zunächst gegen die Königsmacht, später zunehmend auch gegen die Prophetenmacht gerichtet. Weber schreibt ebd., S. 365: »Die Priester hatten kein Interesse an der Herstellung der Königsmacht der Davididen, sondern zogen es vor, nötigenfalls unter fremdstämmigen und deshalb der Gemeinde fernstehenden Statthaltern selbst die für alle

im Exil und vor allem nach der Rückkehr aus dem Exil im institutionellen Rahmen eines nun politisch heteronomen konfessionellen Verbands auf ideeller Ebene in den Vordergrund tritt, sind die Vorstellungen vom Weltgott, von der Heilsbedeutung des kollektiven Leidens und von der rituellen Absonderung der Gemeinde.[195] Sie bilden den Kern einer neuen Weltbildkonstruktion. Diese basiert auf der Sublimierung des politisch-religiösen Bundeskonzepts zum rein religiösen Konzept des auserwählten Volkes.[196] Dieses Konzept vor allem machte das Band zwischen Jahwe und seinem Volk »um so unzerreißbarer, je mörderischer Verachtung und Verfolgung auf den Juden lasteten«.[197] Die Idee der Diesseitsverheißung aber bleibt, und dies führt auch diese Weltbildkonstruktion wie schon die vorexilische zu keiner religiös motivierten Ablehnung der Welt als solcher. Was vielmehr abgelehnt wird, ist »die geltende soziale Rangordnung in ihr«.[198]

Die mit diesem Weltbild verbundene religiöse Praxis bringt aber keinen Rückfall in bereits überwundene Positionen. Weder verschwindet die ethische Orientierung noch lockert sich die Abwehrfront gegen die Magie. Im Gegenteil: Durch die wachsende Priesterherrschaft, die im Laufe der Zeit sowohl die Konkur-

    sozialen und innerpolitischen Verhältnisse ausschlaggebende Macht zu sein.«

195 Vgl. dazu ebd., S. 373 f. Weber bezeichnet die Neugründung nach der Rückkehr aus dem Exil als einen Zwitter, insofern die Idee einer freien religiösen Gemeinde mit dem Anspruch auf die Erbschaft nicht nur der sakralen, sondern auch der politischen Stellung Israels verbunden sei, es also zu einer Spannung zwischen Konfessionalität und Nationalität komme. Letztlich aber siege der religiöse Gesichtspunkt über den politischen. Weber stellt die gesamte Entwicklung unter die These: »vom politischen zum konfessionellen Verband«. Vgl. ebd., S. 350. Über das Verhältnis von politischer und religiöser Lebensordnung in der nachexilischen Zeit formuliert er ebd., S. 373 f.: »Indes die wirklichen politischen Vollmachten ruhten stets in den Händen entweder des persischen Satrapen und später des hellenistischen Statthalters und ihrer Beamten, oder eines Spezialbevollmächtigten des Königs, wie Nehemia es der Sache nach war.«

196 Vgl. ebd., S. 356 f.

197 Max Weber, WuG, S. 300.

198 Ebd., S. 367.

renz der Prophetie wie die der Politik ausschaltet, wird eine *rationale*, von Magie freie »*religiöse Ethik des innerweltlichen Handelns*« weiter gefördert.[199] Nur: Dieser ethische Rationalismus bleibt der einer Gesetzesreligiosität. Was ihn vom ethischen Rationalismus einer Gesinnungsreligiosität unterscheidet, ist nicht etwa die Äußerlichkeit der Gesetzesbefolgung. Dies hat Weber ausdrücklich verneint.[200] Der entscheidende Unterschied besteht vielmehr darin, daß bei der Gesetzesreligiosität nicht das abstrakte Prinzip, sondern die konkrete Einzelnorm im Mittelpunkt steht, nicht der Gesamthabitus, sondern die »einzelne Handlung, welche als einzelne mit anderen einzelnen verglichen und aufgerechnet wird«.[201] Der gesetzesethische Rationalismus des nachexilischen, insbesondere des talmudischen Judentums führt zu keinem Weltverhältnis, das mit dem im Hiobbuch antizipierten calvinistischen Weltverhältnis identisch wäre. Denn er läßt keine religiös motivierte *systematische* Weltbeherrschung zu. Wie Weber in bezeichnender Weise formuliert: »Eine innerweltlich asketische Behandlung der Welt – dieser jetzt, infolge der Sünden Israels, so grundverkehrten, aber eben nur durch ein von Menschen nicht zu erzwingendes und nicht zu beschleunigendes freies Wunder Gottes zurechtzurükkenden Welt – als einer ›Aufgabe‹ und als des Schauplatzes eines religiösen ›Berufs‹, der diese Welt, gerade auch die Sünde in ihr, unter die rationalen Normen des geoffenbarten göttlichen Willens zwingen will, zu Gottes Ruhm und zum Wahrzeichen der eigenen Erwählung, – diese calvinistische Stellungnahme war natürlich das Allerletzte, was einem traditionell frommen Juden je hätte in den Sinn kommen können. Er hatte ein weit schwereres inneres Schicksal zu überwinden als der seiner ›Erwählung‹ für das Jenseits sichere Puritaner.«[202] Die altisraelitische religiöse Ethik schafft also einen Möglichkeitshorizont, der vom exilischen und vor allem vom nachexilischen Judentum nur selektiv genutzt wird. Die Dialektik von

199 Vgl. Max Weber, RS III, S. 6.
200 Max Weber, WuG, S. 373: »Unrichtig ist es, wenn gesagt wird: nur die Aeußerlichkeit der Gesetzesbefolgung sei religiöses Erfordernis gewesen.«
201 Ebd.
202 Ebd.

›Gesetz‹ und prophetischer Verkündigung verschwindet und mit ihr die Dialektik von Tradition und ›Revolution‹. In dem Maße, wie das Priestertum in den Vordergrund rückt, gewinnen jene Komponenten der vorexilischen Konstellation an Bedeutung, die von den levitischen Thoralehrern ausgearbeitet wurden. Zugleich aber wird deren ›Abwertung‹ der rituellen und der kultischen gegenüber den ethischen Vorschriften revidiert.[203] Die Akzentuierung des rituellen und des kultischen Elements ist aber mit keiner Schwächung des lehrhaften Charakters der Religion verbunden. Im Gegenteil: Der »kasuistisch Gesetzeskundige, der Schriftgelehrte«, der »immer weiter in den heiligen Schriften und Kommentaren forschende ›Intellektuelle‹«, der profanisierte Lehrpriester also, wird im nachexilischen, insbesondere talmudischen Judentum zum eigentlichen Lebensideal.[204] Der Prozeß einer zunehmenden Ausschaltung des Geistes der Prophetie aber geht einher mit einer Theokratisierung der Sozialverfassung. Weber konstatiert schon für die Exilszeit, vor allem aber für die Zeit des Zweiten Tempels das Entstehen einer priesterlichen Hierokratie.[205] Während in vorexilischer Zeit wegen der Dauerkonkurrenz zwischen magischen und religiösen Eliten, Priestern und Propheten, Kultpriestern und Lehrpriestern, religiösen und politischen Eliten in seinen Augen eine strukturell offene Situation mit großem Innovationspotential existiert, ist für ihn die nachexilische Zeit durch die zunehmende Schließung der sozialen Beziehungen gekennzeichnet.[206] Es ist freilich fraglich, ob das Bild, das Weber vom nachexilischen antiken Judentum in sehr groben Strichen zeichnet, angesichts der nachweisbaren strukturellen Heterogenität

---

203 Vgl. dazu Max Weber, RS III, S. 365 ff. Mit dieser Revision einher geht offenbar die zunehmend »ständische Scheidung der Kultpriester, der Kohanim, von den übrigen, nicht zum Opferkult qualifizierten ›Leviten‹«. Vgl. ebd., S. 363.

204 Max Weber, WuG, S. 371.

205 Max Weber, RS III, S. 363 ff. Fleischmann bemerkt, Weber mache aus der komplexen Realität der Neugründung einen theokratischen Puppenstaat.

206 Zum Problem der Schließung der sozialen Beziehungen im Anschluß an Weber vgl. Frank Parkin, *Marxism and Class Theory: A Bourgeois Critique*, London: Tavistock 1979, bes. Kap. 4 bis 6.

und kulturellen Vielfalt insbesondere während der Zeit des Zweiten Tempels aufrechterhalten werden kann.[207]

Weber hat nun bekanntlich diese Weichenstellung, in deren Folge die altisraelitische religiöse Ethik in die jüdische religiöse Ethik transformiert wird, mit einer weitgreifenden These verbunden. Damit werden nämlich in seinen Augen die Grundlagen dafür gelegt, daß der jüdischen Religiosität kein zentraler Beitrag zur Entbindung des ›Geistes‹ des modernen Kapitalismus gelingt.[208] Die religiös motivierte rituelle Absonderung von der Umwelt führt dazu, daß der urwüchsige Dualismus von Binnen- und Außenmoral, die doppelte Moral, die im Innenverhältnis verbietet, was im Außenverhältnis erlaubt ist, nicht überwunden, sondern geradezu pathetisch unterbaut wird.[209] Damit aber schränkt die jüdische religiöse Ethik ihren Anwendungsbereich notwendigerweise ein. Diese doppelte Moral läßt sich natürlich in allen Lebensbereichen anwenden. Für das Judentum ist nach Weber charakteristisch, daß es dies im wirtschaftlichen Lebensbereich tut. Dies bedeutet, daß dem wirtschaftlichen Handeln mit dem Fremden keine religiöse Bedeutung zukommt, daß jedenfalls der wirtschaftliche Verkehr mit ihm nicht unter »positiven ethischen Wertvorzeichen« steht.[210] Folgerichtig muß die Wirtschaft nicht der religiösen Ethik, der Erwerbstrieb nicht dem Heilsbedürfnis ›untergeordnet‹ werden. Die Wirtschaft bleibt »weitgehend eine Sphäre des ethisch Indifferenten«, für deren Normierung eine urwüchsige oder traditionale Wirtschaftsethik genügt.[211] Nur wenn die Sphäre der Wirtschaft religiös relevant, wenn das wirtschaftliche Handeln in irgendeiner Weise mit dem Heilsziel verknüpft

---

207 Vgl. dazu die Analysen von S. N. Eisenstadt und Hans G. Kippenberg in *Max Webers Studie über das antike Judentum*, S. 134 ff. bzw. S. 201 ff.

208 Vgl. zu diesem Problem, das Weber ja im Blick auf Sombart diskutiert, WuG, S. 369. Er schränkt seine These bekanntlich nicht auf die Wirtschaftsgesinnung ein: »Weder das spezifisch Neue des modernen Wirtschafts*systems* noch das spezifisch Neue an der modernen Wirtschafts*gesinnung* sind spezifisch jüdisch.« Ich interessiere mich hier nur für den Zusammenhang zwischen religiöser Ethik und Wirtschaftsethik.

209 Vgl. dazu ebd., S. 369 f. sowie RS III, S. 357 ff.

210 Max Weber, WuG, S. 370.   211 Ebd.

wäre, könnte es zur Revolutionierung der urwüchsigen oder traditionalen Wirtschaftsethik kommen. Die Verknüpfung aber ist im Judentum nicht hergestellt. Obgleich auch die jüdische religiöse Ethik eine Ethik des innerweltlichen Handelns ist, kann sich der Anhänger des Judentums anders als der Anhänger des asketischen Protestantismus im wirtschaftlichen Handeln nicht religiös bewähren. Im Unterschied zum asketischen Protestanten ist seine religiöse Lebensmethodik nicht totalisiert, sondern ›parzelliert‹.[212]

Das Festhalten der Juden an einer Doppelmoral des wirtschaftlichen Handelns hängt nach Weber mit ihrer seit dem Exil sich ausbildenden Pariavolkslage zusammen. Die Juden wurden in seiner Sicht ein Pariavolk, das in kastenlosen Umwelten lebt.[213] Es gibt wohl kaum einen Weberschen Begriff, der schärfer kritisiert worden wäre als dieser. Und das mit gutem Grund. Der Begriff ist historisch ungenau und nicht frei von ideologischen Konnotationen.[214] Dennoch hat er für die Antwort auf die Frage, weshalb die Juden nicht den ›Geist‹ des modernen Kapitalis-

---

212 Man muß bei einer Ethik zwischen den Geltungsgrundlagen und dem Anwendungsbereich unterscheiden. Beide variieren unabhängig voneinander. So kann etwa eine religiöse Gesinnungsethik durchaus nur für den religiösen Bereich gelten, während eine religiöse Gesetzesethik durchaus Vorschriften für alle Lebensbereiche formulieren kann. Für das Judentum ist nach Weber charakteristisch, daß es den wirtschaftlichen Bereich nicht religiös reglementiert.

213 Vgl. dazu Max Weber, RS III, S. 5 und die Untersuchung zum Begriff des Gastvolkes von Freddy Raphaël in *Max Webers Studie über das antike Judentum*, S. 224 ff. und, ausführlicher, ders., *Judaïsme et capitalisme. Essai sur la controverse entre Max Weber et Werner Sombart*, Paris 1982, Kap. 3.

214 Vgl. aus der Fülle der Literatur neben dem Aufsatz von Julius Guttmann in *Max Webers Studie über das antike Judentum*, S. 289 ff. zu den historischen Defiziten vor allem Werner J. Cahnmann, »Der Pariah und der Fremde: Eine begriffliche Klärung«, in: *Europäisches Archiv für Soziologie*, 15 (1974), S. 166 ff., und zu den ideologischen Verzerrungen Jakob Taubes, »Die Entstehung des jüdischen Pariavolkes«, in: K. Engisch et al. (Hg.), *Max Weber. Gedächtnisschrift der Ludwig-Maximilians-Universität München*, Berlin 1966, S. 185 ff. Ferner Eugène Fleischmann in *Max Webers Studie über das antike Judentum*, S. 263 ff.

mus schufen, einen wichtigen Stellenwert. Weber verweist mit diesem Begriff letztlich auf die Randstellung eines fremden Volkes. Wie immer man die innere Lage dieses Volkes in den verschiedenen historischen Epochen und Ländern beurteilt,[215] für die äußere Lage scheint zu gelten: daß die Juden als eine weitgehend askriptiv rekrutierte, durch rituelle Schranken nach außen ›geschlossene‹ Sondergemeinschaft ohne autonomen politischen Verband zwar nicht individuell, aber doch kollektiv in einer fremd- *und* selbstauferlegten Randstellung verblieben sind.[216] Nicht die These von der Doppelmoral, sondern die von der Randstellung ist in meinen Augen, soziologisch gesehen, entscheidend. Denn sie erklärt, weshalb das Diasporajudentum hohe Innovationskapazität mit geringer Diffusionskapazität kombiniert. Zwar steht auch der asketische Protestantismus zunächst ›am Rande‹. Doch ist seine Stellung von Beginn an nicht marginal, sondern heterodox. Eine heterodoxe Bewegung unterscheidet sich von einer marginalen dadurch, daß sie nicht nur

215 Vgl. dazu besonders die kritischen Anmerkungen bei Cahnmann, »Der Pariah und der Fremde«, S. 170 ff., der auf S. 172 formuliert: »Die Berufsstruktur der Juden blieb in den Ländern der ersten Diaspora, d. h. in den Mittelmeerländern, reich gegliedert bis zum Anfang des 15. Jahrhunderts. In den Ländern der zweiten Diaspora, d. h. in West- und Nordeuropa, wo sie einseitiger war, blieb sie nichtsdestoweniger hochgeschätzt bis in die Epoche der Kreuzzüge hinein.« Überhaupt leidet die Webersche Konstruktion darunter, daß viele seiner Thesen schon für das nachexilische antike Judentum vermutlich erheblich modifiziert werden müssen und daß die von ihm unterstellte Kontinuität des Judentums vom Ende des Altertums bis zum Beginn der Neuzeit nicht besteht. Zum ersten vgl. den Beitrag von Günter Stemberger in *Max Webers Studie über das antike Judentum*, S. 185 ff., zum zweiten unter anderem Hans G. Liebeschütz, *Das Judentum im deutschen Geschichtsbild von Hegel bis Max Weber*, Tübingen 1967, S. 320, wo es heißt: »Es scheint aber zweifelhaft, ob Weber diese These einer ungebrochenen Kontinuität in der jüdischen Daseinsform aufrechterhalten hätte nach Durchführung seiner Absicht, das patristische Zeitalter und das Mittelalter von seiner Problemstellung her zu untersuchen.«
216 Ich modifiziere hier Webers Definition in WuG, S. 300 und nehme Cahnmanns Vorschlag auf, die Juden nicht nur als ein Randhandelsvolk, sondern als ein fremdes Volk zu definieren. Vgl. »Der Pariah und der Fremde«, S. 173.

auf ein Zentrum bezogen ist, sondern zugleich objektiv die Chance hat, in dieses vorzustoßen. Sie verbindet hohe Innovationskapazität mit hoher Diffusionskapazität.[217]

Weber hat also ideelle und institutionelle Gründe, wenn er behauptet, das Judentum habe trotz einer rationalen religiösen Ethik des innerweltlichen Handelns keinen entscheidenden Beitrag zur Entbindung der modernen kapitalistischen Wirtschaftsgesinnung geleistet. Die jüdische religiöse Ethik bleibt in seinen Augen eine Gesetzesethik, mit der sich keine ethische Rationalisierung der ökonomischen Außenbeziehungen verbindet, und sie hat einen kollektiven Träger, der in bezug auf das jeweilige kulturelle Zentrum in einer fremd- und selbstauferlegten Randstellung lebt. Doch diese religiöse Ethik sieht nicht nur in der Wirtschaft keinen Bereich religiöser Bewährung, sie versieht überhaupt eine »rationale Bewältigung der ›Welt‹« mit keinerlei religiösen Prämien.[218] Sie fordert vielmehr eine Haltung zur Welt, die Weber Weltanpassung nennt.[219] Diese ist das Resultat hauptsächlich von zwei religiösen Faktoren: den Diesseitsverheißungen und dem »Fehlen systematischer Askese«,[220] das mit dem Fehlen einer Gesinnungsethik zusammenhängt.

Damit ist die Interpretation von Webers Analyse des antiken Judentums und seiner historischen Wirkungen abgeschlossen. Sie hat zu klären versucht, weshalb Weber der altisraelitischen religiösen Ethik eine konstitutive Bedeutung insbesondere für die okzidentale Kulturentwicklung zuspricht und weshalb er dennoch behauptet, die jüdische religiöse Ethik, die aus ihr hervorging, habe, anders als die religiöse Ethik des asketischen Protestantismus, nicht an der Herausbildung der modernen kapitalistischen Wirtschaftsgesinnung entscheidend mitgewirkt. Weber folgt in seiner Rekonstruktion der israelitisch-jüdischen

---

217 Dies motiviert mich dazu, die elementare Typologie der Träger religiöser Ideen um den Typus der marginalen Eliten bzw. Massen zu erweitern. Vgl. dazu Wolfgang Schluchter, *Rationalismus der Weltbeherrschung*, S. 12.

218 Max Weber, RS III, S. 360.

219 Vgl. Max Weber, WuG, S. 367, wo er das Judentum neben Konfuzianismus und Islam als die »dritte in gewissem Sinn ›weltangepaßte‹, jedenfalls aber ›weltzugewendete‹« Religion einstuft.

220 Ebd.

Religionsentwicklung zunächst einer historischen Periodisierung: Bundeszeit, Zeit des Königtums in seinen verschiedenen Varianten, Exilszeit und Nachexilszeit, die noch einmal in die Zeit vor und die Zeit nach der Zerstörung des Zweiten Tempels eingeteilt werden kann. In diese historische Periodisierung werden drei soziologische Konstellationen eingebettet: die Konstellation des kriegerischen Bauern- und Hirtenbundes mit dem Lebensschwerpunkt auf dem Lande, der Konkurrenz von Magiern, Orakelpriestern und Kriegspropheten sowie der ›Einheit‹ von Religion und Politik; die Konstellation des Königtums mit dem Lebensschwerpunkt in der Stadt, der Konkurrenz zwischen Kultpriestern, Thorapriestern und Thorapropheten und der Differenzierung von Religion und Politik; und schließlich die Konstellation der Hierokratie mit dem Lebensschwerpunkt in der Stadt, der Konkurrenz zwischen verschiedenen Priestersippen bei Abschichtung der vollwertigen Priester von den Leviten, Kultdienern und Gemeindegenossen sowie einer theokratischen ›Einheit‹ von Religion und Politik. Von diesen drei Konstellationen steht die zweite im Mittelpunkt der Analyse. Sie besitzt das größte Innovationspotential. Dies ist auf die mit ihr verbundene offene Konkurrenzsituation zurückzuführen, auf die Konkurrenz zwischen magischen, religiösen und politischen Eliten einerseits, auf die Konkurrenz zwischen allen Kategorien religiöser Eliten andererseits. Eine solch offene Konkurrenzsituation hat es weder vor der Entstehung des Königtums noch nach dem Untergang der beiden Königreiche gegeben. Im ersten Fall fehlt dafür der institutionelle Rahmen, im zweiten Fall fehlen dafür Prophetie und politische Autonomie. Nicht zufällig ist es deshalb in der zweiten Konstellation im Vergleich zum mosaischen Ausgangspunkt zu einem revolutionären Durchbruch gekommen. Er führt zu einer rationalen religiösen Gesetzesethik, die zugleich gesinnungsethische Komponenten enthält. Erst diese Erfindung hat sowohl die jüdische wie die christliche Religionsentwicklung ermöglicht. Doch nicht das Judentum, sondern das Christentum, genauer: der asketische Protestantismus, hat die gesinnungsethischen Komponenten zu einer rationalen Gesinnungsethik des innerweltlichen Handelns systematisiert. Nur der asketische Protestantismus vermochte die altisraelitische religiöse Ethik erneut revolutionär zu transformieren und das mit ihr verbundene religiös motivierte Weltverhältnis zu einem Rationalismus der Welt*beherrschung* fortzuentwickeln. Das Judentum dagegen bleibt letztlich bei einem Rationalismus der ›Weltanpassung‹ im Sinne positiver Weltzuwendung, Weltbearbeitung, stehen.

6. Schlußbetrachtung:
Entwicklung und Vergleich

Nicht zuletzt diese Folgerung motiviert dazu, die vorgetragene Interpretation zum Schluß noch einmal unter systematischen Gesichtspunkten zu überdenken. Denn sie könnte als ein Hinweis darauf verstanden werden, daß Weber in seiner Religionssoziologie nicht nur die Wirkung von Religionen unter bestimmten historischen und soziologischen Fragestellungen wertfrei untersucht, sondern daß er auch wertend ihr Verhältnis bestimmt. Der asketische Protestantismus, so könnte man vermuten, steht für Weber gegenüber dem Judentum auf einer höheren Entwicklungsstufe. Und er hat deshalb ihm gegenüber höheren Rang. Auch bei seiner Analyse des Übergangs von der altisraelitischen zur jüdischen religiösen Ethik könnten solche Werturteile mitspielen. Dieser Übergang scheint nämlich für ihn gekennzeichnet nicht durch Fortschritt, sondern durch Verfall. Nur weil bestimmte Strömungen im Christentum immer wieder auf die durch das Judentum verstellte altisraelitische religiöse Tradition zurückgriffen, konnte diesem Verfall erfolgreich entgegengearbeitet werden. Nur dadurch wurden die richtungweisenden Erfindungen dieser Ethik für die okzidentale Kultur bewahrt.[221]

Doch so naheliegend eine solche Sicht ist, sowenig vermag sie den systematischen Ansatz und auch das systematische Problem der Weberschen Religionssoziologie zu erreichen. Sie bleibt seiner Position völlig äußerlich. Gewiß: In Webers Perspektive ist weniger die jüdische als vielmehr die altisraelitische religiöse Ethik zum »Angelpunkt der ganzen Kulturentwicklung des Okzidents und des vorderasiatischen Orients« gewor-

---

221 Diese Interpretation hat Ähnlichkeiten mit der, die Eugène Fleischmann in *Max Webers Studie über das antike Judentum*, S. 263 ff. vorträgt.

den.[222] Und deshalb muß für ihn der Rückgriff auf sie von entwicklungsgeschichtlicher Bedeutung sein. Doch dieser Angelpunkt hat eben nicht nur eine, sondern mehrere religiöse Entwicklungen ermöglicht. Und an keiner Stelle hat er diese Entwicklungen in das Korsett eines unilinearen Entwicklungsmodells gezwängt. Zwar laufen diese religiösen Entwicklungen nicht nur nebeneinander, sondern sie kreuzen sich und stehen deshalb auch im Verhältnis wechselseitiger Bedingtheit und historischer Folge. Doch sie gehorchen auch ›eigenen Gesetzen‹. Und deshalb bilden sich mit ihnen *alternative* Weltverhältnisse aus. Tatsächlich operiert Weber in seiner Religionssoziologie in meinen Augen mit einer Theorie alternativer Weltverhältnisse. Er unterscheidet Religionen danach, ob sie eine aktive oder eine passive und ob sie eine innerweltliche oder eine außerweltliche Haltung begünstigen. Man kann dies als Ausprägungen von zwei voneinander unabhängigen Dimensionen ansehen. Dies führt zu vier Weltverhältnissen, die man als Weltbeherrschung, Weltüberwindung, Weltanpassung und Weltflucht bezeichnen kann.[223] Diese Typologie von Weltverhältnissen läßt sich im inter- und intrakulturellen Vergleich verwenden. Dies hat Weber in seiner Analyse der israelitisch-jüdisch-christlichen Religionsentwicklung getan. Es ist meine These, daß er in der Studie über das antike Judentum die allgemeine Entwicklungsrichtung der vorderasiatisch-okzidentalen Kulturreligionen klärt, innerhalb deren alternative, und das heißt: gleichrangige, religiös motivierte Weltverhältnisse ausgearbeitet wurden. Zu diesen Alternativen aber zählen asketischer Protestantismus *und* Judentum.

222 Max Weber, RS III, S. 7.
223 Vgl. dazu Wolfgang Schluchter, *Die Entwicklung des okzidentalen Rationalismus*, S. 230 ff., bes. S. 242. Ich habe in dieser Studie diese fundamentalen Weltverhältnisse noch stark am Orient-Okzident-Vergleich orientiert und damit die Gotteskonzeption gleichsam in die Typologie hereingezogen. Inzwischen bin ich der Meinung, daß man alle fundamentalen Weltverhältnisse bei den Kulturreligionen sowohl des Orients wie des Okzidents nachweisen kann, daß man also die beiden Gotteskonzeptionen als Kontextbedingungen für die Anwendung dieser Typologie behandeln muß. Vgl. dazu *Religion und Lebensführung*, Kap. 6 A.

Die allgemeine Entwicklungsrichtung für die religiöse *Ethik* wurde durch die altisraelitische Religion geschaffen. Darin liegt ihre überragende Kulturbedeutung, der in der Antike nur noch »die Entwicklung der hellenischen Geisteskultur und, für Westeuropa, des römischen Rechts und der auf dem römischen Amtsbegriff fußenden römischen Kirche« zur Seite stehen.[224] Diese Bedeutung hängt vor allem mit der überweltlichen Gotteskonzeption zusammen. Durch sie wird der Akzent auf Geschichte und Handeln und nicht, wie bei der immanenten Gotteskonzeption Asiens, auf ewige Ordnung und ›Nichthandeln‹ gelegt.[225] Diese überweltliche Gotteskonzeption bringt nicht nur den prinzipiellen Dualismus von göttlicher und weltlicher Ordnung, sie interpretiert ihn auch als konflikthaft, und sie reguliert ihn über ethische Normen. Damit vertritt sie einen ethischen Monotheismus, der, wenn auch mit Modifikationen, die Kulturreligionen Vorderasiens und besonders des Okzidents bestimmt. Er wird zur Basis ihrer grundlegenden Weltsicht, die man als theozentrisch bezeichnen könnte.[226] Diese Weltsicht aber favorisiert Weltablehnung als Weltzuwendung, nicht als Weltabwendung.

Diese aus dem Vergleich mit Asien gewonnene allgemeine Entwicklungsrichtung der westlichen Kulturreligionen bildet aber nur den allgemeinen ideellen Rahmen, in dem diese sich bewegen. Sie legt die restriktiven Bedingungen fest, unter denen diese stehen. Ihr Weltverhältnis läßt sich aber aus diesem allgemeinen Rahmen nicht deduzieren. Dies schon deshalb nicht, weil eine Gotteskonzeption nur in Verbindung mit »der Art der religiösen Verheißungen und der dadurch bestimmten Heilswege« wirkt.[227] Dies aber auch deshalb nicht, weil selbst die altisraelitische religiöse Ethik, die diese Gotteskonzeption erfindet, kein ausgeklügeltes Buch darstellt, sondern die verschiedensten, teilweise widersprüchlichen Motivreihen in sich vereinigt. Sie läßt deshalb auch verschiedene Anschlußselektionen zu. Diese

224 Max Weber, RS III, S. 7.
225 Vgl. dazu Max Weber, RS I, S. 538 ff.
226 Vgl. dazu Wolfgang Schluchter, *Die Entwicklung des okzidentalen Rationalismus*, S. 230 ff., bes. S. 234 und ders., *Rationalismus der Weltbeherrschung* S. 15 ff.
227 Max Weber, RS I, S. 538.

sind denn auch nicht auf das nachexilische Judentum beschränkt geblieben. Weber ist der Meinung, daß sich zumindest das Urchristentum und der asketische Protestantismus gleichfalls auf Aspekte der altisraelitischen religiösen Ethik beziehen. Während das nachexilische Judentum vor allem die rationale Gesetzesethik der vorexilischen Thoralehrer fortführt, hält sich das Urchristentum an die Gottesknechtsprophezeiung und der asketische Protestantismus an die »rationale Gesinnungsethik« der Propheten.[228] Dies aber hat mit dazu beigetragen, daß es in diesen drei Strömungen zu ganz verschiedenen Weltverhältnissen kommt. Während das Urchristentum zwischen Weltflucht und Weltüberwindung schwankt und letztlich weltindifferent bleibt, ist vom asketischen Protestantismus die Weltbeherrschung, vom Judentum aber die Weltanpassung, im Sinne nichtasketischer Weltbearbeitung im Rahmen der überweltlichen Gotteskonzeption konsequent rationalisiert worden. Sie bilden deshalb die beiden wichtigsten Vertreter einer religiös motivierten Haltung der Innerweltlichkeit im Okzident. Allerdings gibt es bei Weber eine Argumentationslinie, die dieser Interpretation widerstreitet. Sie hat mit der Unterscheidung in Gesetzesethik und Gesinnungsethik zu tun. Diese bezieht sich auf eine Folge, nicht auf eine Alternative. Und insofern der asketische Protestantismus eine Gesinnungsethik, das Judentum aber eine Gesetzesethik vertritt, scheint jener gegenüber diesem auf einem höheren Entwicklungsniveau zu stehen. Tatsächlich ist Webers Analyse nicht frei von solchen Implikationen. Doch hat dies weniger mit ideologischer Befangenheit als vielmehr mit systematischen Problemen zu tun.

Weber will nämlich in seiner Religionssoziologie neben dem Reduktionismus auch den überkommenen Evolutionismus überwinden. Dieser rekonstruiert die Menschheitsgeschichte mit Hilfe einer universalen Stufentheorie. Sie ist so angelegt, daß die jeweils höhere Stufe auf der jeweils niedrigeren aufbaut und daß sie deren Errungenschaften in sich ›aufbewahrt‹. Dieser Ansatz müßte, auf Webers Religionssoziologie angewandt, unter den Weltreligionen tatsächlich das Christentum und unter den christlichen Strömungen tatsächlich den asketischen Prote-

228 Vgl. Max Weber, RS III, S. 233.

stantismus zur höchsten Stufe der Religionsenwicklung machen. Um dem entgegenzuwirken, vertritt Weber eine Theorie alternativer Entwicklungen auf der Basis idealtypischer Entwicklungskonstruktionen, die von der Grundüberzeugung lebt, daß keine Religion, keine Kulturgestalt, die historischen Möglichkeiten des Menschen auszuschöpfen vermag. Dennoch ist auch er gezwungen, Entwicklungsniveaus zu unterscheiden. Dies zeigt schon seine Diskussion von Magie und Religion. Der typologisch vergleichenden Perspektive steht deshalb eine entwicklungsgeschichtliche gegenüber. Es gibt Werkteile, in denen eher die eine, solche, in denen eher die andere dominiert. Es ist nicht zufällig, daß Webers Werk heute als Anknüpfungspunkt sowohl für Evolutionstheoretiker wie für Vertreter einer vergleichenden Soziologie dient.[229] Dieser doppelte Zugang erzeugt eine Spannung, die sich gerade an seiner Analyse des Judentums studieren läßt. Diese liegt gleichsam im Schnittpunkt von vergleichender und entwicklungsgeschichtlicher Interpretation. Indem Weber sich auf diese Spannung einließ, hat er am Judentum mehr gesehen als die Soziologen vor ihm und als die Mehrzahl seiner Zeitgenossen. Und er hat nicht nur das Judentum am asketischen Protestantismus, sondern auch diesen am Judentum ›relationiert‹. Will man der theoretischen, historischen und auch praktischen Spannweite seiner Analyse gerecht werden, so darf man sie weder ideologiekritisch unterlaufen noch auch nach der typologisch vergleichenden oder nach der entwicklungsgeschichtlichen Richtung hin vereinseitigen. Sonst verfehlt man die Aktualität von Webers Religionssoziologie, ja seiner Soziologie als ganzer: daß sie auf eine Theorie von kulturellen Entwicklungsniveaus und ihren alternativen Weltverhältnissen sowie auf deren Entwicklungsgeschichten zielt.

229 Für diese beiden Richtungen der Weberrezeption können die Namen Parsons und Bendix in den USA sowie Winckelmann und Tenbruck in der Bundesrepublik stehen.

8. Ursprünge des Rationalismus der Weltbeherrschung
Das antike Christentum

1. Der Ausgangspunkt: Die Pharisäer
2. Die Gesinnungsrevolution durch Jesus und Paulus
3. Von der charismatischen Gelegenheitsvergemeinschaftung zur charismatischen Dauervergemeinschaftung
4. Die paulinische Gemeinde als charismatische Gemeinde
5. Talmudisches Judentum, frühes Christentum und ›Welt‹
6. Von der charismatischen Vergemeinschaftung zur charismatischen Vergesellschaftung
7. Die christliche Kirche als charismatische Anstalt
8. Der Endpunkt: Der asketische Protestantismus

>»Die Loslösung von dem Gedanken des national-theokratischen Judenstaates einerseits, und andererseits das *Fehlen* ›sozialer‹ Probleme (im Sinne des Altertums) für seine Anhänger waren ja gerade diejenigen Grundbedingungen, unter denen das Christentum überhaupt ›möglich‹ wurde. Gerade der Glaube an die *Dauer* der Römerherrschaft *bis an das Ende der Tage* und also an die *Sinnlosigkeit* ›sozialreformatorischer‹ Arbeit, die *Abwendung* von allen ›Klassenkämpfen‹ waren der Boden, aus dem die christliche, rein ethische und charitative weltfremde ›Nächstenliebe‹ quoll«.
>
> Max Weber, SW, S. 189f.

1. Der Ausgangspunkt: Die Pharisäer

Im Rahmen seiner Aufsatzserie zur Wirtschaftsethik der Weltreligionen wollte Max Weber auch eine Monographie über das Urchristentum schreiben. Doch dazu kam er nicht mehr. Dies bedeutet nicht, daß das Urchristentum in seinem Werk keine Rolle spielte. Im Gegenteil: Im religionssoziologischen Abschnitt von *Wirtschaft und Gesellschaft,* aber auch zum Beispiel in der Studie über Hinduismus und Buddhismus ist häufig vom alten Christentum die Rede. Und in den herrschaftssoziologischen Abschnitten von *Wirtschaft und Gesellschaft* dient die Jesusbewegung unter anderem als ›Material‹, aus dem der Typus charismatischer Herrschaft entwickelt ist. Vor allem aber: In der Studie über das antike Judentum fungiert das Urchristentum als einer der Fluchtpunkte, auf die die Untersuchung zuläuft. Denn mit dieser Monographie will Weber ja nicht allein die Eigenart und die Entstehung des Alten Testaments nachzeichnen, sondern auch zeigen, wie sich talmudisches Judentum und antikes Christentum trennten, wie aus der Täufer- und Jesusbewegung als einer innerjüdischen Erneuerungsbewegung eine vom Judentum unterschiedene Kulturreligion geworden ist. Für Weber ist die schrittweise Trennung mit beeinflußt durch das Wirken der religiösen Eliten, der jüdischen Rabbinen und der christlichen, insbesondere paulinischen Missionare. Beide Gruppen knüpfen bei ihrer Arbeit an Errungenschaften des pharisäischen Judentums an. Weber behandelt diesen doppelten Anschluß zumindest andeutungsweise in seinem Fragment über die Pharisäer. Dieses war wohl bereits als Teil einer umfassenderen Studie konzipiert. Sie sollte vermutlich von der Makkabäerzeit bis zur Komposition des Talmud reichen. Der dafür reservierte Titel lautet: Das talmudische Judentum.[1]

Weber sieht dabei das Judentum auf dem Weg zu einer bürgerlichen Gemeindereligiosität, eingebunden in eine bürgerlichstädtische Entwicklung und geistig geprägt von kleinbürgerlichen, vor allem handwerklichen Gruppen. Daß diese hier zu geistigen Trägern einer Religiosität aufsteigen konnten, ist in seinen Augen ein religionsgeschichtlich neues Phänomen. Er sieht aber darüber hinaus das Judentum gerade in dieser Phase auf dem Wege zu einem gesteigerten inneren Pluralismus. Er ist nicht zuletzt Folge der Tatsache, daß die Pharisäer in ihrem Kampf gegen die Sadduzäer das Bildungsprinzip gegen das Geburtsprinzip durchsetzen, daß dadurch an die Stelle einer reli-

---

1 Zu diesen werkgeschichtlichen Zusammenhängen vgl. *Religion und Lebensführung,* Kap. 13.

giösen Positionsaristokratie eine religiöse Qualitäts- oder Leistungsaristokratie tritt.[2] Dies führt zur Öffnung der sozialen und geistigen Beziehungen. Und so stimuliert die pharisäische Bewegung andere Virtuosenbewegungen, etwa die der Essener, die Weber eine radikale Pharisäersekte bzw. einen radikalen Pharisäerorden nennt.[3] Die Essener vollzogen eine »Vermählung von sakramenteller Mysterienreligiosität mit dem levitischen Reinheitsritualismus«.[4] Doch diese bleibt, obgleich dabei fremde Einflüsse, insbesondere persische, verarbeitet werden, noch innerhalb des Bezugsrahmens des Pharisäismus. Solche Sonderentwicklungen schaffen zwar Spannungen, doch führen sie nicht zum Bruch mit dem herrschenden symbolischen Universum, und sie können deshalb letztlich geduldet werden, so wie die »Tempel- und Gesetzes-treue judenchristliche Nazaräer-Gemeinde« in Jerusalem zunächst als eine jüdische Sonderbewegung geduldet wird.[5]

Allerdings trägt die urchristliche Bewegung nach Webers Urteil von vornherein das Potential in sich, den alten Bezugsrahmen zu sprengen. Anders als die Essener, die die pharisäische Vorgabe ritualistisch überbieten, steht bei der urchristlichen Bewegung ihre gesinnungsethische Sublimierung im Mittelpunkt. Dies aber heißt: nicht nur Modifikation, sondern Sturz der überkommenen Werte. Statt daß der ›Geist‹ am ›Gesetz‹ kontrolliert wird, kontrolliert jetzt der ›Geist‹ das ›Gesetz‹. Da-

2 Vgl. zu diesen Unterscheidungen *Religion und Lebensführung*, Kap. 6 A. Zum Verhältnis von Pharisäern und Sadduzäern unter diesem Gesichtspunkt Max Weber, RS III, S. 407f.

3 Ebd., S. 423. Weber datiert ihr Entstehen bis auf das 2. vorchristliche Jahrhundert zurück. Er benützt für seine Skizze offensichtlich Josephus. Vgl. aus dem *Jüdischen Krieg* Buch II, 8. Kap. Er bestreitet weder die Existenz anderer Sekten noch das Fehlen asketischer Institutionen im Judentum. Vgl. auch seinen Hinweis auf die Koräer, für ihn ein Fall von asketischer Sektenbildung. Natürlich standen ihm die Qumran-Funde nicht zur Verfügung. Inwieweit sie ihn zur Revision seines ›Bildes‹ von der vorchristlichen Phase der jüdischen Entwicklung gezwungen hätten, ist schwer zu sagen. Vgl. dazu die Ausführungen von Shemaryahu Talmon in Wolfgang Schluchter (Hg.), *Max Webers Sicht des antiken Christentums. Interpretation und Kritik*, Frankfurt 1985, S. 233 ff.

4 RS III, S. 426.

5 Ebd., S. 426 f.

durch wird die Normanwendung flexibel. Freilich führt dies neben einer verschärften und verinnerlichten Problematik die Gefahr des Anomismus herauf.[6] Nur eine Umwertung im Verhältnis von ›Geist‹ und ›Gesetz‹, die das ›Gesetz‹ nicht außer Kraft setzt, sondern Art und Umfang seiner Geltung neu regelt, vermochte deshalb die urchristliche Bewegung in Webers Sicht davor zu bewahren, eine pneumatische innerjüdische Sekte zu bleiben. Unter diese Perspektive stellt er aber nicht allein die religionsgeschichtliche Entwicklung von etwa 200 v. bis 200 n. Chr., sondern die Analyse des antiken Judentums insgesamt. Dies drückt die Passage aus, die Weber seiner Studie über das antike Judentum voranstellt: »Die weltgeschichtliche Tragweite der jüdischen religiösen Entwicklung ist begründet vor allem durch die Schöpfung des ›Alten Testamentes‹. Denn zu den wichtigsten geistigen Leistungen der paulinischen Mission gehört es, daß sie dies heilige Buch der Juden als ein heiliges Buch des Christentums in diese Religion herüberrettete und dabei doch alle jene Züge der darin eingeschärften Ethik als nicht mehr verbindlich, weil durch den christlichen Heiland außer Kraft gesetzt, ausschied, welche gerade die charakteristische Sonderstellung der Juden: ihre Pariavolkslage, rituell verankerten. Man braucht sich, um die Tragweite dieser Tat zu ermessen, nur vorzustellen, was ohne sie eingetreten wäre. Ohne die Übernahme des Alten Testamentes als heiligen Buches hätte es auf dem Boden des Hellenismus zwar pneumatische Sekten und Mysteriengemeinschaften mit dem Kult des Kyrios Christos gegeben, aber nimmermehr eine christliche Kirche und eine christliche Alltagsethik. Denn dafür fehlte dann jede Grundlage. Ohne die Emanzipation von den rituellen, die kastenartige Absonderung der Juden begründenden Vorschriften der Thora aber wäre die christliche Gemeinde ganz ebenso wie etwa die Essener und Therapeuten eine kleine Sekte des jüdischen Pariavolks geblieben.«[7]

Die frühchristliche Bewegung schafft sich zwar neue heilige Bücher, vor allem in der zweiten Hälfte des ersten Jahrhunderts, sie übernimmt aber auch die der Juden. Dabei ist freilich

6 Weber formuliert dies im Zusammenhang mit der Unterscheidung zwischen Gesetzesethik und Gesinnungsethik. Vgl. dazu WuG, S. 349.
7 RS III, S. 6 f.

für Weber entscheidend, daß sie dies selektiv und in einem neuen Bezugsrahmen tut. Es sind vor allem drei religiöse Quellen, die den Ideenfluß der neuen Bewegung in ihrer Konstitutionsphase speisen: das Jesajabuch, das Danielsbuch und das Buch Joel. Weber sieht in diesen prophetischen Schriften der Exils- und Nachexilszeit ihre wichtigsten ›alttestamentlichen‹ Anknüpfungspunkte: im Jesajabuch, speziell im Deuterojesaja, die positive Wertung und ethische Wendung des unverdienten Leidens, im Danielsbuch die Menschensohnlehre und im Buch Joel die Lehre von der Ausgießung des Geistes, durch die »der ›Geist‹ als eine ekstatische *Massen*erscheinung« gerechtfertigt werden kann.[8] Von diesen drei Quellen hat die erste überragende Bedeutung. Denn »ohne die höchst besondersartigen Verheißungen des unbekannten großen Schriftstellers der Exilszeit, der die prophetische Theodizee des Leidens Jes. 40-55 verfaßt hat, insbesondere die Lehre vom lehrenden und schuldlos freiwillig als Sühnopfer leidenden und sterbenden Knecht Jahwes wäre trotz der späteren Menschensohn-Esoterik die Entwicklung der christlichen Lehre vom Opfertod des göttlichen Heilands in ihrer Sonderart gegenüber andern äußerlich ähnlichen Mysterienlehren nicht denkbar gewesen.«[9] Die Bindung an die Thora und an den ethischen Gehalt der jüdischen Prophetie gibt also dem emotionalen Pneuma Richtung. Der neue Bezugsrahmen aber zeigt sich am klarsten in der Umprägung des jüdischen ›Geist‹-Begriffs, wie ihn etwa noch das Joelbuch, aber auch das Jesajabuch (Jes 63, 10-11) verwendet. Weber stellt fest, daß in der christlichen Bewegung »das Pneuma von wesentlich anderer Dynamik war als der ruach-ha-kodesch des korrekten Judentums.«[10]

Die Sonderart der frühchristlichen Bewegung läßt sich allerdings nicht allein nach den religiösen Quellen und ihrer Verbindung bestimmen. Es ist ja gerade die Leistung der Weberschen Religionssoziologie, daß darin neben den religiösen Quellen auch die materiellen und ideellen Interessen der religiösen Eliten und der ›betroffenen‹ Massen als gleichwertige Faktoren berücksichtigt werden. Vor allem aber: die Stoßrichtung einer

8 Ebd., S. 397. Weber stellt die Verbindung zum NT über Act 2, 16-21 her.
9 RS III, S. 7.
10 Ebd., S. 441.

neuen Bewegung kann nur eine Konstellationsanalyse klären. Denn man muß nicht nur wissen, wofür, sondern auch, wogegen eine Bewegung auftritt und zu welchen Gegenreaktionen dies führt. Keine soziale Bewegung, auch keine religiöse, entfaltet sich ausschließlich ›selbstbestimmt‹, ohne auf Aktionen und Reaktionen der Umwelt zu reagieren. Interessanterweise sieht Weber nun besonders die Jesusbewegung gegen den antimagischen, zwar intellektualistischen, aber nicht eigentlich philosophisch, sondern eher praktisch-ethisch orientierten jüdischen Rationalismus gerichtet. Jesus – so Weber – lehnt sich gegen diesen intellektualistischen Grundzug auf. Nicht proletarische Instinkte sind es, wie Karl Kautsky dachte, »sondern die Art der Gläubigkeit und das Niveau der Gesetzeserfüllung des Kleinstädters und Landhandwerkers, im Gegensatz zu den Virtuosen des Gesetzeswissens …, was in dieser Hinsicht seinen Gegensatz bildet gegen die auf dem Boden der Polis Jerusalem gewachsenen Schichten«,[11] nicht die unterschiedliche Klassenlage, sondern der Gegensatz zwischen Großstadt und Kleinstadt, Großstadtmensch und ›Landmann‹, Zentrum und Peripherie in einer im Römischen Reich selbst peripherisierten Region. Dem ›ländlichen‹ Antiintellektualismus Jesu entspricht durchaus, daß er an Magie und Dämonenglauben anknüpft. Freilich: Der aus der jüdischen Tradition übernommene ethische Rationalismus gibt dieser Magie und diesem Dämonenglauben von vornherein eine soteriologische und gesinnungsethische Färbung. Weber betont immer wieder: Ohne diesen Hintergrund wäre das Urchristentum auf dem Niveau einer pneumatischen Sekte oder einer Mysterienreligion stehengeblieben. Er betont aber auch: Nicht diese rationalen, sondern seine nichtrationalen Bestandteile machten seine Anziehungskraft aus. Anders als das pharisäische Judentum, das mit seinem Gottesbegriff, seiner Ethik und dem damit verknüpften Ritual vor allem rational motivierte Menschen ansprach, kam das Urchristentum jenen entgegen, die sich nach irrationalen Heilszuständlichkeiten sehnten.[12] Es war attraktiv für Menschen, die der nüchterne

11 WuG, S. 371, ähnlich S. 379. Der Bezug auf Kautsky ist indirekt. Das Urchristentum ist für Weber natürlich auch nicht Produkt eines ›Sklavenaufstands der Moral‹.

12 Vgl. RS III, S. 437 f. Weber spricht übrigens von der mächtigen Anzie-

religiöse Rationalismus der jüdischen Lebensordnung ›geistlich arm‹ ließ und die nach »pneumatischen ›Uebermenschen‹« als Helfern aus äußerer und vor allem innerer Not verlangten, deren außeralltägliches und antiinstitutionelles Handeln ihnen als Anzeichen für Gnadengabe erschien.[13]

2. Die Gesinnungsrevolution durch Jesus und Paulus

In Webers Sicht begründen also der Täufer und Jesus eine pneumatisch-prophetische Bewegung. Dies, nicht ihre soziale Zusammensetzung oder ihr ›peripherer‹ Ursprung, macht, typologisch gesehen, letztlich den entscheidenden Unterschied zum Virtuosentum der Pharisäer aus. Folgt man Gerd Theißen, so hat diese Bewegung Anteil am zeitgenössischen Wandercharismatismus. Dieser stellt eine in Palästina und darüber hinaus weitverbreitete Lebensform ›am Rande der Gesellschaft‹ dar.[14] Charismatische Bewegungen dieser und ähnlicher Art besitzen freilich, so eine der Hauptthesen in Webers Herrschaftssoziologie, keine langfristigen Überlebenschancen. Dies hat mit ihrer ungefestigten Struktur zu tun. Sie gibt es bei Nichtseßhaften und Seßhaften gleichermaßen. Sie ist Folge der ›Wirtschaftsenthobenheit‹, vor allem aber der extremen Personalisierung charismatischer Autoritätsbeziehungen, die keine Organisation im üblichen Sinne erlauben. Dies heißt natürlich nicht, daß charismatische Bewegungen strukturlos wären. Doch kennen sie für ihre Sendung keine äußeren, sondern nur »innere Bestimmtheiten und Grenzen« und für ihre Durchsetzung keine ›Beamten‹,

hungskraft der rituell geregelten jüdischen Lebensordnung auf die Hellenen nach dem Zusammenbruch der national-hellenischen Staaten und in der letzten Phase der römischen Republik. Insofern sehe ich keinen grundlegenden Gegensatz zu der Feststellung von John G. Gager, das Attraktive am Judentum sei gerade sein Ritual gewesen. Vgl. seinen Beitrag in Wolfgang Schluchter (Hg.), *Max Webers Sicht des antiken Christentums. Interpretation und Kritik*, Frankfurt 1985, S. 385 ff.

13 Zu dieser Formulierung, in der Weber nietzscheanische Begriffe, wie an vielen anderen Stellen auch, ironisch aufnimmt, vgl. RS III, S. 430.

14 Vgl. Gerd Theißen, *Studien zur Soziologie des Urchristentums*, 2. Aufl., Tübingen 1983, bes. S. 83 ff.

sondern nur persönliche ›Organe‹, etwa in Gestalt einer Jüngerschaft. Nur wo eine Bewegung diese Strukturform bewahrt, kann sie ein »stürmisch-emotionale(s) wirtschaftsfremde(s) Leben« führen.[15] Und sie bleibt deshalb von anderen, gefestigteren Strukturformen abhängig. Das zeigt sich schon bei dem Versuch, über den engsten Kreis der Jünger hinaus zu wirken. Nicht zufällig haben Jesus und selbst noch Paulus die ›pharisäische‹ Institution der Synagoge gleichsam parasitär benutzt. Gewiß: Diese Institution war vorher schon eine Stätte der ›freien‹ Predigt, insbesondere der Predigt von geschulten Wanderlehrern.[16] Doch bei ihnen steht nicht mehr das Gesetzeswissen, sondern pneumatische Gnadenspendung im Vordergrund.

Weber sieht, daß zwischen dem trotz prophetischer, apokalyptischer und messianisch-eschatologischer Strömungen im Kern nüchternen wissensbedingten Rationalismus der jüdischen Lebensordnung und der neuen pneumatischen Prophetie von Beginn an ein Konflikt schwelt, in dem sich zwar auch die Dialektik von ›Priester‹ und ›Prophet‹ im Judentum fortsetzt, der aber doch zugleich darüber hinausgeht. Jesus stößt eine *Gesinnungs*revolution an, die zu einer *Glaubens*religiosität führt. Ihre Radikalität zeigt sich nicht in erster Linie in der Überordnung der ›heiligen Gesinnung‹ über das ›heilige Recht‹, in der Durchdringung des Gehalts von Thora und ethischer Prophetie mit dem Liebesgebot oder in der Parusieerwartung, kombiniert mit einem rudimentären Ressentimentmoralismus, sondern in der Einbindung dieser und anderer Vorstellungen in eine nichtrationale innere Haltung »des schrankenlosen Gottvertrauens«.[17] Jesus ist auf die überintellektuelle Gesinnungsqualität des Glaubens aus. Seine Botschaft schafft Vereinheitlichung, Vereinfachung und Verinnerlichung der religiösen Lebensführung, aber auch einen neuen

15 WuG, S. 663, 669. Ich benutze die Herrschaftssoziologie der beiden Fassungen von WuG, ohne ihr Verhältnis zu diskutieren. Zur Systematisierung vgl. Wolfgang Schluchter, *Die Entwicklung des okzidentalen Rationalismus. Eine Analyse von Max Webers Gesellschaftsgeschichte*, Tübingen 1979, Kap. 5, bes. S. 180 ff. Ferner *Religion und Lebensführung*, Kap. 12.

16 So Weber in RS III, S. 431.   17 WuG, S. 343.

Heilsaristokratismus, der an die Stelle des Gesetzesvirtuosen den Glaubensvirtuosen setzt.

Dies aber ist mit der jüdischen Tradition letztlich unverträglich, und dies gilt unabhängig davon, ob diese Glaubensreligiosität, wie bei Johannes und Jesus, eher gefühlsmäßigen oder, wie etwa später bei Paulus, eher rational-ethischen Charakters ist.[18] Nur wer bereit ist, ganz auf Gott statt auf seine eigene intellektuelle Kraft zu vertrauen, wer um dieser Vertrauensbeziehung willen selbst seinen Intellekt opfert, kann ein wahrer Jünger Jesu und ein Kind oder ein Knecht Gottes werden.[19] Es ist dieser *innere* Antiintellektualismus, der nach Weber zu den Konstitutionsbedingungen des alten Christentums gehört. Er darf weder als freiwilliger Wissensverzicht noch als Ausfluß von Skepsis verstanden werden. Er ist vielmehr Ausdruck der Übervernünftigkeit, nicht Widervernünftigkeit dieses neuen Glaubens an Gott.[20]

18 Ebd., S. 345 in Verbindung mit 344. Es blieb aber wohl in beiden Fällen beim Gotteskindschaftsbewußtsein. Die asketische Gotteswerkzeugvorstellung ist Produkt des Mönchtums und des asketischen Protestantismus.

19 Ebd., S. 343.

20 Vgl. ebd. Weber verwendet an dieser und an anderen Stellen (vgl. etwa RS I, S. 566) die Formel credo quia absurdum (allerdings in der ungewöhnlichen Fassung credo, non quod, sed quia absurdum est) und verbindet sie mit der Formel sacrificium intellectus. Die erste wird Tertullian zugeschrieben, die zweite geht auf das I. Vatikanum zurück. Obgleich diese Formeln ›aufklärerische‹, ja ›kulturkämpferische‹ Töne mit sich führen, dienen sie Weber dazu, eine positive Bestimmung von Glauben zu geben. Bei ihm steht die Übervernünftigkeit des Glaubens im Vordergrund. Diese kann Widervernünftigkeit einschließen. Eine einleuchtende Interpretation der Tertullian-Formel, die dies berücksichtigt, gibt Windelband: »Danach ist nun bei Tertullian der Inhalt der Offenbarung nicht nur *übervernünftig,* sondern in gewissem Sinne auch *widervernünftig,* insofern unter Vernunft die natürliche Erkenntnistätigkeit des Menschen verstanden werden soll. Das Evangelium ist nicht nur unbegreiflich, sondern es ist auch im notwendigen Widerspruch mit der weltlichen Einsicht: *credibile est, quia ineptum est; certum est, quia impossibile est – credo quia absurdum.* Daher hat nach ihm das Christentum mit der Philosophie, Jerusalem mit Athen nichts zu schaffen: die Philosophie als natürliche Erkenntnis ist Unglaube; darum gibt es keine christliche Philosophie.« Vgl. Wilhelm Windelband, *Lehrbuch der Ge-*

In *Wirtschaft und Gesellschaft* findet sich eine Stelle, in der man Webers Hauptthese über Eigenart und Entwicklung des antiken Christentums formuliert sehen könnte: »Aber das Entscheidende für das Schicksal des alten Christentums war doch, daß es nach Entstehung, typischem Träger und dem von diesem für entscheidend angesehenen Gehalt seiner religiösen Lebensführung, eine Erlösungslehre war, welche, mochte sie manche Teile ihres soteriologischen Mythos mit dem allgemein orientalischen Schema gemein, vielleicht manches direkt umbildend, entlehnt und mochte Paulus schriftgelehrte Methodik übernommen haben, dennoch mit der größten Bewußtheit und Konsequenz sich vom ersten Anbeginn an *gegen* den Intellektualismus stellte. Sie stellte sich gegen die jüdische ritual-juristische Schriftgelehrsamkeit ebenso wie gegen die Soteriologie der gnostischen Intellektuellenaristokratie und vollends gegen die antike Philosophie. Daß die gnostische Degradation der ›Pistiker‹ abgelehnt wurde, daß die ›Armen am Geist‹ die pneumatisch Begnadeten, und nicht die ›Wissenden‹ die exemplarischen Christen sind, daß der Erlösungsweg nicht über das geschulte Wissen, weder vom Gesetz noch von den kosmischen und psychologischen Gründen des Lebens und Leidens, noch von den Bedingungen des Lebens in der Welt, noch von den geheimen Bedeutungen von Riten, noch von den Zukunftsschicksalen der Seele im Jenseits führt, – dies und der Umstand, daß ein ziemlich wesentlicher Teil der inneren Kirchengeschichte der alten Christenheit einschließlich der Dogmenbildung, die Selbstbehauptung gegen

schichte der Philosophie, 4. Aufl., Tübingen 1907, S. 187. (Diese Auflage wurde übrigens auch von Weber benutzt.) Die Formel findet sich bei Tertullian allerdings nicht wörtlich. Vgl. dazu *de carne Christi* V, 3 (die Passage: Quid destruis necessarium dedecus fidei? mit Bezug auf Mt 10, 33; Mk 8, 38; Lk 9, 26). Webers Interpretation der Tertullian-Formel, die er übrigens an einer Stelle fälschlicherweise Augustin zurechnet, dürfte der Windelbands ziemlich nahekommen. In jedem Falle stimmt sein Begriff des Glaubens mit dem von Nietzsche, der gleichfalls beide Formeln benutzt, nicht überein. Nietzsche formuliert im *Antichrist*, 52: »›Glaube‹ heißt Nicht-wissen-*wollen*, was wahr ist.« Dies ist wohl eine jener Formulierungen, die Weber ›philiströs‹ genannt hätte. Über den philiströsen Grundzug der Philosophie Nietzsches insgesamt vgl. RS II, S. 174.

den Intellektualismus in allen seinen Formen darstellt, ist dem Christentum charakteristisch eigen.«[21] Wenn dem aber so ist, so mußte sich die frühchristliche Bewegung aus der jüdischen Welt systematischer religiöser Schulung und Bildung, in der gerade auch die Synagoge steht, ideell und institutionell lösen. Wollte sie volle Eigenständigkeit und Dauerhaftigkeit erreichen, so mußten neben die Wandercharismatiker die Gemeindeorganisatoren treten[22] und an die Stelle der Synagoge neue Institutionen, in denen diese nach Erlösung suchende Glaubensreligiosität ihren angemessenen Ausdruck fand.[23]

Vielleicht nicht der erste, wohl aber der wichtigste Gemeindeorganisator ist in Webers Sicht Paulus, »dieser *erste* Christ der *zweiten* Generation«, wie Harnack sagt.[24] Er wirkt im Zentrum einer zweiten Bewegung, der paulinischen, die auf die jesuanische zwar bezogen, aber ihr gegenüber doch relativ selbständig ist. Sie ist weder eine Einmannbewegung noch die einzige ›sekundäre‹ Bewegung. Sie ist nur das am besten dokumentierte Segment der urchristlichen Bewegung insgesamt.[25] Man kann

21 WuG, S. 311.
22 Dazu Gerd Theißen, *Urchristentum*, bes. S. 209 ff.
23 Für Weber steht die Synagoge im Zentrum einer ›Wissens‹- bzw. ›Gesetzes‹-Religiosität, nicht einer Glaubensreligiosität. Vgl. RS III, S. 431. Für eine Glaubensreligiosität aber gilt: Sie »setzt einen persönlichen Gott, Mittler, Propheten voraus, zu dessen Gunsten an irgendeinem Punkt auf Selbstgerechtigkeit und eigenes Wissen verzichtet wird. Sie ist daher den asiatischen Religionen in dieser Form spezifisch fremd.« Vgl. WuG, S. 344. Über den Unterschied von Synagoge und ›Kirche‹ unter diesem Gesichtspunkt später. Den Ansatz zu einer Glaubensreligiosität in Indien sieht Weber in der Bhagavata-Religion. Vgl. RS II, S. 196 ff., 339 f. sowie den Vergleich zwischen Bhagavat Gītā und NT, S. 192 ff.
24 Adolf von Harnack, *Lehrbuch der Dogmengeschichte. Erster Band: Die Entstehung des christlichen Dogmas*, 5. Aufl., Tübingen 1931 (photomechanischer Nachdruck), S. 105. Paulus ist für Harnack »die höchste Hervorbringung des jüdischen Geistes unter der schöpferischen Macht des Geistes Christi. Der Pharisäismus hatte seine weltgeschichtliche Mission erfüllt, indem er *diesen* Mann hervorgebracht hat.«
25 Dazu Wayne Meeks, *The First Urban Christians. The Social World of the Apostle Paul*, New Haven and London: Yale University Press 1983, S. 7 f., mit Klassifikation der kanonischen und nichtkanonischen Quellen in ihrer Relevanz für das Verständnis der frühen paulinischen Gemeinden (›echte‹

sich diese auch so vorstellen: Um mehrere Mittelpunkte bilden sich konzentrische Kreise, die sich gegenseitig berühren, überschneiden, aber auch mitunter stören. Dabei entstehen spezifische Probleme der Legitimationsübertragung, weil auch noch die ›sekundären‹ und die daran anschließenden Bewegungen aus der pneumatisch-charismatischen Qualität der Ursprungsbewegung leben, und zwar selbst dort, wo sie zu ›eigenen‹ pneumatischen Charismata fähig sind. Am Ursprung, so die Konstruktion, steht Jesus, umgeben vom Kreis seiner Jünger. Sie gehören zum Kreis der Apostel, der aber mit dem der Jünger nicht deckungsgleich ist. Die Apostel wiederum gehören zum größeren Kreis der Missionare. Mit wachsender Distanz zum Ursprung wird die Legitimationsübertragung schwieriger.[26] Paulus ist Apostel, aber nicht Jünger und auch nicht, wie diese, von Jesus persönlich ›ausgesandt‹. Er, der Mann der zweiten Generation, steht vor einem solchen Übertragungsproblem. Wichtig ist deshalb, daß seine missionarische Karriere mit einem Bekehrungserlebnis, einer Wiedergeburt, beginnt, und zwar nicht als Folge eines allmählichen Läuterungsprozesses, sondern durch »eine plötzlich eintretende Umwandlung der Gesinnung (Metanoia)«.[27] Dieser ›Glaubenssprung‹ mit seiner besonderen Gesinnungsqualität legitimiert ›seine‹ Sendung. Danach kann er für das alte Christentum Entscheidendes leisten. Worin Weber

Paulusbriefe, Apostelgeschichte, Briefe der Paulusschüler, Pastoralbriefe, Apokryphen). Zur Quellenlage, insbesondere zur Abgrenzung von Paulinismus und Deuteropaulinismus, ›autoreigener‹ und pseudepigraphischer Literatur, auch Karl Hermann Schelkle, *Paulus*, Darmstadt 1981, Kap. 1.

26 Vgl. dazu Act 1, 26; Act 9, 1 ff.; Act 15, 40 und die Interpretation bei Theißen, *Urchristentum*, S. 83-92, ferner den Beitrag von Reinhard Bendix in *Max Webers Sicht des antiken Christentums*, S. 404 ff. Zum Übertragungsproblem später.

27 Dazu WuG, S. 321. Weber formuliert dies nicht speziell für Paulus, sondern ganz allgemein unter dem Titel Erlösung und Wiedergeburt. Wiedergeburt ist allgemein jener Vorgang, in dem der status naturalis durch den status spiritualis überwunden und überboten wird. Die Metanoia ist zugleich einer der Begriffe, über die Weber die Religionssoziologie mit der Herrschaftssoziologie, speziell mit der Soziologie charismatischer Herrschaft, verzahnt, bringt doch Charisma immer eine ›Revolution von innen‹.

das sieht, hat bereits die Eröffnungspassage aus der Studie über das antike Judentum deutlich gemacht. Eine ähnliche Passage findet sich auch in *Wirtschaft und Gesellschaft*. Hier wird betont, Paulus habe durch die Art und Weise, wie er die heiligen Bücher der Juden für die urchristliche Bewegung rettete, die christliche Weltmission möglich gemacht.[28]

Anders als Jesus, der dem Milieu des ländlichen Palästina entstammt und dessen Antiintellektualismus die Motive der ländlichen und landstädtischen Frommen gegen die ›vornehmen‹ jüdischen und hellenischen ›Weisen‹ der Städte aufnimmt, gehört Paulus in Webers Sicht gerade zu dem Milieu eines städtischen Intellektualismus. Er nennt ihn einen Diasporaschriftgelehrten, einen Vertreter jenes durch Pharisäer und Rabbinen ausgebildeten Kleinbürgerintellektualismus, der nicht zuletzt über ihn ins Frühchristentum eingedrungen sei.[29] Dies darf man nun freilich nicht so verstehen, als habe Paulus dadurch den jesuanischen Antiintellektualismus beseitigt. Im Gegenteil: Gerade weil er einem intellektualistischen Milieu angehörte, hat er Möglichkeiten und Grenzen des Intellekts im Rahmen einer Glaubensreligiosität schärfer bestimmt. Paulus will, wie schon seine eigene Wiedergeburt und ihre Behandlung in den paulinischen Briefen zeigen, das urwüchsige emotionale Pneuma nicht vernichten, sondern über intellektualistische Einschüsse gleichsam rational temperieren. Dies führt zur Verschiebung gegenüber dem Ausgangspunkt. Die Einheit einer religiösen Lebensführung im Rahmen einer Glaubensreligiosität kann eher aus gefühlsmäßigem Stimmungsgehalt oder eher aus ethischem Bewährungsbewußtsein erwachsen.[30] Gewichtet man Webers Bemerkungen zu Paulus, so hat er bei ihm wohl das ethische Bewährungsbewußtsein im Vordergrund gesehen. Nicht zuletzt dadurch kann dieser leistungsfähige Konzeptionen etwa über die »Beziehungen zwischen Pneuma und Gemeinde und die Art der relativen Anpassung an die Alltagsgegebenheiten der Umwelt« entwickeln, die, anders als seine Rechtfertigungslehre, sofort rezipiert werden.[31] Freilich: Die Betonung des ethischen Bewährungsbe-

28 Vgl. ebd., S. 374.
29 Ebd., S. 310.
30 Ebd., S. 345.
31 Ebd., S. 310. Bei der Rechtfertigungslehre ging es um den Gegensatz

wußtseins macht zugleich auch die Spannungen sichtbar, die von Beginn an zwischen Pneuma und Ethik, ›Geist‹ und Gesetz, bestehen. Weber beobachtet: »Schon die Paulusbriefe zeigen, ebenso wie gewisse Widersprüche in den überlieferten Aeußerungen von Jesus, die große Schwierigkeit, eine auf ›Glauben‹ in diesem Sinne einer Vertrauensbeziehung ruhende, eigentliche ›Erlösungs‹-Religiosität mit bestimmten ethischen Anforderungen in eindeutige Beziehung zu setzen.«[32] Hier deutet sich also ein erstes ›inneres‹ Einfallstor für alternative Ausdeutungen der urchristlichen Botschaft an.

3. Von der charismatischen Gelegenheitsvergemeinschaftung zur charismatischen Dauervergemeinschaftung

Gerd Theißen hat die von ihm eingeführte Unterscheidung in Wandercharismatiker und Gemeindeorganisatoren ausdrücklich dahin qualifiziert, daß es sich dabei um zwei Typen urchristlicher Wanderprediger handle, die nebeneinander, ja teilweise gegeneinander wirkten.[33] Liest man seinen Vorschlag auf dem Hintergrund von Webers Herrschafts- und Religionssoziologie, der er kongenial ist, so sollte man die beiden Begriffe als zwei Typen charismatischer Bewegungen verstehen. Theißen erläutert ihren Unterschied in erster Linie an der Art und Weise, wie der Lebensunterhalt bestritten wird, ob mittels Gaben der Anhänger oder mittels eigener Arbeit. Dieser Gesichtspunkt steht auch bei Weber im Mittelpunkt. Der genuine Charismatiker lebt nicht von eigener Arbeit. Danach müßte Paulus, indem er auf das sogenannte Unterhaltungsprivileg[34] verzichtet,

von Rechtfertigung aus Glauben und Rechtfertigung aus Werken, genauer: ›Gesetzeswerken‹, und das Beharren des Paulus auf der Rechtfertigung aus Glauben (Röm 3, 28; Röm 4, 3) hat ihn offensichtlich in die Schwierigkeit gebracht, daß die Lehre als Freiheit von jedem Gesetz mißverstanden wurde (Röm 3, 8). Vgl. Schelkle, *Paulus*, S. 24.

32 WuG, S. 344.

33 Vgl. Theißen, *Urchristentum*, S. 202.

34 Paulus läßt sich nicht mehr von den Gemeinden versorgen, sondern verdient seinen Lebensunterhalt selbst. Dadurch wird er in den ›ökonomischen Alltag‹ verstrickt, was seinen Anspruch auf ›Außeralltäglich-

seine charismatische Legitimation gefährden. In den Analysen zum asiatischen und okzidentalen Mönchtum zeigt Weber aber, daß sich ›Selbstversorgung‹ und charismatische Legitimation nicht prinzipiell ausschließen. Insofern läßt sich im Rahmen seines Ansatzes die paulinische Mission als eine primär charismatische Bewegung verstehen. Sie scheint sich als eine Bewegung von Gemeindeorganisatoren vom Wandercharismatismus vor allem durch eine eher ›nomische Orientierung‹ zu unterscheiden. Es wäre zu prüfen, ob die bereits beschriebene Dialektik von Pneuma und Ethik, ›Geist‹ und Gesetz, von anomi-

keit‹ gefährden kann. Gerd Theißen führt insbesondere die Konflikte in Korinth darauf zurück, daß sich hier zwei Typen von Missionaren gegenüberstanden, die sich »hinsichtlich ihrer Stellung zum Unterhaltsrecht unterschieden« (S. 214), und daß darin auch ein unterschiedlicher Legitimationsanspruch zum Ausdruck kam: »Die Konkurrenten des Paulus beriefen sich auf eine charismatische Legitimation, die sie durch eine traditionelle unterstützten. Paulus vertritt dagegen eine andere Form apostolischer Legitimität, eine funktionale, die er mit Elementen einer charismatischen verbindet – wobei er gerade sein charismatisches Defizit, seine ›Schwäche‹ als Zeichen seiner apostolischen Existenz hervorhebt. Diese beiden Legitimationsformen stehen im Zusammenhang mit verschiedenen Weisen, den Lebensunterhalt zu bestreiten: für den Gemeindeorganisator ist auch diese Frage einer effektiven Mission untergeordnet. Für den Wandercharismatiker hat die Orientierung an den Normen der vita apostolica ein Eigengewicht.« (S. 225). Nun möchte ich weder bestreiten, daß die Unterhaltsfrage ein Konfliktgegenstand war, noch auch, daß die jeweilige Lösung mit der in Anspruch genommenen Legitimation zusammenhing. Man muß aber sehen, daß die Lösung ›Fremdversorgung‹ versus ›Selbstversorgung‹ zumindest theoretisch noch indifferent gegenüber der Möglichkeit einer charismatischen Legitimation ist. Das frühbuddhistische Mönchtum beispielsweise war reines Bettelmönchtum und zudem (außer in den Regenzeiten) nicht seßhaft, bestimmte Strömungen des okzidentalen Mönchtums dagegen reines ›Arbeitsmönchtum‹ und seßhaft – beide haben sich erfolgreich charismatisch legitimiert. Man braucht deshalb der Lösung der Unterhaltsfrage für die Klärung der Legitimationsproblematik nicht unbedingt das große Gewicht beizumessen, das Gerd Theißen ihr beimißt, was nicht heißt, daß man deshalb auch schon seine Analysen und ihre Ergebnisse insgesamt verwerfen muß. Ganz im Gegenteil: Meine Interpretation von Webers Bemerkungen zum Urchristentum ist wesentlich durch die Arbeiten von Gerd Theißen ›inspiriert‹.

schen und nomischen Tendenzen, in der Trennung der urchristlichen Wanderprediger in Wandercharismatiker und Gemeindeorganisatoren eine erste ›realdialektische‹ Ausformung erfährt.
Wie immer man dazu steht, klar ist: Für Weber sind Jesusbewegung und Paulusbewegung trotz ihrer strukturellen Ähnlichkeit
als charismatische Bewegungen nach Entstehung, typischem
Träger und dem von diesem für entscheidend angesehenen Gehalt seiner religiösen Lebensführung verschieden. Dies haben
die bisher zitierten Bemerkungen schon gezeigt. Beide, Jesus
und Paulus, sind kleinbürgerlicher Herkunft, doch mit verschiedener Kolorierung: Dorf und Landstadt gegen ›Polis‹,
Volkssprache gegen lingua franca, ›Ungelehrtheit‹ gegen intellektualistische Schriftgelehrsamkeit, Rede gegen Schrift. Vor allem aber: Beide Bewegungen haben verschiedene geographische
Schwerpunkte. Dies aber heißt: Sie beziehen sich auf verschiedene soziökonomische und kulturelle Milieus. Die Paulusbewegung hat ihren geographischen Schwerpunkt nicht wie die
Jesusbewegung in Palästina, sondern im östlichen Mittelmeer-
raum, vor allem, von Ost nach West gesehen, in den römischen
Provinzen Galatia, Asia, Achaia und Macedonia.[35] Sie ist dort
mit der städtischen Lebensweise im allgemeinen und mit der des
städtischen Diasporajudentums im besonderen konfrontiert.
Wayne Meeks weist in seiner Studie über die paulinischen Christen, die ersten städtischen Christen, darauf hin, daß im 1. Jahrhundert nach Christus ungefähr 5 bis 6 Millionen Juden in der
Diaspora, also außerhalb Palästinas, lebten und daß in den Städten entlang der Mittelmeerküste ungefähr 10 bis 15 Prozent der
Bevölkerung Juden gewesen sind. Obgleich ihr politischer Status uneinheitlich geregelt und häufig prekär blieb, hatten sie ein
ausgebautes Gemeindeleben, zentriert um die Diasporasynago-
ge, und sie erfreuten sich sogar mitunter kaiserlicher Fürsorge
bei Konflikten mit den politischen Instanzen der Stadt.[36]
Das Diasporajudentum ist also keine negativ privilegierte

35 Zur geographischen Verbreitung des Christentums allgemein Adolf von
    Harnack, *Die Mission und Ausbreitung des Christentums in den ersten
    drei Jahrhunderten*, Wiesbaden 4. Aufl. o. J. (unveränderter Nachdruck
    der Ausgabe von 1924), Anhang; für Paulus Wayne Meeks, *The First
    Urban Christians*, Schaubild, S. 1, S. 42.
36 Ebd., S. 32 ff.

Schicht im aufgezwungenen Ghetto. Es ist vielmehr ein stadtsässiger Demos vornehmlich aus Ackerbürgern, Handwerkern und Händlern, der ein Recht auf religiöse und soziale Selbstorganisation und auf politische Vertretung gegenüber dem Magistrat besitzt.[37] Es ist auch keineswegs von sich aus gentilizistisch geschlossen. Weber verweist ausdrücklich auf die Bedeutung des Proselytismus auch und gerade für das Diasporajudentum zur Zeit der urchristlichen Bewegungen. Die Missionsarbeit wurde durch ein Drei-Stufen-System der Angliederung von Konvertiten an die jüdische Gemeinschaft erleichtert – Ausdruck für den zu dieser Zeit geltenden Kompromiß zwischen Gentilizität und Konfessionalität.[38] Dieser kam gerade der jüdischen Diaspora gelegen. Denn sie hatte »ein starkes Interesse nicht nur an der Vermehrung ihrer Mitglieder, sondern auch an der Gewinnung von ›Freunden‹ außerhalb ihrer selbst zumal in einflußreichen und amtsfähigen Kreisen«.[39] Solche ›Freunde‹ aber waren der Gemeinde rein äußerlich angegliedert: Sie besitzen noch nicht einmal eine passive Mitgliedschaft. Sie glauben zwar vielleicht an den jüdischen Gott und folgen dem Dekalog, doch sie praktizieren nicht notwendigerweise auch die jüdischen Rituale und sind nicht beschnitten. Sie gehören damit zusammen mit den passiven Mitgliedern zur Kategorie der unbeschnittenen Proselyten, mit der – so Weber – das Judentum der christlichen Mission, insbesondere der paulinischen, »die Stätte bereitet« hat. Denn sie bilden in seiner Sicht die »Kerntruppen« von Paulus' Missionsgemeinden. Diese aber entstammen, soziologisch gesehen, vornehmlich dem Kleinbürgertum.[40] Anders als Jesus, dessen »magische Wunderkraft« vor

37 Vgl. RS III, S. 400.
38 Ebd., S. 438.
39 Ebd.
40 Ebd., S. 440. Zum Kleinbürgertum rechnet Weber auch die Sklaven. Vgl. WuG, S. 295: »Die Sklaven in den alten Christengemeinden waren Bestandteile des städtischen Kleinbürgertums. Denn die hellenistischen Sklaven und z. B. die im Römerbrief erwähnten Leute des Narzissus (vermutlich des berühmten kaiserlichen Freigelassenen) gehören entweder – wie wahrscheinlich die letzteren – dem relativ gut und selbständig gestellten Hausbeamtentum und der Dienerschaft eines sehr reichen Mannes an, oder und meist, sind sie umgekehrt selbständige Handwer-

allem bei den »Armen und Bedrängten, bei Zöllnern, Sündern und selbst bei römischen Soldaten« wirkt,[41] mobilisiert die paulinische Mission kleinbürgerliche städtische Mittelschichten mit zumindest mäßiger Bildung. Obgleich Weber, vermutlich unter dem Einfluß der Arbeiten von Adolf Deissmann,[42] dazu neigt, das Rekrutierungsfeld der paulinischen Mission eher in die unteren sozialen Schichten zu verlegen und die große soziale Heterogenität gerade der paulinischen Missionsgemeinden zu unterschätzen,[43] sieht er, daß die paulinischen Briefe das Bildungs- und Diskursniveau eines kleinbürgerlichen Intellektualismus verlangen: Man »staunt, welches Maß von direkt ›logischer Phantasie‹ in einem Schriftstück wie dem Römerbrief bei den Schichten, an die er sich wendet, vorausgesetzt wird«.[44]

Doch sind damit keineswegs bereits die entscheidenden Gesichtspunkte genannt, um aus Webers Sicht die Verschiedenheit beider Bewegungen zu bestimmen. Dazu muß man auf ihre Ziele und ihre Umsetzungsstrategien, auf die Art ihrer Propaganda, übergehen. Als Anknüpfungspunkt eignet sich eine Passage aus *Wirtschaft und Gesellschaft*, mit der Weber, in typologischer Absicht und damit nicht allein auf das Urchristentum bezogen, den Begriff der religiösen Gemeinde einführt. Diese Passage ist unmittelbar mit der Definition ›Prophet‹ verknüpft. Weber schreibt: »Der Prophet gewinnt sich, wenn seine Pro-

ker, welche ihrem Herrn Zins zahlen und sich das Geld für ihren Freikauf aus ihren Ersparnissen zu erarbeiten hoffen«. Zur Bedeutung der Hausgemeinschaft als ›Organisationskern‹ der Christengemeinden später.

41 Ebd., S. 379.

42 Vgl. Adolf Deissmann, *Paulus. Eine kultur- und religionssoziologische Skizze*, Tübingen 1911; ders., *Das Urchristentum und die unteren Schichten*, 2. Aufl., Göttingen 1908; ders., *Licht vom Osten. Das Neue Testament und die neuentdeckten Texte der hellenistisch-römischen Welt*, Tübingen 1909. Zur Kritik an Deissmann Meeks, *The First Urban Christians*, S. 51 ff. Weber hat mit Deissmann in Heidelberg offensichtlich auch persönlichen Kontakt gehabt.

43 Zur sozialen Heterogenität der paulinischen Gemeinden außer den erwähnten Arbeiten von Wayne Meeks und Gerd Theißen auch Abraham J. Malherbe, *Social Aspects of Early Christianity*, Baton Rouge and London: Louisiana State University Press 1977.

44 WuG, S. 310.

phetie Erfolg hat, ständige Helfer: Sodalen (wie Bartholomae den Terminus der Gâthâs übersetzt), Schüler (alttestamentlich und indisch), Gefährten (indisch und islamisch), Jünger (bei Jesaja und neutestamentlich), welche im Gegensatz zu den zünftig oder durch Amtshierarchie vergesellschafteten Priestern und Wahrsagern ihm rein persönlich anhängen, – eine Beziehung, die bei der Kasuistik der Herrschaftsformen noch zu erörtern sein wird. Und neben diesen ständigen, an seiner Mission aktiv mitarbeitenden, auch ihrerseits meist irgendwie charismatisch qualifizierten Helfern besteht der Kreis von Anhängern, welche ihn durch Unterkunft, Geld, Dienste unterstützen und von seiner Mission ihr Heil erwarten, daher auch ihrerseits je nachdem nur von Fall zu Fall zum Gelegenheitshandeln sich verbinden oder dauernd, zu einer *Gemeinde*, vergesellschaftet sein können.«[45] Und weiter: »›*Gemeindereligiosität*‹ ist eine verschieden eindeutig ausgeprägte und labile Erscheinung. Wir wollen nur da von ihrem Bestand reden, wo die Laien 1. zu einem *dauernden* Gemeinschaftshandeln vergesellschaftet sind, auf dessen Ablauf sie 2. irgendwie auch *aktiv* einwirken.«[46] Diese Definitionen machen klar: 1. Man muß scharf zwischen Gefolgschaft und Anhängerschaft einer charismatischen Bewegung unterscheiden; 2. die Beziehungen zur Anhängerschaft können von Fall zu Fall oder dauerhaft geregelt werden, ohne daß dies bereits den charismatischen Charakter der Bewegung tangiert. Gewiß: Eine Dauerbeziehung schafft im Vergleich zu einer Gelegenheitsbeziehung anticharismatische Zwänge, und zwar einfach deshalb, weil sie zu »perennierenden ›Gebilden‹«

45 Ebd., S. 275.
46 Ebd., S. 277. Man muß bei diesen Bestimmungen übrigens beachten, daß sie noch in den Kategorien, den soziologischen Grundbegriffen, von 1913 formuliert sind, nicht in denen von 1920. Später wird zum Beispiel aus Gemeinschaftshandeln soziales Handeln und zwischen Vergemeinschaftung und Vergesellschaftung differenziert. 1913 stellt Weber Gesellschaftshandeln und Einverständnishandeln einander gegenüber und spricht (beim Gesellschaftshandeln) von Gelegenheitsvergesellschaftung und von Dauervergesellschaftung (nirgends aber von Gelegenheitsvergemeinschaftung und Dauervergemeinschaftung). Vgl. dazu Max Weber, WL, S. 441 ff., insb. S. 450 f., 452 f. sowie WuG, S. 21 f. Ich versuche so zu formulieren, daß keine terminologische Konfusion entsteht.

mit struktureller Differenzierung führt und damit die Kräfte der Veralltäglichung stärkt.[47] Aber nicht jede institutionelle Wendung des Charismas hat Veralltäglichung zur Folge.[48] Und obgleich gerade bei prophetischen Bewegungen die Gemeinde in der Regel ein Produkt der Veralltäglichung ist,[49] kann zum Beispiel der Verzicht auf strukturelle Differenzierung dazu führen, daß sie zum institutionellen Träger einer charismatischen Gemeinschaft wird. In Webers Religionssoziologie steht der Begriff der religiösen Gemeinde dem der Sekte näher als dem der Kirche. Wichtiger freilich ist, daß er mit keinem von beiden zusammenfällt.[50]

Man sieht sofort: Webers Bestimmung des Verhältnisses von Prophet, Gefolgschaft und Anhängerschaft ist mit der Unterscheidung zwischen Wandercharismatiker und Gemeindeorganisatoren voll verträglich. Nur: Der Akzent liegt dann weniger auf der ›Versorgungsfrage‹, als vielmehr auf der Art und Weise, wie die beiden Typen von Missionaren die Anhängerschaft ›organisieren‹ und welche Konsequenzen dies für die Autoritätsstruktur hat. Jesus missioniert offenbar nicht mit dem Ziel, die Anhängerschaft dauerhaft zu organisieren. Daß dennoch religiöse Gemeinden entstehen, scheint eher zufällig zu sein. Paulus dagegen missioniert planmäßig mit dem Ziel, religiöse Gemeinden dauerhaft zu organisieren. Und dies gilt sowohl für ihre geographische Streuung wie für ihre innere Struktur. Ich folge hier einer Feststellung von Gerd Theißen: »Paulus vertritt damit einen Typus des Missionars, der sich als zielstrebiger ›Gemeindeorganisator‹ charakterisieren läßt, der Neuland gewinnen will, vom Judentum getrennte selbständige Gruppen gründet, anstatt schon bestehende Sympathisantengruppen ›ab-

---

47 Max Weber, WL, S. 451.

48 Dazu Wolfgang Schluchter, *Die Entwicklung des okzidentalen Rationalismus*, S. 186 ff. Die dort vorgeschlagene Interpretation wird später aufgenommen und zugleich korrigiert.

49 Vgl. WuG, S. 275, wo Weber sagt, eine religiöse Gemeinde entstehe »überhaupt erst als ein Produkt der Veralltäglichung«. Daß dies eine ambivalente Formulierung ist, wird später gezeigt.

50 Zum Verhältnis der drei Begriffe zueinander ebd., S. 278. Dieses Verhältnis läßt es selbstverständlich zu, die Begriffe Kirchengemeinde und Sektengemeinde zu bilden.

zugrasen‹. Er hat sich vorgenommen, so die ganze ›Welt‹ bis Spanien hin zu missionieren. Alle Überlegungen sind diesem großen Werk untergeordnet.«[51]

Versteht man die jesuanische und die paulinische Bewegung beide als charismatische Bewegungen mit einem ›pneumatischen Kern‹, so realisieren sie zunächst nur zwei Strukturformen der Herrschaft, die durch das Sendungsprinzip, das charismatische Legitimationsprinzip, gedeckt sind.[52] Freilich bezeichnen die Begriffe Gelegenheitsbeziehung und Dauerbeziehung auch eine Spannung, die eine ›realdialektische‹ Bewegung in Gang setzen kann. Bei jeder Gemeindebildung, die aus einer prophetischen Bewegung hervorgeht, verschieben sich die Gewichte zwischen charismatischer Führung und Anhängerschaft zugunsten dieser. Weber sagt nicht zufällig, er wolle von Gemeinde nur dort sprechen, wo die Laien auf den Ablauf des Gemeinschaftshandelns aktiv einwirken. Tatsächlich können durch die Gemeindebildung die Bedürfnisse der Laien so sehr in den Vordergrund treten, daß die Charismaträger dadurch ihre Sendung gefährdet sehen. Das hat zur Folge, daß sich deren antiinstitutionelle Einstellung radikalisiert. Wo dies der Fall ist, kommt es zum Bruch, etwa zwischen Pneuma und Gemeinde. Hier deutet sich ein erstes ›äußeres‹ Einfallstor für alternative institutionelle Übersetzungen der urchristlichen Botschaft an.

Doch mit der Bezeichnung der Ziele ist der Unterschied beider Bewegungen immer noch nicht hinreichend bestimmt. Die Eigenart der paulinischen Mission gegenüber der Jesusbewegung, aber auch gegenüber den Missionsbewegungen vor Paulus, erschließt sich erst voll und ganz, wenn man die Umsetzungsstrategien, die Art der Propaganda, in die Analyse mit einbezieht. Jesus und die auf ihn folgenden Gemeindebildungen bis auf Paulus haben nämlich das pharisäische Judentum zwar ideell, nicht aber institutionell überschritten. ›Pharisäische‹ Institutionen werden entweder parasitär genutzt oder übernommen – die

51 Gerd Theißen, *Urchristentum*, S. 213 f.
52 Zum Begriff des Sendungsprinzips Wolfgang Schluchter, *Die Entwicklung des okzidentalen Rationalismus*, S. 180 ff. Wie bereits angedeutet, scheint Gerd Theißen an diesem Punkt anderer Meinung. Er setzt für Paulus ein funktionales Legitimationsprinzip, ergänzt um das charismatische, an.

judenchristlichen Gemeinden Jerusalems stehen »streng auf dem Boden des Rituals und des Tempelkults«.[53] Selbst die beginnende paulinische Mission unter unbeschnittenen Proselyten und Heiden bringt noch keine Änderung der Lage. Denn sie erfolgt gewissermaßen am Judentum vorbei. Erst mit Antiochien kommt die entscheidende Wende. Weber hat an mehreren Stellen seines Werkes die kulturhistorische Bedeutung dieses urchristlichen Ereignisses betont.[54] Eine besonders prägnante Formulierung findet sich in der Studie über Hinduismus und Buddhismus: »Im Galaterbrief II, 12. 13 f. hält Paulus dem Petrus vor: daß er in Antiochien mit den Unbeschnittenen zusammen gegessen, nachher aber, unter dem Einfluß der Jerusalemiten, sich abgesondert habe: ›und mit ihm heuchelten die andern Juden‹. Daß der, zumal gerade diesem Apostel gemachte, Vorwurf der Heuchelei nicht ausgemerzt worden ist, zeigt vielleicht ebenso deutlich wie der Vorgang an sich, welch gewaltiger Akzent für die alten Christen auf jenem Ereignis lag. In der Tat: diese Sprengung der rituellen Kommensalitäts-Schranken bedeutete die Sprengung des, weit einschneidender als jedes Zwangs-Ghetto wirkenden, freiwilligen Ghetto's: der rituell ihm auferlegten Pariavolks-Lage des Judentums, für die Christen, die Entstehung der von Paulus triumphierend wieder und wieder gefeierten christlichen ›Freiheit‹, das hieß: der internationalen und inter-ständischen Universalität seiner Mission. Die Abstreifung aller rituellen Geburts-Schranken für die Gemeinschaft der Eucharistie, wie sie in Antiochia vor sich ging, war auch – hingesehen auf die religiösen Vorbedingungen – die Konzeptionsstunde des ›Bürgertums‹ des Occidents, wenn auch dessen Geburt, in den revolutionären ›conjurationes‹ der mittelalterlichen Städte, erst mehr als ein Jahrtausend später erfolgte.«[55]

Mit Antiochien wird der jüdische Bezugsrahmen auch institutionell verlassen. Weber betont ausdrücklich: Dieser Schritt hat nicht nur das Diasporajudentum gegen Paulus aufgebracht, sondern auch die alten judenchristlichen Gemeinden, die ihm

53 RS III, S. 439.
54 RS II, S. 39 f., ferner RS III, S. 439. WuG, S. 374. *Wirtschaftsgeschichte*, S. 277.
55 RS II, S. 39 f.

nun in offener Feindschaft gegenübertreten.[56] Das aber heißt: Spätestens mit der paulinischen Mission verschärfen sich die Spannungen zwischen Juden und Christen, und es beginnen schwere innerchristliche Kämpfe. Es heißt aber auch: Damit bricht sich eine neue Form der Gemeindebildung Bahn.

4. Die paulinische Gemeinde als charismatische Gemeinde

Hier muß man allerdings festhalten: Paulus ist nicht der Erfinder des Organisationsprinzips ›Gemeinde‹. Schon das pharisäische Judentum ist in Webers Sicht eine Gemeindereligion. In ihrem Kampf mit den Sadduzäern machen die Pharisäer die Gemeinde zum Träger der Religion, und die Synagoge gilt Weber deshalb als eine Gemeindeinstitution, die gerade den gemeindereligiösen Grundzug des sich ausbildenden talmudischen Judentums entscheidend stützt.[57] Auch die ersten christlichen Dauergebilde sind Gemeinden. Sie bilden Gemeindeinstitutionen, die, wie etwa die Taufe und die Eucharistie, trotz nichtchristlicher Modelle genuin christlich sind.[58] Paulus' organisatorische Leistung kann also nicht in der Erfindung der Gemeinde liegen, sondern zunächst nur darin, die christliche gegenüber der jüdischen Gemeinde verselbständigt zu haben. Dies aber heißt: auch in institutioneller Hinsicht endgültige Überordnung des ›Geistes‹ über das Gesetz und damit Freisetzung vom jüdischen Ritual. Paulus will eine durch und durch geistbezogene Kultgemeinde. Erst dies ermöglicht Verselbständigung. Obgleich Weber sich so nicht explizit äußert, lassen sich seine Bemerkungen über das leidenschaftliche Befreiungsgefühl als die »treibende Kraft der unvergleichlichen paulinischen Missionsarbeit« dahin interpretieren.[59] Diese Deutung

56 RS III, S. 439.
57 Ebd., S. 404. Weber nennt darüber hinaus das Liebesmahl, die Wasserprozession und das häusliche oder synagogale Fest als von den Pharisäern geschaffene Gemeindeinstitutionen.
58 Besonders die Wasserprozession und das Liebesmahl scheinen ›Vorbilder‹ gewesen zu sein.
59 WuG, S. 374.

findet eine Stütze bei Ernst Troeltsch, der, wie auch Adolf von Harnack und andere ›Vertreter‹ der protestantisch bestimmten ›religionsgeschichtlichen Betrachtungsweise‹, mit seiner Analyse der urchristlichen Entwicklungen den Auffassungen Webers zumindest nahekommt.[60] Troeltsch schreibt unter dem Titel »Paulus«, den grundstürzenden Umschwung gegenüber Jesus markierend: »Die des Gottesreiches harrende und auf sein Kommen sich bereitende, freie und fließende Gemeinde der Jesus-Gläubigen wird durch den Glauben an Jesus als den Auferstandenen, durch die Deutung Jesu als Messias und im engen Zusammenhang damit als erlösenden göttlichen Weltprinzips, durch den neuen Christuskult und seine mystische Erlösungsidee, durch Taufe und Herrnmahl als Mittel der Verpflanzung in den gegenwärtigen himmlischen Christus zu einer *selbständigen Religionsgemeinschaft,* die wenigstens im Ideal streng geschlossen und einheitlich verbunden ist. Es ist ein neuer Kult. Die Kultgemeinde ist der Leib des Christus, in den man durch die Taufe eingepflanzt wird und durch den man im Herrnmahl gespeist und getränkt wird.«[61]

Liest man diese Charakterisierung im Rahmen von Webers Herrschaftssoziologie, so ist diese neue Kultgemeinde eine charismatische Gemeinde. Diese kann entstehen, wenn die Person des Charisma-Trägers weggefallen und die Frage seiner Nachfolge in bestimmter Weise gelöst worden ist. Weber diskutiert diese Lösungen in kasuistischer Weise. Ein Gesichtspunkt dabei ist, ob durch die Designation des Nachfolgers der rein persönliche Charakter des Autoritätsverhältnisses zurückgebildet wird

---

60 Webers ›Abhängigkeit‹ von der religionsgeschichtlichen Schule ist bekannt. Dabei hat er allerdings die mit dieser Schule verbundene Tendenz zur Vermischung empirisch-historischer und dogmatisch-normativer Fragen nicht mitgemacht. In dieser Hinsicht steht ihm Troeltsch vermutlich näher als Harnack, obgleich auch Troeltsch von dieser Vermischung nicht gänzlich frei ist. Interessant ist in diesem Zusammenhang dessen Auseinandersetzung mit Harnack über das ›Wesen des Christentums‹. Dazu Ernst Troeltsch, *Gesammelte Schriften. Band 2: Zur religiösen Lage, Religionsphilosophie und Ethik,* Tübingen ²1922 (2. Neudruck, Aalen 1981), S. 386 ff.

61 Ernst Troeltsch, *Die Soziallehren der christlichen Kirchen und Gruppen,* Aalen 1977 (3. Neudruck der 2. Aufl., Tübingen 1922), S. 58 f.

oder nicht. Jesus ist der ursprüngliche Charisma-Träger. Eine erste Dauerbeziehung tritt ein, weil seine Jünger und auch seine Anhänger ideelle wie materielle Interessen haben, die zunächst rein ephemere Gemeinschaftsbeziehung fortzusetzen und stets neu zu beleben. Paulus gehört zum Kreis der Nachfolger, aber auch, wie wir sahen, bereits zur zweiten Generation. Bei seiner Designation mußten bereits mehrere ›Lösungen‹ zusammenwirken: Offenbarung, nicht im technischen (Los, Orakel, Gottesurteil), sondern im qualitativen Sinne (Bekehrungserlebnis), Anerkennung durch die Jünger und auch durch die Gemeinde selbst. Die ›gereinigte‹ Überlieferung betont die erste Komponente, vielleicht deshalb, weil sie den persönlichen Charakter der beanspruchten Autorität am besten bewahrt.[62]

Allerdings: Gerade die charismatische Gemeindestruktur schafft eine Tendenz zur ›herrschaftsfremden‹ oder antiautoritären Umbildung des Charismas. Das heißt, daß sich mit ihr die charismatische Anerkennungsstruktur wandeln kann. Die Anerkennung, die Gefolgschaft und Anhängerschaft dem Charismaträger schulden, wird, unter Umständen, »statt als Folge der Legitimität, als Legitimitäts*grund* angesehen«, für Weber einer der Ursprünge demokratischer Legitimität.[63] Dieser Wandel wäre aber nur Ausdruck der Tatsache, daß die Gemeindemitglieder in eine *aktive* Rolle einrücken, daß gerade dadurch zwischen autoritärem und antiautoritärem Anerkennungsprinzip eine Spannung entsteht. In diesem Sinne, nicht im Sinne moderner Demokratievorstellungen, können charismatische Gemein-

---

62 Gereinigt deshalb, weil jede Kanonbildung mit Selektion (und Zensur) verbunden ist und weil selbst für die Paulus direkt zugerechneten Briefe (Römerbrief, Korintherbrief, Galaterbrief, Philipperbrief, 1. Thessalonicherbrief, Philemonbrief) nicht feststeht, inwieweit sie Resultat von Montagen sind. Vgl. Karl Hermann Schelkle, *Paulus*, S. 17. Das Präskript zu den beiden Korintherbriefen enthält die Legitimationsformel: »Paulus, berufen zum Apostel Jesu Christi durch den Willen Gottes«, und – noch schärfer – der Galaterbrief: »Paulus, ein Apostel (nicht von Menschen, auch nicht durch Menschen, sondern durch Jesum Christ und Gott...)«. Besonders dies ist eine klassische Formulierung für einen charismatischen Legitimationsanspruch. Zur Kasuistik der Nachfolgerdesignationen WuG, S. 143 f.

63 Ebd., S. 156.

den ›demokratisch‹ werden. Dies trifft offenbar auch auf die paulinische Gemeinde zu. Vor allem aber: Sie scheint keine rationale Vergesellschaftung, sondern eine emotionale Vergemeinschaftung zu sein. Diesen Begriff führt Weber im neuen Teil von *Wirtschaft und Gesellschaft* ein. Er bezieht ihn dort allgemein auf charismatische Gemeinden, die freilich deshalb ihren Charakter, Herrschaftsverbände zu sein, noch nicht verlieren.[64] Es sind allerdings Herrschaftsverbände von geringer struktureller Differenzierung, einfache Sozialsysteme, mit denen eine Dauervergesellschaftung von Massen nicht durchgeführt werden kann. Denn sie verwenden zwar situationsunabhängige Mitgliedschaftskriterien wie etwa Taufe, stellen aber ihre strukturellen Vorkehrungen unter das Prinzip der Anwesenheit der Mitglieder.[65] Dieses Anwesenheitsprinzip ist für einfache soziale Systeme konstitutiv. Die neue Kultgemeinde läßt sich also als eine pneumatische Gemeinde verstehen, auf emotionaler Vergemeinschaftung und Anwesenheit der Mitglieder gegründet. Die jüdische Gemeinde dagegen, von der sie sich absetzt, ist eine gesetzesritualistische Gemeinde, basierend auf rationaler Vergesellschaftung und stärkerer struktureller Differenzierung. Sie ist schon allein deshalb stärker differenziert, weil sie außer religiösen eine Vielzahl nichtreligiöser Aufgaben erfüllt und ihre Zentralinstitution, die Synagoge, bereits zwei einfachere Sozialsysteme, den Haushalt (Oikos) und den griechischen bzw. römischen ›Verein‹, integriert.[66]

Weber hat freilich weder die Synagoge noch die paulinische Gemeinde mit ihren Institutionen einer organisationssoziologischen Analyse unterzogen. Aus dem Fragment über die Pharisäer geht hervor, daß zumindest die Analyse der Synagoge vorgesehen war.[67] Man darf wohl annehmen, daß er dabei auch die

64 Ebd., S. 141. Zu den Veränderungen in der Terminologie vgl. Anm. 46 oben.

65 Dazu Niklas Luhmann, *Soziologische Aufklärung 2. Aufsätze zur Theorie der Gesellschaft*, Opladen 1975, S. 21 ff.

66 Vgl. dazu Wayne Meeks, *The First Urban Christians*, S. 80 f.

67 Vgl. RS III, S. 404, wo es heißt, die Pharisäer hätten die Synagoge geschaffen, »die bald zu besprechende zentrale Institution des Spätjudentums, welche dem Diaspora-Juden den priesterlichen Kult ersetz-

paulinische Gemeinde und die Mysterienkulte berücksichtigt hätte, um sowohl die historischen Verbindungen wie die strukturellen Unterschiede zwischen ihnen zu klären. Dies war in der religionsgeschichtlichen Literatur der Zeit durchaus ein Diskussionspunkt, der sein soziologisches Interesse geweckt haben muß.[68] Will man diese Lücke ›schließen‹, so ist man zu einer noch weitergehenden Extrapolation gezwungen, als sie die bisherigen Überlegungen darstellen. Ich wähle dafür die Untersuchung, die Wayne Meeks, in meiner Sicht durchaus im ›Geiste Webers‹, der Formation der paulinischen *ekklēsia* gewidmet hat.[69]

Wayne Meeks fragt, welche ›Vorbilder‹, welche Organisationsmodelle, bei der Bildung der paulinischen *ekklēsia* Pate gestanden haben könnten. Denn keine institutionelle Erfindung erfolgt im luftleeren Raum. Er geht die Einrichtungen durch, die bei der Organisation der griechisch-römischen Städte Verwendung fanden und der *ekklēsia* zumindest äußerlich nahekommen: den Haushalt, den ›Verein‹ in Gestalt von Clubs, ›Gilden‹ oder Kollegien, die Synagoge und schließlich die Philosophie- und Rhetorikschule. Sein Fazit: Obgleich sich Elemente aus allen diesen Organisationsmodellen auch in der *ekklēsia* finden, ist sie doch mit keinem dieser Modelle identisch. Sie ist eine Einrichtung sui generis.[70] Um ihre Eigenart aus einer Weberschen Perspektive zu beleuchten, möchte ich aus Meeks' ›dichter Beschreibung‹, die hier nur angedeutet werden kann, zwei Aspekte herausgreifen: den Haushalt sowie die Rituale, insbesondere das ›Solidaritäts‹- und das ›Spontaneitätsritual‹. Denn diese Elemente scheinen für den sozialen bzw. religiösen Aufbau von zentraler Bedeutung. An ihnen läßt sich nämlich zei-

te, und den höheren und niederen Unterricht im Gesetz, der für die Prägung des Judentums grundlegend wurde.« Das Manuskript bricht ab, bevor es zu dieser Besprechung kommt.

68 Dazu die bei Troeltsch zitierte Literatur. Vgl. etwa seine *Soziallehren*, S. 59. Über den Mithraskult als Konkurrenten des frühen Christentums auch WuG, S. 290.

69 Dazu Wayne Meeks, *The First Urban Christians*, Kap. 3-5, bes. Kap. 3. Ferner sein Beitrag in *Max Webers Sicht des antiken Christentums*, S. 363 ff.

70 Ebd., S. 84.

gen, wie die *ekklēsia* das soziale und das religiöse Ungleichheitsproblem verarbeitet hat.

Die soziale Grundeinheit der *ekklēsia* ist der Haushalt. Die
Mission bezog sich auf Haushalte, nicht auf Individuen, und die
paulinischen Gruppen trafen sich in Privathäusern, an Orten
also, an denen es eine »»geborene‹ Teilnahme am Gemeinschaftshandeln« gibt.[71] Der Haushalt ist mehr als Familie, ja
mehr als Verwandtschaft. Weber hat zur Bezeichnung der auch
hier gemeinten Strukturform den Begriff der Hausgemeinschaft, übrigens in Abgrenzung vom Oikos, reserviert. Sie bedeutet in ihrer reinen Ausprägung: »Solidarität nach außen und
kommunistische Gebrauchs- und Verbrauchsgemeinschaft der
Alltagsgüter (Hauskommunismus) nach innen in ungebrochener Einheit auf der Basis einer streng persönlichen Pietätsbezie-
hung«.[72] Sie repräsentiert, in Begriffen der Herrschaftssoziologie, eine Variante der patriarchalen Struktur der Herrschaft,
also eine streng persönliche Herrschaftsform, aber nicht charismatisch, sondern traditional legitimiert. Die paulinische Gemeinde ›verbindet‹ mehrere Hausgemeinschaften. Sie orientiert
sich dabei unter anderem an räumlicher Nähe, ist also auch eine
Variante des Nachbarschaftsverbands. Dadurch werden sozial
ungleiche Einheiten zusammengeschlossen, ungleich sowohl
untereinander wie in bezug auf ihre jeweiligen Mitglieder. Das
kann zu innergemeindlichen Spannungen führen. Doch ist zunächst ein anderer Gesichtspunkt von größerer Bedeutung: Ein
Nachbarschaftsverband oder eine Nachbarschaftsgemeinschaft
beruht auf segmentaler Differenzierung, ist also ein einfaches
Sozialsystem.

Der Nachbarschaftsverband gilt Weber ganz allgemein als die
urwüchsige Grundlage der Gemeinde.[73] Und nicht nur dies: Er
bildet auch eine primitive Form der Brüderlichkeitsethik aus.
Der Nachbar ist der »typische Nothelfer, und ›Nachbarschaft‹
daher Trägerin der ›Brüderlichkeit‹ in einem freilich durchaus
nüchternen und unpathetischen, vorwiegend wirtschaftsethi-
schen Sinne des Wortes«.[74] An dieser einfachen Brüderlichkeits-

71 Vgl. WuG, S. 227.
72 Ebd., S. 214.
73 Ebd., S. 217.
74 Ebd., S. 216.

ethik, die eine strenge Reziprozitätsethik noch im Rahmen des Dualismus von Binnen- und Außenmoral darstellt, setzen gerade Erlösungsprophetien an, die gleichsam innere Nothilfe versprechen. Nicht zuletzt auch mit Blick auf das frühe Christentum formuliert Weber diesen Zusammenhang in der »Zwischenbetrachtung«: »Je rationaler und gesinnungsethisch sublimierter die Idee der Erlösung gefaßt wurde, desto mehr steigerten sich daher jene aus der Reziprozitätsethik des Nachbarschaftsverbandes erwachsenen Gebote äußerlich und innerlich. Aeußerlich bis zum brüderlichen Liebeskommunismus, innerlich aber zur Gesinnung der Caritas, der Liebe zum Leidenden als solchen, der Nächstenliebe, Menschenliebe und schließlich: der Feindesliebe.«[75] Der Übergang von der ökonomischen Nachbarschaftsethik zur religiösen Brüderlichkeitsethik, von der Gegenseitigkeit der Nothilfepflicht zur Einseitigkeit der ›Liebespflicht‹, vom Dualismus von Binnen- und Außenmoral zum Universalismus macht nicht allein aus dem Nachbarn den Glaubensbruder und, nicht zu vergessen, aus der Nachbarin die Glaubensschwester. Er verändert auch Charakter und Reichweite der Solidarität. An die Stelle einer primordialen Solidarität von lokaler Reichweite kann eine interethnische und interständische Solidarität von interlokaler Reichweite treten, an die Stelle des *do ut des* der Verzicht auf strenge (irdische) Gegenseitigkeit. Wie der privilegierte Glaubensbruder dem in Not geratenen Glaubensbruder Unterstützung schuldet, so auch die privilegierte Gemeinde der in Not geratenen Gemeinde. Die Unterstützungspflicht gegenüber den Armen und gegenüber der Gemeinde in Jerusalem, die Paulus seinen Gemeinden immer wieder einschärft, scheint, was immer die faktischen Unterstützungsleistungen gewesen sein mögen, auch ein symbolischer Ausdruck für die universalistische Brüderlichkeit innerhalb der einzelnen Gemeinde und innerhalb des Glaubensverbandes insgesamt.[76]
Diese neue Solidarität wird nun aber auch durch zentrale Ge-

75 RS I, S. 543. Vgl. dazu auch Gerd Theißen, *Urchristentum*, S. 100 ff. Weber schränkt seine Überlegung allerdings nicht auf das Christentum ein.
76 Die ›Sonderstellung‹ der Gemeinde in Jerusalem hat natürlich darüber hinaus noch andere symbolische Gründe (Urgemeinde). Weber sieht

meinderituale getragen. Folgt man Emile Durkheim, so ist eine Religion soziologisch gekennzeichnet durch eine bestimmte Anzahl von Grundvorstellungen und rituellen Handlungen, wobei die rituellen Handlungen die Grundvorstellungen äußerlich repräsentieren und aktualisieren.[77] Eine rituelle Handlung in diesem Sinne ist das Herrenmahl. Welche Bedeutung Weber dieser Institution zumißt, wurde bereits hervorgehoben: Sie stellt, soziologisch gesehen, ein interethnisches und interständisches Verbrüderungsritual dar. Sie repräsentiert die Gleichheit aller vor Gott und damit auch untereinander, und sie aktualisiert dies durch Tischgemeinschaft, durch Kommensalität. Diese religiöse Gleichheit kann in Spannung mit der beschriebenen sozialen Ungleichheit geraten. Es scheint, als hätte diese Spannung bereits in den paulinischen Gemeinden eine nicht unerhebliche Rolle gespielt. Eine Strategie, sie zu mildern, bestand offenbar darin, die religiöse Tischgemeinschaft von der sozialen sichtbar zu trennen. Dafür diente vermutlich die Hausgemeinschaft als Modell.[78]

Dennoch: Die Spannung zwischen dem auf sozialer Ungleichheit beruhenden ›Hauskommunismus‹ und dem auf religiöser Gleichheit beruhenden ›Liebeskommunismus‹ läßt sich so lange verarbeiten, wie das prophetische Pneuma »in stürmischem Feuer« durch die Gemeinden geht,[79] genauer: solange für das Gemeindeleben die pneumatischen Charismata und vor allem die Parusieerwartung bestimmend bleiben. Denn dann gilt: »Die Welt bleibt, wie sie ist, bis der Herr kommt.«[80] Die Welt, das ist die Welt der ›Polis‹ und des Römischen Reiches mit ihren ökonomischen, sozialen und politischen Strukturen. Deren Zwängen und Anforderungen kann, ja soll man sich unterwer-

allerdings auch hier mit der Entwicklung verbundene Verschiebungen: von Jerusalem über Korinth nach Rom.

77 Vgl. Emile Durkheim, *Die elementaren Formen des religiösen Lebens*, Frankfurt 1981, S. 22. Durkheim verwendet den Begriff rituell nicht technisch, etwa in Abgrenzung zu kultisch, sondern für jede vorgeschriebene religiöse Handlung.

78 Vgl. dazu die Überlegungen von Reinhard Bendix in *Max Webers Sicht des antiken Christentums*, S. 404 ff.

79 Vgl. Max Weber, WL, S. 612.

80 WuG, S. 381.

fen, es sei denn, daß dies »die Sünde« von einem verlangt.[81] Mit Troeltsch betont Weber den extremen Indifferentismus des Christentums gegenüber sozialen und politischen Problemen. Es ist weder aus der Reaktion auf solche Probleme entstanden noch hält es dafür Lösungen bereit. In der Studie über die Agrarverhältnisse im Altertum, am Ende des Abschnitts über den Hellenismus, findet sich folgende Formulierung: »Gerade der Glaube an die *Dauer* der Römerherrschaft *bis an das Ende der Tage* und also an die *Sinnlosigkeit* ›sozialreformatorischer‹ Arbeit, die *Abwendung* von allen ›Klassenkämpfen‹ waren der Boden, aus dem die christliche, rein ethische und charitative weltfremde ›Nächstenliebe‹ quoll.«[82]

Das pneumatische Charisma fördert also Gleichheit. Denn man kann die charismatischen Gaben des ›Geistes‹ besitzen, ganz unabhängig davon, welche soziale Stellung man in der Haus- und Nachbarschaftsgemeinschaft hat. Schon bei den Stellungnahmen zu dem Vorgang in Antiochien spielt dieser Gesichtspunkt eine wichtige Rolle. Denn die gesetzestreuen Christen Jerusalems sahen sich der Tatsache gegenüber, »daß die Konvertiten aus dem Heidentum vom *Geist* ebenso und mit den gleichen Erscheinungen befallen wurden, wie die jüdischen Christen.«[83] Dies machte ihren Anspruch auf eine Sonderposition zumindest angreifbar. Was aber für Judenchristen und Heidenchristen gilt, muß auch für sozial hoch oder niedrig stehende Christen gelten: Der ›Geist‹ kennt weder ethnische noch ständische Grenzen. Das pneumatisch-ekstatische Handeln kann freilich zwei Gefahren für das Gemeindeleben mit sich bringen: Es kann zu religiöser Ungleichheit führen, und es kann die Struktur gefährden, die die Gemeinde hält. Ein Weg, um wenigstens die zweite Gefahr zu minimieren, besteht darin, das Charisma rituell zu binden. Dies scheint in den paulinischen Gemeinden mit dem Zungen- reden geschehen zu sein. Man könnte es als ein ›Spontaneitäts- ritual‹ bezeichnen. Als solches wird es zu einer festen Gemein- deinstitution. Wie Wayne Meeks schreibt: »It occurred within the framework of the assembly, performed by persons who

81 Ebd.
82 So, mit ausdrücklichem Bezug auf Ernst Troeltsch, Weber, SW, Tübin- gen 1924, S. 189f.
83 RS III, S. 440.

were expected to do it. It happened at predictable times, accompanied by distinctive bodily movements, perhaps introduced and followed by characteristic phrases in natural language. It did what rituals do: it stimulated feelings of group solidarity (except, as at Corinth, for those nonspeakers made to feel excluded); it increased the prestige of individuals, thus creating or underlining roles, and marked the occasion as one of solemnity (in the older sense, not the now common one of being dull and humorless).«[84]

Solche ›Spontaneitätsrituale‹ machen zweierlei deutlich: 1. Man kann außeralltägliches Handeln bis zu einem gewissen Grade erlernen. Weber weist an verschiedenen Stellen seines Werkes auf das Phänomen der charismatischen Erziehung hin. 2. Außeralltägliches Handeln läßt sich an Rollen binden und kann somit Ausgangspunkt für religiöse Rollendifferenzierung und religiöse Schichtung werden. In Webers Religionssoziologie ist dieses Phänomen begrifflich durch die Unterscheidung von Virtuosen- und Durchschnittsethik, Virtuosen- und Massenreligiosität repräsentiert. Im Sinne dieser Unterscheidung bergen die pneumatischen Charismata, die in stürmischem Feuer durch die paulinischen Gemeinden gehen, zugleich einen Sprengsatz für die religiöse Gleichheit dieser Gemeinden. Wichtig ist, daß dies kein sozialer, sondern ein ›religiöser‹ Sprengsatz ist. Ein gut Teil der Ausführungen in den paulinischen Briefen läßt sich als der Versuch werten, diesen Sprengsatz zu entschärfen, ohne den charismatischen Kern der Gemeindebildung preiszugeben. Weber sieht beispielsweise in der Entwertung der Frau als Trägerin von Charisma, die in seiner Sicht bei Paulus einsetzt, einen solchen Versuch, die pneumatischen Charismata zu reglementieren, einen Versuch, der, zu weit getrieben, Veralltäglichung zur Folge haben muß.[85] Allerdings: Verglichen mit den griechischen oder römischen ›Vereinen‹, kennen die paulinischen Gemeinden trotz dieser Reglementierungs- und Veralltäglichungstendenzen keine ausgeprägte religiöse Rollendifferenzierung oder gar eine Institutionalisierung von Ämtern mit fixierten Zugangsregeln. Wayne Meeks, der die Quellen unter

---

84 Wayne Meeks, *The First Urban Christians*, S. 149.
85 Vgl. WuG, S. 298.

diesem Gesichtspunkt prüft (1 Kor 12, 28-30; 2 Kor 12, 8-10; Röm 12, 6-8; Eph 4, 11), stellt fest: »These passages have in common the conception of the principal roles in the local communities as gifts (*charismata*) – by God, Christ, the Spirit. The variety among the lists shows that there is local variation and considerable freedom for charismatic leadership.«[86] Obgleich in der paulinischen Mission im Vergleich zur Jesusbewegung intellektualistische, lehrhafte und rhetorische Komponenten in den Vordergrund treten, obgleich die stimmungsmäßige durch die rational-ethische Orientierung überlagert wird, obgleich der räumlich nahe Verbund städtischer Hausgemeinschaften Elemente der ›Vereine‹, der Schule und auch der Synagoge in sich aufnimmt und damit auf die Bahn rationaler Vergesellschaftung gedrängt wird, bleiben, jedenfalls ›in der ersten Epoche der Gemeinde‹, charismatische Herrschaft und emotionale Vergemeinschaftung die entscheidenden Züge. Weber bezeichnet die Rabbinen, die Träger des talmudischen Judentums, als plebejische religiös-rationale Ritual*lehrer*.[87] Die vorausgegangene Analyse macht deutlich, daß man, in Analogie dazu, die paulinischen Missionare als plebejische religiös-pneumatische *Gnaden*spender bezeichnen kann.

Die paulinische Gemeinde sprengt also ethnische und ständische Grenzen. Doch noch wichtiger ist: Sie überschreitet, ähnlich der jüdischen Gemeinde, den lokalen Zusammenhang. Der Begriff *ekklēsia* bezieht sich von vornherein auf mindestens zwei Zusammenhänge: auf die lokale Gemeinde und auf den Verbund der Gemeinden, insofern sie alle Teil der Gemeinde Gottes sind.[88] Vermutlich besteht die entscheidende organisatorische Leistung von Paulus neben der Verselbständigung der

---

86 Wayne Meeks, *The First Urban Christians*, S. 135. Weber hält sich wohl noch an die Einteilung, die Harnack, orientiert an der Didache, gibt: Die christlichen Missionare als Apostel, Propheten und Lehrer. Vgl. Adolf von Harnack, *Die Mission*, Drittes Buch, bes. Erstes Kap. Dieses Schema hat sich nicht gehalten. Vgl. Meeks, a. a. O., S. 136.

87 RS III, S. 432.

88 Dazu Wayne Meeks, *The First Urban Christians*, S. 108, der die verschiedenen Bedeutungen von *ekklēsia* durchgeht und dabei feststellt, daß die gebräuchlichste Verwendungsweise sich auf »the town meeting of free male citizens of a city of Greek constitution« bezog.

christlichen Gemeinde gegenüber der jüdischen darin, daß er ein interlokales Kommunikationsnetz zwischen seinen Gemeinden aufbaute, in erster Linie durch ein ausgeklügeltes System wiederkehrender Besuche, sei es durch ihn selber, sei es durch Sendboten, sowie durch Briefe. Dies bleibt freilich eine ephemere Form des interlokalen ›Zusammenschlusses‹, der die Autonomie der lokalen Gemeinde nicht tangiert. Immerhin: Das Netz ist so fest geknüpft, daß es nicht allein die charismatischen Führer ›trägt‹, sondern auch die Anhänger. In diesem Sinne verstehe ich Webers berühmt-berüchtigte Formulierung, daß das Christentum seinen Lauf »als eine Lehre wandernder Handwerksburschen« begann.[89]

Die *ekklēsia* ist also tatsächlich eine Organisation sui generis, sowohl lokal wie interlokal. Sie steht, wie bereits gesagt, der Sekte nahe, obgleich sie besser als eine charismatische Gemeinde in der ersten Epoche bezeichnet wird. Vor allem aber: Sie ist keine Kirche. Zu Recht weist Wayne Meeks darauf hin, daß die Übersetzung von *ekklēsia* mit Kirche ein (soziologischer) Anachronismus ist.[90] Dies gilt auch dann, wenn man einen weiten Begriff der Kirche verwendet, also Kirche nicht als Anstalt, sondern als hierokratischen Verband definiert.[91] Eine Kirchengemeinde mit der für sie typischen Beziehung zwischen Priester und Laien könnte niemals zum Träger »pneumatische(r) Gemeindefrömmigkeit« werden.[92] Dies setzt neben Charismatikern aktive ›Laien‹ und eine emotionale Vergemeinschaftung voraus. Fassen wir zusammen: Paulus, der erste Christ der zweiten Generation, ist tatsächlich im Vergleich zu Jesus ein Gemeindeorganisator. Er hebt damit, strukturell gesehen, die christliche Bewegung auf ein neues Niveau. Er tut dies durch Verselbständigung der christlichen Gemeinde gegenüber der jüdischen und durch den Aufbau eines interlokalen Kommunikationsnetzes, das es erlaubt, eine gewisse Gleichgerichtetheit mit enormer lokaler Variation zu verbinden. Er bleibt dabei der ›Linie‹ treu,

89 So RS I, S. 240 und WuG, S. 311. An anderer Stelle spricht Weber vom Handwerksburschenintellektualismus. Vgl. WuG, S. 308.

90 Wayne Meeks, *The First Urban Christians*, S. 108.

91 Selbst in den soziologischen Grundbegriffen macht Weber diesen Unterschied. Vgl. WuG, S. 30.

92 RS I, S. 240.

die durch die gesinnungsethische Sublimierung des pharisäischen Gesetzesritualismus vorgezeichnet ist. Seine Gemeinden sind pneumatische, charismatische Gemeinden, die das Problem der Dauerbeziehung mittels emotionaler Vergemeinschaftung lösen. Sie halten damit trotz des Drucks, der davon auf Veralltäglichung ausgeht, am außeralltäglichen Charakter ihres religiösen Lebens fest. Dies ist nicht zuletzt deshalb möglich, weil für die religiöse Orientierung der Gemeindemitglieder die »überwältigende Bedeutung der charismatischen Gaben des ›Geistes‹« und die Wiederkunftserwartung maßgebend bleiben.[93] Nicht zufällig nimmt mit Parusieverzögerung der Veralltäglichungsdruck zu. Dies scheint jedenfalls ein wichtiger Faktor in der nachapostolischen Phase der frühchristlichen Entwicklung. Ein anderer ist Größe als Folge erfolgreicher Missionsarbeit. Obgleich sich die christliche Bewegung zunächst eher langsam ausbreitet und vermutlich erst in der zweiten Hälfte des 3. Jahrhunderts und im 4. Jahrhundert die Dimensionen einer Massenbewegung annimmt,[94] drängt, angesichts der Strukturarmut der paulinischen Gemeinden, bereits geringes Wachstum zu struktureller Differenzierung. Beide Tendenzen, Veralltäglichung und strukturelle Differenzierung, haben zwar verschiedene Ursachen, wirken aber sozusagen Hand in Hand. Die Entwicklungsrichtung ist allerdings nun ›endgültig‹ vorgezeichnet: Sie weist nicht mehr auf das Judentum zurück, sondern von ihm weg. Es bleibt Konkurrent, doch zunehmend ein Konkurrent unter anderen.[95] Immer mehr Brücken werden abgebrochen, Mauern errichtet, von beiden Seiten. Weber konstatiert: »... die Zahl der jüdischen Konvertiten zum Christentum ist sehr schnell gesunken und war praktisch etwa seit dem 4. Jahrhundert gleich Null«.[96] Wir scheinen uns also bei Be-

93 WuG, S. 381.
94 Dazu, im Anschluß an Harnack und neuere Literatur, den Beitrag von Reinhard Bendix in *Max Webers Sicht des antiken Christentums* (Abschnitt: Expansion des Christentums).
95 Auf den Mithraskult wurde bereits verwiesen (Anm. 68 oben). Zur Konkurrenzsituation auch John G. Gager, *Kingdom and Community. The Social World of Early Christianity*, Englewood Cliffs, N. J.: Prentice Hall 1975, S. 132 ff.
96 RS III, S. 442.

trachtung der Entwicklungsbedingungen der paulinischen Mission tatsächlich an einem jener ›Angelpunkte‹ für eine ganze Kulturentwicklung zu befinden, denen Weber in seiner Serie von Monographien über die Wirtschaftsethik der Weltreligionen nachspürt und weiter nachspüren wollte, in diesem Fall »an einem Angelpunkt der ganzen Kulturentwicklung des Occidents und vorderasiatischen Orients.«[97]

5. Talmudisches Judentum, frühes Christentum und ›Welt‹

Wie läßt sich dieser Angelpunkt, diese Weichenstellung, charakterisieren? Was sind die entscheidenden Unterschiede in den Entwicklungsbedingungen von ›Spätjudentum‹ und frühem Christentum? Dafür eignen sich zwei Vergleiche, einer, den Weber detailliert, und einer, den er zumindest andeutungsweise ausgearbeitet hat. Der erste ist der zwischen asiatischen und vorderasiatisch-okzidentalen Erlösungsreligionen, der zweite der zwischen einzelnen vorderasiatisch-okzidentalen Erlösungsreligionen. Im ersten Vergleich stellt Weber den Hinduismus und vor allem den Buddhismus dem Judentum, dem Christentum und dem Islam gegenüber, im zweiten vor allem das Christentum dem Judentum, und zwar in seiner »nachexilischen, vor allem talmudischen Form«.[98] Dieser zweite Vergleich müßte sich auch auf den Islam, jenen »durch alttestamentliche und judenchristliche Motive stark mitbedingte(n) Spätling des vorderasiatischen Monotheismus«, erstrecken.[99] Das kann an dieser Stelle nicht geschehen.[100] Eine Leitfrage, die diese Vergleiche ›steuert‹, ist die nach dem Verhältnis zur Welt. Wie, so lautet die Frage, motiviert eine Erlösungsreligion die Stellungnahme ihrer Träger zur ›Welt‹, und wie fällt diese Stellungnah-

97 Ebd., S. 7.   98 WuG, S. 367.
99 Ebd., S. 375.
100 Dazu Wolfgang Schluchter, *Religion und Lebensführung*, Kap. 9 und ders. (Hg.), *Max Webers Sicht des Islams. Interpretation und Kritik*, Frankfurt 1987. Die hier nur angedeuteten Vergleiche werden detaillierter durchgeführt in Wolfgang Schluchter, *Die Entwicklung des okzidentalen Rationalismus*, S. 230 ff.

me, diese Sinnstiftung, aus?[101] Für die soziologische Antwort darauf sind vor allem drei Gesichtspunkte wichtig: Heilsgut bzw. Heilszuständlichkeit, Heilsweg bzw. Heilsmittel sowie soziale Komposition und institutionelle Einbettung der Trägerschicht.

Im ersten Vergleich geht es Weber darum, die fundamentalen Unterschiede in den Grundvorstellungen der asiatischen und der vorderasiatisch-okzidentalen Erlösungsreligionen herauszustellen. Damit enthüllt er zugleich ihre internen Gemeinsamkeiten, die schon deshalb vorhanden sind, weil der Buddhismus aus dem Hinduismus, das Christentum aus dem Judentum heraus entstanden ist. Gnostisches Wissen und Kontemplation gegen Ethik und gottgeleitetes Handeln, dies sind schlagwortartig diese fundamentalen Unterschiede, und sie werden dadurch verstärkt, daß die Träger der asiatischen Erlösungsreligionen in erster Linie vornehme Intellektuelle, die der vorderasiatisch-okzidentalen aber plebejische ›Praktiker‹, vor allem Ackerbürger, Händler und Handwerker, sind. Die internen Gemeinsamkeiten zwischen ›Spätjudentum‹ und Frühchristentum bestehen deshalb vor allem darin, daß sie einen ›gemeinsamen‹ Gott, eine ›gemeinsame‹ Ethik und eine ähnliche Trägerschicht haben. Beide sind *ethische* Erlösungsreligionen und als solche plebejisch, institutionell gebunden an die antike Polis und später: an die mittelalterliche okzidentale Stadt. Diesen Typus von Institutionen hat es in Asien, so Weber, nicht gegeben. Ohne sie hätten wir vermutlich kein talmudisches Judentum, in jedem Falle aber kein überlebensfähiges Christentum. Denn die Stadt des Okzidents mit ihrem Bürgertum in seiner Eigenart, ja Einzigartigkeit »war sein Hauptschauplatz, für die antike pneumatische Gemeindefrömmigkeit ebenso wie für die Bettelorden des hohen Mittelalters und für die Sekten der Reformationszeit bis zum Pietismus und Methodismus hin.«[102]

Im zweiten Vergleich geht es Weber darum, *im Rahmen* dieser

---

101 Über den Begriff der Stellungnahme, der Sinngebung, ist Webers Wissenschaftslehre mit seiner Religionssoziologie verbunden. Vgl. bes. WL, S. 180. Stellungnahme fungiert einmal als ›transzendentale Voraussetzung‹ der Kulturwissenschaft, einmal als ›Gegenstand‹ dieser Kulturwissenschaft.

102 RS I, S. 240. Dazu auch WuG, S. 287.

Gemeinsamkeiten zu differenzieren. Auch hier stehen die Grundvorstellungen, vor allem aber rituelle Handlungen im Mittelpunkt. Wenn gemeinsame Grundvorstellungen bestehen, so können Unterschiede daraus erwachsen, daß sie verschieden interpretiert werden. Weber verweist auf die Unterschiede, die durch eine eher geistbezogene oder eine eher wissensbezogene Interpretation der Ethik, des ›Gesetzes‹, entstehen. Das Christentum macht den ›Geist‹, die Liebe, zur Grundlage des ›Gesetzes‹, das talmudische Judentum dagegen das ›Wissen‹, das Lernen. Gerade in den ›Ergänzungen‹ zur ›gemeinsamen‹ Gottesvorstellung und Ethik, im Neuen Testament bzw. im Talmud, drückt sich diese unterschiedliche Haltung gegenüber der gemeinsamen Überlieferung aus. Vor allem aber: Sie zeigt sich auch in den zentralen rituellen Akten – Taufe und Abendmahl auf der einen, Beschneidung und Lesung aus der Thora auf der anderen Seite. Diese Unterschiede lassen sich nicht klassentheoretisch verstehen, etwa dadurch, daß für das Frühchristentum der wandernde Handwerksbursche, für das talmudische Judentum aber der wandernde Händler ›Träger‹ ist.[103] Im Vergleich zu Bauern oder vornehmen Kriegern, Beamten und Intellektuellen sind die ›bürgerlichen‹ Schichten nämlich in ihrer religiösen Stellungnahme ausgesprochen vieldeutig. Gerade hier fällt eine Aussage über Wahlverwandtschaften besonders schwer.[104] Um die auseinanderstrebenden Entwicklungen dennoch sozialstrukturell verankern zu können, sieht sich Weber deshalb zu einer anderen Konstruktion genötigt: Spätestens seit dem Sturz des Zweiten Tempels und seit dem gescheiterten Aufstand unter Bar Kochba sind die Juden dabei, ein bürgerliches Pariavolk zu werden, wobei sie diese Lage weitgehend selbst wählen.[105] So

103 So in WuG, S. 311. Im Hintergrund steht natürlich auch Webers Auseinandersetzung mit Sombart über den Beitrag des Judentums zu der Entstehung des modernen rationalen Kapitalismus.

104 Vgl. etwa die Formulierung WuG, S. 293 über den Zusammenhang von Kleinbürgertum und Religiosität. Immerhin stellt Weber fest, zumindest der handwerkliche Teil des Kleinbürgertums habe eine Affinität zu Gemeinde-, Erlösungs- und rational-ethischer Religiosität.

105 Weber betont die Selbstisolierung. Vgl. RS III, S. 434 f., 442. Selbstisolierung kann natürlich mit Ablehnung durch die Umwelt einhergehen, sei es, daß sie eine Reaktion darauf ist, sei es, daß sie diese erst provo-

umstritten diese Konstruktion unter theoretischen und historischen Gesichtspunkten auch ist,[106] Weber will damit vor allem den ritualistischen Grundzug der sich entwickelnden jüdischen Gemeindereligiosität betonen. Er ist eben dem pneumatischen Grundzug des frühen Christentums diametral entgegengesetzt. ›Glaube‹ gegen ›Wissen‹, doch nicht im Sinne asiatischer Gnosis, sondern im Sinne kasuistischen Gesetzeswissens, dies sind die entscheidenden Entwicklungsbedingungen. Sie haben in Webers Sicht zu zwei völlig verschiedenen Formen bürgerlicher Gemeindereligiosität geführt.

Diese Differenzen zeigen sich auch im Weltverhältnis. Für Weber ist das talmudische Judentum, obgleich Erlösungsreligion, keine radikal weltablehnende Religion. Wenn man die Weltablehnung bei den Erlösungsreligionen überblickt, so steht es gleichsam auf unterster Stufe. Es ist, wenn nicht weltangepaßt, so zumindest weltzugewandt.[107] Dies ist zwar keine Weltzuwendung, wie sie etwa dem Konfuzianismus eignet, aber es ist auch nicht jener Indifferentismus, wie er aus der radikalen

ziert. Dann kommt es zu kumulativen Prozessen. An einen solchen hat er bei der ›Pariavolksbildung‹ wohl gedacht. Der beste Indikator, den er dafür hat, ist das Ende des Proselytismus. Dies bedeutet: Weitgehende Auflösung des Kompromisses zwischen Konfessionalität und Gentilizität. Konfessionalität wird an Gentilizität gebunden. Dies führt zur partikularistischen Schließung. Ein Problem ist: Weber läßt offen, wann diese Prozesse einsetzen. Einmal beginnt die Pariavolksbildung nach dem Sturz des Ersten Tempels, dann nach dem Sturz des Zweiten Tempels, dann nach der Komposition des Talmuds, dann im Mittelalter.

106 Vgl. dazu Wolfgang Schluchter (Hg.), *Max Webers Studie über das antike Judentum, Interpretation und Kritik*, Frankfurt 1981, dort die Beiträge von S. N. Eisenstadt, Günter Stemberger, Freddy Raphaël und Eugène Fleischmann, ferner die Beiträge von Abraham Wasserstein und John G. Gager in *Max Webers Sicht des antiken Christentums*, S. 281 ff. bzw. S. 386 ff.

107 Dazu WuG, S. 367. Ferner RS III, S. 418. Diese Einordnung einer Erlösungsreligion als weltangepaßt stellt besondere Probleme für die Typologie der Weltverhältnisse. Auch Erlösungsreligionen können in Webers Sicht offenbar die ganze Skala von Weltverhältnissen realisieren: Weltbeherrschung, Weltüberwindung, Weltindifferenz, Weltflucht und Weltanpassung (Schickung in die Welt). Vgl. dazu *Religion und Lebensführung*, Kap. 6 A.

Weltablehnung des antiken Christentums folgt.[108] Sie aber ist letztlich aus dem pneumatischen Charismatismus erwachsen. Dieser treibt das frühe Christentum in Richtung auf eine gesinnungsethische Glaubensreligiosität. Im Vergleich zu dem Rationalitätsniveau, das die rabbinische gesetzesritualistische Wissensreligiosität erreicht, ist dies keineswegs nur ein ›Fortschritt‹. Weber mißt ja bekanntlich die Stufe der Rationalität, die eine Religion erreicht, an zwei Kriterien: daran, wieweit sie die Magie abstreift (Entzauberung), und an dem Grad systematischer Einheitlichkeit, »in welche das Verhältnis von Gott und Welt und demgemäß die eigene ethische Beziehung zur Welt von ihr gebracht worden ist.«[109] Gemessen am zweiten Kriterium, ist das frühe Christentum gegenüber dem ›Spätjudentum‹ wegen seiner gesinnungsethischen Wendung vielleicht ein ›Fortschritt‹. Gemessen am ersten Kriterium dagegen stellt es unzweifelhaft einen ›Rückschritt‹ dar. Denn es bewahrt die antimagische Haltung nicht, die das Judentum erreicht hatte. Das zeigt sich an seiner Schätzung nichtrationaler Heilszuständlichkeiten, vor allem aber am magischen Einschlag seiner zentralen rituellen Akte. Aus ihnen entwickeln sich die Sakramente, die für Weber sublimierte magische Heilsmittel sind.

6. Von der charismatischen Vergemeinschaftung zur charismatischen Vergesellschaftung

Nun ist die paulinische Bewegung, wie bereits gesagt, nicht identisch mit der urchristlichen Bewegung. Schon Adolf von Harnack hat davor gewarnt, dem Paulinismus eine Gesamtwirkung zuzuschreiben, Paulus gar als »den zweiten Stifter der christlichen Religion oder auch nur als den Stifter der Kirche« anzusehen.[110] Mehr noch: Er hält die Verschiebungen, die von Jesus zu Paulus eintreten, für unvermeidlich und folglich keineswegs allein durch die Arbeit der zweiten Generation bewirkt. Bereits die erste hat aus der Religion Jesu etwas anderes gemacht. Harnack identifiziert vier Hauptrichtungen, die am

108 Vgl. dazu WuG, S. 379.
109 RS I, S. 512.
110 Adolf von Harnack, *Dogmengeschichte* I, S. 106.

Ende des sogenannten apostolischen Zeitalters mit- und gegeneinander wirken, darunter die paulinische, und er stellt zugleich die Frage, ob die bei diesen Richtungen eingetretenen Verschiebungen gegenüber dem Ausgangspunkt Jesus nicht auch Entleerungen sind.[111] Folgt man einem Vorschlag von Wilhelm Schneemelcher, so lassen sich für die Behandlung des Urchristentums drei Hauptthemen nennen und schlagwortartig formulieren: von Jesus zur Urgemeinde, von Jerusalem nach Antiochien, von der hellenischen Judenchristenheit zur gesetzesfreien Heidenchristenheit.[112] Diese Schlagworte beschreiben nicht so sehr aufeinander folgende zeitliche Phasen, als vielmehr parallele Entwicklungslinien, vielleicht auch Entwicklungsschübe. Zum dritten Hauptthema gehört Paulus, aber eben nicht exklusiv. Was bisher über die paulinische Mission gesagt wurde, muß also zugleich als Ausgangspunkt für die Analyse von Entwicklungen dienen, die sowohl sachlich wie zeitlich über Paulus hinausweisen. Im Anschluß an Harnack und Schneemelcher läßt sich deshalb nun folgende Frage stellen: Was kann man aus Weber über das gesetzesfreie Heidenchristentum der ›zweiten und der folgenden Epochen‹ lernen, was über innerchristlichen Pluralismus und über das Problem der Entleerung, der die Sendung im Zuge ihrer Ausbreitung unterliegt? Oder: Wenn Paulus zwar Grundsteine für die christliche Kirche und für die christliche Alltagsethik legt, sie aber nicht selbst aufbaut, was hat zu ihrer Entwicklung geführt? Wie schon beim Vergleich von pharisäischem Judentum, Jesusbewegung und Paulusbewegung darf man auch hier bei Weber nicht nach ereignisgeschichtlichen Antworten suchen. In seinen

---

111 Ebd., S. 90. Zu dieser interessanten Frage vgl. auch den Beitrag von J. Duncan M. Derrett in *Max Webers Sicht des antiken Christentums*.

112 Wilhelm Schneemelcher, *Das Urchristentum*, Stuttgart 1981, Einleitung, bes. S. 12 ff. Harnack spricht von zwei großen Übergängen, die noch in das erste Jahrhundert fallen: »von Christus zu der ersten Generation seiner Gläubigen einschliesslich des Paulus, und von der ersten (judenchristlichen) Generation dieser Gläubigen zu den Heidenchristen, anders ausgedrückt: von Christus zur kultischen Gemeinde der Christgläubigen und von dieser zu der werdenden katholischen Kirche.« Harnack, *Dogmengeschichte* I, S. 81.

religionssoziologischen Monographien, und nicht nur hier, geht es um die Charakterisierung von Konstellationen, in denen sich ›Faktoren‹ »zu einer geschichtlich für uns *bedeutsamen* Kulturerscheinung« gruppieren.[113] Einige dieser ›Faktoren‹ hat die vorausgegangene Analyse identifiziert. Ich nenne drei, die in einem erkennbaren Zusammenhang stehen: die ideell bedingten Spannungen und Konflikte, die sich um das Gleichheits- und Ungleichheitsproblem drehen, die interessenbedingten Spannungen und Konflikte, die sich mit dem Veralltäglichungsproblem verbinden, und die strukturbedingten Spannungen und Konflikte, die Resultat zunehmender Größe sind. Alle hängen mit der paulinischen Gemeindeorganisation zusammen, mit der Tatsache, daß sie in erster Linie eine charismatische Gemeinde auf der Basis emotionaler Vergemeinschaftung ist.

Will man aus dieser Konstellation auf die Zukunft schließen und diesen Schluß an ausgewählten Fakten prüfen, so muß man in meiner Sicht eine theoretische Zwischenbetrachtung einschalten. Folgt man nämlich Webers Herrschafts- und Religionssoziologie unreflektiert, so besteht die Gefahr, daß man die nachpaulinische Gemeindeentwicklung einfach unter die Leitidee ›Veralltäglichung des Charismas‹ stellt. Weber selbst gibt genügend Hinweise, die ein solches Vorgehen rechtfertigen können. Dennoch hielte ich es für kurzschlüssig. Es gibt auch durchaus im Werk liegende Gründe, die dazu motivieren, zunächst einen Umweg einzuschlagen. Sie haben mit der ambivalenten Fassung des Veralltäglichungsbegriffs zu tun.

Für Weber ist die genuin charismatische Herrschaft ein ›außeralltägliches Gebilde‹, das er den ›Alltagsgebilden‹, der traditionalen und der legalen Herrschaft, gegenüberstellt. Dieses außeralltägliche Gebilde ist zentriert um eine persönliche Autoritätsbeziehung, die, anders als die üblichen persönlichen Autoritätsbeziehungen, in einem spezifischen Sinne ›frei‹ ist: frei von äußeren Regeln, seien sie traditional oder legal ›begründet‹, frei aber auch vom ›Willen‹ der Beherrschten, die dem Träger des Charismas Anerkennung *schulden*. Dies äußert sich derart, daß sie sich ihm bedingungslos gläubig hingeben, zumindest so lange, wie sich sein Charisma bewährt. Der charis-

113 Max Weber, WL, S. 174.

matische Herrscher ist also den Beherrschten durchaus verantwortlich, und zwar in dem Sinne, daß er seine in Anspruch genommene ›übernatürliche‹ Kraft unter Beweis stellen muß. Doch ist dies nicht der Legitimationsgrund seiner ›Sendung‹, an der er ja in der Regel auch dann festhält, wenn er die Anerkennung seiner Gefolgschaft und seiner Anhänger verliert. Diese Beziehung ist, wie bereits gezeigt, labil, und zwar vor allem aus zwei Gründen: Sie ist strukturarm und hängt an der Präsenz einer konkreten, nicht austauschbaren Person. Sie ermöglicht deshalb »kein stetiges ›institutionelles‹ Gebilde«.[114] Hier Verstetigung zu erreichen, kann aber gerade ein Interesse der Gefolgschaft oder der Anhängerschaft oder beider sein. Dieses Interesse wird spätestens dann aktuell, wenn der Charisma-Träger ausfällt. Weber stellt deshalb das Problem der Nachfolge und der Nachfolgerdesignation in den Mittelpunkt seiner Analyse des Verstetigungsprozesses. Nachfolgerdesignation aber führt zur Bindung der charismatischen ›Sendung‹ an äußere Regeln. Dies bedeutet Veralltäglichung. Es scheint, als würde nicht nur diese, sondern jede Transposition des Charismas ins Institutionelle zu seiner Umbildung im Sinne der Veralltäglichung führen. Das persönliche Charisma wird dann entweder »traditionalisiert oder rationalisiert (legalisiert)«.[115]

Tatsächlich ist Weber diesem ›Modell‹ über weite Strecken seiner Herrschafts- und Religionssoziologie gefolgt. Würde man ihm allerdings die ›Alleinherrschaft‹ zubilligen, so wäre schon der Übergang von Jesus zu Paulus als Veralltäglichung des jesuanischen Charismas zu interpretieren, als eine Verschiebung nicht nur, sondern bereits als eine Entleerung, die zwar unvermeidlich sein mag, aber eben auch die Authentizität der ›Sendung‹ bedroht. Doch es gibt noch ein zweites ›Modell‹, das Weber zwar unter dem Titel Veralltäglichung behandelt, das sich aber von dem beschriebenen Veralltäglichungsmodell in meiner Sicht grundsätzlich unterscheidet. Es taucht dort auf, wo er von der Versachlichung des Charismas spricht. Versachlichung liegt vor, wenn sich die Verstetigung des Charismas, seine Transposition ins Institutionelle, dadurch vollzieht, daß die charismatischen Qualitäten der Ursprungsperson nicht auf an

114 WuG, S. 664.   115 Ebd., S. 143.

dere Personen, sondern auf soziale Gebilde übertragen werden. Webers wichtigstes Beispiel dafür ist das Amtscharisma, das auf dem »Glauben an die spezifische Begnadung einer sozialen Institution als solcher« beruht.[116] Nach seinen eigenen Worten macht hier das Charisma eine »eigentümliche *institutionelle* Wendung«.[117] Sie ist offensichtlich von jener zu unterscheiden, durch die ein persönlicher Charisma-Träger mittels Regeln ›auserwählt‹ wird. Denn wiewohl diesen Regeln auch charismatische Qualität zugeschrieben werden kann, die sich während der Nachfolgerdesignation gleichsam auf den Auserwählten überträgt, die Regeln also in diesem Sinne eine charismatische Institution darstellen, bleibt der Legitimitätsglaube letztlich an den Auserwählten als konkrete Person gebunden. Dies ist beim Amtscharisma und bei verwandten Institutionen nicht der Fall. Hier bleibt die Trennung der charismatischen Institutionen von der Person grundsätzlich erhalten. Der Legitimitätsglauben haftet an der Institution, nicht an der sie repräsentierenden Person. Die Fähigkeit zur Gnadenspendung etwa kann jetzt einer Institution zugeschrieben werden. Diese Trennung von Amt und Person aber hat zur Folge, daß auch ›unwürdige‹ Personen den charismatischen Charakter der Herrschaftsstruktur nicht zerstören. Dies ist im Falle der charismatischen Nachfolgerdesignation anders: Hier bleibt die charismatische Herrschaftsstruktur nur so lange erhalten, wie der erwählte Charisma-Träger sich bewährt.

Es gibt also grundsätzlich zwei verschiedene Wege, um eine ephemere persönliche, ›regelfreie‹, außeralltägliche Herrschaft ›auf Dauer zu stellen‹: durch Traditionalisierung oder Legalisierung einerseits, durch Versachlichung andererseits. Dies legt es nahe, Veralltäglichung und Versachlichung des Charismas nicht miteinander zu identifizieren. Denn es ist ja gerade die Pointe von Versachlichung, daß das personale Charisma zwar umgeformt wird, daß dadurch aber seine Kraft dauerhaft erhalten bleibt. Mehr noch: Es ist theoretisch keineswegs plausibel, mit der Institutionalisierung einer Nachfolgeregelung als solcher bereits einen Veralltäglichungsvorgang zu verbinden. Wie

116 Ebd., S. 683.
117 Ebd., S. 682.

Weber selbst sagt, kommt es auf die Art der Lösung an. Gewiß: Charismatische Herrschaft bleibt in ihrer genuinen Form eine ephemere Beziehung am Rande der Gesellschaft. Aber die Kraft, die vom Charisma ausgeht, kann auch ins Zentrum der Gesellschaft rücken, ohne zu erlöschen. Man sollte deshalb Veralltäglichung überhaupt nur als eine unter mehreren Formen der Umbildung des Charismas verstehen. Sie ist jene Form, bei der das Charisma letztlich verebbt und durch Traditionalisierung oder Legalisierung ersetzt wird. Daneben existieren aber zwei andere Formen der Umbildung, die die charismatische Kraft erhalten: das institutionell gebundene persönliche Charisma und das Amtscharisma im oben beschriebenen Sinn.

Die beiden zuletzt genannten Umbildungsstrategien machen aus der ephemeren Beziehung eine Dauerbeziehung dadurch, daß sie die Labilität aufheben, die Folge der personalen Komponente der charismatischen Herrschaftsbeziehung ist: durch Loslösung der Sendung von der Ursprungsperson und Übertragung auf andere Personen einerseits, durch Loslösung der Sendung von Personen überhaupt und Übertragung auf soziale Gebilde andererseits. Es gibt nun aber daneben eine Umbildungsstrategie, die an der autoritären Komponente dieser Herrschaftsbeziehung ansetzt. Hierher gehört Webers ›Modell‹ der herrschaftsfremden oder antiautoritären Umdeutung des Charismas. Die Grundzüge dieses Modells wurden in den vorausgehenden Analysen bereits kurz erläutert. Der entscheidende Punkt: Der ursprünglich durch seine Sendung, durch sein »Eigencharisma«, legitimierte Herr wird »zu einem Herrn von Gnaden der Beherrschten«, Anerkennung ist nicht länger Folge seiner Sendung, sondern der Grund dafür, daß er eine solche vertreten kann. Der Herr wird letztlich frei gewählter Führer, der im Auftrag der Beherrschten handelt, für Weber, wie bereits gesagt, der Ursprung der Demokratie im weitesten Sinn. Akzeptiert man die vorgeschlagenen Unterscheidungen, dann dürfte diese Umdeutung des Charismas in erster Linie eine Variante des institutionell gebundenen persönlichen Charismas darstellen. Nicht zufällig hat Weber, der Logik dieses ›Modells‹ folgend, die plebiszitäre Demokratie als den wichtigsten Typus der Führer-Demokratie bezeichnet und sie als charismatische

Herrschaft qualifiziert.[118] An ›apokrypher Stelle‹ finden sich denn auch statt der berühmten drei vier Legitimitätsprinzipien: neben dem traditionalen, dem rational-legalen und dem charismatischen ein demokratisches Legitimitätsprinzip.[119]
Wie immer man den systematischen Stellenwert dieses vierten Legitimitätsprinzips im Rahmen von Webers Herrschaftssoziologie beurteilt, eines hat die theoretische Zwischenbetrachtung ergeben: daß man statt der üblichen drei vier Grundstrukturen der Herrschaft unterscheiden muß. Herrschaftsgebilde haben entweder vorwiegend alltäglichen oder außeralltäglichen Charakter, und der Legitimitätsglauben gilt entweder vorwiegend Personen oder den Gebilden insgesamt. Diese vier Grundstrukturen kann man, Weber aufnehmend und fortführend, traditionale (alltäglich-persönlich), rational-legale (alltäglich-unpersönlich), personalcharismatische (außeralltäglich-persönlich) und institutionencharismatische (außeralltäglich-unpersönlich) Herrschaft nennen. Sie weisen jeweils erhebliche strukturelle und entwicklungsgeschichtliche Variationen auf und mischen sich in der historischen Wirklichkeit. Geht man von ihren ›reinen Formen‹ aus, so beschreibt Veralltäglichung jenen Prozeß, in dem sich ein genuines Charisma in ein traditionales oder rational-legales Herrschaftsgebilde verwandelt. Davon ist jener Prozeß scharf zu unterscheiden, durch den aus einer ephemeren charismatischen Beziehung eine charismatische Dauerbeziehung wird. Er kann entweder zu einem personalcharismatischen oder zum Beispiel zu einem amtscharismatischen Dauergebilde führen (vgl. Tabelle 1 und 2). Die vorausgegangene Analyse hat zu zeigen versucht, daß sich die paulinische Gemeinde in diesem Sinne als ein personalcharismatisches Dauergebilde verstehen läßt.

118 Ebd., S. 156.
119 Vgl. dazu den Zeitungsbericht über einen Vortrag Max Webers in Wien über die Probleme der Staatssoziologie, in: *Neue Freie Presse*, Nr. 19102, 26. Oktober 1917, S. 10. Weber hat dieses vierte Legitimitätsprinzip auch in die neue Fassung von WuG aufgenommen. Vgl. S. 156.

7. Die christliche Kirche als charismatische Anstalt

Es ist meine These, daß im Übergang von Jesus zu Paulus noch kein Veralltäglichungsprozeß auf breiter Front einsetzt, oder besser: daß man ihn mit dem ›Modell‹ der Veralltäglichung nicht angemessen beschreiben kann. Dies scheint mir letztlich auch die Sicht Webers, obgleich man zugeben muß, daß seine Bemerkungen hierzu weder einheitlich noch eindeutig sind. Dennoch halte ich das vorgeschlagene Schema für unentbehr-

Tabelle 1   Grundformen der Herrschaft

Art der Anerkennung des Herrschaftsanspruchs / Art des Herrschaftsgebildes	persönlich (personengebunden)	unpersönlich (institutionengebunden)
alltäglich (Funktionswert)	traditionale Herrschaft	rational-legale Herrschaft
außeralltäglich (Eigenwert)	personalcharismatische Herrschaft	institutionencharismatische Herrschaft

Tabelle 2   Umbildung des Charismas

Ausgangspunkt	Umbildungsart	Ergebnis
genuin persönliches Charisma (antiinstitutionell)	charismatische Nachfolgerdesignation	institutionell gebundene personalcharismatische Herrschaft
	Versachlichung	amtscharismatische Herrschaft
	Traditionalisierung	traditionale Herrschaft
	Rationalisierung	legale Herrschaft

lich, will man seine Sicht der Entwicklung des antiken Chistentums angemessen deuten. Denn nicht allein die These vom pneumatischen Kern der paulinischen Gemeindebildung, auch die vom Sondercharakter der frühen christlichen Kirche setzt die getroffenen Unterscheidungen voraus. Die in der nachapostolischen Zeit erst allmählich entstehende frühe christliche Kirche ist nämlich – so Weber – nicht einfach eine Hierokratie, sondern ein amtscharismatisches Gebilde, das aus der Versachlichung des christlichen Charismas, des Pneumas, entsteht. Nicht zuletzt mit Blick auf das Christentum gibt Weber folgende Definition von Kirche: »Zur ›*Kirche*‹ entwickelt sich die Hierokratie, wenn 1. ein besonderer, nach Gehalt, Avancement, Berufspflichten, spezifischem (außerberuflichem) Lebenswandel reglementierter und von der ›Welt‹ ausgesonderter Berufspriesterstand entstanden ist, – 2. die Hierokratie ›universalistische‹ Herrschaftsansprüche erhebt, d. h. mindestens die Gebundenheit an Haus, Sippe, Stamm überwunden hat, in vollem Sinn erst, wenn auch die ethnisch-nationalen Schranken gefallen sind, also bei völliger religiöser Nivellierung, – 3. wenn Dogma und Kultus rationalisiert, in heiligen Schriften niedergelegt, kommentiert und systematisch, nicht nur nach Art einer technischen Fertigkeit, Gegenstand des Unterrichts sind, – 4. wenn dies alles sich in einer *anstalts*artigen Gemeinschaft vollzieht. Denn der alles entscheidende Punkt, dessen Ausflüsse diese, in sehr verschiedenen Graden von Reinheit entwickelten Prinzipien sind, ist die Loslösung des Charisma von der *Person* und seine Verknüpfung mit der Institution und speziell: mit dem *Amt*.«[120]

Folgt man Ernst Troeltsch, wie dies Weber zweifellos bis zu einem gewissen Grade gleichfalls tut, so hat die alte Kirche vor allem drei Grundlagen: den Jesuanismus, wie er sich in den Evangelien darstellt, den Paulinismus und den Frühkatholizismus, der die »zweite große Fortbildung des Evangeliums nach dem Paulinismus« ist.[121] Die Kirchenbildung des Frühkatholizismus basiert dabei auf der Gemeindebildung des Paulinismus und anderer urchristlicher Bewegungen.[122] Doch sie stellt ihnen

120 Ebd., S. 700.
121 Ernst Troeltsch, *Soziallehren*, S. 85.
122 Schon Harnack unterscheidet vier Hauptrichtungen. Vgl. *Dogmenge-*

gegenüber zugleich etwas qualitativ Neues dar. Wie Webers Definition von Kirche zeigt, muß er diese neue Qualität in erster Linie mit der Versachlichung des Charismas verbinden, mit der Ersetzung, ja Verdrängung des freien und institutionell gebundenen persönlichen Charismas durch das Amtscharisma. In diesem Sinne läßt sich die folgende Formulierung aus *Wirtschaft und Gesellschaft* als Leitidee für seine Analyse der nachapostolischen Entwicklung verwenden, wobei er allerdings mit dem bereits kritisierten Veralltäglichungsmodell arbeitet: »Die Stellung der charismatischen ›Propheten‹ und ›Lehrer‹ in der alten Kirche schwindet, dem allgemeinen Schema der Veralltäglichung des Charisma entsprechend, mit fortschreitender Bürokratisierung der Verwaltung in den Händen der Bischöfe und Presbyter.«[123]

Welche Entwicklungsbedingungen in den urchristlichen Gemeinden lassen sich für diesen Vorgang nennen? Welche Spannungen und Konflikte wirken daran mit, daß aus einer an persönliche Charismata gebundenen Gemeindeorganisation die Kirche als amtscharismatische Gnadenanstalt wird? Denn wiewohl Weber mit Troeltsch der Meinung sein dürfte, daß sich die kirchenbildende Kraft des Evangeliums erst in der mittelalterlichen Kirche voll entfaltet, reichen die Weichenstellungen dafür doch bis in die Zeit vor der konstantinischen Wende zurück. Schon früh scheinen nämlich neben die Wandercharismatiker und die Gemeindeorganisatoren die Kirchenorganisatoren zu treten, Personen, die jene vier Grundlagen auszubilden suchen, die Weber mit Kirche verbindet: das Priestertum, den Gnadenuniversalismus, die Rationalisierung von Dogma und Kultus und die anstaltsartige Organisationsform, die zugleich ein genuines Kirchenrecht erfordert, also zu einer Verrechtlichung des religiösen Lebens führt.[124]

---

schichte I, S. 101 f. Der für die weitere Entwicklung wichtige Punkt ist die Variation der Gemeindeverfassung. Sie reicht von der charismatischen Führung bis zu einer traditionalen Ältestenverfassung. Dazu Act 21, 18; 1 Petr 5, 1-2; Jak 5, 14.

123 WuG, S. 702.

124 Dazu Ernst Troeltsch, *Soziallehren*, S. 89 ff. (mit Bezug auf Gierke). Ferner Max Weber, *WuG*, S. 480 f. und natürlich Rudolf Sohm, *Kirchenrecht. Band I: Die geschichtlichen Grundlagen*, Berlin 1892, ein

Die bisherige Analyse hat dafür bereits zwei Ansatzpunkte ergeben: Die ›Realdialektik‹, die aufgrund der Ideen- und Interessenkonstellationen in den urchristlichen Gemeinden entsteht. Die Spannungen und Konflikte auf der Ebene der Ideen hängen mit dem *glaubensreligiösen* Grundzug des Urchristentums zusammen. Der Glaube als eine bedingungslose Vertrauensbeziehung zu Gott kann nur schwer in eine eindeutige Beziehung zu ethischen und intellektuellen Anforderungen gebracht werden, zwischen Pneuma, Ethik und Wissen, zwischen ›Geist‹, ›Gesetz‹ und ›Intellekt‹, zwischen anomischen und nomischen Tendenzen fällt ein dauerhafter Ausgleich nicht leicht. Die Spannungen und Konflikte auf der Ebene der Interessen aber hängen mit dem *personalcharismatischen* Grundzug des Urchristentums zusammen. Die überwältigende Bedeutung der charismatischen Gaben des ›Geistes‹ einzelner kann nur schwer in eine eindeutige Beziehung zu den Anforderungen eines religiösen Gemeindelebens gebracht werden, zwischen antiinstitutionellem Radikalismus und emotionaler Dauervergemeinschaftung, zwischen autoritären und antiautoritären Tendenzen fällt ein dauerhafter Ausgleich ebenfalls nicht leicht. Die bisherige Analyse hat aber darüber hinaus auch zwei Theoreme, zwei ›Modelle‹, genannt, mit deren Hilfe sich die aus diesen Bedingungen entstehenden Entwicklungstendenzen beschreiben lassen: das Veralltäglichungs- und das Differenzierungsmodell. Veralltäglichung und strukturelle Differenzierung, so wurde behauptet, beschreiben Prozesse, die verschiedene Ursachen haben, aber zusammenwirken. Dieses Zusammenwirken führt zu einer Umbildung des persönlichen Charismas, wobei Veralltäglichung das Charisma durch Rationalisierung ersetzt, während strukturelle Differenzierung eine Versachlichung des Charismas bewirkt. Beide Prozesse ›brechen‹ also sowohl mit den ideellen wie mit den institutionellen Grundlagen der urchristlichen Bewegungen. Obgleich dabei das Charisma nur zum Teil schwindet, löst dieser kombinierte Vorgang personalcharismatische Gegenschläge aus. Sie lassen sich am frühen christlichen Mönchtum, aber auch an jenen ›Asketen‹ studieren, die – so

Buch, das für Webers Verständnis der christlichen Entwicklung wichtig war.

Weber – »die individuelle Rettung der eigenen Seele durch die Eröffnung eines persönlichen, direkten Weges zu Gott« erstreben[125] und deren exemplarisches Leben und vor allem: Sterben zum bevorzugten Gegenstand von Verehrung und Kult avanciert.[126] Nicht nur die Rationalisierung einer ursprünglich charismatischen Bewegung, sondern gerade auch die Versachlichung ihres Charismas kann solche personalcharismatischen Gegenreaktionen hervorrufen, weil das Amtscharisma das Personalcharisma nicht einfach in sich ›aufhebt‹. Denn das »in höchster Konsequenz entwickelte Amtscharisma wird unvermeidlich der bedingungsloseste Feind alles genuin persönlichen, an der Person als solcher haftenden, den auf sich selbst gestellten Weg zu Gott fördernden und lehrenden, prophetischen, mystischen, ekstatischen Charisma, welches die Dignität des ›Betriebes‹ [sprengt]«.[127] Daran wird noch einmal deutlich, wie Personalcharisma und Amtscharisma zueinander stehen: Sie sind keine strukturellen Variationen, sondern strukturelle Alternativen, zwei verschiedene Strukturformen der Herrschaft selbst.

Eine der Ursachen für Veralltäglichung ist die Parusieverzögerung, eine der Ursachen für strukturelle Differenzierung der Erfolg der christlichen Mission. Die Parusieverzögerung dämpft das Feuer, das durch die urchristlichen Gemeinden ging und sie zusammenschweißte, die erfolgreiche christliche Mission fördert die Scheidung zwischen religiösen Eliten und religiösen Massen und, bei den religiösen Eliten, zwischen ›Propheten‹ und ›Priestern‹, die den Gehalt der Prophetie und der heiligen Überlieferung »im Sinne kasuistisch-rationaler Gliederung und Adaptierung an die Denk- und Lebensgewohnheiten ihrer eigenen Schicht und der von ihr beherrschten Laien« systematisieren[128] sowie die ursprünglich prophetische Predigt und Seelsorge betriebsmäßig rationalisieren.[129] Denn die wachsende Zahl von Bekennern erzwingt Rollen- und Positionsdif-

---

125 WuG, S. 702.
126 Dazu Peter Brown, *The Cult of the Saints. Its Rise and Function in Latin Christianity*, Chicago: University of Chicago Press 1981. Ferner der Beitrag von Han J. W. Drijvers in *Max Webers Sicht des antiken Christentums*, S. 444 ff.
127 WuG, S. 701.
128 Ebd., S. 280.   129 Ebd., S. 283.

ferenzierung, was zugleich zu religiöser Ungleichheit, zu religiöser Schichtung, führt. Diese kann gleichsam ›quer‹ zur sozialen Schichtung liegen. Und dies gilt offensichtlich auch für die frühe christliche Kirche, deren ›Träger‹ weiterhin vorwiegend plebejischer Herkunft sind. Doch mit wachsender Konsolidierung der Kirche nach innen und vor allem nach außen verstärkt sich die Tendenz, religiöse und soziale Schichtung zu ›koordinieren‹. Dies trifft schon auf die ›frühkatholische‹ Entwicklungsphase der christlichen Kirche zu. Troeltsch faßt diesen Sachverhalt so zusammen: Die Bischöfe der alten Zeit sind »noch einfache Handwerker, Kaufleute, unter Umständen auch Sklaven. Das priesterliche Amt ist nur ein Ehrenamt, neben dem der bürgerliche Erwerb hergeht. Erst allmählich dringen die intellektuell und finanziell hervorragenden Leute in das Amt wie etwa Cyprian, und erst mit dem Erwerb des kirchlichen Grundbesitzes und nach den kaiserlichen Privilegien der nachkonstantinischen Zeit werden die Bischöfe eine Herrenschicht.«[130]

Die institutionellen Anknüpfungspunkte für das entstehende christliche Priestertum, den Episkopat, bilden die Leitungsstrukturen der urchristlichen Gemeinden. Sie sind, wie bereits ausgeführt, unscharf, in den paulinischen Gemeinden charismatisch, in anderen Gemeinden wohl eher traditional, am jüdischen Vorbild der Ältestenverfassung orientiert. Weber hat dem verwaltungssoziologisch interessanten Prozeß der Ausbildung von Gemeindeämtern und Leitungskategorien keine Betrachtung gewidmet. Eine solche Analyse in vergleichender Perspektive hätte möglicherweise die geplanten Monographien über das Urchristentum, das orientalische Christentum und das Christentum des Okzidents miteinander verzahnt. Doch Weber markiert den ›Endpunkt‹, auf den die Entwicklung zuläuft: die Ausbildung der christlichen Kirche, der ersten rationalen Bürokratie, die die Weltgeschichte kennt. Sie wäre nicht möglich geworden ohne das rationale Recht Roms und ohne den praktischen, aller Ekstase abholden Rationalismus seines Amtsadels. Weber verweist in diesem Zusammenhang auf die kulturhistorische Bedeutung der römischen Gemeinde, die diesen praktischen Rationalismus aufnahm und daran das Pneuma diszipli-

130 Ernst Troeltsch, *Soziallehren*, S. 93.

nierte, anders als etwa die Gemeinde in Korinth.[131] Doch nicht dies ist wichtig, sondern die Tatsache, daß diese ›einheitliche rationale Organisation‹ das Ergebnis einer äußeren *und* inneren Rationalisierung darstellt. Die äußere entstammt der Veralltäglichung, die innere aber der Versachlichung des urchristlichen Charismas. Die christliche Kirche ist nicht bloß eine bürokratische Organisation, sie ist vielmehr eine charismatische Anstalt, genauer: eine Gnadenanstalt, die die Gnadenspendung den Händen der persönlichen Charismatiker aller Schattierungen entwindet und zugleich den religiösen Laien von dem psychischen Druck befreit, seine Erlösung ausschließlich kraft eigener ›Werke‹ erreichen zu müssen. Für diese Gnadenanstalt gelten letztlich drei Grundsätze: »1. Extra ecclesiam nulla salus. Nur durch Zugehörigkeit zur Gnadenanstalt kann man Gnade empfangen. – 2. Das ordnungsmäßig verliehene Amt und nicht die persönliche charismatische Qualifikation des Priesters entscheidet über die Wirksamkeit der Gnadenspendung. – 3. Die persönliche religiöse Qualifikation des Erlösungsbedürftigen ist grundsätzlich gleichgültig gegenüber der gnadenspendenden Macht des Amts.«[132]

Die christliche Kirche ›bändigt‹ zwar das frei flottierende urchristliche Pneuma, aber nur, um es in institutionalisierter Form wieder aufleben zu lassen. Sie nimmt deshalb auch die Remagisierung, die das Urchristentum gegenüber dem pharisäisch-rabbinischen Judentum bringt, nicht etwa zurück, sondern fixiert sie institutionell. Die Wunderkraft, die von Jesus und selbst noch von Paulus persönlich ausging, ist zur Institution geworden. Sie wird immer dann wirksam, wenn dem religiösen Laien vom Priester ein Sakrament gespendet wird. Eine der religionsgeschichtlichen Voraussetzungen für das Entstehen des modernen okzidentalen Rationalismus besteht deshalb für Weber darin, daß den Sakramenten diese Wunderkraft genommen wurde. Dies ist im asketischen Protestantismus geschehen, der denn auch nach dem Rückschlag, den das antike und das mittelalterliche Christentum brachten, den Entzauberungsprozeß, der mit der altjüdischen Prophetie einsetzte, an sein religions-

---

131 WuG, S. 336.
132 Ebd., S. 339.

geschichtliches Ende führt.[133] Dies aber war letztlich nur durch Rückgriff auf jüdisches Erbe möglich. Man kann deshalb sagen: Ohne Judentum keine Entzauberung.

Um von den urchristlichen Gemeinden zu dieser Kirche zu kommen, mußte ein langer Weg zurückgelegt werden. Dieser Weg war von Anfang an umkämpft. Es blieb auch nicht der einzige, den das Christentum beschritt. Es gab andere, an deren Ende keine Kirche stand. Schon die urchristliche Bewegung ist pluralistisch. Dieser Pluralismus hat sich über die Jahrhunderte in immer neuer Gestalt erhalten, und selbst die mittelalterliche Kirche vermochte ihn nicht zu beseitigen, obgleich sie ihn zweifellos erheblich einschränkte. Folgt man Ernst Troeltsch, so ist dieser Pluralismus kein historischer Zufall. Er entstammt dem Evangelium selber, sobald es einen ›Sitz im Leben‹ nimmt. Im Zentrum des Evangeliums steht die Idee der Gottesliebe. Sie stiftet eine doppelte Beziehung zwischen Gott und dem Menschen, eine, die zu einem absoluten religiösen Individualismus, und eine, die zu einem absoluten religiösen Universalismus führt. Gemäß der ersten Beziehung ist der Mensch als *einzelner* zur Gotteskindschaft berufen, der er durch Selbstopferung und Selbstheiligung, kurz: durch einsame Arbeit an sich selbst, entsprechen muß. Gemäß der zweiten Beziehung ist der Mensch *zusammen mit anderen* zur Gotteskindschaft berufen, er ist selbst mit all jenen verbunden, denen diese Gottesliebe noch fremd ist oder die sie zurückweisen, denen aber durch Liebe der Weg in die Gotteskindschaft geöffnet werden kann. Die erste Beziehung basiert auf rechtverstandener ›Selbst‹-Liebe, die zweite auf Bruder-, Nächsten-, ja Feindesliebe. Diese Arten von Liebe geben, um mit Weber zu sprechen, die Motivation ab für das Streben nach einem Heilsaristokratismus einerseits, nach einem Heilsuniversalismus bzw. Heilsdemokratismus andererseits. Sofern diese Motivationen gemeinschaftsbildend wirken und nicht, wie etwa im Falle der Mystik oder des Spiritualismus, Gemeinschaft als solche negieren, erzeugen sie zwei grundverschiedene Sozialgebilde: der absolute Individualismus die ›Sekte‹, der absolute Universalismus die ›Kirche‹. Troeltsch

133 Vgl. RS I, S. 94 f. Der sakramentale Charakter der Institution unterscheidet nicht zufällig die christliche von der jüdischen ›Kirche‹. Vgl. WuG, S. 729.

formuliert deshalb die These, das Evangelium besitze entsprechend seiner religiösen Grundidee einen »soziologischen Doppelcharakter«.[134]

Troeltsch hat seine Unterscheidung zwischen Kirche und Sekte im Dialog mit Weber ausgearbeitet. Weber trifft sie ›technischer‹ und löst sie damit zugleich vom christlichen Hintergrund. Dennoch läßt sich der Begründungszusammenhang, in dem sie bei Troeltsch steht, ohne Zwang auf Webers Sicht des antiken Christentums übertragen. Auch für ihn ist der innerchristliche Pluralismus kein historischer Zufall, auch er geht vom sekten- und kirchenbildenden Potential der christlichen ›Sendung‹ aus. Allerdings wäre es zu einfach, wollte man seine Auffassung von diesem Pluralismus allein auf die Begriffe Sekte und Kirche verrechnen. Er gibt nämlich der Unterscheidung in absoluten Individualismus und absoluten Universalismus einen soziologisch vertieften Sinn. Absoluter Individualismus liegt überall dort vor, wo Erlösung ausschließlich als ›Leistung‹ desjenigen erscheint, der nach Erlösung strebt, wie immer diese ›Leistungen‹ im einzelnen definiert sein mögen, absoluter Universalismus aber dort, wo diese Erlösung ausschließlich als Folge von Leistungen vorgestellt ist, »die entweder ein begnadeter Heros oder geradezu ein inkarnierter Gott vollbracht hat und die seinen Anhängern als Gnade ex opere operato zugute kommen.«[135] In diesem zweiten Fall ist die Erlösung nicht Resultat eines ›erlösenden Werkes‹, sondern einer ›erlösenden Gnadenspendung‹. Diese kann personalcharismatisch oder amtscharismatisch beglaubigt sein. Es gibt deshalb nicht allein den Kampf zwischen Sekte und Kirche, zwischen einer »Gemeinschaft rein persönlich charismatisch qualifizierter Personen« und den Trägern und Verwaltern eines Amtscharismas,[136] sondern auch den zwischen ›Selbsterlösung‹ und Erlösung kraft Gnadenspendung. Und diese Grundverhältnisse treffen auch auf das frühe Christentum zu. Daraus ergeben sich, typologisch gesehen, von Beginn an mindestens drei Wege, auf denen es fortschreitet. Ein Weg ist der einer individuellen ›Selbsterlösung‹ kraft Selbstvervollkommnung. Auf ihm wird Troeltschs absoluter religiöser

134 Vgl. Ernst Troeltsch, *Soziallehren*, S. 39 ff., ferner S. 377.
135 WuG, S. 337.
136 Ebd., S. 701.

Individualismus realisiert. Er ist repräsentiert durch die früh-christlichen Glaubensvirtuosen, durch ›Asketen‹, Märtyrer und auch Mönche, durch all jene, die ausschließlich um ihres eige-nen Seelenheils willen ›in die Wüste‹ gehen. Ein anderer Weg ist der einer individuellen ›Selbsterlösung‹ kraft Selbstvervoll-kommnung, aber zum Zwecke der charismatischen Gnaden-spendung. Auf ihm wird Troeltschs absoluter Individualismus, jedoch in Kombination mit dem absoluten Universalismus, rea-lisiert. Er ist repräsentiert durch Teile des frühen christlichen Mönchtums, aber auch durch jene ›Heilande‹ und ›Heiligen‹, bei denen der Gang ›in die Wüste‹ unmittelbar der Bildung einer Gefolgschaft dient. Ein weiterer Weg aber besteht darin, die Gnadenspendung gänzlich vom Gnadenspender und seinen ›Leistungen‹ zu trennen. Dies ist Troeltschs absoluter Universa-lismus, der als eine Art Liebespatriarchalismus wirkt.[137] Er wird repräsentiert durch die entstehende christliche Kirche, die We-ber deshalb auch als eine »Verwalterin einer Art von Fideikom-misses ewiger Heilsgüter« erscheint.[138]

Doch außer diesen drei Wegen gibt es, wiederum typologisch gesehen, von Beginn an noch einen vierten. Er unterscheidet sich von den bisherigen dadurch, daß er mit einem anderen Heilsgut verbunden ist. Die bisherigen Wege führen insofern zum gleichen Heilsgut, als sie alle die gläubige Hingabe an Gott verlangen: Es sind alternative Wege im Rahmen einer genuinen Glaubensreligiosität. Wie gezeigt, betont Weber immer wieder den glaubensreligiösen Grundzug der christlichen Lehre. Dar-aus begründet er ihre Eigenart gegenüber den asiatischen Erlö-sungsreligionen einerseits, gegenüber dem talmudischen Juden-tum andererseits. Denn diese setzen letztlich im Unterschied zum Christentum auf die erlösende Kraft des Wissens, sei dieses Wissen, wie im Falle der asiatischen Erlösungsreligionen, gno-stisches Wissen oder, wie im Falle des talmudischen Judentums, Gesetzeswissen. Doch dieser glaubensreligiöse Grundzug des frühen Christentums, sein spezifischer Antiintellektualismus, sieht sich zwei nichtjüdischen intellektualistischen Strömungen gegenüber: der hellenischen Philosophie und der Gnosis, die

137 So die Formulierung von Gerd Theißen im Anschluß an Troeltsch. Vgl. *Urchristentum*, S. 104 f.
138 WuG, S. 700.

ihren Heilsaristokratismus auf die erlösende Kraft des ›Erkennens‹ stellt. Die Auseinandersetzung des frühen Christentums mit der hellenischen Philosophie ›erzeugt‹ die christliche Theologie, sie beschert ihm aber auch den Streit darüber: »ob theologische ›Gnosis‹ oder schlichter Glaube: ›Pistis‹, die das höhere oder das einzige Heil verbürgende Qualität sei«.[139] Dieser Streit äußert sich zugleich in einem ständigen Ringen um die Grenze des rationalen Diskutierens in der Religion. Deute ich eine Passage aus der »Zwischenbetrachtung« richtig, so ist für Weber die Position des Athanasius im arianischen Streit Ausdruck für jenen Versuch, den Glauben gegen den Intellekt zu schützen. Er folgt hier vermutlich Harnack, der von Athanasius sagt, ohne ihn wäre die Kirche in die Hände der Philosophen geraten. Das aber hätte bedeutet: Preisgabe der Eigenart des Christentums.[140] Bei der Auseinandersetzung mit der Gnosis aber geht es nicht nur um das Verhältnis zur Philosophie, sondern um eine erlösungsreligiöse Alternative. Dies ist zudem eine Alternative, die, wie etwa der Marcionismus, gerade am Paulinismus »Anhaltspunkte« hat.[141] Anders als die ersten drei Wege wird der Weg der Gnosis von Beginn an als heterodox behandelt und von Weber auch so gesehen. Sein Bild der Gnosis ist freilich von einem Forschungsstand geprägt, der von den Funden in Nag Hammadi noch unbeeinflußt ist.[142]

Das Christentum kennt also in seiner nachapostolischen Phase mindestens zwei scharf gezogene Konfliktlinien: Glaube gegen

139 Ebd., S. 342.

140 Vgl. Adolf von Harnack, *Lehrbuch der Dogmengeschichte. Zweiter Band: Die Entwicklung des kirchlichen Dogmas*, S. 22 ff., 226.

141 WuG, S. 310. Marcion setzt den Gott des Neuen Testaments, den Gott der Liebe, gegen den Gott des Alten Testaments, den Gott der Rache, um jede Verbindung zwischen ihnen abzuschneiden, während Paulus diese Verbindung gerade aufrechtzuerhalten sucht, freilich bei Überordnung des liebenden über den gesetzgebenden Gott. Zu Marcion auch Adolf von Harnack, *Marcion; das Evangelium vom fremden Gott. Neue Studien zu Marcion*, 2. Aufl., Leipzig 1924.

142 Vgl. Hans G. Kippenberg, »Intellektualismus und antike Gnosis«, in: Wolfgang Schluchter (Hg.), *Max Webers Studie über das antike Judentum*, S. 201 ff. und seinen Beitrag in *Max Webers Sicht des antiken Christentums*, S. 151 ff. Zum möglichen Einfluß der Gnosis auf Paulus vgl. Karl Hermann Schelkle, *Paulus*, S. 45 ff.

Erkenntnis, Selbstvervollkommnung gegen Gnadenspendung, sei es in personalcharismatischer oder in amtscharismatischer Form. An diesen Konfliktlinien entzünden sich die wichtigsten Kämpfe, die teilweise mit unglaublicher Härte ausgetragen werden: der Kampf gegen die Gnosis, das Ringen mit der hellenischen Philosophie, aber auch der Kampf des Donatismus gegen den character indelibilis des geweihten Priesters, die Loslösung der Gnadengabe von der Würdigkeit der die Gabe spendenden Person.[143] Es gehört zu den Errungenschaften der paulinischen Gemeinde, einige der Kräfte, die in dieser Konfliktsituation wirken, noch gebunden zu haben. Doch die Voraussetzung dafür war: emotionale Vergemeinschaftung in kleinem Kreis. Unter dem Druck von struktureller Differenzierung und Veralltäglichung bricht diese ›Synthesis‹ auseinander: Diese setzen an die Stelle von emotionaler Vergemeinschaftung rationale Vergesellschaftung und an die Stelle religiöser Gleichheit religiöse Ungleichheit. Gewiß: Gerade durch die religiöse Ungleichheit, durch die Trennung der Gläubigen in religiöse Virtuosen und Massen, bleibt der emotionalen Vergemeinschaftung eine Stätte. Aber sie wird zunehmend in Sekten und Orden gleichsam insuliert. In dieser Insulierung trägt sie allerdings ein revolutionäres Potential gegen die rationale Vergesellschaftungsform der Kirche weiter, ein Potential, das sich schließlich in der Reformation explosionsartig entfaltet hat.

8. Der Endpunkt: Der asketische Protestantismus

Sosehr das frühe Christentum einen Rückschritt in der Entzauberung der Welt bedeutet, so sehr bedeutet es nun aber einen Fortschritt in der religiös motivierten individuellen Selbstvervollkommnung. Wie im Falle der Entzauberung, so ist auch hier das antike Judentum die Folie, von der Weber diese innovative Komponente des frühen Christentums abzuheben sucht. Er sieht sie im Entstehen der aktiven Askese. Die Suche nach radikaler Selbstvervollkommnung im Sinne eines absoluten reli-

---

143 Vgl. WuG, S. 144, 702. Nach Weber ist dies der entscheidende Punkt im Donatistenstreit. Es geht dabei um zwei Auffassungen von ›Kirche‹, nicht um ›Kirche‹ oder ›Sekte‹.

giösen Individualismus verlangt Selbstüberwindung, die methodisch kontrollierte und systematisch herbeigeführte ›Wiedergeburt‹ der profanen als ›heilige‹ Person.[144] Dafür gibt es unter
soteriologischen Voraussetzungen vor allem drei ›Mittel‹: Ekstase, Askese und Kontemplation. Alle drei spielen im frühen
Christentum eine beträchtliche Rolle: die Ekstase bei den vom
Geist besessenen urchristlichen ›Propheten‹, ›Lehrern‹ und
›Missionaren‹, die Askese bei den frühchristlichen Glaubensvirtuosen und die Kontemplation bei den Gnostikern. Weber sieht
durchaus eine Kontinuität zwischen der jüdischen und der
christlichen Prophetie, aber sie erstreckt sich auf die ekstatische,
nicht auf die asketische Variante. Und ganz allgemein stellt er
fest: »Die ›asketischen‹ Elemente der frühchristlichen Religiosität entstammen nicht etwa dem Judentum, sondern finden sich
gerade in den heidenchristlichen Gemeinden der Paulusmis-
sion.«[145] Das von den Rabbinen angeleitete Handeln ist zwar
magiefrei und innerweltlich, aber es kommt nicht aus systematischer Askese. Wie in seinem Vergleich zwischen Konfuzianismus und Puritanismus, so sucht Weber auch an dem Vergleich
zwischen talmudischem Judentum und Puritanismus zu zeigen,
daß äußerlich ähnliche Handlungsabläufe aus völlig verschiedenen Sinnzusammenhängen stammen können. Gerade deshalb
darf sich eine verstehende Soziologie nicht damit begnügen,
äußere Handlungsabläufe zu konstatieren. Sie muß vielmehr auf
die ›inneren Gründe‹ sehen, die mit äußeren Handlungsabläu-
fen verbunden sind. Erst dann wird deutlich, daß äußerlich
Ähnliches ganz Verschiedenes bedeuten kann. Und dies gilt
auch für die Lebensführung, die der jüdische im Unterschied
zum christlichen Virtuosen praktiziert. Denn »die Erfüllung
des jüdischen ›Gesetzes‹ ist sowenig ›Askese‹ wie die Erfüllung
irgendwelcher Ritual- und Tabunormen«.[146] Erst im radikalen

---

144 Dazu *Religion und Lebensführung*, Kap. 6 A.

145 WuG, S. 367.

146 Ebd. Zur frühchristlichen Askese vgl. auch H. Strathmann, *Geschichte
der frühchristlichen Askese bis zur Entstehung des Mönchtums. 1.
Band: Die Askese in der Umgebung des werdenden Christentums*,
Leipzig 1914, K. Suso Frank (Hg.), *Askese und Mönchtum in der alten
Kirche*, Darmstadt 1975 sowie den Beitrag von Han J. W. Drijvers in
Max Webers Sicht des antiken Christentums, S. 444 ff.

religiösen Individualismus des Urchristentums mit seiner gesinnungsethischen Sublimierung des ›Gesetzes‹ wurden die Voraussetzungen für aktive Askese geschaffen, die »ein gottgewolltes *Handeln* als Werkzeug Gottes« bedeutet.[147] Diese Askese blieb im antiken und auch noch im mittelalterlichen Christentum außerweltlich gewendet. Erst der asketische Protestantismus hat sie als innerweltliche auf breiter Front realisiert.

Dies aber heißt: Das frühe Christentum bringt, bezogen auf die religionsgeschichtlichen Bedingungen des modernen okzidentalen Rationalismus, sowohl einen ›Rückschritt‹ wie einen ›Fortschritt‹: einen ›Rückschritt‹ insofern, als der Weg zur Erlösung ›verzaubert‹ wird, einen ›Fortschritt‹ insofern, als eine neue Form der Askese, die aktive Askese, entsteht. Diese entwickelt sich zunächst sporadisch und bleibt außerweltlich gerichtet. Doch sie bildet, zusammen mit dem ethischen Gott und der Magiefeindschaft des Judentums, eine der konstitutiven Entwicklungsbedingungen für den okzidentalen Sonderweg. Erst als in der Folge der Reformation der asketische Protestantismus sowohl das jüdische wie das frühchristliche Erbe wieder aufnahm und auf der Grundlage eines radikalen religiösen Individualismus beide verschmolz, konnte es zu einer Zerschlagung aller vermittelnden Instanzen zwischen Gott und Mensch und zu einer radikalen Entmagisierung aller Wege zu ihm kommen. Insofern kann Weber behaupten, nur hier sei die gänzliche Entzauberung der Welt in allen Konsequenzen durchgeführt.[148]

Weber hatte also guten Grund, im Jahre 1919 der Öffentlichkeit eine Monographie über das Urchristentum anzukündigen. Die Vorarbeiten dafür hatte er, wie Marianne Weber berichtet[149] und wie diese Ausführungen zeigen wollen, längst gemacht. Wir können natürlich nur darüber spekulieren, wie diese Monographie äußerlich aufgebaut gewesen wäre. Ihr innerer Aufbau dagegen scheint mir greifbar zu sein. Den Ausgangspunkt hätte die typologische Charakterisierung von Pharisäismus und talmudischem Judentum als gesetzesethische bürgerliche Gemeindereligiosität mit einem intellektualistischen, lehrhaften Grundzug

---

147 Vgl. RS I, S. 538 und zum klassifikatorisch-historischen Doppelstatus des Begriffs aktive Askese *Religion und Lebensführung,* Kap. 6 A.

148 Vgl. RS I, S. 513.

149 Dazu das Vorwort zu RS III.

gebildet. Davon hätte Weber die urchristliche Bewegung als eine gesinnungsethische bürgerliche Glaubensreligiosität mit pneumatisch-prophetischem Grundzug abgesetzt. Bei der Entwicklung dieser neuen Glaubensreligiosität hätte er drei strukturelle Schübe unterschieden. Der erste Schub erfolgt mit dem Übergang von Jesus zu Paulus. Hier verwandelt sich das reine persönliche Charisma in ein institutionell gebundenes persönliches Charisma, die emotionale Gelegenheitsvergemeinschaftung einer Jüngerschaft in die emotionale Dauervergemeinschaftung einer Anhängerschaft und die radikale Wirtschaftsenthobenheit in eine lockere Form der Wirtschaftsgebundenheit. Der zweite Schub erfolgt, als die paulinischen Gemeinden von ihrer ersten in die folgenden Epochen übergehen. In dieser nachapostolischen Zeit setzt eine enorme Pluralisierung der urchristlichen Bewegung ein. Eine religiöse Schichtung prägt sich aus mit religiösen Virtuosen und religiösen Massen, aber auch mit einer Aufsplitterung der religiösen Eliten selber. Diese Aufsplitterung folgt den Alternativen Glauben – Erkenntnis, persönliches Charisma – Amtscharisma, Selbstvervollkommnung – Gnadenspendung. Zu den Fällen emotionaler Gelegenheits- oder Dauervergemeinschaftung, die sich vervielfältigen, treten erste Formen rationaler Vergesellschaftung. Auch die Beziehung zur Wirtschaft zeigt bereits die ganze Skala der Möglichkeiten: von völliger Wirtschaftsenthobenheit bis zu ersten Formen von Eigenwirtschaft. Der dritte Schub schließlich erfolgt mit dem inneren Ausbau der Gemeindeorganisation und mit ihrem äußeren Einbau in die Herrschaftsstruktur des Römischen Reiches. Dafür schafft die konstantinische Wende einen mächtigen Impuls. Nun beginnt sich die rationale Vergesellschaftung gegenüber der emotionalen Vergemeinschaftung in den Vordergrund zu schieben. Sie beherrscht zunehmend das Feld. Doch wichtig ist: Diese rationale Vergesellschaftung mit ihrer Bürokratisierung und auch Verrechtlichung des religiösen Lebens empfängt ihren inneren Halt aus der Versachlichung des Charismas. Die bürokratische Organisation, die entsteht, ist eine sakramentale Gnadenanstalt, deren Rationalität auch die personalcharismatischen Herrschaftsformen, insbesondere das Mönchtum, ergreift. Die Kirche selber aber wird immer mehr zu einer Wirtschaftsmacht, ihre Träger werden zu einem positiv privilegierten Stand vereinigt. Freilich: Die Weltindifferenz, die die ur-christlichen Bewegungen beherrschte, ist damit noch nicht geschwunden. Noch kommt es nicht zu einer gegenseitigen Durchdringung von Religion und ›Welt‹.[150] Immerhin: Aus den urchristlichen Bewegungen ist nicht nur eine christliche Kirche, sondern auch eine christliche Alltagsethik entstanden, aus einer innerjüdischen Erneuerungsbewegung eine konsolidierte neue Kultur-, ja Weltreligion. Dabei ergeben sich zwar Verschiebungen gegenüber dem Ausgangspunkt, aber kaum Entleerungen. Jedenfalls spricht in meinen Augen wenig dafür, daß Weber diesen Verselbständigungs- und Konsolidierungsprozeß insgesamt als eine Entleerung begreift. Dies gilt jedenfalls dann, wenn man über das ›eindimensionale‹ Veralltäglichungsmodell hinausgeht. Dies aber tut Weber gerade bei der Analyse der frühchristlichen Entwicklung, wie sich an ihrer schematischen Zusammenfassung noch einmal zeigen läßt (vgl. Tabelle 3).

Wollte man heute auf den Spuren Webers eine soziologische Studie über das antike Christentum schreiben, so könnte man sicherlich diesem inneren Aufbau und diesem Bezugsrahmen folgen. Er verlangt die drei genannten Schritte: von Jesus zur Urgemeinde, von Jerusalem nach Antiochien, von der hellenistischen Judenchristenheit zur gesetzesfreien Heidenchristenheit, und fügt ihm einen vierten Schritt: von den frühen Gemeinden mit ihrer emotionalen Vergemeinschaftung zur frühen Kirche mit ihrer rationalen Vergesellschaftung, hinzu. Diese Studie könnte sich sicherlich mit großem Gewinn Webers Leitideen wie seiner Begriffe bedienen. Sie hätte aber zumindest zwei Zusammenhänge neu zu überdenken: den zwischen Judentum und frühem Christentum und den zwischen Gnosis und frühem Christentum. Weber charakterisiert das pharisäische und talmudische Judentum als bürgerliche Pariareligiosität, um ihre rituelle Abschließung zu betonen. Dies erlaubt es ihm, die paulinische Missionsleistung in erster Linie in der »Sprengung gerade der entscheidenden, die Pariastellung des Judentums festlegenden Ketten« zu sehen.[151] Doch weder sind

---

150 Darin sieht Troeltsch den entscheidenden Unterschied zwischen der alten und der mittelalterlichen christlichen Kirche. Vgl. *Soziallehren*, S. 184 ff.

151 WuG, S. 374.

die Juden zu diesem Zeitpunkt ein bürgerliches Pariavolk, noch scheinen die Gläubigen das Gesetz als »hoffnungslose(s) ›Skla-

Tabelle 3   Grundformen religiöser Beziehungen
und Grundlinien religiöser Entwicklung
im antiken und frühmittelalterlichen Christentum

Art der Handlungskoordination / Grad der Stetigkeit der Handlungskoordination	Vergemeinschaftung (emotionale Zusammengehörigkeit)	Vergesellschaftung (wertrational motivierte Gesinnungsverbindung)
Gelegenheitsbeziehung	personalcharismatische ekstatisch-prophetische Bewegungen (Beispiel: Jesusbewegung, ›Heilands‹bewegungen, mystische Kulte)	personalcharismatische ›rationale‹ Kulte (Beispiel: kommerzialisierte Heiligenstätten)
Dauerbeziehung	personalcharismatische ›emotionale‹ Gemeinden (Beispiel: paulinische Mission, Mönchsgemeinden, Sektengemeinden)	a) personalcharismatische ›rationale‹ Sekten im Sinne von Gesinnungsvereinen (Beispiel: Benediktinerorden) b) amtscharismatische ›rationale‹ Kirchen im Sinne von Gesinnungsanstalten (Beispiel: ›frühkatholische‹ Kirche)

vengesetz‹« empfunden zu haben.[152] Die Leistungen der paulinischen Mission bekommen durch diese einseitige Betonung des gegen das Judentum gerichteten Antiritualismus ein falsches Gewicht. Weber charakterisiert die Gnosis als eine Variante der intellektualistischen asiatischen Erlösungsreligionen, um ihren ›antichristlichen‹ Grundzug zu betonen. Dies erlaubt es ihm, sie auf dem Hintergrund der antiintellektualistischen christlichen Glaubensreligiosität von vornherein als eine Randbewegung zu sehen. Doch ist die Relation zwischen ›Glauben‹ und ›Erkennen‹ nicht nur nicht fix, was Weber natürlich sah, die Gnosis ist auch, als ein vermutlich durchaus vorderasiatisches Phänomen, von weit größerer Bedeutung für die Entwicklung von Christentum und Judentum, als er dachte. Vor allem: Sie scheint auch eine Geburtsstätte strengster Askese gewesen zu sein.[153] Eine solche Studie aber müßte vor allem neuere Forschungsergebnisse aufnehmen und sie in diesen inneren Aufbau und Bezugsrahmen integrieren. Dies unter der Annahme, daß Webers Sicht des antiken Christentums nicht von Grund auf revidiert werden muß.

152 Ebd.
153 Dazu Hans G. Kippenberg, »Intellektualismus und antike Gnosis«, S. 210. Es wäre allerdings zu prüfen, ob die Befunde Webers Begriff der aktiven Askese entsprechen. Denn Askese gibt es natürlich auch in Indien und anderswo. Zur Einschätzung der Gnosis vgl. auch Elaine Pagels, *The Gnostic Gospels*, New York 1979 (mit Schilderung von Nag Hammadi und ihrer Bedeutung) sowie den Beitrag von Gedaliahu G. Stroumsa in *Max Webers Sicht des antiken Christentums*, S. 486 ff.

9. Zwischen Welteroberung und Weltanpassung
Der frühe Islam

1. Das Schicksal der Islam-Studie
2. Grundzüge der Analyse des Islams
   a. Methodische Vorüberlegung
   b. Die islamische religiöse Ethik: Weltbeherrschung als Welt-
      eroberung und Weltanpassung
   c. Die islamische politische Herrschaft: Orientalischer
      Pfründenfeudalismus
   d. Die islamische politische Herrschaft: Fehlende Stadtauto-
      nomie
   e. Das islamische Recht: Theokratische und patrimoniale
      Kadijustiz
3. Die Kritik an Webers Islamanalyse

>»Nicht der Islam als Konfession der Individuen hin-
derte die Industrialisierung ... Sondern die religiös
bedingte Struktur der islamischen *Staaten*gebilde,
ihres Beamtentums und ihrer Rechtsfindung.«

Max Weber, WuG, S. 651

I. Das Schicksal der Islam-Studie

Während der Arbeiten an den vergleichenden typologischen
und entwicklungsgeschichtlichen Analysen über die Kulturreligionen, über ihre Beziehungen zu den nichtreligiösen, insbesondere den wirtschaftlichen und politischen Ordnungen und
Mächten hat sich Max Weber auch mit dem Islam beschäftigt.
Dieser gehört zu den sechs Kulturreligionen, denen sein besonderes Interesse gilt.[1] Wie bei den anderen Kulturreligionen

---

1 Diese sechs Kulturreligionen sind der Konfuzianismus, der Hinduismus,
  der Buddhismus, das Judentum, der Islam und das Christentum. Mit
  Ausnahme des Judentums gelten Weber diese Kulturreligionen zugleich
  als Weltreligionen, weil sie besonders viele Bekenner um sich zu scharen
  gewußt haben. Wieder eine andere Gruppierung ergibt sich bei Anwendung des Begriffs Erlösungsreligion. Zum Verhältnis dieser Begriffe zu

auch, ist dieses Interesse in erster Linie auf die frühen Entwicklungsphasen gerichtet: auf die ›Geburt‹ des Islams in Mekka und Jathrib, dann: Medina, auf sein ›heroisches Zeitalter‹ während der Herrschaft der frühen Kalifen (632-661) und der Omaiyaden (661-750) sowie auf seine ›Vollentwicklung‹ während der Periode der Abbasiden (750-1258), die gemeinhin als die Periode des Hochislams bezeichnet wird. Diese ›Vollentwicklung‹ drückt sich unter anderem darin aus, daß die entscheidenden religiösen Quellen kanonisiert, die wichtigsten orthodoxen und heterodoxen Strömungen konsolidiert und die religiösen Schichtungen in Virtuosen- und Massenreligiosität etabliert sind. Sie drückt sich aber auch darin aus, daß die primäre welterobernde Dynamik nachläßt und daß die vereinheitlichenden ›nationalarabischen‹ Bewegungen in einen religiösen und vor allem: politischen Polyzentrismus ausmünden. Das heißt freilich nicht, daß sich an die primären Entwicklungen nicht sekundäre anschlössen. Im Gegenteil: Solche sekundären Bewegungen mit ›reichsbildender‹, imperialer Kraft, die ohne den Islam nicht zu denken wären, sieht Weber wohl im Osmanischen Reich und in der Mogulherrschaft am Werk. Doch sind seine Bemerkungen dazu eher spärlich, was, angesichts der ausgearbeiteten Studie über Hinduismus und Buddhismus, zumindest für den indischen Islam überraschen muß. Freilich: Auch über den frühen arabischen Islam existiert kein zusammenhängender Text, den man der Interpretation zugrunde legen könnte. Bevor man sie dennoch versucht, ist deshalb ein Wort über

einander vgl. *Religion und Lebensführung*, Kap. 5. Kulturreligion ist der weiteste der drei Begriffe. Die Zahl sechs ist natürlich insofern problematisch, als sich jede dieser Kulturreligionen weiter ›zergliedern‹ läßt, was Weber insbesondere beim Christentum auch tut. Das hängt sowohl mit seinem Interesse an der okzidentalen Sonderentwicklung im allgemeinen wie mit dem an der Sondergestalt des asketischen Protestantismus im besonderen zusammen, der deshalb bei vielen Vergleichen ›getrennt‹, als eigene Kulturreligion, erscheint. Ein Problem der vergleichenden religionssoziologischen Analysen besteht darin, daß insbesondere bei den außerokzidentalen kulturreligiösen Strömungen die Einheiten der Analyse zu hoch aggregiert bleiben. Dies gilt auch für den Islam. Vgl. dazu die Beiträge von Ira Lapidus und Rudolph Peters in Wolfgang Schluchter (Hg.), *Max Webers Sicht des Islams. Interpretation und Kritik*, Frankfurt 1987, S. 125 ff. bzw. S. 217 ff.

das Schicksal der geplanten, aber nicht geschriebenen Studie über den Islam angebracht, die neben Untersuchungen über den arabischen und persischen Islam sicherlich auch Abschnitte über den türkischen und indischen Islam enthalten hätte.

Webers Interesse an den nichtchristlichen Kulturreligionen und an den durch sie mit geprägten Kulturkreisen[2] scheint sich um 1910 zu verstärken. Es ist vermutlich früher geweckt worden, nicht zuletzt im Eranos, jenem Heidelberger religionswissenschaftlichen Zirkel, in dem Interdisziplinarität großgeschrieben wurde.[3] Auch darf man nicht übersehen, daß die Religionswissenschaft der Zeit auf Religionsvergleich aus war.[4] Und Weber lehnte sich stark an diese Forschungsrichtung an.[5] Machen wir uns klar: 1909 hatte er seine große, umfangreiche Studie über die »Agrarverhältnisse im Altertum« veröffentlicht, ferner die Publikation der Aufsatzserie über die »Psychophysik der indu-

2 Weber spricht von Kulturkreisen an mehreren Stellen. Er vermeidet den heute gebräuchlichen Begriff Zivilisation. Dieser wurde im Deutschland der Jahrhundertwende bekanntlich als ›Gegenbegriff‹ zum Kulturbegriff verwendet, eine Konnotation, die noch in der von Webers Bruder Alfred vorgeschlagenen Unterscheidung von Kultur-, Zivilisations- und Gesellschaftsprozeß mitschwingt. Im anglo-amerikanischen Sprachraum bestand dieser Gegensatz nicht. Hier wurde der Zivilisationsbegriff ›wertfrei‹ verwendet, wie auch heute zum Beispiel in den Arbeiten von S. N. Eisenstadt. Die Unterscheidung zwischen Kulturreligion und Kulturkreis bei Weber halte ich deshalb für nützlich, weil sie darauf verweist, daß eine Kulturreligion nicht notwendigerweise mit ethnischen, politischen oder sprachlichen Grenzen zusammenfällt und daß ein Kulturkreis mehrere Kulturreligionen (und natürlich auch nichtreligiöse symbolische Universen) umfassen kann.

3 Vgl. dazu Marianne Weber, *Max Weber. Ein Lebensbild*, Tübingen 1926, S. 358.

4 Vgl. etwa die beiden Großprojekte *Die Religionen in Geschichte und Gegenwart. Handwörterbuch in gemeinverständlicher Darstellung*, unter Mitwirkung von Hermann Gunkel und Otto Scheel herausgegeben von Friedrich Michael Schiele und Leopold Zscharnack, 5 Bände, Tübingen 1909 ff. sowie Paul Hinneberg (Hg.), *Die Kultur der Gegenwart. Ihre Entwicklung und ihre Ziele*, besonders Teil I, Abteilung II und IV, Berlin und Leipzig 1906 ff. Weber hat diese Arbeiten extensiv benutzt.

5 Dies ist ausführlich dargestellt in Gottfried Kuenzlen, »Unbekannte Quellen der Religionssoziologie Max Webers«, in: *Zeitschrift für Soziologie*, 7 (1978), S. 215 ff.

striellen Arbeit« abgeschlossen. Mit dem »Antikritischen Schlußwort«, das im September 1910 erschien, erklärte er zudem die Debatte, die sich an seine religionsgeschichtliche Studie »Die protestantische Ethik und der ›Geist‹ des Kapitalismus« angeschlossen und über drei Jahre hingezogen hatte, als beendet.[6] Eine Arbeitsphase war vorüber, eine neue begann. Sie ist durch die Rückkehr zur Religionssoziologie (schon die beiden Antikritiken zu Rachfahl deuten darauf hin) und durch die Planung und Durchführung eines Großprojekts, des *Handbuchs der politischen Ökonomie*, später: *Grundriß der Sozialökonomik*, gekennzeichnet. Dies bestätigt auch Marianne Weber in ihrem *Lebensbild*. Darin schreibt sie, mit Blick auf den Abschluß der »Psychophysik«, deren letzter Teil am 30. September 1909 erschienen war: »Nachdem dies alles klar gestellt ist, kehrt Weber zu seinen universalsoziologischen Studien zurück, und zwar unter doppeltem Gesichtspunkt. Er will die religionssoziologischen Abhandlungen fortsetzen und bereitet gleichzeitig

6 Die Kontroverse begann mit H. Karl Fischers Kritik im Jahre 1907. 1909 schaltete sich Felix Rachfahl in die Debatte ein. Weber beendete die Auseinandersetzung mit ihm durch ein antikritisches *Schluß*wort, dessen zweiten Teil er dazu verwendete, »einige von Rachfahl hartnäckig ignorierte Züge meiner *wirklichen* ›These‹ nochmals auf wenigen Seiten zusammen(zu)fassen, lediglich für diejenigen, die meine Aufsätze nicht jetzt nochmals genau gelesen haben«. Vgl. Max Weber, PE II, S. 283. Zugleich betont er, »daß *alles*, was in meiner Antikritik gesagt ist, ganz ebenso deutlich schon in meinen Aufsätzen gestanden hat« (ebd., S. 328). Dem kann ich nur zustimmen, sofern man die Sektenaufsätze von 1906 mit einbezieht. Mir ist schleierhaft, wie Wilhelm Hennis behaupten kann, erst in den Repliken habe Weber letztlich seine Fragestellung geklärt, erst hier, besonders im Antikritischen Schlußwort, werde uns »endlich« (!) gesagt, »worum es Weber ›zentral‹ gegangen war«. Hennis spricht Rachfahl seine Bewunderung dafür aus, daß dieser »gegenüber so viel Versteckspiel und absichtsvoller oder nicht absichtsvoller Verwischung der ›zentralen‹ Absichten so viel Contenance bewahrt hatte«. Vgl. Wilhelm Hennis, *Max Webers Fragestellung. Studien zur Biographie des Werks*, Tübingen 1987, S. 16, 21 f. Weber tat offensichtlich doch gut daran, seine These 1910 auf weniger Seiten noch einmal zusammenzufassen. Denn diejenigen, die sie in ihrer ursprünglichen Fassung genau lesen, sind offenbar auch heute noch eine »verschwindende Minderheit«. Vgl. PE II, S. 283.

auf Veranlassung seines Verlegers Paul Siebeck ein großes Kollektivwerk vor: den Grundriß für Sozialökonomik. Er entwirft den Plan, wirbt die Mitarbeiter und bedenkt sich selbst neben der organisatorischen Arbeit mit den wichtigsten Partien. Die religionssoziologischen Schriften werden zum Teil aus denselben Quellen geschöpft wie die neue Arbeit und Hand in Hand mit ihr gefördert.«[7]

Für die neue Arbeitsphase weisen offenbar zunächst die Ergebnisse der gerade abgeschlossenen die Richtung. Die »Agrarverhältnisse« enthalten unter anderem eine ökonomische Theorie der antiken Staatenwelt, eine Art Wirtschafts- und Herrschaftssoziologie des antiken ›mittelländisch-europäischen‹ Kulturkreises und seiner Entwicklung, in der man eine Vorstufe der späteren Wirtschafts- und Herrschaftssoziologie sehen kann.[8] Im »Antikritischen Schlußwort« formuliert Weber die für seine religionssoziologische Arbeit »wirklich dringendsten Fragen«.[9] Es sind drei: 1. die Untersuchung der unterschiedlichen Wirkungen der calvinistischen, der täuferischen und der pietistischen Ethik auf die methodische Lebensführung; 2. die Untersuchung »der Ansätze ähnlicher Entwicklung im Mittelalter und im antiken Christentum«; 3. die Untersuchung der ökonomischen Seite des Vorgangs oder, in späteren Formulierungen, die Untersuchung der anderen Seite der Kausalbeziehung – nach der Untersuchung der Religionsbedingtheit der Wirtschaftsgesinnung nun die Untersuchung der Klassenbedingtheit der Religion.[10] Dieses Unternehmen muß auf eine Art Soziolo-

7 Marianne Weber, *Lebensbild*, S. 346.
8 Vgl. Max Weber »Agrarverhältnisse im Altertum«, in: SW, bes. I. Einleitung. Zur ökonomischen Theorie der antiken Staatenwelt. Dazu unter anderem Guenther Roth, »Introduction«, in: Max Weber, *Economy and Society*, hg. von Guenther Roth und Claus Wittich, New York: Bedminster Press 1968, S. XLIV ff. Ferner die Aufsätze von Jürgen Deininger und Stefan Breuer in Wolfgang Schluchter (Hg.), *Max Webers Sicht des antiken Christentums. Interpretation und Kritik*, Frankfurt 1985, S. 72 ff. bzw. 111 ff. und Wolfgang Schluchter, *Rationalismus der Weltbeherrschung. Studien zu Max Weber*, Frankfurt 1980, S. 134 ff.
9 Max Weber, PE II, S. 321.
10 Vgl. Max Weber, PE II, S. 322; RS I, S. 12 sowie die Disposition zur älteren Fassung von WuG (*Die Wirtschaft und die gesellschaftlichen*

gie des Bürgertums hinauslaufen, auf eine Darlegung der Affinitäten, der Wahlverwandtschaften, zwischen bürgerlichen Klas-
senlagen und religiös bedingten Lebensführungen, wie sie nicht
nur, aber eben doch »am konsequentesten der asketische Protestantismus bot«.[11] Liest man insbesondere den Schluß der
»Agrarverhältnisse« mit diesen programmatischen Äußerungen
zusammen, so scheint Weber in der neuen Arbeitsphase in erster Linie die weiteren historischen ›Vorbedingungen‹ des ratio-
nal-kapitalistischen Wirtschaftens, des modernen Kapitalismus
als eines Wirtschafts*systems*, klären zu wollen, und zwar die
›subjektiven‹ wie vor allem die ›objektiven‹, die motivationellen
wie vor allem die institutionellen,[12] sowie das Verhältnis der
Obstruktion, Indifferenz oder Begünstigung, das zwischen und
unter ihnen besteht.[13] Dies aber bedeutet: Rekonstruktion der
okzidentalen Entwicklung unter spezifisch besonderen, also

Ordnungen und Mächte), abgedruckt in Schluchter (Hg.), *Max Webers
Sicht des antiken Christentums*, S. 557.

11 Max Weber, PE II, S. 322.

12 Ebd., S. 324, wo Weber von »objektiv-politischen« und »objektiv-öko-
nomischen« Vorbedingungen spricht, die er dem antitraditionalistischen
›Geist‹ gegenüberstellt. Daran sieht man, wie wenig ›weberianisch‹ es
ist, eine Alternative zwischen Institutionen und Motiven aufzurichten,
wie dies insbesondere in der anglo-amerikanischen Literatur geschieht.
Vgl. etwa Randall Collins, *Weberian Sociological Theory*, Cambridge:
Cambridge University Press 1986, bes. Kap. 2. Dort auch Webers angeblich letztes Wort über den Protestantismus, S. 34. Ferner Bryan S.
Turner, *Weber and Islam. A Critical Study*, London and Boston: Routledge & Kegan Paul 1974, darüber später mehr. Auch Jeffrey Alexan-
ders Versuch, die wichtigsten Positionen der soziologischen Theorie mit
Hilfe der Unterscheidung zwischen einem epistemologischen und einem
soziologischen Materialismus und Idealismus einzufangen und ihre
theoretische ›Reife‹ anhand des Maßstabs Multidimensionalität zu messen, greift bei Weber eindeutig zu kurz, wie die folgende Analyse zeigen
wird. Vgl. Jeffrey Alexander, *Theoretical Logic in Sociology*, 4 Bände,
Berkeley: University of California Press 1982 f., bes. Band 1 und 3.

13 Diese Verhältnisse diskutiert Weber in drei Richtungen: ›Geist‹-›Geist‹,
›Geist‹-›Form‹, ›Form‹-›Form‹. Eine Studie, die für diese Zusammen-
hänge interessante Überlegungen enthält, ist der Aufsatz von Michael
Schmid, »Struktur und Selektion: Emile Durkheim und Max Weber als
Theoretiker struktureller Evolution«, in: *Zeitschrift für Soziologie*, 10
(1981), S. 17 ff.

einseitigen Gesichtspunkten, die in Wertideen gründen. Und diese Rekonstruktion legt sowohl aus genetischen wie aus typologischen Gründen den Ausgriff auf Judentum und Islam nahe. Weber hat freilich die Absicht, diesen Ausgriff zu tun, im »Antikritischen Schlußwort« noch nicht zu erkennen gegeben, wohl aber die andere, aufbauend auf der »Protestantischen Ethik« und den »Agrarverhältnissen«, zu zeigen, welchen historischen ›Vorbedingungen‹ sich die moderne kapitalistische Entwicklung im Zusammenspiel von ›Geist‹ und ›Form‹, von ›subjektiven‹ und ›objektiven‹, von motivationellen und institutionellen Faktoren, verdankt. Es lohnt sich, auf die ›Parameter‹ von Webers Lösung des Jahres 1910 zu achten. Sie sind in den Schlußpassagen des »Antikritischen Schlußworts« formuliert. Weber wehrt sich dort zunächst gegen eine rein technologische Erklärung der modernen, ja *jeder* kapitalistischen Entwicklung. Doch es geht ihm nicht allein um die Abwehr monokausaler Ansätze, sondern auch um die Abwehr solcher multikausalen Ansätze, bei denen nur die eine Seite der Kausalbeziehung, sei es die motivationelle oder die institutionelle, berücksichtigt ist. Er schreibt: »Der Kapitalismus des Altertums entfaltete sich *ohne* technischen ›Fortschritt‹, ja man kann geradezu sagen: gleichzeitig mit dem Aufhören technischer Fortschritte. Die technischen Mehrleistungen des kontinentalen Mittelalters sind an Bedeutung für die *Möglichkeit* der modernen kapitalistischen Entwicklung nicht gering, aber freilich kein entscheidender ›Entwicklungsreiz‹. An objektiven Faktoren zählen letztlich bestimmte klimatische, die Lebensführung und die Arbeitskosten beeinflussende Momente, daneben solche, welche durch die zum erheblichen Teil durch den *Binnen-Kultur*-Charakter des Mittelalters (relativ, im Verhältnis zum Altertum, gesprochen) bedingte politisch-soziale Organisation der mittelalterlichen Gesellschaft und den daraus folgenden spezifischen Charakter der mittelalterlichen, speziell der binnenländischen Stadt und ihres *Bürgertums* erzeugt wurden, zu den wichtigsten der historischen Vorbedingungen (s. meinen schon zitierten Artikel im Handwörterbuch der Staatswissenschaften). Dazu treten gewisse, gegenüber dem Altertum zwar vielleicht nicht absolut, aber doch der Struktur, Verbreitung und Bedeutung nach neue Organisationsformen im Gewerbe (Hausindustrie) als spezifisch ökonomisches Moment. Der große Entwicklungsprozeß, der *zwischen* den spätmittelalterlichen, noch immer höchst *labilen*, kapitalistischen Entwicklungsvorgängen und der, für den heutigen Kapitalismus entscheidenden, *Mechanisierung* der Technik liegt, ist durch die Schaffung gewisser wichtiger objektiv-politischer und objektiv-ökonomischer *Vorbedingungen* für diese letztere ausgefüllt, *vor allem* aber durch die Schaffung und Vorbereitung des rationalistischen und antitraditionalistischen ›Geistes‹ und des ganzen Menschentums, welches ihn praktisch in sich aufnahm: die Geschichte der modernen *Wissenschaft* und ihrer erst in der Neuzeit entwickelten praktischen Beziehungen zur Wirtschaft einerseits, die Geschichte der modernen *Lebensführung* in ihrer praktischen Bedeutung für dieselbe andererseits haben darüber die Hauptaufschlüsse zu geben.«[14] Die Geschichte, die Entwicklung, besser: die *Entwicklungsgeschichte*, der politischen und ökonomischen Organisationsformen, aber auch: die der Wissenschaft und die der Lebensführung, sie also gilt es zu schreiben, und zwar so, daß man dabei die eine nicht vorschnell zu einer bloßen Funktion, zu einem bloßen Ausfluß einer anderen macht.[15] Sie gilt es aber auch zu schreiben im Hinblick auf die *qualitativen* Veränderungen, die sich, ausgehend von der Antike, im Mittelalter und dann zwischen Spätmittelalter und Neuzeit ereignen. Die Rekonstruktion der okzidentalen Entwicklung, genauer: des okzidentalen Kapitalismus, erfolgt also nicht allein unter einem besonderen, einseitigen Gesichtspunkt, sie muß darüber hinaus in Teilentwicklungen ›aufgelöst‹ werden, die immer von neuem aufeinander zu beziehen sind. Weber wendet sich ja nicht gegen Entwicklungskonstruktionen als solche, sondern gegen Entwicklungskonstruktionen, die mit vollständigen und inklusiven Stu-

14 Max Weber, PE II, S. 323 f.
15 So noch Weber in der *Wirtschaftsgeschichte*, S. 17. Ich sehe auch hier zwischen 1904 und 1920 keine Änderung. Die Kritik am sogenannten historischen Materialismus hat immer zwei Seiten, eine methodologische und eine sachliche. Methodologisch geht es um Abwehr jeder Form von Reduktionismus, sachlich um die Unterschätzung der relativ selbständigen Bedeutung des Politischen gegenüber dem Ökonomischen und des ›Geistes‹ gegenüber der ›Form‹. Dazu später mehr. Ferner *Religion und Lebensführung*, Kap. 1.

fenmodellen auf der Basis normativ ausgezeichneter Richtungs-
kriterien operieren und diese reifizieren. Eine wertbeziehende
idealtypische Entwicklungskonstruktion dagegen ist unerläßlich für die Durchführung seines eigenen Programms. Wenn er
in der Folge immer wieder die Frage stellt, warum sich *nur* im
Okzident ein rationaler Industriekapitalismus entwickelte, und
wenn er mit der Bedingungskonstellation antwortet, die *nur*
hier bestand, so bedeutet dies nicht, daß davon abweichende
Bedingungskonstellationen ein solches Ergebnis nicht auch hätten erzeugen können, noch, daß andere Kulturkreise, die später
den Weg zum modernen Industriekapitalismus gingen oder zu
gehen suchten, dieselben ›Stufen‹ zu durchschreiten hatten, in
die man die okzidentale Entwicklung ›zergliedern‹ kann. Für
Weber löst sich Universalgeschichte auf in eine Pluralität von
Entwicklungsgeschichten, die mit kulturkreisgebundenen Formen des Menschentums verbunden sind.[16] Allerdings: Welche

16 Zur Verbreitung des Begriffs Entwicklungsgeschichte um die Jahrhundertwende vgl. Guenther Roth, »Rationalization in Max Weber's Developmental History«, in: Sam Whimster and Scott Lash (eds.), *Max Weber, Rationality and Modernity*, London: Allen & Unwin 1987, S. 75 ff.,
jetzt auch deutsch in: Guenther Roth, *Politische Herrschaft und persönliche Freiheit. Heidelberger Max Weber-Vorlesungen 1983*, Frankfurt
1987, S. 283 ff. Allerdings bleibt dabei der methodologische Status des
Begriffs in Webers Verwendungsweise unterbestimmt. Dazu muß man
Heinrich Rickert vergleichen. Auch beim Begriff Entwicklungsgeschichte hält sich Weber in erster Linie an ihn. Vgl. Heinrich Rickert,
*Die Grenzen der naturwissenschaftlichen Begriffsbildung. Eine logische
Einleitung in die historischen Wissenschaften*, Tübingen und Leipzig
1902, Viertes Kapitel, V (S. 436 ff., bes. 472 f.). Rickert unterscheidet
sieben Entwicklungsbegriffe, und er bestimmt die logische Struktur des
vierten, auf den es ihm (und Weber) vor allem ankommt, wie folgt: Hier
»wird ein individueller Werdegang in der Weise zu einer teleologischen
Einheit zusammengeschlossen, dass man seine Einzigartigkeit auf einen
Werth bezieht, und auf diese Weise verknüpft sich die Einzigartigkeit
mit der Einheit eines Werdeganges zu einem geschichtlichen Entwick-
lungsprozess«. Ebd., S. 473. Rickert wendet damit das durch theoretische Wertbeziehung konstituierte Individuum vom Simultanen ins Sukzessive und trennt Entwicklungsgeschichte logisch von bloßer Veränderung einerseits, von fortschrittlicher Entwicklung andererseits. Es ist
leicht zu sehen, daß Weber diesem Gedanken im Objektivitätsaufsatz an
jenen Stellen folgt, wo er von idealtypischen Entwicklungskonstruktio-

nen in ihrem Verhältnis zur Geschichte redet und dies mit einer kritischen Beurteilung der marxistischen Entwicklungsgesetze verknüpft. Vgl. Max Weber, WL, S. 203 ff., bes. 205 (Rickerts in diesem Zusammenhang wichtige Unterscheidung in primäre und sekundäre historische Individuen, die Weber gleichfalls übernimmt, lasse ich beiseite). Der Verzicht auf eine Identifikation von Entwicklung mit Fortschritt bedeutet also keineswegs, daß der Historiker nicht berechtigt wäre, von Entwicklungs*stufen* zu reden. Im Gegenteil: »Der Historiker muß auch *Prozesse* erstens als nothwendige Einheiten auffassen können, und sie zweitens nicht nur nach Außen hin abzuschließen sondern auch im Innern in eine Anzahl von Stufen zu theilen im Stande sein, d. h. er hat stets eine übersehbare Reihe von verschiedenen Stadien darzustellen, aus denen der historische Ablauf sich als den wesentlichen Gliedern zusammensetzt.« Rickert, *Grenzen*, S. 437 (vgl. auch die etwas veränderte Formulierung in der 2. Auflage, S. 389 f.). Man kann also von Entwicklung und Entwicklungsstufen sprechen, ohne in die Fehler des klassischen Evolutionismus zu verfallen. Freilich setzt dies die Möglichkeit einer Scheidung von praktischer Wertung und theoretischer Wertbeziehung voraus, auf der Rickerts (und Webers) Theorie historischer Wirklichkeitserschließung beruht. (Die Möglichkeit dieser Unterscheidung setzt zwar eine Werttheorie, aber noch keine bestimmte Werttheorie voraus.) Über die logischen Probleme, die dieser Begriff von Entwicklungsgeschichte für den Begriff der Universalgeschichte aufwirft, hat sich Rickert ausführlich in seinem Beitrag »Geschichtsphilosophie« in der Festschrift für Kuno Fischer geäußert. Vgl. Heinrich Rickert, »Geschichtsphilosophie«, in: Wilhelm Windelband (Hg.), *Die Philosophie im Beginn des 20. Jahrhunderts. Festschrift für Kuno Fischer*, 2. Auflage, Heidelberg 1907 (1. Auflage 1904), bes. III (S. 396 ff.). Weber schreibt dazu an Rickert: »Höchst anziehend und anregend *alles*, was in Abschnitt III steht.« (Brief vom 3. November 1907). Ich selbst habe in meinem Buch *Die Entwicklung des okzidentalen Rationalismus. Eine Analyse von Max Webers Gesellschaftsgeschichte*, Tübingen 1979, den Begriff Entwicklungsgeschichte dazu benutzt, um Webers Ansatz sowohl vom klassischen Evolutionismus wie von neoevolutionistischen Ansätzen, seien sie eher entwicklungslogischer (Habermas) oder eher funktionalistischer Provenienz (Parsons, Luhmann), abzugrenzen. Vgl. besonders Einleitung und Schlußbemerkung. (In der englischen Ausgabe habe ich »Gesellschaftsgeschichte« durchgängig durch »Entwicklungsgeschichte« ersetzt. Vgl. Wolfgang Schluchter, *The Rise of Western Rationalism. Max Weber's Developmental History*, Berkeley: University of California Press 1981, Translator's Note.) Wenn Wilhelm Hennis es schwer begreiflich findet, daß »so unterschiedliche Geister wie Friedrich Tenbruck, Wolfgang Schluchter und Jürgen Habermas nicht davon lassen können, in Webers Werk *evolutionstheoretische* Elemente zu entdecken«, wo doch für Weber Geschichte als eine Verkettung von Umständen geschah (vgl. Hennis, *Max Webers Fragestellung*, S. 204), so übergeht er dabei nicht nur geflissentlich die Differenzen zwischen diesen unterschiedlichen Geistern, sondern vor allem, daß Weber tatsächlich eine Entwicklungstheorie hat. Daß sie nicht mit der des klassischen Evolutionismus identisch ist (»eine innere Gesetzmäßigkeit und teleologische Bestimmtheit der Entwicklung«, wie Hennis ungenau formuliert), habe gerade ich gegen Friedrich Tenbruck nachgewiesen. Doch es gibt eben nicht nur den klassischen Evolutionismus als Entwicklungstheorie, wie Hennis anzunehmen scheint. Daß Geschichte als Verkettung von Umständen geschieht, heißt nicht, daß man sie nicht dennoch teleologisch rekonstruieren muß (im Sinne Rickerts!). Daß Entwicklung nicht Fortschritt bedeutet, heißt nicht, daß man auf Entwicklungstheorie verzichtet hat. Hennis hat in dieser wie auch in anderen systematisch schwierigen Fragen außer Polemik wenig zu bieten. Es ist übrigens mir schwer begreiflich, wie man bei solch expliziter Ablehnung jeder Entwicklungstheorie bei Weber seine Fragestellung in der »Entwicklung (sic!) des (sic!) Menschentums« sehen kann. Vgl. ebd., S. 8 ff.

Übrigens läßt es gerade Rickerts Begriff der historischen Entwicklung zu, von der Universalgeschichte eines Kulturkreises zu sprechen, die dann alle unter einem Wertgesichtspunkt wesentlichen Entwicklungsstufen (auch Entwicklungsstadien oder Entwicklungsphasen) umfassen muß. Weber verwendet die Begriffe Entwicklungsgeschichte, Universalgeschichte, Entwicklungsstufe oder Entwicklungsphase ständig in dieser Weise, wobei für ihn auch die Entwicklungstheorie im Dienste der Herausarbeitung der Eigenart eines historischen Individuums und seiner Erklärung, nicht im Dienste der Konstruktion »genereller Entwicklungsschemata« steht. Vgl. unter anderem schon »Agrarverhältnisse«, S. 288. In Wolfgang J. Mommsens jüngsten Arbeiten zum Begriff der Universalgeschichte bei Weber, die in meinen Augen mehr Verwirrung stiften als Klärung bringen, weil hier Begriffe wie »materiale Theorie der Universalgeschichte« (im Gegensatz zu formaler?), Evolutionismus, Teleologie, Neo-Evolutionismus, Neo-Idealismus (im Gegensatz zu Neo-Materialismus?), dann auch mal Weltgeschichte undefiniert und munter durcheinanderwirbeln (so gibt es zum Beispiel eine »tendenziell teleologische bzw. entwicklungsgeschichtliche Auflösung der Antinomie zwischen ›materialer‹ und ›formaler‹ Rationalität«), wird dieser Zusammenhang nicht gesehen und deshalb Webers Ansatz falsch plaziert. Vgl. Wolfgang J. Mommsen, »Persönliche Lebensführung und gesellschaftlicher Wandel. Versuch einer Rekonstruktion des Begriffs der Geschichte

Dimensionen man für die Rekonstruktion wählt, ist nicht beliebig. Es ist eine Frage der Theorie, nicht der Wertideen. Weber
ist davon überzeugt: Alle Rekonstruktionen müssen die ›seelischen Bereitschaften‹ ernst nehmen und alle Entwicklungen mit
ihnen rechnen, und für ihr Verständnis wie für ihre ›Erzeugung‹
reicht der Rekurs auf die ökonomischen Lebensmächte nicht
aus.[17] Denn zu den wichtigsten formenden Elementen der Lebensführung gehören eben nicht nur die ökonomischen, sondern vor allem die kulturellen, in vorkapitalistischen Zeitaltern
in erster Linie die magischen und vor allem die religiösen Mächte, weil es dabei immer auch um normativ verankerte Pflichtvorstellungen geht.[18]
Es zeigt sich aber schnell: Dieser Eintritt in eine neue Arbeitsphase ist mehr als nur ein äußerlicher Einschnitt. Dabei erfährt
Webers Arbeit auch eine qualitative Veränderung.[19] Er macht
eine Entdeckung. Auch sie ist durch Marianne Webers *Lebensbild* bezeugt. Wann genau er sie macht, ist unklar, worin sie

bei Max Weber«, in: *Geschichte und politisches Handeln. Theodor Schieder zum Gedächtnis*, hg. von P. Alter, W. J. Mommsen und Th. Nipperdey, Stuttgart 1985, S. 261 ff. und ders., »Max Webers Begriff der Universalgeschichte«, in: Jürgen Kocka (Hg.), *Max Weber als Historiker*,
Göttingen 1986, S. 51 ff., die Zitate auf S. 52 und 67.

17 Ich formuliere bewußt ›doppeldeutig‹, weil man, wie Webers *Wissenschaftslehre* durchgängig zeigt, die logisch-formale Bedeutung von der
materialen unterscheiden muß. So explizit beim Kulturbegriff, beim Begriff der Kulturbedeutung und eben auch beim Entwicklungsbegriff
(Sinngabe und Sinnträger!).

18 Vgl. die Formulierung bei Max Weber, RS I, S. 12.

19 Ich habe schon an mehreren Stellen darauf hingewiesen, daß man Webers Werk in drei Phasen einteilen kann. Vgl. Wolfgang Schluchter,
Rationalismus der Weltbeherrschung, S. 274 und *Religion und Lebensführung*, Kap. 1, 13 und 14. Während die zweite qualitative Veränderung, die sich um 1910 vollzieht, inhaltlicher Natur ist, ist die erste, die
mit der Veröffentlichung von Heinrich Rickerts Kapitel 4 und 5 der
Grenzen im Jahre 1902 zusammenhängt, methodologisch. Weber transformiert, beginnend mit dem Roscher-Aufsatz, Carl Mengers Unterscheidung in Wirtschaftsgeschichte, realistische Wirtschaftstheorie und
exakte Wirtschaftstheorie mit Hilfe von Rickert in einen kulturwissenschaftlichen Ansatz, der die Doppelung von Begriffskonstruktion und
Begriffsanwendung verlangt.

besteht, dagegen nicht. Sie hängt mit der im Zitat von 1910 angesprochenen Sicht der Geschichte der modernen Wissenschaft zusammen. Wie daraus hervorgeht, billigt er ihr eine selbständige Bedeutung für die moderne Wirtschaftsentwicklung zu. Doch nicht nur dies: Die Entwicklung der modernen Wissenschaft, des wissenschaftlichen Rationalismus, zeigt auch Zusammenhänge mit ästhetischen Entwicklungen, insbesondere mit der okzidentalen Musikentwicklung.[20] Und dies eröffnet plötzlich ein ganz neues, scheinbar weit abliegendes Arbeitsfeld. Marianne Weber gibt folgende Beschreibung: »Die Zeit schmäht den Rationalismus und namentlich viele Künstler beurteilen ihn als Hemmung ihrer Schöpferkraft, deshalb erregt Weber jene Entdeckung (über den Zusammenhang von wissenschaftlicher und ästhetischer Entwicklung, W. S.) ganz besonders. Er plant nun auch eine Soziologie der Kunst, und unternimmt als ersten Versuch dazu inmitten seiner andern Arbeiten die Untersuchung der Musik auf ihre rationalen und soziologischen Grundlagen etwa um 1910. Sie führt ihn in die entlegensten Gebiete der Völkerkunde und zu den schwierigsten Untersuchungen der Tonarithmetik und Symbolik. Jedoch, als dieser Teil provisorisch fixiert ist, zwingt er sich zu den begonnenen und zugesagten Schriften zurück.«[21]

Die Entdeckung führt aber nicht nur auf ›Umwege‹, sondern ist auch für die Hauptsache von weitreichender Bedeutung. Sie motiviert Weber zu einer Erweiterung seiner religionssoziologischen Fragestellung. Gewiß: Die Eigenart und die Entwicklung des abendländischen Kapitalismus bleiben ihm weiter wichtig, doch dieser ist jetzt nur noch eine unter mehreren okzidentalen Kulturerscheinungen von universeller Bedeutung, wenn auch unter ihnen »die schicksalsvollste Macht«.[22] Das aber heißt: Zur Untersuchung der Religions- und Wirtschaftsentwicklung müssen neue hinzutreten, insbesondere die Untersuchung der Herrschafts- und Rechtsformen sowie der sozialen Organisationsformen von der Familie bis zum ›Staat‹. Mehr noch: Will man

20 Zur Bedeutung der Musiksoziologie für ein angemessenes Verständnis der Rationalisierungsproblematik vgl. *Religion und Lebensführung*, Kap. 6 A.
21 Marianne Weber, *Lebensbild*, S. 349.
22 Max Weber, RS I, S. 4.

die Eigenart der *ganzen* okzidentalen Kultur bestimmen und erklären, warum nur hier Kulturerscheinungen wie etwa rational-methodische Lebensführung, rationaler Betriebskapitalismus, rationaler Anstaltsstaat, formal-rationales Recht, rationale Wissenschaft und akkordharmonische Musik auftraten, so muß man diesen Kulturkreis mit anderen vergleichen und dartun, warum diese Erscheinungen dort nicht aufgetreten sind. Um dies zu bewerkstelligen, braucht man Vergleichskriterien und daran orientierte Begriffe. Diese Vergleichskriterien sind, wie Weber mit aller wünschenswerten Klarheit betont, kulturkreisgebunden, den Kulturwerten unseres Kulturkreises entnommen, was, gemäß der Lehre von der theoretischen Wertbeziehung, zwar zu einem heuristischen, nicht aber zu einem normativen Eurozentrismus führt. Um dies zu bewerkstelligen, braucht man darüber hinaus Grundkenntnisse der anderen Kulturkreise, insbesondere der sie mit prägenden Kulturreligionen, Wirtschafts-, Herrschafts- und Rechtsformen, zumindest insoweit, als notwendig ist, um »die *Vergleichspunkte*« mit der okzidentalen Entwicklung zu finden,[23] also mindestens so weitgehend, daß man die Ähnlichkeiten und *Gegensätze* gegenüber der okzidentalen Entwicklung herausarbeiten kann. Daß nur im Okzident rationaler Industriekapitalismus entstanden ist, genauer: daß er hier zum ersten Mal auftrat, und daß dies auch für die anderen genannten okzidentalen Kulturerscheinungen gilt, ist eine historische Tatsache. Man braucht sich für sie nicht zu interessieren, man kann andere für wichtiger halten, bestreiten kann man sie nicht. Weber interessiert sich für diese Tatsache, und er hält sie für wichtig, und gerade dies treibt ihn über seinen eigenen Kulturkreis und, nicht zu vergessen, auch über sein eigenes Fach hinaus.[24] Dafür gibt es vor allem drei Gründe: die Klärung der Identifikationsprobleme (Nachweis der Besonderheiten), die Klärung der Zurechnungsprobleme (Nachweis der historischen Vorbedingungen) und die Klärung des Diagnoseproblems (Nachweis der ›Opfer‹, der ›verlorenen‹ Möglichkeiten). Denn der Vergleich zeigt nicht nur die Besonderheiten

23 Ebd., S. 12 (im Original nur »Vergleich« gesperrt).
24 Also aus dem Fach Nationalökonomie, dem er seit der Berufung nach Freiburg im disziplinären Sinne angehörte. Vgl. dazu auch Marianne Weber, *Lebensbild*, S. 349.

des Okzidents und erleichtert kausale Zurechnungen, er macht auch deutlich, was hier, im Unterschied zu anderen Kulturen, nicht realisiert wurde. Insofern hat Kulturwissenschaft neben der theoretischen und historischen auch eine zumindest indirekt praktische Dimension.[25] Den Schritt über den eigenen Kulturkreis hinaus tat Weber offenbar zuerst im Zusammenhang mit den Untersuchungen über die Musik, aber er wirkte weiter. Wie Marianne Weber berichtet: »Als er dann (etwa um 1911) die religionssoziologischen Studien wieder aufnimmt, zieht es ihn in den Orient: nach China, Japan und Indien, dann zum Judentum und Islam.«[26]

Spätestens von 1911 an erarbeitet sich Weber also die für sein Doppelprojekt wichtigen ›Quellen‹. Diese sind, für die ›außerokzidentalen‹ Kulturkreise weit mehr noch als für die ›okzidentalen‹, vorwiegend sekundärer Natur.[27] Für den Islam scheint er sich außer auf die vermutlich sekundär vermittelten heiligen Quellen Koran, Sunna und Schari'a vor allem auf die deutsche Islamwissenschaft der Zeit zu stützen, auf Autoren wie Carl Heinrich Becker, Julius Wellhausen, Ignaz Goldziher und Joseph Kohler, deren Arbeiten ja bis heute lebendig geblieben sind. Hinzu treten Christian Snouck Hurgronje und wohl auch der eine oder andere englische und französische Autor.[28] Dies entspricht dem Bild, das man auch bei seiner Analyse anderer

25 Vgl. dazu *Religion und Lebensführung*, Kap. 4.

26 Marianne Weber, *Lebensbild*, S. 346.

27 Weber dachte deshalb über seine vergleichenden Studien sehr bescheiden. Er sah sie nie als umfassende Kulturanalysen an. Es ging hauptsächlich um die Entwicklung von Fragestellungen, so schon in den »Agrarverhältnissen«, vgl. etwa S. 280. Auch läßt sich bei einem solchen Ansatz das Schematisieren nicht gänzlich vermeiden. Vgl. ebd.

28 Vgl. dazu unter anderen Carl Heinrich Becker, *Islamstudien*, Leipzig 1924, Erster Band, darin bes. Kap. 1, 2, 4, 9, 13, 14; Ignaz Goldziher, *Vorlesungen über den Islam*, Heidelberg 1910; Julius Wellhausen, *Reste arabischen Heidentums, gesammelt und erläutert*, Zweite Ausgabe, Berlin 1897; und ders., *Das arabische Reich und sein Sturz*, Berlin 1902; Joseph Kohler, »Zum Islamrecht«, in: *Zeitschrift für vergleichende Rechtswissenschaft*, 17 (1905), S. 194 ff.; Christian Snouck Hurgronje, *Mekka*, 1. Band, Den Haag 1888. Arbeiten von Goldziher und Wellhausen werden noch immer ins Englische übersetzt, so zum Beispiel Goldzihers *Vorlesungen* 1981.

Kulturkreise gewinnt. Webers vergleichende Studien reflektieren vor allem den Stand der deutschen zeitgenössischen Forschung auf dem Gebiet der Sinologie, der Indologie, der Semitistik, der Ägyptologie, der Islamwissenschaft sowie der religionswissenschaftlich orientierten Protestantischen Theologie. Dieses Bild differenziert sich freilich in dem Maße, wie er zu monographischer Darstellung gelangt.

Wie entwickeln sich nun die beiden Projekte, in denen der Islam neben Konfuzianismus, Hinduismus, Buddhismus, Judentum und Christentum und deren ›internen‹ Untergliederungen eine wichtige Rolle spielt? Offensichtlich hat Weber zum Jahresende 1913 weite Teile *beider* Projekte niedergeschrieben, wobei das eine Projekt inzwischen den Titel »Die Wirtschaftsethik der Weltreligionen«, das andere den Titel »Die Wirtschaft und die gesellschaftlichen Ordnungen und Mächte« trägt. Wie Marianne Webers oben zitierte Bemerkung zeigt, werden die während der neuen Arbeitsphase erschlossenen ›Quellen‹ für *beide* Projekte verwendet. Sie stehen, wie Weber selber später öffentlich äußert, zumindest für die religionssoziologischen Teile im Verhältnis wechselseitiger Interpretation und Ergänzung und sind für gleichzeitige Publikation bestimmt.[29] Aus zwei Briefen lassen sich Zustand und Inhalt der beiden Manuskripte am Ende des Jahres 1913 relativ eindeutig erschließen. Sie seien hier deshalb zitiert. Am 30. Dezember 1913 schreibt Weber an seinen Verleger Siebeck über sein Manuskript »Die Wirtschaft und die gesellschaftlichen Ordnungen und Mächte«, er habe »eine geschlossene Theorie und Darstellung ausgearbeitet, welche die großen Gemeinschaftsformen zur Wirtschaft in Beziehung setzt: von der Familie und Hausgemeinschaft zum Betrieb, zur Sippe, zur ethnischen Gemeinschaft, zur Religion (alle großen Religionen der Erde umfassend: Soziologie der Erlösungslehren und der religiösen Ethiken, – was Troeltsch gemacht hat, jetzt für *alle* Religionen, nur wesentlich knapper), endlich eine umfassende soziologische Staats- und Herrschafts-Lehre. Ich darf behaupten, daß es noch *nichts* dergleichen gibt, auch kein ›Vorbild‹«.[30] Am 22. Juni 1915 bietet Weber seinem

29 Max Weber, RS I, S. 237 (zuvor schon im *Archiv für Sozialwissenschaft und Sozialpolitik*, 41 [1916], ausgeliefert Okt. 1915).

30 Jetzt auch zitiert in Johannes Winckelmann, *Max Webers hinterlassenes*

Verleger Siebeck eine Reihe von Aufsätzen über die »Wirtschaftsethik der Weltreligionen« zur Veröffentlichung im *Archiv für Sozialwissenschaft und Sozialpolitik* an, von denen er sagt, sie hätten »seit Kriegsbeginn« bei ihm gelegen und würden »Konfuzianismus (China), Hinduismus und Buddhismus (Indien), Judentum, Islam, Christentum« umfassen, ferner die »allgemeine Durchführung der Methode« aus der Studie über den asketischen Protestantismus bringen. Es handle sich um vier Aufsätze zu je vier bis fünf Bogen, »Vorarbeiten und Erläuterungen der systematischen Religionssoziologie« für den *Grundriß der Sozialökonomik*, für jenes Manuskript also, von dem im Brief vom 30. Dezember 1913 die Rede ist. Die Aufsätze – so Weber – könnten dann später einmal, zusammen mit anderen und in überarbeiteter Form, separat publiziert werden. Er antizipiert also die *Gesammelten Aufsätze zur Religionssoziologie*, die dann tatsächlich 1920, mit dem von ihm noch zum Druck gegebenen 1. Band beginnend, erschienen sind.[31] Daß aber zumindest ein Teil dieser Reihe nicht erst seit Kriegsbeginn, sondern bereits 1913 niedergelegt sein muß, ergibt sich aus der Fußnote, die Weber der Publikation des ersten Artikels der Reihe anfügt. Dieser erschien, zusammen mit einer »Einleitung« für die ganze Reihe, bereits am 14. Oktober 1915. Dort heißt es, daß die nachstehenden Darlegungen »unverändert« so veröffentlicht würden, »wie sie vor zwei Jahren niedergeschrieben und Freunden vorgelesen waren«.[32] Daraus aber läßt sich schließen: Ende 1913, spätestens aber zu Kriegsbeginn existierten größere Manuskripte zu den beiden Projekten, bei denen der Islam in die Analyse einbezogen war.

Das eine dieser Manuskripte, das mit dem Titel »Die Wirtschaft und die gesellschaftlichen Ordnungen und Mächte«, hat Weber zu seinen Lebzeiten nicht veröffentlicht. Es war Teil des Nachlasses und wurde nach seinem Tode, zusammen mit einem von

---

Hauptwerk: Die Wirtschaft und die gesellschaftlichen Ordnungen und Mächte, Tübingen 1986, S. 36.

31 Vgl. ebd., S. 42.

32 Max Weber, RS I, S. 237 (zuvor schon im *Archiv*, 1915). Interessant ist, daß Weber diesen Hinweis 1920 nur auf den neuesten Stand bringt, nicht aber streicht, obgleich er doch inzwischen die »Einleitung« und vor allem die ersten Teile des »Konfuzianismus« umgearbeitet hatte.

ihm noch selbst zum Druck gegebenen späteren Manuskript, als Zweiter und Dritter Teil, später nur noch als Zweiter Teil von *Wirtschaft und Gesellschaft* publiziert. Dieser enthält, seit der 2. Auflage dieser höchst problematischen ›Buchkonstitution‹ durch die Editoren,[33] vor allem vier Texte, in denen der islamische Kulturkreis vorkommt: eine vergleichende Religionssoziologie, eine vergleichende Herrschaftssoziologie, eine vergleichende Rechtssoziologie und eine vergleichende Untersuchung über die Stadt. Das andere dieser Manuskripte mit dem Titel »Die Wirtschaftsethik der Weltreligionen« wurde von Weber zwar veröffentlicht, aber nur teilweise und, nach dem Druck der ersten beiden Artikel sowie der »Einleitung« und der »Zwischenbetrachtung«, für die restlichen Artikel nicht in der Fassung, die der Brief vom 22. Juni 1915 bezeugt. Nach Veröffentlichung der ersten beiden Artikel (über den Konfuzianismus) hat Weber nämlich die Artikel über den Hinduismus bereits vor der Erstpublikation umgearbeitet, und dies gilt auch für die Artikel über den Buddhismus und das antike Judentum.[34] Aber wichtiger ist: Die Artikelreihe war bis Januar 1920 überhaupt nur bis zum antiken Judentum gediehen. Die im Brief erwähnten Teile über den Islam und das Christentum hat Weber nicht mehr publiziert.

Dieser Sachverhalt provoziert zwei Fragen: 1. Wollte Weber diese Artikel überhaupt noch veröffentlichen? 2. Was wurde aus dem Teil des Manuskripts der »Wirtschaftsethik«, der sich mit Islam und Christentum befaßt? Die erste Frage läßt sich eindeutig beantworten. Es kann gar keinem Zweifel unterliegen, daß Weber eine Studie über den Islam und über das Christentum zwar nicht mehr in die *Archiv*-Reihe, wohl aber in die *Gesammelten Aufsätze zur Religionssoziologie* aufnehmen wollte. Dies bestätigt nicht nur die zweite Fassung der »Einleitung« von

---

33 Dazu *Religion und Lebensführung*, Kap. 14, zuvor schon Friedrich H. Tenbruck, »Abschied von *Wirtschaft und Gesellschaft*«, in: *Zeitschrift für die gesamte Staatswissenschaft*, 133 (1977), S. 703 ff.

34 Entsprechende Hinweise aus dem Briefwechsel kann man jetzt bei Winckelmann finden. Vgl. Johannes Winckelmann, *Hauptwerk*, S. 42 ff. Dadurch lassen sich meine aus den Texten abgeleiteten Vermutungen zur Werkgeschichte präzisieren. Vgl. *Religion und Lebensführung*, Kap. 6 und 7.

1920,[35] sondern vor allem Webers »Selbstanzeige« vom September 1919, in der er die Disposition der auf vier Bände geplanten
Gesammelten Aufsätze zur Religionssoziologie der Öffentlichkeit übergibt. Von ihnen sagt er, daß vorläufig zwei Bände im
Druck seien. Diese enthielten die bis dahin bereits veröffentlichten religionssoziologischen Aufsätze in überarbeiteter
Form, also die Aufsätze zum asketischen Protestantismus, zum
Konfuzianismus und Taoismus, zum Hinduismus und Buddhismus und zum antiken Judentum, ergänzt um bis dahin
noch nicht publizierte Darstellungen zur ägyptischen, mesopotamischen und zarathustrischen religiösen Ethik sowie »der
Entwicklung des europäischen Bürgertums in der Antike und
im Mittelalter«. Dann folgten zwei weitere Bände mit ausschließlich unpublizierten und, wie man hinzufügen muß, weitgehend noch nicht niedergeschriebenen Studien, zunächst ein
dritter Band mit der »Darstellung des Urchristentums, des talmudischen Judentums, des Islam und des orientalischen Christentums«, dann ein »Schlußband« mit der Darstellung des
»Christentums des Okzidents«.[36] Diese »Selbstanzeige« aber
macht in meinen Augen zweierlei deutlich: Die Darstellung des
Islams wäre sicherlich kürzer als die des Konfuzianismus, des
Hinduismus und des antiken Judentums ausgefallen, und sie
hätte vermutlich zwei Interessen gegolten, einem genetischen
und einem typologischen. Denn ähnlich dem Judentum, gehört
der Islam zum einen in den Umkreis der historischen ›Vorbedingungen‹ der okzidentalen Entwicklung, zum anderen stellt
er ihr gegenüber eine Entwicklung mit historischer Eigenbedeutung dar.[37] Darauf deutet auch seine Plazierung hin: im
Kontext seiner historischen Vorläufer einerseits, seiner wichtigsten Konkurrenten andererseits.
Die zweite Frage dagegen läßt sich weniger eindeutig beantworten. Sie verlangt einen Umweg, will man sich nicht mit der
freilich naheliegenden Antwort begnügen, Weber habe eben nie
ein Manuskript über den Islam besessen und seine anderslau-

35 Vgl. Max Weber, RS I, S. 237 f., wo der Islam zusammen mit Konfuzia-
    nismus, Hinduismus, Buddhismus, Christentum und, von diesen abge-
    setzt, dem Judentum als zu behandelnde religiöse Ethik genannt ist.
36 Diese Selbstanzeige jetzt auch bei Winckelmann, *Hauptwerk*, S. 45 f.
37 Vgl. Max Weber, RS III, S. 7.

tenden Mitteilungen müsse man als Vorspiegelung falscher Tatsachen verstehen. Und in der Tat: Wäre die Aussage im Brief vom 22. Juni 1915 zutreffend, hätte sich dann nicht im Nachlaß ein Manuskript finden müssen? Und weiter: Deutet nicht die Tatsache, daß etwa die *Wirtschaftsgeschichte*, in der manche Webers ›letzte Worte‹ sehen wollen,[38] keine größeren Passagen über den Islam enthält, ebenfalls darauf hin, daß ihn dieser zumindest seit Ausbruch des Krieges nicht mehr beschäftigt hat? Daß sich im Nachlaß kein Manuskript mit dem Titel »Der Islam« fand und daß sich Weber tatsächlich seit Kriegsausbruch nicht mehr intensiv mit dieser Kulturreligion beschäftigte, scheint mir kaum bestreitbar. Und dennoch halte ich die Aussage im Brief vom 22. Juni 1915 für korrekt. Auf welches Manuskript aber hat sich Weber dann in diesem Brief bezogen? Ich biete dafür eine – zugegebenermaßen spekulative – Lösung an.

Das einzige Manuskript, das in meiner Sicht hierfür in Frage kommt, findet sich heute in der systematischen Religionssoziologie von *Wirtschaft und Gesellschaft*. Es ist der § 12, überschrieben »Die Kulturreligionen und die ›Welt‹«. Ihm geht als § 11 der Text voraus, den Weber zur berühmten »Zwischenbetrachtung« ›sublimierte‹. An anderer Stelle habe ich gezeigt, daß *Wirtschaft und Gesellschaft* und die *Gesammelten Aufsätze zur Religionssoziologie* in einem Verhältnis der äußeren und inneren Arbeitsteilung zueinander stehen.[39] Wie der § 11, so wurde auch der § 12 für die »Wirtschaftsethik der Weltreligionen« verwendet. Während aber § 11 erhalten blieb, fehlt in § 12 ein Teil. Ein Indikator dafür ist sein Beginn. Er schließt nämlich nicht an § 11 an, sondern an einen Text oder Textteil, der sich in der systematischen Religionssoziologie nicht mehr findet. Es ist der Text oder Textteil, so meine Behauptung, den Weber bei der Umarbeitung der Studien über Konfuzianismus und Hinduismus mit einarbeitete. Der Beginn lautet: »Die dritte (!) in gewissem Sinn ›weltangepaßte‹, jedenfalls aber ›weltzugewende-

---

38 So Randall Collins, *Weberian Sociological Theory*, Kap. 2, dem offenbar nicht klar ist, daß die Herausgeber der *Wirtschaftsgeschichte* Lücken mit Hilfe von Webers veröffentlichten und unveröffentlichten Schriften füllten, weshalb in der *Wirtschaftsgeschichte* auch kein Gedanke auftaucht, der nicht an anderer Stelle im Werk zu finden wäre.

39 Vgl. *Religion und Lebensführung*, Kap. 13.

te‹, nicht die ›Welt‹, sondern nur die geltende soziale Rangordnung in ihr ablehnende Religion ist das Judentum in seiner uns
hier allein angehenden nachexilischen, vor allem talmudischen
Form, über deren soziologische Gesamtstellung bereits früher
einiges gesagt wurde.«[40] Nach diesem ›Eröffnungssatz‹ wird das
religiös motivierte Weltverhältnis des talmudischen Judentums
beschrieben und mit dem der Katholiken, der Puritaner und
der Urchristen verglichen. Dann folgt der Islam. Er wird als
die vierte weltangepaßte Kulturreligion eingeordnet. Dann
schwenkt die Analyse auf die Weltverhältnisse der weltablehnenden Kulturreligionen um. Hier werden der alte Buddhismus
und das alte Christentum behandelt. Dann bricht das Manuskript ab. Es sollte fortgesetzt werden. Aber viel wichtiger ist:
Sein Anfang, der offensichtlich einmal existierte, fehlt. Und
weiter: Das Restmanuskript enthält Skizzen aller im Brief erwähnten Kulturreligionen mit Ausnahme von Konfuzianismus
und Hinduismus. Es ist bekannt, daß Weber den Konfuzianismus, aber auch Teile des Hinduismus, zumindest vor 1915,
durchaus als ›in gewissem Sinne weltangepaßte, jedenfalls weltzugewendete Religionen‹ betrachtete. Das aber könnte heißen:
Das Manuskript »Die Kulturreligionen und die ›Welt‹« von
1913/14 wurde nicht nur in seinen ersten Teilen für die »Wirtschaftsethik« tatsächlich verwendet, sondern auch der verblie-
bene Torso hätte bei der Fortsetzung der Serie mit als Grundlage gedient. Es ist jedenfalls nicht unwahrscheinlich, daß Weber auch an dieses Manuskript dachte, als er seinem Verleger
1915 die Reihe von Aufsätzen anbot. Und es ist gleichfalls nicht
unwahrscheinlich, daß er noch andere Teile der systematischen
Religionssoziologie für die »Wirtschaftsethik« ausgebeutet hätte, daß ihm also das Manuskript in der Gestalt, wie es uns heute
aus dem Nachlaß ediert vorliegt, spätestens seit 1915 nur noch
als eine vorläufige Fassung der systematischen Religionssoziologie galt.[41]
Was folgt aus diesem Schicksal der Islam-Studie? Vier Feststellungen bieten sich an: 1. Bis zum Beginn des Ersten Weltkrieges

40 Max Weber, WuG, S. 367.
41 Das geht auch aus einer Formulierung in der »Vorbemerkung« zu RS I
   hervor, wo Weber von einer noch ausstehenden »systematischen Bearbeitung der Religionssoziologie« spricht. Vgl. ebd., S. 15.

hatte sich Weber zwar Grundkenntnisse über den islamischen Kulturkreis erworben und diese vor allem in religionssoziologischen, herrschaftssoziologischen und rechtssoziologischen Zusammenhängen verarbeitet, sie aber nicht in Form einer monographischen Skizze niedergelegt. Er wollte aber diese Skizze im Rahmen der »Wirtschaftsethik der Weltreligionen« schreiben, zunächst für die *Archiv*-Reihe, dann für die *Gesammelten Aufsätze zur Religionssoziologie*. 2. Obgleich Weber diese Absicht hatte, dürfte er sich vom Ausbruch des Weltkrieges an bis zu seinem Tode nicht mehr intensiv mit dem islamischen Kulturkreis beschäftigt haben. Die Äußerungen über den Islam, die sich in seinem Werk finden, basieren im wesentlichen auf den von spätestens 1911 bis spätestens 1914 durchgeführten Vorarbeiten und spiegeln auch begrifflich Webers Ansatz aus dieser Zeit. 3. Die monographische Skizze, die Weber vorhatte, dürfte kaum den Umfang der Studien über Konfuzianismus und Taoismus, Hinduismus und Buddhismus oder über das antike Judentum erreicht haben. Der Islam gehört zwar wie das talmudische Judentum, das Urchristentum und das orientalische Christentum in den weiteren Umkreis der historischen ›Vorbedingungen‹ der okzidentalen Kulturentwicklung, die Weber im Schlußband seiner *Gesammelten Aufsätze zur Religionssoziologie* wohl zusammenhängend behandeln wollte. Aber er hat als ein »durch alttestamentliche und judenchristliche Motive stark mitbedingter Spätling« für ihn kaum dieselbe genetische Bedeutung für diese Entwicklung wie das antike Judentum oder das antike und das mittelalterliche Christentum.[42] 4. Der Islam ist für Weber allerdings von besonderem typologischem Interesse. Dies vor allem deshalb, weil er, wie gleich gezeigt werden wird, eine Ähnlichkeit mit dem asketischen Protestantismus, insbesondere mit dem Calvinismus, aufweist. Diese ist aber rein äußerlich. Weber hätte die Skizze sicherlich um diese These zentriert.

Will man also die Grundzüge von Webers Islam-Studie, besser: seine Analyse des Islams, rekonstruieren, so ist man in erster Linie auf Texte aus dem Manuskript mit dem Titel »Die Wirtschaft und die gesellschaftlichen Ordnungen und Mächte« ver-

---

42 Max Weber, WuG, S. 375, ferner RS III, S. 7.

verwiesen, insbesondere auf die Ausführungen zur Religionssoziologie, zur Herrschaftssoziologie, zur Rechtssoziologie und zur Soziologie der Stadt. Insoweit die neue Fassung der Herrschaftssoziologie, die Weber selbst noch 1920 zum Druck gab, auf der alten aufbaut, finden sich auch dort Hinweise auf den Islam, die aber, verglichen mit 1913/14, keinen neuen Sachstand repräsentieren. Dies gilt auch für die zweite Fassung der Studie »Die protestantische Ethik und der Geist des Kapitalismus« und für die *Wirtschaftsgeschichte*, in denen verstreute Bemerkungen zum Islam zu finden sind.

2. Grundzüge der Analyse des Islams

a) Methodische Vorüberlegung

Wie lassen sich Webers Äußerungen zum Islam bündeln, wie gewinnt man aus ihnen ein einigermaßen zusammenhängendes Bild? Um diese Frage zu beantworten, ist zunächst eine methodische Vorüberlegung nützlich. Sie knüpft an einen bereits vorgetragenen Gedanken an. Webers kulturvergleichende Untersuchungen stehen unter dem Vorbehalt eines heuristischen Eurozentrismus, und sie sind keine *umfassenden* Kulturanalysen. Sein Interesse gilt okzidentalen Kulturerscheinungen, ihrer Besonderheit und der »Verkettung von Umständen«, die sie herbeiführten.[43] Der Klärung der damit aufgeworfenen Identifikations- und Zurechnungsfragen dient letztlich der Kulturvergleich. Weber stellt deshalb alle Vergleiche unter die Maxime, die *Gegensätze* zu den ihn interessierenden okzidentalen Kulturerscheinungen aufzudecken. Diese können sich auf mehrere Gebiete erstrecken, die festzulegen auch eine theoretische Frage ist.

Nun sollten, wie der oben mitgeteilte Brief vom 22. Juni 1915 ausweist, die vergleichenden Skizzen zur »Wirtschaftsethik der Weltreligionen« die ›allgemeine Durchführung der Methode‹ der Protestantismusstudie bringen. Das aber heißt: Es geht zunächst in jedem Fall um die Religionsbedingtheit der Wirt-

43 Max Weber, RS I, S. 1.

schaftsgesinnung. Doch es geht dann auch um die Klassenbedingtheit der Religion. Die Klassenfrage aber ist zugleich eine Frage nach dem »Gesellschaftsaufbau«.[44] Anders gesagt: Es geht nicht allein um Wirtschaft und Religion, sondern um Wirtschaft, Herrschaft (einschließlich Recht) und Religion, um die Strukturformen dieser Ordnungen und um ihr Verhältnis zueinander. Darin besteht ja gerade die Erweiterung, die die Entdeckung im Übergang zur neuen Arbeitsphase brachte: daß sich die okzidentale Kultur nicht allein in ihrer Wirtschaftsentwicklung, sondern auch in ihrer Wissenschafts- und Kunstentwicklung, vor allem aber in ihrer politischen und rechtlichen Entwicklung von anderen Kulturkreisen unterscheidet, kurz: daß ihr ›Gesellschaftsaufbau‹, besser: ihre Ordnungskonfiguration, von anderen Ordnungskonfigurationen in den wichtigsten Zügen verschieden ist. In der »Wirtschaftsethik der Weltreligionen« werden deshalb, trotz ihres immer wieder betonten begrenzten Zweckes, *beide* Seiten der Kausalbeziehung behandelt, und es werden die Gegensätze nicht nur auf dem Gebiet der Religion, sondern auch auf dem der Herrschaft und des Rechts sowie, in den Fällen Indien und China, sogar auf dem der Wissenschaft zumindest andeutungsweise herausgestellt.[45]

Nun ordnet Weber die besonderen okzidentalen Kulturerscheinungen nicht nur typologisch, sondern auch genetisch. Sie stehen untereinander in Kausalbeziehungen, und diese zu erkennen setzt eine Gliederung der Gesamtentwicklung in Teilentwicklungen und Entwicklungsphasen voraus. Ich kann an dieser Stelle Webers komplexe Analyse der okzidentalen Kultur-

---

44 Vgl. dazu Max Weber, *Wirtschaftsgeschichte*, S. 16. Die begriffliche Vorbemerkung wurde übrigens bei der englischen Übersetzung der *Wirtschaftsgeschichte* weggelassen, ist also den nicht deutsch lesenden amerikanischen Weberforschern, die es nach wie vor zuhauf gibt, nicht bekannt. Die Formulierung ist allerdings insofern ungewöhnlich, als Weber den Gesellschaftsbegriff in der Regel umgeht.

45 Auf die Bedeutung der verstreuten Bemerkungen Webers zur Wissenschaftsentwicklung haben besonders Benjamin Nelson und Friedrich H. Tenbruck in verschiedenen Aufsätzen aufmerksam gemacht. Zu Webers Einschätzung der chinesischen Wissenschaftsentwicklung der Aufsatz von Nathan Sivin in Wolfgang Schluchter (Hg.), *Max Webers Studie über Konfuzianismus und Taoismus*, S. 342 ff.

entwicklung nicht nachzeichnen.[46] Es ist aber klar, daß ihr ›Endpunkt‹ das Wahlverwandtschaftsverhältnis zwischen rationalem Kapitalismus und rationalem Anstaltsstaat ist. Dieses ›Resultat‹ will Weber erklären. Er will wissen, warum sich im religiös mitgeprägten okzidentalen Kulturkreis dieses ›Resultat‹ entwickeln konnte und in anderen religiös mitgeprägten Kulturkreisen nicht.

Für Weber ist der Kapitalismus (noch!) die schicksalsvollere der beiden Mächte. Was aber versteht er unter rationalem Kapitalismus, den er den vergleichenden Untersuchungen als ›Endpunkt‹ vorhält? Weber gibt, beginnend mit der ersten Fassung der »Protestantischen Ethik« und endend mit der Wirtschaftssoziologie in der zweiten Fassung von *Wirtschaft und Gesellschaft*, viele Definitionen, die sich nicht voll decken. Wichtig ist, daß man zunächst diejenigen Bestimmungen, die die *Einzelunternehmung* betreffen, von jenen sondert, die sich auf das *Wirtschaftssystem* beziehen. Eine rational-kapitalistische Einzelunternehmung läßt sich zum Beispiel vom Großhaushalt (Oikos), vom Ergasterion, aber auch vom Handwerksbetrieb durch die *Kombination* von vier Merkmalen abgrenzen: Sie ist Erwerbsbetrieb, sie ist Fabrikbetrieb, sie ist gegenüber dem Haushalt verselbständigt, und sie kontrolliert ihr wirtschaftliches Handeln mittels rationaler Buchführung, mittels Kapitalrechnung. Bei den drei anderen Einheiten fehlt wenigstens eines dieser Merkmale. Am nächsten kommt dem rationalen kapitalistischen Betrieb der Handwerksbetrieb, dem aber die mechanisierte Technik und das stehende Kapital fehlen. Damit aber die Einzelunternehmung rational verfahren kann, muß eine Rechtsordnung existieren, die freies Eigentum und Vertragsfreiheit gewährleistet. Denn rational kann nur dann kalkuliert werden, wenn die sachlichen Beschaffungsmittel als »freies Eigentum an autonome private Erwerbsunternehmungen« appropriiert sind und wenn Marktfreiheit sowohl auf dem Arbeitsmarkt (formell freie Arbeit!) wie auf dem Güter- und Kapitalmarkt besteht. Darüber hinaus aber muß berechenbar judiziert und verwaltet werden. Das setzt den Vorrang der Verfahrensrationalität, der

---

46 Dazu der Versuch bei Collins, den ich aber nicht für voll gelungen halte. Vgl. *Religion und Lebensführung*, Kap. 10.

Rechtssicherheit, vor materialer Rationalität, der ›Gerechtigkeit‹, voraus.[47] All dies reicht freilich noch nicht aus, um ein kapitalistisches Wirtschafts*system* zu etablieren. Dieses besteht erst dann, wenn eine Vielzahl solcher Unternehmen für erweiterte Märkte Massengüter produzieren, die der Deckung der Alltagsbedürfnisse dienen, und wenn dies die *dominante* Form der Bedarfsdeckung ist. Gewiß, die rational-kapitalistische Form der Bedarfsdeckung herrscht niemals ausschließlich. Doch von einer kapitalistischen *Epoche* läßt sich nur sprechen, »wenn die Bedarfsdeckung dem Schwerpunkt nach kapitalistisch so orientiert ist, daß, wenn wir uns diese Art der Organisation wegdenken, die Bedarfsdeckung überhaupt kollabiert«.[48]

Daran wird zweierlei deutlich. Zum einen kann es rationale Erwerbsunternehmen auf erweiterten Märkten geben, ohne daß bereits kapitalistische Bedarfsdeckung vorherrscht. Dann konkurriert diese Form der Bedarfsdeckung mit anderen, etwa mit der handwerklichen oder der grundherrlichen, und sie ist ständig vom ›Erstickungstod‹ durch Marktverengung bedroht. Zum anderen verlangt diese Form kapitalistischer Bedarfsdeckung politische und rechtliche, aber auch gesinnungsmäßige Voraussetzungen, die andere Formen der kapitalistischen Bedarfsdeckung, zum Beispiel der Händler-, der Steuerpacht-, Amtspacht-, Amtskauf-, Staatslieferanten- und Kriegsfinanzierungs-, der Plantagen- und Kolonialkapitalismus, *nicht* benötigen. Diese können vielmehr bei traditionalen Wirtschaftsgesinnungen und Wirtschaftsethiken unter Umständen prächtig gedeihen.[49] Kapitalismus dieser Art, der letztlich immer politisch orientiert ist, hat es nach Weber überall in der Welt gegeben. Nicht *seine* historischen ›Vorbedingungen‹ interessieren, sondern die des rationalen Kapitalismus als Wirtschafts*system*.

Diese historischen ›Vorbedingungen‹ hat Weber bereits im »An-

---

47 Vgl. Max Weber, *Wirtschaftsgeschichte*, S. 239 (im Original gesperrt). Ferner WuG, S. 94 sowie RS I, S. 4-9.

48 Max Weber, *Wirtschaftsgeschichte*, S. 239.

49 Vgl. Max Weber, WuG, S. 139. Hier gibt es Ähnlichkeiten mit Marx. Die Kategorie des Erwerbskapitals führt unter diesen Bedingungen gleichsam noch ein »antediluvianisches Dasein«. Das heißt freilich nicht, daß Webers Erklärung der Entstehung des modernen Gewerbekapitalismus mit Marxens Erklärung der ursprünglichen Akkumulation identisch sei.

tikritischen Schlußwort« vom September 1910 voll beschrieben. Das zeigt der Vergleich mit späteren Formulierungen, etwa mit der Formulierung in der *Wirtschaftsgeschichte*, die freilich wegen ihres komplizierten Textstatus immer nur cum grano salis zu benutzen ist. Doch die dort berichtete Formulierung ist anderen zu ähnlich, als daß sie Webers Auffassung verzerrte. Und sie ist deshalb besonders interessant, weil hier jener bereits erwähnte Schritt von einer rein typologischen zu einer eher genetischen Anordnung der besonderen okzidentalen Kulturerscheinungen zumindest in Andeutungen vorgenommen ist. Zunächst wird die Eigenart des okzidentalen Kapitalismus charakterisiert, dann ›erklärt‹, weshalb er nur im Okzident auftrat. Und dafür werden »bestimmte Züge seiner allgemeinen Kulturentwicklung« namhaft gemacht: »Nur der Okzident kennt einen *Staat im modernen Sinn* mit gesatzter Verfassung, Fachbeamtentum und Staatsbürgerrecht; Ansätze dazu in der Antike und im Orient sind nicht zu voller Entwicklung gelangt. Nur der Okzident kennt ein *rationales Recht*, das von Juristen geschaffen, rational interpretiert und angewendet wird. Nur im Okzident findet sich der Begriff des *Bürgers* (civis Romanus, citoyen, bourgeois), weil es auch nur im Okzident eine *Stadt* gibt im spezifischen Sinne des Wortes. Ferner besitzt nur der Okzident eine *Wissenschaft in dem heutigen Sinn des Wortes*: Theologie, Philosophie, Nachdenken über die letzten Probleme des Lebens hat auch der Chinese und Inder gekannt, vielleicht sogar in einer Tiefe wie der Europäer niemals; aber rationale Wissenschaft und damit auch *rationale Technik* ist jenen Kulturen unbekannt geblieben. Endlich unterscheidet sich die okzidentale Kultur von jeder anderen noch durch das Vorhandensein von Menschen mit *rationalem Ethos der Lebensführung*. Magie und Religion treffen wir überall. Aber eine religiöse Grundlage der Lebensführung, die in ihrer Konsequenz zu spezifischem Rationalismus hinführen mußte, ist wiederum dem Okzident allein eigentümlich.«[50]
Staat, Stadt und Recht, Wissenschaft und methodische Lebensführung, das sind die Stichworte, die zugleich die »Vergleichspunkte« für die »Wirtschaftsethik« abgeben. Die Form dieser

50 Max Weber, *Wirtschaftsgeschichte*, S. 270.

Kulturerscheinungen entscheidet darüber, ob die Entwicklungen zum rationalen Kapitalismus, die in Ansätzen ja in allen verglichenen Kulturkreisen vorhanden sind, auf Widerstände treffen oder nicht.[51] Dabei sind für das Maß der äußeren Widerstände die Struktur der politischen Herrschaft und des Rechts, für das Maß der inneren Widerstände aber die religiös verankerten Pflichtvorstellungen und die mit ihnen verbundene Lebensführung entscheidend. Wie bei den anderen Studien auch, so hätte sich Webers Skizze über den Islam vor allem darauf konzentriert.

Tatsächlich lassen sich die verstreuten Äußerungen Webers zum Islam unter diese ›Vergleichspunkte‹ ordnen: religiöse Ethik: Weltbeherrschung als Welteroberung und Weltanpassung, politische Herrrschaft: orientalischer Pfründenfeudalismus, Stadt: orientalische Stadtanarchie, Recht: theokratische und patrimoniale Kadi-Justiz, das Verhältnis dieser Ordnungen und Mächte zueinander, ihr ›Integrationsmodus‹: ›Zentralismus‹. Nur über die Wissenschaft läßt sich nichts finden. Auch in den anderen Studien ist sie, wie die Kunst, stark vernachlässigt. Das aber ist zweifellos kein Versehen, sondern hängt mit dem begrenzten Zweck der Studien zusammen. Freilich: Folgt man Webers eigenem theoretischem Ansatz, etwa der »Zwischenbetrachtung«, die die religiöse, ökonomische, politische, ästhetische, erotische und die intellektuelle Sphäre auszeichnet, oder der »Vorbemerkung« zu den *Gesammelten Aufsätzen zur Religionssoziologie*, die die besonderen okzidentalen Kulturerscheinungen nach ›Sphären‹ aufzählt, oder auch nur den mitgeteilten Zitaten aus dem »Antikritischen Schlußwort« und der *Wirtschaftsgeschichte*, so ist dies ein Mangel. Denn gemäß diesem theoretischen Ansatz gehört insbesondere die Wissenschaftsentwicklung, gehören die Formen des wissenschaftlichen Denkens zu den konstitutiven, einer eigengesetzlichen Wirkung fähigen Faktoren *jeder* Kulturentwicklung.

51 Vgl. Max Weber, RS I, S. 12, wo vor allem auf die inneren Widerstände, Obstruktionen, abgestellt ist. In WuG geht es aber auch ständig um äußere Widerstände, vor allem um die, die eine ›Struktur‹ einer anderen bietet. Vgl. zum Beispiel die Verhältnisbestimmungen von politischer Herrschaft und Wirtschaft in der neuen Fassung der Herrschaftssoziologie.

b) Die islamische religiöse Ethik:
Weltbeherrschung als Welteroberung und Weltanpassung

Die eine Seite der Kausalbeziehung betrifft das Verhältnis von religiöser Ethik und Lebensführung. Weber interessierte sich dafür spätestens seit der Jahrhundertwende und seither unvermindert. Bereits in seiner Studie »Die protestantische Ethik und der ›Geist‹ des Kapitalismus« von 1904/05 verfolgte er sie in vergleichender Perspektive, freilich eingeschränkt auf christliche, vor- und nachreformatorische kulturreligiöse Strömungen. Das Verhältnis von religiöser Ethik und Lebensführung ist zunächst ein *inneres*, das zwar durch äußere gestützt, abgelenkt oder obstruiert werden kann, aber unabhängig davon zu analysieren ist.[52] Die »Fähigkeit und Disposition der Menschen zu bestimmten Arten praktisch-rationaler *Lebensführung*«, so lautet die These, ist zwar nicht nur, aber *auch* abhängig vom Glauben an die Vorbildlichkeit der in einer religiösen Ethik formulierten Pflichten. Dies jedenfalls gilt für ›vorkapitalistische Zeitalter‹, in denen die Religion noch eine Lebensmacht ist.[53] Die Lebensmacht, die Verpflichtungen formuliert, kann zwar im historischen Verlauf wechseln, ebenso deren Inhalte. Aber Wertorientierung ist ein Grundzug, den der Mensch als Kulturmensch besitzt. Der Mensch handelt nicht allein nach Zwecken, sondern auch nach Werten. Zweck ist die Vorstellung eines Erfolgs, Wert dagegen die Vorstellung einer *Verpflichtung*, die Ur-

[52] Die Protestantismusstudie enthält noch keine Analyse der Kirchenverfassungen. Dazu bieten die Sektenaufsätze von 1906 eine erste Annäherung. Weber hat sie bekanntlich für den 1. Band der *Gesammelten Aufsätze zur Religionssoziologie* um- und ausgearbeitet und über einen Einschub auf S. 128 mit der gleichfalls überarbeiteten Protestantismusstudie verzahnt (»Wo trotz andersartiger Glaubensfundamentierung dennoch die gleiche asketische Konsequenz auftrat, war dies regelmäßig Folge der Kirchen*verfassung*, von der in anderm Zusammenhang zu reden ist«. Es folgt der Hinweis auf den Sektenaufsatz). Man muß also das Verhältnis innerlich – äußerlich, das übrigens in meiner Sicht einen Kantischen Hintergrund hat, zunächst bereichsspezifisch analysieren. Zum Verhältnis von Motiv und Institution die instruktive Bemerkung in WL, S. 188 f.

[53] Der Begriff vorkapitalistisch wird besonders in der *Wirtschaftsgeschichte* verwendet. Zitat RS I, S. 12.

sache einer Handlung wird.[54] Gewiß, menschliches Handeln ist zweifellos über weite Strecken bestimmt durch Nutzenmotive und durch Nützlichkeitserwägungen, ist erfolgsorientiertes Handeln, das sich letztlich nach Klugheitslehren richtet. Aber es kennt daneben auch Pflichtmotive und Eigenwerterwägungen, die in rationalisierter und objektivierter Form in Ethiken niedergelegt sind. Der Mensch ist ein ethisches Wesen und schon deshalb fähig zur axiologischen Kehre.[55] Und es war die

54 Weber definiert im Objektivitätsaufsatz: »›Zweck‹ ist für *unsere* Betrachtung die Vorstellung eines *Erfolges*, welche *Ursache* einer Handlung wird.« Vgl. WL, S. 183. Das ist eine Definition ganz im ›Geiste‹ Kants. Weber unterscheidet ferner zwischen Zweck und Wert, Regeln der Weltklugheit und sittlichen Normen, Zweck-Maximen und Norm-Maximen, Erwartungsorientierung und Wertorientierung bereits im Stammler-Aufsatz, also in jenem Text, der am Beginn der Ausarbeitung seiner Handlungstheorie steht. Er stellt damit, ganz im Sinne eines historisch gewendeten Kant, die Weichen für die spätere Unterscheidung in Zweck- und Wertrationalität. Vgl. dazu ausführlich *Religion und Lebensführung*, Kap. 3. Die Bedeutung dieses Kantischen Hintergrunds, der es Weber erlaubt, den Utilitarismus der Wirtschaftstheorie in der Handlungstheorie zu überwinden, verkennen in meiner Sicht sowohl Jürgen Habermas wie Gregor Schöllgen. Beide reduzieren Webers Handlungstheorie auf Erfolgsorientierung bzw. auf Arbeit und werfen ihm vor, er assimiliere Verständigungsorientierung an Erfolgsorientierung, Produktion an Praxis. Das wäre richtig, wenn Weber im Rahmen der nationalökonomischen Handlungstheorie geblieben wäre. Diesen hatte er aber spätestens im Übergang zu seiner zweiten Phase gesprengt. Gerade die »Protestantische Ethik« demonstriert am Beispiel einer religions*geschichtlichen* Analyse die forschungsstrategischen Konsequenzen dieser ›Sprengung‹. Sie ist ein einziges Plädoyer dafür, daß man das Entstehen von Gesinnungen, selbst von Wirtschaftsgesinnungen nicht im Rahmen einer utilitaristischen Handlungstheorie erfassen kann. Vgl. zur Kritik an Webers angeblich zu engem Handlungsbegriff Jürgen Habermas, *Theorie des kommunikativen Handelns*, 2 Bände, Frankfurt 1981, bes. »Erste Zwischenbetrachtung«, und Gregor Schöllgen, *Handlungsfreiheit und Zweckrationalität. Max Weber und die Tradition der praktischen Philosophie*, Tübingen 1985, etwa S. 41, 108 ff. Zu Webers frühem Ansatz seiner nichtutilitaristischen Handlungstheorie vgl. WL, S. 328 ff., insb. 334 ff.

55 Zu diesem Begriff, der eng mit Webers Persönlichkeitsbegriff zusammenhängt, *Religion und Lebensführung*, Kap. 3 und 4.

große erzieherische Leistung der Kulturreligionen, daß sie bei ihren Anhängern diese axiologische Kehre mehr oder weniger radikal und mehr oder weniger erfolgreich durchsetzten. Das zum Beispiel unterscheidet sie von Magien. Freilich: Die axiologische Kehre kann nicht nur verschieden radikal sein, sie kann auch in verschiedener *Richtung* wirken. Stufen und Richtungen aber entscheiden darüber, welches Weltverhältnis eine Kulturreligion stützt. Ich habe an anderer Stelle gezeigt, wie Webers vergleichende Religionssoziologie in eine Typologie der religiös motivierten Weltverhältnisse und der damit verbundenen Lebensführungen mündet.[56] Dieser Gedanke hätte auch im Mittelpunkt seiner Islamanalyse gestanden. Um ihn möglichst präzise zu fassen und um die »*Vergleichs*punkte zu unseren okzidentalen *Kultur*religionen tunlichst aufzudecken«,[57] ist zunächst ein Blick auf diese Kulturreligionen, insbesondere auf ihren unter Webers Fragestellung konsequentesten Repräsentanten, den Calvinismus, angebracht.

Weber konzipierte seine schnell berühmt gewordene religionshistorische Studie über den asketischen Protestantismus bekanntlich so, daß sie auch als ein Beitrag verstanden werden konnte zur Veranschaulichung der Art, »in der überhaupt die ›Ideen‹ in der Geschichte wirksam werden«.[58] Mit diesem Hinweis begründete er ihre Veröffentlichung im *Archiv für Sozialwissenschaft und Sozialpolitik*, denn dieses Publikationsorgan wollte sich nach der Übernahme der Herausgeberschaft durch Jaffé, Sombart und Weber »an rein historischer Arbeit .. im allgemeinen *nicht*« beteiligen.[59] Interessanterweise setzt sich nun Weber in diesem Zusammenhang explizit ab von zwei in seinen Augen falschen Ansätzen: von einem falschen Innovations- und von einem falschen Diffusionsansatz. Der falsche Innovationsansatz geht davon aus, daß alle Ideen von historischer Bedeutung auf dem Wege der Auslese durch vorhandene Formen oder als »›Widerspiegelung‹ oder ›Überbau‹ ökonomischer Situationen ins Leben treten«. Damit aber eine Idee wie die Berufspflicht, die für den ›Geist‹ des rationalen Kapitalis-

56 Vgl. ebd., Kap. 6 A.
57 Max Weber, RS I, S. 15.
58 Ebd., S. 82.
59 *Archiv*, XX (1905), S. 53.

mus konstitutiv ist, überhaupt ausgelesen werden und als Überbau funktionieren konnte, »mußte sie offenbar zunächst entstanden sein, und zwar nicht in einzelnen isolierten Individuen, sondern als eine Anschauungsweise, die von Menschen*gruppen* getragen wurde«.[60] Der falsche Diffusionsansatz geht davon aus, daß einmal erfundene Ideen sich wie Blumen entfalten und ausbreiten. Damit sie aber historisch wirkungsmächtig werden, müssen sie sich »in schwerem Kampf gegen eine Welt feindlicher Mächte« durchsetzen, und dieser Kampf endet keineswegs immer damit, daß die ›besten‹ dabei bestehen.[61] Daran wird die doppelte Bedeutung des später von Weber so häufig gebrauchten Begriffs Eigengesetzlichkeit sichtbar: daß Ideen, Weltbilder, nicht immer als Funktionen, als Ausfluß von materiellen oder auch nur ideellen Interessenkonstellationen entstehen und daß sie unter Umständen kämpfend überleben, selbst wenn sie ›dysfunktional‹ geworden sind. Der Feind aber, gegen den der ›Geist‹ des rationalen Kapitalismus erfunden und durchgesetzt werden mußte, war der ›Geist‹ des Traditionalismus. Um ihn aus dem Feld zu schlagen, bedurfte es einer wirklich »lebenumwälzenden Macht« von innen.[62] Webers Behauptung ist, und sie ist von ihm durch Einfügungen in die zweite Fassung seiner Studie, teilweise als Antwort auf die Kritik von Sombart und Brentano, noch einmal akzentuiert worden: Dies konnte keine noch so elaborierte Klugheitslehre leisten. Dazu war eine *religiöse* Ethik nötig und eine Menschengruppe mit *gesteigerten* Heilsinteressen, für die diese Ethik eine überzeugende Glaubensfundierung bot.

Nun wirken natürlich Ideen nicht von selber. Sie wirken nur durch die Köpfe und durch die Herzen der Menschen hindurch. Um die Wirkung diese Vorgangs zu verstehen, muß man zwei Zusammenhänge unterscheiden: Die subjektive Aneignung solcher Ideen kann schwach oder stark, passiv oder aktiv sein, und die Ideen kommen mit den Interessen nicht immer zur Dek-

60 RS I, S. 37.
61 Ebd., S. 38. Das suchte Weber schon in seiner Studie über die ostelbischen Landarbeiter zu zeigen.
62 Ebd., S. 40, Fn. (Einfügung 1920, um die ursprüngliche Position gegenüber den Einwänden von Sombart und Brentano zu verdeutlichen).

kung, sie rufen ›praktische Interessenverschlingungen‹ hervor.[63] Je aktiver die Aneignung und je interessenferner die Ideen, desto größer sind die ideenbedingten praktisch-psychologischen Spannungen. Und je größer die Spannungen, desto stärker die Tendenz, solche ›praktischen Interessenverschlingungen‹ hervorzurufen, unter deren Einfluß sich der Sinngehalt der subjektiven Aneignung verschiebt. Weber hat deshalb von Beginn an betont, man müsse bei Betrachtung des Verhältnisses von Ethik und Lebensführung scharf zwischen den dogmatischen und den pragmatischen Wirkungen einer Ethik unterscheiden. Die Konsequenzen, die logisch, und diejenigen, die psychologisch-praktisch aus einer Glaubensfundierung folgen, müßten nicht notwendigerweise in dieselbe Richtung weisen, sie seien in der Regel zweierlei. Das ist mitunter dahin interpretiert worden, als sei der Inhalt der Glaubensfundierung, die ›Lehre‹, gleichgültig. Das ist nun aber gerade nicht der Fall. Daß zwei Vorgänge nicht identisch sind, heißt nicht, daß sie in keiner Beziehung zueinander stehen. Trotz der für seinen ganzen Ansatz grundlegend wichtigen Unterscheidung zwischen logisch und psychologisch vermittelten Konsequenzen der Glaubensfundierung hat Weber zum Beispiel in einer instruktiven Kritik an William James betont, daß dieser mit seinem pragmatischen Ansatz die Eigenbedeutung des Gedankengehalts unterläuft, »welcher das unmittelbar religiös ›Erlebte‹ ... für sich, sozusagen konfisziert und in seine Bahnen lenkt«.[64] Wer Ideen prinzipiell auf ihre Bewährung im Leben herabstuft, verfährt letztlich reduktionistisch. Er kann gar nicht erklären, warum eine praktische Interessenverschlingung entsteht. Diese aber kann zweierlei bedeuten: zum einen, daß nicht die religiösen Ideen die religiösen Interessen, sondern diese vielmehr jene für sich ›konfiszieren‹, zum anderen, daß religiöse Interessen von anderen Interessen konfisziert werden, die Heilsinteressen von den Interessen an sozialer Ehre, politischer Macht und materiellem Reichtum.

Für Weber gehört nun die Gnadenwahllehre zu den dogmati-

---

63 Ebd., S. 111, Fn. (Einfügung 1920). Weber bildet den Begriff wohl in Analogie zu »Problemverschlingung«, der bei den Neukantianern immer wieder auftaucht.

64 Ebd., S. 111 f., Fn. 4 (in dieser Passage sind die entscheidenden Punkte alt).

schen Grundlagen des Calvinismus. Es ist nicht das einzige Dogma, auch nicht das wichtigste, doch es ist dasjenige, das, bei aktiver Aneignung, die beschriebenen Spannungen am stärksten schürt. Würde ein religiös motivierter Mensch an dieses Dogma gleichsam isoliert und umstandslos glauben, so würde er zum Fatalismus getrieben. Die praktisch-psychologische Wirkung des Calvinismus führt aber zum Gegenteil, nämlich zu rastloser Aktivität. Ein Grund dafür ist, daß der Prädestinationsgedanke nicht isoliert steht. Er ist vielmehr mit dem Bewährungsgedanken verbunden, dem rechtfertigenden Glauben, demzufolge sich der Gläubige in seinem Handeln vor Gott durch Befolgung seiner Gebote zu bewähren hat. Dieser ist sogar im Vergleich zur Gnadenwahllehre die wichtigere Idee.[65] Diese Kombination mindert aber die Spannung nicht, sondern vermehrt sie. Sie schneidet nämlich dem Gläubigen zwei weitverbreitete und naheliegende Wege zur Seligkeit ab. Sie verbietet die mystische Lösung, die Vereinigung mit Gott, und sie verbietet die ›traditionelle‹ Lösung, die Befolgung von Pflichten aufgrund der Reziprozitätserwartung. Denn die guten Werke können gemäß dieser Lehre *prinzipiell* keine Ursache für die Seligkeit sein. Diese müssen vielmehr um ihrer selbst willen, genauer: ausschließlich zum Ruhme Gottes, vollbracht werden, denn die Welt ist der Ort seiner Verherrlichung. Mehr noch: Sie ›zählen‹ nicht für sich, sondern nur als Bestandteile einer Gesamtlebensführung. Der »Gott des Calvinismus verlangte von den Seinigen nicht einzelne ›gute Werke‹, sondern eine zum *System* gesteigerte Werkheiligkeit«.[66] Er verlangte darüber hinaus die *dauerhafte* Veränderung des *ganzen* Menschen, eine methodische Gesamtlebensführung von innen nach außen, selbstbewußt, selbstdiszipliniert. Aber: Wiewohl der Bewährungsgedanke eine praktische Anweisung enthält und dabei die Weichen auf Aktivität stellt, kommt ihm, psychologisch gesehen, die Gnadenwahllehre mit dem weder veränderbaren noch einsehbaren Ratschluß Gottes ständig in die Quere. Und dies führt nun zum zweiten Grund. Die Prädestinationstheorie erzeugt bei jedem Gläubigen eine enorme Unsicherheit über sein Erlösungsschicksal.

65 Ebd., S. 124 f.
66 Ebd., S. 114.

Dies aber schafft Angst. Das logische Bedürfnis des Dogmatikers steht dem Sicherheitsbedürfnis des sich um sein Heil sorgenden Gläubigen schroff und unversöhnlich gegenüber. Das hätte letztlich Handlungshemmung, Fatalismus, zur Folge, würde dem Sicherheitsbedürfnis, dem Bedürfnis nach der certitudo salutis, nicht in irgendeiner Weise genügt. Genau an diesem Punkt kommt es deshalb zur ›praktischen Interessenverschlingung‹. Das Interesse an Heilsgewißheit konfisziert gewissermaßen die Theorie. Dem Bewährungsgedanken wird neben der manifesten noch eine latente Bedeutung untergeschoben. Er wird zwar in seiner dogmatischen Verankerung belassen, aber partiell uminterpretiert. Die guten Werke, die der einzelne vollbringt und mit denen er Gottes Ruhm, nicht seinen eigenen mehrt, müssen zwar auch weiterhin als gottgewollt und vor allem gottgewirkt gelten. Aber sie werden zugleich in *Zeichen* der Erwählung uminterpretiert.

Daß diese ›praktische Interessenverschlingung‹ tatsächlich bestand und daß sie dogmatische Rückwirkungen hatte, sucht Weber an einem bestimmten Typus theologischer Literatur zu demonstrieren, den man ›Responsenliteratur‹ nennen könnte.[67] Diese zeigt den Prozeß der »Angleichung« von Ideen und Interessen besonders schön. Denn sie enthält die entscheidenden theologischen Antworten auf das Heilsgewißheitsbedürfnis der Gläubigen. An ihr läßt sich deshalb auch der Übergang der Ideen ins Leben nachvollziehen. Entscheidend dabei ist: Für Weber ist dieser Prozeß der ›Angleichung‹ wechselseitig. Ideen und Interessen arbeiten sich aneinander ab. Weder ein Ideennoch ein Interessenreduktionismus trägt dem Rechnung. Genau dies ist auch in der berühmten späten Formulierung ausgesagt, derzufolge zwar die materiellen und ideellen Interessen das Handeln des Menschen unmittelbar bestimmen, die durch

---

67 Dazu Max Weber, PE II, S. 317. Das hat interessante Konsequenzen für die Auswahl der Quellen. Man braucht erstens Quellen, an denen sich die dogmatischen Verankerungen zeigen lassen, zweitens solche, an denen man die psychischen Probleme der Gläubigen sichtbar machen kann. Weber verwandte nur in der »Protestantischen Ethik« beide Arten von Quellen. Bei den anderen Kulturreligionen begnügte er sich dagegen weitgehend mit der Demonstration ihrer dogmatischen Verankerung.

Ideen geschaffenen Weltbilder aber sehr oft die Weichen für die Bahnen stellen, »in denen die Dynamik der Interessen das Handeln« fortbewegt.[68] Ohne die Kombination von Prädestinations- und Bewährungsgedanken und ohne das Festhalten am dogmatischen Kern dieser Kombination auch *nach* Uminterpretation wäre der »Kollaps in eine rein utilitarische Werkheiligkeit mit nur diesseitiger Orientierung« wahrscheinlich,[69] ohne sie fiele die Spannung, die ihre Verknüpfung mit dem Jenseitsschicksal erzeugt und die den Anlaß für die »denkbar intensivste systematische Zentralisierung der ›Gesinnungsethik‹« darstellt,[70] weitgehend fort. Weil die Uminterpretation die ursprüngliche dogmatische Verankerung *nicht* sprengt, weil Handlungserfolg als Zeichen der Erwählung das Mittel ist, »nicht: die Seligkeit zu erkaufen, sondern: die Angst um die Seligkeit loszuwerden«,[71] bewirkt sie eine penetrante Christianisierung des ganzen Lebens und schafft selbstgewisse Heilige in Gestalt der »stahlharten puritanischen Kaufleute jenes heroischen Zeitalters des Kapitalismus«, denen ihr jenseitiges Heil und gerade nicht ihr diesseitiges Wohlergehen wichtig ist.[72] Daß der Gedanke der Bewährung vor Gott und zu seinem Ruhm sich als »Gedanke der methodischen Berufsbewährung im Erwerbsleben« konkretisiert,[73] hat gleichfalls dogmatische Gründe. Denn gemäß der calvinistischen Lehre ist der Bewährungsbereich strenggenommen die gesamte von Gott geschaffene Welt. Dies folgt – so Weber – aus der sachlich-unpersönlichen Fassung des Gedankens der Nächstenliebe, so daß die Erfüllung der »durch die lex naturae gegebenen *Berufs*aufgaben« für das gottgewollte und gottgefällige Handeln entscheidend werden kann.[74] Gewiß, eine solche Konkretisierung der religiösen Pflicht als Berufspflicht kommt den nichtreligiösen ideellen und den materiellen Interessen aufsteigender bürgerlicher Schichten, in diesem Falle nicht mehr nur stadtsässiger, sondern städti-

---

68 Max Weber, RS I, S. 252.
69 Ebd., S. 125.
70 Max Weber, WuG, S. 348.
71 Max Weber, RS I, S. 110 (Einfügung 1920).
72 Ebd., S. 105.
73 Max Weber, WuG, S. 348.
74 Max Weber, RS I, S. 101.

scher Kaufleute und Gewerbetreibender, entgegen. Und die Anlagerung dieser nichtreligiösen Interessen an die religiösen und das sie interpretierende Weltbild ist wichtig für ein angemessenes soziologisches Verständnis des Diffusionsprozesses, in dem die Idee der Berufspflicht sich im Kampf mit anderen Ideen ›bewährt‹. Doch diese Anlagerung ist nicht primär und für das Verständnis des *inneren* Verhältnisses von religiöser Ethik und Lebensführung auch nicht entscheidend. Interessen als solche sind sowieso blind, und nichtreligiöse Interessen erzeugen in vorkapitalistischen Zeitaltern keine innere ›lebensumwälzende Macht‹.

Weber zeigt also am Calvinismus die Faktoren, die im Verhältnis von religiöser Ethik und Lebensführung eine entscheidende Rolle spielen: die religiösen Grundlagen oder Ideengehalte einerseits, das dogmatische Konsistenzbedürfnis und das pragmatische Bedürfnis nach Heilsgewißheit, man könnte auch sagen: das religiöse Legitimationsbedürfnis, andererseits. Diesem stellt er das damit zwar verschränkte, aber nicht identische nichtreligiöse Legitimationsbedürfnis zur Seite, das Bedürfnis, das sich auf die Rechtfertigung der Verteilung von irdischen Gütern wie Macht, sozialer Ehre und Reichtum bezieht.[75] Wo sich diese Faktoren in einem Prozeß wechselseitiger ›Angleichung‹ stützen, sind sie geeignet, ›Persönlichkeiten‹ zu erzeugen. Sie bringen Ordnung in das Leben der Menschen, schaffen konstante

75 Zu diesen Interessen vgl. Max Weber, *Wirtschaftsgeschichte*, S. 16. Er unterscheidet dort wirtschaftliche, magische und religiöse, politische sowie ständische Interessen. Sie lassen sich aus einer Kombination von materiellen und ideellen Interessen mit inneren und äußeren Interessen entwickeln. Daraus ergeben sich übrigens auch die wichtigsten Kulturgebiete: die wirtschaftliche Lebensordnung, die religiöse Lebensordnung, die politisch-rechtliche Lebensordnung und die soziale Lebensordnung. Vgl. meinen Systematisierungsversuch in: *Die Entwicklung des okzidentalen Rationalismus*, S. 43 f., den ich heute etwas anders fassen würde. Modifikationen bereits in Wolfgang Schluchter, »Gesellschaft und Kultur – Überlegungen zu einer Theorie institutioneller Differenzierung«, in: ders. (Hg.), *Verhalten, Handeln und System. Talcott Parsons' Beitrag zur Entwicklung der Sozialwissenschaften*, Frankfurt 1980, S. 106 ff., in revidierter Fassung in: *Rationalism, Religion, and Domination. A Weberian Perspective*, Berkeley: University of California Press 1989, Kap. 2. Ferner *Religion und Lebensführung*, Kap. 2.

Motive, die sich in ›berechenbaren‹ Handlungsweisen niederschlagen. Die Ideengehalte bestimmen darüber, auf welchen Bahnen und in welcher Richtung dies geschieht. Die Prädestinationslehre zusammen mit dem doppelt gedeuteten Bewährungsgedanken lenken auf asketische Bahnen und auf das innerweltliche Berufsleben. Sie stellen die Weichen auf innerweltliche Berufsaskese, deren zentrale Pflichtvorstellung die Berufspflicht ist. Dies führt zu einem Rationalismus der Weltbeherrschung und zum Lebensideal des einer Sache hingegebenen Berufs- und Fachmenschen.

Auf dem Hintergrund dieser Analyse und der These von der möglichen Differenz zwischen der logischen und der praktisch-psychologischen Wirkung religiöser Grundlagen gibt es nun zwei interessante Konstellationen: Zum einen können bei anderen religiösen Grundlagen durchaus ähnliche praktisch-psychologische Wirkungen auftreten, zum anderen können bei ähnlichen religiösen Grundlagen die praktisch-psychologischen Wirkungen andere sein. Der erste Fall ist der der täuferischen, der zweite der der islamischen religiösen Ethik. Die religiöse Ethik der Täufer hat trotz Fehlens der Prädestinationslehre ähnliche praktisch-psychologische Wirkungen wie der Calvinismus, die religiöse Ethik des Islams hat trotz Vorhandenseins einer Prädestinationslehre andere praktisch-psychologische Wirkungen als der Calvinismus.[76]

Um diese erste Hauptthese von Webers Analyse des Islams nicht von vornherein falsch einzuordnen, gilt es zunächst zu betonen, worin sich die religiösen Grundlagen von Calvinismus und Islam *nicht* wesentlich unterscheiden: in der Unbedingtheit, mit der an der Überweltlichkeit des *einen* Schöpfergottes festgehalten wird.[77] Anders als bei allen asiatischen, anders aber auch als bei allen antiken Religionen mit Ausnahme der jüdischen, ist hier der Gott mit den Eigenschaften »absoluter Unwandelbarkeit, Allmacht und Allwissenheit, kurz absoluter Ueberweltlichkeit ausgestattet«.[78] Er ist ein »universelle(r) über-

76 Daran sieht man übrigens, wie unsinnig es ist, die sogenannte Protestantismusthese an die Prädestinationstheorie zu binden. Ein Beispiel dafür ist Collins.

77 Max Weber, WuG, S. 346.

78 Ebd., S. 314.

weltliche(r) Einheitsgott«, dessen Machtfülle ins Unermeßliche gesteigert ist.[79] Das macht den Abstand zwischen Gott und Mensch unüberbrückbar. Eine solche Gotteskonzeption beschneidet die Heilsbedeutung aller Vermittler, seien sie personaler oder institutioneller Natur. Mohammed ist ein Prophet, der *letzte* Prophet, durch den Gott, Allah, seinen Willen den Menschen *abschließend* kundtut. Er ist ein »verkündendes Werkzeug, der kraft Auftrags Gehorsam als ethische Pflicht fordert«, kurz: er ist der Prototyp eines ethischen Propheten. Aber er ist weder der Sohn Gottes, noch stirbt er für eine mit der Erbsünde belastete Menschheit um deren Erlösung willen den Opfertod.[80] Die Idee einer Kirche gar, die als eine sakramentale Gnadenanstalt Heil spendet, ist dem Islam völlig fremd geblieben. Sie ist eine Schöpfung des spätantiken und mittelalterlichen Christentums. Auch der Calvinismus beschneidet die Heilsbedeutung aller Vermittler: Jesus ist nur für die Erwählten gestorben, und die Idee vom kirchlich-sakramentalen Heil verfällt dem Magieverdacht.[81] Tatsächlich hängen Gottesbegriff und Prädestinationsgedanke aufs engste zusammen. Je radikaler die Überweltlichkeit Gottes gedacht ist, desto eher erscheint gerade das Heilsschicksal prädestiniert. Und je konsequenter die Gläubigen dem Prädestinationsgedanken anhängen, desto größer sind die Spannungen zwischen Gott und Mensch. Weber hat diesen allgemeinen Zusammenhang mit Blick auf das antike Judentum (Hiob), den frühen Islam und den frühen Calvinismus wie folgt erläutert: »Der ›Vorsehungsglaube‹ ist die konsequente Rationalisierung der magischen Divination, an die er anknüpft, die aber eben deshalb gerade er prinzipiell am relativ vollständigsten entwertet. Es kann keinerlei Auffassung der religiösen Beziehung geben, die 1. so radikal aller Magie

79 Ebd., S. 315.
80 Ebd., S. 273. An anderer Stelle habe ich vorgeschlagen, Mohammed eher als einen ethischen Heiland denn als einen ethischen Propheten zu bestimmen. Das weicht von Webers Einordnung ab. Vgl. *Religion und Lebensführung*, Kap. 6 B. Mein Vorschlag rechtfertigt sich damit, daß auch der Islam, wie das Christentum, ursprünglich eine personalcharismatische Bewegung ist, wobei dies im Islam durch den politischen Charakter noch verstärkt wird. Dazu später mehr.
81 Max Weber, RS I, S. 94.

entgegengesetzt wäre, theoretisch wie praktisch, wie dieser, die großen theistischen Religionen Vorderasiens und des Okzidents beherrschende Glaube, keine auch, die 2. das Wesen des Göttlichen so stark in ein aktives ›Tun‹, in die persönliche providentielle Regierung der Welt verlegte und dann keine, für welche 3. die göttliche, frei geschenkte Gnade und die Gnadenbedürftigkeit der Kreaturen, der ungeheure Abstand alles Kreatürlichen gegen Gott und daher 4. die Verwerflichkeit der ›Kreaturvergötterung‹ als eines Majestätsfrevels an Gott so feststünde. Gerade weil dieser Glaube *keine* rationale Lösung des praktischen Theodizeeproblems enthält, birgt er die größten Spannungen zwischen Welt und Gott, Sollen und Sein.«[82]

Wie im Calvinismus, so wirken auch im Islam gerade bei der Gotteskonzeption alttestamentliche und judenchristliche Motive weiter.[83] Und wie im Calvinismus, bringt der Vorsehungsglaube zunächst vielleicht eine rationale Lösung des *theoretischen*, nicht aber eine rationale Lösung des *praktischen* Theodizeeproblems. Im Calvinismus, so hatten wir gesehen, wurde dies mittels des doppelt gedeuteten Bewährungsgedankens ermöglicht. Wie sieht die wechselseitige ›Angleichung‹ im frühen Islam aus?

Will man diese schwierige Frage mit Weber beantworten, so muß man Konjekturen wagen. Allerdings: Er hat Hinweise gegeben, in welcher Richtung die Antwort zu suchen ist. In der zweiten Fassung der »Protestantischen Ethik« von 1920 finden sich zwei Stellen, die zustimmend auf die Heidelberger theologische Dissertation von F. Ulrich verweisen. Und in der systematischen Religionssoziologie werden die calvinistische und die islamische Prädestination und ihre jeweilige Wirkung kurz verglichen.[84] An diese Hinweise kann man sich halten. Sie ergeben, elaboriert, ein relativ klares Bild.

82 Max Weber, WuG, S. 317.
83 Ebd., S. 375.
84 F. Ulrich, *Die Vorherbestimmungslehre im Islam und Christentum. Eine religionsgeschichtliche Parallele*, Gütersloh 1912. Hinweise darauf bei Weber in RS I, S. 102 f., Fn. 2 und S. 128, Fn., beides Einfügungen 1920. Es ist nicht klar, ob Weber diese Dissertation bereits bei Abfassung der ersten Fassung von WuG kannte. Die Argumentation auf S. 346 ff. schließt dies jedenfalls nicht aus. Zum Prädestinationsgedanken im Is-

Beginnen wir mit der Dissertation von Ulrich. In ihr wird zunächst ein Unterschied zwischen Destination und Prädestination einerseits, Determination und Prädetermination andererseits gemacht. Welchen dieser Begriffe man für die Beschreibung der religiösen Glaubensgrundlagen wählt, hängt davon ab, ob bei den göttlichen Eigenschaften die Allmacht und Allwirksamkeit (Determination) oder die Allgüte und Allgnade (Destination) dominieren und ob die Willensakte Gottes in die Urzeit oder Vorzeit zurückverlegt sind (Prädetermination bzw. Prädestination) oder nicht. Nun stammen die Gottesbegriffe des Islams und des Calvinismus aus ähnlichen Quellen: Der Akzent liegt in beiden Fällen eher auf dem Gott des Alten als auf dem des Neuen Testaments. Allerdings: In der christlichen Tradition ist der Gott des Neuen Testaments, der Gott der Gnade und Erlösung, dem Gott des Alten Testaments, dem Gott der Allmacht, niemals gänzlich aufgeopfert. Das gilt selbst für den Calvinismus, der innerhalb der christlichen Tradition mit seinem Gottesbegriff dem antiken Judentum und dem Islam vielleicht am nächsten steht. Auch Weber hat bereits in der ersten Fassung der »Protestantischen Ethik« auf die Spannung in der Gottesvorstellung des Calvinismus verwiesen. Dieser kennt den doppelten Gott, »den geoffenbarten gnädigen und gütigen Vater des N[euen] T[estaments], ... und dahinter den ›Deus absconditus‹ als willkürlich schaltenden Despoten« des Alten Testaments.[85] Im Islam dagegen – so die Feststellung Ulrichs – fehlt diese Spannung. Die hervorragendste Eigenschaft Gottes ist seine Allmacht und, damit zusammenhängend, seine Freundlichkeit und Huld, nicht aber »sündenvergebende Gnade«.[86] Der ganze Gedankenkreis, der Ideen wie Erbsünde, Schuldbelastetheit des ganzen Lebens, Untüchtigkeit zum Guten und erlösende Gnade umschließt, ist im Islam peripher geblieben. Im Vordergrund stehen metaphysische, kosmologische und teleologische Deutungen der *Wirksamkeit* Gottes, nicht ethische und soteriologische. In der Weltbildkonstruktion hat überhaupt die kognitive Komponente Vorrang vor der evaluati-

lam vgl. auch den Beitrag von Rudolph Peters in *Max Webers Sicht des Islams*, S. 217 ff.
85 Max Weber, RS I, S. 92, Fn. 1.
86 F. Ulrich, *Vorherbestimmungslehre*, S. 57.

ven. Das Verhältnis von Glauben und Vernunft ist im Islam weit weniger problematisch als im Christentum. Gewiß, auch der Islam kennt die ethische Beziehung zwischen Gott und dem Menschen. Auch er kennt Sünde und Endgericht. Aber die Sünde ist nicht Erbsünde und das Endgericht nicht die Stätte sündenvergebender Gnade. Keiner ist untüchtig zum Guten, und das Endgericht funktioniert gewissermaßen nach dem kaufmännischen Prinzip der Kontokorrentrechnung. Die ethische Beziehung ist, ähnlich wie im Judentum, rechtlich, gesetzesethisch gewendet, und die Werke sind letztlich als Ursache des Heilsschicksals aufgefaßt. Gewiß, das Heilsschicksal ist von Gott bestimmt – »*Gott leitet*, wen er will«, heißt es in einer Sure –, aber er leitet die, »die sich empfänglich zeigen für seine Offenbarungen und sie im Glauben annehmen«.[87] Wer dies nicht tut, wer sich verstockt und versiegelt, nimmt selbstzuverantwortende Schuld auf sich. Das Irren ist eben des Menschen eigene Tat. Gott straft diese Verschuldung. Aber er straft nicht, ohne zu warnen. Im Mittelpunkt stehen Begriffe wie Irrtum und Verstoß, gerechte Strafe und einsichtiger Gehorsam, nicht Begriffe wie (Erb-)Sünde, erlösende Gnade und Liebe. Diesen Sachverhalt scheint auch Weber im Auge zu haben, wenn er formuliert: »Der Begriff ›Erlösung‹ im ethischen Sinn des Worts ist [dem Islam] direkt fremd. Sein Gott ist ein unbegrenzt machtvoller, aber auch ein gnädiger Herr, und seinen Geboten zu entsprechen geht durchaus nicht über Menschenkraft.«[88]

Der Gott des Islams ist also in erster Linie ein allmächtiger und allwirksamer Gott, der des Christentums in erster Linie ein allgütiger und allgnädiger. Diese Akzentuierungen wirken sich nun auf den Vorsehungsglauben aus. Er erfährt im Islam, wo er laut Ulrich zu den wichtigsten ›Dogmen‹ gehört,[89] eher eine kosmologische und teleologische, keine soteriologische Wendung, er ist eher Prädeterminismus als Prädestinationslehre. Wichtiger aber ist: Weder in der Sunna noch im Koran ist er zu einer theoretisch schlüssigen und konsistenten Position entwickelt. Zwei Gedankenreihen stehen sich vielmehr relativ unvermittelt gegenüber: Die Allmacht und Allwirksamkeit Gottes,

87 Ebd., S. 67 f.
88 Max Weber, WuG, S. 375.
89 F. Ulrich, *Vorherbestimmungslehre*, S. 14.

die auch die Bewirkung des Bösen einschließt, einerseits, die Selbstbestimmung und die Verantwortlichkeit des Menschen für sein Heilsschicksal andererseits. Die theoretische Durchführung erreicht nicht die Konsequenz und Konsistenz des Calvinismus. Weber sieht dies ähnlich, wenn er formuliert: Diese Lehre kannte »das doppelte Dekret nicht: die Prädestination zur Hölle wagte man Allah nicht zuzuschreiben, sondern nur die Entziehung seiner Gnade und damit die ›Zulassung‹ des – bei der Unzulänglichkeit des Menschen – unvermeidlichen Irrens«.[90]

Im Islam hat also der Vorsehungsglaube im Vergleich zum Calvinismus nicht nur eine deterministische Färbung, er erreicht auch nicht die gleiche rationale Geschlossenheit. Mehr noch: Er wird nicht mit dem Bewährungsgedanken verknüpft. Die Gott-Mensch-Beziehung ist eine Herrscher-Untertanen-Beziehung, eine Beziehung der Unterwerfung und der aufschauenden Verehrung, die den Glauben an Allah und den Propheten sowie die gehorsame Befolgung des göttlichen Gesetzes, nicht aber die gesinnungsethische Bewährung in der Gesamtlebensführung als »die zentrale und konstante Qualität der Persönlichkeit« fördert.[91] Pflichtmäßige Erfüllung des Gesetzes gegen ethische ›Gesamtpersönlichkeit‹, Realgrund gegen Erkenntnisgrund, das scheinen, typologisch gesehen, die wichtigsten Unterschiede zwischen der islamischen und der calvinistischen religiösen Ethik. Sie sind in den Glaubensinhalten fundiert. Diese haben im Islam trotz Vorsehungsglaubens zu keiner religiösen Unterbauung einer innerweltlichen Berufsaskese beigetragen. Ähnlich wie im Laienkatholizismus oder im Luthertum, freilich aus anderen Gründen,[92] ist es deshalb auch im Islam zu keiner zum System gesteigerten Werkheiligkeit gekommen. Er war, wie jene, ständig vom Kollaps in eine unsystematische und utilitaristische Werkheiligkeit bedroht.

Nun könnte es damit sein Bewenden haben. Doch Webers Analyse geht über diese mit Ulrichs vergleichenden Bemerkungen

---

90 Max Weber, WuG, S. 347.
91 Ebd., S. 346.
92 Weber führt dies beim Laienkatholizismus auf das Institut der Beichte und im Luthertum auf die gefühlsmäßige Wendung der Religion zurück.

verträgliche Interpretation hinaus.[93] Er ist durchaus der Meinung, der Vorsehungsglaube habe auch im Islam *besondere* Wirkungen gezeitigt, die man nur erfassen kann, wenn man die mit der Lehre gesetzten Spannungen und die daraus entstandenen praktischen ›Lösungen‹ prüft. Der Prädestinationsgedanke, so hatten wir gesehen, ist Prädeterminationsgedanke und mit keinem Bewährungsgedanken gekoppelt. Das schwächt zweifellos den ethischen Charakter der Lehre ab und mindert den Zwang zur Lebenssystematisierung, wie er dem Calvinismus eigen ist. Aber: Noch in dieser abgeschwächten Form kann er die »rücksichtslose Selbstvergessenheit der unter dem religiösen Gebot des Glaubenskrieges zur Welteroberung stehenden, islamitischen Glaubenskämpfer« bewirken.[94] Warum?

Webers Behauptung ist: Im Islam bezieht sich die Prädestination, besser: die Prädetermination, letztlich gar nicht in erster Linie auf das Jenseits-, sondern auf das Diesseitsschicksal: »Die Vorstellung waltete vor, daß nicht das jenseitige, sondern gerade das diesseitige außeralltägliche Schicksal, die Frage z. B. (und namentlich): ob der Glaubenskämpfer in der Schlacht falle oder nicht, durch Prädestination bestimmt sei«.[95] Das Jenseitsschicksal dagegen ist durch Beobachtung der fünf Säulen gesichert: den Glauben an Allah und die Propheten, das fünfmalige tägliche Gebet, das Fasten im Monat Ramadan, die Pilgerfahrt nach Mekka und die Gabe von Almosen (Schahada, Salat, Siyam, Hadj und Zadak). Nicht zuletzt wegen des weitgehend unvermittelten Nebeneinanders von deterministischen und indeterministischen Gedankenreihen in Koran und Sunna, aber auch wegen der Einfachheit, ja Kargheit der frühislamischen Vision[96]

---

93 Vgl. F. Ulrich, *Vorherbestimmungslehre*, S. 126 ff.

94 Max Weber, WuG, S. 346.

95 Ebd., S. 347.

96 Vgl. F. Ulrich, *Vorherbestimmungslehre*, S. 47. Zur Kargheit der islamischen Vision unter anderem John A. Hall, *Powers and Liberties. The Causes and Consequences of the Rise of the West*, Berkeley: University of California Press 1985, S. 84, dessen Bemerkungen zu Weber allerdings ein äußerst beschränktes Verständnis von dessen Ansatz spiegeln. Zu den Glaubensgrundlagen des Islams allgemein Bassam Tibi, *Der Islam und das Problem der kulturellen Bewältigung des sozialen Wandels*, Frankfurt 1985, bes. Kap. I und II.

stellte sich den Muslimen das Problem der Heilsgewißheit, der certitudo salutis, nicht in derselben Radikalität wie den Calvinisten. Der Vorsehungsglaube erzeugte nicht dasselbe Maß an Unsicherheit und Angst. Gewiß, um Todesangst geht es in beiden Fällen, doch im einen Falle handelt es sich um die Todesangst vor dem Jenseits, im anderen Falle um die Todesangst vor der Schlacht. Für diese ist nun aber die deterministisch interpretierte Vorsehung wegen ihrer tendenziell fatalistischen Konsequenzen keine angsterzeugende, sondern geradezu eine angsthemmende Deutung. Denn sie gibt dem Glaubenskämpfer die Sicherheit, daß ihm nur das widerfahren wird, was Allah vorherbestimmt hat. Es ist gerade die Sicherheit um das Jenseits, die gewissermaßen die Todesangst des islamischen Glaubenskämpfers in den Geist stolzer Diesseitigkeit verwandelt. Es ist der deterministische Grundzug der Glaubenslehre, der eine motivationelle Quelle seiner Unüberwindlichkeit darstellt und der ihn befähigt zu welterobernder militärischer Disziplin.[97] In der zweiten Fassung der »Protestantischen Ethik« faßt Weber diese erste Hauptthese seiner Islamanalyse pointiert zusammen. Er stellt fest, daß im Islam die auch im Calvinismus nie gänzlich ausgerotteten fatalistischen Konsequenzen des Vorsehungsglaubens tatsächlich eingetreten sind. Er fragt: weshalb? und gibt diese Antwort: »Weil die islamische Vorherbestimmung *prädeterministisch*, nicht prädestinatianisch, auf die Schicksale im *Diesseits*, nicht auf das *jenseitige* Heil bezogen war, weil infolgedessen das ethisch Entscheidende: die ›Bewährung‹ als Prädestinierter, im Islam keine Rolle spielte, also nur die *kriegerische* Furchtlosigkeit (wie bei der ›Moira‹), nicht aber lebens*methodische* Konsequenzen daraus folgen konnten, für die ja die religiöse ›Prämie‹ fehlte.«[98]

Im Islam ›konfisziert‹ also das religiöse Interesse die religiöse Lehre derart, daß es die logischen Konsequenzen hervortreibt, die die Lehre selbst nicht zieht. Die ›praktische Interessenverschlingung‹ ist von der Art, daß sie diese Konsequenz gleichsam mit einem doppelten, einem aktivistischen und einem passivistischen Vorzeichen versieht. Das aber heißt: Die Lehre führt

97 Max Weber, WuG, S. 347.
98 Max Weber, RS I, S. 102 f., Fn. 2.

zunächst keineswegs zum Verzicht auf Handeln. Sie dient vielmehr der religiösen Unterbauung von kriegerischer Furchtlosigkeit. Freilich: In Situationen, in denen es nicht um das außeralltägliche, sondern um das alltägliche Diesseitsschicksal geht, wird die ›rücksichtslose Selbstvergessenheit‹ zurückgedrängt zugunsten unsystematischer utilitaristischer Werkheiligkeit oder tatsächlich »leicht fatalistische(r) Züge (Kismeth)«.[99] Dies ist für Weber übrigens auch der Grund, weshalb der Islam, trotz seiner antimagischen Grundorientierung, ähnlich wie die meisten Kulturreligionen, die Magie aus der Volksreligion nicht völlig ausgerottet hat.[100] Das aber heißt: Weber präsentiert ein zugleich gespaltenes und zyklisches Bild der psychologisch-praktischen Wirkung der islamischen Lehre. In außeralltäglichen Situationen wirkt sie vereinheitlichend und disziplinierend, in alltäglichen Situationen dagegen büßt sie diesen Einfluß auf die Lebensführung ein.[101]

Die ›Konfiskation‹ der religiösen Grundlagen für eine innerweltliche Helden- und Kriegerethik hatte natürlich auch hier Voraussetzungen in der Lehre, in der Lehre vom heiligen Krieg (Gihad) und von der Spaltung der Welt in das Haus des Islams und in das Haus des Krieges (Dar al-Islam, Dar al-Harb). Sie hat aber darüber hinaus auch hier eine Voraussetzung in den nichtreligiösen Legitimationsinteressen der Schichten, die sich die Lehre aneignen. Diese aber sind nur in ersten Anfängen mit denen des Calvinismus äußerlich verwandt: »Die in seiner ersten mekkanischen Periode noch in einem weltabgewendeten städtischen Pietistenkonventikel auftretende eschatologische Religiosität Muhammeds schlug schon in Medina und dann in der Entwicklung der frühislamitischen Gemeinschaft in eine national-arabische und dann vor allem: ständisch orientierte Kriegerreligion um. Diejenigen Bekenner, deren Uebertritt den entscheidenden Erfolg des Propheten darstellte, waren durch-

99 Max Weber, WuG, S. 347.

100 In diesem Sinne hält Weber tatsächlich nur das Judentum und den asketischen Protestantismus für erfolgreiche antimagische Religionen. Offensichtlich sind islamische Reformbewegungen auch durch Abkehr von magischen Volkspraktiken inspiriert. Vgl. den Beitrag von Barbara Metcalf in Max Webers Sicht des Islams, S. 242 ff.

101 Max Weber, WuG, S. 347.

weg Anhänger mächtiger Geschlechter.«[102] Ein Kriegeradel aber mit seinem ritterlichen Standesgefühl hat kein Sensorium für eine Vorstellungswelt, die geprägt ist von Begriffen wie Sünde, Demut und Erlösung.[103] Ihm steht zudem das Ideal innerweltlicher Berufsaskese völlig fern. Was er allenfalls zu entwikkeln vermag, »ist eben Askese des Kriegslagers oder eines kriegerischen Ritterordens, nicht mönchische und erst recht nicht bürgerliche asketische Systematik der Lebensführung – immer nur periodisch wirklich herrschend und stets zum Umschlagen in Fatalismus disponiert«.[104] Der vom Kleinbürgertum getragene Sufismus entwickelt laut Weber erst recht keinen innerweltlichen Asketismus. Er wandelt auf kontemplativ-mystischen Bahnen unter der »Führung von plebejischen Technikern der Orgiastik«.[105]

Calvinismus und Islam haben also ähnliche Gottesbegriffe und ähnliche Glaubensgrundlagen. Doch die praktisch-psychologischen Wirkungen dieser ähnlichen religiösen Quellen unterscheiden sich radikal. Sie ermöglichen einmal eine Lebensführung innerweltlicher Berufsaskese, einmal eine Lebensführung selbstvergessener Opferbereitschaft in außeralltäglichen Situationen, ein Heldentum, das, bei zunehmender Veralltäglichung, freilich in diesseitigen Utilitarismus kollabiert. Während der Calvinismus die innere Spannung zwischen Heilslehre und Heilsinteresse ins Unmenschliche steigert und gerade dadurch die Motivation für *konstante* Weltbeherrschung freisetzt, stellt der Islam den Gläubigen nicht in eine solch unerträgliche Spannung und motiviert ihn damit zwar zu *temporärer* Weltbeherrschung in Gestalt von Welteroberung, verhindert aber, nicht zuletzt wegen der Randstellung des Erbsünde- und Erlösungsgedankens, *dauerhafte* Weltablehnung.[106] Er

102 Ebd., S. 375.
103 Ebd., S. 288.
104 Ebd., S. 376.
105 Max Weber, RS I, S. 240.
106 Auch dauerhafte Weltablehnung muß natürlich nicht zu Weltbeherrschung führen, wie die Analyse der indischen Kulturreligionen zeigt. Vor allem das Fehlen des Bewährungsgedankens und die erste entscheidende Trägerschicht treiben den Islam in Webers Sicht zu aktivem, innerweltlichem, politischem Handeln und machen ihn damit zu einer

revolutioniert deshalb auch nicht die Wirtschaftsgesinnung. Sie bleibt feudal oder kleinbürgerlich oder abenteuerkapitalistisch, in all diesen Fällen aber traditional bestimmt. Wie alle Kulturreligionen, so verträgt sich auch der Islam mit den Formen des traditionalen Wirtschaftens einschließlich der Formen des politisch orientierten Kapitalismus. Was er aber nicht bereitstellt, ist jene ›lebenumwälzende Macht‹ von innen heraus, die den Traditionalismus im wirtschaftlichen oder in anderen Lebensbereichen auf der Ebene der ›Gesinnung‹, auf der motivationellen Ebene, sprengt. Trotz seiner antimagischen und aktivistischen Tendenzen, trotz seines intellektuellen Rationalismus hat er gerade das nicht geleistet, was unter den wichtigsten Kulturreligionen eben nur der asketische Protestantismus, also auch nicht Judentum, Katholizismus oder Luthertum leisteten: die Züchtung jener stahlharten Kaufleute und Gewerbetreibenden, die den Erwerbstrieb nicht wie ökonomische Übermenschen ausleben, sondern ihn rational temperieren, ihn in die Form der Berufspflicht zwingen und ihn damit objektivieren, versachlichen.

Weber sieht also eine doppelte praktisch-psychologische Wirkung der islamischen religiösen Ethik: Sie motiviert zu Weltbeherrschung als Welteroberung und zu Weltanpassung. Und nicht nur dies: Er konstatiert einen Zyklus zwischen diesen Weltverhältnissen und den damit verbundenen Lebensführungen. Es ist ein Zyklus zwischen außeralltäglichen und alltäglichen Situationen, zwischen Glaubenskampf und ›Verbürgerlichung‹.[107] Was andere im Anschluß an Ibn Khaldun für die islamischen Herrschaftssysteme diagnostizieren, einen eigentümlichen Zyklus von Stabilität und Instabilität aufgrund des Mit- und Gegeneinanders von monozentrischer imperialer Politik und polyzentrischer Stammespolitik, verstärkt durch das

›politischen‹ Religion, die zu Weltanpassung tendiert. Vgl. dazu RS II, S. 220 f., wo der Islam zusammen mit dem Konfuzianismus dem Buddhismus als einer radikal weltablehnenden Erlösungsreligion gegenübergestellt wird, die zu Weltflucht führt. Webers Sicht ist freilich schon für den frühen Islam zu vereinfacht. Vgl. die Beiträge von Ira Lapidus und Nehemia Levtzion in *Max Webers Sicht des Islams*, S. 125 ff. bzw. S. 142 ff.

107 Max Weber, WuG, S. 347.

Mit- und Gegeneinander von monotheistischer ethischer Hochreligion und polytheistischer ritualistischer Stammesreligion,[108] scheint Weber für die religiös bedingte Lebensführung zu reklamieren. Daß dieser Zyklus entsteht, daß der Islam im Unterschied zum Calvinismus keine »systematische rationale Gestaltung des ethischen Gesamtlebens« züchtet[109] und daß er dort, wo er dies zumindest in Ansätzen tut, die Lebensführung gleichsam ins Politische wendet, bedeutet, daß er die »Entwicklung einer *wirtschaftlich* rationalen Lebensführung«[110] vielleicht nicht gerade obstruiert, jedenfalls aber nicht begünstigt. Dies liegt, wie wir sahen, an inneren Gründen. Es sind die Glaubensgrundlagen in ihrem Verhältnis zu den religiösen Interessen der Gläubigen, die dafür ausschlaggebend sind. Sie führen trotz ähnlicher Gottesvorstellung und trotz Prädestinationstheorie zu einem vom Calvinismus ›abweichenden‹ Ergebnis. Der oft reklamierte ›Puritanismus‹ des Islams hat mit dem von Weber gemeinten Puritanismus nur Äußerlichkeiten gemein.

Nun ist die Analyse des inneren Verhältnisses von religiöser Ethik und Lebensführung zwar ein unerläßlicher, aber doch auch nur ein erster Schritt, um die Gegensätze zwischen dem islamischen und dem okzidentalen Kulturkreis unter dem Gesichtspunkt ihrer ›Stellung‹ zum rationalen Kapitalismus als Wirtschaftssystem herauszuarbeiten. Der Untersuchung des inneren Verhältnisses muß die des äußeren folgen, der Untersuchung der Religionsbedingtheit der Wirtschaftsgesinnung die Klassenbedingtheit der Religion. Nun wurde diese andere Seite der Kausalbeziehung bereits an dem Punkt berührt, wo von der Verschränkung, der wechselseitigen ›Angleichung‹ von religiösen und nichtreligiösen Legitimationsinteressen die Rede war. Daß der Calvinismus und mit ihm der gesamte asketische Protestantismus, ja darüber hinaus das Christentum und das Judentum von Beginn an spezifisch bürgerliche Religionen waren und

---

108 Vgl. etwa John A. Hall, *Powers and Liberties*, S. 85 ff., bes. 96, ferner Ernest Gellner, *Leben im Islam. Religion als Gesellschaftsordnung*, Stuttgart 1985.
109 Max Weber, RS I, S. 125.
110 Ebd., S. 12.

dies auch blieben, daß der Islam dagegen, ähnlich den asiatischen Religionen, letztlich als eine Herrenreligion ins Leben trat, wirkt auf dieses innere Verhältnis zurück. Weber unterscheidet ja begrifflich ganz bewußt zwischen inneren und äußeren Interessen, eine Unterscheidung übrigens, die man mit der zwischen ideellen und materiellen Interessen nicht gleichsetzen darf.[111] Allerdings: Das äußere Verhältnis umfaßt mehr als soziale Schichtung. Es geht dabei auch um Verfassungen, um Ordnungen, um Formen sozialer Organisation. Weber spricht ja mit Vorliebe von Religionsverfassung, Wirtschaftsverfassung, Sozialverfassung und Herrschaftsverfassung oder von religiöser Ordnung, Wirtschaftsordnung, Sozialordnung und Herrschaftsordnung oder auch von religiösen Verbänden, Wirtschaftsverbänden, Sozialverbänden und Herrschaftsverbänden, wenn er nicht gar den Begriff der Lebensordnung (und den damit verbundenen Begriff der ›Wertsphäre‹) benutzt. Wie immer man am Ende diese Verwendungsweisen standardisiert,[112] für den hier diskutierten Zusammenhang ist die Unterscheidung zwischen Ordnungen und Verbänden wichtig. Während beim Ordnungsbegriff der Legitimationsaspekt im Vordergrund steht, ist es beim Verbandsbegriff der Organisationsaspekt. Eine Ordnung kann rein innerlich, eben durch das Verhältnis von Glaubensgrundlagen und inneren Interessen garantiert sein, denen sich die äußeren Interessen anlagern. Ein Verband verläßt sich niemals nur auf diese innerlichen Garantien. Er garantiert eine Ordnung auch äußerlich, durch Leiter und unter Umständen durch Verwaltungsstäbe. Hier wird also nicht nur auf innere Antriebe und auf die Wirksamkeit innerer Sanktionen, sondern auf äußere Anreize und auf die Wirksamkeit äußerer Sanktionen bei der Handlungskoordinierung gebaut. Mit den Unterscheidungen zwischen inneren und äußeren Interessen, Antrieben und Anreizen, inneren und äußeren Sank-

111 So repräsentiert zum Beispiel soziale Ehre ein äußeres ideelles Interesse. Vgl. auch Anm. 75.
112 Die Standardisierung sollte dem Titel der ersten Fassung von WuG folgen, der strenggenommen heißt: Die wirtschaftliche Ordnung und die wirtschaftlichen Mächte in ihrem Verhältnis zu den übrigen gesellschaftlichen Ordnungen und Mächten. Vgl. dazu *Religion und Lebensführung*, Kap. 14.

tionen aber sind gewissermaßen die Schnittpunkte bezeichnet, an denen innere in äußere Verhältnisse übergehen.[113]

Weber insistiert auf den *beiden* Seiten der Kausalbeziehung, weil er in meinen Augen eine Doppelbeziehung zwischen Motiv und ›Institution‹ behauptet. Es gibt die institutionenbildende Kraft der Motive genauso wie die motivbildende Kraft der Institutionen.[114] Die Analyse hat deshalb sowohl von innen

---

113 Auf die Notwendigkeit der Unterscheidung von Antrieb und Anreiz hat Reinhard Bendix aufmerksam gemacht. Der ganze Begriffsapparat spiegelt das transformierte Kantische Erbe.

114 Es fällt mir deshalb schwer, das Problem ernst zu nehmen, das Wilhelm Hennis umtreibt: Ob denn die Persönlichkeit *vor* die Lebensordnung oder die Lebensordnung *vor* die Persönlichkeit gehört. Diese Frage muß natürlich auftreten, wenn man dabei von einem Prioritätsverhältnis ausgeht. Doch dies tut weder Weber noch ›die‹ moderne Soziologie. Es handelt sich vielmehr um ein Korrelationsverhältnis, und da ist es prinzipiell gleichgültig, ob der von Weber im Herbst 1917 gehaltene Vortrag auf Burg Lauenstein unter dem Titel »Die Persönlichkeit und die Lebensordnungen« stand, wie Marianne Weber berichtet, oder unter dem Titel »Die Lebensordnungen und die Persönlichkeit«, wie ein Teilnehmer, Ferdinand Tönnies, am 29. September 1917 in sein Notizbuch schrieb. Daß Webers ganzer Ansatz auf einer nicht bloß empirischen Persönlichkeitstheorie gründet, die sich mit einer Werttheorie verbindet, ist unbestreitbar. Das ist spätestens seit Dieter Henrichs Dissertation bekannt, und zuvor hatte dies bereits Karl Löwith in seinem Aufsatz über Weber und Marx nahegelegt. Doch für die Webersche ›Soziologie‹, insbesondere für die Religionssoziologie, stehen Persönlichkeit und Lebensordnung in einer korrelativen Beziehung. Diese kann, technisch gesprochen, alle Werte von $+1$ bis -1 annehmen (Begünstigung, Indifferenz, Obstruktion). Hennis schreibt in seiner Rezension des ersten Bandes der Max Weber-Gesamtausgabe (Band 1/15, herausgegeben von Wolfgang J. Mommsen in Zusammenarbeit mit Gangolf Hübinger): »Wer weiß, welches Gewicht das Wort ›Persönlichkeit‹ in der Generation Webers hatte, deren Sprache ja durch Goethe und Nietzsche zutiefst geprägt war, kann sich schlicht nicht vorstellen, daß Weber die Sache andersherum hätte aufzäumen können. Aber ein moderner Soziologe kann nicht nur, er muß. Es ist fast so etwas wie eine Existenzfrage der zur Vorherrschaft gekommenen Art von Soziologie, den ›Lebensordnungen‹ (vulgo der ›Gesellschaft‹) den Vortritt vor dem ›Menschen‹ zu lassen. Die entscheidende Frage jeder Weber-Interpretation kann nur sein, ob das auch für die

nach außen wie von außen nach innen zu verlaufen, und dies so weit, bis die Schnittpunkte, die zugleich *Verknüpfungs*punkte darstellen, sichtbar gemacht sind. *Jede* Analyse, die den Prämissen einer verstehenden Soziologie als Handlungs- und Ordnungstheorie gerecht werden will, muß bei den durch theoretische Wertbeziehung ausgewählten und konstituierten ›historischen Individuen‹, die einzelne Personen, aber auch ganze Kulturen sein können, *beide* Wege beschreiten.[115] Es gibt deshalb bei Weber weder eine nur motivationelle noch eine nur institutionelle ›Erklärung‹, weder eine nur ›Überbau‹- noch eine nur ›Unterbau‹-Erklärung des Entstehens des rationalen Kapitalismus, es gibt sie *beide*, freilich in einem begrifflichen Bezugsrah-

Webersche ›Soziologie‹ gilt.« Natürlich gilt es nicht für sie, aber das Gegenteil gilt für sie eben auch nicht. (Übrigens: Ist dies ein Sprachproblem oder ein theoretisches Problem, und warum wird ausgerechnet dem Historiker Mommsen hier Manipulation im Sinne der modernen Soziologie unterstellt?) Zum Zitat vgl. Wilhelm Hennis, »Im ›langen Schatten‹ einer Edition. Zum ersten Band der Max Weber-Gesamtausgabe«, in: *FAZ*, Nr. 207, 1984, S. 10. Zur philosophischen Seite der Persönlichkeitstheorie, die man in meiner Sicht wiederum auf dem Hintergrund von Kant lesen muß, Dieter Henrich, *Die Einheit der Wissenschaftslehre Max Webers*, Tübingen 1952, bes. »II. Die Grundlagen der Ethik«, und zur ›philosophischen‹ Idee des Menschen bei Weber (und Marx) Karl Löwith, »Max Weber und Karl Marx«, in: ders., *Gesammelte Abhandlungen. Zur Kritik der geschichtlichen Existenz*, Stuttgart 1960, S. 1 ff., bes. 30 ff. und 65 f. Dazu ausführlich *Religion und Lebensführung*, Kap. 3 und 4. Interessant auch, sofern man vom verfehlten Ausgangspunkt absieht und die polemischen Untertöne streicht, die offenbar davon ablenken sollen, daß ansonsten meist offene Türen eingerannt werden, Wilhelm Hennis, *Max Webers Fragestellung*, S. 59 ff. (Max Webers Thema).

115 Weber schreibt am 26. April 1920 an Rickert, als die »Soziologischen Grundbegriffe« der zweiten Fassung von WuG offenbar bereits in Druck waren, man könne aus dem Grundbegriff des subjektiv gemeinten Sinns (mit den vier Sinnorientierungen) und aus dem Grundbegriff der Ordnung (mit der Vorstellung von ihrer Geltung) nahezu alles entwickeln. Er definiert also seine Soziologie als eine Handlungs- und Ordnungstheorie auf der Basis der Scheidung von theoretischer Wertbeziehung und praktischer Wertung. Wie die veröffentlichte Fassung dieser Grundbegriffe zeigt, hält er tatsächlich am Konzept der theoretischen Wertbeziehung fest. Vgl. WuG, S. 8.

men, in dem die eine die andere verlangt. Diese Einsicht, die den Gegensatz von Materialismus und Idealismus im methodologischen Sinne obsolet macht, ist keineswegs erst geistiger Besitz der neuen Arbeitsphase.[116] Sie hat bereits Anlage und Durchführung der ersten Fassung der »Protestantischen Ethik« von 1904/05 geprägt. Das zeigt nicht nur Webers ergänzendes und erweiterndes Programm am Schluß dieser Studie, nicht nur die methodologische Begründung der historischen Kulturwissenschaft aus den Jahren 1903 und 1904, das zeigen vor allem die bekannten Schlußsätze dieser religionsgeschichtlichen Arbeit selber: »Denn obwohl der moderne Mensch im ganzen selbst beim besten Willen nicht imstande zu sein pflegt, sich die Bedeutung, welche religiöse Bewußtseinsinhalte auf die Lebensführung, die Kultur und die Volkscharaktere gehabt haben, *so* groß vorzustellen, wie sie tatsächlich gewesen ist, – so kann es dennoch natürlich nicht die Absicht sein, an Stelle einer einseitig ›materialistischen‹ eine ebenso einseitig spiritualistische kausale Kultur- und Geschichtsdeutung zu setzen. *Beide* sind *gleich möglich*, aber mit beiden ist, wenn sie nicht Vorarbeit, sondern Abschluß der Untersuchung zu sein beanspruchen, der historischen Wahrheit gleich wenig gedient.«[117] Beide sind gleich möglich, ja gleich *nötig*, jedenfalls dann, wenn man einen nichtreduktionistischen Ansatz verfolgt. Ein solcher Ansatz darf niemals den ›Geist‹ aus der ›Form‹ oder die ›Form‹ aus dem ›Geist‹ ableiten wollen, wiewohl es historische Situationen gibt, in denen der eine ›Faktor‹ gegenüber dem anderen seine relative Selbständigkeit, sein Eigenrecht und seine Eigengesetzlichkeit, verliert. Doch dies ist eine historische, keine methodologische Aussage. Sie betrifft eine historisch mögliche Konstellation im Verhältnis dieser Faktoren zueinander, eine historisch gesehen übrigens besonders häufige Konstellation. Dabei muß man allerdings zwei Fälle scharf voneinander unterscheiden: den Fall einseitiger und den Fall wechselseitiger Begünstigung. Im ersten Fall schafft sich der eine ›Faktor‹ den anderen ›nach seinem Bilde‹, im zweiten Fall treffen sie zufällig aufeinander und gehen eine Wahlverwandtschaft ein. Diesen beiden Fällen der ›Be-

116 Das wird besonders in der anglo-amerikanischen Diskussion häufig übersehen. Vgl. Anm. 12.
117 Max Weber, RS I, S. 205 f.

günstigung‹ stehen die der Indifferenz und der Obstruktion gegenüber. Die Übergänge sind, wie immer, fließend. Bei veralltäglichten Dauergebilden ist die einseitige Begünstigung besonders häufig. Hier schafft sich die ›Form‹ in der Regel ihren ›Geist‹. Hier herrscht mitunter tatsächlich das von den naiven Geschichtsmaterialisten oder den ebenso naiven Theoretikern der Auslese methodologisch postulierte ›Funktionsverhältnis‹, so auch im entwickelten modernen Kapitalismus, im Kapitalismus des ›eisernen Zeitalters‹. Aber für die Erklärung der *Entstehung* dieses Kapitalismus ist es untauglich. Dafür hat Weber diese Behauptung methodologisch *und* historisch zurückgewiesen. Denn hier gilt wechselseitige Begünstigung, Wahlverwandtschaft, zwischen religiös-ethisch motivierter Lebensführung und den frühkapitalistischen Institutionen in den kontinentaleuropäischen gewerblichen Binnenstädten.

Die religiös motivierte Lebensführung steht also in inneren *und* äußeren Verhältnissen. Doch wäre es ein Mißverständnis, wollte man daraus schließen, es gehe beim äußeren Verhältnis ausschließlich um die Beziehung zwischen religiös-ethisch bedingter Motivation und wirtschaftlicher oder auch politischer Institution. Das äußere Verhältnis existiert natürlich bereits *innerhalb* der religiösen Lebensordnung. Gerade in der »Protestantischen Ethik«, besonders deutlich in der zweiten Fassung, macht Weber auf die gegenüber den Glaubensgrundlagen selbständige Bedeutung der ›Kirchenverfassung‹ aufmerksam,[118] und er widmet diesem Gesichtspunkt einen eigenen Aufsatz mit dem Titel »Die protestantischen Sekten und der Geist des Kapitalismus«.[119] Daran läßt sich die behauptete Doppelbeziehung zwischen ›Motiv‹ und ›Institution‹ besonders deutlich zeigen. Denn die praktisch-psychologisch gewendete Lehre aus Prädestinations- und Bewährungsgedanken hatte »mannigfache Ausgestaltungen der Kirchenverfassung aus dem Versuch« heraus zur Folge, »wiedergeborene und unwiedergeborene, zum Sakrament nicht reife, Christen zu scheiden«,[120] was überall, wie immer die ›formalen‹ Regelungen aussahen, zu einer sektenartigen Form der Kirchenzucht führte. Diese aber stützte ihrerseits den

118 Ebd., S. 128.
119 Ebd., S. 207 ff.
120 Ebd., S. 121.

Bewährungsgedanken, und zwar dadurch, daß sie dem Gläubigen »die soziale Selbstbehauptung im Kreise der Genossen« abverlangte.[121] Die praktisch-psychologische Wirkung dieser äußeren Stütze des Bewährungsgedankens war so stark, daß die sektenartige Kirchenverfassung oder die reine Sektenverfassung die Prädestinationslehre, also einen wichtigen Baustein des inneren Verhältnisses im Calvinismus, ersetzen konnte.[122] Dies gilt etwa für die Täufer, von denen kurz die Rede war.

Nach Weber kennt der Islam zwar eine Art von Hierokratie, die um den Koran, die Sunna und vor allem die Schari'a, das göttliche Gesetz, zentriert ist. Und er kennt auch eine Art Priestertum, wenn man darunter einen »Träger der Systematisierung und Rationalisierung der religiösen Ethik« versteht.[123] Doch diese ›Priester‹ (Ulema) sind, ähnlich den Rabbinen, keine Kultpriester und zudem eher Rechtsgelehrte als Theologen. Vor allem aber: Sie stehen keiner Kirche im christlichen Sinne vor. Die islamische Hierokratie ist weder eine charismatische Gnadenanstalt wie die mittelalterliche katholische Kirche noch eine Zuchtrute wie die Kirchen und Sekten des asketischen Protestantismus, die dem Gläubigen keinerlei institutionelle Mittel der Entlastung von innerem Druck gewähren und die den milden katholischen Gnadenuniversalismus zugunsten eines harten Gnadenpartikularismus beseitigen, zugunsten eines Ausleseapparats, »der den Qualifizierten vom Nichtqualifizierten scheidet«[124] und der dabei die religiösen Qualifikationskriterien gerade *nicht* mit nichtreligiösen kombiniert. Zwar trennt auch der Islam, wie alle Kulturreligionen, zwischen religiösen ›Virtuosen‹ und religiösen Massen und zwischen Gläubigen und Ungläubigen. Aber die erste Scheidung ist ohne Heilsbedeutung und die zweite mit der Ständeschichtung, mit den »ökonomischen Privilegien der Bekenner«, verzahnt.[125] Wichtig ist in diesem Zusammenhang: Auch in der islamischen Religionsverfassung läßt sich nichts entdecken, was in Richtung auf asketische Bewährung im Alltag wirkt. Weber ist sogar der Meinung, der

121 Ebd., S. 234.
122 Ebd., S. 128.
123 Max Weber, WuG, S. 268.
124 Ebd., S. 730 und auch RS I, S. 233 ff.
125 Max Weber, WuG, S. 708.

frühe Islam habe trotz seines strengen Monotheismus und trotz der Konzeption des überweltlichen Schöpfergottes, ähnlich wie das Judentum, »die Askese direkt verworfen, während die Eigenart der Derwisch-Religiosität ganz anderen (mystisch-ekstatischen) Quellen entstammte als der Beziehung zum überweltlichen Schöpfergott und auch ihrem inneren Wesen nach der okzidentalen Askese fernstand«.[126] Die Umma schließlich, so kann man hinzufügen, die islamische ›Gemeinschaft‹, die ›beste Gemeinschaft‹, wie sie zuerst in Medina realisiert war, dient auf überlokaler Ebene in ihrer religiös-politischen und partikularistisch-universalistischen Zwischenstellung wohl eher der Sicherung eines gewissen Maßes an kultureller Einheit bei wachsender Binnendifferenzierung als der restlosen und effektiven Durchreglementierung des Alltags. Denn auch der frühe Islam blieb ja, trotz des Strebens nach einer Art ›organischen‹ Einheit von Religion und Politik und trotz der Verknüpfung religiöser und politischer Funktionen zunächst bei Mohammed, dann bei den frühen Kalifen, schon in der Zeit seiner Kodifizierung und Kanonisierung von den Spannungen, ja Konflikten zwischen Religion und Politik nicht verschont. Bereits unter den Omaiyaden sieht man diesen Konflikt voll entbrennen. Und er ist offensichtlich auch in der Schari'a reflektiert. Wie Patricia Crone schreibt: »By the 750, however, Islam had already acquired its classical shape as an all-embracing holy law characterized by a profound hostility to settled states«.[127] Spätestens von da an wird der Vorwurf der Weltlichkeit als Waffe gegen die politischen Herrscher benutzt. Freilich: Trotz dieser Spannung, dieses Konflikts zwischen Religion und Politik kam es nie zur Trennung von politischer und hierokratischer Gewalt wie im Okzident, noch zu dauerhaften streng theokratischen oder gar zu *rein* cäsaropapistischen Lösungen, wenngleich die Tendenz zur Theokratie, insbesondere im schiitischen Islam, immer vorhanden war.

Innere und äußere Verhältnisse können sich also einseitig oder wechselseitig begünstigen, gleichgültig lassen oder obstruieren. Innere Verhältnisse sowohl wie äußere können aber auch unter-

126 Max Weber, RS I, S. 538.
127 Patricia Crone, *Slaves on Horses. The Evolution of the Islamic Polity*, Cambridge: Cambridge University Press 1980, S. 62.

einander in solchen Beziehungen stehen. Die vereinheitlichende Kraft der religiösen Ethik des Calvinismus, die Weber so stark betont, besteht ja darin, daß sie die verschiedenen inneren Verhältnisse, in denen der Gläubige steht, unter *ein* wirksames Prinzip bringt. Aufgrund dieser »denkbar intensivsten systematischen Zentralisierung der ›Gesinnungsethik‹« hat das religiös motivierte Handeln Auswirkungen auf *alle* Lebensbereiche, besonders auf den wirtschaftlichen, aber zum Beispiel auch auf den politischen Lebensbereich.[128] Was für Motive gesagt werden kann, läßt sich aber auch für Institutionen, für ›Strukturen‹, sagen. Auch sie stehen untereinander in Beziehungen einseitiger oder wechselseitiger Begünstigung, Indifferenz oder Obstruktion. Insbesondere in der zweiten Fassung der Herrschaftssoziologie behandelt Weber neben der Beziehung der politischen Herrschaftsstruktur zur Wirtschaftsgesinnung immer auch ihre Beziehung zu wirtschaftlichen Strukturen. Und immer geht es dabei auch um die Frage, welche Bedingungskonstellation für Entstehung und Entwicklung des rationalen Kapitalismus günstig war und welche nicht. Der entstehende und sich entwickelnde rationale Kapitalismus ist eben nicht nur von inneren, sondern auch von äußeren Bedingungen abhängig, er kann nicht nur auf seelische, sondern auch auf institutionelle Widerstände treffen. In diesem Zusammenhang aber sind besonders die politischen Herrschafts- und die Rechtsverhältnisse interessant. Sie haben natürlich gleichfalls ihre inneren Seiten. Doch nachdem ich zunächst den Weg von innen nach außen gegangen bin, nehme ich jetzt den umgekehrten Weg.

---

128 Max Weber, WuG, S. 348. Weber verweist auf die Wahlverwandtschaft zwischen dem Strukturprinzip der Demokratie und dem der Sekte sowie auf den Beitrag der Sekten des asketischen Protestantismus für die Ausbildung eines Begriffs von Gewissensfreiheit, der auch die Gewissensfreiheit des anderen einschließt. Ebd., S. 732 ff.

c) Die islamische politische Herrschaft:
Orientalischer Pfründenfeudalismus

Der Islam ist aus einer Art ›Doppelbewegung‹ entstanden: einer religiösen und einer politischen. Entscheidend ist die ›originäre‹ Verknüpfung dieser Komponenten. Mohammed ist ethischer Prophet *und* charismatischer politischer sowie militärischer Führer. Er überwindet den arabischen Stammespartikularismus religiös und politisch-militärisch, indem er dessen Polytheismus und Ritualismus monotheistisch und gesetzesethisch überbietet und indem er aus sich befehdenden Stämmen eine nationalarabische Eroberungsbewegung formt. Anders als die altjüdischen Propheten, anders aber vor allem als Jesus, ist Mohammed, beginnend mit der Hidschra von 622, kein marginalisierter Unheilsprophet und schon gar kein charismatischer Wanderprediger, sondern ein religiös-politischer Führer, der, nicht zuletzt unter geschickter Verwendung tradierter Stammespraktiken der Konflikterzeugung und Konfliktbewältigung, seine religiös-*politischen* Absichten Zug um Zug zu realisieren weiß. Vermutlich an Ignaz Goldziher und Julius Wellhausen anschließend, macht Weber, wie das oben bereits mitgeteilte Zitat zeigt, einen deutlichen Unterschied zwischen der ersten mekkanischen und der medinischen Periode: Mit dem Auszug aus Mekka und der erfolgreichen ›Aufnahme‹ in Medina beginnt der Umschlag einer eschatologischen Religiosität in eine politische Religion, in eine national-arabische Kriegerreligion.[129]

Der Werdegang Mohammeds – sein anfänglicher Mißerfolg in Mekka, sein ›Auszug‹ nach Medina, sein dortiger Aufstieg, seine siegreiche Rückkehr nach Mekka, der Beginn der ›Welteroberung‹ – wurde oft beschrieben. Die Bilder gleichen sich. Anders als die Leben-Jesu-Forschung ist eine ›Leben-Mohammed-Forschung‹ außer durch religiöse Vorbehalte durch die Quellenlage behindert. Weder die bereits von Julius Wellhausen initiierte Übertragung der biblischen Quellenkritik noch die von A. Noth durchgeführte Übertragung der biblischen Formenkritik auf die islamischen Quellen hat vergleichbare Erfolge

---

129 Vgl. Ignaz Goldziher, *Vorlesungen*, bes. »1. Muhammed und der Islam«, ferner Max Weber, WuG, S. 375.

gebracht.[130] Carl Heinrich Becker sprach einst vom »wilden Chaos religiöser Wucherung und Auseinandersetzung«,[131] Patricia Crone spricht heute von einer Art Schutthalde ohne erkennbare ›Eigenstrukturen‹.[132] Das gilt für die mündliche Überlieferung, die Sunna. Neben ihr steht der Koran gleichsam festgegründet wie ein Fels. Aus beiden, vor allem aber aus der Sunna, ist das Bild des Propheten entstanden. Die Sunna gibt seine Aussprüche und Handlungen wieder (Hadith). Sie sind durch die konstruierte Genealogie der Tradenten bis zurück zum Propheten, nicht durch den Inhalt autorisiert. Für diese Überlieferung war neben der Mündlichkeit ihr atomistischer Charakter und ihr rapider Wandel charakteristisch. Die einzelnen Äußerungen und Handlungen wurden gleichsam kontextfrei tradiert und waren Munition im religiösen Kampf. Die Sunna ist eine Kompilation, die diese Auseinandersetzung spiegelt. Sie ist eher die ›Theologie‹ der Kompilatoren und ihrer ›Parteien‹ als die Geschichte Mohammeds. Der nach rückwärts offene Horizont aber wurde schnell geschlossen. Der Destruktion der Quellen korrespondiert die schnelle Schließung der konstruierten Überlieferung. Diese erstarrt in den sechs Sammlungen und wird monolithisch. Gottfried Benns Wort ›Rechne mit deinen Beständen‹ gilt schon für den frühen Islam. Im 9. Jahrhundert bereits ist der Kanon weitgehend fixiert und geheiligt.[133] Diese Lage befriedigt dogmatische Bedürfnisse, historische Bedürfnisse befriedigt sie nicht. Wie Patricia Crone formuliert: »There is of course no doubt that Muhammad lived in the 620s and 630s A.D., that he fought in wars, and that he had followers some of whose names are likely to have been preserved. But the precise when, what and who, on which our interpretations stand and fall, bear all the marks of having been through the mill of rabbinic arguments and subsequently tidied up«.[134]

Doch wie ›theologisch aufgeladen‹ die Überlieferung auch sein mag, zwei Annahmen, die in Webers Aussage eingehen, scheinen historisch ›richtig‹: daß der Übergang von Mekka nach

130 Dazu Patricia Crone, *Slaves on Horses*, S. 13 f.
131 Carl Heinrich Becker, *Islamstudien*, S. 353.
132 Patricia Crone, *Slaves on Horses*, S. 8.
133 Ebd., S. 10.   134 Ebd., S. 15.

Medina einen entscheidenden Einschnitt im Werdegang Mohammeds darstellt und daß seine ethische Prophetie die entscheidende Voraussetzung seiner politischen Wirksamkeit ist. In der Folge des ›Auszugs‹ wird, wie Wellhausen sagt, Mohammed vom Prediger zum Regenten, aber das Modell der Regentschaft ist nicht das menschliche Königtum (Mulk), sondern der monarchische Prophet des späten Judentums: »Die Herrschaftsbefugnis ist kein Privatbesitz zum Nießbrauch des Inhabers. Das Reich gehört vielmehr Gott; sein Bevollmächtigter aber, der seinen Willen kennt und ausführt, ist der Prophet. Der Prophet ist nicht bloß der Verkünder der Wahrheit, sondern auch der allein rechtmäßige Regent auf Erden. Neben ihm hat kein König Platz, aber auch kein anderer Prophet: Es gibt zur Zeit immer nur einen.«[135]
Um dieses Modell durchzusetzen, bedurfte es äußerer und innerer Vorbedingungen. Die äußeren: Medina bot für Mohammeds religiös-politischen Herrschaftsanspruch im Vergleich zu Mekka ein ungleich günstigeres Terrain. Mekka war arabisches Zentrum, religiös, politisch, ökonomisch eine Art Geschlechterstadt, jedenfalls fest in der Hand *durchsetzungsfähiger* Geschlechter, die den Stadtfrieden garantierten, eine reiche Stadt, die nicht zuletzt aus dem vom Polytheismus begünstigten Reigen religiöser Feste und damit verbundener Messen ökonomische Vorteile zog. Mohammeds radikaler Monotheismus mußte unter diesen Umständen als ›geschäftsgefährdend‹ erscheinen. Die Ablehnung, auf die seine Botschaft in Mekka traf, hat nicht zuletzt dieses ökonomische Motiv. Mekka befand sich zur Zeit des ersten Auftretens des Propheten weder in einer religiösen noch in einer politischen oder ökonomischen Krise. Eine Situation der inneren und äußeren Not, die laut Weber den Horizont für charismatische Bewegungen öffnet, existierte nicht. Anders die Situation in Medina. Jathrib, wie es zur Zeit der Hidschra hieß, war eine Stadt am Rande, unter griechisch-römischem und christlich-aramäischem Einfluß, mit einer starken jüdischen Gemeinde, aus arabischer Sicht wenn schon nicht Peripherie, so doch Semiperipherie. Der Stadtfrieden lag darnieder. Es herrschten Geschlechterfehden, eine Situation ähnlich der man-

135 Julius Wellhausen, *Das arabische Reich*, S. 5.

cher südeuropäischer Städte im Mittelalter. Zumindest eine politische Krisensituation mit ökonomischen Folgen, eine Situation der äußeren Not, existierte. Sie war offen für einen Vermittler, aber auch für eine Deutung, die den für den Unfrieden verantwortlichen Geschlechter- und Stammespartikularismus mit Hilfe einer ordnenden ›Zentralgewalt‹ transzendiert.[136]
Mohammed, unterstützt von seinen in Mekka gewonnenen Gefolgsleuten, zunächst vor allem »Freunden, Verwandten und Sklaven«,[137] setzt die Umma an die Stelle der Geschlechter- und Stammesherrschaft. Er tut dies freilich unter Verwendung tradierter Muster bei der Schlichtung von Stammesfehden, als, wie W. Montgomery Watt sagt, »the head of the clan of *Emigrants*«.[138] Immerhin: An die Stelle von Verwandtschaft und Stamm tritt die ›Gemeinde‹. Auch hierfür scheinen jüdische und christliche Vorbilder nicht ohne Bedeutung gewesen zu sein. Der Übergang zur ›Gemeinde‹ ist dabei zugleich ein Übergang zum Landfrieden als Gottesfrieden. Da es nur einen Gott gibt und alle an ihn glauben, ist unter ihnen das durch Geschlechts-, Stammes- und Sippenzugehörigkeit bestimmte Fehderecht, aber auch die Fehdepflicht sistiert. Der Pflicht zum Frieden nach innen entspricht die Pflicht zum Krieg nach außen. Die Rachepflicht des vorislamischen Rechts obliegt nicht mehr »dem Bruder für den Bruder, sondern dem Gläubigen für den Gläubigen«. Der Krieg wird, wie Wellhausen beobachtet, militärisch,[139] er wird darüber hinaus zum Glaubenskrieg. Allerdings: Das Gemeindeprinzip ersetzt das Stammesprinzip nicht völlig. Nicht Individuen, sondern Verbände treten der Umma bei. Ähnlich wie in der antiken Polis wird zwar der Gentilsverband durch den ›Kult‹- und Militärverband überboten, aber die Sippensolidarität nicht völlig gebrochen. Wie Weber mit Blick auf die weitere Entwicklung bemerkt: »Der Islam hat die Landsmannschaften der arabischen Stämme und die Sippenbande, wie die ganze Geschichte der inneren Konflikte des älteren Kalifats zeigt, nicht wirklich überwunden, weil er zunächst eine

136 Julius Wellhausen, *Reste arabischen Heidentums*, S. 92 ff.
137 Julius Wellhausen, *Das arabische Reich*, S. 2.
138 W. Montgomery Watt, *Muhammad: Prophet and Statesman*, Oxford: Oxford University Press, 1964, S. 96.
139 Julius Wellhausen, *Das arabische Reich*, S. 9.

Religion eines erobernden, nach Stämmen und Sippen gegliederten Heeres blieb.»[140] Gewiß, schon wegen des radikalen Monotheismus und der strikten Überweltlichkeit des Universalgottes konnte es nicht, wie in der antiken Polis, unterhalb der ›Gemeinde‹ noch davon unterschiedene ›Gentilskulte‹ geben. Der vorislamische arabische Polytheismus wurde konsequent ausgemerzt. Aber die Umma ist auch keine schwurgemeinschaftliche Verbrüderung vom Charakter christlich geprägter okzidentaler mittelalterlicher Stadtgemeinden. Und dies galt immer weniger, je weiter der islamische Religions- und Militärverband das ›Stadtgebiet‹ von Medina überschritt.

Die Umma war zunächst nicht in dem Sinne nach außen exklusiv und nach innen ›gleich‹, daß sie Heiden und Juden oder Angehörige bestimmter Stände ausgeschlossen hätte. Auch nach dem Aufstieg Mohammeds in Medina lebten die alten Verhältnisse, befriedet, weitgehend fort. Ähnlich den jüdischen Gemeinden der Zeitenwende kannte auch die medinische Umma offenbar abgestufte ›Mitgliedschaften‹, ein Reflex wohl der altarabischen Unterscheidung in Vollbürtige und Beisassen[141] sowie der Art und Weise, wie im alten Orient ganz allgemein Gaststämme an Verbände angegliedert worden sind. Das Verhältnis Mohammeds zur medinischen jüdischen Gemeinde änderte sich allerdings radikal, als er realisierte, daß sein messianischer, prophetischer Anspruch von ihr nicht anerkannt wurde. Erst daraufhin wandte er sich vom Judentum ab, ja gegen es. Es ist wahrscheinlich, daß die Änderung der Gebetsrichtung von Jerusalem nach Mekka sowie andere symbolische Handlungen damit zusammenhängen.[142] Dies zeigt, wie immer die historischen Fakten liegen, jedenfalls einen Prozeß der Verselbständigung und ›Identitätsstiftung‹ auf symbolischer Ebene gegenüber den beiden anderen monotheistischen und ethischen Offenbarungs-, Erlösungs- und Buchreligionen, deren Überlegenheit über den arabischen Polytheismus und Ritualismus Mohammed offensichtlich tief beeindruckte. Dies zeigt aber darüber hinaus einen wichtigen Schritt auf dem Weg zu einer Art Arabisierung des Mono-

140 Max Weber, WuG, S. 754.
141 Julius Wellhausen, *Das arabische Reich*, S. 9.
142 Vgl. ebd., S. 12 und Carl Heinrich Becker, *Islamstudien*, S. 347.

theismus, zur Definition der neuen Lehre als ›national-arabische‹ Religion.[143]

Die Sendung nämlich, die Mohammed, in Mekka beginnend, entwickelt und die ihm eine neue Form der Friedens- und Kriegs›stiftung‹ ermöglicht, erwächst aus dieser Spannung, aus dem kulturellen Gefälle zwischen der Welt des jüdischen und des christlichen überweltlichen Universalgottes einerseits und der Welt der arabischen Funktions- und Lokalgötter mit ihren kommerzialisierten Kultstätten und sakral-mundanen Festen andererseits. Die arabischen Götter hatten ihre festen Kultstätten, schon weil meist riesige Steine zu ihrer Ausstattung gehörten. In der Regel wanderten, wie Wellhausen formuliert, die Stämme der Araber, aber nicht ihre Heiligtümer. Neben Steinen wurden häufig noch Bäume und Wasser an der Kultstätte verehrt. Der Stein diente als Opferaltar und als Repräsentation der Gottheit, der Kult war ursprünglich vermutlich bildlos, Bildlichkeit erst sekundär.[144] Wie bereits gesagt, dienten die Kultstätten Funktions- und Lokalgöttern und zugleich als kommerzielle Zentren. Manche waren Wallfahrtsstätten und dadurch zusätzlich ökonomisch bevorzugt. Auch Mekka besaß eine solche Kultstätte von überregionaler, ›nationaler‹ Bedeutung, die Ka'ba. Mit ihr war Mohammed als Mekkaner genau vertraut.[145] An ihr, nicht an fremden oder neuerfundenen Heiligtümern verankerte er seine Lehre. Hier knüpfte er auch an altarabische Traditionen an. Diese transformierte er im Lichte des Monotheismus durch Reinigung, Uniformierung und Zentralisierung der heidnischen Kulte. Die Funktions- und Lokalgötter wurden beseitigt, die verschiedenen Kultstätten auf die Ka'ba hingeordnet, gewissermaßen zu ihrer Dependence gemacht.[146]

143 Das darf man freilich nicht so verstehen, als sei dies eine Art Regression gewesen. Vgl. dazu den Beitrag von Nehemia Levtzion in *Max Webers Sicht des Islams*, S. 142 ff., der zeigt, daß der Islam zunächst durchaus partikularistisch war, weil er einen *arabischen* Monotheismus formulierte, der sich erst unter den Abbasiden zum Universalismus fortentwickelte, was dann wesentlich zum Diffusionserfolg des Islams beitrug.

144 Vgl. Julius Wellhausen, *Reste arabischen Heidentums*, S. 101 ff.

145 Die Familie war angeblich mit kultischen Funktionen betraut.

146 Dazu Julius Wellhausen, *Reste arabischen Heidentums*, S. 68 ff.

Mohammed bezieht also zwei vorhandene ›Welten‹ aufeinander: Die Welt der altarabischen Tradition und die Welt des Monotheismus, die eine verbunden mit nomadischem und städtischem Stammespartikularismus, die andere verbunden mit Weltreichen oder doch zumindest mit der Aussicht auf ein Weltreich, von einem mächtigen Universalgott mittels eines Werkzeugs auf Erden regiert. Mohammed ist zweifellos von Beginn an ein arabischer Prophet gewesen. Die Sprache der Offenbarung ist arabisch, die Übersetzung des Korans in andere Sprachen im Grunde bis heute verpönt. Er wollte den arabischen Partikularismus überwinden. Aber er wollte dies zunächst nicht gegen, sondern mit Judentum und Christentum. Sie dienten ihm als Referenzreligionen.[147] Obgleich er sie offensichtlich nicht wirklich kannte, schienen sie ihm einen Weg zu weisen heraus aus der ›regulierten Anarchie‹ arabischer Verhältnisse. So hat er sich zunächst wohl auch nicht als ein Prophet *über* Moses und Jesus, sondern als ein Prophet *neben* Moses und Jesus verstanden.[148] In Medina änderte sich dies. Mit der symbolischen und faktischen Wendung gegen das Judentum und auch das Christentum wird der Islam nicht länger in die jüdisch-christliche Tradition gestellt, sondern über sie und zugleich in den Gesamtzusammenhang der arabischen Religionsgeschichte, die nun mit Abrahams Religionsstiftung an der Ka'ba beginnt.[149]

Die Lehre vom überweltlichen allmächtigen Universalgott mußte in der altarabischen Vorstellungswelt wie ein Fremdkörper wirken. Sie bedeutete einen radikalen Bruch mit dieser Welt. Zur Legitimation dieser Botschaft konnte sich Mohammed nicht auf arabische Traditionen berufen, noch nicht einmal in dem Sinne, wie dies die vorexilischen jüdischen Propheten konnten, die das Volk an seine eingegangene Verpflichtung erin-

---

147 Ich bilde diesen Begriff in Anlehnung an Reinhard Bendix, der von Referenzgesellschaften, von Bezugsgesellschaften, spricht. Vgl. sein Buch: *Könige oder Volk. Machtausübung und Herrschaftsmandat*, Zwei Teile, Frankfurt 1980, bes. Zweiter Teil, S. 75 ff.

148 Carl Heinrich Becker, *Islamstudien*, S. 343 und 347.

149 Der Islam restituierte diese Stiftung – so die Konstruktion – und reinigte sie zugleich von den Abweichungen, die sie im Judentum und im Christentum erfahren hatte.

nerten, also an etwas, was Teil seiner Vergangenheit war. Mohammed blieben nur der Traditionsbruch und die charismatische Legitimation seiner neuen Sendung übrig. Die Berichte geben Hinweise, die dies bestätigen. Sie lassen sich Webers Typus der charismatischen Führung zuordnen: das Bekehrungserlebnis, die ›Wiedergeburt‹ aus einer Situation fast ›bürgerlicher Saturiertheit‹ und im Alter von etwa 40 Jahren die pathologischen Zuständlichkeiten und Haltungen, die rational verarbeitet werden, der Bruch mit Mekka und schließlich die Bewährung der übernatürlichen Fähigkeiten bei der Schlacht von Badr. Aber es handelt sich um einen eher gemäßigten Charismatismus. Die Familien- und Wirtschaftsenthobenheit fehlt. Auch in dieser Hinsicht zeigt Mohammed, etwa im Vergleich zu Jesus, eine Zwischenstellung. Er transformiert zwar das Alte in das Neue, aber er bricht mit dem Alten nicht völlig. Dieses wird ›aufgewertet‹: »Monotheism with a tribal face.«[150]

Mohammed starb, als er Mekka erobert und Arabien weitgehend geeinigt hatte. Sein Kriegsglück war freilich nach Badr wechselhaft gewesen und die Apostasie, die Ridda, bereits zu seinen Lebzeiten erwacht. Aber wie bei allen Formen charismatischer Führung bestand die größte Hypothek, die er hinterließ, in der ungelösten Nachfolgefrage. Beim Versuch, sie zu lösen, spaltete sich der Islam in die sunnitische und die schiitische Richtung und traditionalisierte sich schnell unter der Herrschaft des Sunnismus, der außerhalb Persiens maßgeblich blieb. Wie Weber beobachtet: »Daß Muhammed ohne männliche Nachkommen starb und daß seine Gefolgschaft den Khalifat nicht auf Erbcharisma gründete, ja, in der Omajjadenzeit, ihn direkt antitheokratisch entwickelte, hat für die Struktur des Islam die allertiefstgehenden Konsequenzen gehabt; der auf das Erbcharisma der Familie Alis bauende Schiitismus mit seiner Konsequenz eines mit unfehlbarer Lehrautorität ausgestatteten ›Imâm‹ steht dem auf Tradition und ›idschmâ‹ (consensus ecclesiae) ruhenden orthodoxen Sunnitismus in erster Linie aufgrund jener Differenzen über die Herrscherqualifikationen so schroff gegenüber.«[151]

150 So John A. Hall, *Powers and Liberties*, S. 85.
151 Max Weber, WuG, S. 681 f.

Das ältere Kalifat, in dem die Führer aus dem Kreis der Gefolgsleute Mohammeds, aus dem Kreis der ›Jünger‹, rekrutiert wurden, hält die religiöse und die politisch-militärische Funktion noch zusammen. Es setzt die unter Mohammed weitgehend geeinten arabischen Stämme zur Welteroberung ein. Aus der ›Stadtherrschaft‹ in Medina entwickelt sich so in weniger als 30 Jahren eine Territorialherrschaft von beachtlichem Umfang (Syrien, Irak und Mesopotamien, Ägypten, Iran). Unter der Herrschaft der Omaiyaden kommen weitere Gebiete hinzu (Karthago, das Industal, Spanien). Die unerhörte Schubkraft dieser Bewegung hängt mit der Verbindung von Religion und Politik zusammen. Der Kampf für Allah bringt beides: das himmlische Paradies und irdische Beute. Allah in seiner Allmächtigkeit und Allwirksamkeit, Allah in seiner Überweltlichkeit eignet sich als Kriegsgott für kampferprobte Nomaden. Im Glaubenskrieg ist deshalb von Beginn an die Ausbreitung der Lehre mit der Unterwerfung und ökonomischen Ausbeutung der Ungläubigen verknüpft. Ideelle und materielle Interessen der Glaubenskämpfer verschwistern sich so sehr, daß religiöse Zwecke mit politisch-ökonomischen zusammenfließen. Das hat interessanterweise einen moderierenden Effekt. Von einer im Kern universalistischen ethischen Erlösungsreligion mit anti-magischen und aktivistischen Zügen, wie sie der Islam ja zusammen mit Judentum und Christentum im Unterschied zu den übrigen Kulturreligionen darstellt, würde man erwarten, daß der Glaubenskrieg dazu dient, die Ungläubigen entweder zur Konversion zu zwingen oder auszurotten. Diese Konsequenz war durchaus mit bestimmten Fassungen des ›Kreuzzugsgedankens‹ im Christentum verknüpft. Im Islam aber ist gerade diese Konsequenz – so Weber – nicht eingetreten. Die ›Erhöhung‹ der Gläubigen durch »Unterwerfung der Ungläubigen unter die politische Gewalt und Zinsherrschaft der Gläubigen« genügt.[152] Im Interesse dieser ›Erhöhung‹, die sich natürlich in erster Linie politisch-ökonomisch auswirkt, ist sogar die Schonung der Unterworfenen geboten. So schieben sich im Glaubenskampf die politischen und ökonomischen Interessen immer stärker in den Vordergrund. Es geht gar nicht primär um

152 Ebd., S. 289.   153 Ebd., S. 708 und 289.

Bekehrung, Mission, gar Erlösung der Ungläubigen. Es geht um Renten, und die Religion wird deshalb zum Merkmal der Ständeschichtung gemacht.[153] Dies genau aber hatte die Rückbildung der ethisch-erlösungsreligiösen zugunsten der politisch-religiösen Momente zur Folge. »...diejenigen religiösen Elemente des alten Islam, welche den Charakter einer ethischen Erlösungsreligion darstellen, traten demgegenüber denn auch, solange er wesentlich Kriegerreligion blieb, stark zurück.«[154]

Ungläubige mitsamt den Gebieten, auf denen sie sitzen, müssen nicht nur erobert, sie müssen auch verwaltet werden. Und je weiter sich das Herrschaftsgebiet ausdehnte, je mehr Völker unter die Herrschaft Allahs gebracht wurden, desto schärfer stellte sich auch für den Islam das grundlegende Organisationsproblem charismatisch und traditional legitimierter Herrschaft: das von Zentralisation und Dezentralisation.[155] Dieses universelle Problem traditionaler Ordnungskonfigurationen wurde hier noch dadurch verschärft, daß die Kerntruppen Allahs ursprünglich Stämmen nomadisierender Viehzüchter entstammten, die, anders als etwa seßhafte Bauern, an eine stetige Territorialgewalt nicht gewöhnt waren, der sie sich nicht leicht unterwarfen, in die sie sich aber auch als Herren nicht leicht einzwängen ließen. Dieses Problem, das Problem der religiösen und vor allem politischen Einheit, aber mußte gelöst werden. Dazu bedurfte es institutioneller Differenzierungen sowie des Aufbaus von militärischen und zivilen Verwaltungsstäben, ohne die der Herrschaftsanspruch einer Zentralgewalt über große Gebiete nicht durchgesetzt werden kann. Die institutionelle Differenzierung betrifft vor allem die relative Verselbständigung von religiösen und politischen Funktionen, von hierokra-

[154] Ebd., S. 289. Aus dieser Formulierung kann man übrigens schließen, daß Weber nicht behauptet, der Islam sei ausschließlich eine Kriegerreligion. In dem Maße, wie andere Trägerschichten in den Vordergrund treten, treten unter Umständen auch die erlösungsreligiösen Elemente wieder in den Vordergrund. Tatsächlich nahm Weber auch in bezug auf das Weltverhältnis des Islams keine eindeutige Einordnung vor. Vgl. Tabelle 2 in *Religion und Lebensführung*, Kap. 6 A.

[155] Vgl. dazu ausführlicher Wolfgang Schluchter, *Die Entwicklung des okzidentalen Rationalismus*, S. 122 ff., bes. 176 ff.

327

tischen und politischen Gewalten sowie die Gewaltenteilung zwischen und in ihnen. Der Aufbau von Verwaltungsstäben betrifft vor allem die Militärtruppe und die Beamtenschaft, ihre ›Struktur‹ sowohl wie ihren ›Geist‹. Schon im 9. Jahrhundert löste sich – so Weber – der arabisch-theokratische, nach Stämmen gegliederte Heerbann auf, »dessen beutegieriger Glaubenseifer Träger der großen Forderungen gewesen war«.[156] Auch das Kalifat trennte sich mit den Abbasiden vom Sultanat in einer Art Arbeitsteilung zwischen geistlichen und weltlichen Aufgaben, beide freilich, so jedenfalls will es der sich formierende Kanon, unter dem *einen* religiösen Gesetz. Verglichen mit der Situation in Medina und unter den frühen Kalifen aber ist damit eine neue Strukturkonstellation entstanden. Sie vor allem muß man charakterisieren, wenn man die Stellung des ›islamischen Orients‹, der ›islamischen Staaten‹, zum rationalen Kapitalismus, wenn man das Verhältnis mangelnder Begünstigung, ja das Verhältnis der Obstruktion, des Widerstands gegen ihn, voll verstehen will.[157]

Weber verwendet zur Charakterisierung dieser neuen Strukturkonstellation bezogen auf die politische Herrschaft verschiedene Bezeichnungen: Arbiträrer Patrimonialismus, Sultanismus, Pfründenfeudalismus, auch präbendaler freier Feudalismus findet sich.[158] Das ist zunächst insofern überraschend, als beim arbiträren Patrimonialismus, dem man den Sultanismus zurechnen kann, der Bereich der Willkür des Herrn weit, er also kaum stereotypiert ist, während der Feudalismus »ein(en) spezifische(n) äußerste(n) ›Grenzfall‹ des Patrimonialismus« darstellt, und zwar deshalb, weil hier die Stereotypierung der Herrschaftsbeziehungen gerade relativ weit vorangetrieben ist.[159] Aus diesem Grunde ist ein entwickeltes Feudalsystem »ein min-

---

156 Max Weber, WuG, S. 595. Weber folgte hier offensichtlich Becker, der als Scheidejahr 833 angibt.
157 Vgl. das dem Aufsatz vorangestellte Motto. Ferner die Formulierungen in WuG, S. 131, 138, 151. Zum islamischen Patrimonialismus auch die Aufsätze von Maxime Rodinson, Peter Hardy, Richard M. Eaton und Shmuel N. Eisenstadt in: *Max Webers Sicht des Islams*.
158 Vgl. etwa WuG, S. 598 und 635.
159 Ebd., S. 632.

destens relativ ›rechtsstaatliche(s)‹ Gebilde«.[160] Es schränkt also das Eigenrecht der Herrenmacht mittels geregelter Teilung der Herrengewalten verbindlich ein. Diese ›Rechtsstaatlichkeit‹ ist freilich nicht auf objektive Rechtsordnungen, sondern auf ›subjektive‹ Rechte, auf Privilegien, gegründet. Sie schützt die Rechte von Personen und unter Umständen von Verbänden (›Ständestaat‹) sowie die Verteilungsstruktur, die daraus entsteht. Beim Patrimonialismus dagegen ist das Eigenrecht des Herrn gegenüber anderen Herrengewalten gesteigert, und je arbiträrer er ist, desto mehr. Dieses Eigenrecht ist zugleich ein ›Durchgriffsrecht‹, das auch vor den wohlerworbenen Rechten anderer und der damit verbundenen Verteilungsstruktur nicht Halt macht, und wiederum gilt: je arbiträrer das Patrimonialgebilde ist, desto mehr. Was Patrimonialismus und Feudalismus gemeinsam haben, ist der Zwang der Zentralgewalt, sich mit anderen Herrengewalten zu arrangieren. Denn beides sind Territorialherrschaften, die neben internen externe Herrschaftsbeziehungen regeln müssen, neben dem patrimonialen den extrapatrimonialen Bereich. Doch sie unterscheiden sich danach, *wie* sie diese Beziehungen regeln. Und daraus folgt: Ein Gebilde kann offenbar nicht zugleich sultanistisch und feudalistisch sein.

Nun könnte sich diese Unentschiedenheit der Bezeichnung einfach werkgeschichtlich erklären. Weber schrieb bekanntlich zwei Fassungen der Herrschaftssoziologie für den *Grundriß*, die zweite auf der ersten aufbauend, aber gedanklich straffer und begrifflich präziser gefaßt. Tatsächlich wird in der zweiten Fassung das islamische Vorderasien zusammen mit der Mogulherrschaft dem fiskalisch bedingten Pfründenfeudalismus zugeordnet, nicht aber dem Sultanismus, der zwar auch hier, wie schon in der ersten Fassung, im Zusammenhang mit dem Höchstmaß der Herrengewalt im Patrimonialismus vorkommt, aber nur kurz und als Grenzfall, der historisch ziemlich unwahrscheinlich ist.[161] Doch die Unentschiedenheit könnte auch sachliche Gründe haben. Die islamischen Staatengebilde sind vielleicht doch beides: sultanistisch und pfründenfeudalistisch, je nachdem, worauf man sieht.

160 Ebd., S. 642.
161 Ebd., S. 151 und 133 f. Dies deshalb, weil völlige Traditionsungebundenheit praktisch nicht vorkommen kann.

Weber behandelt in der ersten Fassung der Herrschaftssoziologie, also in dem Text, der, als Teil des Manuskripts »Die Wirtschaft und die gesellschaftlichen Ordnungen und Mächte«, seine Beschäftigung mit dem Islam am unmittelbarsten spiegelt, den islamischen Feudalismus im Vergleich mit dem okzidentalen. Auch hier geht es ihm wiederum darum zu zeigen, daß der mittelalterliche okzidentale Lehensfeudalismus eine historische Sondergestalt ist, die mit zu den allgemeinen Kulturbedingungen gehört, aus denen heraus der rationale Kapitalismus entstanden ist und unter denen er sich entwickelt hat. Der Vergleich erstreckt sich auf ›Form‹ und ›Geist‹, Struktur und Ethik, gleichermaßen. Gehen wir diesen Vergleich kurz durch.

Beginnen wir mit einer allgemeinen Überlegung. Die Lehensbeziehung ist tatsächlich, verglichen mit der reinen Patrimonialbeziehung, in hohem Maße stereotypiert und verrechtlicht. Sie hat typologisch gesehen einen doppelten Ursprung: einen patrimonialen und einen charismatischen. Der patrimoniale Ursprung hängt damit zusammen, daß eine Herrengewalt einen Verwaltungsstab braucht, um ein Territorium militärisch zu schützen und zu verwalten, und daß dieser ›Verwaltungsstab‹ sich Herrschaftsrechte und ökonomische Chancen appropriieren, also in den Besitz der Militär- und Verwaltungsmittel bringen kann. Der Verwaltungsstab entwickelt also ein Eigenrecht, das er ökonomisch absichert: beneficium. Der charismatische Ursprung hängt damit zusammen, daß der Herr Kriegsheld ist, der Gefolgsleute um sich versammelt, die an sein Heldentum glauben. Es ist eine Beziehung der Hingabe, nicht materieller, sondern rein idealer Natur. Auch wenn sich diese Beziehung veralltäglicht, bleibt ihr ideeller Charakter erhalten. Es entsteht eine spezifische Treuebeziehung zwischen Herrn und Verwaltungsstab: homagium. In der Lehensbeziehung werden nun beide Komponenten, die materielle und die ideelle, das beneficium und das homagium, miteinander verbunden, und zwar so, daß ein ›rententragendes Herrschaftsrecht‹ gegen eine persönliche Treueverpflichtung ›getauscht‹ wird. Dies geschieht in Gestalt eines Vertrags, der, strenggenommen, ›freie‹ Kontraktparteien verlangt. Ein Lehensmann ist kein patrimonialer Untertan, sondern ein ›Freier‹. Aus solchen Kontraktverhältnissen – »*rententragender* Komplex von Rechten, deren Besitz eine

Herren-Existenz« ermöglicht, gegen persönliche Gefolgschafts-treue, insbesondere im Krieg – läßt sich ein tiefgegliedertes System entwickeln, eine Lehenshierarchie mit Zwischenschichten. Das ist besonders dort der Fall, wo ein solches System große Territorien überspannt. Doch wichtiger ist: Das Feudalgebilde hat neben der ökonomischen, der materiellen, der ›patrimonialen‹ eine ideelle, eine ethische, eine ›charismatische‹ Seite. Die Herrschaftsbeziehung ist durch einen »hochgespannten Pflichten- und Ehrenkodex« geregelt, durch eine Gesinnung und eine ihr entsprechende Lebensführung, genauer: durch eine ritterliche Lebensführung, überbaut.[162]

Die Lehensbeziehung steht also in äußeren und inneren Verhältnissen. Sie verlangt eine besondere Ethik, die feudale Ethik, um die Begriffe Treue und Ehre zentriert. Es ist wichtig, sich klarzumachen, daß diese Ethik mehr ist als bloße Pietätsethik. Der Appell »an ›Ehre‹ und persönliche frei gewährte und gehaltene ›Treue‹« ist für die mit ihr verbundene Lebensführung konstitutiv.[163] Damit verbindet sich ein spezifisches Würdegefühl und eine »Durchtränkung der wichtigsten Lebensbeziehungen mit streng persönlichen Banden«.[164] Weber verweist auf die erzieherische Bedeutung des Spiels für diese ritterliche Lebensführung und auf die Verwandtschaft, die zwischen ihr und der künstlerischen Lebensführung besteht.[165] Auch eine patrimoniale Beziehung etwa in Gestalt einer Pfründenbeziehung hat natürlich eine innere Seite, eine ›Ethik‹. Und auch sie ist auf der Idee der Treue aufgebaut. Aber die ›Pietätstreue‹, deren ›Modell‹ die autoritäre Beziehung zwischen Vater und Kind im ›Haus‹ ist, unterscheidet sich von der ›Vasallentreue‹. Obgleich auch jene ständisch orientiert sein kann, das ›Sein‹ stärker betonend als die ›Funktion‹, fehlt ihr jener aristokratische Grundzug der Vasallentreue, der geboren ist aus der ›spielerischen‹ Gestaltung des Lebens zum Heldentum. Ihr fehlt aber auch die rechtliche Struktur, in der die Lehensbeziehung letztlich gründet: der ›freie‹ Kontrakt.

Ein patrimoniales Herrschaftsgebilde kann also sowohl präben-

162 Ebd., S. 635 f.
163 Ebd., S. 658.
164 Ebd.
165 Ebd., S. 659.

dal wie feudal abgewandelt werden. Um welche Abwandlung es sich handelt, zeigt sich nicht an der ökonomischen Seite, sondern allein an der rechtlichen und ethischen. In beiden Fällen aber kommt es zu einer ständisch-patrimonialen Herrschaft, zu einer Teilung der Herrengewalt durch Appropriation von Herrschaftsrechten und ökonomischen Chancen an die ›Verwaltungsstäbe‹, die nicht länger von den sachlichen Verwaltungsmitteln, seien sie militärischer oder ziviler Natur, getrennt sind. Dieser Gesichtspunkt ist für die Klärung der Strukturfrage zentral. Bekanntlich überträgt Weber dabei die Marxsche These von der Bedeutung der Stellung zu den Produktionsmitteln auf alle Lebensbereiche und auf alle Zeitalter. Nun hat die Teilung der Herrengewalt und die damit verbundene Einschränkung ihres Eigenrechts den Zweck, die gebietsuniversale Herrschaft, die Einheit des Imperiums, aufrechtzuerhalten. Aber gerade durch die Art, wie dieser Zweck erreicht werden soll, wird diese Einheit ständig bedroht. Die relativ verselbständigten Teilgewalten können nämlich zu Gegengewalten werden. Das zwingt die Zentralgewalt zu Gegenmaßnahmen, die die Verselbständigung der ›Verwaltungsstäbe‹ beseitigen oder wenigstens ›zähmen‹ sollen. Dies aber bedeutet: Ausdehnung oder wenigstens ›Sicherung‹ des Eigenrechts der Zentralgewalt und damit Rückkehr zum Patrimonialismus, dessen extreme Form der Sultanismus ist.

Nach Weber hat der Okzident dieses Zentralproblem aller traditionalen politischen Gebilde, typologisch gesehen, in drei ›Schritten‹ bewältigt: mit Hilfe des Lehensfeudalismus, mit Hilfe des Ständestaats, der eine Art korporative Form des Lehensfeudalismus darstellt, und mit Hilfe eines rational-bürokratischen Patrimonialstaates, der aus dem Ständestaat entstanden ist. Für all diese Formen war ›Rechtsstaatlichkeit‹ charakteristisch, die dann freilich erst im modernen Anstaltsstaat zur ›Vollentwicklung‹ kam. Zum Kern dieser ›Rechtsstaatlichkeit‹ gehörte neben dem Kontraktgedanken der Anstaltsgedanke. Er war nie auf die Sphäre der politischen Territorialgewalt beschränkt, sondern schloß die hierokratische Gewalt, die Kirche, sowie die städtischen Gewalten ein. Ein wichtiger Aspekt der okzidentalen politischen Entwicklung hat deshalb damit zu tun, daß sich hier Territorial*körperschaften* teilweise autonom, teil-

weise aus dem Lehensfeudalismus heraus bildeten, die untereinander in scharfe Konkurrenz traten, weil sie ›auf eigenen
Füßen‹ standen. Das hat die Dezentralisation und den strukturellen Pluralismus begünstigt und eine ›ganze Stufenleiter‹
von rechtlicher und faktischer Selbständigkeit ermöglicht. Das
Gravitationszentrum der Macht rückte dabei gewissermaßen
auf die intermediäre Ebene, von einer starken Tendenz zur
Verrechtlichung der internen und externen Herrschaftbezie-
hungen unterstützt.[166] Diese wies schon relativ früh auf rationale Satzung, nicht zuletzt deshalb, weil der Okzident bereits
im Mittelalter eine im Vergleich zu anderen Rechtssystemen
klare Scheidung von heiligem (kanonischem) und profanem
(römischem und germanischem) Recht sowie ein relativ formales heiliges Recht kannte. Die rechtliche Abgrenzung von
Kirche und ›Staat‹ wurde zudem seit dem Investiturstreit politisch gestützt.[167]

Der Okzident verwendete also seit dem Mittelalter im Grunde
weder patrimoniale noch gar sultanistische ›Strategien‹, um das
›Einheitsproblem‹ zu bewältigen. Seine ›Strategie‹ zielte vielmehr auf ständische Gewaltenteilung zwischen strukturell heterogenen Einheiten und auf ihre satzungsmäßige Verrechtlichung. Blickt man unter diesem Gesichtspunkt auf die islamischen Staatengebilde, so fallen vor allem zwei Institute ins Auge: das Kaufsklavenheer und das fiskalisch bedingte Militärpfründentum. Beide hängen mit dem ›kriegerischen‹ Ursprung
der islamischen Bewegung zusammen. Die islamischen Staatengebilde sind in Webers Sicht in erster Linie ›Militärstaaten‹, für
deren strukturelle Charakterisierung die Analyse der Heeres-
verfassung besonders wichtig ist.

›Sklaven zu Pferde‹ – dies, zum System ausgebaut, ist offenbar
nur den islamischen Staatengebilden eigentümlich.[168] Freilich,

---

166 Dazu *Religion und Lebensführung*, Kap. 10 und Wolfgang Schluchter
   (Hg.), *Max Webers Sicht des okzidentalen Christentums. Interpretation und Kritik*, Frankfurt 1988, insbesondere die Beiträge von Gianfranco Poggi und Stefan Breuer. Zuvor schon Wolfgang Schluchter,
   Die Entwicklung des okzidentalen Rationalismus, S. 204 ff., bes.
   221 ff. Bei Weber vgl. WuG, S. 619 ff., bes. 621.
167 Ebd., S. 480 f.
168 So der Titel des bereits zitierten Buches von Patricia Crone.

dies muß man gleich betonen, das System hat keine Grundlage im Islam.[169] Aber es hat Bedeutung für das Verständnis der äußeren Widerstände dieser Staaten gegen rationalen Kapitalismus, wie sich gleich zeigen wird. Zunächst: Das System scheint bereits im frühen 9. Jahrhundert entstanden.[170] Jedenfalls bestimmt es die Struktur der politischen Herrschaft zur Abbasidenzeit. Wie Weber beobachtet: »Die Abbâsiden machten sich durch den Ankauf und die militärische Ausbildung türkischer Sklaven, welche, stammfremd, mit ihrer ganzen Existenz an die Herrschaft des Herrn geknüpft schienen, vom nationalen Heerbann und seiner im Frieden lockeren Disziplin unabhängig, und schufen sich eine disziplinierte Truppe.«[171] Der nationale Heerbann, das war der Heerbann der arabischen Stämme, denen die islamische Welteroberung gelungen war. Die Glaubenskämpfer hatten sich, durch die religiöse Ethik mit geprägt, bewährt als ›Helden‹ bei der Eroberung immer neuer Gebiete und Völker. Doch mit der Befriedung war es mit der Disziplin, aber auch mit der Einheit der Stämme vorbei. An ihnen vollzog sich jener beschriebene Zyklus von selbstvergessener Opferbereitschaft und ›Verbürgerlichung‹ im Übergang von der außeralltäglichen Situation der Kriege zur alltäglichen Situation des Friedens. Deshalb waren sie kein geeigneter ›Verwaltungsstab‹ für die Sicherung der zentralen Herrschaft in einem Imperium. Durch den Aufbau einer Kaufsklaventruppe aus Stammfremden schuf sich die Zentralgewalt ein Instrument, um sich aus der Abhängigkeit der Stämme, vor allem aus dem Sog ihrer zentrifugalen, antizentralistischen Tendenzen, zu lösen. Der Verwaltungsstab wurde extrapatrimonial rekrutiert und patrimonial, ja sultanistisch eingesetzt. Das verhinderte zwar nicht den Zerfall des Imperiums. Schon unter den Abbasiden im 9. Jahrhundert kam es dazu. Aber das Militärsklavensystem blieb ein mächtiges Instrument zur Wiederherstellung der Einheit nach Perioden des Zerfalls in Teilreiche. Dies freilich vor allem deshalb, weil

169 Außer dem Buch von Crone vgl. Daniel Pipes, *Slave Soldiers and Islam. The Genesis of a Military System*, New Haven and London: Yale University Press 1981.
170 Vgl. ebd., S. XXIII.
171 Max Weber, WuG, S. 595.

der Islam als Religion die Einheitsidee lebendig hielt: »Die religiös bedingte Einheit des islamischen Khalifats hinderte nicht den Zerfall des rein weltlichen Sultanats, welches in den Händen der Sklavengenerale entstand, in Teilreiche. Aber die Einheit der disziplinierten Sklavenheere wirkte hier in der Richtung der Erhaltung der Einheit der einmal konstituierten Throne: die Teilung ist im islamischen Orient schon deshalb niemals heimisch geworden.«[172]

Eine große Sklaventruppe, die extrapatrimonial rekrutiert und sultanistisch eingesetzt wird, deshalb auch von jeder Art ziviler Arbeit befreit sein muß, kann nicht aus dem Haushalt des Herrn verpflegt werden. Dafür bedarf es anderer Regelungen. Carl Heinrich Becker vertrat in diesem Zusammenhang in einem Aufsatz, der auf Weber offensichtlich großen Eindruck machte, die These, das orientalische Lehenswesen, dessen entscheidende Entwicklung er in die Zeit der Kreuzzüge verlegte, sei aus der Steuerpacht entstanden. Die Sklavengeneräle hätten zunehmend als Steuereintreiber auf eigene Rechnung fungiert. Zusätzlich zur Entlöhnung für Militärdienst seien sie zunächst mit Besteuerungseinheiten belehnt gewesen, für die sie gegenüber der Zentralgewalt als Steuergaranten auftraten. Dann hätten sie, gegen Wegfall der Entlöhnung, zusätzlich zum Unternehmergewinn aus Steuereintreibung die Steuer selbst appropriiert. Daß es hier überhaupt eine in ›Geldleistung‹ gefaßte Regelung gab, hänge mit einer relativ hochentwickelten Geldwirtschaft zusammen. Das okzidentale Lehenswesen sei dagegen zunächst naturalwirtschaftlich unterbaut.[173] Weber übernimmt diesen Gedanken, verbindet ihn aber sofort mit einem anderen: »Die außerordentliche Rechtsunsicherheit der steuerzahlenden Bevölkerung gegenüber der Willkür der Truppen, denen ihre Steuerkraft verpfändet war, konnte den Verkehr und damit die Geldwirtschaft unterbinden, und tatsächlich ist der Rückgang oder Stillstand der Verkehrswirtschaft im Orient seit der Seldschukenzeit in sehr starkem Maß durch diese Umstände bedingt gewesen.«[174]

---

172 Ebd., S. 621.
173 Vgl. Carl Heinrich Becker, *Islamstudien*, bes. S. 243.
174 Max Weber, WuG, S. 595.

Die beiden Institute, das Militärsklavensystem und das Militärlehen zu fiskalischen Zwecken, erweitern also, verglichen mit dem okzidentalen Lehensfeudalismus, den Bereich der Willkür. Sie vermindern die Berechenbarkeit des ›Verwaltungsgangs‹. Dies hat nach Weber eine interessante ökonomische Folge: die künstliche Immobilisierung von Vermögen insbesondere durch fromme Stiftungen, um es dem Zugriff der patrimonialen Willkür zu entziehen. Wiederum Becker folgend, sieht Weber in der Überführung von Vermögen in »Wakufgebundenheit« (Waqf) eine Reaktion auf die Unberechenbarkeit der patrimonialen Herrschaft, die geeignet ist, »das Gebiet sakralrechtlicher Gebundenheit zu verstärken«.[175] Sie ist freilich auch geeignet, Vermögen von möglicher erwerbskapitalistischer Verwendung abzuziehen. Weber sieht die Funktion dieses Instituts ähnlich der des Fideikommisses. Dessen Förderung insbesondere in Preußen hat er ja wegen seiner ›antikapitalistischen Konsequenzen‹ aufs heftigste bekämpft.[176]

Doch das Militärlehen zu fiskalischen Zwecken ist strenggenommen nicht Lehen. Schon Becker hatte darauf hingewiesen, daß hier zwar ein beneficium vorliegt, aber kein feudum, weil das homagium, die Vasallität, fehlt. Ursprünglich war die Vergabe des beneficiums überhaupt nicht an Militärdienst gebunden. Das Militär drängte sich vielmehr, so Becker, »nachträglich und mißbräuchlich in das bestehende Benefizialwesen« hinein.[177] Diese Grundkonstellation zeigt sich an der Ethik und der mit ihr verbundenen Lebensführung. Anders als im okzidentalen Lehensfeudalismus, läßt dieser ›Unterbau‹ letztlich keine feudale Ethik mit ritterlicher Lebensführung zu. Nur in Phasen des Glaubenskampfes entsteht ein Glaubensrittertum, das sich dem okzidentalen Rittertum, freilich ohne dessen Spielcharak-

175 Ebd., S. 652.
176 Max Weber, »Agrarstatistische und sozialpolitische Betrachtungen zur Fideikommißfrage in Preußen«, in: SS, S. 323 ff., bes. III sowie meine Studie »Der autoritär verfaßte Kapitalismus. Max Webers Kritik am Kaiserreich«, in: *Rationalismus der Weltbeherrschung*, S. 134 ff., bes. 159 ff. Weber äußert sogar die Vermutung, das Institut stamme aus dem Islam und sei über Spanien nach Europa gelangt.
177 Carl Heinrich Becker, *Islamstudien*, S. 240 (im Original gesperrt).

ter, nähert. Wie Weber feststellt: »In der Kreuzzugszeit hat der orientalische präbendale Feudalismus ein ritterliches Standesgefühl getragen, im ganzen aber ist seine Eigenart durch den patriarchalen Charakter der Herrschaft bestimmt geblieben.«[178] Weber identifiziert also drei Vergleichspunkte zwischen orientalischem, islamischem Pfründenfeudalismus und okzidentalem Lehensfeudalismus, die zugleich Differenzpunkte darstellen: die ökonomische Grundlage der Militärverfassung; ihren ›Träger‹; und die Gesinnung, die Ethik, die diese ›Struktur‹ überspannt. Die ökonomische Grundlage ist dort Pfründe, die ursprünglich usurpiert ist, hier Lehen, das ursprünglich kontraktiert ist. Die Pfründe wird rein fiskalisch verwertet. Das Interesse gilt also nicht dem Boden, sondern nur der Steuer, genauer: der Geldsteuer. Daß diese Orientierung an Geld vorherrschen kann, hängt mit einer im Vergleich zum Okzident höher entwickelten Geldwirtschaft zusammen. Becker weist darauf hin, daß sich diese unter anderem an der intensiven Ausbildung des Kommandit- und Genossenschaftswesens sowie am Gebrauch von Scheck und Wechsel im staatlichen Rechnungswesen wie im Handel zeigt.[179] Die ›Träger‹ sind dort Kaufsklaven, hier ›Freie‹. Das Kaufsklavenheer ist ein diszipliniertes Massenheer, das Lehensheer ein auf individuellen Heldenkampf abgestelltes Ritterheer. Das Kaufsklavenheer trägt eher plebejische, das Ritterheer aristokratische Züge. Freilich: Auch das Kaufsklavenheer kann sich, wenn es hinreichend mit der islamischen Vorstellungswelt durchtränkt ist, aufschwingen zum Glaubensritterheer.[180] Aber es bleibt eine Differenz in der Ethik und der damit verbundenen Lebensführung. Sie ist dort letztlich Pietätsethik, hier Feudalethik. Der orientalische Feudalismus ist nicht, wie der okzidentale und wie beispielsweise der japanische, Gefolgschaftsfeudalismus. Weber konstruiert folgende Typologie: Dem orientalischen Feudalismus fehlt die Ge-

178 Max Weber, WuG, S. 658.
179 Carl Heinrich Becker, *Islamstudien*, S. 236.
180 Weber verweist auf das Osmanische Reich mit dem Institut der Knabenaushebung. Vgl. WuG, S. 596. Dazu auch Perry Anderson, *Die Entstehung des absolutistischen Staates*, Frankfurt 1979, Kap. 7.

folgschaftstreue, dem japanischen Feudalismus die patrimoniale Unterlage, nur der okzidentale Feudalismus kombiniert beides, und dies macht seine historische Eigenart aus.[181]

Der orientalische Pfründenfeudalismus ist also weniger stereotypiert als der okzidentale Lehensfeudalismus. Er ist auch weniger dezentralisiert. Ihm fehlt ferner der Kontraktgedanke im okzidentalen Sinne und der Anstaltsbegriff. Die Kombination beider ist für die Entwicklung des okzidentalen Lehensfeudalismus zum Ständestaat wichtig. Dies führt zu Unterschieden in der Art, insbesondere: in der Berechenbarkeit, des Verwaltungshandelns. Aber sind diese Unterschiede erheblich, wenn es um die Beantwortung der Frage geht, ob und wie die ›Form‹ und der ›Geist‹ politischer Herrschaft die Entwicklungschancen des rationalen Kapitalismus beeinflussen? Und in der Tat: Ob mehr oder weniger arbiträrer Patrimonialismus, ob präbendaler, gefolgschaftlicher oder lehensmäßiger Feudalismus, entziehen sie nicht alle dem Industriekapitalismus den Nährboden? Denn es geht ja um die Entwicklungschancen von Produktionskapital, nicht von Handelskapital. Handelskapital, das betont Weber immer wieder, kann sich »überhaupt unter fast allen denkbaren Bedingungen der Herrschaftsstruktur, wenn auch in verschiedenem Umfang«, bilden.[182] Und auch der Gewerbebetrieb als Erwerbsbetrieb kommt unter den Bedingungen traditionaler politischer Herrschaft in mehr oder weniger großer Häufung immer wieder vor. Aber es geht nicht um das Handelskapital oder um subsidiäre Formen erwerbswirtschaftlicher Bedarfsdeckung, es geht um das kapitalistische Wirtschafts*system*. Es geht um die Entwicklungschancen für ein neues Strukturprinzip der Wirtschaft: um die Deckung der Alltagsbedürfnisse auf erwerbskapitalistischem Weg.[183] Es geht um die Ablösung des Haushaltsprinzips durch das Erwerbsprinzip, um die

---

181 Max Weber, WuG, S. 635. Weber unterscheidet in der alten Fassung der Herrschaftssoziologie noch zwischen präbendalem, gefolgschaftlichem und lehensmäßigem Feudalismus und schränkt den lehensmäßigen Feudalismus auf den Okzident ein.

182 Ebd., S. 651.

183 Max Weber, *Wirtschaftsgeschichte*, S. 239.

Ersetzung einer traditionsfreundlichen durch eine enorm traditionsfeindliche Macht.[184]

Tatsächlich wäre es in meinen Augen ein Fehler, wollte man Webers vergleichende Analyse gleichsam für eine direkte Erklärung der äußeren Begünstigung des rationalen Kapitalismus im Okzident in Anspruch nehmen. Unter traditionalen Rahmenbedingungen sind Verwaltung, Besteuerung und, wie noch zu zeigen ist, Rechtspflege *nirgends* so geregelt, daß sie der für die Bildung und Verwertung von Erwerbskapital unerläßlichen Berechenbarkeit hoheitlichen Handelns genügen. Mehr noch: Die feudale Ethik, die im Okzident im Vergleich zum islamischen Orient so hoch entwickelt ist, kann wie alle ständische Ethik als eine antikapitalistische Macht par excellence gelten. Es gibt nichts, was einer kapitalistischen Geschäftsmoral, einer an Funktionen anknüpfenden Berufsethik ferner stünde als diese aller zweckrationalen Orientierung zutiefst feindliche ›Heldenmoral‹.[185] Freilich können ›Form‹ und ›Geist‹ traditionaler politischer Herrschaft so beschaffen sein, daß sie, unter Hinzutreten zusätzlicher Bedingungen, sich auf Berechenbarkeit hoheitlichen Handelns hin entwickeln. Dies aber war, und darin sehe ich Webers zweite Hauptthese, nur im Okzident, weder im islamischen Orient noch in einem anderen der von Weltreligionen mitgeprägten Kulturkreise, der Fall. Der okzidentale Lehensfeudalismus enthält zum Beispiel zwei dieser ›entwicklungsfähigen‹ Elemente, die dem orientalischen Pfründenfeudalismus fehlen: die Dezentralisation der politischen Herrschaft mittels einer ›Lehenshierarchie‹, einer Form ständischer Gewaltenteilung, die eine vom Kompromiß diktierte kalkulierbare Lastenverteilung ermöglicht,[186] sowie den Lehenskontrakt. Beides hat die weitere okzidentale politische Entwicklung mit beeinflußt. Ansonsten aber steht der okzidentale Lehensfeudalismus zum rationalen Kapitalismus nicht anders als die traditionale politische Herrschaft insgesamt. Diese begünstigt politisch

184 Zur Unterscheidung von Haushalts- und Erwerbsprinzip und zu den damit zusammenhängenden wirtschaftssoziologischen Grundbegriffen mein Versuch in: *Rationalismus der Weltbeherrschung*, S. 136 ff., revidiert in: *Rationalism, Religion, and Domination*, Kap. 9.

185 Vgl. Max Weber, WuG, S. 658 ff. und 661.

186 Ebd., S. 138 und 151.

orientierten, aber nicht ökonomisch orientierten Kapitalismus. Die Ausnahme von dieser Regel hat Weber in der zweiten Fassung der Herrschaftssoziologie, auch hier aufbauend auf der ersten, besonders prägnant formuliert: »Grundsätzlich anders steht es *nur* da, wo der Patrimonialherr im eigenen Macht- und Finanzinteresse zu *rationaler* Verwaltung mit *Fach*beamtentum greift. Dazu ist 1. die *Existenz* von Fach*schulung*, – 2. ein hinlänglich starkes Motiv, in aller Regel: scharfe *Konkurrenz mehrerer* patrimonialer *Teilgewalten* innerhalb des gleichen *Kultur*kreises, – 3. ein sehr besondersartiges Moment: die Einbeziehung *städtischer* Gemeindeverbände als Stütze der *Finanz*macht in die konkurrierenden Patrimonialgewalten erforderlich.«[187]

Im Islam, so kann man die bisherige Analyse der äußeren Verhältnisse auch zusammenfassen, ist das zweite Moment nur schwach entwickelt. Es gibt zwar den islamischen Kulturkreis und den politischen Zyklus von Einheit und Zerfall, aber weder den Dauerkonflikt zwischen relativ selbständigen Territorialherrschaften noch die scharfe Konkurrenz mehrerer Teilgewalten im Rahmen einer rechtlich überformten ständischen Gewaltenteilung wie im Okzident. Dies gilt sowohl für das Verhältnis des ›Herrn‹ zu den ›Verwaltungsstäben‹ wie für das Verhältnis von politischer und hierokratischer Herrschaft. Das erste ist trotz der Verselbständigungstendenzen, die natürlich auch dem Pfründenfeudalismus innewohnen, zentralistisch und darin konkurrenzmindernd, das zweite ist zwar konflikthaft, doch fehlt dem Islam die Kirche als bürokratischer Machtapparat.[188] Das erste und das dritte Moment aber geben Hinweise auf weitere Vergleichspunkte als mögliche Differenzpunkte. Ihnen wende ich mich zum Abschluß zu.

187 Ebd., S. 139.
188 Dazu auch John A. Hall, *Powers and Liberties*, S. 97.

d) Die islamische politische Herrschaft: fehlende Stadtautonomie

Ich beginne mit dem dritten, der Rolle städtischer Gemeindeverbände. Wie im Falle des Feudalismus, so verfährt Weber auch im Falle der Stadt. Er stellt die okzidentale Stadt, genauer: die mittelalterliche nordeuropäische kontinentale Binnenstadt der orientalischen Stadt typologisch vergleichend gegenüber. Und interessanterweise dient ihm dabei Mekka zur Zeit Mohammeds und später als Beispiel einer orientalischen Stadt.[189] Ich kann an dieser Stelle Webers vergleichende Analyse der Stadt, die für seine Erklärung der Entstehung und der Entwicklung des rationalen Kapitalismus im Okzident von zentraler Bedeutung ist, nicht vollständig darstellen.[190] Ich greife nur die in unserem Zusammenhang wichtigen Überlegungen heraus. In erster Linie geht es um die Frage, weshalb in Webers Sicht die orientalische Stadt die Entwicklungschancen des rationalen Kapitalismus eher obstruiert als begünstigt, und dies, obgleich auch orientalische Städte in der Regel Marktorte sind, an denen sich Handel und Gewerbe ansiedeln, obgleich auch sie Kaufmannsgilden und Handwerkerzünfte mit autonomen ›Satzungen‹ beherbergen, obgleich auch sie einen Schutzherrn oder einen Stadtherrn haben und ihre soziale Schichtung von der außerstädtischen abweicht, obgleich auch sie, besonders unter islamischem Einfluß, Religionsverbände kennen, denen die gläubigen Stadtsassen angehören, und zwar unabhängig von ihrer sozialen Stellung im Stadtverband.

Weber klassifiziert Städte unter anderem danach, welche soziale Schicht in ihnen herrscht (Geschlechterstadt, auch Patrizier- und Fürstenstadt versus Plebejerstadt), welche ökonomische Funktion sie primär erfüllen (Konsumentenstadt, auch Rent-

---

189 Max Weber, WuG, S. 747.

190 Ich verweise auf *Religion und Lebensführung*, Kap. 10, ferner auf die ausgezeichnete Dissertation von Song-U Chon, *Max Webers Stadtkonzeption. Eine Studie zur Entwicklung des okzidentalen Bürgertums*, Göttingen 1985. Vgl. auch Klaus Schreiner, »Die mittelalterliche Stadt in Webers Analyse und die Deutung des okzidentalen Rationalismus«, in: Jürgen Kocka (Hg.), *Max Weber, der Historiker*, S. 119 ff., dort auch weitere Literatur.

nerstadt versus Produzentenstadt, auch Gewerbe- und Handelsstadt), welche geographische Lage sie haben und, damit zusammenhängend, welche Transportwege und -mittel sie bevorzugen (Seestadt versus Binnenstadt) und welche primäre Orientierung sie besitzen (politisch orientierte Stadt versus ökonomisch orientierte Stadt). So sind zum Beispiel viele Städte der okzidentalen Antike Geschlechter-, Konsumenten-, See- und politisch orientierte Städte, viele Städte des okzidentalen Mittelalters dagegen Plebejer-, Produzenten-, Binnen- und ökonomisch orientierte Städte. Auf diese Weise ließe sich auch die orientalische Stadt klassifizieren. Sie stünde dann der Stadt der okzidentalen Antike näher als der Stadt des mittelalterlichen Okzidents. Aber man sieht schnell, daß dieses Vorgehen nicht sehr weit führt. Und in der Tat: Weber setzt seinen Vergleich tiefer an.

Weber trennt zunächst scharf den ökonomischen Stadtbegriff vom politisch-administrativen und rechtlichen. Eine Stadt im politisch-administrativen und rechtlichen oder im ökonomischen Sinne ist zweierlei.[191] Mehr noch: Unter rein ökonomischen Gesichtspunkten ist es mitunter schwierig, zwischen Stadt und Dorf sauber zu trennen. Beide können Stätten sein, an denen Händler und Gewerbetreibende zusammen siedeln, beide können einen Markt zur Deckung der Alltagsbedürfnisse haben, beide können als Wirtschaftsverbände mit Grundbesitz, Einnahmen- und Ausgabenwirtschaft und als wirtschaftsregulierende Verbände auftreten. Aber auch unter politisch-administrativen Gesichtspunkten fällt die Abgrenzung nicht immer leicht. Dörfer können wie Städte ein eigenes Gebiet, eine eigene Obrigkeit, selbst eine Befestigung besitzen oder zu einer Festung mit Garnison gehören, und beide sind darüber hinaus, das Dorf immer, die Stadt in der Regel, Teil eines weiteren politischen Verbandes. Eines allerdings haben Dörfer nicht entwickelt: eine politische, administrative, militärische und rechtliche Autonomie und Autokephalie. Freilich: Dies taten auch nicht alle Städte. Eine Stadt mit vollentwickelter Autonomie und Autokephalie ist ein historischer Sonderfall. Derjenige, der Weber besonders interessiert, gehört ins okzi-

191 Max Weber, WuG, S. 740.

dentale Mittelalter und gibt bloß ein »historisches Intermezzo«.[192] Man sieht, daß er auch hier seine vergleichende Analyse vom okzidentalen Sonderfall her aufrollt und daß er daran die Vergleichspunkte gewinnt, unter die er die Analyse der islamischen Städte stellt.

Stadtautonomie und -autokephalie ist allerdings zunächst noch eine Charakterisierung ohne spezifischen Inhalt. Beide gelten auch für manche der antiken Poleis, insbesondere für jene, die zum Ausgangspunkt »große(r) Machtschöpfungen« geworden sind.[193] Wichtig ist also nicht die Autonomie und Autokephalie als solche, sondern die Art, wie sie legitimiert und organisiert sind, kurz: welches Strukturprinzip der Herrschaft ihnen zugrunde liegt. Die Stadt, die Weber unter diesem Gesichtspunkt besonders interessiert, ist die anstaltsmäßig organisierte Stadtgemeinde. Die Erfindung und Durchsetzung dieses Strukturprinzips war eine »*revolutionäre* Neuerung der mittelalterlich-okzidentalen gegenüber allen anderen Städten«.[194] Das Neue zeigt sich unter anderem daran, daß dieses Strukturprinzip die präbendal oder feudal appropriierten grundherrlichen, kirchlichen und städtischen Herrengewalten durchbricht. Wegen dieses usurpatorischen Moments der mittelalterlichen okzidentalen Stadtentwicklung hat Weber seine Analyse der Stadt in dem Manuskript »Die Wirtschaft und die gesellschaftlichen Ordnungen und Mächte« unter den Titel »Die nichtlegitime Herrschaft. Typologie der Städte« gestellt. Das darf man nun nicht so verstehen, als sei Stadtherrschaft im allgemeinen und die des mittelalterlichen Okzidents im besonderen immer nichtlegitime Herrschaft. Dieser Titel verweist vielmehr auf zwei Sachverhalte: daß Webers vergleichende Stadtanalyse um den okzidentalen Sonderfall organisiert ist und daß in seiner Sicht hier, und nur hier, dieses neue Strukturprinzip in einer historisch folgenreichen Weise zum Durchbruch kam. Dieser Durchbruch ging in den wenigsten Fällen als bewußt illegitimer und revolutionärer

192 Ebd., S. 812.
193 Ebd., S. 819. Weber erwähnt das sizilianische Reich unter Dionysos, den attischen Bund, das karthagische Reich und das römisch-italienische Reich.
194 Ebd., S. 750.

Akt vonstatten.[195] In der Mehrzahl der Fälle ist die Usurpation sukzessive oder überhaupt nicht erfolgt. Und vor allem sind die meisten Städte aus völlig anderen Motiven heraus entstanden. Die Usurpationstheorie ist keine Entstehungstheorie der mittelalterlichen Stadt. Auch konnten nur wenige mittelalterliche Städte die Autonomie voll erreichen, und denen, denen dies gelang, wurde sie bald wieder eingeschränkt. Aber das Intermezzo genügte, um drei für die spätere kapitalistische Entwicklung wichtige historische ›Vorbedingungen‹ zu schaffen: das ›demokratische‹ Legitimationsprinzip oder die Legitimation der Herrschaft aus dem Willen der Beherrschten, das Organisationsprinzip der anstaltsmäßig verfaßten Stadtgemeinde und das erwerbsorientierte Stadtbürgertum.[196]

Die mittelalterliche Stadt des Okzidents hat also in Webers Sicht eine »entwicklungsgeschichtliche Sonderstellung«. Diese läßt sich nur begreifen, wenn man »die Gesamtstellung der Stadt innerhalb der mittelalterlichen *politischen* und ständischen Verbände« ins Auge faßt.[197] So wichtig die ökonomische Seite dabei ist, so wenig darf sich die Analyse darauf beschränken. Sie muß vielmehr die politische, die herrschaftliche Seite mit berücksichtigen, und zwar wieder gegliedert nach ›Form‹ und ›Geist‹. Es ist kein Zufall, daß Weber die vergleichende Analyse der Stadt nicht der Wirtschaftssoziologie, sondern der Herrschaftssoziologie zuweist. Es geht auch hier in erster Linie um politische Herrschaft und um die Frage, in welchem Verhältnis sie zur Wirtschaft steht.

Die mittelalterliche Stadt des Okzidents ist also in ihrer ›Vollentwicklung‹ ein aus dem Willen der Beherrschten legitimierter und anstaltsmäßig organisierter Gemeindeverband mit politisch ›revolutionären‹ und ökonomisch erwerbsorientierten vorneh-

195 Weber denkt in erster Linie an den italienischen Popolo und wohl auch an Köln.

196 Vgl. dazu auch Webers Vortrag über Staatssoziologie in Wien. Bericht der *Neuen Freien Presse* vom 26. Oktober 1917, S. 10 (Nr. 19102), demzufolge Weber ausführte, daß der vierte Legitimitätsgedanke (neben dem traditionalen, dem rational-legalen und dem charismatischen) der demokratische sei, sein »spezifischer Träger aber das *soziologische Gebilde der okzidentalen Stadt*«.

197 Max Weber, WuG, S. 804.

men oder ›plebejischen‹, aufstiegsorientierten Bürgern. Ein solches Gebilde fehlt trotz gewisser Verbindungslinien zwischen antiker und mittelalterlicher Demokratie in der okzidentalen Antike, es fehlt aber erst recht in der islamischen Staatenwelt. Hier ist es bei der Stadtentwicklung weder zu einer Durchbrechung des patrimonialen Herrenrechts noch zur Bildung von Stadtgemeinden als Bürgergemeinden gekommen, mit politisch-administrativer und rechtlicher, unter Umständen auch militärischer Selbständigkeit nach außen und mit Verbrüderung nach innen, die nicht mehr an außer- und ›vor‹städtisch konstituierte Verbände anknüpft, sondern an einen ›frei‹ konstituierten Bürgerverband, dem man als einzelner beitritt und der insofern auf der Idee der Rechtsgleichheit beruht. Denn dies ist ja für die vollentwickelte mittelalterliche okzidentale Stadt entscheidend: daß sie das tradierte Personalprinzip durch das Anstaltsprinzip und damit den tradierten Herren- oder Untertanenstatus durch den Mitgliedschaftsstatus ersetzt. Diese Rechtsentwicklung findet hier eine Stütze in religiösen Überzeugungen. Denn diese profane Rechtsgleichheit wird durch die sakrale Rechtsgleichheit, durch die christliche Abendmahlsgemeinschaft, gleichsam symbolisch unterbaut.[198] Das heißt natürlich nicht, daß das ›Landrecht‹ im ›Stadtrecht‹ nicht fortwirkte, noch, daß diese Rechtsgleichheit mit ständischer Gliederung unverträglich wäre. Es heißt aber sehr wohl, daß die Stadtgemeinde als Anstalt die persönliche Rechtslage des Stadtbürgers gegenüber der des Landmanns radikal ändert[199] und daß die Verbrüderung der Stadtbürger *über* der Verbrüderung der Verwandten, der Nachbarn, der Berufsgenossen, daß die Solidarität mit dem städtischen Gesamtverband *über* der Solidarität

---

198 Eine besonders prägnante Stelle in RS II, S. 39 f.
199 Weber verweist auf die Formel »Stadtluft macht frei«. Dazu vor allem Heinrich Mitteis, »Über den Rechtsgrund des Satzes ›Stadtluft macht frei‹«, in: Carl Haase (Hg.), *Die Stadt des Mittelalters*, 3 Bände, Zweiter Band, Darmstadt 1976, S. 182 ff., der insbesondere auf den Unterschied in der Rechtsstellung von antikem Sklaven und mittelalterlichem Unfreien verweist und auch darauf, daß die Vorstellung von einem herrenlosen Sklaven eine dem deutschen Recht unvollziehbare Vorstellung gewesen sei. Ebd., S. 193 f. Es gibt also auch graduelle Freiheit auf dem Lande.

mit den diesen Gesamtverband zwar gliedernden, aber nicht konstituierenden Teilverbänden steht.

Diese ›entwicklungsgeschichtliche Sonderstellung‹ des mittelalterlichen okzidentalen Stadtgebildes wird unter anderem im Vergleich mit arabischen Städten, insbesondere mit Mekka, deutlich. Weber folgt hier der Beschreibung von Snouck Hurgronje, der schon vor der Jahrhundertwende dieser Stadt eine Studie widmete.[200] Wie bereits ausgeführt, ist Mekka zur Zeit Mohammeds eine Art Geschlechterstadt, genauer: eine »Geschlechtersiedlung«,[201] Vorort eines ländlichen Bezirks, von diesem rechtlich nicht geschieden. Dies blieb im wesentlichen auch so. Und weiter blieb: die Gliederung nach Gentilsverbänden, nach Stämmen und Clans, die schon zur Zeit Mohammeds die Träger der Wehrfähigkeit und der Wehrhaftigkeit waren. Gewiß: Daneben existierten andere Verbände, zum Beispiel Zünfte. Aber sie erlangten niemals das ›Stadtregiment‹. Dies nicht zuletzt deshalb, weil die miteinander konkurrierenden stadtsässigen Geschlechter sich später ebenfalls des Instituts der Kaufsklaven bedienten, in diesem Falle der Negertruppe, die hier sogar eine »ganz persönlich an den Herrn und seine Familie gekettete Truppe« war.[202] Wohl diente die arabische Stadt mächtigen ökonomischen Interessenten als Sitz, die auch weit über das Stadtgebiet hinaus wirkten. Aber sie war kein Gemeindeverband. Die religiöse Gemeinschaft, die Umma, hätte zwar die Entwicklung dazu nicht gehindert. Aber sie allein blieb zu schwach, um die Bedeutung der Stammes- und Clangebundenheit für die politische Herrschaft auf der Ebene der Stadt oder darüber hinaus zu brechen. Dafür fehlte schon das entscheidende Rechtsinstitut – der Korporations- und Anstaltsbegriff.

Die Stadtherrschaft ist also in den islamischen Staaten die Verlängerung der Territorialherrschaft. Für beide wurden dieselben Legitimations- und Organisationsprinzipien benutzt. Eine Stadtverbrüderung und eine damit verbundene Stadtgemeinde wurde hier allerdings nicht, wie in China und teilweise in Indien, von der *magischen* Verklammerung der Sippen verhindert.

200 Vgl. Christian Snouck Hurgronje, *Mekka*, 1. Band: *Die Stadt und ihre Herren*, Den Haag 1888 und Max Weber, WuG, S. 747 f.

201 Ebd., S. 747.

202 Ebd., S. 595.

Diese hatte der Islam gesprengt. Obstruierend wirkten vielmehr die Militärverfassung, der damit verbundene Pfründenfeudalismus und das Militärpfründentum: Sein ›Zentralismus‹ unterband eine autonome Stadtentwicklung und damit auch die Entwicklung eines Stadtbürgertums mit erwerbskapitalistischer Orientierung. Weber formuliert den allgemeinen Satz: »Je einheitlicher daher ein politischer Verband organisiert war, desto weniger entfaltete sich die politische Autonomie der Städte.«[203]

Weber spricht von der »eigentümlichen Anarchie der Stadt Mekka«. Aber er fügt hinzu, daß diese ›Anarchie‹ kein Spezifikum der islamischen oder der arabischen Städte sei. Es ist vielmehr ein Zustand, wie er sich überall in der Welt findet, auch in der okzidentalen Antike, ja selbst in der mittelalterlichen, insbesondere in der südeuropäischen okzidentalen Stadt. Die ›Anarchie‹ besteht darin, daß sich hier »massenhafte Herrschaftsansprüche« treffen und, »einander kreuzend, nebeneinander« herlaufen.[204] Die Stadt ist zwar im Vergleich zum Land vielleicht ein günstigerer Sitz für die Verfolgung ökonomischer Interessen, aber deshalb noch keine eigenständige Sozialorganisation. Im Okzident aber ist sie, beginnend in der Antike, dazu geworden, ähnlich wie später die Kirche. Daß beide, der anstaltsmäßig organisierte Stadtverband und der anstaltsmäßig organisierte Kirchenverband, im Orient nicht entwickelt wurden, hat zur Folge, daß den islamischen Staatengebilden, dem islamischen Patrimonialismus, keine Gegenkräfte ›anderer Art‹ entstanden sind. Gewiß: Der islamische Patrimonialismus kämpfte ständig gegen den Zerfall der Einheit. Aber der Zerfall brachte nur immer wieder dieselben Strukturen und Orientierungen hervor. Die Einheit gliederte sich in ähnliche Einheiten und zerfiel in ähnliche Einheiten. Die Strukturheterogenität, der strukturelle Pluralismus, der den mittelalterlichen Okzident auszeichnet, fehlt. Damit aber fehlen auch die daraus hervorgegangenen historischen ›Vorbedingungen‹ für Entstehung und Entwicklung eines rationalen Kapitalismus. Anders als im Okzident war deshalb die Gesamtkonstellation politischer Herrschaft nach

203 Ebd., S. 812.
204 Ebd., S. 758.

›Form‹ und ›Geist‹ in den islamischen Staatengebilden den Entwicklungschancen des rationalen Industriekapitalismus letztlich hinderlich.

e) Das islamische Recht: Theokratische und patrimoniale Kadijustiz

Dazu trug noch ein weiteres Moment bei, die Rechtsentwicklung. Sie hängt eng mit der Art der Schulung und des Wissens zusammen, die für die Herrschaftsausübung, für die ›Verwaltung‹, als die jede Herrschaft letztlich funktioniert, von großer Bedeutung ist. Weber hatte ja an der oben mitgeteilten Stelle betont, daß eine Ausnahme von der Regelwirkung traditionaler politischer Herrschaft nur dort zu erwarten sei, wo ein Patrimonialherr um seiner eigenen Macht- und Finanzinteressen willen zu rationaler Verwaltung mit Fachbeamten greift. Dieser Verwaltungsstab muß technisch, kaufmännisch und juristisch geschult sowie an einer ›Funktionsethik‹, einer Berufsethik als ›Leistungsethik‹, orientiert sein.[205] Ein solchermaßen ›profanisierter‹ Verwaltungsstab stand im Okzident, nicht zuletzt aufgrund des »relativ klare(n) Dualismus« von heiligem und profanem Recht und der ›eigengesetzlichen‹ Entwicklungen dieser beiden Rechte,[206] schon früh zur Verfügung. Dieser Dualismus wirkte sich auch auf die zunächst unter kirchlichem Einfluß stehende Universitätsentwicklung aus. Auf dieses Potential konnte der okzidentale Patrimonialstaat nach Beschneidung der Stadtautonomie und der Macht der Ständekorporationen im Zeitalter der absoluten Fürstenmacht zurückgreifen und es für sein fiskalisch bedingtes Bündnis mit den durch die Stadtentwicklung gestützten bürgerlichen kapitalistischen Interessen nutzen.[207] Dieses Potential existierte – so Weber – in den islamischen Staatengebilden nicht im selben Maß. Gewiß, auch der Islam kennt wie China Universitäten, die denen des Okzidents ähneln: »Aber rationalen und systematischen Fachbetrieb der Wissenschaft: das eingeschulte *Fachmenschentum*, gab es in

205 Vgl. dazu RS I, S. 3 in Verbindung mit WuG, S. 661.
206 Ebd., S. 480.
207 Ebd., S. 151 in Verbindung mit S. 139.

irgendeinem an seine heutige kulturbeherrschende Bedeutung heranreichenden Sinn nur im Okzident.«[208] Dies führt zu unserer letzten Frage: Warum nicht im Islam?

Wie bereits gesagt, fehlt bei Weber eine zusammenhängende vergleichende Analyse der Wissenschafts- und Universitätsentwicklung. Zwar finden sich immer wieder Bemerkungen über Erziehung und Erziehungsinstitutionen, doch dem theoretischen Anspruch, den sein Ansatz in dieser Hinsicht stellt, genügen sie nur sehr begrenzt.[209] Der Text, der diesem Anspruch am nächsten kommt, ist die vergleichende Analyse des Rechts und der Rechtsentwicklung. Dort geht Weber unter anderem auf die Typen des Rechts sowie des Rechtsdenkens und auf seine Träger ein. Dies erfordert auch eine kurze Charakterisierung der Rechtsschulung. Dabei bezieht er alle ihn interessierenden Kulturkreise, den chinesischen, den indischen, den jüdischen, den christlichen und den islamischen, in die Betrachtung mit ein. Soweit es um die frühen Entwicklungsphasen in diesen Kulturkreisen geht, findet das heilige Recht und sein Verhältnis zum profanen besondere Beachtung. Selbst diese spezielle Untersuchung ist wieder um das Problem der okzidentalen Sonderentwicklung zentriert. Denn wie schon mehrfach betont, unterscheidet sich das heilige Recht des Christentums von anderen heiligen Rechten durch seine relativ klare Trennung der heiligen von der profanen Sphäre, und es wirkt damit theokratischen Mischbildungen entgegen: »Das kanonische Recht des *Christentums* nahm gegenüber allen anderen heiligen Rechten eine mindestens graduelle Sonderstellung ein.«[210]

Weber unterscheidet unter anderem drei Arten der Rechtsschulung: die empirisch-praktische, die theoretisch-formale und die theokratische. Die erste erfolgt zum Beispiel in Gestalt der Anwaltsschulung, die zweite in Gestalt von (säkularer) Universitätsschulung, die dritte in Gestalt von Priesterschulung oder von an diese angelehnter Rechtsschulung, wobei eine direkte priesterliche Leitung nicht zu bestehen braucht. Die erste be-

208 Max Weber, RS I, S. 3.
209 Ein Versuch, aus Weber eine Erziehungs- und Bildungssoziologie herauszulesen, bei Volker Lenhart, »Allgemeine und fachliche Bildung bei Max Weber«, in: *Zeitschrift für Pädagogik*, 32 (1986), S. 529 ff.
210 Max Weber, WuG, S. 480.

handelt eine empirisch geltende Ordnung aus der Perspektive ihrer handwerklich-praktischen Probleme, die zweite sucht diese dogmatisch zu bearbeiten, also rechtsimmanent rational zu systematisieren, die dritte dagegen beschränkt sich nicht darauf, sondern greift auf Normen zurück, »welche nur ideale, religiös-ethische Forderungen an die Menschen oder die Rechtsordnung bedeuten«, also gegenüber der empirisch geltenden (profanen) Ordnung auf heterogenen materialen Voraussetzungen beruhen.[211] Diese entstammen heiligen, meist geschlossenen Traditionen. Deshalb wird hier zwar gleichfalls systematisiert, aber, aus der Perspektive der juristischen Dogmatik gesehen, unformal. Dies genau ist das Charakteristikum aller heiligen Rechte, die zwar Produkte rationalisierender Lehre sind, doch einer, die sich nicht rechtsimmanent, sondern rechtstranszendent orientiert. Die Systematik, zu der diese Lehre gelangt, ist deshalb keine juristisch-formale, sondern eine theologisch-materiale. Denn das Recht dient nicht in erster Linie einem profanen, sondern einem heiligen Zweck.

Nach Weber ist das islamische Recht ein heiliges Recht in diesem Sinne. Es ist das Produkt einer spekulativ-rationalen Arbeit von Juristenschulen, »spezifisches ›Juristenrecht‹«[212], auf der Basis von Koran und Sunna und unter Verwendung des Konsensus zwischen den Rechtsgelehrten (Ijma) und der Argumentation mittels Analogie (Itjihad). Die Rechtsbildung lag, so Weber, »in starkem Maße bis heute in der Hand respondierender theologischer Juristen«.[213] Sie sind Spezialisten für das heilige Recht (Mufti), die Auskünfte (Fatwa) über die geltende Lehre erteilen, vom Richter (Qadi) zu unterscheiden, der Recht spricht. Die Rechtsbildner waren zunächst noch Rechtspropheten, dann nur noch Rechtskommentatoren. Der Umschwung kam mit der Schließung der heiligen Tradition, mit der Annahme vom Ende des prophetischen, des charismatischen Zeitalters.[214] Die reine Kasuistik beginnt die Rechtsbildung als Rechtsschöpfung zu ersetzen. Der Auslegungsstreit tritt in den Vordergrund. Die großen Juristen der vier Rechtsschulen sind in Webers Sicht durchaus noch Rechtspropheten. Sie bauen, auf

211 Ebd., S. 459.   212 Ebd., S. 475.   213 Ebd., S. 460.
214 Ebd., S. 474 und, allgemeiner, S. 460.

der Basis der heiligen Schrift und der mündlichen Überlieferung, auf der Basis von Koran und Sunna, durch selbständige Interpretation und mittels des tacitus consensus omnium das Recht und die Rechtswissenschaft (Fiqh) in kreativer Weise aus. Doch mit der Schließung der heiligen Tradition versiegt diese charismatische Rechtsquelle. Die Rechtsentwicklung wird immobilisiert. Ein »stereotypierte(s) Juristenrecht« ist die Folge, ein Juristenrecht zumal, das sich mit allen Mitteln gegen Säkularisierung stemmt.[215] Diese drei Vorgänge, Immobilisierung, Stereotypierung und Abwehr von Säkularisierung, aber stützen sich wechselseitig. Das erlaubt Systematisierung, aber sie ist letztlich nicht juristisch-formal, sondern theologisch-material. Mehr noch: Da das heilige Recht das ›ganze Leben‹ der Muslime regelt, entfernen sich die empirisch geltende und die ideal geforderte Ordnung immer mehr voneinander. Die Folge: die faktische Geltung des heiligen Rechts wird auf »bestimmte fundamentale Institutionen« eingeschränkt, die übrigen Institutionen dem profanen Recht überlassen, einem Recht aber, das »nicht durch Satzungen oder sichere Prinzipien eines rationalen Rechts« garantiert ist. Die Kluft zwischen heiligem und profanem Recht wird mittels Schlichen und Kniffen (Hijal) und mittels »strittiger Kasuistik«, also weitgehend opportunistisch, ›überwunden‹.[216] Weber sieht darin ein »Paradigma für die Wirkung heiliger Rechte in eigentlichen prophetisch geschaffenen ›Buchreligionen‹«: Das heilige Recht läßt sich weder konsequent durchführen noch beseitigen.[217]

Akzeptiert man diese Diagnose, so lassen sich damit drei in unserem Zusammenhang wichtige Überlegungen verbinden. Zum einen ist das heilige Recht eine wirksame Waffe in der Hand derer, die es verwalten. Es ist paradoxerweise eine wirksame Waffe gerade deshalb, weil es in der Praxis nicht wirklich durchgeführt werden kann. Die wirkliche Ordnung entspricht

215 Ebd., S. 475.
216 Ebd., S. 475 f. Zur Hijal-Literatur und zu ihrer Bedeutung für die wechselseitige Anpassung von Gewohnheitsrecht und Schari'a Joseph Schacht, »Zur soziologischen Betrachtung des islamischen Rechts«, in: Der Islam, 22 (1935), S. 207 ff., bes. 218. Ich benutze Schacht, um Webers Darstellung teilweise zu korrigieren.
217 Max Weber, WuG, S. 474.

351

niemals der idealen. Das bringt die Träger der heiligen Rechtstradition in eine kritische Stellung zu den Trägern der faktischen Ordnung, insbesondere zu den politischen Herren. Schon in der Frühphase des Islams waren die Ulema nicht einmal ins Kalifat integriert.[218] Zum anderen ist das heilige Recht ein entscheidendes Hindernis zur Herstellung der inneren und äußeren Rechtseinheit. Es ist es paradoxerweise gerade deshalb, weil sein Geltungsanspruch als eine religiöse Pflichtenlehre für die Muslime zwar unbedingt, sein Geltungsbereich aber auf ein »Standesrecht« eingeschränkt ist.[219] Das führte dazu, wie Weber beobachtet, daß die »Rechtspartikularität« der unterworfenen Völker fortlebte, und zwar »in allen ihren Formen« sowie in prekärer Beziehung zu dem Recht der Muslime, und daß dadurch die Schaffung einer lex terrae unmöglich gemacht war.[220] Schließlich aber ist das heilige Recht auch ein entscheidendes Hindernis zur Herstellung eines berechenbaren Rechtsgangs. Es ist es paradoxerweise deshalb, weil es als eine religiöse Pflichtenlehre, die Recht von Ethik, Ritual und Anstandslehre nicht sondert, darin gerade nicht weit genug ging. Es förderte dadurch faktisch den Dualismus von geistlicher und weltlicher Rechtspflege, ohne aber eine eigengesetzliche, juristisch-formale Systematisierung der profanen Seite zuzulassen. Weder das geistliche noch das weltliche Judizieren folgte einer abstrakten rechtsimmanenten Logik, beides war vielmehr auf materiale Gerechtigkeit, auf konkrete rechtstranszendente Billigkeitsgesichtspunkte abgestellt.[221]

218 Dazu John A. Hall, *Powers and Liberties*, S. 88, der überhaupt den Gegensatz von Ulema und politischer Herrschaft in den Mittelpunkt stellt. Zu diesem Problem auch die Beiträge von Rodinson und Gellner in *Max Webers Sicht des Islams*, S. 180 ff. bzw. S. 272 ff.

219 Dazu Joseph Schacht, »Islamisches Recht«, S. 222 und Max Weber, WuG, S. 476. Schacht spricht von einer Kombination aus Personalprinzip (Muslim) und Territorialprinzip (Islamland).

220 Max Weber, WuG, S. 476.

221 Ebd., S. 477. Die Unterscheidung zwischen rechtsimmanenten und rechtstranszendenten Verhältnissen sowie die Sphärenabgrenzungen innerhalb der rechtsimmanenten Verhältnisse sind zentral für Webers Rechtssoziologie, desgleichen die Unterscheidung zwischen formal und formell sowie material und materiell. Wenn man dies nicht sieht, wird Webers Rechtssoziologie tatsächlich ein ›unverständlicher‹ Text.

Das aber heißt: Weil die Sphärentrennung zwischen heiligem und profanem Recht, geistlicher und weltlicher Rechtspflege faktisch bestand, aber normativ hierarchisiert blieb, und weil die Rechtsbildung des heiligen Rechts von Rechtsschöpfung auf Rechtsauslegung wechselte und sich dadurch immobilisierte, wucherte das profane Recht gleichsam ohne Führung. Weder führte das heilige Recht das profane, noch führte es sich selbst. Keines der beiden Rechte entwickelte sich in Richtung auf juristische Formalisierung, das heilige nicht, weil es in außerrechtlichen Voraussetzungen wurzelte, das profane nicht, weil es unter sakraler Vorherrschaft verblieb. Die islamische Justiz ist, typologisch gesehen, deshalb theokratische und patrimoniale Kadijustiz.[222] Sie ist dies nicht so sehr wegen einzelner Normen, als vielmehr wegen ihres ›Geistes‹. Es ist der an außerrechtlichen Postulaten orientierte ›Geist‹ materialer Gerechtigkeit. Diesem ›Geist‹ entspricht der Träger. Es sind keine ›profanisierten‹ Fachmenschen, sondern Militärpfründner und Patrimonialbeamte mit profaner Standesethik einerseits, theologische Juristen mit sakraler Standesethik andererseits. Das hat generell eine »logische Systematisierung des Rechts in formale juristische Begriffe« verhindert.[223] Webers Sicht der praktischen Wirkung des islamischen Rechts läßt sich auf diese paradoxe Formel bringen: Weil das islamische heilige Recht sich zunehmend stereotypierte, hat es die geringe Stereotypierung des orientalischen Patrimonialismus nicht gemildert, sondern noch verstärkt.

Die Vergleichspunkte zur okzidentalen Entwicklung sind auch hier wieder Differenzpunkte. Sie seien zum Abschluß noch

Das zeigt der Beitrag von Patricia Crone in *Max Webers Sicht des Islams*. Dazu später mehr. Eine Analyse der Rechtssoziologie unter Berücksichtigung dieser Unterscheidungen habe ich versucht in *Die Entwicklung des okzidentalen Rationalismus*, S. 122 ff. In diesem Zusammenhang interessant S. Breuer/H. Treiber (Hg.), *Zur Rechtssoziologie Max Webers. Interpretation, Kritik, Weiterentwicklung*, Opladen 1984.

222 Dazu Max Weber, WuG, S. 665, der nur von theokratischer Kadijustiz spricht. Schacht weist auf die Notwendigkeit der Differenzierung hin. Für Weber ist Kadijustiz bekanntlich kein Begriff, der auf den Islam beschränkt wäre.

223 Max Weber, WuG, S. 476.

kurz erwähnt. Von der nicht bloß faktischen, sondern normativ gestützten Differenzierung zwischen heiligem und profanem Recht im Okzident war schon mehrmals die Rede. Natürlich verlangte auch sie ›Brückenkonstruktionen‹ zwischen beiden Sphären. Doch sie wurden nicht, wie im Islam, in erster Linie mittels Schlichen und Kniffen, mittels »Umgehungsgeschäften«, bewerkstelligt,[224] sondern mittels eines Naturrechts, das aus stoischer Tradition stammt.[225] Die Sphärentrennung schlug sich auch im Lehrbetrieb nieder: »Im Mittelalter sonderte dann die abendländische Universitätsbildung den Lehrbetrieb der Theologie auf der einen Seite und den des weltlichen Rechts auf der anderen von der kanonischen Rechtslehre und hemmte so die Entstehung theokratischer Mischbildungen, wie sie überall sonst eingetreten sind.«[226] Vor allem aber: Das kanonische Recht wurde in seiner Entwicklung nicht durch die Schließung der heiligen Tradition behindert, und das profane Recht stand schon früh auf eigenen Füßen, sowohl nach Rechtstradition wie nach Trägerschicht. Anders als der Islam, aber auch anders als das Judentum, deren Rechtstraditionen sich ähneln, hat die okzidentale mittelalterliche Kirche sich nie auf die Responsen als den einzigen Weg der Rechtsfortbildung zurückgezogen. Sie »schuf sich in den Konzilien, dem Amtsapparat der Bischöfe und der Kurie und vor allem der päpstlichen Jurisdiktionsgewalt und dem unfehlbaren Lehramt Organe zu rationaler Rechtsschöpfung, wie sie den sämtlichen anderen großen Religionen fehlen«.[227] Der Entwicklung des profanen Rechts aber standen die römische und die germanische Rechtstradition zur Verfügung, und seine Träger waren weder Kleriker, theologische Juristen oder Pfründner, sondern Rechtshonoratioren vom Typus der italienischen Notare, der englischen Anwälte und der »mittelalterlichen empirischen Juristen des nordeuropäischen kontinentalen Okzidents«.[228] Diese autonome profane Rechtsentwicklung war eng mit der mittelalterlichen okzidentalen Stadtentwicklung verbunden. Auch hier zeigt sich wieder, wie

224 Joseph Schacht, »Islamisches Recht«, S. 222.
225 Max Weber, WuG, S. 480.
226 Ebd.
227 Ebd., S. 460.
228 Ebd., S. 461.

wichtig für Webers Analyse der okzidentalen Sonderentwicklung seine These von der strukturellen Heterogenität, vom strukturellen Pluralismus, der okzidentalen Ordnungskonfiguration ist.

Im Okzident gibt es also relativ eigengesetzliche, autonome Entwicklungen des heiligen und des profanen Rechts, die sich wechselseitig eher begünstigen als hindern. Es sind Entwicklungen, die von charismatischer Rechtsschöpfung und Rechtsfindung wegführen hin zu einer Orientierung an formaler juristischer Technik, wie sie im römischen Recht, das die sakrale und die profane Entwicklung gleichermaßen beeinflußt, vorgezeichnet ist. Das schafft selbst bei den Trägern des heiligen Rechts einen ›Geist‹, der die Ausbildung einer juristisch formalen Rechtslehre fördert. Mehr noch: Das römische und auch das germanische Recht bieten Rechtsinstitutionen, die dem islamischen Rechtskreis völlig fremd geblieben sind. Weber denkt dabei nicht, wie immer wieder behauptet wird, in erster Linie an Institutionen des ›Privatrechts‹, des Geschäftsrechts. Er denkt an solche des ›Öffentlichen Rechts‹. Institutionen des Geschäftsrechts, die dem rationalen Kapitalismus günstig sind, hat gerade der islamische Rechtskreis entwickelt. Sie sind von dort in den Okzident gelangt. Aber was das islamische Recht nicht kennt, ist die Institution der Korporation und der Anstalt. Ich folge hier Joseph Schacht. Dieser schreibt in einer Darstellung des islamischen Rechts, die sich an Webers Rechtssoziologie anlehnt, seine Behandlung des islamischen Rechts im Detail zwar kritisiert, seine wichtigsten Ergebnisse aber bestätigt: »Der Begriff der juristischen Person, der aus dem Problem der Verbände entsteht..., ist dem islamischen Recht ebenso wie die korporative Organisation und der Anstaltsbegriff unbekannt. Die einzige von der *Šarīʿa* anerkannte ›Korporation‹ ist der aus der altarabischen Stammesorganisation übernommene blutrechtliche Sippenverband (ʿĀqila), dem in den meisten Fällen die Zahlung des Blutgeldes obliegt.«[229]

So wichtig diese Differenzpunkte sind, auch hier gilt, was beim

229 J. Schacht, »Islamisches Recht«, S. 236. Wenn Patricia Crone bemerkt, solche für die Entwicklung des rationalen Kapitalismus wichtigen Rechtsinstitute seien im Islam deshalb nicht aufgetaucht, weil sie einfach vergessen worden seien, so halte ich dies für kein sonderlich über-

Vergleich des orientalischen Pfründenfeudalismus und des okzidentalen Lehensfeudalismus gesagt wurde: Die Behauptungen von der graduellen Sonderstellung des kanonischen Rechts unter den heiligen Rechten und von der relativ autonomen Entwicklung des profanen Rechts ergeben keine direkte Erklärung der Begünstigung des rationalen Kapitalismus im Okzident. Auch hier handelt es sich allenfalls um entwicklungsfähige Elemente, die freilich in den islamischen Staatengebilden fehlten. Sie steigern zwar, wie Lehensfeudalismus und Ständestaat, die Berechenbarkeit von Verwaltungs- und Rechtsgang, aber dieser bleibt auch hier zunächst traditional bestimmt. *Alle* heiligen Rechte haben wie im Islam die Tendenz, ethische, rechtliche, rituelle und zeremonielle Normen »auf gleicher Linie« zu behandeln, und *alle* haben wie dieser die Autonomie der profanen Rechtsentwicklung eingeschränkt. *Alle* auch waren wie er zu Schlichen und Kniffen genötigt, um normativ gebotene Regelungen faktisch außer Kraft zu setzen, besser: um ihre Mißachtung tolerieren zu können, so etwa die okzidentale Kirche beim Wucher- und Zinsverbot.[230] Nach Weber haben übrigens nirgends diese ›unpraktischen‹ Einzelregelungen das rational-kapitalistische Wirtschaften verhindert. Entscheidend war immer die Gesamtwirkung eines Normenkomplexes, sein ›Geist‹. Dieser aber war bei allen Hierokratien ähnlich. Wie die traditionale politische Herrschaft, so ist auch die traditionale hierokratische Herrschaft grundsätzlich antikapitalistisch eingestellt. Nicht dem politisch orientierten, wohl aber dem ökonomisch orientierten Kapitalismus gilt die Feindschaft, dem Kapitalismus als einem rationalen unethischen Wirtschaftssystem. Trotz »grundverschiedener Anfänge«, trotz »verschiedener Entwicklungsschicksale« wirken die Kulturreligionen nach Abschluß ihres »charismatischen Heroenzeitalters« auf das wirtschaftli-

zeugendes Argument. Vgl. ihren Beitrag in *Max Webers Sicht des Islams*, S. 294 ff.

230 Max Weber, WuG, S. 349. Es gibt also Parallelen zwischen Christentum und Islam in der Behandlung des Wuchers. Die Einstellung einer Religion dazu ist als solche unerheblich. Sie ist nur interessant als Indikator für das Vorhandensein eines Dualismus von Binnen- und Außenmoral, der in jeder traditionalen Wirtschaftsethik in irgendeiner Form auftaucht.

che Leben in ähnlicher Weise: Sie begünstigen das traditionale Wirtschaften, den traditionalen Wirtschaftsgeist sowohl wie die traditionale Wirtschaftsform. Das gilt für den Islam genauso wie beispielsweise für die römisch-katholische Kirche. Die wichtigste Ausnahme von dieser Regel: der asketische Protestantismus mit seinem ›Geist der Versachlichung‹.

Damit ist die Rekonstruktion von Webers Analyse des Islams abgeschlossen. Sie hat sich als ein schwieriges Puzzle herausgestellt. Doch Bausteine zu dem Puzzle ließen sich finden, und sie können so gelegt werden, daß ein Bild in seinen Grundzügen entsteht. Den Leitfaden dafür gab Webers Analyse der okzidentalen Entwicklung. Sie nennt die Vergleichspunkte, die die Analyse des Islams leiten, so wie die der anderen Kulturkreise auch. Diese Vergleichspunkte sind vor allem Differenzpunkte. Sie treten scharf in den Blick, solange der typologisch-vergleichende Gesichtspunkt im Vordergrund steht. Aber die so gewonnenen Differenzpunkte lassen sich auch in ihrer Genese betrachten. Hätte Weber seine geplante Studie über den Islam noch schreiben können, so wäre sicherlich dieser Gesichtspunkt stärker in den Vordergrund gerückt.

Die Rekonstruktion ergab zwei Hauptthesen, die aufeinander verweisen: eine über die Wirkung der islamischen religiösen Ethik und eine über die Wirkung der islamischen politischen Herrschaft und des islamischen Rechts. Die Prüfung der ersten verlangte eine Analyse von innen nach außen, die der zweiten eine von außen nach innen. Aber immer ging es dabei um das Verhältnis von ›Geist‹ und ›Form‹. Immer ging es auch um das Verhältnis von Obstruktion, Indifferenz sowie einseitiger oder wechselseitiger Begünstigung, in dem ›Geist‹ und ›Form‹, aber auch ›Geist‹ und ›Geist‹ und ›Form‹ und ›Form‹ zueinander stehen. Wirtschaft, Herrschaft, Recht und Religion, das sind Begriffe für komplexe Phänomene, die eine innere und eine äußere Seite haben. Die Analyse muß sich auf beide Seiten beziehen. Das verlangt den beschriebenen Perspektivenwechsel, aber auch die gleichzeitige Beachtung von ›Bedingtheiten‹ und ›Relevanzen‹. Eine Religion zum Beispiel kann ökonomisch bedingt und politisch relevant sein und umgekehrt, und dieses Wechselspiel geht durch alle Lebensordnungen hindurch. Am Schnittpunkt innerer und äußerer Verhältnisse aber steht die

Lebensführung. Erst wenn man sie in dieser ›Zwischenstellung‹ erfaßt, läßt sich der berühmte Marxsche Satz richtig interpretieren, daß der Mensch zwar seine Geschichte, aber nicht unter selbstgewählten, sondern unter vorgefundenen Bedingungen macht.

Aber nicht nur die Rekonstruktion von Webers Analyse des Islams, auch seine Erklärung, warum der rationale Kapitalismus nur im Okzident und nicht im islamischen Kulturkreis ›durchkam‹, ist ein Puzzle. Auch für dieses Puzzle wurden viele Bausteine, hier: historische ›Vorbedingungen‹, gebraucht. Eine Kette von Umständen hat sie – so Webers These – nur im Okzident entstehen lassen. Jemand freilich mußte sie, um im Bild zu bleiben, zusammensetzen. Dies war die Leistung der methodischen Lebensführung des asketischen Protestantismus, seines Rationalismus der Selbst- und Weltbeherrschung, die dem Islam, aber auch dem Luthertum, dem Katholizismus, dem frühen Christentum, dem Judentum und allen asiatischen Kulturreligionen letztlich fehlt. In dieser Sicht steckt zwar kein methodologischer, wohl aber ein inhaltlicher ›Idealismus‹. Es ist freilich ein historisch gewendeter inhaltlicher ›Idealismus‹ – wenn man so will: statt der transzendentalen Einheit der Apperzeption die historische Einheit der Lebensführung. Für das Handeln der Menschen sind verpflichtende Ideale und das innere Verhältnis zu ihnen genauso wichtig wie äußere ›Umstände‹. Die verstehende Soziologie verweist auf eine Werttheorie.

Webers Religionssoziologie, ja seine Soziologie insgesamt, kulminiert deshalb in einer Soziologie und Typologie zweck- und vor allem wertmotivierter Weltverhältnisse und damit verbundener Lebensführungen, man könnte auch sagen: in einer Soziologie und Typologie axiologischer Kehren und der damit verbundenen Typen der Persönlichkeit und des Menschentums. Für die Religionssoziologie, in der es um religiös-ethisch motivierte Weltverhältnisse und Lebensführungen geht, zeigen dies »Einleitung« und »Zwischenbetrachtung«, aber auch »Resultat« der Konfuzianismusstudie und der Schluß der Hinduismusstudie sowie die letzten Paragraphen der systematischen Religionssoziologie überdeutlich. Der Merkmalskatalog, der hier in die vergleichende Typologie eingeht, ist ungewöhnlich komplex. Seine Komplexität wird besonders dort sichtbar, wo die Analyse vom Vergleich der asiatischen und vorderasiatisch-okzidentalen Kulturreligionen auf den Vergleich der verschiedenen vorderasiatisch-okzidentalen Kulturreligionen umschwenkt. Das zeigt sich nicht zuletzt an der Behandlung des Islams. Seine äußere Ähnlichkeit gerade mit dem Calvinismus verlangt eine detaillierte Diskussion von Gemeinsamkeiten und Differenzen. Das motiviert dazu, die wichtigsten Merkmale dieses Katalogs zusammenzustellen und zu prüfen, ob die Merkmalsausprägungen für die vorderasiatisch-okzidentalen Kulturreligionen tatsächlich trennscharf sind. Diese Kulturreligionen, die alle in dem Manuskript »Die Wirtschaft und die gesellschaftlichen Ordnungen und Mächte« ständig vorkommen, hat Weber, mit Ausnahme des asketischen Protestantismus und der altisraelitischen Ethik in ihrem Übergang zum Judentum, nicht mehr in monographischer Form behandelt. Aber er plante diese monographische Darstellung bis zuletzt. An dieser Zusammenstellung läßt sich deshalb auch prüfen, ob die wichtigsten Bausteine für die nicht mehr geschriebenen Studien 1920, zum Zeitpunkt von Webers Tod, tatsächlich vorhanden waren. Mein Ergebnis bestätigt Marianne Webers Mitteilung: Die Vorarbeiten zur Studie über das talmudische Judentum, über das antike und mittelalterliche Christentum und über den Islam waren lange vor 1920 gemacht (vgl. Tabelle 1).

3. Die Kritik an Webers Islamanalyse

Max Webers Analyse des Islams hat in der islamwissenschaftlichen und soziologischen Literatur bisher wenig Resonanz erfahren. Eine frühe Ausnahme bildet der bereits zitierte Aufsatz von Joseph Schacht, der dem islamischen Recht gewidmet ist. Schacht orientiert sich an den Grundlinien von Webers Rechtssoziologie – er spricht von ähnlicher Betrachtungsweise –, kritisiert aber die umstandslose Übertragung von Begriffen, die an der abendländischen Rechtsgeschichte abgelesen sind, auf die islamischen Rechtsverhältnisse, ferner die fehlende Periodisierung der islamischen Rechtsgeschichte. Auch einzelne Aussagen hält er für falsch. Er korrigiert deshalb Webers kurze Besprechung des islamischen Rechts an mehreren Stellen. Doch

Tabelle 1 Vergleich von frühem Judentum, frühem Christentum, frühem Islam
und asketischem Protestantismus (Calvinismus)
(nach der älteren Fassung von *Wirtschaft und Gesellschaft*)

Den Religionen ist dies gemeinsam: Sie sind Erlösungsreligionen, Offenbarungsreligionen, ethische Religionen, monotheistische und theozentrische Religionen sowie Buchreligionen mit mehr oder weniger stark ausgeprägten aktivistischen und antimagischen Tendenzen.

A. *Religiöse Ideen*	frühes Judentum	frühes Christentum	früher Islam	Calvinismus
1. Träger der ›Offenbarung‹	ethische Propheten als Heils- u. insbes. Unheilspropheten mit politischen Absichten (vorexilische Prophetie)	ethische Propheten als Heilspropheten ohne politische Absichten (Johannes und Jesus)	ein ethischer Prophet mit politischer Absicht (Mohammed)	Rückgriff auf alttestamentliche Prophetie
2. Träger der Systematisierung der ›Offenbarung‹	Priester, dann Schrift- und Rechtsgelehrte Prototyp: Rabbinen	Theologen und Bischöfe Prototyp: Kirchenväter	Rechts- und Religionsgelehrte (Juristen u. Theologen) Prototyp: Ulema	Theologen Prototyp: Reformatoren
3. Religiöser ›Kanon‹	Thora u. interpretierende Tradition sowie ergänzende mündliche Tradition, später fixiert (Talmud) relativ geschlossen	Altes und vor allem Neues Testament und interpretierende Tradition sowie ergänzende kirchliche Tradition (Konzilien etc.) relativ offen	Koran und interpretierende Tradition sowie ergänzende mündliche Tradition, später fixiert (Sunna) geschlossen	Altes und Neues Testament geschlossen
4. Gottesbegriff	Jahwe als überweltlicher ›zorniger‹ Gott Allmacht	Gott als gnädiger und gütiger himmlischer Vater Allgüte und Allgnade	Allah als überweltlicher ›großer‹ Gott Allmacht und Allgüte	Doppelter Gott: Gott des Alten und des Neuen Testaments Allmacht und Allgüte
5. Gott-Mensch-Beziehung	Vertrags-(Bundes-)beziehung (zweiseitig)	Gnaden- und Liebesbeziehung (zweiseitig)	Unterwerfungsbeziehung (einseitig)	Bewährungsbeziehung (einseitig)
6. Theodizee	messianische Eschatologie	Theodizee des Leidens	Vorsehung als Prädetermination	Vorsehung als Prädestination

1. Heilsmittel und Heilswege	keine Askese Wissen (Studium) und rituell-kultische Handlungen ohne magische Bedeutung Magiefeindschaft	außerweltliche Askese Glauben und rituell-kultische Handlungen mit magischer Bedeutung (Sakramente) Magiebefangenheit (sublimierte Magie)	keine Askese Glauben und Wissen (Erkennen) sowie rituell-kultische Handlungen ohne magische Bedeutung Magieindifferenz	innerweltliche Askese Glauben und rituell-kultische Handlungen ohne magische Bedeutung radikalisierte Magiefeindschaft
2. Heilsziele und Heilsgüter	Kommen des diesseitigen Gottesreiches und kollektive Erlösung wegen gegenwärtigen kollektiven Leidens ›Vergeltung‹	individuelle Erlösung im Jenseits wegen Gottes Güte und Gnade ›Vergebung‹	individuelles Glück im Jenseits (Paradies) wegen Glauben und Tapferkeit ›Verehrung‹	individuelle Erlösung im Jenseits wegen Gottes freiem Entschluß ›Erwählung‹
3. certitudo salutis	strikte Befolgung des religiösen Gesetzes Handeln als Realgrund der Erlösung strenge Reziprozität	Befolgung der göttlichen Gebote aus Glauben und Vertrauen Handeln als Ausdruck der zugesagten Erlösung gemilderte Reziprozität	strikte Befolgung des religiösen Gesetzes Handeln als Realgrund des Glücks strenge Reziprozität	strikte Befolgung der göttlichen Gebote zum Ruhme Gottes Handeln als Erkenntnisgrund der Erlösung keine Reziprozität
4. religiös-ethische Orientierung	›heiliges Recht‹ Legalitätsprinzip gesetzesethisch	›heilige Gesinnung‹ Moralitätsprinzip gesinnungsethisch (liebesethisch)	›heiliges Recht‹ Legalitätsprinzip gesetzesethisch	›heilige Gesinnung‹ Moralitätsprinzip gesinnungsethisch (pflichtenethisch)
5. Reichweite der religiösen Botschaft	religiöse Merkmale verknüpft mit ethnischen – ethnische Schichtung Dualismus von auserwähltem Volk und übrigen Völkern schwacher Missionierungsdrang nichtreligiöser Partikularismus	keine Verknüpfung von religiösen mit nichtreligiösen Merkmalen – religiöse Schichtung Dualismus von Gläubigen und Ungläubigen starker Missionierungsdrang religiöser Universalismus	religiöse Merkmale verknüpft mit Schichtungsmerkmalen – Ständeschichtung Dualismus von Gläubigen (Eroberern) und Ungläubigen (Eroberten), Haus des Islams und Haus des Kriegs starker Eroberungsdrang mit Massenkonversion als Folge nichtreligiöser Partikularismus	keine Verknüpfung von religiösen mit nichtreligiösen Merkmalen – religiöse Schichtung Dualismus von Erwählten (electi) und Verdammten (reprobati) schwacher Missionierungsdrang religiöser Partikularismus

C. Religiöse Organisation

	frühes Judentum	frühes Christentum	früher Islam	Calvinismus
1. Innenverhältnis: Hierokratische Gewalt	Gemeinde mit Predigt, Gebet, Gesang, Schriftlesung und -interpretation unter religiöser Leitung, aber ohne Priester	Kirche als Gnadenanstalt mit Priestern als Gnadenspendern Orden als kirchlich anerkannte religiöse Sonderorganisationen (›Sekte‹)	Gemeinschaft (umma) auf der Basis der fünf Säulen (Bekenntnis zu Allah und Mohammed, fünfmaliges tägliches Gebet, Fasten, Almosen und Pilgerfahrt) unter Leitung von Rechts- und Religionsgelehrten sowie religiösen Führern (Imam, Mullah) zu öffentlichem Gebet u. Predigt	Kirche als Zuchtanstalt mit Priestern als Verkündigern des Wortes (der Heiligen Schrift) und Verwaltern der göttlichen Staatsraison Kirche als ›Sekte‹
2. Außenverhältnis: Verhältnis der hierokratischen zur politischen Gewalt	bei politischer Selbständigkeit getrennt, aber mit Tendenz zu Theokratie, bei Unselbständigkeit nach außen abgeschlossener konfessioneller Verband (Pariareligiosität)	getrennt, mit Tendenz zur Theokratie	vereint, alle Funktionen als Ausdruck des einen religiösen Gesetzes, aber mit Tendenz zur Trennung (Kalifat und Sultanat)	theokratisch, mit Tendenz zur Trennung
D. Trägerschichten	stadtsässige plebejische Schichten	stadtsässige plebejische Schichten	militärische Herrenschichten	städtische Gewerbetreibende und Kaufleute
E. Resultat 1. religiös bedingtes Weltverhältnis	Weltindifferenz	Schwanken zwischen Weltindifferenz und Weltüberwindung	Schwanken zwischen Weltbeherrschung (als Welteroberung) und Weltanpassung	Weltbeherrschung

aufs Ganze gesehen kommt er bei seiner soziologischen Betrachtung des islamischen Rechts zu ähnlichen Ergebnissen wie Weber: Er verweist auf die mangelnde Differenzierung der sachlichen Rechtsgebiete, auf den Vorrang der materiellen vor der formellen Rationalität, auf die Abfolge von Rechtsoffenbarung und Traditionalisierung, von Öffnung und Schließung, auf die Bedeutung des Umgehungsgeschäfts (Hijal) für die ›Assimilation‹ der gewohnheitsrechtlichen Praxis an die Schari'a, auf den ›Mischcharakter‹ des heiligen Rechts und auf die Beschränkung seines Geltungsbereichs, auf seinen Suprematieanspruch und auf seine Tendenz, das profane Recht zu durchdringen, und zwar so, daß es in unformale Bahnen gerät und überhaupt an einer ungestörten Entwicklung gehindert ist. Schließlich unterstreicht er das Fehlen von Rechtsbegriffen wie juristische Person, Korporation und Anstalt, die für die okzidentale Rechtsentwicklung zentral sind. Auch die Rolle des islamischen Gemeindeprinzips gegenüber dem altarabischen Stammesprinzip schätzt er ähnlich wie Weber ein. Schacht betont, daß das altarabische Gewohnheitsrecht in der Schari'a fortwirke, aber durch das islamische Gemeindeprinzip ›korrigiert‹ werde: »... gerade die jenen Rechtsverhältnissen zugrundeliegende Stammesorganisation mit ihrem zivil- und strafrechtlichen Solidarismus (ist) zurückgedrängt.« Aber die Wirkung des islamischen Gemeindeprinzips sei begrenzt geblieben, ja, habe sogar wegen des mit »den Abbasiden endgültig einziehenden patriarchalen Charakter(s) des politischen Patrimonialismus *gegen* die korporative Organisation gewirkt«.[231]

Die geringe Resonanz auf Webers Islamanalyse nimmt nicht wunder. Schließlich bedarf es erheblicher Anstrengung, um ihre Grundzüge aus seinen verstreuten Bemerkungen freizulegen, wie der vorliegende Versuch zeigt. Immerhin existieren neben sachlich begrenzten Auseinandersetzungen vom Charakter der Arbeit Schachts zwei Monographien, die, im Zusammenhang mit dem Islam, Webers Ansatz behandeln, die eine allgemein, die andere speziell, auf der Rekonstruktion von Webers Sicht des Islams aus den Texten fundiert. Beide sind kritisch und aus einer modifizierten Marxschen Perspektive ge-

---

231 Joseph Schacht, »Islamisches Recht«, S. 237 f.

schrieben. Die eine stammt von Maxime Rodinson, die andere von Bryan S. Turner.[232] Ihnen wende ich mich kurz zu.

Rodinson stellt sich die Frage, warum die islamische Welt im Unterschied zum Westen keine industriekapitalistische Produktionsweise, keine kapitalistische ökonomische Gesellschaftsformation ausbildete, einen Zustand also, in dem nicht bloß eine Mehrzahl von Unternehmen auf der Grundlage freier Arbeit und um des Profites willen Waren produzieren, sondern in dem das Wirtschaftssystem vom kapitalistischen Sektor dominiert ist, das wiederum die übrigen gesellschaftlichen Systeme dominiert. Er stellt sich also die Frage Webers, wenn auch in Marxschen Begriffen. Doch an diesem Punkt sieht er – und dies sicherlich zu Recht – keinen Gegensatz zwischen Weber und Marx.[233] Dieser zeigt sich erst bei der Antwort. Denn dabei greift Weber im Unterschied zu einem richtig angeeigneten Marx auf Ideen als hemmende oder fördernde Faktoren zurück. Er gibt also in Rodinsons Augen letztlich eine ›ideologische‹ Erklärung. Und dies in einem doppelten Sinn. Zum einen wird ein entscheidender Einfluß der Ideologie, im Falle des Islams der koranischen und nachkoranischen ›Ideologie‹, auf die wirtschaftliche Entwicklung behauptet, zum anderen ist diese Behauptung, dieser Erklärungsansatz, selbst eine Ideologie. Es ist die Ideologie von der höheren Rationalität des Westens, insbesondere seiner aktivistischen und antimagischen religiösen Ethik, die im Islam fehle. Zwar betone Weber auch die Bedeutung von Recht und Staat, aber auch hier herrsche das gleiche westliche Vorurteil.[234] Prüfe man jedoch die These vom niedrigen Grad an Rationalität der nichtwestlichen Kulturen, also auch der islamischen, die aus der Behauptung von der »spezifischen Rationalität des Europäers« folge,[235] wissenschaftlich,

232 Maxime Rodinson, *Islam und Kapitalismus*, Frankfurt 1986 und Bryan S. Turner, *Weber and Islam. A Critical Study*, London and Boston: Routledge & Kegan Paul 1974. Vgl. Ferner Maxime Rodinsons Beitrag in *Max Webers Sicht des Islams*, S. 180 ff., der aber im Vergleich zum Buch eine etwas andere Linie verfolgt.

233 Maxime Rodinson, *Islam und Kapitalismus*, S. 26 ff., bes. 32.

234 Ebd., S. 146 ff.

235 Ebd., S. 160 f.

gleichsam positivistisch,[236] so zeige sich schnell, daß sie weder methodisch noch sachlich aufrechtzuerhalten sei. Methodisch beruhe sie auf einer zirkulären Argumentation, sachlich auf einer Unterschätzung des Rationalitätsniveaus der islamischen ›Ideologie‹ und der islamischen Institutionen. Sie sei zirkulär deshalb, weil sie für die höhere Rationalität des Westens Beispiele anführe, die aus einer späteren Epoche stammten als jener, »in der das okzidentale Europa sich sehr entschieden auf den Weg des modernen Kapitalismus begab«. Die behaupteten rationalen Züge aber können sich »ebensogut der wirtschaftlichen Entwicklung auf dem kapitalistischen Wege verdanken, oder sie können in Wechselbeziehung zu dieser Entwicklung und mit ihr zusammen aus einer gemeinsamen Ursache entstanden sein«.[237] Sachlich aber sei sie falsch, weil der Islam keineswegs eine antiaktivistische und magiebefangene ›Ideologie‹ darstelle. Im Gegenteil: Vergleiche man etwa den Koran, das heilige Buch der Muslime, mit dem Alten und Neuen Testament, so lasse sich sogar von einer höheren Rationalität des Korans sprechen: »Es scheint also, als ob die Koran-Ideologie das Vernunftdenken, die Rationalität in einem höheren Grade als die Ideologien, die sich im Alten und Neuen Testament widerspiegeln, eingreifen ließe; als ob sie den Gedanken der Prädestination ungefähr im gleichen Maße enthalte wie die beiden heiligen Bücher, aber eindeutig zu einer aktiven Orientierung im individuellen und sozialen Leben ermahne; und schließlich, als ob sie die magische Technik dem göttlichen Willen unterordne, genau wie die beiden anderen offenbarten Bücher, und somit die menschlichen Möglichkeiten bewahre, dieser Technik, so leicht sie auch gehandhabt werden konnte, entgegenzuwirken.«[238] Der methodische Einwand läßt sich schnell erledigen. Er hat mit der Frage, ob Ideen als hemmende oder fördernde Faktoren in der Geschichte wirken, nichts zu tun. Zweifellos ergeben zirkuläre Argumentationen keine Erklärungen. Man kann das Vorher nicht aus dem Nachher erklären, und korrelative Beziehungen müssen immer daraufhin geprüft werden, ob ihnen nicht ein gemeinsamer dritter Faktor zugrunde liegt. Das sind

236 Vgl. ebd., S. 17.
237 Ebd., S. 115.
238 Vgl. ebd., S. 140.

elementare Voraussetzungen gültiger Erklärungen, die Weber durchaus bekannt waren. Er besitzt ein sehr viel entwickelteres Verständnis der logischen und methodischen Probleme kausaler Zurechnung, als dieser Einwand unterstellt.[239] Daß Weber diese elementaren Voraussetzungen historischer Erklärung, ja jeder kausalen Erklärung in seinen materialen Untersuchungen auch tatsächlich beachtete, suchte die vorausgegangene Analyse unter anderem zu zeigen. Webers Schwierigkeiten liegen auf einem ganz anderen Gebiet. Sie hängen mit der von Rickert übernommenen Logik der kulturwissenschaftlichen Begriffsbildung, mit der Gleichzeitigkeit von Auswahl und Konstitution des ›historischen Individuums‹ zusammen sowie mit der daran anschließenden Frage, ob er dann noch definierende und erklärende Bedingungen sauber trennen kann.[240] Solche Schwierigkeiten ergeben sich freilich erst für denjenigen, der weder die dialektische Begriffsbildung noch die »positivistische Orientierung« als eine angemessene Lösung für das Problem historischer Erklärungen betrachtet. Weber war in der Tat weder Dialektiker noch Positivist.

Rodinsons methodische Einwände stehen also gleichsam noch diesseits von Gut und Böse. Doch leider gilt dies für die sachlichen Einwände auch. Zunächst scheint ihm entgangen zu sein, daß Weber bei den typologisch vergleichenden Untersuchungen gar nicht zwischen Rationalitätsniveaus, sondern zwischen Typen des Rationalismus unterscheidet. Seine gesamte Religionssoziologie ist bekanntlich als ein Beitrag zu einer Soziologie und Typologie des religiös mitbedingten Rationalismus gedacht.[241] Dann berücksichtigt Rodinson bei der Diskussion des islamischen Glaubenssystems nicht den Unterschied zwischen logischen und psychologisch-praktischen Konsequenzen. Ihm fehlt

239 Rodinson scheint die ganze Lehre von der objektiven Möglichkeit und adäquaten Verursachung, überhaupt Webers methodologische Schriften nicht zu kennen.

240 Auf dieses Problem haben besonders Gerhard Wagner und Heinz Zipprian hingewiesen. Vgl. ihren Aufsatz »Methodologie und Ontologie – Zum Problem der kausalen Erklärung bei Max Weber«, in: *Zeitschrift für Soziologie*, 14 (1985), S. 115 ff. Es entsteht, so die Hauptthese, durch den Anschluß an Rickert.

241 Vgl. dazu *Religion und Lebensführung*, Kap. 6 A, 3.

auch der gesamte Begriffsapparat dafür. Schließlich kommt er zu Schlußfolgerungen, die mit denen Webers weitgehend übereinstimmen. Nur weiß er es nicht. Denn auch Weber hatte das ›entspannte‹ Verhältnis von Glauben und Vernunft im Islam hervorgehoben, das aktivistische Potential der islamischen Prädestinationslehre unterstrichen und den antimagischen Grundzug dieser prophetischen Buchreligion betont. Gewiß: Es gibt viele Details in der Analyse von Rodinson, mit deren Hilfe sich Webers Skizze ergänzen, ja verbessern ließe. Aber an seiner ersten Hauptthese vom traditionalen Charakter der islamischen Wirtschaftsethik und Wirtschaftsgesinnung und der damit verbundenen wirtschaftlichen Lebensführung würde dies nichts ändern. Es änderte auch nichts an der zweiten Hauptthese, daß die institutionellen Bedingungen, die in den islamischen Staatengebilden herrschten, zwar für den Handelskapitalismus, nicht aber für den Industriekapitalismus als Wirtschaftssystem günstig waren und daß dafür fiskalisch bedingter Pfründenfeudalismus, fehlende Stadtautonomie und das Verhältnis von heiligem und profanem Recht mit ursächlich sind. Sicherlich kann man darüber streiten, ob Weber alle wichtigen inneren und äußeren Bedingungen identifizierte, und vor allem: ob sie sich zu einer Erklärung fügen, die die historische Frage, warum im einen Fall und im anderen nicht, entscheidbar macht. Aber der Ansatz zu einer solchen Erklärung, zur Charakterisierung einer Konstellation innerer und äußerer Bedingungen, ist wenigstens vorhanden. Bei Rodinson sucht man vergeblich danach. Er bietet zwar Feststellungen wie diese: »Da eine bestimmte Zahl von strukturellen Bedingungen und bedingenden Ereignissen gegeben war, konnte sich in Europa eine entsprechende kapitalistische ökonomische Gesellschaftsformation entwickeln.«[242] Doch das einzige, was immer wieder mit Bestimmtheit vorgetragen wird, ist dieses: Was immer die strukturellen Bedingungen und bedingenden Ereignisse auch gewesen sein mögen, Religion, Ideologie, gehörte nicht dazu.

Und hier liegt nun tatsächlich der entscheidende Differenzpunkt zu Weber. Er ist gar nicht methodischer und sachlicher, sondern theoretischer und methodologischer Natur. Trotz in-

242 Maxime Rodinson, *Islam und Kapitalismus*, S. 181.

teressanter Modifikationen an einem orthodox marxistischen Ansatz, insbesondere im Hinblick auf die Evolutionstheorie und auf das variable Verhältnis von Aneignungstyp (Art des Eigentums) und Ausbeutungstyp (Art der Abschöpfung des Mehrprodukts), verfährt Rodinson methodologisch und theoretisch materialistisch. Für ihn zählen letztlich nur die äußeren Verhältnisse, die ›Basis‹, nicht die ›inneren‹, der ›Überbau‹. Die Religion ist Reflex, Echo, eben Ideologie. Sie ist deshalb auch unselbständig, kann keine Eigenwirkungen hervorbringen. Sie ist gemäß der »Deutschen Ideologie« wie alle herrschenden Gedanken »nichts weiter als der ideelle Ausdruck der herrschenden materiellen Verhältnisse«.[243] Eine Erklärung, die sie nicht als solche faßt, ist selbst ideologisch. Weber, so wurde dargelegt, weist aber dieses Basis-Überbau-Schema aus prinzipiellen Gründen zurück. Ideen, Weltbilder können der ideelle Ausdruck materieller Verhältnisse sein, aber sie sind es nicht immer. Darin liegt seine entscheidende Distanz zu jeder marxistischen Perspektive, wie ›gemäßigt‹ sie auch immer sei. Dies hat methodologische und theoretische Gründe. Sie hängen zusammen mit den Voraussetzungen einer verstehenden Soziologie als Handlungs- und Ordnungstheorie. Denn ein marxistischer Ansatz *muß* aus Weberscher Sicht reduktionistisch verfahren. Tut er dies nicht, gibt er die These vom Unterbau als letzter Instanz auf, verliert er seine Erklärungskraft. Tut man diesen Schritt – und Webers ganzes Werk läßt sich als ein Aufruf verstehen, diesen Schritt zu tun –, dann braucht man neue methodologische und theoretische Fundierungen. Sie hat Weber zu geben versucht. Wäre er so naiv, wie Rodinson ihn darstellt, so hätte er sich ja tatsächlich damit begnügen können, an die Stelle der materialistischen einfach eine idealistische oder spiritualistische Geschichtsbetrachtung zu setzen. Das aber tat er gerade nicht. Er sucht beide zu überwinden, und die Protestantismusstudie ist eine erste Demonstration dafür, daß und wie man dies kann. Rodinson hat diese entscheidende Pointe der von ihm viel zitierten Weber-These gar nicht verstanden. Er operiert überhaupt gegen einen Autor, den er allenfalls aus weiter Ferne

243 Karl Marx, *Werke · Schriften · Briefe*, hg. von Hans-Joachim Lieber, Band II, Darmstadt 1971, S. 55.

kennt. Wenn Bassam Tibi in seiner Einleitung zur Neuauflage der deutschen Ausgabe von Rodinsons Buch zwar die Rückstände des Basis-Überbau-Schemas in dessen Ansatz beklagt, zugleich aber betont, dies tangiere weder die »monumentalen Forschungsergebnisse« noch das Urteil über Max Weber, denn das Studium von Webers Werk belege, »daß er weder in bezug auf die Doktrin noch auf die Geschichte des Islams das erforderliche Sachwissen hatte, um über ihn fundiert urteilen zu können«,[244] so mag letzteres für Webers Islamkenntnisse gelten. Allerdings: Für Rodinsons Weberkenntnisse gilt es erst recht!

Das kann man im Falle von Bryan S. Turner nicht sagen. Er war der erste, der einen ernstzunehmenden Versuch unternahm, Webers Sicht des Islams aus den im Werk verstreuten Bemerkungen zu rekonstruieren. Allerdings hat er dies in meiner Sicht von vornherein unter einer falschen Prämisse getan. Er unterscheidet zwei Thesen, die Weber im Zusammenhang mit seinen vergleichenden Studien vertreten habe: die These der Protestantischen Ethik (PE-These), von der es zwei Versionen gebe, und die Weber-These (W-These). Die erste sei zuerst in dem bekannten Aufsatz von 1904/05 formuliert, dann 1920 in revidierter Form wiederholt worden, die zweite aber habe seine soziologische Untersuchung der wichtigsten Unterschiede zwischen den okzidentalen und orientalischen Kulturkreisen bestimmt. Während die erste These die Religion in den Mittelpunkt stelle, gelte für die zweite, daß hier die Religion allenfalls eine nachgeordnete, jedenfalls keine Hauptrolle mehr spiele. Teilweise durch Erweiterung der ersten These, teilweise unabhängig davon gewonnen, rücke die zweite These, die eigentliche Weber-These, die institutionellen Bedingungen in den Vordergrund. Obgleich Turner mit der Unterscheidung der beiden Thesen weder werkgeschichtliche Hypothesen noch Hypothesen über Webers theoretische Entwicklung verbindet, sieht er in der zweiten doch die soziologisch ergiebigere und reifere These.[245] Dies nicht zuletzt deshalb, weil sich, so die Behauptung, Weber damit Marx und Engels genähert hat. Das soll sich gerade an der

244 Vgl. Maxime Rodinson, *Islam und Kapitalismus*, S. XXX.
245 Bryan S. Turner, *Weber and Islam*, S. 8 f.

Behandlung des Islams zeigen: »... when Weber came to analyse Islam, he focused on the political, military and economic nature of Islamic society as a patrimonial form of domination. He treated the role of values as secondary and dependent on Islamic social conditions. In so far as Weber did adhere to that position, his analysis was not far removed from Marx and Engels who claimed that the Asiatic mode of production, characteristic of India, China and Turkey, produced an enduring social order which was incompatible with capitalism«.[246]

Nun gehören zu den Stabilitätsbedingungen der chinesischen und indischen Ordnungen in Webers Sicht natürlich innere Bedingungen, wie ich an anderer Stelle darzulegen versuchte.[247] Doch viel wichtiger ist: Die Gegenüberstellung der beiden Thesen ist schief. Es gibt keine PE-These und eine davon zu unterscheidende W-These. Es gibt die beiden Seiten der Kausalbeziehung, von denen nur die eine in der Protestantismusstudie behandelt ist. Daß Weber später auch die andere behandelt, heißt weder, daß er die erste aufgibt, noch, daß er die andere nicht von vornherein vorgesehen hätte. Wie gezeigt, ist schon die Protestantismusstudie so angelegt, daß Schnittpunkte sichtbar werden, an denen die Analysen der inneren Verhältnisse in die der äußeren übergehen. Die Erweiterung, die Weber im Übergang in die neue Arbeitsphase an seinem Ansatz vornimmt und die sich in den beiden Manuskripten »Die Wirtschaft und die gesellschaftlichen Ordnungen und Mächte« und »Die Wirtschaftsethik der Weltreligionen« niederschlägt, ist nicht methodologischer, sondern sachlicher Natur. Die angebliche Annäherung Webers an Marx ist ein Trugschluß. Diese Sicht beruht auf einer Verzeichnung seines methodologischen und theoretischen Ansatzes insgesamt.

Turners Rekonstruktion von Webers Islamanalyse dient deshalb vor allem dem Zweck, die nachrangige Bedeutung der Ethik gegenüber der Sozialstruktur für die Erklärung der ausbleibenden kapitalistischen Entwicklung im Islam zu demonstrieren.[248] Dies führt ihn zu einer interessanten Diskussion der institutionellen Faktoren am Leitfaden von Webers verstreuten Bemer-

246 Ebd., S. 20 f.
247 Dazu *Religion und Lebensführung*, Kap. 5 und 6.
248 Bryan S. Turner, *Weber and Islam*, S. 75.

kungen, die sich in vielen Hinsichten mit der hier vorgetragenen Analyse deckt. Zudem wird das Verhältnis von religiöser
Ethik und Lebensführung auch inhaltlich behandelt. Die These
dabei lautet, daß diese Seite der Weber-These, verglichen mit
der institutionellen, die inhaltlich schwächere sei. Denn Webers Behauptung von der ›Konfiskation‹ der islamischen religiösen Ethik durch die ideellen und materiellen Interessen der
Glaubenskämpfer, ihrer Transformation in eine Kriegerethik,
sei unhaltbar oder zumindest zu vereinfacht. Denn der Islam
»was, and continued to be, an urban religion of merchants and
state officials; many of its key concepts reflect the urban life of
a mercantile society in opposition to the values of the desert
and of the warrior. The warrior ethic described by Weber was
simply one religious perspective which was regarded with su-
spicion and hostility by the orthodox«.[249] Das mag so sein –
nur, die Aussage steht nicht im Gegensatz zu Webers Analyse.
Vor allem aber: Die materiellen und ideellen Interessen von
Händlern und Beamten schaffen, wie Webers vergleichende
Studien zeigen, selbst in der christlichen Tradition die methodische Lebensführung, den Rationalismus der Weltbeherrschung, nicht. Die Interessenlage der Träger entscheidet niemals allein über die Wirkung religiöser Quellen. Es kommt
auch auf deren Inhalt an. Dieser Gesichtspunkt von Webers
Ansatz geht in der Analyse von Turner völlig unter. Er muß
auch untergehen, wenn man die Konvergenzthese aufrechterhalten will.
An der These von der nachrangigen, sekundären Bedeutung der
Ethik gegenüber der Sozialstruktur, der motivationellen gegenüber den institutionellen Faktoren, aber wird der entscheidende
Sachverhalt deutlich: Über den zentralen Punkt des Weberschen Ansatzes ist, um der ›Versöhnung‹ mit Marx willen, hin-
weginterpretiert. Weber hat nie von primären und sekundären,
sondern nur von kausal wichtigen Faktoren gesprochen. Dazu
gehören die inneren genauso wie die äußeren. Daß sich ihre
Gewichte schwer oder überhaupt nicht quantifizieren lassen,
spricht nicht gegen seinen Ansatz. Schon in der Auseinandersetzung mit Rachfahl formulierte er: »Daß es ›ziffernmäßige‹

249 Ebd., S. 172.

Teilungsschlüssel bei der historischen Zurechnung nicht gibt, liegt nicht an mir.«[250]

Dennoch ist Turners Simplifikationsvorwurf zum Teil berechtigt. Das zeigen auch andere Beiträge, die sich mit Webers Sicht des Islams kritisch auseinandersetzen.[251] Selbst wenn man sich auf Webers methodologischen und theoretischen Standpunkt stellt, ist etwa die These vom frühen Islam als einer Kriegerreligion zu undifferenziert. Nach Ira Lapidus muß man schon im frühen Islam drei kulturelle Milieus unterscheiden: die höfische imperiale Kultur, den städtischen Sunna-Schari'a-Sufismus und den ländlichen Schrein-Sufismus, von denen allenfalls die höfische imperiale Kultur eine kriegerische Kolorierung besitzt. Überhaupt leidet Webers Analyse, wie Shmuel N. Eisenstadt betont, an mangelnder Berücksichtigung der Sufi-Bruderschaften, ihres ›Geistes‹ und ihrer Organisationsformen. Auch die asketische Tradition im Islam kommt zu kurz. Gerade der Fundamentalismus des 18. und 19. Jahrhunderts nimmt, wie Rudolph Peters argumentiert, solche Traditionen auf, in denen das Erlösungsinteresse, das Interesse am Jenseitsschicksal, im Vordergrund steht und die Errichtung der Gemeinschaft im Diesseits in seinen Dienst nimmt. Ähnliches läßt sich für reformerische Bewegungen sagen, die Barbara Metcalf beschreibt. Das Bild kompliziert sich also in dem Maße, wie der Islam sich entwickelt. Allerdings: Weder die drei ›Ursprungsmilieus‹ noch die fundamentalistischen und reformerischen Bewegungen führen zu jenem Asketismus innerweltlicher *Berufsbewährung*, für den sich Weber letztlich interessiert. Immerhin scheint der Islam in den letzten einhundert Jahren einem Entwicklungsmuster zu folgen, das von dem der westlichen Säkularisierung deutlich abweicht. Dies vermitteln jedenfalls die Beiträge von Francis Robinson und Ernest Gellner.

Die These vom frühen Islam als einer Kriegerreligion unterschätzt aber nicht nur das erlösungsreligiöse Potential dieser Weltreligion, sie führt auch zu einer Verzeichnung der Konversionsprozesse. Dies weist Nehemia Levtzion in seinem Beitrag nach. Der Islam regrediert nicht unter dem Einfluß der ara-

250 Max Weber, PE II, S. 325.
251 Gesammelt in Wolfgang Schluchter (Hg.), *Max Webers Sicht des Islams, Interpretation und Kritik*, Frankfurt 1987.

bischen Stämme zum Partikularismus, er ist vielmehr ursprünglich partikularistisch, ein arabischer Monotheismus, der sich
erst mit der Expansion universalisiert. Zudem gibt es schon früh
den Gegensatz von ›Klerikern‹ und Kriegern sowie von friedlicher Durchdringung und kriegerischer Unterwerfung. Besonders in Afrika und in Indonesien steht die friedliche Durchdringung, nicht die kriegerische Unterwerfung im Vordergrund. Es
ist eben zu einfach, selbst den frühen Islam auf eine Kriegerethik zu reduzieren. Wie Turner richtig bemerkt, wurde diese
Variante des Islams von der Orthodoxie eher mit Mißtrauen, ja
gar mit Feindschaft registriert.

Während an Webers Bild der inneren Verhältnisse im Islam also
erhebliche Modifikationen angebracht werden müssen, steht es
mit seinem Bild von den äußeren Verhältnissen besser. Das zeigen die Beiträge von Peter Hardy und Richard Eaton, und auch
Maxime Rodinson unterstreicht in seiner jüngsten Betrachtung
die Vorteile, die Webers Idealtypus des Patrimonialismus mit
seinen Untertypen gegenüber vulgärmarxistischen ›Stufen- und
Unterstufenmodellen‹ besitzt. Webers Idealtypus des Patrimo-
nialstaats, aber auch seine ›Lehre‹ von der Veralltäglichung des
Charismas[252] dienen Peter Hardy und Richard Eaton dazu,
Aspekte der Mogulherrschaft und ihrer Ausbreitung zu beschreiben. Diese Möglichkeit, die Webers Herrschaftssoziologie bietet, wurde zuvor schon von Stephen P. Blake dafür benutzt.[253] Er verwandte Webers typologische Unterscheidung
zwischen einem Patrimonialkönigtum, einem patrimonial-bü-
rokratischen Imperium und einem modernen bürokratischen
Anstaltsstaat dazu, die wesentlichen strukturellen Züge der
Mogulherrschaft und die mit ihnen verbundenen Herrschaftssi-
cherungsstrategien aufzuweisen. Er konstatierte dabei eine be-
merkenswerte Übereinstimmung zwischen dem Staat, den Ak-
bar organisierte, und dem Idealtypus eines patrimonial-büro-
kratischen Imperiums, wie ihn Weber in der älteren Fassung

252 Webers ›Lehre‹ von der Veralltäglichung des Charismas ist allerdings
    durchaus ambivalent. Das wird nicht immer klar genug gesehen. Vgl.
    meine Versuche, diese Ambivalenz aufzudecken und zu beheben, in:
    Religion und Lebensführung, Kap. 8, 6 und Kap. 12.
253 Vgl. Stephen P. Blake, »The Patrimonial-Bureaucratic Empire of the
    Mughals«, in: *Journal of Asian Studies*, XXXIX (1979), S. 77 ff.

seiner Herrschaftssoziologie beschrieb. Damit suchte Blake zugleich dem vorherrschenden Bild der Mogulherrschaft entgegenzutreten: »that this state was a kind of unfinished, unfocused prototype of the British Indian Empire of the late nineteenth and early twentieth centuries«.[254] Peter Hardy schließt an diese Analyse an und ergänzt sie in bemerkenswerter Weise. Auch Eatons interessante Darstellung der Islamisierung Bengalens setzt die durch Webers Herrschafts- und Religionssoziologie eröffneten begrifflichen Möglichkeiten für die Durchdringung historischer Sachverhalte ein. Darin bewährt sich die ›Offenheit‹, die ›Flexibilität‹ des Weberschen Vorgehens: Sie läßt es zu, gleitende Übergänge, fließende Trennungslinien zwischen den Kategorien, Überlagerungen, Ausweitungen und Überschneidungen zu beachten, wie sie jede Untersuchung konkreter Situationen verlangt – was auch Maxime Rodinson betont.

Diese ›Offenheit‹, diese ›Flexibilität‹, die Rodinson in seinem jüngsten Beitrag Weber attestiert, wird ihm freilich von Michael Cook und Patricia Crone bestritten. Dafür dienen ihnen zwei Begriffspaare als Demonstrationsobjekte: Die Unterscheidung zwischen Kirche und Sekte und zwischen formaler und materialer Rechtsrationalität. Sie sind ungeeignet, so die These, die islamische Religions- bzw. Rechtsentwicklung zu erfassen. Diese Begriffspaare seien zum einen aus den Zusammenhängen, denen sie entstammen, unzureichend abstrahiert, sie seien zum anderen ungeeignet, die Unterscheidungen zu treffen, die getroffen werden sollten, die also für einen Islamwissenschaftler – mit Weber gesprochen – wesentlich im Sinne von wissenswert sind.

Diese Einwände gilt es zum Schluß kurz zu bedenken. Sie führen auf methodologische Fragen und in gewissem Sinne zum Ausgangspunkt dieser Analyse zurück. Der eine betrifft die Theorie der Begriffsbildung, der andere die Theorie der Wertbeziehung. Beide hängen miteinander zusammen. Denn im Zentrum des Weberschen Ansatzes steht, wie gezeigt, die wertbeziehende Begriffsbildung.

Beginnen wir mit der Unterscheidung von Kirche und Sekte.

254 Ebd., S. 94.

Sie ist zweifellos an der christlichen Religionsentwicklung gewonnen und trägt, ähnlich wie andere Begriffe, zum Beispiel patriarchale Herrschaft, noch die Eierschalen dieser Herkunft an sich.[255] Doch sind im Rahmen dieser ›Kulturgebundenheit‹ zwei Fälle zu unterscheiden: die Verwendung dieser Begriffe als Klassenbegriffe im Sinne idealtypischer Gattungsbegriffe und ihre Verwendung als genetische Begriffe im Sinne von Idealtypen, als Begriffe also, durch die das empirisch Gegebene durch den Bezug auf einen idealen Grenzfall zum Bewußtsein gebracht werden soll und für die die ›Kulturgebundenheit‹ kein Mangel, sondern eine konstitutive Voraussetzung ist. Kirche und Sekte lassen sich zunächst wie alle Begriffe als Klassenbegriffe verwenden. Dann kann man sie, wie Weber im Objektivitätsaufsatz ausführt, »in Merkmalskomplexe auflösen, wobei dann nicht nur die Grenze zwischen beiden, sondern auch der Begriffsinhalt stets flüssig bleiben muß«.[256] In diesem Sinne erscheinen sie in den Grundbegriffen der neuen Fassung von *Wirtschaft und Gesellschaft*. Sie sind ›Fälle‹ der Unterscheidung von Verbänden in Anstalt und Verein. Anstalt ist ein Verband, »dessen gesatzte Ordnungen innerhalb eines angebbaren Wirkungsbereiches jedem nach bestimmten Merkmalen angebbaren Handeln (relativ) erfolgreich oktroyiert werden«, Verein dagegen ein Verband, »dessen gesatzte Ordnungen nur für die kraft persönlichen Eintritts Beteiligten Geltung beanspruchen«.[257]

255 Vgl. dazu insbesondere Gary G. Hamilton, »Patriarchalism in Imperial China and Western Europe. A Revision of Weber's Sociology of Domination«, in: *Theory and Society*, 13 (1984), S. 393 ff.

256 Max Weber, WL, S. 194.

257 Max Weber, WuG, S. 28. Es ist freilich eine schwierige Frage im Rahmen der Weberschen Methodologie, an welcher Stelle genetische Begriffe in Klassenbegriffe umschlagen. Man muß noch einmal zwischen reinen Klassenbegriffen (reinen Gattungsbegriffen) und genetischen Klassenbegriffen (idealtypischen Gattungsbegriffen) unterscheiden. Absolut historische Begriffe, relativ historische Begriffe, genetische Gattungsbegriffe und reine Gattungsbegriffe gehen offenbar fließend ineinander über, obgleich die Gesichtspunkte der historischen Begriffsbildung von denen der rein klassifikatorischen Begriffsbildung verschieden sind. Die hier interessierenden Fälle hat Weber im Meyer-Aufsatz diskutiert. Vgl. WL, S. 241-245. Die soziologischen Grundbegriffe und damit auch die Klassenbegriffe Kirche und Sekte lassen sich

Auf dem religiösen Gebiet ›repräsentiert‹ die Kirche die Anstalt, die Sekte den Verein. Als Klassenbegriffe sind sie auf alle Kulturkreise anwendbar. Dabei gibt es selbstverständlich religiöse Verbände, die Weber weder als Kirche noch als Sekte bezeichnet, zum Beispiel religiöse Orden oder religiöse Gemeinden.[258] Er sagt denn auch ausdrücklich: »Es bedarf kaum der Betonung: daß ›Verein‹ und ›Anstalt‹ nicht etwa die *Gesamtheit* aller denkbaren Verbände restlos unter sich aufteilen. Sie sind, ferner, nur ›polare‹ Gegensätze (so auf relgiösem Gebiet: ›Sekte‹ und ›Kirche‹).«[259]

Der Klassenbegriff Kirche läßt sich noch in einer zweiten Hinsicht vom Klassenbegriff Sekte abgrenzen: Eine kirchliche Anstalt strebt normalerweise eine »hierokratische *Gebiets*herrschaft und (parochiale) territoriale Gliederung« an, eine Sekte nicht.[260] Eine Kirche steht deshalb im Unterschied zu einer Sekte meist in Konkurrenz, ja im Konflikt mit den politischen Gewalten. Das Verhältnis von politischer und hierokratischer Gewalt gehört deshalb zu den wichtigsten Merkmalen insbesondere einer traditionalen Ordnungskonfiguration. Freilich: So wesentlich wie für den politischen Verband »ist das tatsächliche *Gebiets*herrschaftsmonopol für die Kirchen historisch nicht gewesen und heute vollends nicht«.[261] Deshalb gibt es ›unpolitische‹ Kirchen, so wie es umgekehrt durchaus ›politische‹ Sekten gibt.

Michael Cook wendet Webers *Klassen*begriffe Kirche und Sekte, zudem ungenau definiert,[262] auf den Islam an. Er unterstellt dabei, daß diese Klassifikation vollständig sei. Er unterstellt

---

als genetische Gattungsbegriffe verstehen. Deshalb sind auch sie nicht völlig ›kulturneutral‹.

258 Vgl. dazu *Religion und Lebensführung*, Kap. 10,6.

259 Max Weber, WuG, S. 28.   260 Ebd., S. 30.   261 Ebd.

262 Von den drei Kriterien, die genannt werden, Mitgliedschaft, Herrschaftsstruktur und politischer Charakter, ist das dritte zweifelhaft und das zweite unplausibel, weil nicht jede Sekte demokratisch ist. Man darf die Unterscheidung in Priesterschaft und Laienschaft nicht mit der Unterscheidung in Hierarchie, besser: Bürokratie, und unmittelbare demokratische Verwaltung identifizieren. Es kann eine demokratische Verwaltung mit Priestern geben, so wie es eine bürokratische Verwaltung ohne Priester geben kann.

ferner, daß religiöse Gebilde *entweder* Kirche *oder* Sekte sein müssen. Mischformen, wie z. B. die calvinistische ›Sektenkirche‹, gibt es nicht. Das entspricht dem bei Klassenbegriffen üblichen Subsumtionsverfahren. Es führt für den Islam zu keinem sonderlich befriedigenden Ergebnis. Die meisten religiösen Gebilde fallen gleichsam zwischen beiden Begriffen hindurch. Dies ist nicht zu bestreiten. Nur: Es gilt für das Christentum und für andere Kulturkreise auch. Dies hängt mit der Logik von Klassenbegriffen zusammen. Die Situation ändert sich erst dort, wo man von Klassenbegriffen zu genetischen Begriffen, zu Realexplikationen, übergeht.[263]

Anders als Klassenbegriffe sind genetische Begriffe keine Durchschnittsbegriffe, sondern Grenzbegriffe. Zu ihnen steht das empirisch Gegebene im Verhältnis nicht der Subsumtion, sondern der mehr oder weniger großen Annäherung. Genetische Begriffe heben das Eigenartige, das Besondere, als wesentlich heraus und basieren auf Wertbeziehung. Darin drückt sich der eingangs erwähnte heuristische Eurozentrismus Webers aus. Die Bindung an Wertideen eines Kulturkreises ist unvermeidlich und berechtigt.[264] Man kann dafür die Wertideen eines anderen Kulturkreises einsetzen, beseitigen kann man die Bindung aber nicht. Sobald Weber den Begriff Sekte genetisch be-

---

263 Daß genetische Begriffe letztlich Realexplikationen sind, hat insbesondere Dieter Henrich betont. Vgl. Dieter Henrich, *Die Einheit der Wissenschaftslehre Max Webers*, S. 83 ff.

264 Weber betont in dem Eröffnungssatz zum 1. Band der *Gesammelten Aufsätze zur Religionssoziologie*, der Sohn der modernen europäischen Kulturwelt werde universalgeschichtliche Probleme »unvermeidlicher- und berechtigterweise unter der Fragestellung behandeln: welche Verkettung von Umständen hat dazu geführt, daß gerade auf dem Boden des Okzidents, und nur hier, Kulturerscheinungen auftraten, welche doch – wie wenigstens wir uns gern vorstellen – in einer Entwicklungsrichtung von *universeller* Bedeutung und Gültigkeit lagen?« Daran sind zwei Behauptungen bemerkenswert: 1. daß dies unvermeidlich und berechtigt sei (Wertbeziehung!); 2. daß wir es nicht bei der theoretischen Wertbeziehung belassen, sondern gerne in die praktische Wertung hinübergleiten (universelle Bedeutung und *Gültigkeit*), daß dies aber eine ›Anmaßung‹ ist (»wie wenigstens wir uns gern vorstellen«), und den Übergang vom heuristischen zum normativen Eurozentrismus markiert.

stimmt, interessiert er sich für den ›Geist‹ innerweltlicher Berufsaskese. Und auch an die islamischen Sekten ergeht dann die Frage, in welchem Annäherungsgrad sie zu *diesem* Merkmal stehen. Wie Weber wiederum im Objektivitätsaufsatz formuliert: »Will ich aber den Begriff der ›Sekte‹ *genetisch*, z. B. in bezug auf gewisse wichtige Kulturbedeutungen, die der ›Sektengeist‹ für die moderne Kultur gehabt hat, erfassen, so werden bestimmte Merkmale beider [Begriffe, Kirche und Sekte] *wesentlich*, weil sie in adäquater ursächlicher Beziehung zu jenen Wirkungen stehen. Die Begriffe werden aber alsdann zugleich *ideal*typisch, d. h. in voller begrifflicher *Reinheit* sind sie nicht oder nur vereinzelt vertreten. Hier wie überall führt eben jeder nicht *rein* klassifikatorische Begriff von der Wirklichkeit ab. Aber die diskursive Natur unseres Erkennens: der Umstand, daß wir die Wirklichkeit nur durch eine Kette von Vorstellungsveränderungen hindurch erfassen, postuliert eine solche Begriffsstenographie.«[265]

Während Michael Cook bei seiner Diskussion der Begriffe Kirche und Sekte den für Webers Begriffsbildungstheorie grundlegend wichtigen Unterschied zwischen Klassenbegriffen und genetischen Begriffen und damit zugleich die Selektionsfunktion von Fragestellungen nicht hinreichend beachtet, tendiert Patricia Crone darüber hinaus dazu, Grenzbegriffe gar zu reifizieren. Diese gelten Weber ja als »theoretische Begriffsbilder«, als »Phantasiebilder« mit utopischem Charakter, weil durch sie Einzelerscheinungen einem einseitig herausgehobenen Gesichtspunkt zugeordnet werden.[266] Ähnlich wie bei den Begriffen Kirche und Sekte lassen sich auch die Begriffe formale und materiale Rechtsrationalität sowohl als Klassenbegriffe wie als genetische Begriffe bilden. Wo Weber den Begriff formale Rechtsrationalität genetisch bildet, interessiert er sich für den ›Geist‹ rechtsimmanenter Verfahrensrationalität. Gewiß, in Webers Werk wird der Rationalitätsbegriff in vielfältiger Weise und scheinbar ohne erkennbare Standardisierung verwendet. Und es ist nicht leicht, in dieses ›Begriffschaos‹ Ordnung zu bringen, wie die verschiedenen Versuche zeigen, die dazu bislang unter-

265 Max Weber, WL, S. 194 f.
266 Ebd., S. 195, 275, 191.

nommen worden sind.[267] Doch die Behauptung, Weber habe bei der Identifikation der historischen Vorbedingungen des rationalen Kapitalismus an ein algebraisches Recht, an eine computerartige Justiz als historische Realität gedacht, beruht auf einer Vermischung von Theorie und Geschichte.[268] Mehr noch: Sie beruht auf einer unzureichenden Explikation seiner Rechtstypologie. Weber hat weder unter klassifikatorischen noch unter genetischen Gesichtspunkten behauptet, ein Rechtssystem könne zu einem rein logischen System werden, abgeschottet von der Außenwelt und gleichsam ohne Inhalt. Solche Naivität sollte man dem gelernten und teilweise praktizierenden Juristen nun doch nicht unterstellen. Sie leitet ja nicht einmal den Rechtslogismus, wie er am konsequentesten in der Reinen Rechtslehre entwickelt ist.[269] Zu solcher Unterstellung wird man freilich getrieben, wenn man Begriffe reifiziert und nicht zwischen formell und formal sowie materiell und material und auch zwischen rechtsimmanenten und rechtstranszendenten Verhältnissen unterscheidet. Daß Webers Rechtssoziologie auf diesen Unterscheidungen beruht, habe ich an anderer Stelle ausführlich dargelegt.[270]

Tatsächlich hat für Weber jedes Recht eine formelle und eine materielle Seite, und es steht in außerrechtlichen Zusammenhängen. Rechtstypen lassen sich deshalb danach bilden, welchen Charakter die formelle und die materielle Seite besitzen, in welchem Verhältnis diese Seiten zueinander stehen und inwieweit das Recht als eine bestimmte Normart von anderen Norm-

267 Aus der Vielzahl der Versuche seien erwähnt: Stephen Kalberg, »Max Weber's Types of Rationality: Cornerstones for the Analysis of Rationalization Processes in History«, in: *American Journal of Sociology*, 85 (1981), S. 1145 ff.; Donald N. Levine, »Rationality and Freedom: Weber and Beyond«, in: *Sociological Inquiry*, 51 (1981), S. 5 ff.; Jürgen Habermas, *Theorie des kommunikativen Handelns*, 2 Bände, Frankfurt 1981, S. 239 ff.; Roger Brubaker, *The Limits of Rationality. An Essay on the Social and Moral Thought of Max Weber*, London: Allen & Unwin 1984. Ferner *Religion und Lebensführung*, Kap. 3, Kap. 5 (Tabelle 47) und Kap. 6 A.

268 Dazu Max Weber, WL, S. 195.

269 Dazu Wolfgang Schluchter, *Die Entwicklung des okzidentalen Rationalismus*, S. 145.

270 Ebd., Kap. 5.

arten abgegrenzt ist. Traditionales Recht ist durch die materielle Seite dominiert und beruht auf Mischbildungen von rechtlichen und außerrechtlichen Normen. Insofern ist es material und nichtrational. Gesatztes Recht dagegen ist durch die formelle Seite dominiert und beruht auf der Abgrenzung von rechtlichen und außerrechtlichen Normen. Insofern ist es formal und rational. Wie Weber ausdrücklich darlegt, kann es auch formales und dabei nichtrationales Recht (magisches Recht) und materiales und dabei rationales Recht (Naturrecht) geben. Mehr noch: Das formale und rationale Recht tritt historisch in verschiedenen Varianten auf. Das zeigen die Unterschiede der englischen und der kontinentaleuropäischen Rechtsentwicklung. Beide nähern sich dem formal-rationalen Rechtstypus in verschiedenen Graden an. Warum dies für das islamische Recht in Webers Sicht nicht gilt, wurde oben ausführlich erörtert. Dort wurde auch gezeigt, daß die Rechtsentwicklung immer nur *ein* hemmender oder fördernder Faktor für den rationalen Kapitalismus unter mehreren ist. Insofern darf man die Rechtssoziologie nicht isoliert, man muß sie im Zusammenhang mit der Herrschafts-, der Religions- und der Wirtschaftssoziologie lesen. Dann wird auch sichtbar, daß Weber kein primitives Differenzierungsmodell vertrat, wie Patricia Crone annimmt, sondern ein komplexes Modell von Teilordnungen und Teilentwicklungen, die im Verhältnis von Obstruktion, Indifferenz, einseitiger oder wechselseitiger Begünstigung zueinander stehen.

Webers Analyse des Islams hat zweifellos viele Lücken. Sie steht auch unter einer Fragestellung, über deren Relevanz gestritten werden kann und muß. Diese leitet zudem die Bildung historischer Begriffe. Wer die dabei vorausgesetzten Wertideen nicht teilt, wird diese Begriffe kritisieren und andere bilden. Dies ist durchaus im ›Geiste‹ von Webers Methodologie. Denn »die weittragendsten Fortschritte auf dem Gebiet der Sozialwissenschaften knüpfen sich *sachlich* an die Verschiebung der praktischen Kulturprobleme und kleiden sich in die *Form* einer Kritik der Begriffsbildung«.[271] Nur: Man muß die praktischen Kulturprobleme, von denen man sich absetzt, und die Begriffsbildung, die man kritisiert, in ihrem Zusammenhang zunächst

271 Max Weber, WL, S 208.

einmal verstanden haben. Patricia Crone meint, wir brauchten mehr Arbeiten im Geiste Webers und nicht weitere über ihn. Freilich: Solange dieser ›Geist‹ nicht voll erfaßt ist, erscheint mir diese Forderung verfrüht. Deshalb brauchen wir beides: Arbeiten im Geiste Webers *und* Arbeiten über ihn.

10. Religion, politische Herrschaft, Wirtschaft und bürgerliche Lebensführung Die okzidentale Sonderentwicklung

1. Themen und Fragen
2. Die Erklärung der okzidentalen Sonderentwicklung: Die drei großen Transformationen seit der Karolingerzeit und ihr historisches Erbe
   a) Historische Vorbedingungen und historische Epochen
   b) Das Erklärungsobjekt: Der bürgerliche Betriebskapitalismus mit der rationalen Organisation freier Arbeit
   c) Die erste Transformation: Päpstliche, feudale und städtische ›Revolution‹
      aa) Die ›päpstliche Revolution‹
      bb) Die ›feudale Revolution‹
      cc) Die ›städtische Revolution‹
   d) Die zweite Transformation: Die ethische Fundierung der bürgerlichen Lebensführung
   e) Die dritte Transformation: Das Gehäuse für die neue Hörigkeit
3. Schlußbemerkung: Der Status des Erklärungsansatzes

»Es ist, alles in allem, die Spannung und der eigenartige Ausgleich einerseits zwischen Amtscharisma und Mönchtum, andererseits zwischen dem feudalen und ständischen Kontraktstaatscharakter der politischen Gewalt und der von ihr unabhängigen, mit ihr sich kreuzenden, rational bürokratisch geformten Hierokratie, welche die spezifischen Entwicklungskeime der Kultur des Abendlandes in sich trug«.

Max Weber, *WuG*, S. 721.

»Die Abstreifung aller rituellen Geburts-Schranken für die Gemeinschaft der Eucharistie, wie sie in Antiochia vor sich ging, war auch – hingesehen auf die religiösen Vorbedingungen – die Konzeptionsstunde

des ›Bürgertums‹ des Occidents, wenn auch dessen
Geburt, in den revolutionären ›conjurationes‹ der
mittelalterlichen Städte, erst mehr als ein Jahrtausend
später erfolgte.«

Max Weber, *RS* II, S. 40.

»Der Asketismus ist *bürgerliche* Tugend«.

Eduard Bernstein et al. (Hg.), *Geschichte des Sozialismus in Einzeldarstellungen*, Stuttgart 1895, I. Band,
2. Teil, S. 681.

1. *Themen und Fragen*

Max Weber begann die lange Reihe seiner Veröffentlichungen
mit einem Beitrag zur Geschichte der Handelsgesellschaften im
Mittelalter.[1] Darin verfolgte er in vergleichender *und* genetischer, später hätte es wohl geheißen: entwicklungsgeschichtlicher Perspektive »Vergesellschaftungsverhältnisse«,[2] aus denen
die moderne offene Handelsgesellschaft und die moderne Kommanditgesellschaft entstanden sind. Die Analyse galt, wie der
Titel sagt, in erster Linie mittelalterlichen Rechtsverhältnissen.
Aber sie griff zugleich auf die Antike zurück und auf die Gegenwart aus. Im Zentrum stand die »Genesis von Rechtsgrund-

1 Vgl. Max Weber, *Die Geschichte der Handelsgesellschaften im Mittelalter. Nach südeuropäischen Quellen*, Stuttgart 1889, wiederabgedruckt in
SW, S. 312 ff. Strenggenommen ist Webers erste Veröffentlichung die
Schrift *Entwickelung des Solidarhaftprinzips und des Sondervermögens
der offenen Handelsgesellschaft aus den Haushalts- und Gewerbegemein-
schaften in den italienischen Städten*, Stuttgart 1889. Es handelt sich dabei
um einen Teildruck der erstgenannten Schrift. Daß er erfolgte, hing offensichtlich mit Bestimmungen der Promotionsordnung an der Berliner
Universität zusammen. Der juristischen Fakultät, an der Weber promo-
viert wurde, lag aber bereits der Text der ersten Schrift vor. Mißverständlich Johannes Winckelmann, »Max Webers Dissertation«, in: René König
und Johannes Winckelmann (Hg.), *Max Weber zum Gedächtnis*, Köln
und Opladen 1963 und, daran orientiert, meine Formulierung in *Die
Entwicklung des okzidentalen Rationalismus. Eine Analyse von Max Webers Gesellschaftsgeschichte*, Tübingen 1979, S. 15, Fn. 2, die ich insoweit
korrigiere.
2 Max Weber, *SW*, S. 321.

sätzen«,[3] man könnte auch sagen: eine institutionelle Erfindung, die eine räumliche und vor allem rechtliche *Trennung* von
Geschäfts- und Privatbereich ermöglichte. Weber verglich die
Rechtsfigur der römischen *societas* und der germanischen Hausgemeinschaft mit den mittelalterlichen Sozietäten insbesondere
Italiens einerseits, die *societas maris* der mittelalterlichen italienischen Seestadt mit der *societas terrae* der mittelalterlichen italienischen Binnenstadt andererseits.[4] Obgleich es ihm bereits
hier vor allem um Differenzen ging, etwa durch den Nachweis,
daß sich die Kreditbasis der modernen offenen Handelsgesellschaft von der der Kommanditgesellschaft grundsätzlich unterscheidet und beide sich verschiedenen historischen Wurzeln
verdanken,[5] war ihm die Trennung unabhängig von ihrer Form
zugleich ein Vorgang von weitreichender kulturhistorischer Bedeutung. Das jedenfalls ist der Eindruck, den man aus Bemerkungen gewinnt, in denen er sich später immer wieder auf seinen Erstling bezog. Eine besonders interessante Äußerung findet sich in der ersten Fassung seiner Protestantismusstudien.
Bei der Zusammenfassung ihrer wichtigsten Ergebnisse wies er
darauf hin, daß zum Beispiel die Vorstellung des puritanisch
geprägten Unternehmers, er habe gegenüber dem ihm anvertrauten Besitz, dem ›Geschäft‹, eine besondere Verpflichtung,

3 Ebd., S. 322. Interessant ist, daß Weber hier schon die methodische These
   aufstellt, man müsse bei der Analyse den rechtlichen vom wirtschaftlichen Gesichtspunkt trennen und sich immer vor Augen halten, daß maßgebende Rechtsgrundsätze für das wirtschaftliche Handeln zunächst auf
   von der Wirtschaft weit abliegenden Gebieten entstehen können.
4 Die Untersuchung erstreckt sich vor allem auf Pisa und Florenz. Über die
   ›Einseitigkeit‹ der dabei benutzten Quellen aus heutiger Sicht Kathryn L.
   Reyerson, »Der Aufstieg des Bürgertums und die religiöse Vergemeinschaftung im mittelalterlichen Europa: Neues zur Weber-These«, in:
   Wolfgang Schluchter (Hg.), *Max Webers Sicht des okzidentalen Christentums. Interpretation und Kritik*, Frankfurt 1988.
5 Vgl. ebd., S. 440. Die offene Handelsgesellschaft ist eine Personengesell-
   schaft, die bei Haftungsfragen die »gesamte vermögensrechtliche Persönlichkeit der socii« ergreift, die Kommanditgesellschaft konstituiert ein
   Partizipationsverhältnis, bei dem der Kommanditist nicht eigentlich haftet, sondern, entsprechend seiner Einlage, an Gewinn und Verlust der
   Unternehmung partizipiert. So jedenfalls zeigen es nach Weber die von
   ihm analysierten mittelalterlichen Rechtsquellen.

die ein gesteigertes Verantwortungsgefühl verlange, »in einzelnen Wurzeln, wie so viele Bestandteile des modernen kapitalistischen Geistes, in das Mittelalter zurück(reiche)«, in diesem Fall auf die Vorstellung vom Geschäft als einem ›corpus mysticum‹,[6] die in den in seiner Studie über die Handelsgesellschaften des Mittelalters analysierten Rechtsinstituten der Firma, des Geschäftsvermögens als eines Sondervermögens und der darauf bezogenen und beschränkten Solidarhaftung eine institutionelle Stütze fand.[7] Freilich: Sosehr die im Mittelalter vorangetriebene institutionelle Trennung von Privatem und Geschäftlichem, von privatem Haushalt und Geschäftsbetrieb, von Privatvermögen und Geschäftsvermögen, die Idee vom (ökonomischen) Dienst an einer überpersönlichen ›Sache‹ förderte, erst der asketische Protestantismus schuf dafür letztlich die »konsequente ethische Unterlage«.[8] Diese aber geht in ihrer entscheidenden Fassung nicht aufs Mittelalter, sondern auf die nachreformatorische Zeit, insbesondere auf das 17. Jahrhundert, zurück.

Überblickt man die auf die Dissertation folgende lange Reihe von Veröffentlichungen, so scheint bereits mit dem Beitrag zur Geschichte der Handelsgesellschaften im okzidentalen Mittelalter eines der immer wiederkehrenden Themen angeschlagen. Es läßt sich mit zwei Fragen verbinden: Was macht die ökonomische und soziale Eigenart des Okzidents aus, und wie erklärt sie sich? Dabei standen zunächst, wie die Dissertation zeigt, institutionelle Eigenarten und deren Ursachen im Blickpunkt, dann aber, spätestens seit den Protestantismusstudien, auch gesin-

---

6 Max Weber, *RS* I, S. 189.

7 Dazu *SW*, S. 317 f. In der ersten Fassung von *WuG* widmet Weber dem Trennungsvorgang eine eigene Betrachtung. Sie wird seit der ersten Auflage von *Wirtschaft und Gesellschaft* unter dem Titel »Die Auflösung der Hausgemeinschaft: Aenderungen ihrer funktionellen Stellung und zunehmende ›Rechenhaftigkeit‹. Entstehung der modernen Handelsgesellschaften« geführt. Vgl. *WuG*, S. 226 ff. Der Titel stammt allerdings vermutlich von den Herausgebern, also von Marianne Weber und Melchior Palyi, nicht von Max Weber selber. In seiner Disposition von 1914 hieß es nur »Hausgemeinschaft, Oikos, Betrieb«. Zur kulturhistorischen Bedeutung des Vorgangs auch *SW*, S. 268. Ferner natürlich *WuG*, S. 53, S. 229 und *RS* I, S. 8.

8 *RS* I, S. 190.

nungsmäßige, motivationelle. Weber interessierte sich zunehmend dafür, in welchem Zusammenhang die ökonomische und soziale Eigenart des Okzidents mit der Entwicklung der religiösen Ethik steht. Tatsächlich bezeichnete er genau dies im September 1919, nachdem er gerade seine Protestantismusstudien aus den Jahren 1904/05 für seine *Gesammelten Aufsätze zur Religionssoziologie* druckfertig gemacht hatte, als sein eigentliches Erkenntnisinteresse, jedenfalls für den Teil seiner Arbeit, der der Erforschung der universalgeschichtlichen Zusammenhänge von Religion und Gesellschaft, insbesondere von Religion und Wirtschaft, galt.[9] Schon in der ersten Fassung der Protestantismusstudien hatte er ja einen Zusammenhang zwischen Entwicklungen der religiösen Ethik und wirtschaftlichen Entwicklungen nicht nur für die nachreformatorische, sondern auch für die vorreformatorische Periode behauptet. Denn am Schluß dieser unabgeschlossenen Studien hielt er ausdrücklich fest, »daß natürlich die *vor* der von uns betrachteten Entwicklung liegende Periode der kapitalistischen Entwicklung *überall mit*bedingt war durch christliche Einflüsse, hemmende ebenso *wie fördernde*«.[10] Das hatte ihn schon zu diesem Zeitpunkt, also 1904/05, zu dem Plan motiviert, die Studien über den asketischen Protestantismus sowohl nach vorwärts wie vor allem nach rückwärts auszuweiten. Und je mehr er sich mit der Wirtschaftsethik der nichtchristlichen Kulturreligionen beschäftigte, um die Protestantismusstudien ihrer Isoliertheit zu entkleiden, desto dringender wurde es, sie darüber hinaus einzubetten in eine umfassende Studie über das okzidentale Christentum. Denn nur dadurch vermochte er sie ja in die »Gesamtheit der Kulturentwicklung hineinzustellen«. Das aber war die erklärte Absicht, wie man der überarbeiteten Fassung der Protestantismusstudien entnehmen kann.[11] Tatsächlich wollte Weber, wie wir aus der im September 1919 von ihm formulierten Anzeige

9 Die Stelle heißt im Wortlaut: »Gegenstand ist überall die Behandlung der Frage: Worauf die ökonomische und soziale *Eigenart* des Okzidents beruht, wie sie entstanden ist und insbesondere in welchem Zusammenhang sie mit der Entwicklung der religiösen Ethik steht.« Vgl. *Religion und Lebensführung*, Kap. 13, Anlage B.

10 Max Weber, *RS* I, S. 206, Fn. (*Archiv*, XXI [1905], S. 110).

11 *RS* I, S. 206, Fn.

über Inhalt und Aufbau seiner *Gesammelten Aufsätze zur Religionssoziologie* wissen, eine solche Studie schreiben. In der auf vier Bände projektierten Sammlung war als Schlußband eine Studie über das Christentum des Okzidents vorgesehen.[12]

Wie im Falle des Urchristentums, des talmudischen Judentums, des Islams und des orientalischen Christentums, die für den dritten Band vorgesehen waren, ist es auch im Falle des okzidentalen Christentums aufgrund von Webers Tod im Juni 1920 nicht mehr zur Durchführung dieses Plans gekommen. Und wie bei den übrigen zwar geplanten, aber nicht mehr ausgeführten Monographien, waren auch hierfür die Vorarbeiten, um eine Bemerkung Marianne Webers aufzunehmen, längst gemacht.[13] Aber anders als bei den für den dritten Band vorgesehenen Darstellungen, fielen sie hier nicht in erster Linie nur in die Zeit von etwa 1910 bis zum Ausbruch des Ersten Weltkriegs, in jenen Zeitabschnitt also, in dem, mit der gleichzeitigen Arbeit an den Großprojekten über die Wirtschaft in ihrem Verhältnis zu den übrigen gesellschaftlichen Ordnungen und Mächten und über die Wirtschaftsethik der Weltreligionen, die dritte Phase der Werkentwicklung mit ihrer enormen themati-

---

12 Dazu *Religion und Lebensführung*, Kap. 13, Anlage B.

13 Vgl. dazu *RS* III, S. V und *Religion und Lebensführung*, Kap. 8 und 9, wo dies für die Darstellung des Urchristentums und des Islams gezeigt ist. Relativ spärlich fließen die Bemerkungen über das talmudische Judentum und über das orientalische Christentum sowie über die Ostkirchen. Während sich Webers Stellung zum talmudischen Judentum in seiner antiken und mittelalterlichen Entwicklungsphase mittels des Fragments über die Pharisäer und der Auseinandersetzung mit Werner Sombart in Umrissen rekonstruieren läßt – vgl. dessen Bücher *Die Juden und das Wirtschaftsleben*, München und Leipzig 1911 und *Der Bourgeois. Zur Geistesgeschichte des modernen Wirtschaftsmenschen*, München und Leipzig 1913 –, ist seine Stellung zum orientalischen Christentum und zur Entwicklung der Ostkirchen schwerer zu fassen. Immerhin könnte ein Versuch, der insbesondere auch die Schriften über die bürgerliche Revolution in Rußland mit einbezieht, lohnend sein. Allerdings darf man wohl unterstellen, daß diese Entwicklungslinie für Webers Gesamtprojekt eher von nachrangiger Bedeutung war. Das gilt nicht für das mittelalterliche und neuzeitliche Judentum. Über Webers Auseinandersetzung mit Sombart später. Sie gehört zu den ›Vorarbeiten‹ zur Studie über das okzidentale Christentum.

schen Ausweitung begann. Für die geplante Studie über das okzidentale Christentum hätte Weber vielmehr auf wichtige Vorarbeiten aus allen drei Phasen der Werkentwicklung zurückgreifen können.[14] Für die Phasen vor 1910 sind dafür allein schon die Dissertation und die Protestantismusstudien ein Beleg. Mehr noch: Die okzidentale Wirtschaftsentwicklung in Antike, Mittelalter und Neuzeit hatte bereits in den vor der Jahrhundertwende mehrmals gehaltenen Vorlesungen über »Allgemeine (›theoretische‹) Nationalökonomie« im Mittelpunkt gestanden, die die Grundlage für ein Lehrbuch abgeben

14 Zur Einteilung des Werkes in Entwicklungsphasen *Religion und Lebensführung*, Kap. 1. Es gelten natürlich auch hier die dort konstatierten methodologischen und theoretischen Durchbrüche und thematischen Erweiterungen. Obgleich Weber in der sich an seine Protestantismusstudien anschließenden Kontroverse ausdrücklich öffentlich betonte, seine Gesichtspunkte für die Untersuchung einer konstitutiven Bedingung des modernen kapitalistischen Geistes entsprängen Arbeiten, die auf die Zeit *vor* der Jahrhundertwende zurückgingen, und sie seien vor allem nicht durch Werner Sombarts einschlägige Untersuchungen veranlaßt – vgl. Werner Sombart, *Der moderne Kapitalismus. Erster Band: Die Genesis des Kapitalismus, Zweiter Band: Die Theorie der kapitalistischen Entwicklung*, Leipzig 1902 und ders., *Die deutsche Volkswirtschaft im 19. Jahrhundert*, Berlin 1903 sowie Webers Bemerkungen in *PE* II, S. 150 mit Verweis auf *Archiv*, XX (1904), S. 19, Fn. 1 –, spricht doch vieles dafür, daß er zu diesem Zeitpunkt die okzidentale Entwicklung noch nicht als eine *Sonderentwicklung* einstufte, die neben der institutionellen eine eigenständige motivationelle und neben der wirtschafts- und rechtsgeschichtlichen eine eigenständige religions- und herrschaftsgeschichtliche Untersuchung und eine dafür zugerüstete Begriffskasuistik verlangt und deren Wurzeln bis zur regulierten Anarchie Altisraels zurückzuverfolgen sind. Außerdem überzeugte ihn erst die Arbeit an der 3. Auflage der »Agrarverhältnisse im Altertum« davon, daß man ohne Bedenken von einem antiken Kapitalismus sprechen dürfe (vgl. *PE* II, S. 186), so wie man ja auch von einem mittelalterlichen, einem frühmodernen und einem modernen bzw. neuzeitlichen Kapitalismus sprechen darf. Dazu später mehr. Vor allem aber: Erst der 1910 zwar noch nicht erkennbare, Ende 1913 aber bereits weit gediehene Versuch, den Zusammenhang von Wirtschaft und Religion für *alle* großen Religionen der Erde zu entwickeln, forderte zwingend auch eine Darstellung des Christentums über die vorreformatorische Phase hinaus. Vgl. dazu ausführlicher *Religion und Lebensführung*, Kap. 13.

sollten.[15] Allerdings ging es in der dritten Phase der Werkentwicklung nicht mehr, wie offensichtlich noch dort, nur um die okzidentale Wirtschaftsentwicklung, sondern um die okzidentale *Entwicklung*, um die Wirtschaftsentwicklung unter Einschluß der Entwicklung der übrigen gesellschaftlichen Ordnungen und Mächte, also der politischen Herrschaft, des Rechts, der Religion, der Wissenschaft und der Kunst. Es ging darüber hinaus nicht mehr nur um die okzidentale Entwicklung, sondern präziser: um die okzidentale *Sonderentwicklung*. Denn daß sich der mittelländisch-okzidentale Kulturkreis in seinen *Grundlagen* von anderen Kulturkreisen, insbesondere von den asiatischen unterscheidet, dies hatten ja die vergleichenden Studien über die universalgeschichtlichen Zusammenhänge von Religion und Gesellschaft erbracht. Obgleich die Studie über das okzidentale Christentum wie alle Studien über die Wirt-

15 Vgl. dazu ebd., Kap. 1,1. In dem gedruckten und an die Studenten verteilten *Grundriß* zu diesen Vorlesungen findet sich der hier interessierende Teil im 3. Buch, das den Titel »Die geschichtlichen Grundlagen der Volkswirtschaft« trägt. Er hat folgenden Aufbau: »§ 8. Die typischen Vorstufen der Volkswirtschaft; § 9. Die ökonomische Entwicklung der antiken Küstenkultur; § 10. Die agrarischen Grundlagen der mittelalterlichen Binnenkultur; § 11. Die Stadtwirtschaft und der Ursprung der modernen Unternehmungsformen; § 12. Die Entstehung der Volkswirtschaft.« An diesem Aufbau läßt sich in meiner Sicht dreierlei ablesen: 1. Weber hält sich noch relativ eng an die Theorie der Wirtschaftsstufen von Karl Bücher. 2. Betrachtet man die Feingliederung der Paragraphen 9 bis 13, die hier nicht mitgeteilt ist, so gewinnt man den Eindruck, als seien hier bereits drei wichtige spätere Arbeiten antizipiert: »Der Streit um den Charakter der altgermanischen Sozialverfassung in der deutschen Literatur des letzten Jahrzehnts« von 1904, die »Agrarverhältnisse im Altertum« von 1909 und zumindest Teile der »Stadt«, deren genaue Entstehungszeit noch unbekannt ist. 3. Vergleicht man den Aufbau des *Grundrisses* von 1898 mit dem der *Wirtschaftsgeschichte* von 1919/20, so gibt es zwar viele Parallelen, aber zumindest zwei gravierende Unterschiede: Die *Wirtschaftsgeschichte* folgt nicht mehr dem üblichen Schema der Wirtschaftsstufen, und in dem Kapitel über die Entstehung des modernen Kapitalismus (im *Grundriß*: Die Entstehung der Volkswirtschaft) gibt es einen Abschnitt über die Entfaltung der kapitalistischen Gesinnung, der im *Grundriß* noch fehlt. Außerdem spielen die Faktoren Stadt, Staat und Bürgertum in der *Wirtschaftsgeschichte* offensichtlich eine weit gewichtigere Rolle als im *Grundriß*.

schaftsethik der Weltreligionen vor allem den Zusammenhang von Religion und Wirtschaft betont hätte, wäre sie, wie die übrigen Studien auch, sicherlich darüber hinausgegangen. Sie hätte zugleich, so meine Vermutung, auch der Darstellung der okzidentalen Sonderentwicklung in der Verknüpfung von äußeren und inneren Transformationen, von institutionellen und gesinnungsmäßigen ›Revolutionen‹, gegolten, und dies im Blick auf ›die Spannung und den eigenartigen Ausgleich‹ zwischen religiöser, wirtschaftlicher, politischer und sozialer Ordnung. Sie hätte sich auf die Darstellung der Eigenart der modernen okzidentalen subjektivistischen Kultur, des modernen rationalen Kapitalismus mit seiner wissenschaftsbestimmten Technik, des modernen Anstaltsstaates mit seinem formal-rationalen Recht, der modernen nichtstaatlichen Vergemeinschaftungs- und Vergesellschaftungsformen sowie des modernen Systems ›erworbener‹ Ungleichheit mit seinen Erwerbsklassen und Berufsständen erstreckt, vor allem aber darauf, wie dies alles entstanden ist.[16] Denn mit dieser Studie wollte Weber ja nicht einfach Ernst Troeltschs grundlegende Ausführung über die *Soziallehren der christlichen Kirchen und Gruppen* wiederholen,[17] denen er bekanntlich die denkbar höchste Wertschätzung entgegenbrachte und deren Erscheinen ihn mit dazu motiviert hatte, *zunächst* seinen ursprünglichen Plan, die Protestantismusstudien fortzusetzen, zurückzustellen und statt dessen sich mit der Wirtschaftsethik *aller* großen Religionen der Erde zu befassen.[18] Gewiß: Troeltsch hatte in erster Linie die *Lehren*, nicht die *praktischen Wirkungen* des abendländischen Christentums behandelt. Und dies ließ Weber, der sich ja gerade für die religiös bedingten inneren und äußeren Antriebe und Anreize zum Handeln interessierte, auf Troeltschs eigentlichem Terrain

16 Zur Unterscheidung dieser Teilordnungen und zu den damit verbundenen Interessen und Orientierungen vor allem Max Weber, *Wirtschaftsgeschichte*, S. 1–17 und *RS* I, S. 1–16, S. 536–573 sowie mein Systematisierungsversuch in *Religion und Lebensführung*, Kap. 2,5.

17 Vgl. Ernst Troeltsch, *Die Soziallehren der christlichen Kirchen und Gruppen*, Aalen 1977 (3. Neudruck der 2. Aufl., Tübingen 1922, zuerst Tübingen 1912) und ders., *Aufsätze zur Geistesgeschichte und Religionssoziologie*, Aalen 1981 (zuerst Tübingen 1925), bes. I, II und III.

18 Dazu Max Weber, *RS* I, S. 18, Fn. und S. 206, Fn. sowie *PE* II, S. 322.

durchaus noch Raum.[19] Aber die Anlage der Studien über die Wirtschaftsethik forderte neben der auf die praktische Wirkung ausgerichteten Analyse der Religionsbedingtheit der Wirtschaft auch die Analyse der ›Klassenbedingtheit‹ der Religion, und sie forderte darüber hinaus diese doppelte Analyse für *alle* wichtigen Lebensordnungen und für das Verhältnis, in dem sie zueinander stehen.[20]

Daß dies keine vage Vermutung ist, ergibt sich aber nicht allein aus der Anlage der ausgeführten Monographien zur Wirtschaftsethik der Weltreligionen, sondern auch aus besagter Anzeige, insbesondere wenn man sie mit einer brieflichen Äußerung aus dieser Zeit zusammen liest. Wie bereits erwähnt, übersandte Weber die überarbeitete Fassung der Protestantismusstudien im September 1919 an seinen Verleger Siebeck. Im ›Begleitbrief‹ kündigte er den Sektenaufsatz an. Danach, so ließ er wissen, wolle er die Studien über China und Indien druckfertig machen, dann einen Aufsatz einschieben, den er zwar im Kopf fertig habe, aber noch niederschreiben müsse, und zwar »über die allgemeinen Grundlagen der occidentalen Sonderentwicklung«. Dann folge das Judentum.[21] Vergleicht man diese Äußerung mit der wenige Tage später formulierten Anzeige, so scheint aus diesem im Kopf fertigen Aufsatz inzwischen eine »der Entstehung der sozialen Eigenart des Okzidents gewidmete Skizze der Entwicklung des europäischen Bürgertums in der Antike und im Mittelalter« geworden.[22] Jedenfalls spricht die zeitliche Nähe der Äußerungen für eine solche Interpretation. Gewiß: Der in der Anzeige antizipierte Aufsatz scheint thematisch enger. Doch wichtiger ist in meinen Augen, daß die zu erfüllende Funktion in beiden Fällen offensichtlich identisch war. Mit einem Aufsatz dieser Art sollte von der Darstellung der

19 Vgl. dazu seine Bemerkungen in *PE* II, S. 322 und in *RS* I, S. 18, Fn.
20 Dazu ausführlicher *Religion und Lebensführung*, Kap. 9,2 a.
21 Zu diesen Zusammenhängen Johannes Winckelmann, *Max Webers hinterlassenes Hauptwerk: Die Wirtschaft und die gesellschaftlichen Ordnungen und Mächte. Entstehung und gedanklicher Aufbau*, Tübingen 1986, bes. S. 45 f. Die hier mitgeteilte Formulierung entstammt dem dort zitierten Brief vom 11. September 1919.
22 Zur Anzeige *Religion und Lebensführung*, Kap. 13,2 und Johannes Winckelmann, *Max Webers hinterlassenes Hauptwerk*, S. 45 f.

chinesischen und indischen zu der der vorderasiatisch-okzidentalen Kulturreligionen übergeleitet werden. Und dies war zugleich mit einem Perspektivenwechsel verknüpft. Geht die Darstellung bei den chinesischen und indischen Kulturreligionen nach Eigenart und Ursachen nur so weit, »als notwendig ist, um die *Vergleichs*punkte mit der weiterhin zu analysierenden okzidentalen Entwicklung« zu finden,[23] so beginnt mit der Studie über die altisraelitische und jüdische Religionsentwicklung die Darstellung der mittelländisch-okzidentalen Kulturentwicklung. Daß Weber diese, wie es in der Anzeige heißt, um eine »kurze Darstellung der ägyptischen und der mesopotamischen und der zarathustrischen religiösen Ethik« erweitern wollte, entspricht der genetischen Absicht und ist nicht neu. Denn diese kurze Darstellung ließ er bei der Erstveröffentlichung des »Antiken Judentums« mit Absicht aus.[24] Mit dem einzuschiebenden Aufsatz sollte also vermutlich der Perspektivenwechsel vollzogen werden. Denn die vergleichende Perspektive, die die *Gegensätze* zwischen der asiatischen und der mittelländisch-okzidentalen Welt betont, schwenkt in die entwicklungsgeschichtliche um, bei der es um *Kontinuitäten* innerhalb der mittelländisch-okzidentalen Welt geht. Die in der vergleichenden Perspektive präzisierten Gesichtspunkte bleiben zwar für die Darstellung der okzidentalen Entwicklung wichtig. Darüber wird diese gleichsam organisiert. Aber in den Mittelpunkt rükken jetzt Fragen nach historischen Vorbedingungen, Fragen kausaler Zurechnung. Das darf man allerdings nun nicht so verstehen, als träte die entwicklungsgeschichtliche *an die Stelle* der vergleichenden Perspektive. Auch bei der Darstellung der mittelländisch-okzidentalen Entwicklung werden beide im Wechsel gebraucht. Auch hier gilt es zunächst Eigenarten zu identifizieren, um sie dann zu erklären. In seiner großen Studie über die Wirtschafts- und Sozialgeschichte des Altertums, in den »Agrarverhältnissen«, die in den Ausgang der zweiten Phase der Werkentwicklung fällt, hatte Weber dies gerade im Zusammenhang mit seinen (noch) »etwas pointierten Ausführungen« zur Stadtentwicklung in der Antike und im Mittelalter

23 Max Weber, *RS* I, S. 12.
24 Vgl. dazu *Archiv*, 44 (1917/18), S. 52, Fn.

betont.[25] Wer, so heißt es dort, »nicht die *ausschließliche* Aufgabe der ›Geschichte‹ darin erblickt, sich selbst durch den Nachweis, daß ›alles schon dagewesen‹ und alle oder doch fast alle Unterschiede solche des *Maßes* seien, – was gewiß richtig ist, – überflüssig zu machen, der wird den Nachdruck auf die *Verschiebungen* legen, die, trotz aller Parallelen, hervortreten, und die Gleichartigkeiten nur benutzen, um die *Eigen*art jedes von beiden Entwicklungskreisen gegenüber dem anderen zu ermitteln«.[26] Verschiebungen, man kann auch sagen: Transformationen, gab es aber nicht nur zwischen dem antiken und dem mittelalterlichen Entwicklungskreis, sondern auch zwischen diesem und den ihm folgenden Entwicklungskreisen der mittelländisch-okzidentalen Kulturentwicklung. Freilich: Obgleich Weber gerade die Verschiebungen, die Transformationen betonte, sprach er in derselben Studie doch zugleich vom »Kontinuum der mittelländisch-europäischen Kulturentwicklung«. Diese kenne zwar keine »eindeutig orientierte ›gradlinige‹ Entwicklung«, aber eben auch keine abgeschlossenen Kreisläufe, die in keinerlei Kontinuität miteinander stehen.[27]

Der noch einzuschiebende Aufsatz über die allgemeinen Grundlagen der okzidentalen Sonderentwicklung bzw. über die Entwicklung des Bürgertums in der Antike und im Mittelalter hatte also eine doppelte Funktion zu erfüllen: Er mußte die Eigenart des mittelländisch-okzidentalen gegenüber dem chinesischen und indischen Kulturkreis charakterisieren und zugleich eine entwicklungsgeschichtliche Perspektive schaffen, aus der die Verkettung von Umständen, die zu den bereits ge-

---

25 Max Weber, *SW*, S. 269. Die »Agrarverhältnisse im Altertum« erschienen 1909 und markieren zusammen mit den Studien »Zur Psychophysik der industriellen Arbeit« den Abschluß der zweiten Phase der Werkentwicklung. Vgl. dazu ausführlicher *Religion und Lebensführung*, Kap. 9,1.

26 Max Weber, *SW*, S. 257.

27 Ebd., S. 278. Weber stellt fest: »Zeitweise gänzlich versunkene Erscheinungen der antiken Kultur sind später in einer ihnen fremden Welt wieder aufgetaucht. Andererseits sind, wie die Städte der Spätantike, speziell des Hellenismus, auf dem Gebiet des Gewerbes, so die spätantiken *Grundherrschaften* auf agrarischem Gebiet *Vorstufen* des Mittelalters gewesen.«

nannten modernen okzidentalen Kulturerscheinungen führten, plausibel zu machen war.[28] Der im *Archiv* veröffentlichte Schluß der Studie über Hinduismus und Buddhismus und der Anfang der Studie über das antike Judentum wiesen schon in diese Richtung. Der nach Webers eigener Einschätzung »überaus oberflächliche Rundgang durch die asiatische Kulturwelt«[29] schließt unter anderem mit der Feststellung, daß in dieser Welt gerade das für die Wirtschaft des Okzidents Entscheidende fehle: »die Brechung und rationale Versachlichung dieses *Trieb*charakters des Erwerbsstrebens und seine Eingliederung in ein System rationaler innerweltlicher Ethik des Handelns, wie es die ›innerweltliche Askese‹ des Protestantismus im Abendland, wenige innerlich verwandte Vorläufer fortsetzend, vollbracht hat.«[30] Diese spezifisch ›bürgerliche‹ Lebensführung aber sei dem Auftreten von Propheten und Denkern zu verdanken, die nicht etwa auf dem Boden ökonomischer, sondern *»politischer* Probleme eines sozialen Gebildes erwuchsen, welches der asiatischen Kultur fremd war: des politischen Bürgerstandes der *Stadt*, ohne die weder das Judentum noch das Christentum noch die Entwicklung des hellenischen Denkens vorstellbar sind.«[31] Die Studie über das antike Judentum beginnt mit der Feststellung, ohne »die Schöpfung des ›Alten Testaments‹« und den gewiß sowohl selektiven wie konstruktiven Anschluß der paulinischen Mission daran hätte es niemals eine (universalistische) christliche Kirche und eine (universalistische) christliche Alltagsethik gegeben. Wegen dieser »universalhistorischen Wirkung« der jüdischen religiösen Entwicklung befinde man sich bei Analyse seiner Bedingungen »an einem Angelpunkt der ganzen Kulturentwicklung des Occidents und vorderasiatischen Orients«. Und weiter: »An geschichtlicher Bedeutung kann ihm nur die Entwicklung der hellenischen Geisteskultur und, für Westeuropa, des römischen Rechts und der auf dem römischen Amtsbegriff fußenden römischen Kirche, dann weiterhin der mittelalterlich-ständischen Ordnung und schließlich der sie sprengenden, aber ihre Institutionen fortbildenden Ein-

28 Vgl. dazu Max Weber, *RS* I, S. 1 und die »Vorbemerkung« insgesamt.
29 Max Weber, *RS* II, S. 363.
30 Ebd., S. 372.
31 Ebd.

flüsse, auf religiösem Gebiet also des Protestantismus, gleichge-
ordnet werden.«[32]

Es wäre reizvoll, über diese beiden Stellen hinaus im Werk nach
weiteren Passagen zu suchen, in denen sich Weber über die
allgemeinen Grundlagen der okzidentalen Sonderentwicklung
oder über die Entwicklungsgeschichte des Bürgertums in der
Antike und im Mittelalter äußert, um das Scharnier, das die
Analysen der asiatischen Kulturreligionen mit denen der mittelländisch-okzidentalen verbindet, schärfer zu konturieren. Das
lasse ich hier aus.[33] Für die allgemeinen Grundlagen kann man
sich dabei in erster Linie an das »Antikritische Schlußwort« und
an die *Wirtschaftsgeschichte* halten, für die Entwicklungsgeschichte des Bürgertums an die Schlußpassagen der »Agrarverhältnisse im Altertum« und vor allem an das nachgelassene
Manuskript »Die Stadt«.[34] Freilich: Als Weber seinem Verleger

32 Alle Zitate aus Max Weber, *RS* III, S. 7 (*Archiv*, 44 [1917/18], S. 58). Ich
    folge der Interpunktion im *Archiv*.

33 Vgl. dazu unter anderem *Religion und Lebensführung*, Kap. 9,1.

34 Vgl. etwa *PE* II, S. 323–325, *Wirtschaftsgeschichte*, S. 296–297, *SW*, S.
    254–271 und *WuG*, S. 735–822. Die Datierung und Zuordnung des
    Textes »Die Stadt« gehört mit zu den schwierigsten Editionsproblemen.
    Vgl. *Religion und Lebensführung*, Kap. 14. Eine Vorstufe zu diesem
    Manuskript bildet zweifellos der Schluß der »Agrarverhältnisse«. Doch
    fehlt dort der Vergleich mit den asiatischen Städten und auch die Beto-
    nung der Durchbrechung des Herrenrechts, der Usurpation, im Zusam-
    menhang mit der mittelalterlichen Stadt. Ferner bezeichnet Weber hier
    Gewerbestädte als Industriestädte, was im Text »Die Stadt« nicht (mehr)
    geschieht. All dies spricht dafür, daß der Text im Zusammenhang mit
    den beiden Großprojekten entstand, und zwar zu einem Zeitpunkt, als
    die innere und äußere Arbeitsteilung zwischen ihnen noch relativ un-
    scharf war, also in jedem Falle vor Ausbruch des Ersten Weltkrieges. Er
    könnte also tatsächlich für das Kapitel 8 c) »Die nichtlegitime Herr-
    schaft. Typologie der Städte« des Manuskripts »Die Wirtschaft und die
    gesellschaftlichen Ordnungen und Mächte« von 1914 geschrieben sein.
    (Weber verwendet zwar noch Literatur aus dem Jahre 1914, zum Bei-
    spiel auf S. 815 eine Arbeit von Max Strack über die Freigelassenen, aber
    die Mehrzahl der zitierten Veröffentlichungen ist relativ alt. Das könnte
    sich damit erklären, daß er hier seine bis vor die Jahrhundertwende
    zurückgehenden Vorarbeiten, auf die der *Grundriß* hinweist, zusam-
    mengefaßt hat.) Doch selbst wenn Weber 1914 »Die Stadt« noch in die
    erste Fassung von *Wirtschaft und Gesellschaft* einbauen wollte, bei der

Siebeck im September 1919 die weiteren Pläne im Zusammenhang mit den beiden Großprojekten mitteilte, hatte »Die Stadt«, die der in der Anzeige gewählten Formulierung zweifellos am besten entspricht, mit an Sicherheit grenzender Wahrscheinlichkeit bereits seit längerem in seiner Schublade gelegen. Es spricht viel dafür, daß sie, zumindest in Teilen, relativ alt ist und in der überlieferten Form mit der Entwicklung der Herrschaftssoziologie seit 1910 in Zusammenhang steht. Möglicherweise hätte sie Weber am Ende als Grundlage für *beide* Großprojekte verwendet, wie dies seiner zunehmend arbeitsteiligen Vorgehensweise entsprach. Wie immer man dies beurteilt, eines aber ist eindeutig: die Plazierung des Aufsatzes *nach* den überarbeiteten Protestantismusstudien und *vor* den Studien über das antike Judentum, das Urchristentum, das talmudische Judentum, den Islam, das orientalische Christentum und das okzidentale Christentum. Daran aber läßt sich dies ablesen: Weder machten die überarbeiteten Protestantismusstudien die Darstellung des okzidentalen Christentums überflüssig, noch hätte sich diese auf die *Charakterisierung* der allgemeinen Grundlagen der okzidentalen Sonderentwicklung oder allein auf eine Entwicklungsgeschichte des Bürgertums beschränkt. Weber – und das kann man nicht oft genug betonen – benutzte ja die Gelegenheit, die Protestantismusstudien zu überarbeiten, *nicht* dazu, die sorgfältig erwogene Begrenzung der ursprünglichen Aufgabe ex post auszuweiten, um dadurch unter Umständen gar die

zweiten Fassung wäre er mit großer Wahrscheinlichkeit nicht mehr so verfahren. Die Herrschaftssoziologie für die neue Fassung war abgeschlossen, und für den Fortgang war zwar die Behandlung der spezifisch okzidentalen politischen Verbände, einschließlich der städtischen, vorgesehen (Vgl. *WuG*, S. 139), aber dafür hätte er wohl kaum das überlieferte Manuskript unverändert übernommen, das ja, wie Marianne Weber sagt, »vorwiegend darstellende Form« besitzt. Ich vermute deshalb, daß Weber »Die Stadt« entweder in der vorliegenden oder aber in einer darauf aufbauenden, veränderten Form nach der Entscheidung, eine zweite Fassung von *Wirtschaft und Gesellschaft* zu schreiben und diese parallel zu den *Gesammelten Aufsätzen zur Religionssoziologie* zu veröffentlichen, den Aufsätzen zugeordnet hätte. Dazu *Religion und Lebensführung*, Kap. 13. Dafür spricht auch die Stellung der Analyse der Stadt und des Bürgertums in der *Wirtschaftsgeschichte*, S. 271–289.

ursprüngliche These zu verändern.[35] Diese wird zwar durch die Überarbeitung weiter erläutert, aber weder zurückgenommen noch modifiziert, noch auch nur anders akzentuiert. An der These, daß die Ethik des asketischen Protestantismus, und unter den kulturreligiösen Strömungen des Christentums, von einigen Vorläufern abgesehen, eben *nur* diese, *eine* der konstitutiven Komponenten des modernen kapitalistischen Wirtschaftsethos und der modernen Berufskultur sei, hätte deshalb auch die Studie über das okzidentale Christentum nichts geändert. Im Gegenteil: Sie hätte diese These durch Ausweitung des innerchristlichen Vergleichshorizonts und durch Einbeziehung des Judentums nur noch schärfer profiliert. Sie hätte aber darüber hinaus die kausalen Zurechnungen, die in den Protestantismusstudien vorgenommen waren, mit anderen verbunden. Dafür aber mußten Untersuchungen durchgeführt werden, die die allgemeinen Grundlagen der okzidentalen Sonderentwicklung in historische Vorbedingungen verwandelten und diese untereinander ›verketteten‹. Das kann man bereits an der Studie über das antike Judentum ablesen, die ja eine solche allgemeine Grundlage, das Alte Testament, in entwicklungsgeschichtliche Perspektive bringt.[36] Folgt man den verstreuten Bemerkungen über die im Vergleich mit anderen Kulturkreisen zwar *besonderen*, für die mittelländisch-okzidentale Kulturentwicklung aber

---

35 Ich übernehme hier Webers eigene Formulierung, die er in der zweiten Rachfahlkritik, im »Antikritischen Schlußwort«, benutzt. Vgl. *PE* II, S. 285. Daß er die Aufgabenstellung *nicht* ausweitete, sondern für die unerledigt gebliebenen Aufgaben *andere* Studien vorsah, ferner: daß er die Protestantismusstudie *nicht* in die Serie über die Wirtschaftsethik der Weltreligionen integrierte, sondern nur mit einer »Vorbemerkung« damit verklammerte, zeigt meines Erachtens schon rein äußerlich, was schon Rachfahl bestritt und was seitdem immer wieder bestritten wurde: daß er seine ursprüngliche These *nicht* veränderte, weil er sie auch noch 1920 für richtig hielt. Er wollte sie nur in die Gesamtheit der Kulturentwicklung, insbesondere der okzidentalen, hineinstellen. Dafür hatte er die *Gesammelten Aufsätze zur Religionssoziologie* (oder zur Soziologie der Kulturreligionen, wie er gleichfalls erwog) mit dem Schlußband über das Christentum des Okzidents vorgesehen. Das ergibt sich auch aus den in den überarbeiteten Text aufgenommenen Hinweisen. Dazu gleich mehr.
36 Dazu ausführlicher *Religion und Lebensführung*, Kap. 7.

allgemeinen Züge,[37] so durfte man im Schlußband vergleichbare Analysen für die christlichen erlösungsreligiösen Strömungen und ihre Organisationsformen, die für okzidentalen städtischen, feudalen, ständischen und staatlichen politischen Verbände, für das okzidentale heilige und profane Recht, für die okzidentale Wissenschaft und Technik, aber auch, wie bereits angedeutet, für die okzidentalen Organisationsformen in Gewerbe und Handel, ergänzt um Bank und Börse, erwarten, ferner für ›die Spannung und den eigenartigen Ausgleich‹ insbesondere zwischen den hierokratischen und politischen Gewalten. Denn die Studie über das okzidentale Christentum als Teil der Studien über die Wirtschaftsethik der Weltreligionen konnte sich nicht mehr, wie noch die überarbeiteten Protestantismusstudien, auf die eine Seite der Kausalbeziehung, nämlich auf die *innere* praktische Wirkung einer bestimmten religiösen Ethik auf eine bestimmte Wirtschaftsgesinnung, beschränken. Sie mußte, wie schon in der ersten Fassung der Protestantismusstudien in Aussicht gestellt, auch den »Einfluß der wirtschaftlichen Entwicklung auf das Schicksal der religiösen Gedankenbildungen«[38] und die *äußere* praktische Wirkung der

37 Vgl. zum Beispiel *Wirtschaftsgeschichte*, S. 270.

38 Max Weber, *RS* I, S. 192, Fn. 1 (*Archiv*, XXI [1905], S. 101, Fn. 69). Er formuliert 1905 in aller wünschenswerten Deutlichkeit, er wolle auf »die Frage der Klassenbedingtheit der religiösen Bewegungen später gesondert eingehen« [1920: »... *hier* nicht eingehen (darüber s. die Aufsätze über die ›Wirtschaftsethik der Weltreligionen‹)«], und er bemerkt 1905 *und* 1920 für diejenigen, »deren kausales Gewissen ohne ökonomische (›materialistische‹, wie man leider noch immer sagt) Deutung nicht beruhigt ist ...: daß ich den Einfluß der wirtschaftlichen Entwicklung auf das Schicksal der religiösen Gedankenbildungen für sehr bedeutend halte und später darzulegen suchen werde, wie in unserem Falle die gegenseitigen Anpassungsvorgänge und Beziehungen beider sich gestaltet haben. Nur lassen sich jene religiösen Gedankeninhalte nun einmal schlechterdings *nicht* ›ökonomisch‹ *deduzieren*, sie sind – daran läßt sich nichts ändern – eben *ihrerseits* die mächtigsten plastischen Elemente der ›Volkscharaktere‹ und tragen ihre eigene zwingende Macht [1920: Eigengesetzlichkeit und zwingende Macht] in sich [1920: auch rein in sich].« Schon allein diese Stelle und die Tatsache, daß Weber sie praktisch unverändert in die überarbeitete Fassung übernahm, hätte jeden davon überzeugen können, daß er seine Stellung zur sogenannten Mate-

›Kirchenverfassungen‹ auf die Lebensführung verfolgen,[39] vor allem aber die Religion als eine innere *und* äußere Lebensmacht nicht nur in ihrem spannungsvollen Verhältnis zur Wirtschaft, sondern auch zur politischen Herrschaft zeigen. Sie konnte all dies freilich in ›Arbeitsteilung‹ mit der zweiten Fassung von *Wirtschaft und Gesellschaft*, mit ihrer Wirtschafts-, Herrschafts-, Ungleichheits-, Verbands-, Religions-, Rechts- und Staatssoziologie tun.[40]

Akzeptiert man diese aus werkgeschichtlichen und systematischen Gesichtspunkten gewonnene Diagnose zum Status der geplanten Studie über das Christentum des Okzidents, so liegt es nahe, sich bei der Rekonstruktion der darin zu leistenden Erklärungen für die ›andere Seite der Kausalbeziehung‹, die institutionellen Transformationen, vor allem an die ältere Fassung von *Wirtschaft und Gesellschaft* zu halten, insbesondere an die religions-, rechts- und herrschaftssoziologischen Kapitel, so wie bei den anderen geplanten, aber nicht mehr ausgeführten Studien auch. Besondere Aufmerksamkeit muß dabei der Analyse der Stadtentwicklung, der »Entstehung des abendländischen *Bürgertums* und seiner Eigenart«,[41] geschenkt werden. Sie hätte eine der Achsen gebildet, so wie bei der Chinastudie die Entstehung und Eigenart der chinesischen Patrimonialbürokratie und bei der Indienstudie die Entstehung und Eigenart der

---

rialismus/Idealismus Dichotomie zwischen 1904/05 und 1920 nicht änderte und daß zwischen den Protestantismusstudien und den Studien zur Wirtschaftsethik der Weltreligionen in dieser Hinsicht kein Unterschied besteht. Vgl. dazu ausführlicher *Religion und Lebensführung*, Kap. 1,4 und Kap. 9,2 a.

39 Diese Aufgabe sah Weber allerdings mit der Neufassung des Sektenaufsatzes, die ja den alten Vorlagen von 1906 nicht mehr folgt, als teilweise erfüllt an. Der Sektenaufsatz weist übrigens auf den Abschnitt »Politische und hierokratische Herrschaft« der Herrschaftssoziologie in der ersten Fassung von *Wirtschaft und Gesellschaft* zurück.

40 So etwa dürfte die neue Fassung von *Wirtschaft und Gesellschaft* aufgebaut worden sein. Vgl. dazu *Religion und Lebensführung*, Kap. 14 und zur ›Arbeitsteilung‹ Kap. 13.

41 Max Weber, RS I, S. 10. Er sagt ausdrücklich, diese stünde zwar mit der Entstehung der kapitalistischen Arbeitsorganisation in nahem Zusammenhang, sei aber damit nicht einfach identisch.

indischen Kastenordnung eine der Achsen bildete.[42] Wie bereits gesagt, gibt es aber in diesem Falle, anders als bei den anderen nicht mehr geschriebenen Studien, über die ältere Fassung von *Wirtschaft und Gesellschaft* hinaus Anknüpfungspunkte ›nach rückwärts‹, insbesondere zu den Arbeiten über die Antike und das Mittelalter, dann aber auch ›nach vorwärts‹, zur *Wirtschaftsgeschichte*, in der Weber, wenige Monate vor seinem Tode, die Umrisse einer Sozial- und Wirtschaftsgeschichte des Okzidents skizzierte, die auch kulturgeschichtliche Gesichtspunkte mit einbezog.[43] Für die ›eine Seite der Kausalbeziehung‹ dagegen, für die religiös-ethisch verankerten Pflichtvorstellungen und die damit verbundenen motivationellen Transformationen, ist man, sieht man von einzelnen Passagen im religionssoziologischen Kapitel aus *Wirtschaft und Gesellschaft* ab, auf die beiden Fassungen der Studien zum asketischen Protestantismus verwiesen. Tatsächlich zeigt ein Vergleich dieser Fassungen, daß die zweite einige bezeichnende Hinweise auf die geplante Studie über das okzidentale Christentum enthält.

Welche Themen hätte Weber, über die Protestantismusstudien hinausgehend, behandelt? Fünf ragen heraus. Zum ersten wollte er die religionsgeschichtliche Eigenart des Christentums überhaupt erörtern. Er sah sie trotz variierender dogmatischer Fundierungen in der »Einfügung des entscheidenden ›Bewährungs-Interesses‹«,[44] also in der Tendenz zum aktiven Handeln, die

---

42 Vgl. dazu *Religion und Lebensführung*, Kap. 5,3 und Kap. 6 B sowie Kap. 13.

43 Sie ist außerdem nicht auf den Okzident beschränkt, sondern bezieht den Vergleich Okzident/Asien mit ein. Weber gab der Vorlesung im Wintersemester 1919/20, der der rekonstruierte Text entstammt, den Titel: »Abriß der universalen Sozial- und Wirtschaftsgeschichte.« Manche sehen in dieser Schrift Webers letztes Wort zum Kapitalismus, gar sein letztes Werk (!), zugleich die umfassendste allgemeine Theorie der Entstehung des Kapitalismus, die bis heute verfügbar ist, so Randall Collins, *Weberian Sociological Theory*, Cambridge: Cambridge University Press 1986, S. 19–21. Letzteres ist ein starkes Wort, dem ich nicht widersprechen möchte. Widersprechen möchte ich freilich der Art und Weise, wie im Zusammenhang damit Webers ›reife Theorie‹ gedeutet wird. Dazu später mehr.

44 *RS* I, S. 162, Fn.

sich auch auf die religionsgeschichtliche Eigenart des okzidentalen Mönchtums mit seiner Arbeitsethik auswirkte, wie bereits in der ersten Fassung konstatiert. Zum zweiten wollte er den vorreformatorischen Katholizismus detaillierter darstellen. Dabei dachte er, herausgefordert durch Werner Sombart,[45] wohl nicht nur an den Thomismus, den er ja bereits in der ersten Fassung berührt hatte, sondern auch an die davon unterschiedene »Wirtschaftsethik der scotistischen und besonders gewisser quattrocentistischer mendikantischer Theologen«, an Johannes Duns Scotus, Bernhardin von Siena und Antonin von Florenz vor allem, und zwar im Zusammenhang mit »der Darstellung der katholischen Wirtschaftsethik in ihrer *positiven* Beziehung zum Kapitalismus«.[46] Zum dritten wollte er sich mit den wenigen Vorläufern des asketischen Protestantismus befassen, mit der Mönchsethik sowohl wie mit den »Sekten und d(er) Wyclifisch-hussitische(n) Ethik«.[47] Zum vierten wollte er den nach- und gegenreformatorischen Katholizismus analysieren, zum Beispiel die Jesuiten, aber auch die »prinzipielle Stellung von Port Royal und des Jansenismus zum ›Beruf‹«.[48] Schließlich wäre es, das kann man außer der zweiten Fassung der Protestantismusstudien vor allem dem religionssoziologischen Kapitel in *Wirtschaft und Gesellschaft*,[49] aber auch der *Wirtschaftsgeschichte* entnehmen,[50] in Auseinandersetzung mit Werner Sombart um die Juden und das Wirtschaftsleben gegangen. All dies aber deutet darauf hin: Die Ethik des asketischen Protestantis-

---

45 Vgl. Werner Sombart, *Der Bourgeois*, S. 303 ff.

46 *RS* I, S. 58, Fn.

47 Ebd., S. 58, Fn. und S. 41, Fn. Zu diesem weitgehend unausgeführten Aspekt vgl. die Beiträge von Robert E. Lerner, »Waldenser, Lollarden und Taboriten. Zum Sektenbegriff bei Weber und Troeltsch« und Kurt-Victor Selge, »Max Weber, Ernst Troeltsch und die Sekten und neuen Orden des Spätmittelalters«, in: Wolfgang Schluchter (Hg.), *Max Webers Sicht des okzidentalen Christentums. Interpretation und Kritik*, Frankfurt 1988.

48 Ebd., S. 72, Fn. Weber hätte hier hauptsächlich die Arbeit von Paul Honigsheim, *Die Staats- und Sozial-Lehren der französischen Jansenisten im 17. Jahrhundert*, Darmstadt 1969 (zuerst 1914) benutzt.

49 Vgl. *WuG*, S. 367–374.

50 Vgl. *Wirtschaftsgeschichte*, § 9.

mus blieb eine der Achsen, um die sich die Analyse der Entfaltung der kapitalistischen Gesinnung gedreht hätte.[51]
Weber wollte also die Eigenarten des mittelländisch-okzidenta-

[51] Das zeigt nicht zuletzt das entsprechende Kapitel in der *Wirtschaftsgeschichte* in meinen Augen unzweideutig. Es endet mit dem Hinweis auf die kulturhistorische Bedeutung der Reformation durch die Beseitigung der *consilia evangelica*, auf die in ihrer Folge vollzogene Umprägung des Askesebegriffs durch den asketischen Protestantismus und die Kontrolle der ethischen Vollwertigkeit des einzelnen durch die Aufrichtung einer einzigartigen ›kirchlichen Disziplin‹. Vgl. *Wirtschaftsgeschichte*, S. 300ff., bes. S. 312ff. Mir ist unverständlich, wie Randall Collins behaupten kann, in der *Wirtschaftsgeschichte* reduziere Weber »the ideal factor to a relatively small place in his overall scheme« – es handelt sich ja schließlich um eine Sozial- und Wirtschaftsgeschichte, nicht um eine Religionsgeschichte, und das Neue gegenüber den üblichen Wirtschaftsgeschichten ist ja gerade, daß dieser Seite der Kausalbeziehung dennoch ein eigenes Kapitel eingeräumt ist – und er habe hier zudem die ursprüngliche Protestantismusthese »greatly transformed«, indem er im asketischen Protestantismus nur noch eine Intensivierung eines im Christentum angelegten motivationellen Faktors gesehen habe, dem er zudem nur noch negative Bedeutung zuschreibe, »in the sense that it removes one of the last institutional obstacles diverting the motivational impetus of Christianity away from economic rationalization«. Das ist doch genau der entscheidende Punkt der ursprünglichen Protestantismusthese: Unter welchen Bedingungen kommt es zur Überwindung des inneren Hindernisses, das auch noch die katholische und die lutherische Wirtschaftsethik gegen die Versachlichung der Wirtschaftsbeziehungen aufrichten? – von »Transformation« also keine Spur. Vgl. zu den Zitaten Randall Collins, *Weberian Sociological Theory*, S. 20f. und S. 33.
Die »Antikritiken« machen deutlich, daß sich Weber über die fünf genannten Themen hinaus für eine weitere Differenzierung der Strömungen des asketischen Protestantismus interessierte, von denen ja nicht alle Anhänger der Prädestinationslehre waren, wie er schon in der ersten Fassung der Protestantismusstudien betonte und am Beispiel der Täufer illustrierte (weshalb auch Collins' Hinweis, Weber habe in der *Wirtschaftsgeschichte* die Prädestinationslehre nicht mehr erwähnt, was zeige, daß er seine ursprüngliche These verändert habe, völlig ins Leere geht, vgl. ebd., S. 33). In diesem Zusammenhang wollte er offenbar auch die Hugenotten behandeln. Vgl. *PE* II, S. 322 und S. 320. Weber äußerte ja bereits 1908 die Absicht, eine Separatausgabe der Protestantismusstudien zu veranstalten und sie dafür zu überarbeiten und zu ergänzen. Diese Ausgabe kündigte er für das Frühjahr 1909 an. Vgl. *PE* II, S. 54.

len Kulturkreises sowie seine eigenartigen Entwicklungen nicht bloß charakterisieren, sondern erklären. Dafür reichte das bloße Konstatieren von Zusammenhängen nicht aus. In der überarbeiteten Fassung der Protestantismusstudien findet sich dazu eine instruktive Bemerkung: Neu sei nicht der behauptete mehr oder weniger ›starke‹ Zuammenhang zwischen den verschiedenen Strömungen des asketischen Protestantismus und dem (modernen) Geist des Kapitalismus, denn der sei schließlich schon den Zeitgenossen geläufig gewesen, neu sei allenfalls, »ihn zu *erklären*«.[52] Um Erklärung aber geht es nicht nur hier, sondern überall in den *historischen* Untersuchungen des Werkes. In den »Agrarverhältnissen« heißt es zum Beispiel, nicht in den großen Geldmännern, Weber sagt an anderer Stelle: in den ökonomischen Übermenschen vom Schlage der Acciajuoli, Bardi, Peruzzi, Medici und Fugger, aber auch nicht in der Art der Akkumulation der ersten großen Geldvermögen liege »das Problem von der Herkunft der *Eigenart* der spätmittelalterlichen und neuzeitlichen Wirtschaftsverfassung, schließlich also auch: des *modernen* Kapitalismus, beschlossen. Sondern die entscheidenden Fragen liegen einerseits in der Entwicklung des *Marktes*: wie entwickelte sich im Mittelalter die *Abnehmer*schaft für die späster kapitalistisch organisierten *Gewerbe*? – auf der anderen in der Richtung der Ordnung der *Produktion*: wie geriet das Verwertungsstreben des Kapitals in die Bahn der Schaffung *derjenigen* Organisation ›freier‹ Arbeit, welche das Altertum *nicht* gekannt hat?«[53] In der »Vorbemerkung« heißt es zum Beispiel, für

52 Vgl. *RS* I, S. 28, Fn 3. Dazu auch die instruktive Bemerkung von Reinhard Bendix, »Die ›Protestantische Ethik‹ im Rückblick«, in: *PE* II, S. 380 ff. Weber betont, neu an der Diskussion um seine Protestantismusthese sei nicht der von ihm behauptete Zusammenhang, sondern, daß dieser neuerdings bestritten werde. Zum Beweis, daß er bereits den Zeitgenossen bekannt gewesen sei, fügte er in die zweite Fassung ein Zitat von John Wesley ein, das »als Motto über allem bisher Gesagten« stehen könnte (vgl. *RS* I, S. 196 f.). Ein konstatierter Zusammenhang aber ist keine gültige kausale Zurechnung, modern gesprochen: eine Korrelation keine Erklärung. Das war auch Weber klar.

53 Max Weber, *SW*, S. 263 und zu den ökonomischen Übermenschen *PE* II, S. 32, S. 160 ff., S. 291. Bei dieser implizierten Ablehnung einer Theorie der ursprünglichen Akkumulation für die Erklärung der Entstehung des modernen Kapitalismus braucht man nicht nur an Marx,

eine Universalgeschichte der Kultur unter ökonomischem Gesichtspunkt sei das Hauptproblem nicht der Handelskapitalismus oder der politisch orientierte Kapitalismus, sondern »vielmehr die Entstehung des *bürgerlichen Betriebs*kapitalismus mit seiner rationalen Organisation der *freien Arbeit*«,[54] und es komme deshalb auch hier »zunächst wieder darauf an: die besondere *Eigenart* des okzidentalen und, innerhalb dieses, des modernen okzidentalen, Rationalismus zu erkennen und in ihrer Entstehung zu erklären«.[55] Im Zentrum also steht der Erklärungsversuch. Gewiß: Die Eigenart dieses Rationalismus, der neben der ökonomischen auch die übrigen wichtigen Lebensordnungen durchdringt und sie dadurch in spezifischer Weise ›färbt‹, muß, wie das Zitat zeigt, zunächst einmal erkannt werden. Das vor allem ist die Aufgabe der vergleichenden Forschung, und bereits hier scheiden sich die Geister, wie die Auseinandersetzung Webers mit Marx einerseits, mit seinen wichtigsten zeitgenössischen Konkurrenten, Georg Simmel, Lujo Brentano und Werner Sombart, andererseits zeigt.[56] Aber was immer man für das

man kann auch an die Kontroverse zwischen Lujo Brentano und Werner Sombart denken, in der es unter anderem um die Rolle des Handelskapitals und seiner Verbindung mit dem Kriegswesen, in Webers Terminologie: um die Rolle des politisch orientierten Abenteurerkapitalismus geht. Brentanos Hauptthese ist: »Der moderne Kapitalismus hat also im Handel, der Geldleihe und dem Kriegswesen seinen Anfang genommen«. Vgl. Lujo Brentano, *Die Anfänge des modernen Kapitalismus*, München 1916, S. 48. Ich komme auf diese Kontroverse zurück.

54 *RS* I, S. 10.

55 Ebd., S. 12.

56 Im Unterschied zu Marx sieht Weber das Spezifische des modernen Kapitalismus in der formalen Rationalität der Kapitalrechnung und in ihren äußeren und inneren Voraussetzungen (zu denen, wie bei Marx, zwar formell freie Arbeit und die vollständige Appropriation aller Produktionsmittel an Besitzer gehören, aber eben nicht nur!), im Unterschied zu Brentano in der Orientierung an kontinuierlichen Markterwerbs- und -absatzchancen und in der rationalen Temperierung des Erwerbstriebes (politisch orientierter Abenteurerkapitalismus versus ökonomisch orientierter rationaler Kapitalismus). Anders als Simmel, mit dem er den Gesichtspunkt der mit dem modernen Kapitalismus verbundenen Versachlichung der sozialen Beziehungen teilt, trennt er scharf zwischen Geldwirtschaft und Kapitalismus, anders als Sombart,

Eigenartige hält – und dies ist nach Weber nicht unabhängig von den eigenen Wertinteressen –, es muß erklärt werden. Das setzt Trennbarkeit und tatsächliche Trennung von definierenden und bedingenden Merkmalen voraus.[57]

Weber wäre es in der Studie über das okzidentale Christentum, wie schon in den Protestantismusstudien, in erster Linie also um einen Erklärungsversuch gegangen. Das weist nicht zuletzt die gerade zitierte »Vorbemerkung«, die die überarbeiteten Protestantismusstudien mit den Studien über die Wirtschaftsethik

mit dem er den Gesichtspunkt der mit dem modernen Kapitalismus verbundenen Rechenhaftigkeit, der Rationalisierung und Ökonomisierung der Wirtschaftsführung und der Durchrationalisierung der Volkswirtschaft (Schumpeter) teilt, betont er stärker als dieser die rationale Arbeitsorganisation gegenüber anderen Entwicklungsmomenten. Man sieht: Die Definitionen überschneiden sich (am wenigsten im Falle von Brentano), aber sie sind nicht deckungsgleich. Zur Abgrenzung von Brentano, Simmel und Sombart bes. *RS* I, S. 4 f., Fn. Weber bezieht sich dort auf Lujo Brentanos *Die Anfänge des modernen Kapitalismus*, auf Georg Simmels *Die Philosophie des Geldes*, 2., vermehrte Auflage, Leipzig 1907, und auf Werner Sombarts *Der moderne Kapitalismus*, 2., neubearbeitete Auflage, München und Leipzig 1916, mit den beiden Bänden über die vorkapitalistische Wirtschaft und das europäische Wirtschaftsleben im Zeitalter des Frühkapitalismus (der dritte Band über das Zeitalter des Hochkapitalismus erschien erst 1927, also nach Webers Tod). Interessanterweise stand Weber offenbar die erste Auflage von Sombarts »schönem Hauptwerk über den Kapitalismus« in der Sache, nicht aber in der Methode, näher als die zweite. Denn bei Überarbeitung der Protestantismusstudien ist die zweite Auflage meines Wissens nirgends berücksichtigt! Zum Urteil Schumpeters vgl. Joseph A. Schumpeter, »Sombarts Dritter Band«, jetzt in: Bernhard vom Borcke (Hg.), *Sombarts ›Moderner Kapitalismus‹. Materialien zur Kritik und Rezeption*, München 1987, S. 196 ff., bes. S. 205. Dort auch ein interessanter Vergleich mit Marx.

57 Daß sich Weber dieses Problems voll bewußt war, zeigt eine antikritische Bemerkung zu Brentano. Dieser habe nicht nur die von ihm vorgeschlagene Begriffsdifferenzierung abgelehnt, sondern auch zu »dem hier, für die Zwecke dieser Untersuchung, gebildeten Begriff ›Geist‹ des (modernen!) Kapitalismus die mir unverständliche Behauptung aufgestellt: er nehme schon in seine Voraussetzungen das auf, was bewiesen werden solle«. Vgl. *RS* I, S. 42, Fn 1. Ob Weber die geforderte Trennung tatsächlich durchführen konnte, bleibt allerdings kritisch zu prüfen.

äußerlich verklammert, in meinen Augen unzweideutig aus. Der Erklärungsversuch hätte der Beantwortung der Frage gegolten: Warum kennt nur der neuzeitliche Okzident neben den überall verbreiteten Arten des Kapitalismus »eine ganz andere und nirgends sonst auf der Erde entwickelte Art des Kapitalismus: die rational-kapitalistische Organisation von (formell) *freier Arbeit*«?[58] Diese Frage aber war Teil der weiteren Frage: Warum lenkten in China und Indien »weder die wissenschaftliche noch die künstlerische noch die staatliche noch die wirtschaftliche Entwicklung in diejenigen Bahnen der *Rationalisierung* ein, welche dem Okzident eigen sind?«[59] Der »spezifisch geartete ›Rationalismus‹ der okzidentalen Kultur«, das habe ich in verschiedenen Zusammenhängen zu zeigen versucht, ist ein Rationalismus der Weltbeherrschung.[60] Er erscheint im wirtschaftlichen Bereich in einer spezifisch gearteten *Form*, nämlich in einer marktmäßigen Kapitalverwertung im Rahmen rationaler Betriebsorganisation auf der Grundlage von formell freier Arbeit, und in einem spezifisch gearteten *Geist*, nämlich in einem Geist innerweltlicher aktiver Askese auf der Grundlage der Idee der Berufspflicht, kurz: in einer ›bürgerlichen‹ Lebensführung. Vor allem um diese beiden Kulturerscheinungen von möglicherweise universeller Bedeutung *und* Gültigkeit kreisten Webers Gedanken, wie der Hinweis auf die Dissertation gezeigt hat, in der ein oder anderen Weise von Beginn an. Aber erst die Studie über das okzidentale Christentum hätte die damit verbundenen Themen und Fragen sowie die auf einem langen Wege gefundenen Antworten in einem großangelegten Erklärungsversuch ›vereint‹.

Was läßt sich über diesen großangelegten Erklärungsversuch sagen? Wie sehen seine Koordinaten aus? Was also ist Webers ›letzte Theorie‹ des modernen okzidentalen Kapitalismus und, insofern dieser als ökonomischer Rationalismus auftritt, des

58 Ebd., S. 7.
59 Ebd., S. 11.
60 Vgl. Wolfgang Schluchter, *Die Entwicklung des okzidentalen Rationalismus. Eine Analyse von Max Webers Gesellschaftsgeschichte*, Tübingen 1979, und *Rationalismus der Weltbeherrschung. Studien zu Max Weber*, Frankfurt 1980, bes. Kap. 1. Ferner *Religion und Lebensführung*, Kap. 5,2 und Kap. 6A.

modernen okzidentalen Rationalismus? Anders formuliert: Wie sieht der Erklärungsansatz für die okzidentale Sonderentwicklung aus?

2. Die Erklärung der okzidentalen Sonderentwicklung: Die drei großen Transformationen seit der Karolingerzeit und ihr historisches Erbe

a) Historische Vorbedingungen und historische Epochen

Bevor ich versuche, den Erklärungsansatz zu skizzieren, sind einige Überlegungen zu Webers Vorgehen unerläßlich. Man darf dabei nicht nur auf die methodologischen Schriften schauen, sondern muß die praktizierte Methode mit einbeziehen.[61] Normiertes und praktiziertes Vorgehen können sich bekanntlich widersprechen. Im Falle von Weber scheinen sie eher in einem Ergänzungsverhältnis zu stehen.

Ich beginne mit einem Stück praktizierter Methode. Weber unterscheidet spätestens seit den Protestantismusstudien und, darauf aufbauend, noch einmal zugespitzt in den »Antikritiken«, zwischen dem Geist und dem Wirtschaftssystem des Kapitalismus. Letzteres nennt er mitunter auch seine Form oder seine

---

61 Besonders Guenther Roth versuchte immer wieder, Webers praktiziertes Vorgehen in den Blickpunkt zu rücken. Vgl. schon seine Arbeiten in Reinhard Bendix und Guenther Roth, *Scholarship and Partisanship: Essays on Max Weber*, Berkeley: University of California Press 1971, bes. Kap. VI und Kap. XIII, sowie Guenther Roth und Wolfgang Schluchter, *Max Weber's Vision of History. Ethics and Methods*, Berkeley: University of California Press 1979, bes. Epilogue. Ferner Guenther Roth, *Politische Herrschaft und persönliche Freiheit. Heidelberger Max Weber-Vorlesungen 1983*, Frankfurt 1987, bes. Anhang. Die Unterscheidung zwischen Methodologie und Methode ist bei Weber nicht leicht zu treffen. Methodologie bezieht sich im Sinne Rickerts in erster Linie auf die Theorie erfahrungswissenschaftlicher Begriffsbildung (individualisierende und generalisierende), Methode auf das Vorgehen zum Beispiel der verstehenden Soziologie. In den »Soziologischen Grundbegriffen« der zweiten Fassung von *Wirtschaft und Gesellschaft* heißt es methodische Grundlagen, nicht: methodologische Grundlagen. Ich wähle in der Folge deshalb den Begriff Methode.

Organisation oder auch seine Organisationsform.[62] Diese Unterscheidung trifft sich mit der in objektive (ökonomische, politische etc.) und subjektive Bedingungen, ist also nicht auf die wirtschaftliche Lebensordnung beschränkt.[63] Kapitalismus bezeichnet für die wirtschaftliche Lebensordnung einen bestimmten Geist und ein bestimmtes System, die man entweder relativ allgemein oder relativ spezifisch, mit Heinrich Rickert gesprochen: entweder in relativ historischen oder in absolut historischen Begriffen fassen kann.[64] Faßt man sie relativ allgemein, so bildet man Idealtypen generellen Charakters, idealtypische Gattungsbegriffe, die am Kapitalismus als Geist und System »das *dauernd* Gleichartige in begrifflicher Reinheit herausdestillier(en)«, faßt man sie relativ spezifisch, so bildet man Idealtypen individuellen Charakters, die diejenigen Züge herausheben, die »für eine bestimmte Epoche im *Gegensatz* zu anderen« charakteristisch sind, wobei »die *generell* vorhandenen dabei .. als ebenfalls gegeben und bekannt vorausgesetzt werden«.[65] So ist zum Beispiel das dauernd Gleichartige an einem kapitalistischen im Unterschied zu einem haushaltsmäßigen Wirtschaftsakt, daß er durch das Streben nach Rentabilität, nicht durch das Streben nach ›Bedarfsdeckung‹ motiviert ist und daß er dafür formell friedliche Tauschchancen nutzt und sich des Mittels der Kapitalrechnung, also der »Vergleichung des Geldschätzungserfolges mit dem Geldschätzungseinsatz, in wie primitiver Form auch immer«, bedient.[66] Im Sinne dieses idealtypischen Gattungsbegriffs hat es Kapitalismus, so Weber ausdrücklich, »auch mit leidlicher Rationalisierung der Kapitalrechnung, in *allen* Kulturländern der Erde gegeben, soweit die ökonomischen Dokumente zurückreichen«.[67] Doch

62 Vgl. etwa PE II, S., 164, S. 170 f., S. 263 ff.
63 Dazu etwa ebd., S. 324.
64 Dazu ausführlicher *Religion und Lebensführung*, Kap. 1,3.
65 Dazu *PE* II, S. 170. Weber sagt ausdrücklich, es handle sich in beiden Fällen um idealtypische Denkgebilde, bestätigt also die hier vorgeschlagene Interpretation.
66 Vgl. dazu RS I, S. 4 ff., bes. S. 6, und *WuG*, Kap. II, § 11. Es gibt diese Vergleichung selbst mit dem Mittel der Naturalrechnung, obgleich dann die Rationalitätsgrenzen eng gezogen sind. Vgl. ebd., S. 55.
67 *RS* I, S. 6.

so wichtig die präzise Formulierung solcher idealtypischer Gattungsbegriffe auch ist – und die Wirtschaftssoziologie der zweiten Fassung von *Wirtschaft und Gesellschaft* präsentiert sie in einer gesichtspunktabhängigen Kasuistik –, so sehr interessieren letztlich nicht diejenigen »Arten, Formen und Richtungen des Kapitalismus«, die *alle* Kulturländer der Erde, sondern diejenigen, die *nur* der moderne Okzident hervorbrachte. Und dafür müssen die Spezifika genannt werden, die diesem modernen Kapitalismus nach Geist und System gegenüber allen anderen Arten eigen sind.

Geist und System sind nun aber gegeneinander relativ selbständig. Sie können deshalb auch in verschieden abgestuften Wahlverwandtschaftsverhältnissen stehen. Der ›Geist‹ kann, wie Weber ausdrücklich sagt, »der ›Form‹ mehr oder minder (oder: gar nicht) ›adäquat‹ sein«.[68] Dies deshalb, weil beide weder gleichursprünglich sind noch von vornherein in einem Ableitungsverhältnis stehen. Eine Position, die das eine oder das andere behauptet, verfährt, völlig unabhängig von ihren theoretischen Prämissen, reduktionistisch. Die Transformation der Institutionen und die der Gesinnungen, die Revolution von außen und von innen, laufen deshalb in der historischen Wirklichkeit nur selten synchron.[69] Dies ist auch der Grund, weshalb man die historischen Vorbedingungen der Entstehung eines bestimmten kapitalistischen Geistes *zunächst* unter Abstraktion von den historischen Vorbedingungen der Entstehung eines bestimmten kapitalistischen Wirtschaftssystems untersuchen sollte. Denn erst, wenn man jede ›Einheit‹ für sich analysiert hat, läßt sich prüfen, welche Abstufung des Wahlverwandtschaftsverhältnisses vorliegt, ob Geist und System in einem Verhältnis einseitiger oder wechselseitiger Begünstigung, Indifferenz oder gar Obstruktion zueinander stehen. Und dies muß darüber hinaus epochenbezogen, nach Entwicklungskreisen, geschehen.

Nach Webers eigener Bekundung hatte er 1910, also bei Eintritt in die dritte Phase der Werkentwicklung, vor allem zwei *histori-*

---

68 *PE* II, S. 171. Um diese verschiedenen Fälle zu unterscheiden, spreche ich, im Anschluß an spätere Formulierungen, von einseitigen und wechselseitigen Begünstigungs-, Indifferenz- und Obstruktionsverhältnissen. Vgl. *Religion und Lebensführung*, Kap. 9,2 a.
69 Dazu auch ebd., Kap. 12.

sche Studien zum Kapitalismus geschrieben: die »Agrarverhältnisse im Altertum« für »den ›Kapitalismus‹ des Altertums als
Wirtschafts*system*« und die Protestantismusstudien für »das,
was ich ›Geist‹ des *modernen* Kapitalismus nennen wollte«.[70]
Während er sich in den »Agrarverhältnissen« also in erster Linie
mit institutionellen Konstellationen beschäftigte und, teilweise
auf ältere Arbeiten zurückgreifend, zwar seine Sicht der antiken
Wirtschafts- und Sozialgeschichte, nicht aber die der antiken
Religionsgeschichte abrundete, standen bei den Protestantismusstudien gesinnungsmäßige, motivationelle Konstellationen
im Vordergrund, und diese Studien waren weder als eine Zwi-
schenbilanz noch gar als ein Abschluß, sondern als ein Anfang
gedacht. Sie wollten *zunächst* »die neuen, durch die Reformationszeit eingewebten Fäden verfolgen«, religiös-ethisch fundierte motivationelle Fäden, wie man immer wieder betonen
muß.[71]

Die Reformationszeit, genauer: die auf die Reformation folgende Zeit, insbesondere das 17. Jahrhundert, bringt also eine
Transformation von innen. Sie webt einen neuen Faden in das
okzidentale Entwicklungsmuster ein. Insofern schafft sie eine
der *konstitutiven* historischen Vorbedingungen für die moderne
Kulturentwicklung. Aber dies ist selbstverständlich nicht die
einzige, nicht einmal für den modernen Geist des Kapitalismus,
der auch noch andere hat.[72] Allerdings gibt dieser Faden, um im
Bild zu bleiben, dem kapitalistischen Geist eine Färbung, »welche vom Altertum und Mittelalter in wichtigen Punkten spezi-

70 *PE* II, S. 170.
71 Ebd.
72 Zum Beispiel, in Brentanos Terminologie, die ›heidnische Emanzipation‹ vom wirtschaftlichen Traditionalismus, die in dessen Sicht mit Machiavelli einsetzt und die christlich bestimmte Auffassung vom Wucherverbot und vom gerechten Preis zersetzt. Brentano machte die angebliche Vernachlässigung dieser Emanzipation vom Traditionalismus Weber
zum Vorwurf (vgl. *Die Anfänge des modernen Kapitalismus*, bes. S.
132 f.). Weber aber hatte diesen Aspekt nicht aus sachlichen, sondern aus
methodisch-heuristischen Gründen ausgespart. Schon in der ersten Fassung der Protestantismusstudien war von ihm die selbständige Bedeutung des humanistischen Rationalismus für die moderne Berufskultur
betont worden. Vgl. *RS* I, S. 205 und Fn. 1.

fisch verschieden war«.[73] Das macht die kulturhistorische Bedeutung des asketischen Protestantismus aus. Er, der diese Färbung vor allem erzeugte, hat seinerseits konstitutive historische Vorbedingungen, innere wie äußere, subjektive wie objektive. Solche konstitutiven historischen Vorbedingungen nach Lebensbereichen und Epochen zu identifizieren und miteinander zu vernetzen, das entspricht dem Vorgehen, das Weber in den Protestantismusstudien, eingeschränkt auf die inneren und religiösen Vorbedingungen, praktiziert. Diese Einschränkung wird in der Serie über die Wirtschaftsethik der Weltreligionen aufgehoben.[74] Die Entwicklungsgeschichte des mittelländisch-okzidentalen Kulturkreises muß, wie letztlich alle Entwicklungsgeschichten, eine Geschichte epochenbezogener normativ-motivationeller *und* institutioneller Transformationen sein, man kann auch sagen: normativ-motivationeller und institutioneller Erfindungen und ihrer Verbindung sowie ihrer Verfestigung zu tradierungsfähigen historischen Erbschaften.[75]

Nun mag die hiermit aufgestellte These, historische Vorbedingungen müßten epochenbezogen ausgewiesen werden, überraschen. Hatte Weber nicht gerade Begriffe wie Epoche, Phase, Stadium, Stufe wegen ihrer evolutionistischen Konnotationen aus der Kulturwissenschaft verbannt? Hatte er nicht immer wieder vor der Verwendung solcher Begriffe gewarnt, weil sie dazu verführten, »sie wie ein *reales* Wesen nach Art der

73 *PE* II, S. 285.

74 Weber sagt deshalb auch in einem Brief, daß die Serie die *allgemeine* Durchführung der Methode der Protestantismusstudien bringe (vgl. *Religion und Lebensführung*, Kap. 9,2 a). Auf die mit den Protestantismusstudien und dem Ansatz als solchem verbundene Zurechnungsproblematik geht M. Rainer Lepsius in interessanter Weise ein. Vgl. M. Rainer Lepsius, »Ideen und Interessen. Die Zurechnungsproblematik bei Max Weber«, in: Friedhelm Neidhardt, M. Rainer Lepsius, Johannes Weiss (Hg.), *Kultur und Gesellschaft*, Opladen 1986, S. 20 ff.

75 Dazu unter anderem *RS* I, S. 37. Der Gedanke historischer Erbschaften durchzieht das Werk von Reinhard Bendix, vgl. besonders *Könige oder Volk. Machtausübung und Herrschaftsmandat*, 2 Teile, Frankfurt 1980, und *Freiheit und historisches Schicksal. Heidelberger Max Weber-Vorlesungen 1981*, Frankfurt 1982.

Organismen, mit denen die Biologie zu tun hat, oder wie eine Hegelsche ›Idee‹ (zu) behandeln, welche ihre einzelnen Bestandteile aus sich ›emanieren‹ läßt«?[76]

Es gibt in der Tat keinen Zweifel, daß Weber diesen emanatistischen Entwicklungsbegriff, sei er materialistisch oder idealistisch fundiert, scharf bekämpfte. Dies deshalb, weil er einer Begriffsbildungstheorie entstammt, die den hiatus irrationalis zwischen Begriff und Begriffenem aufhebt und Entwicklung mit Wertsteigerung identifiziert.[77] In seiner Sicht gibt es weder ein gesetzliches Nacheinander überall sich wiederholender Stufen noch eine innere Einheit auf derselben Stufe derart, daß sich aus ihrem generellen Charakter die ihr zugehörigen historischen Erscheinungen erschließen ließen. Überall kommt es vielmehr auf die Erfassung der tatsächlichen *Konstellation* von Faktoren an. Überall muß diese im Außenverhältnis zwar individuelle, im Innenverhältnis aber allgemeine Konstellation in ihrem So-und-nicht-anders-Gewordensein aus anderen Konstellationen erklärt werden, wobei es zugleich um die Verschiebungen zwischen ihnen geht. Das aber heißt: Die Frage ist nicht, ob wir Epochen, Phasen, Stadien, Stufen konstruieren sollen – denn das müssen wir, wenn wir uns mit langfristigen Entwicklungen beschäftigen –, sondern allein, welchen Status sie haben. Dieser ist der eines begrifflichen Darstellungsmittels, nicht der eines Schlußverfahrens, sei es mittels Deduktion, sei es mittels Analogie. Weber formulierte deshalb seinen Stufenbegriff folgendermaßen: »Wenn wir eine ›Kulturstufe‹ konstruieren, so bedeutet dieses Gedankengebilde, in Urteile aufgelöst, lediglich, daß die einzelnen Erscheinungen, die wir dabei begrifflich zusammenfassen, einander ›*adäquat*‹ sind, ein gewisses Maß innerer ›Verwandtschaft‹ – so können wir es ausdrücken – miteinander besitzen, *niemals* aber daß sie mit irgendeiner *Gesetzmäßigkeit* auseinander *folgen*.«[78] Darin drückt sich ein methodologisches

---

76 So die Formulierung in *SW*, S. 517, im Zusammenhang mit der Darstellung des Streites zwischen der Knappschule und der Meitzenschule um den Status der ›grundherrlichen Hypothese‹ für die Interpretation der ältesten deutschen Sozialgeschichte.

77 Dazu ausführlicher *Religion und Lebensführung*, Kap. 1,4 und Kap. 9,1.

78 *SW*, S. 517. Weber greift dabei zugleich die Verwendung des Stufenbegriffs in Karl Hildebrands Buch *Recht und Sitte auf den verschiedenen*

Verständnis des Stufenbegriffs aus, wie es durch Heinrich Rickerts Begriff der Entwicklungsgeschichte nahegelegt war. Entwicklungsstufen ergeben sich aus einer wertbezogenen, konditional-teleologischen Zusammenfassung von historischen Zusammenhängen nach außen und ihrer Gliederung nach innen – in Abgrenzung von bloßer Veränderung einerseits, vom Emanatismus andererseits.[79] Weber akzeptiert also die Konstruktion von Entwicklungsphasen, -stadien, -epochen oder -stufen in diesem Sinne. Sie galten ihm wie Rickert als unerläßlich für die Gliederung eines mittels Wertbeziehung geformten historischen Zusammenhangs. Der von ihm konzipierte Stoffverteilungsplan für das *Handbuch der politischen Oekonomie*, später: *Grundriss der Sozialökonomik*, sollte nicht zufällig mit einem Artikel zum Thema »Epochen und Stufen der Wirtschaft«, der dann in »Volkswirtschaftliche Entwicklungsstufen« verändert wurde, anfangen. Tatsächlich begann der erste, 1914 ausgelieferte Band dieses Gemeinschaftswerkes mit Karl Büchers Gliederung der europäischen Wirtschaftsentwicklung in die Stufen der geschlossenen Hauswirtschaft (mit Oikenwirtschaft und Fronhofwirtschaft), der Stadtwirtschaft und der Volkswirtschaft (mit geschlossener Staatswirtschaft und mehr oder minder offener kapitalistischer Wirtschaft).[80] Gewiß: Weber hielt diese Erörterung, wie wir aus dem Briefwechsel wissen, für gänzlich unzulänglich. Und nicht zuletzt diese Einschätzung motivierte ihn zu einer der Umarbeitungen seines Beitrags für den *Grundriss*, der uns als die alte Fassung von *Wirtschaft und Gesellschaft* aus dem Nachlaß überliefert ist.[81] Aber er hielt Büchers Beitrag sicherlich nicht schon deshalb für unzulänglich, weil er mit Entwicklungsstufen

wirtschaftlichen Kulturstufen, 1. Teil, 1896, und seine Nutzung durch die Knappschule, insbesondere durch Werner Wittich, an.

79 Vgl. dazu *Religion und Lebensführung*, Kap. 1,8.

80 Vgl. Karl Bücher, »Volkswirtschaftliche Entwicklungsstufen«, in: *Grundriss der Sozialökonomik*, I. Abteilung: Wirtschaft und Wirtschaftswissenschaft, Tübingen 1914, S. 1 ff., bes. S. 10 ff.

81 In einem an anderer Stelle bereits öfter zitierten Brief vom 30. 12. 1913 heißt es: »Da *Bücher* ja – ›Entwicklungsstufen‹ – *ganz* unzulänglich ist, habe ich eine geschlossene Theorie und Darstellung ausgearbeitet, welche die großen Gemeinschaftsformen zur Wirtschaft in Beziehung

413

operierte, sondern weil er diese, trotz einschränkender Bemerkungen, sehr schematisch verwandte und überhaupt nur eine äußerst grobe und undifferenzierte Darstellung der verschiedenen Vergemeinschaftungs- und Vergesellschaftungsformen als ›ökonomische Versorgungsgemeinschaften‹ bot.[82]

Der Phasen-, Stadien-, Epochen- oder Stufenbegriff diente Weber also als Darstellungsmittel, um die mittelländisch-okzidentale Kulturentwicklung innerlich zu gliedern. Daraus ergaben sich ›Untereinheiten‹ von historischen Erscheinungen mit einem gewissen Maß an innerer Verwandtschaft, für deren Konstruktion der moderne okzidentale Rationalismus das (heuristische) Telos bildete. In diesem Sinne sprach er, bezogen auf die Wirtschaftsentwicklung, für die der moderne *ökonomische* Rationalismus nach Geist und System das (heuristische) Telos abgibt, bereits in den Protestantismusstudien vom Kapitalismus des heroischen im Unterschied zum Kapitalismus des eisernen Zeitalters, in den »Antikritiken« vom antiken, mittelalterlichen, frühmodernen und modernen bzw. neuzeitlichen Kapitalismus, in der *Wirtschaftsgeschichte*, wohl Sombarts Vorschlag folgend, von der Wirtschaft im vorkapitalistischen und kapitalistischen

---

setzt...« Vgl. *Religion und Lebensführung*, Kap. 14 und Johannes Winckelmann, *Max Webers hinterlassenes Hauptwerk*, S. 36.

82 Man vergleiche etwa Büchers § 6a mit Webers Kap. III (*WuG*, S. 212 ff.), in denen in etwa dieselben Themen behandelt werden, um den Unterschied zu ermessen. Außerdem: Während Bücher seine Stufen nach dem Verhältnis von Produktion und Konsumtion einteilt, orientiert sich Weber an den mit ökonomischen Produktions- und Konsumtionseinheiten verbundenen Herrschafts- und Appropriationsverhältnissen und ihrer rechtlichen Ausgestaltung. Darüber hinaus beschränkt Bücher seine Entwicklungsstufen auf die europäischen Kulturvölker, während Weber auch außereuropäische Verhältnisse im Auge hat. Wie sehr Weber Büchers ältere Arbeiten bis zuletzt schätzte, ergibt sich aus der zweiten Fassung von *Wirtschaft und Gesellschaft*. Die Wirtschaftssoziologie folgt in weiten Teilen Büchers grundlegenden Arbeiten *Die Entstehung der Volkswirtschaft*, 1. Band, 16. Aufl., Tübingen 1922 (die 1. war 1893 erschienen, die 2., stark vermehrte, die Weber in seiner Handbibliothek hatte, 1898) und »Gewerbe« in: *Handwörterbuch der Staatswissenschaften*, vierter Band, dritte, gänzlich umgearbeitete Aufl., Jena 1909, S. 847–880. Weber spricht von grundlegenden Arbeiten. Vgl. *WuG*, S. 63.

Zeitalter, das noch einmal in das früh- und hochkapitalistische gegliedert ist. Eine Gliederung anderer Art hatte Ernst Troeltsch in seiner »Universalgeschichte der Ethik des okzidentalen Christentums«[83] für die Religionsentwicklung angeboten. Für ihn bildeten die alte Kirche, der mittelalterliche Katholizismus und der Protestantismus relativ geschlossene Entwicklungskreise, die dennoch in einer Kontinuität miteinander stehen und in denen ›das Wesen‹ des Christentums aufeinander bezogene, unterschiedliche Ausformungen erfuhr. Entscheidend aber ist: Weder im Falle der inneren Gliederung der okzidentalen Wirtschaftsentwicklung noch im Falle der inneren Gliederung der okzidentalen Religionsentwicklung werden die dabei gewonnenen Stufen zu bloßen Vorstufen eines Endzustands relativiert oder negativ bewertet. Sie bleiben vielmehr in ihrem Eigenrecht und in ihrer Eigengesetzlichkeit anerkannt. Das drückte Ernst Troeltsch für seine Interpretation des mittelalterlichen Katholizismus besonders treffend so aus: »Die mittelalterliche Religion und ihre Soziallehren sind nicht eine Verbildung des ›Wesens des Christentums‹, aber auch nicht eine anderen Zielen dienende Entwicklungsphase der christlichen Idee, sondern eine der allgemeinen Konstellation entsprechende Formung des religiösen Bewußtseins mit ihren eigenen Vorzügen und Wahrheiten und ihren eigenen Fehlern und Schrecknissen.«[84]

Die innere Gliederung führt also zu ›Untereinheiten‹, die gleichsam einen sachlichen und einen zeitlichen Index tragen. Sachlich bezieht sie sich auf gesellschaftliche Strukturprinzipien, die eine innere und eine äußere Seite, eine normativ-motivationelle und eine institutionelle Komponente, haben,[85] zeitlich auf die historische Spanne, in der ein bestimmtes gesellschaftliches Strukturprinzip vorherrschend ist. In diesem Sinne unterscheidet zum Beispiel Werner Sombart die vorkapitalistische von der kapitalistischen Wirtschaftsepoche. In der vorkapitalistischen Epoche herrscht das Bedarfsdeckungsprinzip (oder das Prinzip der Eigenwirtschaft) mit empiristischer Technik und

---

83 So Webers Formulierung in *RS* I, S. 18, Fn.

84 Ernst Troeltsch, *Die Soziallehren der christlichen Kirchen und Gruppen*, S. 186.

85 Vgl. dazu Wolfgang Schluchter, *Die Entwicklung des okzidentalen Rationalismus*, S. 59 ff.

traditionalistischer Wirtschaftsführung, in der kapitalistischen Epoche aber das Erwerbsprinzip (oder das Prinzip der geldmäßigen Tauschwirtschaft) mit wissenschaftlich-rationaler Technik und rationalistischer Wirtschaftsführung vor. Weitere Differenzierungen ergeben sich daraus, daß Wirtschaftsprinzipien mehrere Ausformungen erlauben – zum Beispiel kann das Bedarfsdeckungsprinzip in Gestalt der bäuerlichen Wirtschaft der Dorfgemeinde oder der Fronhofwirtschaft der Grundherrschaft realisiert sein – oder daß Übergangszeitalter konstruiert werden, in denen mehrere Prinzipien um die Vorherrschaft ringen. Ein solches Übergangszeitalter beginnt zum Beispiel für Sombart mit der Wiedergeburt der Tauschwirtschaft in den okzidentalen Städten. Aber zunächst bleibt zumindest bei der städtischen handwerksmäßigen Wirtschaft der Gesichtspunkt der ›Nahrung‹, der standesgemäßen Versorgung, der dem Bedarfsdeckungsprinzip zugehört, intakt. Erst allmählich, aufgrund besonderer Umstände, dringt das Erwerbsprinzip in die traditionalen Verhältnisse ein und beginnt, sie zu ersetzen: Das Zeitalter des Frühkapitalismus, in Webers Worten: das heroische Zeitalter des Kapitalismus, in dem Bedarfsdeckungs- und Erwerbsprinzip offen miteinander um die Vorherrschaft konkurrieren, beginnt.[86] Daß Weber zwar nicht genau diesen, wohl

---

86 Vgl. dazu unter anderem Werner Sombart, *Der moderne Kapitalismus*, Band I, Kap. 4–12. Er definiert Handwerk als »diejenige Form der tauschwirtschaftlichen Organisation der Unterhaltsfürsorge, bei welcher die Wirtschaftssubjekte rechtlich und ökonomisch selbständige, von der Idee der Nahrung beherrschte, traditionalistisch handelnde, im Dienste einer Gesamtorganisation stehende, technische Arbeiter sind«. (Ebd., S. 188, im Original gesperrt.) Über den Begriff der Wirtschaftsepoche heißt es: »Der dem Begriff des Wirtschaftssystems entsprechende Begriff bei der realistisch-empirischen Betrachtungsweise ist der der *Wirtschaftsepoche*. Darunter verstehe ich eine historische Zeitspanne, in der ein bestimmtes Wirtschaftssystem oder genauer: die einem bestimmten Wirtschaftssysteme gemäße Wirtschaftsweise *vorgeherrscht* hat.« (Ebd., S. 22.) Die Wirtschaftsweise umfaßt Form *und* Gesinnung, wie überhaupt Sombart dazu neigt, die Wirtschaftsepochen nach dem Wirtschaftsgeist zu bestimmen, der zwar nicht ohne äußere Bedingungen ins Leben treten kann, aber sich letztlich doch die ihm gemäße wirtschaftliche Organisationsform schafft. Das gilt zumindest seit dem Buch *Der Bourgeois*, das nicht zufällig den Untertitel *Zur Geschichte*

aber vergleichbaren Überlegungen zuneigte, ergibt sich aus der *Wirtschaftsgeschichte*. Dort heißt es, eine Wirtschaftsepoche dürfe nur dann als typisch kapitalistisch bezeichnet werden, »wenn die Bedarfsdeckung dem Schwerpunkt nach kapitalistisch so orientiert ist, daß, wenn wir uns diese Art der Organisation wegdenken, die Bedarfsdeckung überhaupt kollabiert«.[87] In diesem Sinne gab es für ihn zwar in der ganzen bisherigen Geschichte politisch orientierten Kapitalismus, es gab darüber hinaus auch schon relativ früh Ansätze zu einem bürgerlichen Betriebskapitalismus, aber es gibt nur *eine* kapitalistische Epoche, nämlich die Neuzeit. Die historischen Vorbedingungen dafür aber sind in *verschiedenen* vorkapitalistischen Wirtschaftsepochen entstanden, zu denen nicht nur die frühkapitalistische, sondern auch die antike und die mittelalterliche gehören.

Nun ist aber die wirtschaftliche Lebensordnung nur eine unter mehreren. Und sosehr eine ›Universalgeschichte der Kultur‹, wie Weber sie in seinen *Gesammelten Aufsätzen zur Religionssoziologie* unternimmt, gerade an ihrer Entwicklungsgeschichte nach ›Geist‹ und ›Form‹ interessiert sein muß, sowenig darf sie dabei die ›Wahlverwandtschaftsverhältnisse‹ ausblenden, in denen diese zu den Entwicklungsgeschichten der anderen Lebensordnungen, insbesondere der religiösen und politischen, steht. Es geht deshalb bei der Stufen- bzw. Epocheneinteilung nicht allein um wirtschaftliche Strukturprinzipien, sondern, allgemeiner, um gesellschaftliche Strukturprinzipien, um die *Grundkonstellation* einer Ordnungskonfiguration, die für einen ganzen Entwicklungskreis bestimmend ist. Aus einer solchen ›Reihe‹ von Grundkonstellationen (Epochen) und ihrer ›Verknüpfung‹ mittels historischer Erbschaften (historischer Vorbedingungen) muß die moderne Kultur, insbesondere die moderne Wirt-

des modernen Wirtschaftsmenschen führt. Zur Interpretation vgl. auch Arthur Mitzman, *Sociology and Estrangement. Three Sociologists of Imperial Germany*, New York: Alfred A. Knopf 1973, bes. S. 245 ff., wo der Vorrang des ›geistesgeschichtlichen‹ Gesichtspunktes bei der Unterscheidung in vorkapitalistische, frühkapitalistische und hochkapitalistische Epoche gezeigt wird (Verhältnis von Unternehmergeist zu Bürgergeist).

87 *Wirtschaftsgeschichte*, S. 239.

schaftskultur, deutend erklärt werden. Die Kulturwissenschaft, wie Weber sie versteht, sieht sich deshalb vier zwar gegeneinander selbständigen, aber aufeinander bezogenen Aufgaben konfrontiert. Die erste fällt in den Bereich der Theoriekonstruktion, die übrigen in den Bereich historischer Untersuchung. Sie sind also auf die theoretischen und die historischen Kulturwissenschaften verteilt. Den theoretischen Kulturwissenschaften fällt die Aufgabe zu, Kasuistiken klarer (historischer) Begriffe zu entwickeln und generelle Regeln des Geschehens festzustellen, den historischen, (individuelle) Konstellationen zu identifizieren und kausale Zurechnungen vorzunehmen sowie die Entwicklungstendenzen abzuschätzen, die mit gegenwärtigen Konstellationen verbunden sind. Diese vier Aufgaben wurden von Weber im Objektivitätsaufsatz wie folgt beschrieben: »Jene (hypothetischen) ›Gesetze‹ und ›Faktoren‹ festzustellen, wäre für uns also jedenfalls nur die *erste* der mehreren Aufgaben, die zu der von uns erstrebten Erkenntnis führen würden. Die Analyse und ordnende Darstellung der jeweils historisch gegebenen, individuellen Gruppierung jener ›Faktoren‹ und ihres dadurch bedingten konkreten, in seiner Art *bedeutsamen* Zusammenwirkens und vor allem die *Verständlichmachung* des Grundes und der Art dieser Bedeutsamkeit wäre die nächste, zwar unter Verwendung jener Vorarbeit zu lösende, aber ihr gegenüber völlig neue und *selbständige* Aufgabe. Die Zurückverfolgung der einzelnen, für die *Gegenwart* bedeutsamen, individuellen Eigentümlichkeiten dieser Gruppierungen in ihrem Gewordensein, so weit in die Vergangenheit als möglich, und ihre historische Erklärung aus früheren, wiederum individuellen Konstellationen wäre die dritte, – die Abschätzung möglicher Zukunftskonstellationen endlich eine denkbare vierte Aufgabe.«[88]

Die Gliederung nach Stufen und Epochen folgt also nicht der Ereignisgeschichte. Sie läßt auch keine *exakte* Angabe historischer Zeitspannen zu. Dennoch ist sie auf Ereignisgeschichte und auf *ungefähre* Datierung bezogen. Jedenfalls wird durch Webers verstreute Äußerungen eine solche Interpretation nahegelegt. In den Studien über die Wirtschaftsethik der Weltreli-

88 *WL*, S. 174 f.

gionen, in einem Vergleich zwischen der chinesischen und der westlichen politischen und ökonomischen Ordnung, verweist er auf die für das (politisch-ökonomische) Schicksal des Westens entscheidenden Revolutionen, »die italienische des 12. und 13., die niederländische des 16., die englische des 17., die amerikanische und französische des 18. Jahrhunderts«.[89] Eine Stelle aus der zweiten Fassung von *Wirtschaft und Gesellschaft* liest sich fast wie eine Erläuterung hierzu. Dort heißt es: »Der moderne, spezifisch okzidentale Kapitalismus, ist vorbereitet worden in den (relativ) rational verwalteten spezifisch okzidentalen *städtischen* Verbänden (des 12. und 13. Jahrhunderts, W.S.) ...; er entwickelte sich vom 16.-18. Jahrhundert innerhalb der *ständischen* holländischen und englischen, durch Vorwalten der bürgerlichen Macht und Erwerbsinteressen ausgezeichneten politischen Verbände primär, während die fiskalisch und utilitarisch bedingten sekundären Nachahmungen in den rein patrimonialen oder feudal-ständisch beeinflußten Staaten des Kontinents ganz ebenso wie die Stuartschen Monopolindustrien *nicht* in realer Kontinuität mit der später einsetzenden autonomen kapitalistischen Entwicklung standen«.[90] Zu dem politisch-ökonomischen Schicksal aber kommt, damit in vielfältiger Weise verflochten, aber aus ihm nicht deduzierbar, das religiöse. Es hat seine entscheidenden Revolutionen nicht nur in der Reformation mit ihren Folgen vor allem im 17. Jahrhundert, sondern auch in den Umwälzungen im 11. und 12. Jahrhundert, die mit der Trennung der Westkirche von der Ostkirche, mit der gregorianischen Reform und dem Investiturstreit in Zusammenhang stehen.[91] Verbindet man politisch-ökonomisches und religiöses Schicksal, so ergeben sich, jedenfalls für die Entwicklungsgeschichte Westeuropas, drei große Transformationen: die Transformation vom 11. bis 13. Jahrhundert, in der zugleich vor allem äußere historische Vorbedingungen für den modernen bürgerlichen Betriebskapitalismus geschaffen wer-

89 *RS* I, S. 349.
90 *WuG*, S. 139.
91 Vgl. dazu *Religion und Lebensführung*, Kap 8,8. Ferner *Die Entwicklung des okzidentalen Rationalismus*, S. 226 ff. Weber ist hierin wohl Troeltsch gefolgt. Vgl. *Die Soziallehren der christlichen Kirchen und Gruppen*, bes. II. Kapitel, 4.

den; die Transformation vom 16. bis 18. Jahrhundert, in der zugleich vor allem innere historische Vorbedingungen für den modernen bürgerlichen Betriebskapitalismus entstehen sowie ›neuer Geist‹ und bereits weitgehend fertige ›Form‹ eine echte Wahlverwandtschaft eingehen, so daß eine durch seelische Obstruktionen ungehinderte Entwicklung einsetzen kann, bei der beide sich sogar wechselseitig steigern und nicht nur nicht im Wege stehen; und die Transformation im 19. und 20. Jahrhundert, durch die der siegreiche Betriebskapitalismus mit seiner rationalen Organisation formell freier Arbeit endgültig auf eine mechanische Grundlage gestellt wird und sich von jedem religiösen, ja von jedem ethischen Unterbau ›emanzipiert‹. Mit anderen Worten: Unter primär ökonomischem Gesichtspunkt geht es um »die spätmittelalterlichen, noch immer höchst *labilen*, kapitalistischen Entwicklungsvorgänge«,[92] dann um die frühkapitalistischen Entwicklungsvorgänge, insbesondere um die »seelische Seite der modernen Wirtschaftsentwicklung«,[93] die den Berufsmenschen hervorbringt, der, im Unterschied zum gläubigen mittelalterlichen Katholiken und gläubigen Lutheraner, keine Kompromisse braucht, »um sich einig zu fühlen mit seinem Tun«.[94] Schließlich geht es um den Hochkapitalismus, der die Vorherrschaft sowohl über alle traditionalistischen Wirtschaftsgesinnungen wie über alle am Sombartschen Bedarfsdeckungsprinzip ausgerichteten Wirtschaftssysteme endgültig erobert. Wie endgültig, darüber hatte Weber keine Illusion. Wie Werner Sombart berichtet: »Als ich einmal mit Max Weber über die Zukunftsaussichten sprach und wir die Frage aufwarfen: wann wohl der Hexensabbat ein Ende nehmen würde, den die Menschheit in den kapitalistischen Ländern seit dem Beginne des 19. Jahrhunderts aufführt, antwortete er: ›Wenn die letzte Tonne Erz mit der letzten Tonne Kohle verhüttet sein wird.‹«[95]

An dieser Exposition werden nun zwei Punkte sichtbar: 1. Es wäre falsch anzunehmen, Weber habe die entscheidende Trans-

92 *PE* II, S. 324.
93 Ebd., S. 167.
94 Ebd., S. 168.
95 Werner Sombart, *Der moderne Kapitalismus*, Band III, S. 1010. Ähnlich *RS* I, S. 203.

formation, die schließlich zum modernen Kapitalismus (und zum modernen Rationalismus) führte, ausschließlich mit der Reformation und ihren Folgen verbunden. Sie ist wichtig, aber sie bringt allein nicht alle wichtigen historischen Vorbedingungen hervor. 2. Obgleich Weber sicherlich die erste Transformation nicht als die alles entscheidende Weichenstellung für die Entwicklung Westeuropas gedeutet hätte, wozu neuere Untersuchungen neigen,[96] so zeigt doch schon das bereits mitgeteilte Zitat aus den Eröffnungspassagen des »Antiken Judentums«, daß er für die Entwicklung Westeuropas die Kulturbedeutung der auf »dem römischen Amtsbegriff fußenden römischen Kirche« und der »mittelalterlich-ständischen Ordnung« der des asketischen Protestantismus ›gleichstellte‹, wenngleich er, unter dem speziellen Gesichtspunkt der Wirtschaftsentwicklung, der mittelalterlichen Stadtentwicklung eine noch größere Bedeutung zumaß als der ›päpstlichen Revolution‹.[97] Doch wie immer

96 Vgl. Harold J. Berman, *Law and Revolution. The Formation of the Western Legal Tradition*, Cambridge: Harvard University Press 1983, bes. Introduction und Conclusion. Ferner Brian Stock, »Schriftgebrauch und Rationalität im Mittelalter«, in: Wolfgang Schluchter (Hg.), *Max Webers Sicht des okzidentalen Christentums. Interpretation und Kritik*, Frankfurt 1988, und ders., »Rationality, Tradition, and the Scientific Outlook: Reflections on Max Weber and the Middle Ages«, in: Pamela O. Long (Hg.), *Science and Technology in Medieval Society. Annals of the New York Academy of Sciences*, 441 (1985), S. 7 ff. Stock konstatiert, Weber habe die Bedeutung der Entwicklung vom 11. bis zum 13. Jahrhundert für die Ausbildung des modernen okzidentalen Rationalismus unterschätzt. Ich suche in der Folge zu zeigen, daß dieser Vorwurf nur zum Teil berechtigt ist. Die von Stock in den Mittelpunkt gestellte Revolution der Kommunikation durch Zunahme des Schriftgebrauchs und der damit verbundenen Institutionen behandelt Weber allerdings tatsächlich nicht.

97 Berman spricht von der »Papal Revolution«, mit der in seinen Augen die Sonderentwicklung des Westens erst eigentlich beginnt. An diese gesamteuropäische Revolution des 11. und 12. Jahrhunderts schließen dann die Reformation sowie die Englische, Amerikanische, Französische und Russische Revolution an. Er sieht eine radikale Diskontinuität zwischen der Periode vor und der Periode nach den Jahren 1050 bis 1150. Er formuliert unter anderem: »One of the purposes of this study is to show that in the West, modern times – not only modern legal institutions and modern legal values but also the modern state, the modern

421

man die Akzente setzt: Jedenfalls war für ihn das ›Hochmittel-
alter‹ eine Phase wichtiger, vorwiegend institutioneller Transformationen für Westeuropa. Das zeigt in kleinem Maßstab
schon die Dissertation. Wenn Randall Collins vermutet, Weber
wäre, hätte er seine geplante Studie über das mittelalterliche
(sic!) Christentum geschrieben, erst dabei auf das ›Hochmittel-
alter‹ als den wichtigsten aller institutionellen Wendepunkte auf
dem Weg zum Kapitalismus gestoßen – »his commitment to the
vestiges of his Protestantism argument may have kept him from
recognizing this earlier«[98] –, dann kann man sich über die Werk-
kenntnis eines Autors, der »Weberian Sociological Theory«
schreiben will, nur wundern. Denn weder übersah Weber die
kulturhistorische Bedeutung des Hochmittelalters für die okzidentale Sonderentwicklung im allgemeinen und für die des
okzidentalen Kapitalismus im besonderen, noch besteht zwischen der These einer vorwiegend institutionellen Transformation im Mittelalter und der einer vorwiegend gesinnungsmäßigen, motivationellen, in der Nachreformationszeit ein Widerspruch.
Und noch ein dritter Punkt ist in diesem Zusammenhang wichtig. Während Marx nicht nur die Geschichte des Westens mit
der Geschichte der Menschheit identifizierte, sondern auch,
wegen seines Begriffs der feudalen Produktionsweise, weder die
kulturhistorische Bedeutung der nachreformatorischen noch
der mittelalterlichen Transformation erkannte, ist Webers Ansatz gefeit sowohl gegen diesen normativen Eurozentrismus[99]
wie gegen die falsche Periodisierung der Geschichte des Westens, der zufolge die ›große Transformation‹ mit den großen
politischen Revolutionen der Neuzeit, hauptsächlich mit der
Französischen Revolution, zusammenfällt.[100] Gewiß, Webers

church, modern philosophy, the modern university, modern literature,
and much else that is modern – have their origin in the period 1050-1150
and not before.« Ebd., S. 4. Das letzte hätte Weber allerdings bestritten.

98 Randall Collins, *Weberian Sociological Theory*, S. 33, Fn. 11.
99 Zur Begründung *Religion und Lebensführung*, Kap. 1,8.
100 Dazu Harold J. Berman, *Law and Revolution*, S. 542, der zur marxistischen Periodisierung sarkastisch bemerkt: »Unfortunately for this
Marxian analysis, the ›feudal mode of production‹ – that is, the mano-
rial system – had broken down by the end of the fourteenth century,

Epocheneinteilung, seine Periodisierung, bleibt vage. Und sie scheint auch für jede Teilentwicklung anders akzentuiert. Zudem operiert er häufig einfach mit der Trias Altertum-Mittelalter-Neuzeit. Doch sein Ansatz ist in dieser Hinsicht aus immanenten Gründen offen für Revision. Vor allem: Er betont für die vorreformatorische Entwicklungsphase offensichtlich die entscheidenden Punkte. Das geben selbst Kritiker zu. In seiner grundlegenden Studie über die Entstehung der *besonderen* Rechtstradition des Westens schreibt Harold J. Berman, dabei allerdings am Ende die Unterschiede zwischen Marx und Weber

all over Europe, and the ›capitalist‹ mode of production, as defined by Marx, only came into being in the eighteenth, or at the earliest the seventeenth century. This leaves a ›transition‹ period of some three or four centuries during which a central state power developed, namely, the absolute monarchies of Europe.« Dazu auch Marc Bloch, *Die Feudalgesellschaft*, Frankfurt-Berlin-Wien 1982, S. 533: »Seit Mitte des 13. Jahrhunderts entfernten sich die europäischen Gesellschaften endgültig von der feudalen Grundform.« Bloch zeigt allerdings auch ihre Nachwirkungen auf.

Eine für Marx bezeichnende Stelle findet sich in einem seiner Artikel aus der *Neuen Rheinischen Zeitung* von Ende 1848: »Die Revolutionen von 1648 und 1789 waren keine *englischen* und *französischen* Revolutionen, sie waren Revolutionen *europäischen* Stils. Sie waren nicht der Sieg einer *bestimmten* Klasse der Gesellschaft über die *alte politische Ordnung*; sie waren die *Proklamation der politischen Ordnung für die neue europäische Gesellschaft*. Die Bourgeoisie siegte in ihnen; aber der *Sieg der Bourgeoisie* war damals der *Sieg einer neuen Gesellschaftsordnung*, der Sieg des bürgerlichen Eigentums über das feudale, der Nationalität über den Provinzialismus, der Konkurrenz über die Zunft, der Teilung über das Majorat der Herrschaft, des Eigentümers des Bodens über die Beherrschung des Eigentümers durch den Boden, der Aufklärung über den Aberglauben, der Familie über den Familiennamen, der Industrie über die heroische Faulheit, des bürgerlichen Rechtes über die mittelalterlichen Privilegien.« Vgl. Karl Marx, *Werke · Schriften · Briefe*, hg. von Hans-Joachim Lieber, Darmstadt 1960, Band III/1, S. 71 f. Auch Hegel läßt die Moderne mit der Französischen Revolution beginnen. Schon Tocqueville hat da ›weiter‹ gesehen. Zur Rolle der Französischen Revolution bei Weber auch die Diskussion zwischen Dieter Henrich, Claus Offe und Wolfgang Schluchter, »Max Weber und das Projekt der Moderne«, in: *Max Weber. Ein Symposion*, hg. von Christian Gneuss und Jürgen Kocka, Frankfurt 1988, S. 155 ff.

allzu sehr verwischend: Weber »confirms many of the root facts that form the foundation of the present study: that the Investiture Struggle of the late eleventh and early twelfth centuries laid the foundations for the separation of church and state, that the new canon law of the twelfth century was the first modern Western legal system, that the reciprocity of rights and duties of lord and vassal distinguished Western feudalism from that of other societies, that the Western city of the twelfth century and thereafter was unique in conferring constitutional rights upon its citizens. Yet Weber is prevented from drawing the right conclusions from these facts by his historiography, which postulates a sharp break in the sixteenth century between the Middle Ages and Modern Times, and between feudalism and capitalism. For Weber, as for Marx, Western law is bourgeois law, capitalist law, or in Weber's peculiar terminology, bureaucratic law, formally rational law.«[101]

Die Studie über das okzidentale Christentum hätte, anknüpfend an die Studien über das antike Judentum und das antike Christentum,[102] der Formierung der römischen Kirche, nach Weber: der ersten rationalen Bürokratie der Weltgeschichte, und ihres Verhältnisses zu den orthodoxen religiösen Virtuosenbewegungen, aber auch zu den feudalen und ständischen sowie städtischen politischen Gewalten zweifellos große Aufmerksamkeit gewidmet. Das zeigt bereits die erste Fassung von *Wirtschaft und Gesellschaft*, insbesondere die Rechts- und Herrschaftssoziologie.[103] Mit anderen Worten: Sie hätte sicherlich zunächst

101 Ebd., S. 550.
102 Dies sind die Hauptlinien. Die Studien über den Islam und das orientalische Christentum hätten in entwicklungsgeschichtlicher Perspektive vermutlich eher Nebenlinien verfolgt. Zum Islam vgl. *Religion und Lebensführung*, Kap. 9,1.
103 In der Rechtssoziologie ist es der kurze Abschnitt über das kanonische Recht, in der Herrschaftssoziologie der längere über politische und hierokratische Herrschaft, die hier besonders relevant sind. Interessanterweise wird in der Religionssoziologie das mittelalterliche Christentum fast nicht zitiert. Daran könnte man die Vermutung knüpfen, daß Weber den Plan, eine Studie über das okzidentale Christentum zu schreiben, relativ spät faßte, vielleicht sogar erst, nachdem sich, seit der Publikation der ersten Skizzen zur Wirtschaftsethik der Weltreligionen Ende 1915, dieses Projekt zunehmend ›verselbständigte‹.

die erste Transformation behandelt, bevor sie zur zweiten über-
gegangen wäre, zu jener, die vor allem in den Protestantismusstudien beschrieben ist. Wie bereits gesagt, wäre ihr dabei auch
die Aufgabe zugefallen, diese ihrer Isoliertheit zu entkleiden
und die andere Seite der Kausalbeziehung zu entwickeln. In
diesem Sinne gibt es, wie Randall Collins richtig vermutet, tatsächlich »the Weberian revolution of the High Middle Ages«.[104]
Fragen wir: Wie sieht sie aus?

b) Das Erklärungsobjekt: Der bürgerliche Betriebskapitalismus mit der rationalen Organisation freier Arbeit

Bevor diese Frage beantwortet werden kann, muß geklärt werden, worin denn nun die Sondererscheinungen eigentlich genau
bestehen, die den modernen okzidentalen Kapitalismus nach
Art, Form und Richtung von anderen Arten, Formen und Richtungen des Kapitalismus unterscheiden, was also seine definierenden Merkmale sind, um deren Erklärung es letztlich geht.
Dafür kann man es nicht bei dem bereits eingeführten idealtypischen Gattungsbegriff Kapitalismus belassen – wirtschaftliches
Handeln, das auf der Erwartung von Gewinn durch Ausnutzung
von Tauschchancen beruht, oder wirtschaftliches Handeln, welches Verwertung von Kapital für immer erneuten Gewinn erstrebt –, sondern man muß jene Züge an ihm spezifizieren, die
»in dieser Art in den anderen Lebensepochen des Gebildes
nicht oder dem Grade nach spezifisch *verschieden* vorhanden«
gewesen sind.[105] Obgleich Weber immer wieder betonte, die
Definition eines so komplexen Gebildes wie des modernen
Kapitalismus könne niemals am Anfang einer Untersuchung
stehen, sondern sei nur »als Resultat der Schritt für Schritt vor-
zunehmenden Synthese möglich«,[106] gilt auch für ihn der Satz

104 So der Titel von Kap. 3 des Buches *Weberian Sociological Theory*,
S. 45 ff. Ferner die dort vorgetragene Analyse.
105 *PE* II, S. 170.
106 Ebd., S. 171. In den Protestantismusstudien diente der Bezug auf Benjamin Franklins Anweisungen der provisorischen Veranschaulichung
dessen, »was hier mit dem ›Geist‹ des Kapitalismus gemeint ist«. Vgl.
RS I, S. 31.

von Karl Marx, daß sich die Darstellungsweise formell von der Forschungsweise unterscheidet.[107] Tatsächlich stellte auch er das Resultat seiner Schritt für Schritt vorgenommenen Synthese zumindest den *Gesammelten Aufsätzen zur Religionssoziologie* in Gestalt der »Vorbemerkung« voran.[108]

Die Definition des spezifisch modernen okzidentalen Kapitalismus zerfällt in meiner Sicht in drei Merkmalskomplexe, die Weber nicht immer voneinander scheidet. Der erste bezieht sich auf die moderne kapitalistische Unternehmung, der zweite auf die moderne kapitalistische Wirtschaftsordnung und der dritte auf den modernen kapitalistischen Geist. Moderner Kapitalismus ist zunächst Rentabilitätsstreben von *Erwerbsbetrieben*, d.h. von Einheiten, die kontinuierlich an Gewinn, nicht, wie Haushaltungen, an Bedarfsdeckung orientiert sind und die die drei Produktionsfaktoren Arbeit, sachliche Beschaffungsmittel und disponierende Leitung betriebsmäßig, etwa in Werkstätten

107 Vgl. Karl Marx, *Werke · Schriften · Briefe*, Band IV, S. XXX f.: »Allerdings muß sich die Darstellungsweise formell von der Forschungsweise unterscheiden. Die Forschung hat den Stoff sich im Detail anzueignen, seine verschiedenen Entwicklungsformen zu analysieren und deren inneres Band aufzuspüren. Erst nachdem diese Arbeit vollbracht, kann die wirkliche Bewegung entsprechend dargestellt werden. Gelingt dies und spiegelt sich nun das Leben des Stoffes ideell wider, so mag es aussehen, als habe man es mit einer Konstruktion a priori zu tun.«

108 Dies gilt übrigens nicht nur für die *Gesammelten Aufsätze zur Religionssoziologie*, sondern auch für die zweite Fassung von *Wirtschaft und Gesellschaft*, in der auf die »Soziologischen Grundbegriffe« die »Grundkategorien des Wirtschaftens« folgen, die gewissermaßen auf die §§ 30 und 31 zulaufen, in denen die Arten, Formen und Richtungen des Kapitalismus definiert werden. Dort heißt es zugleich über den Unterschied zwischen dem okzidentalen Kapitalismus und den übrigen Arten, Formen und Richtungen des Kapitalismus, dieser bedürfe »der *Erklärung*, die nicht aus ökonomischen Gründen *allein* gegeben werden kann«. Vgl. *WuG*, S. 96. Weber betont, seine Wirtschaftssoziologie enthalte nur Selbstverständlichkeiten in etwas spezifischerer Fassung, sie präsentiere nur allgemein bekannte Dinge in etwas schärferer Pointierung. Genau darin aber schlägt sich in meiner Sicht das Wertinteresse nieder, das seinen Ansatz von anderen, auch von den verführerischen, aber anfechtbaren rein ökonomischen Erklärungsmethoden trennt. Vgl. ebd., S. 63.

oder Büros, kombinieren, wobei der Begriff Erwerbsbetrieb strenggenommen nur jenen Fall erfaßt, bei dem die ökonomische Unternehmung und der technische Betrieb identisch sind.[109] Der moderne Erwerbsbetrieb läßt sich nun durch drei Merkmale genauer beschreiben: 1. durch die Existenz formell freier Arbeit und durch ihre Kombination mit Maschinen und Apparaten (›stehendem Kapital‹), was zu technisch vermittelter Arbeitsspezialisierung und Arbeitsverbindung führt; 2. durch die äußere und innere Verselbständigung des Erwerbsbetriebs gegenüber dem Haushalt, was sich an ihrer räumlichen Trennung (Wohnung von Werkstatt oder Kontor), an ihrer rechtlichen Trennung (Privatvermögen von Betriebs- bzw. Unternehmungskapital) und an ihrer rechnerischen Trennung (Vermögensverwaltung auf der Basis einer Haushalts(geld)rechnung von Kapitalrechnung auf der Basis doppelter Buchführung) zeigt; 3. durch die Entkoppelung des Schicksals des Betriebskapitals vom Schicksal des Vermögens des einzelnen Besitzers, was sich in der Trennung der disponierenden Leitung vom Besitz der sachlichen Beschaffungsmittel, des ›stehenden Kapitals‹, niederschlägt und mit einer »Kommerzialisierung von Unternehmungsanteilen durch Wertpapierformen« verbunden ist.[110] Der moderne kapitalistische *Gewerbe*betrieb beispielsweise ist typischerweise Fabrikbetrieb in der Rechtsform einer Aktiengesellschaft, der moderne kapitalistische *Handels*betrieb Bürobetrieb in der Rechtsform einer offenen Handelsgesellschaft. Als solche gehören sie zur Kategorie der »*Kapitalrechnungs*unternehmung«,[111] wie überhaupt die Kapitalrechnung als Ausdruck für die mit dem modernen Kapitalismus einhergehende *Rechenhaftigkeit* im Mittelpunkt aller

---

109 Vgl. dazu die Erörterungen ebd., S. 63 f. Der Gegenbegriff zum technischen Begriff Betrieb, der »die Art der kontinuierlichen Verbindung bestimmter Arbeitsleistungen untereinander und mit sachlichen Beschaffungsmitteln« bezeichnet, ist das unstete oder technisch diskontinuierliche Wirtschaftshandeln, während der Gegenbegriff zum ökonomischen Begriff der Unternehmung der Begriff Haushalt bzw. Haushaltung ist.

110 Zum Zitat ebd., S. 97. Zur Zusammenstellung außer ebd. S. 94 (§ 30) und S. 85 bes. *RS* I, S. 7 ff.

111 Vgl. *WuG*, S. 64.

Erwägungen steht. Ähnlich wie den modernen Staat, so definiert Weber auch die moderne kapitalistische Unternehmung in erster Linie mittels des ihr spezifischen Mittels: dort das Monopol des legitimen physischen Zwangs, hier die Geldrechnung als Kapitalrechnung. Deshalb gilt: Der Grad der formalen Rationalität moderner kapitalistischer Erwerbsbetriebe bestimmt sich letztlich nach dem Grad der Rationalität ihrer Kapitalrechnung. Dieser aber ist nun nicht allein von den bereits genannten Merkmalen abhängig, sondern auch von solchen, die mit der kapitalistischen Wirtschaftsordnung als *Verkehrswirtschaft* zusammenhängen. Denn ein »Höchstmaß von *formaler Rationalität* der Kapitalrechnung von *Beschaffungs*betrieben«[112] ist nur erreichbar, wenn zu den drei genannten Merkmalen wenigstens drei weitere hinzutreten: 4. die bereits erwähnte Kommerzialisierung der Unternehmungsanteile durch Wertpapiere, die die Trennung von Haushalt und Erwerbsbetrieb, Vermögen und Kapital, stützt sowie vor allem die Kapitalausstattung und den Kapitalzusammenhalt der Erwerbsbetriebe von der »Vermögensausstattung und den Erbschicksalen des Vermögens der Besitzer« löst[113]; 5. ein durch den Staat monopolisiertes Geldwesen, das die Geldordnung sichert und die Geldbeschaffung regelt; 6. weitestgehende Freiheit und Offenheit der Märkte (Gütermarkt, Arbeitsmarkt, Kapitalmarkt, Geldmarkt etc.), so daß eine »*verkehrs*wirtschaftliche Leistungsspezialisierung zwischen autokephalen und *autonomen* Wirtschaften, welche sich material lediglich an der Interessenlage, also formal lediglich an der Ordnung eines Ordnungsverbandes«, orientieren, tatsächlich zustande kommt. Ein solcher Ordnungsverband ist der »reine Rechtsstaat«, der laissez-faire-Staat, der freilich einen begrifflichen Grenzfall darstellt. In Wirklichkeit ist auch der moderne Verfassungsstaat wie alle politischen Verbände ein wirtschaftsregulierender Verband, und die Frage ist eigentlich nur, ob er sich auf formale Regulierung beschränkt oder materiale Regulierung betreibt.[114] Wo nun unfreie Arbeit vorherrscht und

112 Ebd., S. 94.
113 Ebd.
114 Ebd., S. 68 und zum Begriff Ordnungsverband, für den der reine Rechtsstaat den Prototyp abgibt, ebd., S. 38. Weber sah natürlich, daß

428

die sachlichen Beschaffungsmittel bloße Werkzeuge sind, wo die Scheidungen von Vermögen und Kapital, Einkommen und Gewinn, Haushalt und Betrieb labil und die Schicksale des Betriebskapitals mit denen einzelner Vermögen eng verwoben bleiben, fehlt in der ein oder anderen Form die für den spezifisch modernen okzidentalen Kapitalismus charakteristische Organisation der Arbeit. Wo, wie teilweise noch im deutschen Kaiserreich, die Börse unzureichend organisiert und der Börsenhändler nicht hinreichend professionalisiert ist,[115] wo die staatliche Monopolisierung des Geldwesens fehlt, vor allem aber: wo die politische Herrschaft materiale Wirtschaftsregulierung durchführt, fehlt in der ein oder anderen Form eine »rein durch *Interessenlage* ermöglichte, an Tauschchancen orientierte und nur durch Tausch vergesellschaftete wirtschaftliche Bedarfsdeckung«.[116] Solange aber diese verkehrswirtschaftliche Bedarfsdeckung noch nicht vorherrscht, kann es zwar durchaus einzelne moderne kapitalistische Erwerbsbetriebe, kapitalistische Arbeitsorganisationen, geben, doch sind diese dann für das Wirtschaftsleben insgesamt nicht bestimmend. Sie können wie-

nicht nur der moderne Staat, sondern auch Teilverbände wie Gewerkschaften und Arbeitgeberverbände tendenziell eine Wirtschaftspolitik der materialen Wirtschaftsregulierung betreiben, was in seiner Sicht überall mit der Einschränkung der Autonomie der kapitalistischen Erwerbswirtschaften verbunden ist. An die Unterscheidungen zwischen Ordnungsverband und wirtschaftsregulierendem Verband sowie formaler und materialer Wirtschaftsregulierung ließe sich die neuere Diskussion um den modernen Interventionsstaat anschließen. Für Weber zeigt sich wohl auch an der Tendenz des modernen Staats zum Interventionismus, die er natürlich sah, eine der prinzipiellen Schranken formaler Wirtschaftsrationalität. In der modernen Verkehrswirtschaft fallen formale und materiale Rationalität eben unvermeidlich auseinander. Denn die Freiheit und die Offenheit der Märkte können niemals absolut sein, und wären sie es, so würden schwere soziale Probleme die Folge sein. Denn der Marktmechanismus stellt von sich aus keinen Ausgleich zwischen Effektivität der Güterproduktion und Verteilungsgerechtigkeit her!

115 Dazu Webers frühe Analyse der Börse und des Börsenwesens in *SS*, S. 256 ff., bes. S. 285 ff.

116 *WuG*, S. 59 (§ 14).

der verschwinden, »ohne daß grundstürzende Änderungen eintreten«.[117]

Im Sinne dieser Kombination von mikro- *und* makroökonomischen Merkmalen spricht Weber in der »Vorbemerkung« vom »*Betriebs*kapitalismus mit seiner rationalen Organisation der *freien Arbeit*«, auch von kapitalistischen Arbeitsorganisationen. Aber er fügt dieser zusammenfassenden Definition das Adjektiv *bürgerlich* hinzu.[118] Damit bezieht er sich auf eine soziale Schicht, einen ›Träger‹, sowie auf einen ›Geist‹, eine spezifische Wirtschaftsgesinnung. Unter dem zweiten Gesichtspunkt heißt bürgerlich, daß weder die seigneurale Wirtschaftsgesinnung standesgemäßer Versorgung noch die bäuerliche oder handwerkliche Wirtschaftsgesinnung der Nahrung, aber auch nicht die spekulative Wirtschaftsgesinnung des kapitalistischen Abenteurers vorherrscht, sondern eine rationale Temperierung des Gewinnstrebens, das sich vom Prinzip einer durch Kapitalrechnung gestützten Rechenhaftigkeit und vom Prinzip der Marktkonkurrenz leiten läßt. Es ist ein Geist der Bewährung, genauer: der Berufsbewährung, der sich in (formell) friedlicher Kapitalverwertung allein um der Kapitalverwertung und nicht um anderer Zwecke willen erfüllt.[119]

Weber scheidet also alles haushaltsmäßige vom erwerbsmäßigen Wirtschaften, und beim erwerbsmäßigen den gewaltsamen vom friedlichen Erwerb. Haushalt gegen Erwerbsbetrieb, Bedarfsdeckung gegen Rentabilität, Vermögen gegen Kapital, diese Dichotomien liegen der ersten Unterscheidung zugrunde; poli-

---

117 Vgl. *Wirtschaftsgeschichte*, S. 239.

118 Vgl. *RS* I, S. 10.

119 Friedlich heißt natürlich nicht: ohne Kampf. Im Gegenteil: Nach Weber setzt die Kapitalrechnung in ihrer formal rationalsten Gestalt »den *Kampf des Menschen mit dem Menschen* voraus«. Vgl. *WuG*, S. 49. Marktpreise sind Kampfpreise. Doch es ist ein Unterschied, ob dieser Kampf mit friedlichen Mitteln ausgetragen wird und an einer Ordnung orientiert ist (geregelte Konkurrenz) oder ob, wie beim politischen Kapitalismus, die ausgenutzten Chancen »rein irrational-spekulativen Charakters« sind, ferner: ob das Gewinnstreben sich des Mittels der Gewaltsamkeit bedient und damit Beute macht, »aktuell-kriegerische oder chronisch-fiskalische Beute (Untertanen-Ausplünderung)«. Vgl. *WuG*, S. 20 (Kap. I, § 8) und *RS* I, S. 7.

tische gegen ökonomische Erwerbsorientierung, Ausnutzung von Macht- und Gewaltchancen gegen Ausnutzung von Marktchancen, das ist die wichtigste Dichotomie, die mit der zweiten verbunden ist. Nicht politische, sondern allein ökonomische Erwerbsorientierung in diesem Sinne lenkt ein in formal-rationale, kapitalrechnungsmäßige Bahnen. Und nur auf diesen Bahnen gelangt man zum bürgerlichen Betriebskapitalismus, ganz unabhängig davon, ob man dabei in erster Linie das Gewerbe, den Handel, das Bankenwesen oder die Börse ins Auge faßt. Haushaltsmäßiges und politisch erwerbsorientiertes Wirtschaften gab es nach Form und Geist zu allen Zeiten, nicht aber ein Wirtschaften mittels kapitalistischer Arbeitsorganisationen an relativ freien und offenen Märkten. Diese Art, Form und Richtung des Wirtschaftens ist vielmehr spezifisch okzidental und in seiner formalen Rationalität spezifisch modern. Deshalb heißt es zusammenfassend in der zweiten Fassung von *Wirtschaft und Gesellschaft*: »Nur der Okzident kennt rationale kapitalistische Betriebe mit *stehendem Kapital*, freier Arbeit und rationaler Arbeitsspezialisierung und -verbindung und rein verkehrswirtschaftlicher Leistungsverteilung auf der Grundlage kapitalistischer Erwerbswirtschaften. Also: die kapitalistische Form der formal rein voluntaristischen *Organisation der Arbeit* als typische und herrschende Form der Bedarfsdeckung breiter Massen, mit Expropriation der Arbeiter von den Beschaffungsmitteln, Appropriation der Unternehmungen an Wertpapierbesitzer. Nur er kennt öffentlichen Kredit in Form von Rentenpapieremissionen, Kommerzialisierung, Emissions- und Finanzierungsgeschäfte als Gegenstand rationaler Betriebe, den Börsenhandel in Waren und Wertpapieren, den ›Geld‹- und ›Kapitalmarkt‹, die monopolistischen Verbände als Form erwerbswirtschaftlich rationaler Organisation der unternehmungsweisen Güter*herstellung* (nicht nur: des Güterumsatzes).«[120] Und, so kann man hinzufügen, nur er kennt den damit verbundenen Geist des Berufs- und Fachmenschentums.

Im kapitalistischen ›Systemvergleich‹ wird die Eigenart dieses modernen Betriebskapitalismus mit seiner rationalen Organisation der freien Arbeit besonders deutlich, wenn man ihn dem

120 *WuG*, S. 96.

antiken Kapitalismus gegenübergestellt, dem, sei es gewerblichen, sei es landwirtschaftlichen Sklavenbetrieb. Oberflächlich gesehen scheinen die antiken Ergasterien durchaus Ähnlichkeiten mit modernen Fabriken, die antiken Plantagen Ähnlichkeiten mit modernen landwirtschaftlichen Pachtbetrieben zu haben. Denn in all diesen Fällen handelt es sich um Groß- und Dauerbetriebe, die auf die Ausnutzung formell friedlicher Tauschchancen ausgerichtet sind. Aber bei genauerem Hinsehen zeigt sich schnell, daß den antiken Wirtschaftsgebilden entscheidende Voraussetzungen für eine formale Rationalität der Kapitalrechnung fehlen: die freie Arbeit, die Apparate- und Maschinentechnik und die mit ihr verbundene technisch vermittelte Arbeitsspezialisierung und Arbeitsverbindung; die rechtlichen Institute und die technischen Mittel, um den Haushalt vom Erwerbsbetrieb und das Schicksal des Betriebskapitals vom Schicksal der Vermögen der einzelnen Besitzer wirklich zu trennen; vor allem aber: die Autonomie im Verhältnis zum politischen Verband. Die politischen Verbände der Antike sind trotz ihrer Vielgestaltigkeit keine ›Ordnungsverbände‹ vom Charakter des modernen Staats, der sich vorwiegend mittels Geldsteuern und Geldabgaben finanziert, die von einem von den Verwaltungsmitteln streng getrennten Verwaltungsstab erhoben werden (reiner Geldabgabenstaat mit Eigenregie). Sie sind vielmehr Verbände materialer Wirtschaftsregulierung, die, trotz teilweise beachtlicher geldwirtschaftlicher Entwicklungen, in mehr oder weniger großem Umfang auf Naturallieferung und Naturaldienst ›nachgeordneter‹ Verbände und auf Verpachtung oder Verpfründung, jedenfalls auf ›Fremdregie‹ bei der Steuer- und Abgabenerhebung, angewiesen geblieben sind. Sie förderten von ihrer ganzen Struktur her keinen autonomen marktorientierten Kapitalismus, wenngleich es natürlich verfehlt wäre, dafür die öffentliche Lastenverfassung als alleinige Ursache anzusehen.[121] Aber die für die modernen Verhältnisse charakteristische funktionale Differenzierung von Wirtschaft und Staat fehlt. Gewiß: Die Antike kennt durchaus bereits relativ rationale kapitalistische Groß- und Dauerbetriebe. Aber eine kapitalistische Arbeitsorganisation von der Art einer modernen

121 Vgl. dazu die Ausführungen ebd., S. 117 (Kap. II, § 39).

Fabrik oder eines modernen (englischen) landwirtschaftlichen Pachtbetriebes oder gar eine vorwiegend verkehrswirtschaftliche Bedarfsdeckung kennt sie nicht.[122] Wichtige Voraussetzungen für die formale Rationalität der Kapitalrechnung sind aber auch im okzidentalen Mittelalter und in der beginnenden okzidentalen Neuzeit noch nicht oder nur in Ansätzen vorhanden. Blickt man auf die Organisation der *unfreien* Arbeit »in den Fronhöfen und Gutsfabriken oder grundherrlichen Hausindustrien mit Leibeigenen- oder Hörigenarbeit«, so bleibt diese nach Weber sogar teilweise hinter dem antiken ›Rationalitätsniveau‹ zurück.[123] Überhaupt gehört es zum ›traditionalen Muster‹ der Wirtschaftsweisen vorkapitalistischer Zeitalter, daß Erwerbsbetriebe meist den fürstlichen und grundherrlichen Großhaushalten ein- oder angegliedert bleiben, also, makroökonomisch gesehen, letztlich dem Haushaltsprinzip, nicht aber dem Erwerbsprinzip untergeordnet sind.[124] Dennoch entwickeln sich gerade im okzidentalen Mittelalter und in der beginnenden okzidentalen Neuzeit im Vergleich zur Antike neue Organisationsformen des Gewerbes und des Handels, die in der Entwicklungsrichtung einer rationalen Organisation freier Arbeit als Betrieb liegen: vor allem die freie Hausindustrie bzw. das freie Verlagssystem[125] und die bereits

122 Weber definiert Fabrik als Werkstattbetrieb, »mit 1. an *Besitzer* voll appropriierten sachlichen Beschaffungsmitteln, *ohne* Appropriation der Arbeiter, – 2. mit innerer Leistungsspezialisierung, – 3. mit Verwendung mechanischer Kraftquellen und Maschinen, welche ›Bedienung‹ erfordern«. Vgl. *WuG*, S. 76 f.

123 Vgl. *RS* I, S. 7.

124 Zu dieser Unterscheidung, die ich der zwischen Bedarfsdeckungsprinzip und Erwerbsprinzip vorziehe, weil Weber den Begriff Bedarfsdeckung nicht nur im Zusammenhang mit haushaltsmäßigem Wirtschaften verwendet (verkehrswirtschaftliche Bedarfsdeckung!), vgl. Wolfgang Schluchter, *Rationalismus der Weltbeherrschung*, S. 136 ff. und ders., *Rationalism, Religion and Domination. A. Weberian Perspective*, Berkeley: University of California Press 1989, Kap. 9.

125 Vgl. dazu *Wirtschaftsgeschichte*, S. 145 ff. und vor allem Karl Bücher, »Gewerbe«, S. 867, der definiert: »Das Verlagssystem ist diejenige Art des gewerblichen Betriebs, bei welcher ein Unternehmer regelmäßig eine größere Zahl von Arbeitern außerhalb seiner eigenen Betriebsstätte in ihren Wohnungen beschäftigt.« (im Original gesperrt). Ferner:

kurz besprochene offene Handelsgesellschaft. Für die Gewerbegeschichte ist jene Hausindustrie bzw. jenes Verlagssystem von besonderem Interesse, bei dem ein »kaufmännischer Betrieb und Betriebe als *Teil* der Arbeiter*haushaltungen* (ohne – außer bei Zwischenmeisterorganisation – Werkstattarbeit) mit spezifizierten *Leistungen* an den kaufmännischen Betrieb und umgekehrt dieses an jene« angeschlossen werden.[126] Denn diese Kategorie der Kapitalrechnungsunternehmung als dezentralisierter Großbetrieb mit kapitalistischer Vertriebs-, nicht: Produktionsgestaltung zeigt qualitativ neue Züge gegenüber dem Ergasterion. Allerdings fehlt ihr im Vergleich zur modernen Fabrik noch das ›stehende Kapital‹ und damit die kapitalistische Durchdringung des Produktionsprozesses sowie die technisch vermittelte Arbeitsspezialisierung und Arbeitsverbindung in von den Arbeiterwohnungen auch räumlich getrennten Großbetrieben als Werkstattbetrieben. Auch bleiben die Arbeitsstellen und, je nach der Form der hausindustriellen Arbeitsverhältnisse, auch die Arbeitsmittel und die Arbeitsstoffe im Besitz der Arbeiter. Zwar verlangt das Verlagssystem als kapitalistisches Vertriebssystem erweiterte Märkte, die sich nach Weber in Westeuropa übrigens bereits vom 10. bis 12. Jahrhundert ent-

---

»Als *Hausindustrie* kann logischerweise nur das Arbeitsverhältnis des Verlagssystems bezeichnet werden.« Vgl. auch Werner Sombart, »Verlagssystem (Hausindustrie)«, in: *Handwörterbuch der Staatswissenschaften*, dritte, gänzlich umgearbeitete Auflage, Achter Band, Jena 1911, S. 233: »Verlagssystem (Hausindustrie) ist diejenige Betriebsform der kapitalistischen Unternehmung, bei welcher die Arbeiter in ihren eigenen Wohnungen oder Werkstätten beschäftigt werden. Leiter der Produktion ist der kapitalistische Unternehmer, Verleger genannt: Er bestimmt Richtung und Ausmaß der Produktion und versieht die in ihren Wohnungen oder Werkstätten beschäftigten Arbeiter mit Aufträgen.« Nach Weber ist die Hausindustrie als Verlag unfreier Arbeitskräfte zwar universell verbreitet, nicht aber die freie Hausindustrie, insbesondere nicht in ihrem letzten Stadium, in dem die »Lieferung des Arbeitswerkzeuges und Dirigieren der einzelnen Produktionsstufen durch den Verleger« erfolgt. Diese Form wurde außerhalb des Okzidents »doch vergleichsweise nur selten erreicht«. Vgl. *Wirtschaftsgeschichte*, S. 146.

126 Vgl. *PE* II, S. 323 f. und zum Zitat *WuG*, S. 64.

wickeln.[127] Aber obgleich sich die mittelalterlichen Marktverhältnisse zudem qualitativ von denen der Antike unterscheiden, bleibt die Entwicklung einer verkehrswirtschaftlichen Bedarfsdeckung auch hier durch die politisch-soziale Organisation der mittelalterlichen Gesellschaft letztlich gehemmt. Es gibt also durchaus einen antiken, mittelalterlichen und modernen ökonomisch orientierten Kapitalismus mit qualitativ radikal verschiedenen wirtschaftlichen Gebilden. Und dies gilt auch für die Wirtschaftsgesinnungen, die mit ihnen verbunden sind.

Das Spezifische des modernen okzidentalen Kapitalismus besteht also darin, daß er bürgerlicher Betriebskapitalismus mit formal rationaler Organisation freier Arbeit ist. Deshalb kennt nur er den Gegensatz zwischen großindustriellem Unternehmer und Lohnarbeiter und die (nationale) Klassenspaltung zwischen Bourgeoisie und Proletariat, während für die Antike der (lokale und interlokale) Gegensatz zwischen Gläubiger- und Schuldnerschichten und für das Mittelalter der zwischen Verlegern und Verlegten charakteristisch ist.[128] Ähnlich wie für Marx, beruht auch für Weber der moderne Kapitalismus auf der Trennung des zunächst ›organisch‹ Verbundenen: des Arbeiters von den Arbeitsmitteln, Arbeitsstoffen und Arbeitsstellen, des Erwerbsbetriebs vom Haushalt, des Betriebskapitals vom einzelnen Vermögen und der Wirtschaft vom Staat. Doch geht es Weber nicht, wie Marx, dabei in erster Linie um die Expropriation des Arbeiters von den Bedingungen seiner Verwirklichung, sondern um die Verselbständigung, um die Autonomisierung von Erwerbsbetrieben. Und anders als bei Marx, reicht bei ihm die Analyse der objektiven Seite dieses Vorgangs nicht aus. Man muß auch der subjektiven Seite, der Auffassung vom Erwerbsbetrieb als einem ›corpus mysticum‹, als einer überpersönlichen ›Sache‹, ein nicht bloß äußerlich selbständiges Kapitel widmen. Dies ist der Grund, weshalb selbst die *Wirtschaftsgeschichte* mit

127 Vgl. *Wirtschaftsgeschichte*, S. 123 ff.
128 Vgl. *RS* I, S. 9. Ferner *Wirtschaftsgeschichte*, § 7, mit der Unterscheidung in eine ökonomische, politische und ständische Bedeutung des Begriffs Bürgertum. Zur Problematik des Begriffs und seiner historischen Semantik vgl. Jürgen Kocka (Hg.), *Bürger und Bürgerlichkeit im 19. Jahrhundert*, Göttingen 1987, bes. die Beiträge von Jürgen Kocka, M. Rainer Lepsius und Hans-Ulrich Wehler.

einem Kapitel endet, das die »Entfaltung der kapitalistischen Gesinnung« skizziert. Daß diese nicht bloß als Ausfluß, nicht lediglich als eine Funktion objektiver ökonomischer Bedingungen verständlich zu machen ist, das betonte er sowohl in der »Begrifflichen Vorbemerkung« zu dieser Vorlesung[129] wie vor allem in der »Vorbemerkung« zu den *Gesammelten Aufsätzen zur Religionssoziologie*, also in zwei seiner letzten Texte. Besonders die »Vorbemerkung« zu den *Gesammelten Aufsätzen zur Religionssoziologie* enthält eine radikale Absage an jeden einseitig ökonomischen, man kann auch sagen: an jeden einseitig institutionellen Erklärungsversuch des modernen okzidentalen Kapitalismus und der modernen okzidentalen Kultur. Will man etwa die Entstehung des modernen ökonomischen Rationalismus verstehend erklären, so muß man zwar, »der fundamentalen Bedeutung der Wirtschaft entsprechend, vor allem die ökonomischen Bedingungen berücksichtigen«. Aber, so Weber weiter, »es darf auch der umgekehrte Kausalzusammenhang darüber nicht unbeachtet bleiben«. Der aber richtet sich auf die »Fähigkeit und Disposition der Menschen zu bestimmten Arten praktisch-rationaler *Lebensführung*«, in diesem Fall auf die Fähigkeit und Disposition bestimmter sozialer Schichten zu einer *bürgerlichen* Lebensführung. Diese aber sind auch mit dem Glauben an ethisch begründete Pflichtvorstellungen verknüpft.[130]

129 In der »Begrifflichen Vorbemerkung« zur *Wirtschaftsgeschichte* heißt es unter anderem: »Daher hat die Wirtschaftsgeschichte auch mit *Elementen außerökonomischer Art* zu rechnen. Zu diesen gehören: magische und religiöse Momente – das Streben nach *Heils*gütern; politische – das Streben nach *Macht*; ständische Interessen – das Streben nach *Ehre*.« Und weiter: »Endlich muß noch betont werden, daß Wirtschaftsgeschichte (und vollends die Geschichte der ›Klassenkämpfe‹) nicht, wie die *materialistische Geschichtsauffassung* glauben machen will, identisch mit der Geschichte der gesamten Kultur überhaupt ist. Diese ist nicht ein Ausfluß, nicht lediglich eine Funktion jener; vielmehr stellt die Wirtschaftsgeschichte nur einen Unterbau dar, ohne dessen Kenntnis allerdings die fruchtbare Erforschung irgendeines der großen Gebiete der Kultur nicht denkbar ist.« *Wirtschaftsgeschichte*, S. 16 f.

130 RS I, S. 12 und *Wirtschaftsgeschichte*, § 9. Man kann sogar sagen, daß dieser letzte Paragraph der *Wirtschaftsgeschichte* mehr als alles andere

c) Die erste Transformation: Päpstliche, feudale und
städtische ›Revolution‹

aa) Die ›päpstliche Revolution‹

Was hat nun die erste Transformation zur Entstehung der kapitalistischen Arbeitsorganisation, der modernen Verkehrswirtschaft und der bürgerlichen Lebensführung im definierten Sinne beigetragen? Welche historischen Vorbedingungen wurden
durch sie erzeugt? Um sich dies klarzumachen, muß man kurz
erläutern, welche Verschiebung nach Weber durch diese erste
Transformation eintrat, was durch sie umgebildet wurde. Auf
eine kurze Formel gebracht: Es ist das ökonomische und politische, aber auch das religiöse Erbe der Spätantike, wie es von
Diokletian und Konstantin auf Karl den Großen überkommen
war.

Dieses Leitmotiv hatte bereits der junge Weber angeschlagen. In
seinem berühmten populärwissenschaftlichen Vortrag von 1896
über den Untergang der antiken Kultur, dessen Aussagen er
allerdings in den »Agrarverhältnissen« teilweise korrigierte, erhob er Karl den Großen zum späten Testamentsvollstrecker
Diokletians. Die Wirtschafts- und Herrschaftsgeschichte Westeuropas setzte für ihn schon damals dort ein, wo die der Spätantike endete: bei einer verländlichten Binnenkultur. Die einst dem
Meer zugewandte imperiale Küsten- und Stadtkultur der mittel-
ländischen Antike war, so die Analyse des jungen Weber, struk-
turgeschichtlich gesehen, letztlich am naturalwirtschaftlichen
Rückschlag und an der damit einhergehenden Verländlichung
zugrunde gegangen.[131] Alle die sie tragenden Institutionen, das
stehende Heer, das besoldete Beamtentum, der interlokale Gü-
teraustausch, die Stadt, verloren dadurch ihre ökonomische Basis und machten einer landsässigen Grundherrschaft Platz. Von
ihr nahm die wirtschaftliche und politische Entwicklung Westeuropas ihren Anfang. Die politische Einheit des Okzidents
wurde in der Karolingerzeit auf streng naturalwirtschaftlicher
Grundlage wiedererweckt: »Die *Grund*herrschaften sind die

beweist, wie konsequent Weber an der 1904/05 formulierten Grundpo-
sition festgehalten hat.
131 Dazu ausführlicher Wolfgang Schluchter, *Rationalismus der Weltbeherrschung*, Kap. 4.

Träger der Kultur – auch die Unterlage der Klöster –; Grundherren die politischen Funktionäre; ein Grundherr, der größte, der König selbst, – ein überaus ländlicher Analphabet. Auf dem Lande liegen seine Pfalzen, deshalb hat er keine Residenz: er ist ein Herrscher, der, um seines Lebensunterhalts willen, mehr reist, als selbst moderne Monarchen – denn er lebt, indem er von Pfalz zu Pfalz zieht und verzehrt, was für ihn aufgespeichert ist.«[132] Aber anders als bei vielen orientalischen Grundherrschaften, stand der oberste Grundherr nicht direkt einer nach Sippen und Berufen gegliederten Masse von Untertanen gegenüber. Er war vielmehr »ein Grundherr neben und über anderen *Grundherren*.., welche als eine lokale Honoratiorenschicht eine eigenständige Autorität innerhalb ihrer Heimatsbezirke« erfolgreich in Anspruch nahmen.[133] Ein sogearteter ländlicher und trotz äußerer Einheit im Innern dezentralisierter frühmittelalterlicher Patrimonialstaat, dem der spezifisch verwaltungsrechtliche Begriff der Stadt fehlte, konnte keine Kultur vom Charakter der differenzierten und raffinierten antiken Stadtkultur tragen. Um solches möglich zu machen, waren, rein ökonomisch gesehen, die Entwicklung der Geldwirtschaft und vor allem die der Verkehrswirtschaft unabdingbare Voraussetzungen. Schon der junge Weber sah deshalb in der ›Verstadtlichung‹ und Verstaatlichung dieser ländlichen Binnenkultur die für die okzidentale Entwicklung entscheidenden Vorgänge. Auch das zeigt sein Vortrag, den er mit folgenden Sätzen schloß: »Erst als auf der Grundlage der freien Arbeitsteilung und des Verkehrs die *Stadt* im Mittelalter wieder erstanden war, als dann der Uebergang zur Volkswirtschaft die bürgerliche Freiheit vorbereitete und die Gebundenheit unter den äußern und innern Autoritäten des Feudalzeitalters sprengte, da erhob sich der alte Riese in neuer Kraft und hob auch das geistige Vermächtnis des Altertums empor an das Licht der modernen bürgerlichen Kultur.«[134]

Der Weber des Jahres 1896 betrieb Wirtschafts- und Sozialgeschichte freilich noch weitgehend ohne Blick auf Religionsgeschichte. Immerhin merkte er in seinem Vortrag an, im Prozeß

132 *SW*, S. 309.
133 Vgl. dazu *WuG*, S. 622.
134 SW, S. 310f.

des Untergangs habe sich ein gewaltiger Gesundungsprozeß vollzogen, an dem auch das Christentum beteiligt gewesen sei. Denn den Massen der Unfreien seien Familie und Privatbesitz zurückgegeben worden, und das Christentum habe diese Rückkehr des ›sprechenden Inventars‹ in den Kreis der Menschen »mit zähen moralischen Garantien« versehen.[135] Auch in den »Agrarverhältnissen« ließ er den inzwischen entdeckten religionsgeschichtlichen Gesichtspunkt weitgehend eingeklammert.[136] Hier wehrte er sich nur gegen die Vorstellung, daß das Christentum aus sozialreformerischen oder gar sozialrevolutionären Motiven entstanden und ursprünglich eine proletarische Bewegung gewesen sei.[137] Erst mit der Arbeit an den beiden Großprojekten wird der religionsgeschichtliche Gesichtspunkt, der die Protestantismusstudien geleitet hatte, für die okzidentale Sonderentwicklung systematisch berücksichtigt und mit den anderen verbunden. Allerdings: Für die Zeit von der konstantinischen Wende bis zur gregorianischen Reform finden sich nur Andeutungen.[138]

Dennoch läßt sich sagen: Dem frühmittelalterlichen, nach außen durch allmähliche Expansion ›geeinten‹, nach innen dezentralisierten Patrimonialstaat entsprach eine im Vergleich zur Spätantike regionalisierte Kirche. Troeltsch sah in der »Zerschlagung der Reichskirche in germanisch-romanische *Landeskirchen*« im Westen[139] und in ihrem gegenüber der alten Kirche

---

135 Ebd., S. 310.
136 Gerade daran kann man übrigens sehen, wie abwegig es ist, die *Wirtschaftsgeschichte* gegen die Religionssoziologie auszuspielen. Denn in ihr wird der religionsgeschichtliche Gesichtspunkt gerade nicht eingeklammert, sondern mitbehandelt und mit dem wirtschafts- und sozialgeschichtlichen wenn auch nur lose verknüpft. Daß Weber nacheinander zum Beispiel die Protestantismusstudien, die »Agrarverhältnisse« und die »Wirtschaftsethik der Weltreligionen« schreiben konnte, heißt natürlich nicht, daß er, wie manche marxistisch inspirierten Leser meinen, ständig zwischen Materialismus und Idealismus wechselte, sondern nur, daß er wußte, was ein Gesichtspunkt ist. Vgl. dazu die einschlägigen Passagen im Objektivitätsaufsatz, *WL*, bes. S. 169 f.
137 Vgl. SW, S. 189 f. und auch z. B. *WuG*, S. 712.
138 Vgl. dazu meinen Versuch in *Religion und Lebensführung*, Kap. 8, 7.
139 Ernst Troeltsch, *Die Soziallehren der christlichen Kirchen und Gruppen*, S. 195.

neuen Weltverhältnis eine der entscheidenden Voraussetzungen dafür, daß hier am Ende einer langen Entwicklung eine sowohl von dieser wie von der Ostkirche deutlich unterschiedene neue Reichskirche als Universalkirche steht. Folgt man ihm – und ich sehe nicht, daß Weber hier anders urteilte –,[140] so hatte sich die vom spätantiken Imperium zur Stützung der Reichseinheit universalisierte und auch politisierte Kirche mit diesem zwar ausgeglichen, nicht aber innerlich verbunden.[141] Erst in der landeskirchlichen Periode, die scheinbar ein »völliges Erlöschen der Reichskirche und eine scheinbar für immer eintretende *Aufhebung des kanonischen Rechts der alten Einheitskirche*« bedeutete,[142] setzte eine wirkliche Durchdringung von Geistlichem und Weltlichem ein. Das geschah zunächst durchaus unter ›weltlicher‹ Führung. Daraus entstand eine geistlich-weltliche Organisation, die für Weber ›ziemlich weitgehend cäsaropapistisch‹ war.[143] Während Troeltsch die damit einhergehende *innere* Christianisierung des Westens im Blick hatte, stellte Weber die *äußere* ins Zentrum. Denn in seiner Sicht ging es dabei auch, ja vielleicht sogar in erster Linie, um Machtverteilung. Je enger das ›Bündnis‹ zwischen oberstem Patrimonialherrn und Kirche, desto eher bleibt die Macht der lokalen Gewalten zurückgedrängt. Für Troeltsch wie für Weber gelangte dieses (innere und äußere) Bündnis im fränkischen, vor allem aber im deutschen Landeskirchentum zur Blüte. Weber zum Beispiel konstatierte: »Speziell in Deutschland versuchte der König, zunächst mit dem größten Erfolg, den lokalen und regionalen Gewalten ein Gegengewicht gegenüberzustellen durch Schaffung eines mit dem weltlichen konkurrierenden, kirchlichen politischen Honoratiorenstandes der Bischöfe, welche, weil nicht erblich, und nicht lokal rekrutiert und interessiert, in ihren universell gerich-

140 Vgl. dazu *WuG*, S. 360, wo Weber die Beziehungen der alten und der mittelalterlichen Kirche zum ›Staat‹ vergleicht und dabei explizit Troeltsch folgt, dessen Untersuchungen diesen Sachverhalt »glänzend beleuchtet« hätten. In der Sache ferner etwa die Passage ebd., S. 622 f.

141 Vgl. Ernst Troeltsch, *Die Soziallehren der christlichen Kirchen und Gruppen*, S. 194.

142 Ebd., S. 195 f.

143 Vgl. *WuG*, S. 698.

teten Interessen mit dem König völlig solidarisch schienen, und deren vom König ihnen verliehene grundherrliche und politische Gewalten auch rechtlich ganz in der Hand des Königs blieben.«[144] Durch diese äußere *und* innere Durchdringung von Weltlichem und Geistlichem konnte an die Stelle des alten Parallelismus von Universalkirche und römischem Imperium ein neuer Unitarismus von (germanischer und romanischer) Landeskirche und Patrimonialherrschaft treten. Das drückte sich nach Weber eben in jener cäsaropapistischen Verknüpfung von politischer und hierokratischer Herrschaft aus, die die Karolinger im Frankenreich durchgesetzt hatten und die nach den Teilungen im germanischen Gebiet unter den Ottonen und den ersten Saliern erhalten blieb.[145] Diese Verknüpfung, ja Verschmelzung von Kirche und ›Staat‹ hatte weitreichende Folgen. Wie etwa Harold J. Berman in seiner Studie beobachtet: »Contrary to modern ideas of the separateness of the church and the state, the church in the year 1000 was not conceived as a visible, corporate, legal structure standing opposite the political authority. Instead, the church, the *ecclesia*, was conceived as the Christian people, *populus christianus*, which was governed by both secular and priestly rulers *(regnum* and *sacerdotium)*.«[146] Mit der Revitalisierung der Reichsidee durch die Gründung des Heiligen Römischen Reiches, später: deutscher Nation, aber mußte auch die Idee der Universalkirche wieder an Zugkraft gewinnen.[147]

144 *WuG*, S. 622.
145 Vgl. ebd., S. 699.
146 Harold J. Berman, *Law and Revolution*, S. 91.
147 Vgl. dazu Ernst Troeltsch, *Die Soziallehren der christlichen Kirchen und Gruppen*, S. 195: »Indem das deutsche Königtum aus seinen landeskirchlich-religiösen Ideen durch das universale Kaisertum herausgetrieben und zur Fürsorge für die Gesamtchristenheit geführt wird, hebt es die universalkirchliche Papalidee wieder in den Sattel, und diese behält das Erbe in ihrer Hand, das ihr ein halbes Jahrtausend landeskirchlicher Durchdringung von Kirchlichem und Staatlichem, Geistlichem und Sozialem zugeworfen hat.« Und über die Idee der Universalkirche S. 206 f.: »... gegen dieses Landeskirchentum, das sein Zentrum in der stärksten, bestorganisierten und bestausgestatteten deutschen Kirche hatte, erhebt sich seit dem 10. Jahrhundert wieder der *universalkirchliche Gedanke* in enger Verbindung mit einer neuen Welle des asketischen Ideals und einer Wiedererhebung der romanischen

Entscheidend für unseren Zusammenhang ist: Das Landeskirchentum hatte die Weichen für eine (relative) christliche Einheitskultur gestellt, die, im Vergleich zur alten Kirche, aber auch im Vergleich zur Entwicklung der Ostkirche, eine historisch neue Vorbedingung für eine positive Beziehung zwischen hierokratischer und politischer Gewalt bot.

Die Entwicklung zu einer äußeren *und* inneren christlichen Einheitskultur gipfelte nach Troeltsch in der Reform von Gregor VII. Zwischen ihm und Augustinus, so seine Analyse, lag nicht nur der Ausbau einer einheitlichen Priesterkirche, nach Weber: einer amtscharismatischen Gnadenanstalt, sondern auch die »Herausbildung eines *neuen Verhältnisses zum Staat*, wo der Staat die geistlichen Lebenszwecke und -normen sich aneignet, sein eigenes Gefüge mit dem der Kirche innerlich verbindet und dadurch auch das allgemeine gesellschaftliche Leben unter die Normen der Kirche mittelbar oder unmittelbar beugt«.[148] Für Weber war die gregorianische Bewegung ein Beispiel für die Reformbewegung einer erstarkten Kirche, die in der Regel versucht, das autonome Charisma der politischen Herrschaft zu beseitigen und den bei Erlösungsreligionen grundsätzlich nicht streng durchführbaren Cäsaropapismus zugunsten der Theokratie zu wenden. Der damit einhergehende Kampf zwischen hierokratischer und politischer Herrschaft galt ihm als ein Machtverteilungskampf, bei dem in diesem Falle, zumindest in Italien, eine vornehme religiöse Intellektuellenschicht »mit dem entstehenden Bürgertum gemeinsam Front gegen die feudalen Gewalten machte«.[149] Der Kampf endete bekanntlich mit einem Kompromiß, durch den an die Stelle des Bündnisses zwischen hierokratischer und politischer Herrschaft der Karolingerzeit und der ersten Phase des Heiligen Römischen Reiches eine Kompetenzverteilung trat, die *beide* Seiten an spezifische innere und äußere Legitimitätsschranken band, ohne daß ihre autonomen Legitimitätsquellen zugeschüttet worden wären. Das

Welt gegen das Uebergewicht der deutschen Kirche. Damit verbunden ist die Wiedererhebung des kanonischen Rechtes gegen das landeskirchliche und des kanonischen Begriffs vom Kirchengut gegen die Eigenkirche.«

148 Ebd., S. 192 f.
149 Vgl. *WuG*, S. 312 und S. 697.

schloß nicht aus, daß sich das alte Bündnis unter veränderten Bedingungen mitunter erneuerte.[150] Dennoch muß man den Investiturstreit und seine Regelung aus der Perspektive der Weberschen Soziologie als ereignisgeschichtlichen Ausdruck einer Transformation werten. Denn dadurch wurden die Weichen dafür gestellt, daß sich im Okzident letztlich weder der Cäsaropapismus noch die Theokratie, sondern ein spannungsreicher organisatorischer und legitimatorischer Dualismus, eine zunächst durchaus ständisch unterbaute Gewaltenteilung, zwischen politischer und hierokratischer Herrschaft entwickeln konnte. Nicht zuletzt deshalb wuchs der Kultur des okzidentalen Mittelalters mit der von Harold J. Berman so genannten ›päpstlichen Revolution‹ in vergleichender Perspektive eine Sonderstellung zu. Wie Weber resümierend feststellte: Für »die soziologische Betrachtung zum mindesten war das okzidentale Mittelalter in weit geringerem Maße das, was die ägyptische, tibetanische, jüdische Kultur seit dem Siege der Hierokratie, die chinesische Kultur seit dem endgültigen Siege des Konfuzianismus, die japanische – wenn man vom Buddhismus absieht – seit dem Siege des Feudalismus, die russische seit dem Siege des Cäsaropapismus und der staatlichen Bürokratie, die islamische seit der endgültigen Festigung des Khalifats und der präbendal-patrimonialen Stereotypierung der Herrschaft und schließlich auch, in vielfach anderem Sinn freilich, die hellenische und römische Kultur des Altertums in unter sich verschiedenem, aber immerhin weitgehendem Maße gewesen sind: eine ›Einheitskultur‹.«[151]

Nun scheint diese Feststellung zugleich eine Kritik an Ernst Troeltschs These vom Mittelalter als einer Einheitskultur einzuschließen. Und dies auch dann, wenn man diesem zugesteht, er habe nur von einer *relativen* Einheitskultur gesprochen und zudem eher von einem Ideal als von einer Wirklichkeit. Dennoch bin ich nicht der Meinung, daß Weber mit dieser Feststellung Troeltschs Analyse des mittelalterlichen Katholizismus wi-

150 Vgl. ebd., S. 722. Weber sagt an dieser Stelle noch einmal ausdrücklich, das Bündnis habe »im Karolingerreich und in gewissen Perioden der höchsten Machtstellung des römisch-deutschen Kaisertums« zweimal einen Gipfelpunkt gehabt.
151 *WuG*, S. 721.

derlegen wollte. Im Gegenteil: Diese paßt in ihren Grundzügen durchaus in Webers Sicht des okzidentalen Christentums, wie sie aus den überarbeiteten Protestantismusstudien, vor allem aber aus der ersten Fassung von *Wirtschaft und Gesellschaft* greifbar wird. Freilich wollte er ihr eine spezifisch soziologische Wendung geben, wie ja das Zitat selbst schon belegt. Ich sehe sie darin, daß ihn weniger das von Troeltsch so eindrucksvoll geschilderte mittelalterliche Kulturideal, als vielmehr seine praktische Wirkung interessierte, der dadurch eröffnete Spannungsausgleich, der sich in spezifischen institutionellen Regelungen niederschlug und mit einer spezifischen Machtverteilung verbunden war.

Freilich muß man zunächst betonen, daß auch Troeltschs These institutionelle Implikationen aufweist. Sie heißt nämlich genaugenommen, daß sich die christliche Einheitskultur als *kirchliche* äußert, mit der Trennung der Kirche vom Staat, nicht aber, jedenfalls nicht im selben Maße, des Staats von der Kirche. Diese gesollte und teilweise auch faktische *Asymmetrie* galt Troeltsch freilich nur als ein Ausdruck der Tatsache, daß nach dem gregorianischen und nachgregorianischen Weltbild das Weltliche auf das Geistliche, die außerreligiösen Wertsphären auf die religiöse Wertsphäre *relativiert* werden mußten, und zwar so, daß *alle* Lebensbereiche christianisiert werden konnten, ohne daß dadurch ihr ›Eigenrecht‹ und ihre Eigengesetzlichkeit verlorengingen. An die Stelle des Konflikts zwischen ihnen hatte ihre (sachlich, zeitlich und sozial interpretierbare) *Stufenfolge* zu treten, mit der sakramentalen Anstaltsgnade als Bezugspunkt. Über sie hatte im Prinzip jeder teil an der ›Vereinigung‹ der göttlichen Natur mit der menschlichen, gleichgültig, in welchem Beruf und Stand er war. Um des Heils teilhaftig zu werden, genügte es letztlich, den um das Bußsakrament zentrierten Anstaltsgehorsam zu erbringen. Dieser aber überforderte selbst den religiös Unmusikalischen nicht. Troeltsch sah den Ertrag der gregorianischen Kämpfe in erster Linie in der Durchsetzung der christlich-kirchlichen Einheitskultur in diesem Sinne. Dieser wurde durch die dogmatischen Entwicklungen im 12. und 13. Jahrhundert abgestützt. Sie führten zu drei neuen Dogmen, wobei die ersten beiden zunächst latent blieben, während das dritte offiziell formuliert wurde. Sie erweiterten den bis dahin erreichten dogmatischen Besitz, der aus »dem Dogma von Kirche, Kanon und Tradition und dem christologisch-trinitarischen Dogma« bestand. Diese drei Dogmen sind: »1) das Dogma vom Universalepiskopat des Papstes, 2) das Dogma von der Ueberordnung der geistlichen Gewalt über die weltliche und 3) das Dogma von der Gnadeneinflößung in den sieben Sakramenten.«[152]

Nun sah auch Weber in der gregorianischen Reform den entscheidenden Schritt zur ›Vollentwicklung‹ der Westkirche als einer sakramentalen Gnadenanstalt.[153] Ihre Kombination von Anstalts- und Sakramentsgnade, ihre Ausgestaltung des Beicht- und Bußsystems durch die »Verbindung der römischen Rechtstechnik mit germanischem Wergeldgedanken«, setzte in seiner Sicht »die Christianisierung der westeuropäischen Welt mit einzigartiger Wucht« durch.[154] Aber genau diese Christianisierung

---

152 Ernst Troeltsch, *Die Soziallehren der christlichen Kirchen und Gruppen*, S. 209. Troeltsch sagt selbst, die ersten beiden seien erst im I. Vaticanum ausformuliert worden. Ludger Honnefelder weist darauf hin, daß Troeltsch (und wohl auch Weber) den mittelalterlichen Katholizismus durch die Brille der neuscholastischen Philosophie und Begrifflichkeit des I. Vaticanum lesen, was sich besonders bei der Thomasinterpretation, aber auch beim Anstaltsbegriff (negativ) bemerkbar mache. Vgl. Ludger Honnefelder, »Die ethische Rationalität des mittelalterlichen Naturrechts. Max Webers und Ernst Troeltschs Deutung des mittelalterlichen Naturrechts und die Bedeutung der Lehre vom natürlichen Gesetz bei Thomas von Aquin«, in: Wolfgang Schluchter (Hg.), *Max Webers Sicht des okzidentalen Christentums. Interpretation und Kritik*, Frankfurt 1988.

153 Vgl. *WuG*, S. 339. Zwischen dem Ausbau des Sakramentalismus und einer gemäßigten Idolatrie (Bildern als Vermittlern zwischen Gott und den Menschen = Transitus) gibt es offenbar Zusammenhänge. Dies jedenfalls legt die Analyse von Jean-Claude Schmitt nahe, der die Diskussion der Bilderfrage vom 7. bis zum 13. Jahrhundert verfolgt. Vgl. Jean-Claude Schmitt, »Vom Nutzen Max Webers für den Historiker und die Bilderfrage«, in: Wolfgang Schluchter (Hg.), *Max Webers Sicht des okzidentalen Christentums. Interpretation und Kritik*, Frankfurt 1988. Die theologische Rechtfertigung des Bildes als eines Vermittlers erfolgte konsequent erst in der Scholastik. Die heretischen Bewegungen waren nicht nur antisakramental, sondern auch ikonoklastisch eingestellt.

154 Ebd., S. 340.

als Verkirchlichung führte dazu, daß »nicht die konkrete inhaltliche ethische Pflicht, aber auch nicht die methodisch selbst
gewonnene ethische Virtuosenqualifikation«, sondern »ver-
dienstlicher Anstaltsgehorsam« den letzten religiösen Wert bildete.[155] Sie führte ferner dazu, daß für die Entwicklung der
ritterlich-grundherrlichen, der bürgerlich-städtischen, aber
auch bäuerlich-ländlichen Kultur als christianisierter Teilkultu-
ren ein relativ großer Spielraum blieb.[156] Die »Schranke der
Wirksamkeit« der von Troeltsch konstatierten relativen christlichen Einheitskultur läßt sich deshalb an zwei für Weber wichtigen Fronten bezeichnen: Sie nötigte den einzelnen letztlich
nicht zu rationaler Lebensmethodik,[157] und sie relativierte die
»Spannungen zwischen religöser Ethik und den anethischen
oder antiethischen Anforderungen des Lebens in der staatlichen
und ökonomischen Gewaltordnung der Welt«,[158] erzwang also
paradoxerweise gerade nicht, wie es scheinen könnte, legitimatorische und organisatorische Uniformität, sondern ermöglichte, gleichsam unter dem Baldachin eines christlichen symbolischen Universums, legitimatorische und organisatorische Pluralität.[159]

155 Ebd. Weber formuliert den spezifischen Standpunkt der katholischen
     Kirche seit Gregor folgendermaßen: »Das, was Gott verlangt, so weit
     zu erfüllen, daß das Hinzutreten der gespendeten Anstaltsgnade zum
     Heil genügt, müssen prinzipiell alle Menschen zulänglich sein. Das
     Niveau der erforderlichen eigenen ethischen Leistung kann also dann
     nur nach der Durchschnittsqualifikation, und d. h. ziemlich tief gegrif-
     fen werden. Wer mehr leistet, also der Virtuose, kann dadurch außer
     dem eigenen Heil noch Werke für den Thesaurus der Anstalt vollbrin-
     gen, aus dem diese dem Bedürftigen spendet.« Ebd., S. 339.
156 Vgl. dazu auch *Religion und Lebensführung*, Kap. 11.
157 Weber konstatiert, bei der Gnadenanstalt entfalle, gleichgültig ob sie
     magisch oder ethisch-soteriologisch aufgefaßt sei, die Nötigung, »die
     certitudo salutis selbst, aus eigener Kraft, zu erringen und diese ganze,
     ethisch so wirksame Kategorie tritt überhaupt an Bedeutung zurück«.
     Vgl. *WuG*, S. 339. Troeltsch schreibt: »Die ständische Atmosphäre und
     organische Denkweise kennt eben gar nicht die Einheit des ›Vollkom-
     menheitsideals‹, wie es der protestantische und der moderne Individua-
     lismus fordern.« Vgl. *Soziallehren*, S. 232.
158 *WuG*, S. 360.
159 Vgl. dazu Wolfgang Schluchter, *Die Entwicklung des okzidentalen Ra-*

Das gilt nun nicht nur für die mittelalterliche Ordnungskonfiguration als ganzer, sondern bereits für die religiöse Lebensordnung selber, wie man dem ersten diesem Text vorangestellten Motto entnehmen kann. Das zeigt sich an der Art und Weise, wie der für die alte Kirche endemische und ihre Einheit ständig bedrohende Konflikt zwischen dem personalcharismatischen und ›sektenförmigen‹ Mönchtum und dem amtscharismatischen und ›kirchenförmigen‹ Priestertum durch die mittelalterliche Kirche letztlich geregelt wurde.[160] Denn die kirchliche Reformbewegung unter Gregor VII. verband sich ja mit der monastischen Reformbewegung, die von Cluny ausgegangen war.[161] Auch hier trifft Troeltschs Einheitsthese, soziologisch gewendet, den Kern der Sache, wie sie Weber im Auge hatte. Denn Troeltschs Interpretation lautet: Askese und Mönchtum gelten im Rahmen dieser Einheitskultur nicht länger als Selbstzweck, sondern als Mittel im Dienste des gesamtkirchlichen Zwecks.[162] Auch hierfür eignete sich letztlich die Idee der Stufenfolge, des ›Organismus‹, als Deutungsmuster. Wie im Falle der Beziehung

tionalismus, S. 251 ff. Weber formuliert in WuG, S. 708: »Die okzidentale Christenheit war wenigstens ideell auch eine politische Einheit und dies hatte gewisse praktische Konsequenzen.« Daran sieht man, daß es berechtigt ist, von Einheitskultur im genannten Sinn zu sprechen.

160 Vgl. ebd., S. 701 f. und Religion und Lebensführung, Kap. 8, 7.

161 Vgl. dazu grundsätzlich das Buch von Herbert Grundmann, Religiöse Bewegungen im Mittelalter, Darmstadt 1970, Kap. I. Ferner Helmut Richter (Hg.), Cluny. Beiträge zu Gestalt und Wirkung der cluniazensischen Reform, Darmstadt 1975 und Barbara H. Rosenwein »Reformmönchtum und der Aufstieg Clunys. Webers Bedeutung für die Forschung heute«, in: Wolfgang Schluchter (Hg.), Max Webers Sicht des okzidentalen Christentums. Interpretation und Kritik, Frankfurt 1988.

162 Vgl. Ernst Troeltsch, Die Soziallehren der christlichen Kirchen und Gruppen, S. 230 ff. Er handelt dies unter dem Gesichtspunkt der Verkirchlichung des Mönchtums ab. Barbara H. Rosenwein betont allerdings mit Bezug auf die neuere Forschung, daß angesichts der Vielfalt der mönchischen Reformbewegungen und angesichts der Tatsache, daß Cluny bereit war, zur Verbreitung seiner Richtung mit jeder Macht zusammenzuarbeiten, von einer Indienstnahme des Mönchtums für die hierokratische Lebensbeherrschung in dieser Allgemeinheit nicht gesprochen werden kann.

der Kirche zum ›Staat‹, so sah Troeltsch also auch im Falle der Beziehung der Kirche zum Mönchtum zwischen Spätantike und Mittelalter eine entscheidende Verschiebung. Und Weber urteilte auch hier wie er. Die Spannung zwischen Mönchtum und Hierokratie, die ja nicht auf das okzidentale Christentum beschränkt ist, lasse sich, so seine These, »am reinsten« an der okzidentalen Kirche verfolgen, »deren innere Geschichte sehr wesentlich eben dadurch erfüllt ist, mit der schließlich konsequenten Durchführung der Lösung: Einordnung des Mönchtums in eine bürokratische Organisation als eine durch ›Armut‹ und ›Keuschheit‹ von der Gebundenheit an die Bedingungen des Alltags losgelöste, durch spezifischen ›Gehorsam‹ disziplinierte Truppe eines monokratischen Kirchenhauptes.«[163] Mit der Verknüpfung von hierokratischer und monastischer Reform zur kirchlichen Einheitskultur kann die mönchische »Surplus-Leistung«, die aus der Befolgung der consilia evangelica entsteht, statt zu einer zerstörerischen Kraft zu einer schöpferischen Quelle für die Kirche werden: Sie kann, in der Regel durch das Mittel der Ordensneugründung, der kirchlichen Veralltäglichung, insbesondere der Feudalisierung, entgegenarbeiten, wobei die Neugründungen freilich selbst nach einer charismatischen Epoche gewöhnlich der Veralltäglichung, insbesondere durch ›ökonomischen Erfolg‹, unterliegen, und sie kann die Wunderkraft der Kirche stärken, indem sie den Thesaurus vergrößert, den die Kirche »zugunsten der charismatisch unzulänglich Begabten verwaltet«.[164]

Was Troeltsch die Verkirchlichung des Mönchtums nannte, war für Weber die »Tauglichmachung des Mönchs zur Arbeit im Dienst der hierokratischen Autorität: der äußeren und inneren Mission und des Kampfes gegen die konkurrierenden Autoritäten«.[165] Dieser Integrationsprozeß, der in der Politik von Innozenz III. gipfelte, läßt sich soziologisch als Inklusionsprozeß beschreiben, durch den das Mönchtum zur »Elitetruppe der religiösen Virtuosen innerhalb der Gemeinschaft der Gläubi-

163 *WuG*, S. 703. Zur institutionellen Verknüpfung von Priestertum und Mönchtum vgl. das Schema bei Harold J. Berman, *Law and Revolution*, S. 210-211.

164 *WuG*, S. 702.

165 Ebd., S. 702 f.

gen« aufsteigen konnte.[166] Integration kraft Inklusion ist von Integration kraft Assimilation zu unterscheiden. Jene begünstigt innere Pluralisierung, diese nicht.[167] Doch bedeutet die Anerkennung von Sondermoralen und Sonderorganisationen *innerhalb* der Kirche natürlich nicht, daß die legitimatorische Spannung zwischen Amtscharisma und Personalcharisma oder die organisatorische Spannung zwischen ›Kirche‹ und ›Sekte‹ deshalb ein für allemal verschwände. Im Gegenteil: Mit Integration kraft Inklusion nehmen die Möglichkeiten für *innere* Spannungen gerade zu. Denn zu der bei allen Kulturreligionen üblichen religiösen Schichtung zwischen Virtuosen und Massen bzw. Laien kommt nun die zwischen verschiedenen religiösen Virtuosen (etwa hoher–niedriger Klerus, Mönch–Priester, Herrenmönch–Laienmönch, Mönchsgemeinschaft–Tertiariergemeinschaft, Männergemeinschaft–Frauengemeinschaft etc.). Dabei ist es zudem wahrscheinlich, daß sich diese religiöse Schichtung mit der sozialen und ökonomischen verknüpft (aristokratische Gliederung in Kirche *und* Kloster). Die mit Inklusion verbundene innere Pluralisierung gefährdet deshalb die Einheitskultur nur solange nicht, wie die ausdifferenzierten Einheiten als Untereinheiten auf die hierokratische Lebensreglementierung tatsächlich bezogen bleiben. Dies wiederum wirkt sich auf die Ausgestaltung der Zugehörigkeitskriterien, der ›Mitgliedschaftsrolle‹, aus. Folgt man allgemeinen organisationssoziologischen Überlegungen, so liegt deren stärkere Formalisierung nahe. Das aber zeigt sich daran, daß die mit ihr verbundenen Erwartungen kodifiziert und verrechtlicht sowie durch eine sozial folgenreiche Ausschlußdrohung geschützt werden.[168] Solches scheint tatsächlich im Zuge der gregoriani-

---

166 Ebd., S. 705.

167 Zu dieser Unterscheidung vgl. Talcott Parsons, *Sociological Theory and Modern Society*, New York: The Free Press 1967, Kap. 13, bes. S. 429 f.

168 Vgl. dazu allgemein Niklas Luhmann, *Funktion und Folgen formaler Organisation*, Berlin 1964 und Wolfgang Schluchter, *Aspekte bürokratischer Herrschaft. Studien zur Interpretation der fortschreitenden Industriegesellschaft*, Frankfurt 1985, S. 163 ff. sowie ders., »Modes of Authority and Democratic Control«, in: Volker Meja, Dieter Misgeld, Nico Stehr (Hg.), *Modern German Sociology*, New York: Columbia

schen Reform geschehen. Das zeigt sich unter anderem daran, daß »die Exkommunikationsgewalt gegen den hartnäckig Ungehorsamen und Ungläubigen« tatsächlich relativ erfolgreich exekutiert wurde.[169] Die große Waffe Gregors war, wie Troeltsch es formulierte, »der Ausschluß von den Sakramenten, die Exkommunikation, die seiner Nachfolger Interdikt und Kreuzzugserklärung«.[170] Ausschluß aus der Kirche aber hatte in der Regel eben auch sozialen und ökonomischen Boykott zur Folge, war jedenfalls ›Legitimationsgrund‹, gegen den Exkommunizierten auch im außerkirchlichen Leben vorzugehen.[171]

In diesen Zusammenhang läßt sich auch eine Überlegung Webers stellen, die er nicht zuletzt mit Blick auf das okzidentale Christentum entwickelte. In einer dogmenreichen Kirche, wie sie die christliche im Vergleich zu anderen Hierokratien darstellt,[172] kann das Fürwahrhalten von Dogmen, die fides explici-

University Press 1987, S. 291 ff. Interessanterweise sieht Weber zum Beispiel im Inquisitionsprozeß eine dann auch für die weltliche Strafjustiz richtungsweisende Rationalisierung des Prozeßverfahrens: »Eine theokratische Justiz kann die Wahrheitsermittlung nicht der Parteiwillkür überlassen, ebensowenig wie die Sühne geschehenen Unrechts. Sie verfährt ›von Amts wegen‹ (Offizialmaxime) und schafft sich ein Beweisverfahren, welches ihr die Gewähr optimaler Feststellung des wirklich Geschehenen zu bieten scheint: im Okzident den ›Inquisitionsprozeß‹, den dann die weltliche Strafjustiz übernahm.« Vgl. *WuG*, S. 481.

169 Vgl. ebd., S. 730. Weber sagt dies allgemein von jedem »kräftigen kirchlichen Leben«.

170 Ernst Troeltsch, *Die Soziallehren der christlichen Kirchen und Gruppen*, S. 219. Er macht überhaupt auf den Zusammenhang von Ausbau des Sakramentalismus und Verrechtlichung aufmerksam.

171 Vgl. *WuG*, S. 701. Dies läßt sich als eine Variante jener Ambivalenz zwischen Toleranz nach innen und Absolutheitsanspruch nach außen verstehen, die Reinhard Bendix am Beispiel des frühen Christentums analysiert. Vgl. Reinhard Bendix, »Der Anspruch auf absolute Wahrheit im frühen Christentum«, in: Wolfgang Schluchter (Hg.), *Max Webers Sicht des okzidentalen Christentums. Interpretation und Kritik*, Frankfurt 1988.

172 Nach Weber ist das Christentum im Vergleich zu den anderen Kulturreligionen unter anderem dadurch gekennzeichnet, daß es »mit zunehmendem Eindringen des Intellektualismus und zunehmender Auseinandersetzung mit ihm ein sonst unerreichtes Maß offizieller bin-

ta, durchaus zu einem Mitgliedschaftskriterium werden, insbesondere bei den religiösen Virtuosen, die ja den entsprechenden ›theologischen Intellektualismus‹ mitbringen oder mitbringen sollten, der die wichtigste Voraussetzung für die Zumutung dieses anspruchsvollen Zugehörigkeitsmerkmals ist.[173] Freilich kann diese Formalisierung auch zu einer Verstärkung innerer Spannungen führen: Als Glaubens- und Gemeindereligion eignet dem Christentum nämlich von Beginn an gerade ein antiintellektualistischer Zug. Das legt nahe, die fides explicita zur fides implicita zu ›ermäßigen‹, zuzugestehen, daß, zumindest für den Laien, die Erklärung des Vertrauens und der Hingabe »an eine anstaltsmäßig geordnete Autorität« als Zugehörigkeitsmerkmal genügt.[174] Mehr noch: Eine echte Glaubensreligiosität steht gerade in ihrer entscheidenden Gesinnungsqualität *gegen* den theologischen Intellektualismus: Für den Glaubensfrommen ist die eigene intellektuelle Kraft immer unzulänglich, die für ihn entscheidende Gesinnungsqualität überintellektuell.[175] Die mit der Formalisierung der Mitgliedschaft verbundene Kodifizierung und Verrechtlichung der Zugehörigkeit konnte deshalb gerade dem genuin Gläubigen als Veräußerlichung erscheinen. Der dem Christentum von Beginn an einwohnende Glaubens- und Gesinnungsindividualismus war deshalb durch eine nach innen pluralistische kirchliche Einheitskultur auf Dauer nur schwer zu bändigen.

Folgt man Herbert Grundmanns Darstellung der religiösen Bewegungen unter Einschluß der Frauenbewegungen im 12. und 13. Jahrhundert, so stellte diese hier behauptete Inklusionsstrategie *alle* religiösen Bewegungen des Mittelalters vor die Entscheidung, »sich in die kirchlichen Formen der *vita religiosa*

---

dender rationaler Dogmen, einen Theologenglauben, entwickelt« hat. Vgl. *WuG*, S. 341.

173 Vgl. *WuG*, S. 343.

174 Ebd., S. 342.

175 Weber verweist auf Augustinus, für den das Fürwahrhalten von Erkenntnissen allenfalls die unterste Stufe des Glaubens war. Vgl. ebd., S. 342. Über den Kampf zwischen Glauben und Wissen im Christentum allgemein *Religion und Lebensführung*, Kap. 8, 2. In diesen Zusammenhang gehört auch die Interpretation der Formel vom Glauben an das Absurde.

einzufügen, das heißt: zum Mönchsorden zu werden, oder aber sich aus den kirchlichen Ordnungen herauszulösen und sich dadurch von der Kirche überhaupt zu trennen, das heißt: zur Sekte, zur Ketzerei zu werden«.[176] Dies ist die Kehrseite einer intern pluralistischen kirchlichen Einheitskultur mit ihrer Tendenz zu Kodifikation und Verrechtlichung. Während den eingegliederten Christen je nach dem Maß ihrer religiösen Musikalität durchaus Sonderwege zum Heil offenstanden, sofern sie nur den Grundsatz ›extra ecclesiam nulla salus‹ nicht verletzten, kamen Nichtchristen unter extremen Assimilations- oder, wie etwa die Juden, unter extremen Segregationsdruck, den ›falschen Christen‹ aber drohte Verfolgung und Ausrottung. Gerade die wichtigsten Ideale der christlichen religiösen Bewegungen, die Armut und das apostolische Leben, mußten nach Inklusion selbst der Bettelorden in die kirchliche Einheitskultur eine besondere Herausforderung für die Hierokratie darstellen. Ähnlich wie zum wandercharismatischen Urchristentum, gehörte auch zum mittelalterlichen Wanderpredigertum zumindest in seiner genuin charismatischen Phase eine antiinstitutionelle Stimmung, und selbst dort, wo es sich zu einer Art Konkurrenzkirche verfestigte, erkannte es kraft seines Ursprungs »den *Ordo* der hierarchischen Kirche nicht an«.[177] Wo sich religiöse Bewegungen also der Inklusion entzogen, mußten sie *gegen* die kirchliche Einheitskultur wirken: Sie gefährdeten den amtscharismatischen Legitimationsanspruch schon durch ihre bloße Existenz. Im Umkreis dieser Bewegungen entstanden zugleich jene wenigen Vorläufer einer innerweltlich gewendeten, gegen den Anstaltssakramentalismus gerichteten Askese, die dann der asketische Protestantismus zur Vollentwicklung führte. Wie bereits gesagt, hätte sich Weber für diese häretischen Bewegungen besonders interessiert.[178] Darüber darf man aller-

---

176 Herbert Grundmann, *Religiöse Bewegungen im Mittelalter*, Darmstadt 1970, S. 6.

177 Vgl. ebd., S. 23. Dort auch die übrigen Gründe, weshalb die Kirche solche Bewegungen bekämpfte.

178 Vgl. dazu auch kritisch Kurt-Victor Selge, »Max Weber, Ernst Troeltsch und die Sekten und neuen Orden des Spätmittelalters (Waldenser, Humiliaten, Franziskaner)« und Caroline Walker Bynum, »Mystik und Askese im Leben mittelalterlicher Frauen. Einige Bemer-

dings den anderen, weit wichtigeren Zusammenhang nicht vergessen: den Rationalisierungsschub, der in Webers Sicht von
der Ausbildung einer relativen kirchlichen Einheitskultur im
Mittelalter ausgegangen ist.

Rationale Leistungen erbrachte zunächst das im Dienst der hierokratischen Lebensreglementierung stehende Mönchtum. Sie
lagen außer auf wissenschaftlichem und musikalischem auch
auf ökonomischem Gebiet.[179] Die Mönchsgemeinschaften des
Abendlandes galten Weber als die »ersten rational verwalteten
Grundherrschaften und, später, Arbeitsgemeinschaften auf
landwirtschaftlichem und gewerblichem Gebiet«, der abendländische Mönch als der erste Berufsmensch.[180] Gerade weil das
mittelalterliche Mönchtum letztlich nicht in Radikalopposition
zur Kirche verharrte, sondern in sie eingeordnet wurde, konnte
es »das ökonomisch Unwahrscheinliche« vollbringen.[181] Dies
vor allem deshalb, weil der Mönch sich mittels Sonderleistun-
gen bewähren, also sein Leben mit der ethisch so wirksamen
Kategorie, die certitudo salutis aus eigener Kraft zu erringen,
zumindest teilweise verknüpfen konnte[182] und weil im okzidentalen Mönchtum die Arbeit als asketisches Mittel »weit konsequenter und universeller entwickelt war und praktisch wurde« als anderswo.[183] Beides, Bewährungsgedanke und Arbeitsaskese, hängen mit den religionshistorischen Eigenarten des

kungen zu den Typologien von Max Weber und Ernst Troeltsch«,
ferner Robert E. Lerner, »Waldenser, Lollarden und Taboriten. Zum
Sektenbegriff bei Weber und Troeltsch«, alle in Wolfgang Schluchter
(Hg.), *Max Webers Sicht des okzidentalen Christentums. Interpretation
und Kritik*, Frankfurt 1988.

179 Weber zentrierte bekanntlich seine fragmentarisch gebliebene Musiksoziologie um diese These. Zur Interpretation vgl. *Religion und Lebensführung*, Kap. 6, A 1.

180 *WuG*, S. 704. Zur Parallele zwischen Klosterdisziplin und Fabrikdisziplin die schöne Arbeit von Hubert Treiber und Heinz Steinert, *Die
Fabrikation des zuverlässigen Menschen. Über die ›Wahlverwandtschaft‹ von Kloster- und Fabrikdisziplin*, München 1980. Zur Parallele
von Klosterdisziplin und Militärdisziplin *WuG*, S. 693.

181 Vgl. ebd., S. 704.

182 Ebd., S. 339.

183 Ebd., S. 705. Weber führt hier übrigens nur seine These aus den Protestantismusstudien fort.

Christentums als solchen zusammen. Und sie waren deshalb in all seinen Ausprägungen mit im Spiel. Aber es bedurfte individueller Konstellationen, um sie in den Vordergrund zu schieben und wirksam werden zu lassen. Eine solche individuelle Konstellation bildete die intern pluralistische kirchliche Einheitskultur. Nur weil die mönchische Sondermoral und klösterliche Sonderorganisation als integraler Bestandteil des kirchlichen Lebens anerkannt wurden, konnte sich in Teilbereichen der Kirche trotz der Geltung des Anstaltssakramentalismus eine »ethisch systematisierte Lebensmethodik« entwickeln.[184] Denn

184 Vgl. dazu *WuG*, S. 339. Troeltsch formulierte den auch von Weber konstatierten Sachverhalt wie folgt: »Es ist das unendlich wichtige, mit einem Teil der übrigen Sakramente als Vorbedingung kunstreich verbundene Sakrament der Buße, die Stütze der geistlichen Weltherrschaft. Aus ihm erwächst die ganze christliche Ethik der Kirche als Erforschung und Beratung der Gewissen, als Tilgung der Sünden und Anleitung zu Genugtuungen und Verdiensten, als Vereinheitlichung aller ethischen Probleme und Gegensätze durch die Autorität der Kirche, die die Verantwortung für die Vereinheitlichung der Lebensleistung damit vom Individuum weg und auf sich nimmt. Durch es wiederum wird die Ethik der Kirche aus einer bloßen Theorie zur praktischen Macht, die große und kleine, vornehme und geringe Gewissen berät, bestraft, entsündigt und vor allem hinleitet auf die Verwirklichung des wahren Lebenswertes, die Rettung der Seele aus der sündigen Welt.« *Soziallehren*, S. 220, dazu auch Max Weber, *RS* I, S. 113 ff. Es ist also nicht so, daß Troeltsch und, auch in dieser Hinsicht mit ihm übereinstimmend, Weber die mit der Beichtpraxis verbundene ständige Kontrolle der Lebensführung leugnen würden, insbesondere dort nicht, wo sie mit einer »spezialisierte(n) Art des Sündenbekenntnisses« verbunden ist. Vgl. *WuG*, S. 339. Wohl aber vertritt insbesondere Weber die These, daß eine an allgemeine oder gar kollektive Sündenbekenntnisse gebundene Entsühnung die disziplinierende Wirkung der ständigen Beichtkontrolle aufhebt, daß überhaupt periodische Entsühnung entlastet, so daß es letztlich nur bei Fehlen jeglicher Anstalts- und Sakramentsgnade zur Entwicklung einer ethisch rationalen Lebensführung, einer Vereinheitlichung von innen nach außen, kommt. Der mittelalterliche Mönch befindet sich, typologisch gesehen, unter diesem Gesichtspunkt gleichsam in der Mitte zwischen katholischem Laien und asketischem Protestanten. Ihm bleibt die Anstaltsgnade, aber er unterstellt sich zugleich einem mit dem Bewährungsgedanken verbundenen Vereinheitlichungsdruck. Zur Kontrollwirkung der Beichtpraxis

wiewohl dieser um die Beichtpraxis zentrierte Anstaltssakramentalismus durchaus eine disziplinierende Wirkung auf die Lebensführung des Gläubigen hat, ist er letztlich nicht be-, sondern entlastend und deshalb *keine* lebensvereinheitlichende Macht. Während der ›freie‹ Mönch als Bettel- und Wandermönch geradezu den Prototypus eines antiökonomischen und auch antirationalen, ganz auf sich selbst gestellten und nur um seine Erlösung ringenden Heilssuchers darstellt, kann der ›verkirchlichte‹ Mönch seine Sondermoral zur betriebsmäßig organisierten Rationalisierung der Lebensführung nutzen, die, nicht zuletzt wegen der Arbeitsaskese, sich auch auf das wirtschaftliche Handeln positiv auswirkt: »Gerade als Asketengemeinschaft ist das Mönchtum zu den erstaunlichen Leistungen befähigt gewesen, welche über das hinausgehen, was die normale Wirtschaft zu leisten pflegt.«[185] Nicht zuletzt wegen solch rationaler Leistungen ihres Mönchtums blieb die mittelalterliche Kirche ›in Bewegung‹. In diesem Sinne lebte sie nicht nur in einer entwicklungsdynamisch wichtigen Spannung mit der politischen Herrschaft und den häretischen religiösen Bewegungen, sondern auch mit dem institutionell gebundenen Personalcharismatismus ihrer Sonderorganisationen.

Rationale Leistungen aber erbrachte auch die Hierokratie selbst. Weil sie das Landeskirchentum brach, das Mönchtum integrierte, die Mitgliedschaftsrolle kodifizierte und verrechtlichte, den Sakramentalismus kunstreich ausgestaltete, wurde sie vor allem in Organisationsfragen auf rationale Bahnen gedrängt. Wie schon erwähnt, galt Weber die mittelalterliche katholische Kirche als die erste rationale Bürokratie der Weltgeschichte. Als solche entwickelte sie sich zu einer Anstalt im

auch Alois Hahn, »Zur Soziologie der Beichte und anderer Formen institutionalisierter Bekenntnisse: Selbstthematisierung und Zivilisationsprozeß«, in: *Kölner Zeitschrift für Soziologie und Sozialpsychologie*, 34 (1982), S. 408 ff. Ferner ders., »Sakramentale Kontrolle«, in: Wolfgang Schluchter (Hg.), *Max Webers Sicht des okzidentalen Christentums. Interpretation und Kritik*, Frankfurt 1988. In dieser Beurteilung von (äußerer) sakramentaler Kontrolle und (innerer) ethischer Kontrolle schlägt sich bei Troeltsch und bei Weber allerdings vermutlich ein (protestantisches) individualistisches Vorurteil nieder.
185 *WuG*, S. 705.

spezifischen Sinn des Worts. Diese Rechtskonstruktion war im spätrömischen Kirchenrecht vorgebildet. Aber in der gregorianischen Reform nahm sie ihre für die weitere okzidentale Entwicklung maßgebende Fassung an: »Das kanonische Recht aber entwickelte namentlich nach der Kriegserklärung an das Eigenkirchenrecht im Investiturstreit ein geschlossenes kirchliches Korporationsrecht, welches vermöge der soziologisch notwendigen herrschaftlichen und anstaltsmäßigen Struktur der Kirche unvermeidlich abwich von dem Korporationsrecht sowohl der Vereine wie der ständischen Verbände, seinerseits aber die Bildung des weltlichen Korporationsbegriffs im Mittelalter stark beeinflußte.«[186]

bb) Die ›feudale Revolution‹

Im universalhistorischen Vergleich besitzen also das mittelalterliche okzidentale Mönchtum wegen seiner Arbeitsaskese und die mittelalterliche okzidentale Kirche wegen ihres Anstaltscharakters eine besondere Note. Aufgrund der Arbeitsaskese wird der mönchische Personalcharismatismus, aufgrund des Anstaltscharakters der priesterliche Amtscharismatismus in rationale Bahnen gelenkt. Hinzu kommt, daß mit der Auflösung des Karolingerreichs sich auch die Struktur der politischen Herrschaft wandelt: Aus den weitgehend auf naturalwirtschaftlicher Grundlage ruhenden Grundherrschaften der Karolingerzeit geht im 11. und 12. Jahrhundert der okzidentale Lehensfeudalismus hervor.[187] Diese Entwicklung schwächte zwar letztlich

186 Ebd., S. 444. Zu diesem ganzen Komplex jetzt Harold J. Berman, *Law and Revolution*, bes. S. 215 ff.

187 Vgl. dazu die Studie von Stefan Breuer, »Der okzidentale Feudalismus in Max Webers Gesellschaftsgeschichte«, in: Wolfgang Schluchter (Hg.), *Max Webers Sicht des okzidentalen Christentums. Interpretation und Kritik*, Frankfurt 1988, der darauf verweist, daß nach Weber dem okzidentalen Lehensfeudalismus für die Ausbildung der modernen okzidentalen Kultur eine besondere Bedeutung zukommt, daß er aber die ›feudale Revolution‹ falsch datiert. Breuer verlegt sie mit Georges Duby ins 11. und die Vollentwicklung dieser ›neuen‹ Herrschaftsform, die mit einem tiefgreifenden Strukturwandel des Adels verbunden ist, ins 12. Jahrhundert, nachdem, mit der Auflösung des Karolingerreichs im 9. und 10. Jahrhundert, eine starke lokale Herrenschicht entstanden war. An die Stelle der alten Villikations- und Fronhofwirtschaft tritt

die politische Zentralgewalt gegenüber den politischen Lokal-
gewalten und der zentralisierten Kirche in organisatorischer
Hinsicht, stärkte aber zugleich das Eigenrecht ihrer Legitimationsgrundlage. Denn die Lehensbeziehung ist nicht nur »ein
›Grenzfall‹ der patrimonialen Struktur in der Richtung der Stereotypierung und Fixierung der Beziehungen von Herren und
Lehensträgern«, sondern auch Folge einer »Veralltäglichung eines nicht patrimonialen, sondern charismatischen Verhältnisses«, und nur unter diesem Gesichtspunkt, so Weber bereits in
der älteren Fassung von *Wirtschaft und Gesellschaft*, finden
»spezifische Elemente der Treuebeziehung ihren systematisch
richtigen ›Ort‹«.[188] Erst dieser ›Doppelcharakter‹ des okzidentalen Lehensfeudalismus, seine spezifische Verbindung von traditionalen und charismatischen Geltungsgrundlagen, machte
das okzidentale Rittertum mit seiner *einheitlichen* Lebensführung von innen nach außen durch *Bewährung* der eigenen Ehre

eine seigneurale Produktionsweise, an die Stelle der alten Verbindung
von Kriegsadel und Bauerntum die Trennung von ökonomisch zunehmend unabkömmlichem Bauerntum und Ritterheer. Während Weber
bereits das Karolingerreich als lehensfeudalistisch bezeichnet, legen die
Ergebnisse der neueren Forschung nahe, daß es doch eher ein Patrimonialstaat mit lehensrechtlichen Einschlägen war, der eigentliche Lehensfeudalismus aber erst nach dem Zerfall des Karolingerreichs zur
›Vollentwicklung‹ kam. Vgl. dazu auch Marc Blochs Vorschlag, zwischen zwei Phasen der Feudalzeit zu unterscheiden, einer ersten Phase,
nach dem Niedergang des Karolingerreichs mit Absinken der Bevölke-
rungszahl, Schwäche des Handels und des Geldumlaufs, und einer
zweiten Phase, von etwa 1050 bis 1230, mit Anwachsen der Bevölkerung, ›innerer‹ Kolonisation, Ausweitung von Handel und Geldum-
lauf, kurz: mit enormer Verkehrsverdichtung, und einem kraftvoll sich
entwickelnden Handwerker- und Kaufleutestand in den Städten. Vgl.
Marc Bloch, *Die Feudalgesellschaft*, bes. S. 81 ff. Zur ›päpstlichen Revolution‹ tritt also, mit leichter zeitlicher Verschiebung, die ›feudale
Revolution‹. Zusammen mit der ›städtischen Revolution‹, über die
gleich zu sprechen sein wird, bilden sie die entscheidenden Bausteine
der ersten Transformation. Zu Webers Feudalismusanalyse vgl. auch
Gianfranco Poggi, »Max Webers Begriff des okzidentalen Feudalismus«, in: *Max Webers Sicht des okzidentalen Christentums* sowie
Heino Speer, *Herrschaft und Legitimität. Zeitgebundene Aspekte in
Max Webers Herrschaftssoziologie*, Berlin 1978.
188 *WuG*, S. 633.

in der Beziehung von Gefolgsmann und Herrn, Vasall und Lehnsherrn, möglich. Damit aber war den religiösen Charismata ein genuin politisches Charisma gegenübergestellt. Ähnlich dem ›verkirchlichten‹ mönchischen Charisma, das eine stark personale Komponente beibehielt, ohne die institutionelle Bindung abzustreifen, hatte auch dieses politische Charisma eine Art Zwischenstellung. Es legitimierte einen politischen Verband, der »vom Patrimonialismus ebenso wie vom genuinen oder Erb-Charismatismus *verschieden*« war.[189]

Der feudal abgewandelte grundherrliche Patrimonialismus ist aber nicht allein dadurch gekennzeichnet, daß er die extrapatrimonialen Herrschaftsbeziehungen mit Hilfe eines »hochgespannten Pflichten- und Ehrenkodex« regelt, der sich nicht aus religiösen, sondern aus militärischen Wurzeln herleitet. Das Lehensverhältnis zwingt auch in seiner höchsten, sprich: okzidentalen Entwicklungsform »die scheinbar widersprechendsten Elemente: einerseits streng persönliche Treuebeziehungen, andererseits kontraktliche Fixierung der Rechte und Pflichten und deren Versachlichung durch Verknüpfung mit einer konkreten Rentenquelle, endlich erbliche Sicherheit des Besitzstandes, in durchaus eigentümlicher Art zusammen«.[190] Wie die intern pluralistische Hierokratie, so war auch der Lehensverband einer außerordentlichen internen Tiefengliederung fähig. Und wie jene, stellte er deshalb ein spannungsdurchzogenes Gebilde dar. Mehr noch: Der Lehensverband verlangte nicht nur Freie, die Militärdienst und in Grenzen auch Verwaltungsdienst übernahmen, sondern auch ein gewisses Maß an ›Rechtsstaatlichkeit‹. In der älteren Fassung von *Wirtschaft und Gesellschaft* sprach Weber bekanntlich noch vom ›freien Feudalismus‹, dem er auch

189 Vgl. dazu ebd., S. 148 und S. 631, wo Weber sagt, die Lebenshaltung des okzidentalen feudalen Rittertums sei zentral bestimmt gewesen »durch den feudalen Ehrbegriff und dieser wieder durch die Vasallentreue des *Lehensmannes*.., den einzigen Typus einer Bedingtheit ständischer Ehre sowohl einerseits durch eine dem Prinzip nach einheitliche Stellungnahme von innen heraus, wie andererseits durch die Art der Beziehung zum Herrn«. Die okzidentale ritterliche Lebensführung basiert nach Weber also auf einer innengeleiteten Persönlichkeit, obgleich diese Innenleitung eigentlich nicht religiös fundiert ist.

190 Ebd., S. 636.

den »folgereichsten«, den okzidentalen Lehensfeudalismus, als Unterfall zuordnete.[191] Diesen Begriff und die mit ihm verbundene Typologie aber ›sanktionierte‹ er durch die neue Fassung von *Wirtschaft und Gesellschaft* interessanterweise nicht. Dies vermutlich deshalb, weil ein «Vasall im spezifischen Wortsinn.. überall ein freier, d. h. nicht der Patrimonialgewalt eines Herrn unterworfener Mann« ist.[192] Von Lehensfeudalismus läßt sich deshalb sinnvollerweise nur dort sprechen, wo diese Voraussetzung besteht. Darüber hinaus aber beruht er auf Kontrakten, genauer: auf Statuskontrakten als Verbrüderungskontrakten zu ungleichem Recht, welche aber *beiderseitige* Treuepflichten begründen.[193] In dem Maße, wie dieses freie Kontraktrecht eingeschränkt wurde, sei es dadurch, daß die Lehen als erblich oder gar als »Versorgungsfond der Standeszugehörigen« galten und den Herrn unter Leihezwang stellten,[194] verlor das ›System‹ zwar seine ursprüngliche ›personalistische‹ Note, steigerte aber seine besondere kontraktuelle Rechtsqualität. Wie Weber in der alten Fassung von *Wirtschaft und Gesellschaft* formulierte: »Eben diese Durchdringung des ganzen Systems mit dem Geist einer, über die bloße Verleihung von Privilegien des Herrn hinausgehenden, andererseits nicht, wie bei der Pfründenappropriation, rein materiell bedingten generellen Verbürgtheit der Stellung der Lehensinhaber durch einen zweiseitigen Vertrag

191 Ebd., S. 635.
192 Ebd., S. 641.
193 Die voll ausgebildete Lehensbeziehung umfaßt folgende Komponenten: 1. die (zeitlich befristete) Verleihung von Herrengewalten und Herrenrechten gegen militärische und/oder verwaltungsmäßige Leistungen; 2. die rein personale Verleihung; 3. die Verleihung kraft Kontrakts, also zwischen freien Männern, wobei dies kein gewöhnliches Geschäft ist (Zweckkontrakt), sondern eine Verbrüderung (Statuskontrakt) zu ungleichem Recht mit Treuepflichten für beide Kontraktparteien; 4. die Verleihung setzt eine spezifisch ständische, ritterliche Lebensführung voraus und stützt sie zugleich. Vgl. dazu ebd., S. 148. Variationen ergeben sich nach dem ›Objekt‹ der verliehenen Herrenrechte: 1. Domänen, Sklaven, Hörige; 2. Steuern und Abgaben; 3. Gericht und Heerbann, was in der Regel auch mit Herrschaft *über* Freie verbunden ist.
194 Weber meint, das erste sei »ziemlich früh im Mittelalter, das zweite im weiteren Verlauf eingetreten«. Vgl. ebd., S. 149.

war aber entwicklungsgeschichtlich sehr wichtig. Denn sie ist das, was die feudale Struktur gegenüber der reinen, auf dem Nebeneinanderstehen der beiden Reiche der Gebundenheit durch Tradition und appropriierte Rechte einerseits und der freien Willkür und Gnade andererseits beruhenden Patrimonialherrschaft einem mindestens relativ ›rechtsstaatlichen‹ Gebilde annähert. Der Feudalismus bedeutet eine ›Gewaltenteilung‹. Nur nicht, wie diejenige Montesquieus, eine arbeitsteilig-qualitative, sondern eine einfach quantitative Teilung der Herrenmacht. Der zum Konstitutionalismus leitende Gedanke des ›Staatsvertrages‹ als der Grundlage der politischen Machtverteilung ist in gewissem Sinn primitiv vorgebildet.«[195]

Die ›feudale Revolution‹ des 11. und 12. Jahrhunderts hatte also eine weitere Pluralisierung der mittelalterlichen Kultur zur Folge. Durch sie wurde der in erster Linie amtscharismatisch legitimierten kirchlichen Bürokratie ein konträres Organisations- und Legitimationsprinzip entgegengestellt. Wiewohl sich natürlich religiöses und politisches Leben wechselseitig durchdrangen, etwa durch die Feudalisierung der Kirche oder durch die ›Bürokratisierung‹ der Politik mittels des Einbaus von Klerikern in die lehensmäßigen Verwaltungsstäbe, und wiewohl sich mönchische und ritterliche Lebensführung sogar in Gestalt der Ritterorden innerlich verbanden, blieb der Gegensatz von entwicklungsgeschichtlicher Bedeutung. Denn in der Regel pflegen »der Kriegsadel und alle feudalen Mächte.. nicht leicht Träger einer rationalen religiösen Ethik zu werden«,[196] überhaupt die auf Ehre gegründete feudale Ethik und die auf Erlösung gegründete religiöse Ethik sich innerlich zu widersprechen,[197] und ein Lehensverband mit seiner »systematische(n) Dezentralisation der Herrschaft« ist geradezu das Gegenbild zu einer rationalen Bürokratie.[198] Vor allem aber: Mit der Verwirklichung des lehensfeudalen Organisations- und Legitimationsprinzips mußte es zu einem ständigen Kampf

195 Ebd., S. 641 f.
196 Ebd., S. 288.
197 Zur Charakterisierung der feudalen Ethik bes. ebd., S. 658 ff.
198 Ebd., S. 639. Weber sagt deshalb ausdrücklich, weder der Lehensverband noch der Ständestaat seien »unentbehrliche Mittelglieder in der Entwicklung vom Patrimonialismus zur Bürokratie«. Vgl. ebd., S. 645.

zwischen der Zentralgewalt und den zentrifugalen lokalen Gewalten kommen, und dies besonders dort, wo sich die ›Verleihung‹ auf verbandsmäßige Befehlsgewalten, vor allem auf Gerichts- und Militärgewalt, erstreckte. Der Oberlehensherr stand dann ständig vor der Gefahr, von den Belehnten entmachtet zu werden. Zwar konnte er ›systemkonforme‹ Gegenmaßnahmen ergreifen.[199] Aber diese blieben gewöhnlich so lange relativ unwirksam, wie er sich nicht zum Aufbau eines eigenen, patrimonial oder extrapatrimonial rekrutierten Verwaltungsstabs entschloß. Dieser Kampf wurde um so erbitterter, je mehr aus der Zusammenfassung der Lehensträger zu Rechtsgenossenschaften sich allmählich Ständekorporationen bildeten und den Lehensverband, der ja kein Staat ist, in einen Ständestaat verwandelten. Genau diese Entwicklung aber war nach Weber mit dem okzidentalen Lehensfeudalismus verbunden und ihm zu ›verdanken‹: Den »Ständestaat: ›rex et regnum‹«, kannte nur der Okzident.[200] Es sind also hauptsächlich drei Konflikte, die mit der päpstlichen und feudalen ›Revolution‹ entstanden und schließlich die zunächst doch relative mittelalterliche Einheitskultur sprengten: der innerreligiöse Konflikt zwischen dem häretischen sowie mönchischen Personalcharismatismus und dem priesterlichen Amtscharismatismus, der innerpolitische Konflikt zwischen dem feudalen und dem ständischen bzw. ständestaatlichen Kontraktualismus und der Konflikt zwischen einer bürokratischen Kirche und einem zunächst nichtbürokratischen, ja antibürokratischen politischen Verband. Es handelt sich um genau jene Konflikte, die in Webers Sicht die okzidentale mittelalterliche Ordnungskonfiguration gemäß dem dieser Abhandlung vorangestellten ersten Zitat auszugleichen hatte. Die daraus resultierenden Regelungen waren deshalb für die okzidentale Sonderentwicklung mit ursächlich.[201]

Freilich bliebe dieses hier nur grob nachgezeichnete Bild noch

199 Vgl. dazu die Liste, die Weber ebd., S. 150f. aufstellt.
200 Vgl. *RS* I, S. 3 und *WuG*, S. 150f. und S. 644ff.
201 Die mit dem Strukturpluralismus verbundene eigenartige Dynamik betont auch Shmuel N. Eisenstadt, vgl. seinen Beitrag »Max Webers Überlegungen zum okzidentalen Christentum«, in: *Max Webers Sicht des okzidentalen Christentums.*

allzu unvollständig, ließe man eine dritte ›Revolution‹ unbe-
rücksichtigt: die städtische,[202] die nach der päpstlichen und der
feudalen weitere wichtige historische Vorbedingungen für die
okzidentale Sonderentwicklung, insbesondere aber für den bürgerlichen Betriebskapitalismus mit seiner rationalen Organisation freier Arbeit, schuf.[203] Hatte die ›päpstliche Revolution‹
das monastische Berufsmenschentum entscheidend gefördert
und den Weg der »Rechtsschöpfung durch rationale Satzung«
gewiesen,[204] ferner dem Abendland in Gestalt des kanonischen
Rechts ein relativ formal-rationales heiliges Recht und in Gestalt
der amtscharismatischen Kirche eine relativ rationale bürokratische Anstalt beschert, hatte die ›feudale Revolution‹ das okzidentale Rittertum mit seiner innerweltlichen einheitlichen Lebensführung erzeugt und vor allem die Idee vom Kontraktstaatscharakter der politischen Gewalt begründet, trug die ›städtische
Revolution‹ entscheidend zur Fortentwicklung des weltlichen
Korporationsbegriffs und zur ›Geburt‹ eines besonders gearteten Stadtbürgertums bei. Nur weil diese historischen Vorbedingungen existierten, konnte die zweite Transformation, in deren
Zentrum eine Gesinnungsrevolution steht, auf sozial frucht-
baren Boden fallen. Nur weil sich die Zentralgewalt später mit
dem Bürgertum verbünden konnte, endete ihr Kampf mit den

202 Zur städtischen Revolution, die sie vom 11. bis 14. Jahrhundert datiert,
   vgl. den Beitrag von Kathryn L. Reyerson, »Der Aufstieg des Bürgertums und die religiöse Vergemeinschaftung im mittelalterlichen Europa: Neues zur Weber-These«, in: Wolfgang Schluchter (Hg.), *Max
   Webers Sicht des okzidentalen Christentums. Interpretation und Kritik*,
   Frankfurt 1988.
203 Folgt man Brian Stock, so gibt es noch eine vierte Revolution, die
   Revolution der Kommunikation, die mit der Zunahme des Schriftgebrauchs verbunden ist. Mit der Wiederbelebung der Geld- und Verkehrswirtschaft entstehen immer mehr Institutionen, die auf Schriftgebrauch angewiesen sind. Es wäre freilich zu fragen, inwieweit diese
   Revolution Teil der anderen ist, was sich etwa an der Rechtsentwicklung zeigt. Vgl. dazu Brian Stock, »Schriftgebrauch und Rationalität im
   Mittelalter«, in: *Max Webers Sicht des okzidentalen Christentums* und
   ders., *The Implications of Literacy. Written Language and Models of
   Interpretation in the Eleventh and Twelfth Centuries*, Princeton: Princeton University Press 1983.
204 Vgl. *WuG*, S. 480.

›Nachfolger‹ der lehensmäßigen Verwaltungsstäbe, den Ständekorporationen, schließlich mit einem Sieg. Denn für deren Expropriation »waren neben rein historisch gegebenen Machtkonstellationen im Okzident ökonomische Bedingungen, vor allem: die Entstehung des *Bürgertums* auf der Grundlage der (*nur* dort im okzidentalen Sinne entwickelten) *Städte* und dann die Konkurrenz der Einzelstaaten um Macht *durch rationale* (das hieß: bureaukratische) *Verwaltung* und fiskalisch bedingtes Bündnis mit den kapitalistischen Interessenten entscheidend«.[205] Die Weichen für die Entstehung dieses Stadtbürgertums, das sich dann zum Staatsbürgertum und zum nationalen Bürgertum, zur Bourgeoisie, entwickeln konnte, aber wurden im 12. und 13. Jahrhundert gestellt.

cc) Die ›städtische Revolution‹

Nun ist die Stadt natürlich zunächst kein Gebilde, das dem okzidentalen Mittelalter spezifisch wäre. Wie Webers bereits kurz zitierte Analyse des Untergangs der antiken Kultur zeigt, galt ihm gerade die mittelländische Antike über weite Strecken ihrer Geschichte als eine ausgesprochene Stadtkultur. Aber so bedeutend die antike Stadtentwicklung zum Beispiel für die Ausbildung des Begriffs des Bürgers, der Korporation als anstaltsmäßiger Gemeinde und der Demokratie auch war, weder ist der »moderne Kapitalismus noch der moderne Staat auf dem Boden der antiken Städte gewachsen«,[206] freilich auch nicht auf dem Boden der Karolingerzeit, wie gleichfalls bereits die Untergangsanalyse zeigt. Denn hier war die antike Stadtkorporation zu einem Verwaltungsbezirk mit gewissen Eigentümlichkeiten der ständischen Struktur ›verkommen‹. Erst als mit einer gewissen Verstädterung der mittelalterlichen Landkultur auch der Begriff der Stadtkorporation ›wiederbelebt‹ wurde, konnten von der mittelalterlichen Stadtentwicklung ›universalhistorische Wirkungen‹ ausgehen. Tatsächlich gab Weber der mittelalterlichen okzidentalen Stadt, wie sie sich nach dem Zerfall des Karolingerreichs allmählich herausbildete, eine »entwicklungsgeschichtliche Sonderstellung«,[207] gegenüber der asiatischen Stadt

205 Ebd., S. 151. Ähnlich ebd., S. 139.
206 Ebd., S. 796.   207 Ebd., S. 804.

einerseits, aber auch gegenüber der antiken Stadt andererseits. Er gab sie ihr darüber hinaus aber auch gegenüber der Stadt der auf den Ständestaat folgenden modernen Patrimonialstaaten, die letztlich die verkehrswirtschaftliche Bedarfsdeckung durchsetzten. Denn auch hier war die Stadt wieder Verwaltungsbezirk, freilich, im Unterschied zur Karolingerzeit, mit korporativen Sonderrechten, mit einem eingeschränkten Recht auf Selbstverwaltung im Rahmen der Rechtsordnung des staatlichen Verbandes. Die entwicklungsgeschichtliche Sonderstellung aber hat ihre wichtigste Ursache darin, daß die mittelalterliche Stadtentwicklung, im Unterschied zu allen anderen Stadtentwicklungen, zu einer »*revolutionäre(n)* Neuerung« führte[208] – zum autonomen und autokephalen anstaltsmäßig organisierten Stadtverband als *bürgerlichem* und darin zugleich *antifeudalem* Verbrüderungsverband. Gewiß: Stadtautonomie und Stadtautokephalie als Rahmen für eigenpolitisches Handeln, also eigenes Satzungsrecht, eigene Gerichts- und Verwaltungsbehörden, eigene Steuergewalt, eigenes Marktrecht, eigene Handels- und Gewerbepolizei, eigene Wirtschaftspolitik auf der Basis autonomer formaler und materialer Wirtschaftsregulierung und mit dem Versuch, die nichtstadtbürgerlichen Schichten zumindest in ökonomische Abhängigkeit von der Stadt zu bringen,[209] hat es in mehr oder weniger ausgeprägter Form auch außerhalb der mittelalterlichen okzidentalen Stadtentwicklung gegeben. Aber die Steigerung dieser Teilentwicklungen zu ›Vollentwicklungen‹ und ihre Zusammenführung derart, daß die Durchsetzung des damit einhergehenden Organisations- und Legitimationsprinzips zu einer *Durchbrechung* des Herrenrechts der Grundherrn oder der Stadtherrn, der weltlichen oder der geistlichen Herrn führen mußte, das war neu. Gewiß: Nicht erst die mittelalterliche, sondern bereits die antike mittelländisch-okzidentale Stadt hatte die Qualität eines »*anstaltsmäßig vergesellschafteten*, mit besonderen und charakteristischen Organen ausgestatteten Verbandes von ›Bürgern‹, welche in dieser ihrer Qualität einem nur

208 Ebd., S. 750.
209 Vgl. dazu die Schilderung der »*Gesamtlage* der mittelalterlichen Städte« auf dem Höhepunkt der Stadtautonomie ebd., S. 796 ff. Weber betont ausdrücklich, daß die mittelalterlichen Städte erhebliche Strukturunterschiede aufweisen und außerordentlich vielgestaltig sind.

ihnen zugänglichen *gemeinsamen Recht* unterstehen, also ständische ›Rechtsgenossen‹ sind«.[210] Auch in dieser Hinsicht gibt es zwischen Antike und Mittelalter Kontinuität. Aber die antike Stadtautonomie und Stadtautokephalie hing im Außenverhältnis stärker als die mittelalterliche mit »militärisch bedingten Peripetien« zusammen,[211] und im Innenverhältnis war die antike anstaltsmäßige Gemeinde stärker als die mittelalterliche zumindest auf Reste von »*sakraler* Exklusivität der Sippen gegeneinander und nach außen« aufgebaut.[212] Das hinderte sie letztlich daran, den weltlichen Korporationsbegriff, trotz einzelner Ansätze in dieser Richtung, radikal *gegen* das Sippenprinzip zu stellen und rein ›bürgerlich‹, d. h. *gegen* jede Form der Geschlechterherrschaft, auszulegen. Daß dies in der mittelalterlichen Stadt wenn auch nicht durchgängig, so doch in erheblichem Umfang geschah, ist vor allem auf zwei Umstände zurückzuführen: auf die Struktur der mittelalterlichen politischen Verbände und auf das Christentum.

Bevor dieser für Webers Sicht des okzidentalen Christentums zentrale Zusammenhang etwas genauer betrachtet wird, sollte man sich allerdings vorab zwei Sachverhalte vergegenwärtigen: Die These von der Durchbrechung des Herrenrechts, die man auch als Usurpationsthese bezeichnen kann, ist keine These zur mittelalterlichen Stadt*entstehung*,[213] und die mittelalterliche Stadt *erzeugte* weder den modernen Kapitalismus noch den modernen Staat. Die bürgerlichen gewerblichen Städte des nördlichen kontinentalen Europas, für die sich Weber ja im Zusammenhang mit seinem Erklärungsansatz vor allem interessierte,[214] – und er gliederte die mittelalterlichen Städte bekanntlich in die südeuropäischen See- und Binnenstädte und in die nordeuropäischen Städte, diese aber wieder in die kontinentalen

210 Ebd., S. 751.
211 Ebd., S. 813. Weber bemerkt, die mittelalterliche Stadt wisse davon nichts. Sie sei eben primär ökonomisch, nicht, wie die antike Stadt, primär politisch orientiert.
212 Ebd., S. 753.
213 Vgl. dazu auch *Religion und Lebensführung*, Kap. 9, 2 d.
214 In der *Wirtschaftsgeschichte*, S. 302, heißt es lapidar: »In den binnenländischen Gewerbestädten, *nicht* den Seehandelsstädten des Okzidents, wurde der Kapitalismus geboren.«

See- und Binnenstädte und in die englischen Städte[215] – sind in der Regel weder aus politischen noch gar militärischen, sondern aus ökonomischen Motiven und durch »Konzessionen der politischen und grundherrlichen, dem feudalen Militär- und Amtsverband eingegliederten Gewalthaber« entstanden. Sie blieben auch zunächst durchaus auf die ökonomischen Interessen ihrer meist nicht stadtsässigen Konzessionäre hin orientiert.[216] Ihre wachsende Autonomie und Autokephalie war denn auch weniger einem politisch motivierten Usurpationsverlangen, als vielmehr einer individuellen Machtkonstellation zu verdanken: dem Fehlen eines »geschulten Apparats von Beamten« auf seiten der feudalen Mächte, der die Städte hätte effektiv kontrollieren können, und »ihre(r) Machtkonkurrenz untereinander, namentlich aber d(er) Machtkonkurrenz der Zentralgewalt mit den großen Vasallen und der hierokratischen Gewalt der Kirche«, also jenem organisatorischen und legitimatorischen Pluralismus, von dem bereits ausführlich die Rede war.[217] Zwar gab es auch gewaltsame Usurpationen, wie sie sich nicht nur an der Geschichte der italienischen Städte des 12. und 13. Jahrhunderts, sondern schon früher, etwa an der Geschichte der Stadt Köln, studieren lassen.[218] Doch nicht diese wenigen revolutio-

215 Vgl. dazu auch den Aufbau von § 7 der *Wirtschaftsgeschichte*. Webers Kasuistik lautet: 1. Orientalische Stadt (Beispiel: Mekka) – mittelländisch-okzidentale Stadt; 2. innerhalb der letzteren: antike Stadt (Beispiel: griechische Städte, Rom) – mittelalterliche Stadt; innerhalb der letzteren: südeuropäische Stadt (Beispiel: Venedig und Genua als Seestädte, Florenz und Mailand als Binnenstädte) – nordeuropäische Stadt; innerhalb der letzteren: kontinentale Städte (Beispiel: Hansestädte als Seestädte, Köln als Binnenstadt) – englische Städte. Die englischen Städte werden deshalb abgesondert, weil ihnen der gebietskörperschaftliche Gemeindebegriff fehlt. Vgl. *WuG*, S. 772.

216 Ebd., S. 811 f.

217 Ebd., S. 812.

218 Vgl. ebd., S. 784, wo Weber formuliert: »Der italienische Popolo war nicht nur ein ökonomischer, sondern ein politischer Begriff: eine politische Sondergemeinde innerhalb der Kommune, mit eigenen Beamten, eigenen Finanzen und eigener Militärverfassung: im eigentlichsten Wortsinn ein Staat im Staate, der erste ganz *bewußt illegitime* und *revolutionäre* politische Verband.« Die italienische mittelalterliche Stadtentwicklung folgt nach Weber freilich einem Kreislauf, der, an-

nären Umbrüche hielt Weber für entscheidend, sondern vielmehr das durch die strukturelle Schwäche der außerstädtischen Gewalten begünstigte schrittweise Umschwenken gerade der primär ökonomisch ausgerichteten Städte, ihrer Handel- und Gewerbetreibenden, auf ein ›neues‹ Organisations- und Legitimationsprinzip: die Stadtdemokratie. Weber sprach denn auch ausdrücklich von sukzessiven Usurpationen, von einem allmählichen Prozeß des Umschwenkens, wobei Demonstrationseffekte eine große Rolle spielten. Sie hatten teilweise zur Folge, daß es zu einer freiwilligen Erweiterung der Stadtprivilegien durch die feudalen Konzessionäre kam.[219] Vor allem aber: Die Städteautonomie blieb ein »historisches Intermezzo«.[220] Und weil dies so war, wurde die mittelalterliche Stadt, genauer: die bürgerliche gewerbliche Binnenstadt, für den modernen Kapitalismus und den modernen Staat auch »keineswegs die allein ausschlaggebende Vorstufe oder gar ihr Träger«. Allerdings: Sie war »ein höchst entscheidender Faktor ihrer Entstehung«, der nicht weggedacht werden kann.[221]

Was genau machte sie zu diesem entscheidenden Faktor? Und vor allem: Welche Rolle spielte dabei das Christentum? Weber nannte geographische, militärische und kulturgeschichtliche Umstände.[222] Die geographischen und militärischen wurden bereits erwähnt. Für die meist nicht stadtsässigen, sondern burgsässigen Feudalherrn war die Gründung von Binnenstädten ein ökonomisches Geschäft, keine »militärische Maßregel«.[223] Die so gegründeten Städte blieben auch, selbst bei sukzessiver

ders als im Norden, nicht eigentlich zu einer »kreisläufigen Entwicklung« führt. Vgl. ebd., S. 796 und die interessante Studie von Stefan Breuer, »Blockierte Rationalisierung. Max Weber und die italienische Stadt des Mittelalters«, in: *Archiv für Kulturgeschichte*, 66 (1984), S. 47 ff. Die hier interessierende Entwicklung in Köln beginnt mit der Rebellion gegen den Erzbischof von 1074 und führt zur autonomen Stadtregierung und dem Stadtrecht von 1106.

219 Vgl. *WuG*, S. 763.
220 Ebd., S. 812.
221 Ebd., S. 796.
222 Vgl. S. 811, bei der Gegenüberstellung von antiker und mittelalterlicher Stadtdemokratie.
223 Ebd., S. 812.

Usurpation, in der Regel primär ökonomisch orientiert. Aber sie nutzten ihren aus der beschriebenen Machtkonkurrenz resultierenden Spielraum, um die Stadtkorporation zu entwikkeln, und zwar so, daß sich daraus auch antifeudale Effekte ergaben, vor allem durch die tendenzielle Auflösung des ständischen Zusammenhangs zwischen ›Stadt‹ und ›Land‹. Ritterliche und bürgerliche Lebensführung, das betonte Weber immer wieder, sind ja dort, wo sie in ihre Konsequenz gebracht werden, unverträglich. Der Bürger mit seinem Sinn für ›Funktion‹ und der Ritter mit seinem Sinn für ›Sein‹ sind Träger verschiedener Weltbilder und damit verbundener Lebensführungen, die nichts miteinander verbindet, was sich nicht zuletzt an ihrer unterschiedlichen Bewertung des Erwerbs zeigt. Wo die bürgerliche Lebensführung in ihr eigenes Recht kam, zeigte sie eine ›Wahlverwandtschaft‹ gerade nicht zur ritterlichen Lebensführung, sondern eher zur mönchischen und zu der des kirchlichen Beamten. Denn diesen fehlten »jene Züge von Spiel und Wahlverwandtschaft mit Künstlertum, von Heldenaskese und Heldenverehrung, Heldenehre und heldischer Feindschaft gegen die ›Sachlichkeit‹ des ›Geschäfts‹ und ›Betriebs‹, welche der Feudalismus erzieht und bewahrt«.[224] Daß sich nun einzelne Stadtkorporationen in diesem Sinne in bürgerlicher Richtung entwickelten, daß sie dabei die ökonomischen, politischen und ständischen Aspekte des Bürgertums gleichsam synthetisierten,[225] war weniger dem ›Bündnis‹ Stadt–Kirche oder dem kirchlichen Korporationsbegriff[226] als einer relativen Offenheit der sozialen Beziehungen nach innen zu danken, für die nicht zuletzt das Christentum die ideellen Grundlagen bot. Dies vor allem wegen jenes Vorgangs in Antiochien und der sich daran anschließenden Auseinandersetzung zwischen Paulus und Petrus, die mit dem ›Sieg‹ des Paulus und der Entwertung rituel-

---

224 Ebd., S. 661.

225 Vgl. zu diesen drei Bedeutungsdimensionen des Begriffs Bürgertum *Wirtschaftsgeschichte*, S. 270 f.

226 Weber verweist ausdrücklich in diesem Zusammenhang auch auf die germanische Rechtstradition, auf die germanische Gerichtsverfassung mit der Auffassung vom »Rechtsgenossen als eines ›Dinggenossen‹ und das heißt eben: als eines aktiven Teilhabers an der Dinggemeinde«. Vgl. ebd., S. 757.

ler Geburtsschranken für die Christengemeinde, für die Gemeinschaft der Eucharistie, endete.[227] Die anstaltsmäßige Vergesellschaftung der Städte konnte deshalb eine spezifisch bürgerliche Wendung nehmen, weil diese religiöse Vorbedingung existierte und Verbrüderung im Innenverhältnis *nicht* durch magische und religiöse Schranken gehindert war.[228] Weber verwies ausdrücklich auf die bedeutende Rolle der Kirchengemeinde für diese Entwicklung. Sie sei »nur eines von vielen Symptomen für das starke Mitspielen dieser, die Sippenbande auflösenden und dadurch für die Bildung der mittelalterlichen Stadt grundlegend wichtigen Eigenschaften der christlichen Religion«.[229]

Nun darf dies nicht dahin mißverstanden werden, als sei die mittelalterliche Stadt in organisatorischer und legitimatorischer Hinsicht ein Anhängsel der Kirche gewesen. Sie blieb vielmehr ein weltlicher Verband, wenngleich »kirchengemeindliche Vollwertigkeit«,[230] das hieß vor allem: Zulassung zur Abendmahlsgemeinschaft, Mitgliedschaftsvoraussetzung war. Auch in diesem Zusammenhang kann man auf die soziologisch gewendete These von der relativen christlichen Einheitskultur zurückgreifen. Denn hier zeigt sich die religiöse Inklusionsschranke, die auch noch für die weltliche bürgerliche gewerbliche Binnenstadt bestand. Wer keine kirchengemeindliche Vollwertigkeit hatte, wer nicht an der Eucharistie teilnahm oder teilnehmen durfte, konnte nicht die persönliche Rechtsstellung des Vollbürgers erlangen. Nicht die Einbürgerung von Fremden, etwa von orts- und stammfremden Händlern, wurde dadurch unmöglich, sondern die von Mitgliedern nichtchristlicher religiö-

---

227 Vgl. das zweite Motto. Ferner *Wirtschaftsgeschichte*, S. 277 und, allerdings mißverständlich, zumindest verkürzt formuliert, *WuG*, S. 753. Über den damit verbundenen Universalismus und über die Umdefinition des Fremden zum Andersgläubigen in der frühchristlichen Entwicklung vgl. Reinhard Bendix, »Der Anspruch auf absolute Wahrheit im frühen Christentum«, in: Wolfgang Schluchter (Hg.), *Max Webers Sicht des okzidentalen Christentums. Interpretation und Kritik*, Frankfurt 1988.

228 *WuG*, S. 752ff.

229 Ebd., S. 754.

230 Ebd., S. 755.

ser Glaubensgemeinschaften, in erster Linie natürlich der Juden, die, obgleich aus ökonomischem Interesse in die Städte gerufen, in einer Sonderstellung verharrten, die Weber mit der asiatischer Gastvölker verglich.[231] Trotz arbeitsteiliger Verknüpfung mit der städtischen Ökonomie blieben sie außerhalb des Stadtbürgerverbandes. Dies galt auch für andere ›Gastvölker‹, die meist durch fürstliche Konzessionen als Händler ins Land gerufen worden waren.[232] Doch im Falle der Juden hatte diese Verweigerung der Inklusion eine besondere Note: Sie war, so Webers These, nicht nur erzwungen, sondern teilweise auch selbstgewollt. Für den frommen mittelalterlichen Juden galt, daß er, wegen der Speisevorschriften, zwar Christen Gastfreundschaft gewähren, nicht aber christliche Gastfreundschaft annehmen konnte, ferner: daß connubium mit Christen ausgeschlossen war.[233] Auch die mittelalterliche bürgerliche Gewerbestadt blieb also ein Kultverband, dem zwar der einzelne *als* einzelner, aber eben als einzelner *Christ* beitrat. Unter den christlichen Stadtbürgern aber durfte das Gentils- und Sippenprinzip die Verbrüderung nicht hindern. Gentils- und Sippenverbände fielen damit als primäre Bausteine zur Konstitution der Bürgergemeinde fort.

Das heißt natürlich nicht, daß diese nicht in Teilverbände gegliedert gewesen wäre oder keine Klassen- und Ständeschichtung gekannt hätte. Im Gegenteil: Sowohl unter ökonomischem wie unter ständischem Gesichtspunkt blieb das Stadtbürgertum differenziert. Weber betonte ja gerade in seinen religionssoziologischen Studien immer wieder, daß bürgerliche Schichten eine ungewöhnliche Heterogenität aufweisen und daß sich deshalb die in Grenzen durchaus fruchtbare These von der Klassenbedingtheit der Religion auf sie besonders schwer anwenden läßt. Auch die bürgerliche gewerbliche Binnenstadt des Mittelalters war kein homogenes Gebilde. Ähnlich wie im Falle der kirchli-

---

231 Zur Problematik dieser Konstruktion, die Webers Pariahbegriff zugrunde liegt, vgl. *Religion und Lebensführung*, Kap. 7, 5.

232 Weber nennt außer den Juden die Kawerscher und die Lombarden (also Südländer aller Art) sowie die Syrer, vgl. *Wirtschaftsgeschichte*, S. 193. Über die Ursachen der ersten Welle des Antisemitismus im Mittelalter ebd.

233 Vgl. ebd., S. 305 f.

chen Einheitskultur, läßt sich auch im Falle der städtischen der große interne Pluralismus als Folge von gewährten oder erkämpften Inklusionen verstehen. Der ›freien‹ Einung der Stadtverbände entsprach die ›freie‹ Einung der Teilverbände, wobei diese primär religiöse oder gesellige (confraternitates),[234] berufsständische (Handwerkerzünfte und Kaufmannsgilden) oder politische Grundlagen haben konnten (›Parteien‹). Zwischen solchen Einungen gab es ständig Spannungen und Konflikte. Wie der Kirchenverband und der Lehensverband, so zeichnete sich auch der autonome Stadtverband durch internen Pluralismus und eine damit verbundene eigenartige Dynamik aus.

Die ›Vollbürger‹ traten sich also untereinander zwar als ›formal Gleiche‹, zumeist aber zugleich als ›material Ungleiche‹ gegenüber, ja selbst mit der formalen Gleichheit, etwa mit der Partizipation an den städtischen Regierungsgewalten, war es keineswegs durchgängig ›demokratisch‹ bestellt. Besonders die wachsende Herrschaft der Zünfte, die immer mehr zu den eigentlichen Konstituenzien der Stadtgemeinde wurden, führte zu einer scharfen *innerstädtischen* ständischen Gliederung, verbunden mit der Monopolisierung von ökonomischen Chancen. Auch die mittelalterliche Stadtgemeinde gibt wie die antike Polis keinen Anlaß für Romantizismus in Sachen Demokratie. Aber die Zunftverfassung als ein berufsständisches Ungleichheitssystem hatte zwei weitreichende Konsequenzen: Sie ignorierte die *außerstädtischen* ständischen Unterschiede, und sie ersetzte den persönlichen Geschlechts- und Sippenverband durch den ›unpersönlichen‹ Berufsverband. Obgleich gerade die oberen Zünfte dazu tendierten, zu »plutokratische(n) Rentnerkorporationen zu werden«, führte die Zunftverfassung insgesamt zur »Steigerung der Machtstellung der *inner*städtischen, an Handel und Gewerbe direkt beteiligten oder interessierten, in diesem

---

234 Vgl. dazu auch die Untersuchung von Lester K. Little, »Laienbruderschaften in norditalienischen Städten«, in: Wolfgang Schluchter (Hg.), *Max Webers Sicht des okzidentalen Christentums. Interpretation und Kritik*, Frankfurt 1988. Ferner sein Buch über die Entstehung einer spezifischen städtischen Spiritualität aus der Krise der mittelalterlichen Stadtkultur. Vgl. Lester K. Little, *Religious Poverty and the Profit Economy in Medieval Europe*, London: Paul Elek 1978, bes. Part IV.

modernen Sinn: bürgerlichen Schicht«.[235] Mehr noch: Sie machte die mittelalterliche Stadt zu einem »ganz außerordentlich viel
stärker in der Richtung des Erwerbs durch rationale Wirtschaft
orientierte(n) Gebilde als irgendeine Stadt des Altertums, solange die Epoche der unabhängigen Polis dauerte«.[236] In dem Maße
aber, wie das zunehmend geschlossene Zunftsystem durch ein
freies Verlagssystem unter Öffnungsdruck geriet, wurde der
Rationalitätsgewinn, den das Intermezzo der mittelalterlichen
Städteautonomie erbracht hatte, für erwerbsorientiertes Handeln frei.[237]

235 *WuG*, S. 809.
236 Ebd., S. 819.
237 An dieser Stelle müßte ein Exkurs zur mittelalterlichen Gewerbegeschichte eingeschoben werden. Das kann aus Platzgründen nicht geschehen. Deshalb müssen folgende Hinweise genügen: Weber betont
früh die Rolle der freien Hausindustrie bzw. des freien Verlagssystems
für die Entstehung des modernen kapitalistischen Erwerbsbetriebs.
Schon in den »Agrarverhältnissen«, S. 8 bestreitet er die These von
Eduard Meyer, man könne sich das Wirtschaftsleben des Altertums gar
nicht modern genug vorstellen, unter anderem mit dem Hinweis, daß
»die Existenz selbst der freien ›Hausindustrie‹ in *dem* Sinne des Begrif-
fes, wie sie schon im 13. nachchristlichen Jahrhundert bestand, d. h. mit
den kontraktlichen Formen des ›Verlagssystems‹ (also nicht als nur
faktische Ausbeutung des Produzenten durch den marktkundigen
Kaufmann, wie sie natürlich auch das Altertum kannte)«, für das Altertum bisher nicht nachgewiesen sei. Diese Gewerbeform ist in seinen
Augen offensichtlich von großer entwicklungsgeschichtlicher Bedeutung gewesen. Vgl. auch *PE* II, S. 324, ferner *WuG*, S. 73 und S. 85. Zum
Verhältnis von Zunftsystem und freiem Verlagssystem *Wirtschaftsgeschichte*, § 5. Wichtig ist, daß Weber weder das Verlagssystem noch die
Manufaktur oder Fabrik (eine Unterscheidung, die er für künstlich hält)
aus dem Handwerk oder auf Kosten des Handwerks entstehen sieht. Vgl.
ebd., S. 157 f. Für die Entstehung der Fabrik bedurfte es der Mechanisierung des Produktionsprozesses, die weder das städtische freie Handwerk
noch die städtische freie Hausindustrie, sondern der Bergbau anstieß.
Weber folgt in seinen gewerbegeschichtlichen Ausführungen übrigens
nirgends der Marxschen Entwicklungslogik: einfache Kooperation, Manufaktur, Fabrik! Vgl. zu diesem Aspekt von Webers Ansatz auch das
wichtige Buch von Jakob Strieder, *Studien zur Geschichte kapitalistischer
Organisationsformen. Monopole, Kartelle und Aktiengesellschaften im
Mittelalter und zu Beginn der Neuzeit*, München/Leipzig 1914, der

Der Autonomie- und Autokephalieanspruch mancher Städte bildete also die Grundlage für eine weitere Spannung innerhalb der mittelalterlichen Ordnungskonfiguration, die von entwicklungsgeschichtlicher Bedeutung wurde. Denn dadurch kam ein Organisations- und Legitimationsprinzip ins Spiel, das sich nicht mit dem des Lehensfeudalismus, des kirchlichen Amtscharismatismus oder des mönchischen Personalcharismatismus deckte: die anstaltsmäßige Organisation *weltlicher* Verbände und ihre *demokratische* Legitimation. Gewiß: Auch die Kirche hatte Anstaltscharakter, aber nicht im Zusammenhang einer *politischen* Eidverbrüderung, und der Lehensfeudalismus beruhte zwar auf politischen Verbrüderungskontrakten, aber nicht zwischen Anstaltsmitgliedern, sondern zwischen vornehmen Freien, die sich zu einer persönlichen Treuebeziehung verpflichteten, nicht zur Treue gegenüber einer Korporation. Die autonome und autokephale mittelalterliche Stadt brachte also die Idee der *politischen* Anstalt auf *demokratischer* Legitimationsgrundlage gegenüber den hierokratischen und feudalen Verbänden zur Geltung. Weber führte denn auch in einem Vortrag über die Probleme der Staatssoziologie im Oktober 1917 in Wien das demokratische Legitimationsprinzip als viertes Prinzip in seine Herrschaftstypologie ein. Er tat dies ausdrücklich im Zusammenhang mit einer Erörterung der okzidentalen Stadtentwicklung. In der neuen Fassung von *Wirtschaft und Gesellschaft* ist es allerdings unter den Titel »Die herrschaftsfremde Umdeutung des Charisma« gestellt.[238]
Entscheidend für das hier diskutierte Erklärungsmodell aber ist: Die autonome und autokephale mittelalterliche Stadt trug dazu bei, einem erwerbsorientierten Bürgertum zur politischen Geburt zu verhelfen. Auch nach dem Zerfall der sowieso nicht

u. a. die Rolle des Bergbaus detailliert untersucht, und zuvor schon ders., *Zur Genesis des modernen Kapitalismus. – Forschungen zur Entstehung der großen bürgerlichen Kapitalvermögen am Ausgang des Mittelalters und zu Beginn der Neuzeit, zunächst in Augsburg,* Leipzig 1904, mit dem Angriff auf Sombarts These von der Grundrentenakkumulation. Strieders Parole heißt: Am Anfang war der Handel!
238 Vgl. dazu *Neue Freie Presse,* Nr. 19102, 26. Oktober 1917, S. 10 und *WuG,* S. 156. Ferner *Religion und Lebensführung,* Kap. 8,6 und Kap. 12.

überall voll durchgeführten Städteautonomie, der schnell und nicht zuletzt auf dem Hintergrund eines Strukturwandels der politischen Verbände einsetzte, blieb es nicht nur ein ökonomischer, sondern auch ein politischer Faktor, mit dem zu rechnen war. Außer an neuen Gewerbeformen wie etwa der freien Hausindustrie und an neuen Handelsformen wie etwa der offenen Handelsgesellschaft hatten die mittelalterlichen Städte an der Ausbildung von Rechtsinstituten mitgearbeitet, die für den modernen Kapitalismus wichtig wurden: am Rentenbrief, an der Aktie, am Wechsel, an der Hypothek mit Grundbuchsicherung und Pfandbrief,[239] vor allem aber: am weltlichen Korporationsbegriff. Wie durch die kirchliche Anstalt die religiöse, so ist durch die Stadtkorporation die ›politische‹ Mitgliedschaftsrolle ein Stück weit formalisiert worden. Die in diesem Zusammenhang andere wichtige Entwicklung ergab sich aus einer relativen ›Versachlichung‹ des Kontraktgedankens durch den Ständestaat. Zudem hatte das betriebliche Rechnungswesen einen entscheidenden Aufschwung genommen: ein Verdienst der Rezeptions- und Konstruktionsleistung der mittelalterlichen italienischen Städte vor allem, durch die der Okzident zur »Stätte der Geldrechnung« geworden ist.[240] Wollte aber dieses Bürgertum an seiner primär ökonomischen Orientierung festhalten, so bedurfte es zudem zur Entfaltung seiner erwerbswirtschaftlichen Interessen eines institutionellen Rahmens, der nicht auf die Stadt und ihr Hinterland beschränkt blieb. Es brauchte gewissermaßen an Stelle einer Stadtwirtschaftspolitik eine Staatswirtschaftspolitik, die in kontinuierlicher und konsequenter Form zuerst der Merkantilismus betrieb, freilich in einer für den ökonomisch orientierten Kapitalismus nicht günstigen Form.[241] Es brauchte erweiterte Märkte und Massenkaufkraft. Beides stellten erst die modernen Patrimonialstaaten, die den Ständestaat ablösten und dem modernen Verfassungsstaat als Anstaltsstaat vorausgingen, mittels Krieg und Luxus, später: mittels Demokratisierung des Luxus, und mittels Verringerung

239 Vgl. *Wirtschaftsgeschichte*, S. 292.
240 Vgl. dazu ebd., Drittes Kap., § 4, Zitat S. 199. Weber stützt sich auch hier noch teilweise auf seine Dissertation.
241 Vgl. ebd., S. 293 ff.

des Ausbeutungsgrades bereit.[242] Wie bereits gesagt, konnte erst in diesem institutionellen Rahmen aus dem Stadtbürgertum das Staatsbürgertum und aus dem lokalen Bürgertum ein nationales Bürgertum, eine Bourgeoisie, werden. Das setzte nicht nur moderne Erwerbsbetriebe in Gestalt von Hausindustrien, Manufakturen und Fabriken, sondern auch den Übergang zu vornehmlich verkehrswirtschaftlicher Bedarfsdeckung voraus. Mehr noch: Dazu bedurfte es eines spezifischen Wirtschaftsethos. Diesem hatte zwar die mittelalterliche bürgerliche gewerbliche Binnenstadt als christlicher Kultverband bereits die antimagische und vor allem antifeudale Richtung gewiesen, aber die Idee einer religiös fundierten bürgerlichen Berufs*bewährung* blieb auch ihm noch weitgehend fremd. Dafür war eine zweite Transformation notwendig, eine Transformation weniger von außen als von innen. Sie ist eine Errungenschaft der nachreformatorischen Zeit, mit der die kirchliche Einheitskultur endgültig zerbricht. Wie Weber in der *Wirtschaftsgeschichte* formulierte, in der er angeblich den idealen Faktoren bei der Erklärung des modernen Kapitalismus nur noch eine untergeordnete Bedeutung zumaß: »Was letzten Endes den Kapitalis-

242 Vgl. dazu ebd., S. 265 ff. Weber bestreitet allerdings Sombarts These, daß der uniformierte Massenbedarf des Krieges zu den *entscheidenden* Entwicklungsbedingungen des modernen Kapitalismus gehöre. Dies schon deshalb nicht, weil der Kriegsbedarf zunehmend in staatlicher Eigenregie befriedigt worden sei. Auch Bevölkerungsentwicklung und Edelmetallzufluß spielten keine *entscheidende* Rolle (ebd., S. 300 f.), wohl aber der Ausbeutungsgrad, weil durch ihn die Massenkaufkraft entscheidend beeinflußt werde. Die hier nur stichwortartig angedeutete Entwicklung vom Lehensverband über den Ständestaat zum modernen Patrimonialstaat war natürlich auch mit einem Strukturwandel des Adels verbunden. Dazu bes. Norbert Elias, *Über den Prozeß der Zivilisation. Soziogenetische und psychogenetische Untersuchungen*, 2 Bde., 2. Aufl., Bern 1969, der die Umbildung des ritterlichen Adels zum Hofadel vor allem am Beispiel Frankreichs beschreibt. Zur mentalitätsgeschichtlichen Seite des Vorgangs, den Elias unter anderem an der Abfolge der Begriffe courtoisie, civilité und civilization darstellt, auch Marvin B. Becker, »Der Umschwung zur Zivilität in Westeuropa vom späten 13. bis zum 16. Jahrhundert. Eine Untersuchung ausgewählter Regionen«, in: Wolfgang Schluchter (Hg.), *Max Webers Sicht des okzidentalen Christentums. Interpretation und Kritik*, Frankfurt 1988.

mus geschaffen hat, ist die rationale Dauerunternehmung, rationale Buchführung, rationale Technik, das rationale Recht, aber auch nicht sie allein; es mußte ergänzend hinzutreten die *rationale Gesinnung*, die *Rationalisierung der Lebensführung, das rationale Wirtschaftsethos.«*[243]

d) Die zweite Transformation: Die ethische Fundierung der bürgerlichen Lebensführung

Daß Weber auf ›ideale Faktoren‹, genauer: auf »Erwerbs-*Psychologie*«[244] bei seiner Erklärung der Entstehung des modernen Kapitalismus bis zum Schluß, also auch in der geplanten Studie über das Christentum des Okzidents, nicht verzichten wollte, ergibt sich außer aus den bereits dargelegten methodischen und theoretischen auch aus sachlichen Erwägungen: Spätestens seit der ersten Fassung seiner Protestantismusstudien war ihm klar, daß die Entstehung »jene(s) mächtigen Kosmos der modernen, an die technischen und ökonomischen Voraussetzungen mechanisch-maschineller Produktion gebundenen, Wirtschaftsordnung«[245] auch mit der Entstehung eines *ethischen* Berufsbegriffs, eines spezifischen Berufs*ethos*, zusammenhing.[246] Wollte man diese Seite des Problems erfassen, so mußte man nicht nur ›psychologische‹ Analysen durchführen,[247] sondern vor allem das in der Nationalökonomie vorherrschende Verständnis von

243 *Wirtschaftsgeschichte*, S. 302.

244 Vgl. *PE* II, S. 166.

245 *RS* I, S. 203.

246 Weber benutzt in der zweiten Fassung an Stelle des Begriffs Ethik häufig den Begriff Ethos, weil es um gelebte Ethik, um sittliche Lebensführung, geht.

247 Weber hat zwar terminologische Bedenken gegen den Ausdruck ›Psychologie‹ für die Analyse derjenigen Tatbestände, die nach dem Zweck-Mittel-Schema, also pragmatisch, erfaßt werden können. Das heißt aber nicht, daß er nicht selber eine ›Psychologie‹ hätte, freilich eine, die sowohl von der ›Triebpsychologie‹ wie von der Experimentalpsychologie der Zeit verschieden war. Karl Jaspers nannte sie Weltanschauungspsychologie. Eine gründliche Untersuchung von Webers Stellung zur Psychologie fehlt bislang. Zu den terminologischen Bedenken vgl. *PE* II, S. 184 ff.

Psychologie hinter sich lassen. Beide Gesichtspunkte spielen gerade in der zweiten Phase der Werkentwicklung eine wichtige Rolle, in der Weber die methodischen und sachlichen Fundamente für eine ›verstehende Psychologie‹ legte.[248] In der Auseinandersetzung mit Felix Rachfahl beispielsweise unterstrich er nicht nur noch einmal das in den Protestantismusstudien bereits ausführlich vorgetragene Argument, daß Form und Geist des modernen Kapitalismus »sehr wohl auseinanderfallen« können,[249] sondern auch, daß sich die Analyse des Geistes nicht einfach durch die der Form ersetzen lasse: »Wen nun diese ganze ›Psychologie‹ nicht interessiert, sondern nur die äußeren Formen der Wirtschafts*systeme*, den darf ich bitten, meine Versuche ungelesen zu lassen, ebenso aber auch, *mir* dann gefälligst anheimzustellen, ob ich meinerseits mich gerade für diese seelische Seite der modernen Wirtschaftsentwicklung interessieren will, welche im Puritanismus die großen inneren Spannungen und Konflikte zwischen ›Beruf‹, ›Leben‹ (wie wir uns heute gern ausdrücken), ›Ethik‹, im Stadium eines eigentümlichen Ausgleichs zeigen, wie er in dieser Art weder vorher noch nachher

248 Wichtig dafür war eine genaue Prüfung der Leistungsfähigkeit derjenigen naturwissenschaftlich orientierten Experimentalpsychologie für die Klärung kulturwissenschaftlicher Fragen, wie sie etwa Ernst Kraepelin und seine Schule vertraten. Es ging dabei letztlich um eine von Weber allerdings als modisch eingestufte ›Charakterologie‹. Die entscheidenden Arbeiten, die in diesem Zusammenhang meist übersehen werden, sind die über Auslese und Anpassung der Arbeiterschaft der geschlossenen Großindustrie und über die Psychophysik der industriellen Arbeit. Vgl. *SS*, S. 1–60 bzw. S. 61–255. Nicht zuletzt daran präzisiert Weber seine Unterscheidungen zwischen pragmatischem und psychologischem Verstehen und zwischen beobachtendem und verstehendem Erklären, die in der dritten Phase der Werkentwicklung zu zentralen Elementen der methodischen Grundlagen einer verstehenden Soziologie erhoben sind. Von Bedeutung auf dem Weg dahin ist auch Karl Jaspers' Psychopathologie, die in engem geistigem Austausch mit Weber entstand und deren Ergebnisse von ihm ›sanktioniert‹ wurden. Vgl. Karl Jaspers, *Allgemeine Psychopathologie. Ein Leitfaden für Studierende, Ärzte und Psychologen*, Berlin 1913. Zum modischen Wort »charakterologisch« vgl. *SS*, S. 395.
249 *RS* I, S. 49.

bestanden hat.«[250] Daß sich diese »ganze ›Psychologie‹« inhaltlich weder auf die klassische theoretische Nationalökonomie
noch auf die ältere historische Schule, methodisch weder auf die
Grenznutzenschule noch auf die neuere historische Schule stützen durfte, das zeigen die ›Umrüstungen‹, die er in der zweiten
Phase der Werkentwicklung an diesen Positionen vornahm:
statt Erwerbstrieb oder Erwerbstrieb und Sozialtrieb materielle
und ideelle, äußere und innere Interessen, statt einer umfassenden axiomatischen oder empirischen (Sozial-)Psychologie als
Grundlage der Kulturwissenschaften der Versuch, »die *spezifischen* Wirkungen eines bestimmten Motivs, dieses in möglich-
ster ›Isoliertheit‹ und innerer Konsequenz zu analysieren«[251]
und dabei auf die *ideellen* Verankerungen zu achten, durch die
es mitgeformt und mitgehalten ist. Motive sind im Unterschied zu
Trieben symbolisch strukturierte psychische Tatbestände, die mit
dem symbolischen Universum, in dem sie stehen, variieren. In
Webers ›Psychologie‹ der bürgerlichen Weltanschauung und
Lebensführung ging es deshalb von vornherein nicht um eine
Psychologie des Erwerbstriebs, sondern um die Genese der Vorstellung, durch erwerbsorientiertes Handeln einer überpersönlichen Sache zu dienen, um eine ethische *Pflicht*vorstellung also,
durch die das *gesamte* Leben, der Beruf wie die Freizeit, und das
Leben *aller* an diesem mächtigen Kosmos Beteiligten, der Unternehmer wie der Arbeiter, im Sinne einer *selbstauferlegten* Beschränkung mit bestimmt wird. Es ging um die *rationale Temperierung* jener psychischen Tatbestände, die die ältere Nationalökonomie in ihrer veralteten Psychologie ›Erwerbstrieb‹ genannt
hatte.[252] Die unter den Titel rationale Temperierung gebrachte
symbolische Durchstrukturierung psychischer Antriebe aber

---

250 *PE* II, S. 167.
251 Ebd. Webers Kritik an der Psychologie der klassischen theoretischen
   Nationalökonomie und an der älteren historischen Schule findet sich
   im Roscheraufsatz. Sie läßt sich zugleich als Kritik an primär utilitaristisch begründeten Sozialtheorien verstehen. Vgl. *WL*, S. 30 ff. Die Kritik am deduktiven oder induktiven psychologischen Reduktionismus
   in den Kulturwissenschaften wird vor allem im Objektivitätsaufsatz
   vorgetragen. Vgl. etwa *WL*, S. 187 ff. Dort auch Webers Bestimmung
   des Verhältnisses von Institution und Motiv, S. 189.
252 Vgl. dazu etwa *PE* II, S. 165.

ließ sich nicht als das Resultat einer geschickten und klugen Anpassung an kapitalistische Institutionen verstehen. Dieser ›Geist‹, der die Unternehmer *und* Arbeiter ›neuen Stils‹ beseelte, verlangte – das war und blieb Webers Überzeugung – eine Untersuchung ›von innen‹. Denn die Frage lautete ja: Wie konnte man jener auf Selbstbeschränkung angelegte Berufs- und Fachmensch sein *wollen*, ohne es zu müssen? Es ging also um ein Handeln, das man aufgrund von Selbstzwang und um seiner selbst willen, nicht, jedenfalls nicht in erster Linie, aufgrund von Fremdzwang und um seines Erfolgs willen vollzieht.[253]

Unter traditionalen Bedingungen waren die religiösen Mächte nach Weber diejenigen, die auf die ethischen Pflichtvorstellungen der Menschen am nachhaltigsten einwirkten, von außen sowohl wie vor allem von innen. Den psychologischen Hebel dafür bot das Erlösungsbedürfnis und die religiöse Deutung dessen, *wovon* und *wozu*, vor allem aber: *wie* man erlöst werden kann. Für das Christentum galt im Unterschied zu den übrigen Weltreligionen letztlich das Bedürfnis, »von einem radikal Bösen und von der Knechtschaft unter der Sünde zur ewigen freien Güte im Schoß eines väterlichen Gottes« erlöst zu werden,[254] ferner, daß man sich dafür im Leben durch aktives Handeln zu *bewähren* hatte. Dies nicht in dem Sinne, daß, gemäß dem fast aller religiösen Ethik zugrunde liegenden Reziprozitätsgedanken, die Erlösung, besser: die certitudo salutis, letztlich selbst verdient werden konnte. Wohl aber in dem Sinne, daß der einzelne Gottes Gebote im Leben handelnd zu erfüllen hatte. Zum

253 Das scheint zumindest für die Arbeiter zynisch zu klingen. Denn blieb ihnen etwas anderes übrig als Anpassung aus äußerer Not? Dennoch sagt Weber ausdrücklich: »Der Kapitalismus in der Zeit seiner Entstehung brauchte Arbeiter, die um des *Gewissens* willen der ökonomischen Ausnutzung zur Verfügung standen. Heute sitzt er im Sattel und vermag ihre Arbeitswilligkeit ohne jenseitige Prämien zu erzwingen.« Vgl. *RS* I, S. 201, Fn. Äußere Not ist gewiß ein gewaltiges Erziehungsmittel. Aber es formt eine Person nur ›von außen‹, wie aller äußere Zwang. Auch zur Mehrwertproduktion, so Weber, mußten die Massen erzogen werden. Und dafür genügten in einem traditionalen Milieu äußere Not und äußerer Zwang allein nicht! Zur Untescheidung der beiden Typen des Handelns und zu ihrem theoretischen Hintergrund vgl. *Religion und Lebensführung*, Kap. 3,3 a.

254 *RS* I, S. 252.

Leben aber gehört auch das wirtschaftliche Handeln. Und die Frage an alle Weltreligionen lautet deshalb: Wieweit ist wirtschaftliches Handeln erlösungsrelevant? Nun müssen sich natürlich alle Religionen, spätestens nach dem Ausklingen ihrer charismatischen Phase, mit der Tatsache der Wirtschaft abfinden und sich zu ihr stellen. Die Frage an alle Weltreligionen lautet deshalb weiter: Wieweit fördern sie eine geistige Triebkraft, die *gegen* eine traditionalistische Wirtschaftsgesinnung gerichtet ist? Die mittelalterliche Kirche stützte, wie fast alle Hierokratien der Welt, mit ihrer Wirtschaftsethik den ›Geist‹ des Traditionalismus. Wie dem Feudaladel und dem städtischen Handwerk, stand auch ihr der ›Geist‹ des modernen ökonomischen Rationalismus fern. Gewiß: Gemäß ihrem internen Pluralismus waren ihre Stellungnahmen zum religiös wohlgefälligen wirtschaftlichen, vor allem aber: erwerbswirtschaftlichen Handeln nicht einheitlich. Und je mehr sie sich mit den Geldmächten insbesondere der italienischen Städte politisch liierte, desto mehr wuchs ihre Bereitschaft, ein Gewinnstreben ›um seiner selbst willen‹ nicht als widersittlich, sondern als außersittlich zu behandeln, es zu tolerieren, ein Vorgehen, das Weber bereits in der ersten Fassung der Protestantismusstudien als Akkommodation bezeichnete.[255] Doch es blieb letztlich dabei, daß nicht nur ein Wirtschaften, das den Menschen »auf das Erwerben als Zweck seines Lebens« verpflichtete, sondern selbst ein solches, das »das Erwerben auf den Menschen als Mittel zum Zweck der Befriedigung seiner materiellen Lebensbedürfnisse« bezog,[256] keine *positive* Heilsbedeutung haben konnte. Der in das Corpus Iuris Canonici übernommene Satz »Deo placere vix potest«[257] war für Weber ein Ausdruck dieses grundlegenden

---

255 Ebd., S. 56 ff. Weber ergänzte die ursprüngliche Fassung an dieser Stelle um einen Hinweis auf die turbitudo bei Thomas. Bereits die erste Fassung enthielt den Hinweis auf Antonin von Florenz und auch darauf, daß selbst *diese* Mönchsethik, die bei der religiösen Anerkennung des kapitalistischen Gewinnstrebens innerhalb der katholischen Wirtschaftsethik mit am weitesten ging, letztlich nicht über Tolerierung von Erwerb als Selbstzweck hinauskam.

256 Ebd., S. 35 f.

257 Corpus Iuris Canonici, Decretum Gratiani, Pars I c. 11. Dist. LXXXVIII. In der *Wirtschaftsgeschichte*, S. 305, ist der vollständige

Sachverhalts. Man kann zwar Gewinn machen, ohne sein Heil zu gefährden, darf dadurch aber auch nichts für sich hoffen. Eine *innere* Verbindung von Heilsschicksal und Wirtschaftsschicksal bestand für die mittelalterliche Kirche nicht. Sie »verdammt nicht etwa den ›Erwerbstrieb‹ (ein übrigens gänzlich unklarer, besser gar nicht verwendeter Begriff), sondern läßt ihn, wie die Dinge dieser Welt überhaupt, für den, der die consilia evangelica zu befolgen nicht das Charisma hat, gewähren. Aber sie findet keine Brücke zwischen einem rationalen, methodischen, den kapitalistischen Gewinn als sachliche Endaufgabe eines ›Berufs‹ behandelnden, an ihm – das ist der Hauptpunkt – die eigene Tüchtigkeit messenden Eingestelltsein auf den ›Betrieb‹ im Sinn des Kapitalismus, und den höchsten Idealen ihrer Sittlichkeit.«[258] Obgleich Weber zum Beispiel die Wirksamkeit der Lehre vom Zinsverbot und vom gerechten Preis eher bescheiden einschätzte, sah er in der Wirtschaftsethik der vorreformatorischen Kirche dennoch den ideellen Unterbau für die »traditionalistischen und ›Nahrungs‹-politischen Maßnahmen« präkapitalistischer Kräfte[259]. Sollte die religiöse Ethik den ›Geist‹ des wirtschaftlichen Traditionalismus brechen helfen, so mußte an die Stelle des religiösen *Gewährens* des Erwerbs um des Erwerbs willen das religiöse *Bewähren* im

---

Satz wiedergegeben: homo mercator vix aut numquam potest Deo placere.

258 *WuG*, S. 720.

259 Vgl. dazu *WuG*, S. 718 ff., Zitat S. 720. Zum Zinsverbot auch die Untersuchung von Benjamin Nelson, *The Idea of Usury. From Tribal Brotherhood to Universal Otherhood*, Second Edition, Enlarged, Chicago and London: The University of Chicago Press 1969. Zur kontroversen Diskussion um das Wucherverbot, zur unterschiedlichen Stellung orthodoxer und heterodoxer Strömungen dazu und zur Kritik an Weber und an Nelson vgl. Kathryn L. Reyerson, »Der Aufstieg des Bürgertums und die religiöse Vergemeinschaftung im mittelalterlichen Europa: Neues zur Weber-These«, in: Wolfgang Schluchter (Hg.), *Max Webers Sicht des okzidentalen Christentums. Interpretation und Kritik*, Frankfurt 1988. In der Diskussion wird freilich meist übersehen, daß das Wucherverbot als solches für Webers Argument eine völlig periphere Rolle spielt. Zur Problematik insgesamt auch Lester K. Little, *Religious Poverty and the Profit Economy in Medieval Europe*, London: Paul Elek 1978, bes Part III.

Erwerb um des Erwerbs willen treten. Erst dann ließ sich die tiefe innere Zerrissenheit, die tiefe Spannung zwischen Gewissen und Handeln, ohne (falsche) Kompromisse ausgleichen, in die »*ernstlich* katholisch gestimmte Menschen« der vorreformatorischen Zeit bei kapitalistischem Wirtschaften letztlich verstrickt geblieben sind.[260]

Wie bei Betrachtung der institutionellen Konstellationen, der äußeren Verhältnisse, geht es also auch bei Betrachtung der motivationellen Konstellationen, der inneren Verhältnisse, um Spannung und eigenartigen Ausgleich. Nur wenn man beides berücksichtigt, läßt sich verständlich machen, wie es zu der gänzlich ›unnatürlichen‹, ja geradezu absurden »Auffassung des Gelderwerbs als eines den Menschen sich verpflichtenden Selbstzweckes, als ›Beruf‹«, kommen kann.[261] Daß Weber dafür die These von der *äußeren* Anpassung an historisch überkommene kapitalistische Institutionen zumindest für die Entstehung des modernen Kapitalismus nicht für überzeugend hielt, wurde bereits hervorgehoben.[262] Ihm genügte dafür aber auch die These von der *inneren* Anpassung nicht, soweit sie mit utilitaristischen oder pragmatistischen Prämissen verbunden war.[263] Eine Gesinnungsrevolution, eine Revolution von innen, die eine traditionalistische Wirtschaftsgesinnung transformieren konnte, mußte in seinen Augen nicht nur eine religiös-*ethische* sein, sie mußte auch aus der *inneren* Spannung zwischen religiösem Weltbild und Erlösungsinteresse und ihrem eigenartigen Ausgleich erklärt werden, aus einem Ausgleich, bei dem weder das Erlösungsinteresse das religiöse Weltbild noch dieses jenes einseitig für sich konfisziert.[264]

Weber ging es also von Anfang an nicht, wie Marx, um ursprüngliche Akkumulation, sondern um ›bürgerliche‹ Lebens-

---

260 Vgl. *PE* II, S. 168 und *RS* I, S. 55.
261 Ebd., S. 56.
262 Vgl. dazu auch ebd., S. 55 f.
263 Es ist interessant, daß auch Durkheim einen Zusammenhang zwischen Utilitarismus und Pragmatismus sieht. Vgl. insbesondere seine Vorlesung über Pragmatismus und Soziologie, in: *Schriften zur Soziologie der Erkenntnis*, hg. von Hans Joas, Frankfurt 1987, bes. S. 121 ff.
264 Vgl. dazu *RS* I, S. 112, Fn., dort auch die Kritik an William James. Dazu ausführlicher *Religion und Lebensführung*, Kap. 9,2 b.

führung: »Denn nicht die bloße Kapitalakkumulation, sondern die asketische Rationalisierung des gesamten Berufslebens«, man kann hinzufügen: des Lebens insgesamt, »war das Entscheidende«.[265] Wo der ›Geist‹ des modernen Kapitalismus Einzug hält, »*verschafft* er sich die Geldvorräte als Mittel seines Wirkens, nicht aber umgekehrt«.[266] Geld für gewerbekapitalistische Verwertung ist in Gestalt des Handels- oder ›Abenteurer‹kapitals lange vor der ›bürgerlichen‹ Lebensführung vorhanden. Die Frage ist nicht, ob riesige Geldvermögen zustande kommen, sondern unter welchen äußeren und vor allem inneren Bedingungen die vorhandenen in gewerbekapitalistische Kanäle fließen. Auch der mit der asketischen Rationalisierung verbundene Sparzwang, also die Einschränkung des Konsums, die ja, zu weit getrieben, wegen des damit verbundenen Nachfrageausfalls die kapitalistische Entwicklung gefährden könnte, interessierte Weber keineswegs in erster Linie unter ökonomischen Gesichtspunkten. Die Protestantismusstudien sind keine mentalitätsgeschichtlichen Analysen zur ursprünglichen Akkumulation. Der Sparzwang ist vielmehr Ausdruck einer Stellungnahme: gegen den *triebhaften* Lebensgenuß in allen Lebensbereichen und zugleich gegen eine *seigneurale* Lebensführung, in beiden Fällen religiös gesprochen: gegen Kreaturvergötterung, profan gesprochen: gegen Egoismus, dem die bedingungslose Hingabe und der bedingungslose Dienst an einer überpersönlichen Sache gegenübersteht. Um aber erwerbswirtschaftliches, kapitalistisches Handeln in diesem Sinne deuten zu können, bedurfte es einer Ethik als Vehikel, das dahin wirkte, eine ungebrochene *Einheit* von religiöser Heilsgewißheit und innerweltlicher Berufsaskese herzustellen. Sie wurde letztlich *nur* vom asketischen Protestantismus, nicht aber von Katholizismus, Luthertum oder Judentum, aber auch nicht von philosophischen Lehren möglich gemacht.

Daß Weber an dieser zuerst in den Protestantismusstudien entwickelten, dann im religionssoziologischen Kapitel der älteren Fassung von *Wirtschaft und Gesellschaft* in eine weitere vergleichende Perspektive gerückten These[267] für die ›seelische Seite

265 *RS* I, S. 193, Fn.
266 Ebd., S. 53.
267 Vgl. *WuG*, S. 367–374 mit dem Vergleich zwischen Juden, Katholiken

der modernen Wirtschaftsentwicklung‹ bis zuletzt festhielt, ergibt sich aus seiner Antikritik an den Argumenten von Lujo
Brentano und Werner Sombart, die er in die zweite Fassung der
Protestantismusstudien einbaute. Während nämlich Brentano
den ›Geist‹ des modernen Kapitalismus als Resultat einer Entmoralisierung des Strebens nach Geld interpretierte, sah ihn
Sombart, darin Weber folgend, zumindest für die frühkapitalistische Phase als das Ergebnis einer moralischen Temperierung
des Erwerbsstrebens, hob dabei aber die von Weber behauptete
Sonderstellung des asketischen Protestantismus auf. Für Brentano heißt kapitalistischer Geist schrankenloses Streben nach
Geld, ein Verhalten, das von keiner religiösen Ethik je gebilligt
wurde. Die puritanische Ethik gilt ihm denn auch als die »traditionalistische Wirtschaftsethik des Kleinbürgertums«.[268] Der
Vorwurf an Weber lautet, er habe die christliche Emanzipation
vom wirtschaftlichen Traditionalismus falsch interpetiert und
die heidnische als die eigentlich entscheidende vernachlässigt.
Die kapitalistische Entwicklung hänge materiell in erster Linie
an Handel, Geldleihe und Krieg,[269] ideell aber an empirischer
Philosophie, als deren Repräsentant er Machiavelli zitiert.[270]
Sombart dagegen kam bei seinem erneuten Nachdenken über

und Puritanern auf dem Hintergrund der Thesen von Sombart. Weber
benutzt dafür unter anderem die Sombartkritik von Julius Guttmann,
»Die Juden und das Wirtschaftsleben«, in: Archiv für Sozialwissenschaft und Sozialpolitik, 36 (1913), S. 149 ff.

268 Lujo Brentano, Die Anfänge des modernen Kapitalismus, München
1916, S. 153.

269 Brentano sieht zum Beispiel den Kapitalismus über den Angriffskrieg
in das Feudalsystem eindringen. Die Kreuzzüge sind ihm ein Fall für
die Verquickung von Kriegswesen und Kapitalismus, der vierte Kreuzzug gilt ihm als eine »wahre Orgie des modernen Kapitalismus«. Vgl.
ebd., S. 42.

270 Weber bestreitet übrigens keineswegs, daß die heidnisch orientierte
Gesinnung, von der Brentano spricht, für die seelische Seite der modernen Wirtschaftsentwicklung von Bedeutung gewesen sei, nur in
eine Analyse des Einflusses der religiösen Ethik auf die Lebensführung
gehöre sie eben nicht hinein. Außerdem habe jene anders gewirkt als
diese: »Nicht die Lebensführung (des entstehenden Bürgertums), sondern: die Politik der Staatsmänner und Fürsten hat sie beeinflußt, und
diese beiden zwar teilweise, aber keineswegs überall konvergierenden

die Geistesgeschichte des modernen Wirtschaftsmenschen zunächst zu dem Schluß, Puritanismus sei Judaismus,[271] erweiterte diese These aber wenig später auf den Katholizismus, insbesondere auf den Thomismus und auf die Ethik des Antonin von Florenz und des Bernhardin von Siena, ferner auf den philosophischen ›Utilitarismus‹, den er, von den Familienbüchern des Leo Battista Alberti ausgehend, bis zu Benjamin Franklin verfolgte.[272] Die These ist, Albertis Lehre von den Tugenden habe das Tugendschema Franklins vorweggenommen,[273] und so wie die wichtigsten Lehrsätze des Judentums, stimmten auch die wichtigsten Lehrsätze des Thomismus mit denen des Puritanismus überein.[274] Überall stoße man auf die Empfehlung *bürgerlicher* Tugenden: industry, utility, frugality und honesty stünden im Mittelpunkt. Betriebsamkeit gegen Müßiggang, Beschäftigung mit nützlichen Dingen gegen Spiel, Mäßigkeit ge-

Kausalreihen wollen zunächst einmal sauber auseinandergehalten werden.« Vgl. *RS* I, S. 41, Fn. Im ursprünglichen Fortsetzungsprogramm der Protestantismusstudien war denn auch eine Behandlung dieser Zusammenhänge vorgesehen. Vgl. ebd., S. 205.

271 Vgl. Werner Sombart, *Die Juden und das Wirtschaftsleben*, München-Leipzig 1911, S. 293. Erneutes Nachdenken deshalb, weil bereits die erste Auflage seines *Modernen Kapitalismus* von 1902 Überlegungen dazu enthielt. Die wichtigsten ›Zwischenergebnisse‹ sind in den Büchern *Die Juden und das Wirtschaftsleben* und *Der Bourgeois* niedergelegt. Diese Arbeiten wurden nicht zuletzt durch Webers Protestantismusstudien angeregt.

272 Vgl. Werner Sombart, *Der Bourgeois. Zur Geistesgeschichte des modernen Wirtschaftsmenschen*, München-Leipzig 1913, S. 136 ff., S. 153 ff. sowie die Kapitel 17 bis 22. Bei der Darstellung der katholischen Ethik stützt sich Sombart außer auf Troeltsch vor allem auf das kleine Buch (Dissertation) von Franz Keller, *Unternehmung und Mehrwert. Eine sozial-ethische Studie zur Geschäftsmoral*, Paderborn 1912, eine apologetische Schrift aus katholischer Sicht, über die Weber ein hartes Urteil fällte. Vgl. *RS* I, S. 27, Fn. 2 und ebd., S. 57, Fn.

273 Das Tugendschema findet sich im *Bourgeois*, S. 154 f. Es enthält folgende Tugenden: Mäßigkeit, Schweigen, Ordnung, Entschlossenheit, Genügsamkeit, Fleiß, Aufrichtigkeit, Gerechtigkeit, Mäßigung, Reinlichkeit, Gemütsruhe, Keuschheit, Demut.

274 Vgl. ebd., S. 338: »Ebensowenig wie der Puritanismus hat der Judaismus in den für uns wesentlichen Punkten etwas anderes gelehrt wie der Thomismus.«

gen Ausschweifung, Sparsamkeit gegen Luxus, Ehrlichkeit gegen Übervorteilung, das werde sowohl von Alberti und Franklin wie von jüdischen, scholastischen und puritanischen Autoren eingeschärft. Was der Puritanismus dem Thomismus hinzugefügt habe, sei allein die Unterdrückung des künstlerischen
Bedürfnisses nach Pracht, nach der magnificentia: »In der Entwicklung der Sparsamkeit (parsimonia) zur Knickrigkeit (parvificentia) liegt vielleicht das größte Verdienst, das sich die puritanische und quäkerische Ethik um den Kapitalismus, soweit in
ihm Bürgergeist lebt, erworben haben.«[275]
Nun wird schon aus dieser kurzen Charakterisierung der beiden Gegenpositionen deutlich, daß Weber sich eher durch Sombart als durch Brentano herausgefordert fühlen mußte.[276] Denn

275 Ebd., S. 333.
276 Das heißt natürlich nicht, daß Weber der Arbeit von Sombart nicht mit
großer Sympathie begegnet wäre. Ähnlich wie Ernst Troeltsch, sah er
auch Werner Sombart trotz vieler sachlicher Differenzen als einen Mitstreiter in eigener Sache an. Über Sombarts Aufsatz »Der kapitalistische Unternehmer«, in: *Archiv für Sozialwissenschaft und Sozialpolitik*, 29 (1909), S. 689 ff., mit dem dieser die Revision der Darstellung der
Genesis des kapitalistischen Geistes in seinem *Modernen Kapitalismus* einleitete (vgl. ebd., S. 752), sagt Weber zum Beispiel, daß ihn die
»große, namentlich *methodische* Übereinstimmung in allen wesentlichen Punkten der Pflicht überhebt, ausführlich zu werden«. Vgl. *PE* II,
S. 170. In der zweiten Fassung der Protestantismusstudien suchte er
Sombart gegen die Kritik Brentanos zu verteidigen, die er in der Sache
zwar für weitgehend begründet, ansonsten aber für sehr ungerecht
hielt. Vgl. *RS* I, S. 18, Fn. Brentano hatte über Sombart vernichtend
geurteilt: »Dieses Sombartsche Buch von 1911 ist eine der betrüblichsten Erscheinungen auf dem Gebiete der deutschen Wissenschaft.
Wenn ich im vorigen Abschnitte der Lehre Max Webers entgegengetreten bin, habe ich dies nur mit der größten Überwindung getan; denn
ich verehre in ihm einen Mann von ungewöhnlichem Geiste, außerordentlicher Gelehrsamkeit und unerbittlichem wissenschaftlichem
Ernst. Aber da ich seine Lehre vom ›Geist‹ des Kapitalismus für falsch
und seinen Irrtum für den Ausgangspunkt weiterer wissenschaftlicher
Irrtümer erachte, habe ich mich trotz aller meiner persönlichen Verehrung für verpflichtet gehalten, seiner Lehre entgegenzutreten. Anders
mit Sombart. Schon sein Werk von 1902 hat, wie im ersten Abschnitt
gezeigt worden ist, über das, was die Quellen besagen, nicht selten mit
der größten Willkür geschaltet, um sie mit seinen Lehren in Überein-

486

bei Brentano fiel ja eine religiöse Gesinnungsrevolution als historische Vorbedingung für die Entstehung des modernen Kapitalismus gleichsam per definitionem weg. Wenn der Geist des modernen Kapitalismus, wie bei ihm, mit schrankenlosem Streben nach Geld in eins gesetzt wird, geht nicht nur »alle Präzision der Begriffe« verloren,[277] sondern auch das Verständnis dafür, daß zu den Konstitutionsbedingungen der modernen Kultur eine *Lebensführung*, und zwar die *bürgerliche*, gehört. Denn »den rücksichtslosen, an keine Norm innerlich sich bindenden Erwerb hat es zu allen Zeiten der Geschichte gegeben, wo und wie immer er tatsächlich überhaupt möglich war«.[278] Sombart dagegen hatte in seinen Untersuchungen nicht nur die Bedeutung sittlicher Mächte für die Entstehung des modernen Wirtschaftsmenschen anerkannt, sondern auch zwischen Unternehmergeist und Bürgergeist unterschieden. Von Unternehmergeist können zum Beispiel Freibeuter, Feudalherren, Bürokraten, Spekulanten, die großen Kaufleute und die nach oben strebenden Handwerker beseelt sein, in Webers Terminologie gesprochen: alle ökonomischen Übermenschen, die den Willen und die Fähigkeit besitzen, durch weitsichtiges, planvolles, koordinierendes, risikobereites, aber dennoch kalkuliertes Handeln ökonomisch erfolgreich zu sein. Aber dieser Unternehmergeist ist eines, Bürgergeist ein anderes. Erst wenn dieser in jenen eindringt, setzt nach Sombart eine Rationalisierung und vor allem Ökonomisierung der Wirtschaftsführung ein. Der Geist des Kapitalismus entsteht also aus einer Verbindung von Unternehmerseele und Bürgerseele. Die Bürgerseele aber ist von sittlichen Mächten mitgeformt. Kapitalistischer Geist bedeutet deshalb auch für Sombart Hemmung des Erwerbsstrebens durch Bindung an Ethik im Rahmen einer ratio-

stimmung zu bringen. Sein Buch von 1911 zeigt diese Willkür in gesteigertem Maße ... Das Buch ist voll der Frivolitäten eines sich als Übermensch fühlenden Übermütigen, der die Seifenblasen seiner Laune dem durch Geistreicheleien verblüfften Leser mit souveräner Verachtung ins Gesicht bläst und dazu von ihm verlangt, daß er seine Einfälle als ›unwiderleglich richtige‹ wissenschaftliche Sätze annehme.« Vgl. Brentano, *Die Anfänge des modernen Kapitalismus*, S. 159 f.
277 *RS* I, S. 5, Fn.
278 Ebd., S. 42 f.

nalisierenden und methodisierenden Auffassung des Lebens. Er bemerkt allerdings ausdrücklich, daß dies nur für den Geist des Frühkapitalismus, nicht aber für den des Hochkapitalismus gilt.[279]

Sombart war sich also mit Weber gegen Brentano darin einig, daß der Geist des modernen Kapitalismus Elemente des Bürgergeistes enthält und auf einer sittlichen Grundlage aufruht. Nicht das Streben nach Nutzen und Glück, sondern das Streben nach ›Sinn‹ mußte der entscheidende psychologische Hebel zur Revolutionierung der traditionalistischen Wirtschaftsgesinnung in ihrer seigneuralen (feudalen, patrimonialen, patrizischen), handwerklichen oder bäuerlichen Auslegung sein. Sombart stimmte mit Weber auch darin überein, daß man den frühkapitalistischen Geist vom hochkapitalistischen unterscheiden müsse. Aber weder decken sich die Analysen der psychologischen Hebel noch die Interpretationen dieser Differenz. Beides hängt miteinander zusammen. Weil Weber Sombarts Geistesgeschichte des modernen Wirtschaftsmenschen letztlich für falsch hielt, schätzte er auch die Transformation der bürgerlichen Lebensführung im Übergang zum Hochkapitalismus, von Webers Ansatz aus gesehen: die dritte Transformation, anders ein.

Was ist falsch an Sombarts Geistesgeschichte des modernen Wirtschaftsmenschen? Obgleich sich Weber nirgends zusammenhängend mit ihr auseinandersetzte, lassen sich methodi-

---

279 Vgl. Werner Sombart, *Der Bourgeois*, S. 355. Sombart behauptet, die Juden hätten wegen ihrer Behandlung des Fremden die sittlich fundierte Hemmung als erste durchbrochen und damit dem für den Hochkapitalismus charakteristischen rücksichtslosen Erwerb den Weg gebahnt. Vgl. ebd., S. 340 ff. Er unterscheidet zwischen dem frühkapitalistischen und dem hochkapitalistischen Unternehmertyp, dem Bourgeois alten und neuen Stils. Guttmann bestreitet, daß Sombart das jüdische Fremdenrecht richtig interpretiere. Während im Innenverhältnis materiales Recht, wirtschaftliche Solidarität, gelte, stehe im Außenverhältnis formales Recht, formale Rechtlichkeit, keineswegs aber rücksichtsloser Erwerb im Vordergrund. Vgl. Julius Guttmann, »Die Juden und das Wirtschaftsleben«, S. 197. Webers Unterscheidung zwischen jüdischer Binnen- und Außenmoral deckt sich eher mit der Interpretation von Guttmann als mit der von Sombart. Außerdem ist für ihn die ›doppelte Wirtschaftsmoral‹ nicht auf das Judentum beschränkt, sondern Bestandteil allen traditionalen Wirtschaftslebens.

sche, theoretische und sachliche Einwände unterscheiden. An ihrer Diskusssion kann man zugleich zeigen, wie sein ›letztes‹ Wort zur ›seelischen Seite der modernen Wirtschaftsentwicklung‹ lautete.

Der methodische Einwand ist schnell enwickelt. Er wurde freilich von Weber selbst nirgends explizit formuliert. Er ergibt sich aber aus seinem Ansatz. Denn in seiner Geistesgeschichte des modernen Wirtschaftsmenschen untersuchte Sombart hauptsächlich die sittlichen Lehren. Auf ihre pragmatisch-psychologischen Wirkungen ging er allenfalls am Rande ein.[280] Darauf aber war Webers ›Psychologie‹ gerichtet: Immer wieder betonte er, es komme nicht nur auf die Lehren, auf die dogmatischen Grundlagen, sondern auch auf ihre psychologisch vermittelten Konsequenzen an. Modern gesprochen geht es um Kontextualismus und auch darum, daß die symbolischen Quellen unter dem Gesichtspunkt ausgewählt werden, ob sich in ihnen die ›innere Not‹ der ›Gläubigen‹ reflektiert. Freilich läßt sich dieser Vorwurf gegen weite Teile von Webers eigenen Versuchen über die Wirtschaftsethik der Weltreligionen erheben. Denn anders als in den Protestantismusstudien, wo er aus dieser These Folgerungen für die Auswahl der religiösen Quellen zog,[281] beließ er es insbesondere bei der Untersuchung der asia-

280 Etwa dadurch, daß er auf die Verbreitung einzelner Schriften hinwies.

281 So etwa begründet Weber die prominente Stellung von Baxters *Christian Directory* für den englischen Puritanismus, Speners *Theologischen Bedenken* für den deutschen Pietismus und Barcleys *Apology* für das Quäkertum in seiner Untersuchung der Ethik des asketischen Protestantismus. Hier handelt es sich um Schriften, die praktische Erfahrungen der Seelsorge reflektieren, also auf die religiösen Lebensprobleme der Gläubigen theologisch antworten. Damit behaupte ich natürlich nicht, daß man diese Auswahl nicht anders treffen kann, noch, daß Weber seine Analyse darauf beschränkt hätte. Der Untersuchung der durch seelsorgerische Praxis informierten Schriften geht die der dogmatischen Grundlagen des ›primitiven‹ Calvinismus voraus, und sie basiert darüber hinaus auf der Vertrautheit mit einer weit umfangreicheren ›sekundären‹ Literatur, zum Beispiel mit den *Works of the Puritan Divines*.
Nicht zuletzt die Entwicklung der Symboltheorie seit Weber hat die Aufmerksamkeit der Forschung darüber hinaus auf die Analyse von sym-

tischen Kulturreligionen doch bei der Interpretation ›klassischer‹ Texte, die zudem recht willkürlich ausgewählt sind. Gewichtiger ist der theoretische Einwand. Auch hier wage ich eine Konjektur. Sie betrifft das Verhältnis von Klugheitslehre und Ethik. Die prinzipiellen Differenzen, die zwischen ihnen und den mit ihnen verbundenen psychologischen Hebeln nach Weber bestehen,[282] werden von Sombart völlig ignoriert. Er behandelt beide auf ›gleicher Linie‹. Das zeigt sich unter anderem daran, wie er das Verhältnis des ›vornehmen‹ italienischen Renaissanceliteraten Alberti zu dem ›bürgerlichen‹ Ostküstenamerikaner Franklin beschreibt. Nicht nur, daß sich Albertis Anweisungen anders als die Franklins eher auf Haushalt und Vermögensanlage als auf Erwerb und Kapitalverwertung richten, nicht nur, daß sein Adressatenkreis eher aus vornehmen, humanistisch gebildeten Patriziern als aus (klein)bürgerlichen Massen besteht, wo Alberti überhaupt für einen ökonomischen Rationalismus des Erwerbs redet, fehlt jede religiös-ethische Pathetik: Es handelt sich um eine Art »Uebertragung catonischer Lebensklugheit aus dem Gebiet des Sklavenfronhofs auf das der freien Arbeit in Hausindustrie und Teilbau«.[283] Damit aber läßt sich innerlich nicht viel bewegen. Es gehört nämlich zu den entscheidenden Prämissen von Webers Ansatz, daß »eine religiös verankerte Ethik auf das von ihr hervorgerufene Verhalten ganz bestimmte, und, solange der religiöse Glaube lebendig bleibt, höchst wirksame *psychologische Prämien* (*nicht* ökonomischen Charakters) setzt, welche eine bloße Lebenskunstlehre

bolischen Repräsentationen für das Verstehen der seelischen Seite von kulturellen, insbesondere religiösen Entwicklungen gelenkt, an die Weber jedenfalls nicht in erster Linie dachte. Vgl. dazu etwa die Untersuchung von Jean Claude Schmitt, »Vom Nutzen Max Webers für den Historiker und die Bilderfrage«, in: Wolfgang Schluchter (Hg.), *Max Webers Sicht des okzidentalen Christentums. Interpretation und Kritik*, Frankfurt 1988. Zur ›Essensfrage‹ vgl. etwa die Untersuchung von Caroline Walker Bynum, *Holy Feast and Holy Fast. The Religious Significance of Food to Medieval Women*, Berkeley: University of California Press 1987.

282 Vgl. dazu ausführlich *Religion und Lebensführung*, Kap. 3, 3 a.
283 *RS* I, S. 39, Fn.

wie die Albertis eben *nicht* zur Verfügung hat«.[284] Psychologisch heißt hier, daß durch normkonformes Handeln Gefühlszustände, zum Beispiel ein Werkzeug- oder Gefäßgefühl, erzeugt werden, die, unabhängig davon, ob die Erlösungsverheißungen auf ein Jenseits oder ein zukünftiges Diesseits zielen, bereits ›jetzt‹ genossen werden können,[285] Gefühlszustände, die von ökonomischen oder anderen Erfolgen in der Welt gänzlich unabhängig sind. Gewiß: Auch bei Franklin zeigen sich bereits utilitaristische Untertöne. Das hatte Weber schon in der ersten Fassung der Protestantismusstudien betont. Aber es ist ein Unterschied, ob eine Position von vornherein nicht mehr als eine Klugheitslehre bietet oder ob sie eine säkularisierte religiöse Ethik darstellt. Ersteres ist nach Weber bei Alberti und verwandten Schriftstellern, letzteres aber bei Franklin der Fall.

Bei Franklin geht es also anders als bei Alberti um ethisch gefärbte Lebensmaximen, um moralisch-praktische, nicht um technisch-paktische Regeln und um die damit verbundenen Prämien. Sombart verfehlt in seiner Darstellung diesen grundlegend wichtigen Unterschied. Er schreibt einer Klugheitslehre psychologisch das zu, was nur eine (religiöse) Ethik leistet: eine lebensumwälzende Macht von innen heraus zu sein.[286] Das heißt natürlich nicht, daß *jede* (religiöse) Ethik dies ist und, sofern sie es ist, daß sie deshalb schon die traditionalistische Wirtschaftsgesinnung, den Standpunkt der standesgemäßen Versorgung und der ›Nahrung‹ sowie des Erwerbs als Mittel zum (konsumtiven) Zweck, revolutionierte. Dafür bedarf es einer *besonderen* religiösen Ethik und einer *besonderen* religiösen Praxis, durch die diese ausgelegt wird. Denn die religiössittliche Praxis bildet gleichsam die Mitte, in der sich religiösethische Grundlagen, ›Kirchenverfassungen‹ sowie ideelle und

---

284 Ebd., S. 40, Fn.
285 Dazu ausführlicher *Religion und Lebensführung*, Kap. 6 A, 2.
286 Es ist eine interessante Frage, ob diese These Webers nur für Klugheitslehren oder auch für nichtreligiöse Ethiken gilt. Zweifellos sind in seinen Augen die psychologischen Hebel der nichtreligiösen Ethiken weniger wirksam als die der religiösen, weil Erlösungsbedürfnis und Erlösungsverheißung hier gleichsam kognitivistisch gebrochen sind. Vgl. dazu *Religion und Lebensführung*, Kap. 3, 3 c.

materielle Interessen der Gläubigen treffen.[287] Sollte eine Kulturreligion den Geist des Wirtschaftstraditionalismus umwälzen, so mußte das Wovon und Wozu, vor allem aber das Wie ihrer Erlösung *praktisch* auf erwerbswirtschaftliches Handeln bezogen sein.

Nun hatte Sombart nicht nur Klugheitslehre und Ethik, sondern auch die jüdische, die katholische und die puritanisch-quäkerische Ethik ›auf gleicher Linie‹ behandelt, ohne doch zu klären, ob denn ihre vielleicht äußerlich ähnlichen Vorschriften auch mit einer ähnlichen Praxis verbunden sind. Dies bringt mich zu den sachlichen Einwänden. Und diese sind nun zweifellos die gravierendsten. Weber nahm Sombarts Herausforderung nicht zuletzt deshalb an, weil ihm dies die Gelegenheit bot, noch einmal die *Sonderstellung* des asketischen Protestantismus für eine Analyse der ›seelischen Seite der modernen Wirtschaftsentwicklung‹ zu bekräftigen. Denn wie bereits angedeutet: An dieser These hielt er bis zuletzt fest. Sein Versuch, die Protestantismusstudien ihrer Isoliertheit zu entkleiden und in die Gesamtheit der Kulturentwicklung hineinzustellen, endete *nicht* mit ihrer Relativierung. Der asketische Protestantismus behielt für Weber unter seiner Fragestellung seine Besonderheit gegenüber allen wichtigen asiatischen Kulturreligionen einerseits, aber auch gegenüber dem mittelalterlichen und neuzeitlichen Judentum, dem vorreformatorischen Katholizismus und dem Luthertum andererseits. Daß Sombarts Analyse nicht nur auf eine Einebnung der psychologischen Wirkung von Klugheitslehre und (religiöser) Ethik, sondern vor allem auf eine Beseitigung der Sonderstellung des asketischen Protestantismus hinauslief, machte seine Geistesgeschichte des modernen Wirt-

287 Die Art und Weise, wie Clifford Geertz Religion definiert und die Bestandteile dieser Definition erläutert, kommt diesem Begriff von religiöser Praxis relativ nahe. »(1) a system of symbols which act to (2) establish powerful, pervasive, and long-lasting moods and motivations in men by (3) formulating conceptions of a general order of existence and (4) clothing these conceptions with such an aura of factuality that (5) the moods and motivations seem uniquely realistic.« Vgl. Clifford Geertz, *The Interpretation of Cultures. Selected Essays*, New York: Basic Books 1973, S. 90. Besonders der 4. Punkt verweist zugleich auf den Zusammenhang von inneren und äußeren Verhältnissen.

schaftsmenschen für Weber zu einem »›Thesenbuch‹ im schlechten Sinn des Wortes«.[288] Die ›Gegenthesen‹: Weder das mittelalterliche oder neuzeitliche Judentum noch der vorreformatorische Katholizismus – über das Luthertum ist man sich einig – haben die bürgerliche Lebensführung, die Praxis der Berufsbewährung, hervorgebracht.

Bereits 1913/1914, in der Religionssoziologie der älteren Fassung von *Wirtschaft und Gesellschaft* und noch vor der monographischen Ausgestaltung der Studie über das antike Judentum, markierte Weber seine Position gegenüber Sombarts Behauptung, das Judentum sei Puritanismus: »Weder das spezifisch Neue des modernen Wirtschafts*systems* noch das spezifisch Neue an der modernen Wirtschafts*gesinnung* sind spezifisch jüdisch.«[289] Und 1919/1920, nachdem er Altisrael und dem alten Judentum eine historische Untersuchung gewidmet hatte, wiederholte er diese Feststellung für die ›seelische Seite der modernen Wirtschaftsentwicklung‹: »Das Judentum stand auf der Seite des politisch oder spekulativ orientierten ›Abenteurer‹-Kapitalismus: sein Ethos war, mit einem Wort, das des *Paria*-Kapitalismus, – der Puritanismus trug das Ethos des rationalen bürgerlichen *Betriebs* und der rationalen Organisation der *Arbeit*. Er entnahm der jüdischen Ethik nur, was in diesen Rahmen paßte.«[290] Obgleich die jüdische Lebensordnung – das hatte die historische Untersuchung über das antike Judentum erbracht – mit ihrem Gottesbegriff und ihrer »in hohem Grade *rationale(n)*, das heißt von Magie sowohl wie von allen Formen irrationaler Heilssuche freie(n) *religiöse(n) Ethik des innerweltlichen Handelns*«[291] eine wichtige historische Vorbedingung gerade für den asketischen Protestantismus darstellt, führte die mittelalterliche und neuzeitliche religiöse Praxis des Judentums nicht zum Geist der Berufsbewährung, verbunden mit dem Stolz auf eine bürgerliche Geschäftsmoral, der »jede Gemeinschaft mit den ›Höflingen und Projektemachern‹ großkapitalistischen Gepräges als mit einer ethisch verdächtigen Klasse«

288 *RS* I, S. 57, Fn.
289 *WuG*, S. 369.
290 *RS* I, S. 181.
291 *RS* III, S. 6.

ablehnte.[292] Im Gegenteil: Trotz ritueller Schranken gehörten gerade diese Träger eines ›nichtbürgerlichen‹ Kapitalismus zu den wichtigsten wirtschaftlichen Partnern für ein auf Handel, insbesondere Geldhandel, aber auch auf Staatsfinanzierung spezialisiertes vermögendes Judentum.[293] Gewiß: Das mittelalterliche und neuzeitliche Judentum bestand nicht nur aus vermögenden Schichten. Es umfaßte auch Kleinbürger und proletaroide Existenzen, Handwerkerschichten und, in neuerer Zeit, ein »massenhafte(s) Ghettoproletariat«.[294] Aber trotz der enormen Spannbreite seines wirtschaftlichen Handelns und seiner sozialen Situiertheit und trotz der magiefreien, auf innerweltliches Handeln gerichteten religiösen Ethik fehlte, »wenn auch nicht völlig, so doch relativ in auffallendstem Maße ... die Organisation der *gewerblichen* Arbeit in Hausindustrie, Manufaktur, Fabrik«.[295] Es fehlte aber vor allem: diejenige rationale Temperierung des ›Erwerbstriebs‹, wie sie dem asketischen Protestantismus eigen ist.

Welches sind die Ursachen dafür? Die wichtigste wurde bereits genannt. Sie hängt mit dem Gastvolkstatus zusammen. Er vor allem – so Webers durchgängige These – schafft eine rechtlich und faktisch prekäre Lage sowie eine Situation, die nicht zur Überwindung des für alles traditionale Wirtschaften charakteristischen Dualismus zwischen Binnen- und Außenmoral im

292 *RS* I, S. 202.

293 Vgl. dazu *Wirtschaftsgeschichte*, S. 303 ff. Auch in dieser Hinsicht wiederholt dieser Text nur das, was an anderen Stellen des Werks zu finden ist.

294 *WuG*, S. 369. Weber nennt als die spezifischen ökonomischen Leistungen des Judentums in Mittelalter und Neuzeit: »Darlehen, vom Pfandleihgeschäft bis zur Finanzierung von Großstaaten, bestimmte Arten des Warenhandels mit sehr starkem Hervortreten des Kleinkram- und Wanderhandels und des spezifisch ländlichen ›Produktenhandels‹, gewisse Teile des Engros- und vor allem der Wertpapierhandel, beide speziell in Form des Börsenhandels, Geldwechsel und die damit üblicherweise zusammenhängenden Geldüberweisungsgeschäfte, Staatslieferungen, Kriegs- und in sehr hervorragendem Maße Kolonialgründungsfinanzierung, Steuerpacht (natürlich außer der Pacht verpönter Steuern, wie der an die Römer), Kredit- und Bankgeschäfte und Emissionsfinanzierungen aller Art.« Ebd., S. 368.

295 *WuG*, S. 369.

ökonomischen Handeln führt. Was gegenüber dem Glaubensbruder verboten ist, ist gegenüber dem Glaubensfremden gestattet. Das heißt nicht, daß deshalb im Außenverhältnis, wie
Sombart meinte, der Grundsatz formaler Rechtlichkeit fehlt. Es
heißt aber sehr wohl, daß die Wirtschaftsgesinnung den Traditionalismus nicht überwindet. Denn im Innenverhältnis dominiert der Standpunkt der ›Nahrung‹, im Außenverhältnis der
einer an die Normen formaler Rechtlichkeit und Billigkeit ge-
knüpften «vollkommen unpersönlichen Geschäftsführung«,[296]
die sich aber gleichsam in der Sphäre des erlösungsreligiös Indifferenten bewegt. Wo die äußeren Umstände dies zulassen,
pflegt sich diese Geschäftsführung auf die ökonomische Ausnutzung von Macht- und Marktchancen zu richten. Aber ein
Antrieb zu einer bürgerlichen Lebensführung entsteht daraus
nicht. Wohlgemerkt: Es ist weder die angeblich äußerliche jüdische Gesetzesbefolgung noch das jüdische Fremdenrecht, das
eine innere Entwicklung dazu hemmte, sondern das Fehlen des
Bewährungsgedankens.[297] Dieser ist, wie auch Julius Guttmann
bestätigt, in der jüdischen Ethik nicht enthalten.[298] Die religiöse
Selbstbeurteilung des frommen Juden bleibt von seinem wirtschaftlichen Erfolg völlig unabhängig. Nur im asketischen Protestantismus wurde beides in spezifischer Weise miteinander
verknüpft.

Daß diese Verknüpfung auch im vorreformatorischen Katholizismus und im Luthertum fehlte, dies hatte Weber bereits in der
ersten Fassung seiner Protestantismusstudien hervorgehoben.
Und wie Sombarts Gleichsetzung von Judentum und Puritanismus aus Webers Sicht am entscheidenden Punkt nicht stimmte,
so stimmte auch die Gleichsetzung des Thomismus oder der
quattrocentistischen mendikantischen Theologie mit dem Puritanismus am entscheidenden Punkte nicht. Die Ursachen sind
im Vergleich zum Judentum zwar andere, das Resultat aber ist
ähnlich: Die Antriebe, die von einem radikalisierten Bewährungsgedanken ausgehen und die, wegen des damit verbundenen psychologischen Hebels, zu einer penetranten Moralisie-
rung des ganzen Daseins führen, fehlen oder sind in eine von

296 So Julius Guttmann, »Die Juden und das Wirtschaftsleben«, S. 197.
297 Vgl. *WuG*, S. 370.
298 Vgl. Guttmann, »Die Juden und das Wirtschaftsleben«, S. 189 f.

der bürgerlichen Lebensführung abweichende Richtung gelenkt. Gewiß: Weber hätte seine Interpretation des vorreformatorischen Katholizismus differenziert und auch die positiven Beziehungen zwischen der katholischen Wirtschaftsethik und dem modernen Kapitalismus erläutert, ferner: die bereits in der ersten Fassung der Protestantismusstudien konstatierte Kontinuität außerweltlicher Mönchsaskese und innerweltlicher Berufsaskese weiter vertieft.[299] Auch wollte er den nachreformatorischen Katholizismus detaillierter behandeln. Doch die Hauptthese über den vorreformatorischen Katholizismus stand fest. Denn außerhalb der heterodoxen vorreformatorischen Bewegungen und außerhalb vereinzelter Strömungen des vorreformatorischen Mönchtums fehlte, wie Weber in der zweiten Fassung der Protestantismusstudien noch einmal ausdrücklich betonte, die »für den asketischen Protestantismus charakteristische Konzeption der *Bewährung* des eigenen Heils, der certitudo salutis, im Beruf: die psychischen *Prämien* also, welche diese Religiosität auf die ›industria‹ setzte«.[300] Dies nicht etwa deshalb, weil der Katholizismus nicht auch in diese Richtung gedacht hätte, sondern deshalb, weil er eine sakramentale Gnadenanstalt blieb. Ich zitiere eine in meinen Augen zentrale Passage, die Weber in die zweite Fassung der Protestantismusstudien einfügte: »Natürlich war die katholische Ethik ›Gesinnungs‹ethik. Aber die konkrete ›intentio‹ der *einzelnen* Handlung entschied über deren Wert. Und die *einzelne* – gute oder schlechte – Handlung wurde de[m] Handelnden angerechnet, beeinflußte sein zeitliches und ewiges Schicksal. Ganz realistisch rechnete die Kirche damit, daß der Mensch *keine* absolut eindeutig determinierte und zu bewertende Einheit, sondern daß sein sittliches Leben (normalerweise) ein durch streitende Motive beeinflußtes oft sehr widerspruchsvolles Sichverhalten sei. Gewiß forderte auch sie von ihm als Ideal *prinzipielle* Wandlung des Lebens. Aber eben diese Forderung schwächte sie (für den Durchschnitt) durch eines ihrer allerwichtigsten Macht- und Erziehungsmittel wieder ab: durch das Bußsakrament, dessen Funktion tief mit der innersten Eigenart der katholischen Religiosität verknüpft war.«[301]

299 Vgl. *RS* I, S. 116 ff. und die Replik auf Brentano ebd., S. 117, Fn. 2.
300 Ebd., S. 58, Fn.
301 Ebd., S. 113 f.

Die Sonderstellung des asketischen Protestantismus, insbesondere des Calvinismus, gegenüber Judentum und Katholizismus, die Sombart bestritt, ergibt sich also aus der Radikalisierung des Bewährungsgedankens. Diese hat zwei Seiten, eine ideelle und eine institutionelle. Die ideelle hängt mit der Koppelung von Bewährungs- und Prädestinationsgedanken zusammen, der sich wiederum mit einem bestimmten Gottesbegriff verbindet: dem »absolute(n) souveräne(n) Willenscharakter Gottes«, dessen Gnade »reine verdienstlose Gnade« ist.[302] Die institutionelle bezieht sich auf die Rolle der Sakraments- und Anstaltsgnade: Dieser wird der heilscharismatische Anspruch genommen, sie bleibt entzaubert, entmagisiert zurück. Die ideelle Radikalisierung zerstört den ethischen Reziprozitätsgedanken, die institutionelle die Möglichkeit periodischer Entlastung von ethischem Fehlverhalten. Nun muß man die ethischen Gebote ausschließlich um der Ehre Gottes willen, säkular gesprochen: aus Achtung fürs Gesetz, erfüllen, und dafür genügen nun nicht mehr einzelne gute Werke, sondern nur die zum System gesteigerte einheitliche und methodische Lebensführung im Dienste Gottes, säkular gesprochen: im Dienste einer überpersönlichen Sache oder abstrakter Werte, an die man bedingungslos hingegeben sein muß. Nur wo ein solcher ›Glaube‹ besteht, vermag der einzelne Distanz zu seiner Umwelt und zu sich selber zu gewinnen. Nur dann wird er zu einer ›innengeleiteten Persönlichkeit‹ im strengen Sinn dieses Worts. Wo diese Lebensanschauung Laien ergreift, die im ökonomischen Leben stehen, ist es wahrscheinlich, daß der wirtschaftliche Bereich als ein ethisch relevanter Bewährungsbereich interpretiert wird. Dies besonders dann, wenn diese Laien nicht den positiv privilegierten Schichten angehören und auf dem ökonomischen Weg nach oben sind. Schon in der ersten Fassung der Protestantismusstu-

302 So Ernst Troeltsch, *Die Soziallehren der christlichen Kirchen und Gruppen*, S. 615. In der Sache ähnlich Weber. Vgl. dazu *Religion und Lebensführung*, Kap. 9, 2 b, mit dem Vergleich zwischen islamischem und calvinistischem Prädestinationsgedanken. Daß der Bewährungsgedanke wichtiger als der Prädestinationsgedanke ist, dieser sogar entfallen kann, ohne daß sich deshalb die Radikalisierung wesentlich abschwächen muß, betont Weber bereits in der ersten Fassung der Protestantismusstudien.

dien, in der Weber ja die Analyse der Klassenbedingtheit der Religion bewußt ausklammerte, verwies er auf die Tatsache, daß es nicht das Großbürgertum, sondern das »aufsteigende *Mittel-* und *Klein*bürgertum« war, das zum »›typische(n) Träger kapitalistischer Ethik und calvinistischen Kirchentums« wurde. Es vollzog, aus einer ›Einheit‹ von ideeller und materieller Interessenlage, jene zunächst religiös motivierte Revolution von innen, an deren Ende eine spezifisch *bürgerliche* Lebensführung mit ihrem Geist einer dann auch säkular interpretierbaren Berufspflicht und Berufserfüllung, kurz: einer *Berufsbewährung*, stand.

Webers These aus seinen Protestantismusstudien ist häufig rekonstruiert und noch häufiger historisch kritisiert worden.[303] Darauf gehe ich hier nicht ein. Nicht immer wurde dabei allerdings der in meinen Augen entscheidende Gesichtspunkt getroffen: daß es ihm dabei in erster Linie um den Nachweis einer extremen *inneren* Spannung und um ihren eigenartigen *inneren* Ausgleich ging. Der asketische Protestantismus verschärft die für alle Erlösungsreligionen charakteristische innere Spannung

303 Aus der langen Reihe der Rekonstruktionsversuche seien von den jüngsten erwähnt Gianfranco Poggi, *Calvinism and the Capitalist Spirit. Max Weber's Protestant Ethic*, London: MacMillan 1983 und Gordon Marshall, *In Search of the Spirit of Capitalism. An Essay on Max Weber's Protestant Ethic Thesis*, New York: Columbia University Press 1982; aus der noch längeren Reihe der historischen Überprüfungen wegen des ›konstruktiv-kritischen‹ Charakters Gordon Marshall, *Presbyteries and Profits. Calvinism and the Development of Capitalism in Scotland, 1560–1707*, Oxford: Clarendon Press 1980 und vor allem Hisao Otsuka, *The Spirit of Capitalism. The Max Weber Thesis in an Economic Historical Perspective*, Tokyo: Iwanami Shoten 1982. Vgl. auch Hartmut Lehmann, »Asketischer Protestantismus und ökonomischer Rationalismus: Die Weber-These nach zwei Generationen«, in: Wolfgang Schluchter (Hg.), *Max Webers Sicht des okzidentalen Christentums. Interpretation und Kritik*, Frankfurt 1988. Ein interessanter Versuch, Webers Theorie des Patrimonialismus mit einer von Marx inspirierten Theorie der Manufaktur als einer Gesellschaftsformation des Übergangs zur Erklärung der englischen Revolution zu verbinden, findet sich bei Mark Gould, *Revolution in the Development of Capitalism. The Coming of the English Revolution*, Berkeley: University of California Press 1987.

zwischen ›Welt‹ und ›Hinterwelt‹ als ›Überwelt‹, Verheißung und Erfüllung, bis zu dem Punkt, an dem der Reziprozitätsgedanke, der Gedanke an einen Ausgleich für gottgefälliges Denken und Handeln, am Ende selbst obsolet wird. Er tut dies sowohl für den kognitiven wie für den ethischen Bereich. Die ›Hinterwelt‹ als ›Überwelt‹, personifiziert in einem radikal transzendenten Wesen: dem verborgenen Gott, ist menschlichem Verständnis völlig entzogen, und keine menschliche Tat vermag diesen Gott zu ›bewegen‹, dessen Entschlüsse unwandelbar, aber auch unverlierbar sind.[304] In diese extreme innere Spannung ist der Gläubige hineingestellt, und zwar zunächst *ohne* jegliche Aussicht auf Entlastung. Denn das kirchlich-sakramentale Heil, überhaupt jedes innere Mittel »zum periodischen ›Abreagieren‹ des affektbetonten Schuldbewußtseins«,[305] entfällt. Mehr noch: Die ›Kirchenverfassung‹ in Gestalt der Sektenkirche oder der reinen Sekte mit ihrer Tendenz, die soziale Kontrolle zu verdichten und das Mitglied zu ständiger »soziale(r) Selbstbehauptung im Kreise der Genossen« zu zwingen,[306] verstärkte den bereits extremen Druck von innen noch von außen. Was unter solchen inneren und äußeren Bedingungen bleibt, ist *dauernde* Bewährung mittels innerweltlicher Askese als Arbeitsaskese, denn einen anderen Weg als diesen läßt die »radikale Entzauberung der Welt« nicht zu.[307] Der Mensch muß sich gänzlich zum dienenden Werkzeug seines Gottes machen. Dadurch lernt er, was es heißt, etwas um seiner selbst willen zu tun. Die Atmosphäre, in der dies geschieht, ist die einer »pathetischen Unmenschlichkeit«,[308] einer inneren Vereinsamung und eines »illusionslosen und pessimistisch gefärbten Individualismus«.[309] Wer in solch innerer Spannung lebt,

304 Vgl. dazu *RS* I, S. 93.
305 Ebd., S. 97 (Einfügung in die zweite Fassung).
306 Ebd., S. 234.
307 Ebd., S. 158 (Einfügung in die zweite Fassung).
308 Ebd., S. 93.
309 Ebd., S. 95. Weber hat, das macht der Zusammenhang unzweideutig klar, trotz seiner Skepsis gegenüber dem Begriff eine neue historische Form des Individualismus im Auge. Vgl. dazu auch die interessante, stark an Troeltsch angelehnte Analyse von Louis Dumont, »A modified view of our origins: the Christian beginnings of modern individua-

ohne daran zu zerbrechen, der ›muß‹ darauf mit der inneren Rationalisierung seiner Lebensführung antworten.

Freilich vermag selbst eine Person, die zu Heroismus neigt, diese innere Spannung nicht ohne *jeglichen* inneren Ausgleich auszuhalten. In diesen Zusammenhang gehört Webers berühmte Konstruktion, daß der eigenartige Ausgleich, den die asketischen Protestanten finden, in der Umdeutung des ökonomischen Erfolgs in *Zeichen* der Erwählung besteht. Dadurch aber gewinnt der weltliche Beruf Heilsbedeutung, freilich – und das ist entscheidend – keine, die den inneren Druck zu dauernder Bewährung lockert oder gar Berufserfolg mit Lebenssinn identifiziert. Auch als die religiösen Wurzeln abzusterben beginnen, als diese religiöse Lebensführung ›säkularisiert‹ wird, bleibt diese innere Konstellation zunächst erhalten. Nicht nur der Puritaner, auch der bereits weitgehend ›säkularisierte‹ Benjamin Franklin *wollte* Berufsmensch sein, ohne es zu müssen: Ethos des Berufs als Sache, das ist es, worum es dabei geht.[310] Die Idee der Berufs*pflicht* steht im Zentrum der bürgerlichen Lebensführung. Sie ist deshalb von der seigneuralen, der handwerklichen und der bäuerlichen Lebensführung innerlich genauso weit entfernt wie von der »faustischen Allseitigkeit des Menschentums«.[311]

In diesem Sinne ist innerweltliche Askese eine zentrale bürgerliche Tugend. Aus ihr stammt jene rationale Temperierung des ›Erwerbstriebs‹, die Weber in den Mittelpunkt seiner Analyse rückt. Das Judentum förderte zwar rationales innerweltliches Handeln, aber keinen Asketismus, das okzidentale Mönchtum zwar Asketismus, aber kein rationales innerweltliches Handeln. Erst der asketische Protestantismus brachte beide historischen

lism«, in: Michael Carrithers et al. (eds.), *The Category of the Person. Anthropology, Philosophy, History*, Cambridge: Cambridge University Press 1985, S. 93 ff. Man muß bei Weber zwischen Individualismus als einer historischen Auslegung des Kulturmenschentums und Autonomie bzw. Persönlichkeit unterscheiden. Die letzten beiden Begriffe gehören auch zu den transzendentalen Voraussetzungen einer Kulturwissenschaft.

310 Dieser Berufsbegriff liegt auch den beiden Reden über Wissenschaft als Beruf und Politik als Beruf zugrunde.

311 Vgl. *RS* I, S. 203.

Erbschaften zusammen, und er fand dafür einen Träger, dessen Entstehung er in erster Linie der mittelalterlichen Stadtentwicklung verdankte. Hinzu traten die besprochenen kapitalistischen Institutionen, deren Ursprünge teilweise bis in die Antike zurückreichen. Sie alle bildeten wichtige historische Vorbedingungen dafür, daß mit der zweiten Transformation eine »Entwicklung von auch innerlich ungebrochener Einheitlichkeit« einsetzen kann.[312] Das Deo placere vix potest, das das kapitalistische Erwerbsstreben bis dahin innerlich hemmte, ist beseitigt: Das kapitalistische Erwerbsstreben, allgemeiner: die Berufsarbeit, gilt nicht länger als religiös widersittlich oder auch nur außersittlich, sondern als sittlich relevant. Diese Transformation von innen läßt sich nicht als reines Anpassungsprodukt aus der kapitalistischen Wirtschaftsform deuten. Form und Geist besitzen ihre eigene Geschichte, und ihre Entwicklungslinien mußten sich kreuzen, damit sich jede von ihrem bisherigen ›Partner‹, die Form von der Politik, der Geist von der Religion, lösen und eine neue Verbindung eingehen konnte.[313]

Für Weber fällt diese neue, entscheidende Verbindung ins 16. und 17. Jahrhundert. Dies ist deshalb die »heroische Epoche des Kapitalismus«,[314] jene, in der dem innerlich erstarkten Kapitalismus in Gestalt einzelner moderner bürokratischer Patrimonialstaaten auch mächtige äußere Verbündete zur Seite stehen. Es ist zugleich jene Epoche, in der die Bedarfsdeckung dem Schwerpunkt nach noch nicht kapitalistisch orientiert ist, in der sich das verkehrswirtschaftliche Bedarfsdeckungsprinzip noch gegenüber dem haushaltswirtschaftlichen durchsetzen muß. Dieser Kampf ist im 19. Jahrhundert zugunsten des verkehrswirtschaftlichen Bedarfsdeckungsprinzips entschieden. Das »eiserne Zeitalter« des Kapitalismus beginnt.[315] Dies markiert die dritte Transformation, in deren Folge sich die Faktorenkonstellation gegenüber der der beiden anderen Transformationen abermals grundlegend ändert. Fragen wir zum Abschluß: Was hauptsächlich ändert sich?

312 *PE* II, S. 171.
313 In diesem Sinne interpretiere ich das Wahlverwandtschaftstheorem.
314 *RS* I, S. 183.
315 Vgl. *Wirtschaftsgeschichte*, S. 315.

e) Die dritte Transformation:
Das Gehäuse für die neue Hörigkeit

Dazu ist wiederum ein Seitenblick auf Sombart nützlich. Wie bereits gesagt, unterscheidet dieser zwischen Früh- und Hoch-kapitalismus und zwischen dem Bourgeois alten und neuen Stils. Während für den Bourgeois alten Stils der Mensch das Maß aller Dinge bleibe (omnium rerum mensura homo), sei es beim Bourgeois neuen Stils anders: Hier stehe nicht der Mensch, sondern der Erwerb bzw. das Geschäft im Vordergrund. Die bürgerlichen Tugenden, die der Bourgeois alten Stils lebte, seien »zu Sachbestandteilen des Geschäftsmechanismus gewor-den«.[316] Die Formel für diesen Vorgang heiße: Versachlichung. Aus der Gegenüberstellung gewinnt Sombart diese These: »In der Epoche des Frühkapitalismus macht der Unternehmer den Kapitalismus, in der des Hochkapitalismus macht der Kapitalis-mus den Unternehmer.«[317]

Blickt man auf Weber, so scheint dieser ähnlich zu argumentie-ren. Auch bei ihm heißt es, daß der siegreiche, auf mechanischer Grundlage aufruhende Kapitalismus alle ökonomischen Bezie-hungen, ja alle sozialen Beziehungen versachlicht und einer bürgerlichen Lebensführung nicht mehr bedarf. Denn dieser Kapitalismus schafft sich nun tatsächlich die Menschen, die er zu seinem Funktionieren benötigt, die Arbeiter sowohl wie die Unternehmer. Während der Puritaner und seine säkularisierten Nachfahren vom Typus Benjamin Franklins noch Berufsmen-schen sein wollten, gilt für uns: »wir *müssen* es sein.«[318] Der Beruf steht damit vor der Gefahr, seinen im Frühkapitalismus gewonnenen inneren Halt zu verlieren, und zwar um so mehr, je konsequenter der siegreiche Kapitalismus aufgrund seiner beispiellosen Erfolge am Gehäuse für eine neue Hörigkeit baut. Diese wäre, anders als die alte, eine Hörigkeit vergoldeter Ket-ten.[319] Ihr Signum: mechanisierte Versteinerung und ein

316 Werner Sombart, *Der Bourgeois*, S. 236.
317 Ebd., S. 250.
318 *RS* I, S. 203.
319 Vgl. dazu ausführlicher Wolfgang Schluchter, *Aspekte bürokratischer Herrschaft. Studien zur Interpretation der fortschreitenden Industrie-gesellschaft*, Frankfurt 1985, Einleitung.

krampfhaftes Sich-wichtig-Nehmen, verbunden mit Eitelkeit, jener »Todfeindin aller sachlichen Hingabe und aller Distanz«, auch und vor allem: der Distanz zu sich selbst.[320] Wie einst die außerweltliche, klösterliche, so scheint auch die innerweltliche, berufliche Askese ihren eigenen Erfolgen zu erliegen. Doch während jene ständig Reformationen provozierte, droht dieser mechanisierte Versteinerung.[321]

Doch die Ähnlichkeit ist vordergründig. Denn Versachlichung ist ein Grundmotiv, das im Zentrum der religiös oder säkular gedeuteten bürgerlichen Lebensführung selbst steht. Sie ist nicht Produkt einer Entwicklung der kapitalistischen Form, sondern Ergebnis der ursprünglichen *inneren* Konstellation: daß man sich der ›Sache‹, an die man glaubt, bedingungslos unterzuordnen und für sie Verantwortung zu übernehmen hat. Gerade vom puritanisch geprägten Unternehmer, von Sombarts Bourgeois alten Stils, sagte Weber: »Der Gedanke der *Verpflich-tung* des Menschen gegenüber seinem anvertrauten Besitz, dem er sich als dienender Verwalter oder geradezu als ›Erwerbsma-schine‹ unterordnet, legt sich mit seiner erkältenden Schwere auf das Leben.«[322] Dieses Gefühl ist Teil bürgerlicher Lebens-führung, solange sie auf Werte bezogen bleibt. Daß es wieder verlorengehen könnte, daß für alle Zukunft auch noch die äu-ßerlich größten Erfolge mit dem »Fluch kreatürlicher Nichtig-keit« belastet bleiben,[323] das ist Webers Sorge, die er mit der dritten Transformation verbindet. Es ist eine Sorge, die ihn nach der Sinnhaftigkeit eines Lebens unter den Bedingungen des siegreichen Kapitalismus fragen läßt. Sie motiviert ihn auch da-zu, die verbleibenden Möglichkeiten für eine bürgerliche Le-bensführung innerhalb und außerhalb des Kapitalverwertungs-prozesses zu erkunden. Was ist der Sinn des fachgeschulten Spezialistentums als Beruf? Wo und wie läßt sich das Ethos des Berufs als Sache unter den Bedingungen des siegreichen Kapita-

320 *PS*, S. 534.

321 Vgl. *RS* I, S. 195 f. ›Veradelung‹ dort, ›Verrentung‹ hier, das sind die typischen ›säkularisierenden‹ Wirkungen des Besitzes, Klosterreform dort, ›Fundamentalismen‹ hier, das die typischen Gegenreaktionen.

322 *RS* I, S. 189.

323 *PS*, S. 536. Weber sagt dies vom Politiker, der nicht im Dienste einer geglaubten Sache steht.

lismus noch verwirklichen? Was kann man tun, damit Beruf als Berufung in diesem Sinne als kulturelle Macht erhalten bleibt? Denn ließe man den hochkapitalistischen Entwicklungstendenzen ihren Lauf, so gäbe es in einer gottfremden und prophetenlosen Zeit schließlich nur noch jene ›letzten Menschen‹, von denen bei Weber am Ende seiner Protestantismusstudien und bei Nietzsche am Anfang des *Zarathustra* die Rede ist.[324]

3. Schlußbemerkung: Der Status des Erklärungsansatzes

Damit ist die Rekonstruktion von Webers Erklärungsversuch der okzidentalen Sonderentwicklung abgeschlossen. Gemäß seiner Forderung aus der »Vorbemerkung« habe ich dabei vor allem die ökonomischen, darüber hinaus die politischen und religiösen, allgemeiner: die institutionellen Bedingungen, aber auch den ›umgekehrten Kausalzusammenhang‹ berücksichtigt, die kausale Rolle, die die Fähigkeit und Disposition der Menschen zu einer *bürgerlichen* Lebensführung für die Entstehung des modernen Kapitalismus spielen. Anders als zum Beispiel in Randall Collins' Rekonstruktion, der zudem Webers Ansatz sowohl unter werkgeschichtlichen wie unter systematischen und historischen Gesichtspunkten verzeichnet und die verschiedenen Aspekte des Erklärungsobjekts nicht hinreichend berücksichtigt, habe ich keine *geschlossene* Kausalkette präsentiert und nicht, wie dieser, zwischen letzten Bedingungen, Hintergrund

324 Webers Gegenwartsdiagnose ist natürlich komplexer und schließt neben der seelischen auch die institutionelle Seite ein. Der Schlüssel zur Analyse der mechanisierten Versteinerung ist die Bürokratisierung, die alle Teilordnungen einer Ordnungskonfiguration im Zeitalter des Hochkapitalismus ergreift. Vgl. dazu ausführlich Wolfgang Schluchter, *Aspekte bürokratischer Herrschaft*, bes. Einleitung, Kap. 3 und Schlußbemerkung, ferner ders., *Rationalismus der Weltbeherrschung*, Kap. 3 und 4. Zu den normativen Grundlagen von Webers Reaktion auf die Gefahr eines Sinn- und Freiheitsverlustes unter den Bedingungen des Hochkapitalismus *Religion und Lebensführung*, Kap. 3,4 und 4. Siehe auch »Max Weber und das Projekt der Moderne. Eine Diskussion mit Dieter Henrich, Claus Offe und Wolfgang Schluchter«, in: *Max Weber. Ein Symposion*, hg. von Christian Gneuss und Jürgen Kocka, München 1988, S. 155 ff.

bedingungen und vermittelnden Bedingungen unterschieden, Unterscheidungen, bei denen unklar bleibt, ob sie logisch oder zeitlich zu verstehen sind.[325] Denn Weber kennt weder ein geschlossenes Kausalmodell noch eine Klassifikation von Bedingungen in diesem Sinne. Er kennt nur nach Epochen geordnete Faktorenkonstellationen und äußere und innere historische Vorbedingungen, die wichtig oder unwichtig sind, je nachdem, ob mit ihnen eine Folge auf der institutionellen oder auf der seelischen Ebene adäquat oder nur zufällig verbunden werden kann. Vor allem aber: Er kennt historische Erbschaften. Bestimmte Faktoren entstehen und leben ›unauffällig‹ weiter, bis sie, aufgrund historischer Zufälle, in eine Faktorenkonstellation ›geraten‹, in der sie plötzlich von (realer) Kulturbedeutung für den modernen Kapitalismus werden, obwohl sie nicht für ihn ›erfunden‹ worden sind. Ein Beispiel dafür bietet die mittelalterliche Stadtentwicklung. Das historische Intermezzo der Städteautonomie schafft Institutionen und bürgerliche Schichten, die erst sehr viel später, lange nach dem Verfall der Städteautonomie, ihre für den Kapitalismus wichtige Kulturbedeutung entfalten: im 16. und vor allem 17. Jahrhundert, als die bürgerliche Lebensführung aus gänzlich anderen historischen Quellen entsteht. In diesem Sinne besteht Webers Erklärungsversuch aus der Charakterisierung einer nach Epochen geordneten Abfolge individueller Konstellationen äußerer und innerer Faktoren. Dabei ist natürlich strittig, ob die behaupteten kausalen Zurechnungen, zumal im Lichte neuerer Forschung, allesamt noch gültig sind. Doch der Erklärungsansatz selbst bleibt in meinen Augen paradigmatisch. Er zeigt, wie eine historische Untersuchung unter Benutzung theoretischer Begriffe als idealer Grenzfälle angelegt sein sollte, deren Ziel ja das verstehende Erklären des Besonderen ist. Deshalb bin ich wenigstens in einem Punkte mit Randall Collins einig: »Weber's model continues to offer a more sophisticated basis for a theory of capitalism than any of the rival theories of today.«[326]

325 Vgl. Randall Collins, *Weberian Sociological Theory*, S. 28. Weder war die *Wirtschaftsgeschichte* Webers letztes Wort zum Kapitalismus, noch verringerte er in seinem Spätwerk das Gewicht der sogenannten ideellen Faktoren gegenüber den institutionellen, noch übersah er die Bedeutung des Hochmittelalters für die Entstehung des modernen Kapitalismus.
326 Ebd., S. 21.

11. Die Zukunft der Religionen

1. Die Zukunft einer Realität
2. Die Unumkehrbarkeit der Säkularisierung
3. Das religiöse und das wissenschaftliche Weltbild: Zwei Reaktionen auf die Herausforderung der modernen Welt

> »...denn eine Religion, die der Vernunft unbedenklich den Krieg ankündigt, wird es auf Dauer gegen sie nicht aushalten.«
>
> Immanuel Kant, *Die Religion innerhalb der Grenzen der bloßen Vernunft*, BA XIX

1. Die Zukunft einer Realität

Im Jahre 1927 veröffentlicht Sigmund Freud eine kleine Studie über die Zukunft der Religion. Er stellt sie unter den bezeichnenden Titel: Die Zukunft einer Illusion. Illusionen, so Freud, können zwar nicht durch Vernunft beglaubigt werden, sie lassen sich aber auch nicht einfach als Irrtümer deuten. Sie repräsentieren vielmehr übermächtige Wünsche, nach deren Erfüllung die Menschen sich sehnen. Religiöse Vorstellungen sind Ausdruck solcher Wünsche. Sie sollen insbesondere die Menschen mit der Kultur versöhnen, die, als Schutzwall gegen die Natur errichtet, ihnen Entbehrungen aufnötigt und Triebverzicht abverlangt. Das religiöse Bedürfnis entstammt deshalb einer Verdrängung, die Religion einer Art kollektiver Kindheitsneurose. Und die gilt Freud denn auch als jener Teil der menschlichen Kultur, der nicht nur überwunden werden kann, sondern auch überwunden werden soll. Kulturvorschriften lassen sich nämlich auch rational motivieren. Und so plädiert er für eine Revision des Verhältnisses von Kultur und Religion, die letztlich auf die Überwindung der der Religion zugrundeliegenden Verdrängung durch »rationelle Geistesarbeit« und auf die Überwindung der religiösen durch die wissenschaftliche Kultur zielt.[1]

[1] Vgl. Sigmund Freud, Die Zukunft einer Illusion, in: ders., *Gesammelte Werke*, XIV, 3. Aufl., Frankfurt 1963, S. 352 ff., bes. S. 386.

Seit diesem Plädoyer sind nun über 50 Jahre vergangen. Und es spricht vieles dafür, daß man es heute selbst als eine Illusion bezeichnen muß. Gewiß: Gerade in den fortgeschrittenen Industriegesellschaften des Westens wurde seit Freuds kleiner Schrift immer wieder das Ende der Religion beschworen, insbesondere das Ende der verfaßten Religion, die den ideellen und institutionellen Zwängen einer gottlos gewordenen Kultur und Gesellschaft auf Dauer nicht gewachsen schien.[2] Doch bereits in den 50er Jahren haben Untersuchungen über die religiöse Situation in den USA auf einen paradoxen Sachverhalt verwiesen: daß eine wachsende Innerweltlichkeit in den nichtreligiösen Lebensordnungen mit einer Stärkung der verfaßten Religion zusammengeht.[3] Für die Bundesrepublik wurde jüngst eine Tendenzwende hin zur Religion, eine Rückkehr der Gesellschaft zur Religion, behauptet.[4] Und in den Gegenkulturen der westlichen Industriegesellschaften, insbesondere in denen der USA, scheinen Ansätze für eine neue religiöse Bewegung zu existieren, für eine nichttheistische Religion weltlicher Liebe, die auf einer Verbindung von säkularisierten christlichen mit buddhistisch-hinduistischen Traditionen beruht.[5]

2 Vgl. dazu unter anderem das Buch von Peter L. Berger, *A Rumor of Angels. Modern Society and the Rediscovery of the Supranatural*, New York: Doubleday Anchor 1969, das wie folgt beginnt: »If commentators on the contemporary situation of religion agree about anything, it is that the supernatural has departed from the modern world. This departure may be stated in such dramatic formulations as ›God is dead‹ or ›the post-Christian era‹.«

3 Dazu das Buch von Will Herberg, *Protestant-Catholic-Jew. An Essay in American Religious Sociology*, 2. Aufl., New York: Doubleday Anchor 1960, bes. Kap. I.

4 So Johann Baptist Metz, *Jenseits bürgerlicher Religion. Reden über die Zukunft des Christentums*, 2. Aufl., München 1980, S. 25.

5 Eine gute soziologische Analyse dieser Bewegungen findet sich bei Talcott Parsons, *Action Theory and the Human Condition*, New York: Free Press 1978, S. 253 ff. und S. 312 ff., der Ähnlichkeiten zwischen ihnen und dem Urchristentum sieht. Zu den religiösen Komponenten der amerikanischen Gegenkultur vgl. Guenther Roth, »Religion and Revolutionary Beliefs«, in: Guenther Roth und Wolfgang Schluchter, *Max Weber's Vision of History: Ethics and Methods*, Berkeley: University of California Press 1979, S. 144 ff., bes. S. 159 ff. Ferner Robert N. Bellah und Charles

Doch nicht nur in der Ersten Welt ist die religiöse Frage aktuell geblieben. Auch die Zweite, vor allem aber die Dritte Welt dokumentiert die andauernde Vitalität der Religion. Wie etwa Polen zeigt, ist es selbst dem real existierenden Sozialismus nicht überall gelungen, das Problem der Religion im Sinne von Freud (und von Marx) zu lösen, und in Teilen der Dritten Welt sind alte Religionen zu politischen Bewegungen geworden, so vor allem der Islam, aber auch das Christentum. Insbesondere Entwicklungen im lateinamerikanischen Christentum haben manchem Europäer die Hoffnung auf eine zweite Reformation in Europa gegeben. Wie der katholische Theologe Johann Baptist Metz formuliert, der das Christentum zu dieser zweiten Reformation aufruft: »... diese Reformation käme weder aus Wittenberg noch aus Rom. Sie käme überhaupt nicht aus dem christlich-abendländischen Europa über uns, sondern aus dem Befreiungschristentum der armen Kirchen dieser Welt.«[6]

Über 50 Jahre nach Freud sehen wir uns also nicht nur in der Dritten und Zweiten Welt, sondern auch in der Ersten Welt einer komplexen und ambivalenten religiösen Situation gegenüber. Die beiden großen christlichen Kirchen etwa, die bei uns vor der Gefahr stehen, aus Volkskirchen zu Kirchen ohne Volk zu werden, sind offenbar dabei, den gegen sie gerichteten Trend zu wenden, einen Trend, der sich weniger in Kirchenaustritten als vielmehr in einer hohen passiven Mitgliedschaft niederschlägt.[7] Passive Mitglieder sind wie Gogols tote Seelen: Sie bringen zwar Geld, aber keine Interaktion. Viele bleiben Mitglied, nur um sich die abstrakte Chance der Interaktion zu erhalten, und viele nutzen sie erst, »wenn feststeht, daß keine

---

Glock (Hg.), *The New Religious Consciousness*, Berkeley: University of California Press 1976 sowie Robert Wuthnow, *Experimentation in American Religion*, Berkeley: University of California Press 1978.

6 Johann Baptist Metz, *Jenseits bürgerlicher Religion*, S. 82.

7 Dies wird durch viele empirische Untersuchungen belegt. In der Aufdeckung solcher Sachverhalte hat sich lange die Religionssoziologie erschöpft. Erst in jüngster Zeit beginnt sie sich von dieser kirchensoziologischen Verengung zu lösen und im Bezugsrahmen der klassischen Religionssoziologie zu denken, die immer auch gesellschaftstheoretisch ausgerichtet war.

Interaktion mehr in Betracht kommt: bei ihrer Beerdigung«.[8]
Freilich: Eine Kirche, die gegen solche Passivität mit einem
gewissen Erfolg angeht, strebt deshalb nicht auch schon nach
neuen Ufern. Und sie gleicht damit auch nicht ihre Bindungs-
schwäche gegenüber bestimmten sozialen Kategorien, insbesondere gegenüber Arbeitern, Intellektuellen und Jugendlichen,
aus.[9] Die Tendenzwende hin zur Religion, die Rückkehr der
Gesellschaft zur Religion, ist deshalb keineswegs nur, vielleicht
nicht einmal in erster Linie eine Rückkehr zu den alten Kirchen.
Wenn man den Ergebnissen von Umfragen glauben darf, so ist
denn auch das Prestige der Kirchen in den letzten Jahren kontinuierlich gesunken, unterboten nur noch von dem der Massen-
medien und von dem der deutschen Universität.[10]
Zudem bleibt strittig, was diese Rückkehr in der Ersten Welt
innerhalb und außerhalb der verfaßten Religion bedeutet: ein
Zeichen für eine religiöse Mode oder ein Zeichen für das Bedürfnis nach einer religiösen Erneuerung.[11] Blickt man auf die
religiöse Situation in der Bundesrepublik, so scheint jedenfalls
die behauptete Tendenzwende hin zur Religion das vergleichsweise harmonische Verhältnis der Volkskirchen untereinander
und das zu ihrer innergesellschaftlichen Umwelt bisher nicht zu
tangieren. Insofern kann man mit Johann Baptist Metz fragen:
Ist und bleibt das Christentum in der Bundesrepublik trotz
Tendenzwende am Ende eine bürgerliche Religion – mit immer
noch relativ hohem und derzeit sogar steigendem Gesellschafts-

8 So Niklas Luhmann, *Funktion der Religion,* Frankfurt 1977, S. 300.
9 Dies ist einer der Gründe, weshalb unsere Volkskirchen mitunter als
Mittelstandskirchen, als bürgerliche Kirchen bezeichnet werden.
10 Dies ist das Ergebnis einer Umfrage des Emnid-Instituts. Danach rangieren politisch-rechtliche Institutionen in der Bundesrepublik deutlich
vor religiösen.
11 Dies hängt nicht nur vom geistigen und sozialen ›Gewicht‹ der religiösen Bewegungen ab, sondern auch von strukturellen Faktoren, durch
die die moderne Gesellschaft gekennzeichnet ist. Auch sie bestimmen
über die Chancen einer Gegensäkularisierung. Vgl. dazu insbesondere
Peter L. Berger, *The Sacred Canopy. Elements of a Sociological Theory
of Religion,* New York: Doubleday Anchor 1967 (deutsch: *Zur Dialektik von Religion und Gesellschaft,* Frankfurt 1979, dort besonders das
Vorwort zur deutschen Ausgabe) sowie Daniel Bell, *The Cultural Contradictions of Capitalism,* New York: Basic Books 1976, bes. S. 146 ff.

wert, aber ohne messianische Zukunft, also ohne einen spezifischen religiösen Zukunftswert?[12]

Will man diese Frage beantworten, so empfiehlt es sich, von einem Aspekt der Freudschen Religionstheorie Abschied zu nehmen. Ich gehe, um eine Formulierung von Hermann Lübbe zu variieren, als Soziologe mit vielen Theologen davon aus, daß wir zwar historische Gestalten der Religion hinter uns haben, nicht aber die Religion.[13] Freud steht wie viele andere vor ihm in der Tradition einer Aufklärung, die Religion durch Wissenschaft ersetzen wollte, sei es, daß sie behauptete, religiöse Aussagen ließen sich in wissenschaftliche übersetzen, sei es, daß sie behauptete, Religion sei eine Vorstufe der wissenschaftlichen Erkenntnis und werde durch diese abgelöst. Will man diese Frage beantworten, so empfiehlt es sich aber auch, einen Aspekt der Freudschen Religionstheorie festzuhalten, jedenfalls dann, wenn man auf eine soziologische und nicht auf eine theologische Antwort zielt. Denn Freud steht wie viele andere vor ihm in der Tradition einer Religionspsychologie und einer Religionssoziologie, die Religion als das Resultat eines besonderen welterrichtenden sowie welterhaltenden und darin sinnkonstituierenden menschlichen Handelns deutet. Er geht also, wie etwa Ludwig Feuerbach, Karl Marx, Emile Durkheim und Max Weber vor ihm, von der anthropologischen Wende in der Religionsfrage aus.[14] Diese anthropologische, besser: anthropozentrische Perspektive läßt sich übrigens kultursoziologisch selbst als ein Teilresultat religiöser Entwicklungen ansehen. Vor allem aber: Sie ersetzt die theologische, besser: die theozentrische Perspektive nicht. Doch ist sie mit dieser auch nicht einfach kompatibel. Sie bie-

12 Johann Baptist Metz, *Jenseits bürgerlicher Religion*, S. 9.
13 Vgl. dazu Hermann Lübbe, *Philosophie nach der Aufklärung. Von der Notwendigkeit pragmatischer Vernunft*, Düsseldorf 1980, S. 59.
14 Diese anthropologische Wende in der Religionsfrage ist bekanntlich von Feuerbach und vom frühen Marx explizit formuliert worden. Vgl. etwa Ludwig Feuerbachs *Grundsätze der Philosophie der Zukunft* von 1843 und Karl Marx' »Zur Kritik der Hegelschen Rechtsphilosophie. Einleitung« von 1843/1844. Zur religionssoziologischen Bedeutung dieser Wende vgl. vor allem die genannten Arbeiten von Peter L. Berger.

tet allenfalls Anknüpfungspunkte für theologische Argumentationen, so wie sie diese als Anknüpfungspunkte für sich selber
nutzt.[15]
Will man die Frage nach der messianischen Zukunft des okzidentalen Christentums beantworten, so sollte man aber darüber
hinaus einen Ratschlag von Freud beherzigen: daß das immer
unsichere Urteil über die Zukunft einer Kulturerscheinung si-
cherer wird, wenn man es auf eine Diagnose der Vergangenheit
und der Gegenwart der Kultur stützt, der sie angehört.[16] Wer
etwa nach der Zukunft des Christentums fragt, sollte versuchen, »die uns umgebende Wirklichkeit des Lebens, in welches
wir hineingestellt sind, *in ihrer Eigenart* (zu) verstehen – den
Zusammenhang und die Kultur*bedeutung* ihrer einzelnen Erscheinungen in ihrer heutigen Gestaltung einerseits, die Gründe
ihres geschichtlichen So-und-nicht-anders-Gewordenseins andererseits«.[17] Eine solche Diagnose unserer religiösen Situation
will ich zunächst versuchen. Es versteht sich, daß dies nur skiz-
zenhaft und mit dem Mut zur großen Linie geschehen kann.
Dann will ich prüfen, welche Funktion die Religion heute hat
und wie es um ihre messianische Zukunft steht. Nicht aus einer
Variante des Ethnozentrismus heraus und schon gar nicht, weil
ich – wie noch manche Religionsphilosophen des 19. Jahrhunderts – das Christentum für die höchste und letzte Stufe der
Religionsentwicklung hielte, sondern aus pragmatischen Gründen beschränke ich mich dabei auf die mit dem verfaßten Christentum verbundenen Traditionen. Zu den *alternativen* Kultur-
und Weltreligionen, von denen ich aus pragmatischen Gründen
weitgehend absehe, zähle ich nicht nur die buddhistische, hinduistische und islamische, sondern auch die jüdische Tradition.[18]

15 Dazu Peter L. Berger, *A Rumor of Angels*, S. 61 ff. Zu den Begriffen
theozentrisch und anthropozentrisch vgl. Wolfgang Schluchter, *Die
Entwicklung des okzidentalen Rationalismus. Eine Analyse von Max
Webers Gesellschaftsgeschichte*, Tübingen 1979, S. 59 ff. und ders., *Rationalismus der Weltbeherrschung. Studien zu Max Weber*, Frankfurt
1980, S. 9 ff.
16 Sigmund Freud, *Gesammelte Werke*, XIV, S. 325.
17 So Max Weber, WL, S. 170 f.
18 Vgl. dazu Max Weber, RS I, S. 237 ff. sowie, für die Einordnung der

Jede wissenschaftliche Betrachtung muß ihren Objektbereich nicht nur pragmatisch, sondern auch analytisch klären. Dazu gehört bei meinem Thema eine Definition von Religion. Religion ist in soziologischer Sicht das Produkt jenes welterrichtenden und welterhaltenden Handelns von Menschen, mit dem sie eine Sphäre des Heiligen konstituieren, die zugleich eine Sphäre des Übermächtigen ist. Religiöses Handeln setzt und bestätigt die Unterscheidung einer heiligen von einer profanen Sphäre. Dabei gilt das Heilige als eine Wirklichkeitssphäre, die zwar hinter oder über der des Profanen steht, mit dieser aber Verbindung hält. Dies zeigt sich unter anderem in individuellen und kollektiven Grenzsituationen. In ihnen wird die Einbettung von individuellen und kollektiven Handlungszusammenhängen in nichtbeherrschbare Kontingenzen offenbar.[19] Für Max Weber gehört deshalb zur Religion die Konstruktion einer Hinter- oder Überwelt, gewöhnlich bevölkert mit Dämonen bzw. Göttern. Deren Beziehung zu den Menschen zu ordnen, macht für ihn »das Reich des ›religiösen‹ Handelns« aus.[20] Dieses Reich wird ab einem bestimmten Entwicklungsniveau organisiert in religiösen Verbänden. Diese verwalten äußere oder innere, diesseitige oder jenseitige Heilsgüter, und sie garantieren ihre Ordnung dadurch, daß sie psychischen Zwang verwenden, und zwar durch »Spendung oder Versagung« eben jener Heilsgüter, für deren Verwaltung sie zuständig sind.[21] Struktur und Inhalt religiöser Weltbilder und religiöser Verbände variieren in und zwischen religiösen Traditionen. Diese Variationen und ihre Wirkungen aufzudecken ist die Aufgabe einer historisch orientierten Religionssoziologie. Ihr analytischer Gegenstand aber bleibt religiöses Handeln, jenes Handeln also, das, indem es nichtbeherrschbare Kontingenz beherrschbar zu machen sucht, einen heiligen Kosmos, sei es errichtet, sei es erhält.

jüdischen Tradition, *Religion und Lebensführung*, Kap. 7. Interessant in diesem Zusammenhang auch Peter L. Berger, *The Heretical Imperative. Contemporary Possibilities of Religious Affirmation*, New York: Doubleday Anchor 1979 (deutsch: *Der Zwang zur Häresie. Religion in der pluralistischen Gesellschaft*, Frankfurt 1980), Kap. 6.

19 Ich stütze mich hier auf die Überlegungen von Emile Durkheim und kombiniere sie mit Vorschlägen von Berger, Luhmann und Lübbe.
20 Max Weber, WuG, S. 247.
21 Ebd., S. 29.

2. Die Unumkehrbarkeit der Säkularisierung

In welcher Konstellation vollzieht sich bei uns heute religiöses Handeln, was sind die wichtigsten Kennzeichen unserer gegenwärtigen religiösen Situation? Orientiert man sich an den gängigen Analysen mancher Theologen und vor allem vieler Soziologen, so ist unsere gegenwärtige religiöse Situation das Resultat eines über Jahrhunderte während Prozesses der Säkularisierung, in dem auf der Ebene der Werte religiöse durch säkulare Werte, auf der Ebene des Bewußtseins eine außerweltliche durch eine innerweltliche Orientierung und auf der Ebene der Institutionen der Primat der religiösen durch den der politischen und ökonomischen Institutionen ersetzt worden ist.[22] Säkularisierung ist freilich ein Begriff von zweifelhaftem analytischem Status. Dies hat mit seiner langen vorwissenschaftlichen Karriere zu tun. Wie viele Begriffe, mit denen die Soziologie arbeitet, war er zunächst ein Begriff, mit dem die Beteiligten ihre Situation zu definieren suchten: Er diente als ideenpolitischer Kampfbegriff. Insbesondere im 19. Jahrhundert wurde er dazu benutzt, die Liquidation angeblich illegitimer geistlicher Herrschaft zu reklamieren wie die Berechtigung solcher Forderungen abzuwehren: Er war einer der zentralen Kampfbegriffe der kirchen- und kulturpolitischen Auseinandersetzung. Doch bereits Ernst Troeltsch und Max Weber suchten Anfang dieses Jahrhunderts seine kirchen- und kulturpolitischen Bedeutungen zu neutralisieren.[23] Seitdem bezeichnet Säkularisierung jenen dialektischen historischen Prozeß, in dem die christliche Religion das Entstehen des modernen Betriebskapitalismus, des modernen Anstaltsstaats und der modernen Erfahrungswissenschaft begünstigt und selbst durch diese innerweltlichen Mächte zunehmend entmachtet wird. So gesehen ist Säkularisierung eine historiographische und soziologische Prozeßkategorie, ein Kompaktbegriff, der einen entwicklungsgeschichtlichen Vorgang beschreibt, den man weder eindimensional noch einsei-

22 Zu diesem Verständnis von Säkularisierung Talcott Parsons, *Action Theory and the Human Condition*, S. 240 ff. Vgl. auch Niklas Luhmann, *Funktion der Religion*, Kap. 4.
23 Dazu Hermann Lübbe, *Säkularisierung. Geschichte eines ideenpolitischen Begriffs*, München 1965, bes. Kap. IV.

tig fassen sollte. Er bezieht sich vielmehr auf fundamentale Veränderungen auf der Ebene der Ideen und der sie verknüpfenden Weltbilder, auf fundamentale Veränderungen auf der Ebene der materiellen und ideellen Interessenkonstellationen und der ihnen korrespondierenden Bewußtseinshaltungen und auf fundamentale Veränderungen des Institutionengefüges, in dem sich der individuelle und kollektive Handlungszusammenhang vollzieht. Er bezieht sich aber auch auf die Tatsache, daß die Entmachtung der Religion nicht nur von außerreligiösen Kräften erzwungen, sondern teilweise durch die Religion selbst angestoßen und gefördert wurde. Folgt man etwa Max Weber, so hat der Säkularisierungsprozeß, den er einen Prozeß der Entzauberung der Welt nennt, seine Ursprünge in der vorexilischen Thoralehre und in der vorexilischen Prophetie Altisraels und einen entscheidenden Förderer im asketischen Protestantismus, wie er sich in der Zeit von der Reformation bis zum Westfälischen Frieden hauptsächlich in der Nordwestecke Europas entwickelt hat.[24]

Ich will Säkularisierung in der Folge im Sinne dieser neutralisierten Prozeßkategorie verwenden und damit die Frage verbinden: Was ist die Funktion der okzidentalen christlichen Religion nach weitgehend vollzogener Säkularisierung? Im Sinne einer dimensionalen Auffächerung des Begriffs interessiere ich mich dabei vor allem für zwei Dimensionen: für die Weltbilder einerseits, für die institutionellen Arrangements andererseits. Daran orientiert, möchte ich zwei Thesen vertreten. 1. Im Hinblick auf die Weltbilder bedeutet weitgehend vollzogene Säkularisierung eine Subjektivierung religiöser Glaubensmächte als Folge des Entstehens alternativer Lebensdeutungen, die prinzipiell nicht mehr in ein religiöses Weltbild integriert werden können; 2. im Hinblick auf die Institutionen bedeutet weitgehend vollzogene Säkularisierung eine Entpolitisierung der verfaßten Religion als Folge einer funktionalen Differenzierung der Gesellschaft, die prinzipiell nicht mehr durch verfaßte Religion integrierbar ist. Um die erste These zu begründen, stütze

24 Zu dieser Sicht, ausgehend von Weber, insbesondere Peter L. Berger, *Zur Dialektik von Religion und Gesellschaft*, Kap. 5 und Talcott Parsons, *The System of Modern Societies*, Englewood Cliffs, N. J.: Prentice-Hall 1971, Kap. 3 und 4.

ich mich auf die Diagnose der modernen Kultur, wie sie sich vor allem in Max Webers religionssoziologischen Arbeiten findet.[25] Um die zweite These zu begründen, verwende ich Argumentationen der neueren soziologischen Systemtheorie.[26] An die beiden Thesen aber lassen sich zwei Fragen anschließen: 1. Gibt es einen berechtigten religiösen Widerstand gegen säkulare Weltbilder, der mehr ist als Verweigerung der Aufklärung? 2. Gibt es einen berechtigten religiösen Widerstand gegen Entpolitisierung, der mehr ist als das Festhalten von überkommenen Privilegien? Beide Fragen hängen offensichtlich mit der nach der messianischen Zukunft des okzidentalen Christentums zusammen. Ihre Beantwortung läßt also zumindest eine grobe Einschätzung der religiösen Entwicklungstendenzen in den westlichen Industriegesellschaften zu.

Ich beginne mit meiner ersten These, mit der Behauptung, das religiöse Weltbild, in diesem Falle das christliche, sehe sich heute alternativen Weltbildern gegenüber, die es prinzipiell nicht mehr integrieren könne, was ganz allgemein mit einer Subjektivierung der religiösen Glaubensmächte verbunden sei. Diese These gilt zunächst schon für das Verhältnis des Christentums zu den anderen großen Kultur- und Weltreligionen. Seit dem Zerfall des klassischen Evolutionismus, seit den Ergebnissen, die die empirisch-historisch orientierte vergleichende Kulturanthropologie, Religionswissenschaft, Psychologie und Soziologie zutage gefördert haben, ist klar, daß man diese Religionen nicht einfach mehr in eine Stufenfolge bringen kann.[27] Diese These gilt aber sodann vor allem für das Verhältnis von Christentum und säkularem Humanismus, wie er durch Hellenis-

25 Wichtig sind in diesem Zusammenhang Max Weber, RS I und ders., WL, S. 582 ff. Zur Interpretation vgl. Wolfgang Schluchter, *Rationalismus der Weltbeherrschung*, Kap. 1 und 2.

26 Vgl. hierzu vor allem die zitierten Arbeiten von Parsons und Luhmann. Ferner Niklas Luhmann, »Differentiation of Society«, in: *Canadian Journal of Sociology*, 2 (1977), S. 29 ff.

27 An der unterschiedlichen Einschätzung der Rolle eines Stufenschemas für die Rekonstruktion von historischen Abläufen scheiden sich unter anderem heute die Richtungen des sozialwissenschaftlichen Neoevolutionismus von denjenigen einer vergleichenden historischen Soziologie.

mus, Renaissance und Aufklärung geprägt worden ist.[28] Gewiß: Das okzidentale Christentum als eine Erlösungsreligion, basierend auf der Konstruktion eines zumindest tendenziell überweltlichen und persönlichen Schöpfergottes und einer zumindest tendenziell universalistischen Brüderlichkeitsethik, hat schon immer in einem Spannungsverhältnis zu den Ordnungen der Welt und ihren Werten gestanden, vor allem zur ökonomischen, zur politisch-rechtlichen, zur künstlerischen und zur sexuell-erotischen Sphäre, und dies um so mehr, je weiter das religiöse Weltbild intellektuell rationalisiert und die mit ihm verbundenen Forderungen gesinnungsethisch sublimiert wurden und je weiter – sei es als Folge dieses Vorgangs, sei es aus endogenen Gründen – die Rationalisierung und Sublimierung der ›weltlichen‹ Güter fortgeschritten ist. Diese Überlegung steht im Zentrum von Max Webers vergleichenden religionssoziologischen Studien.[29] In ihnen wird unter anderem erörtert, wie und mit welchen Konsequenzen diese Spannungen von den großen Kultur- und Weltreligionen im Grundsatz bewältigt worden sind. Doch gerade Weber betont, daß mit dem Aufkommen eines säkularen Humanismus dem Spannungsverhältnis zwischen christlicher Erlösungsreligion und Welt eine neue Dimension zuwächst. Denn nun tritt, gipfelnd in der Aufklärung, dem religiösen ein säkulares Gesamtweltbild gegenüber, dessen letzte Formung auf der Religion absolut heterogenen Voraussetzungen beruht. Wo zuvor unmittelbare Einheit, begründete wechselseitige Anerkennung oder wenigstens Indifferenz zwischen religiösen und weltlichen Werten und Gütern möglich schien, herrscht nun eine prinzipielle Spannung, eine Spannung, die sich nicht mehr unter Kompromißformeln verdecken läßt.

28 Den Begriff säkularer Humanismus entnehme ich den Arbeiten von Talcott Parsons. Dieser sieht in den westlichen Industriegesellschaften, insbesondere in den USA, vier große Strömungen: den Katholizismus, das Judentum, den Protestantismus und den säkularen Humanismus. Vgl. Talcott Parsons, *Action Theory and the Human Condition*, S. 249 ff. und S. 308 f.

29 Vgl. dazu Max Weber, RS I, S. 536 ff. Schon Karl Mannheim hat diesen Text als ein schönes Beispiel für eine generalisierende Weltanschauungserfassung angesehen. Vgl. Karl Mannheim, *Strukturen des Denkens*, Frankfurt 1980, S. 139.

Was sind die Gründe für diese prinzipielle Spannung, worin besteht die Heterogenität, die »unvermeidliche Disparatheit«, der letzten Voraussetzungen, auf denen Christentum und säkularer Humanismus beruhen?[30] Folgt man wiederum Weber – und ich bin bereit, ihm in dieser Hinsicht relativ weit zu folgen –, so sind die christliche Religion und die sie rationalisierende Disziplin, die Theologie, wollen sie sich beide nicht selbst aufgeben, wenigstens zu zwei Voraussetzungen gezwungen: daß die Welt »ein gottgeordneter, also irgendwie ethisch *sinnvoll* orientierter Kosmos sei« und daß für die Erfassung dieser Orientiertheit »bestimmte ›Offenbarungen‹ als heilswichtige Tatsachen … schlechthin zu glauben sind«.[31] Eine sinnvolle christliche Lebensführung läßt sich nur von Gott her begründen. Ihre Basis bildet der Glaube nicht an ein Wissen, sondern an ein Haben, weil sie auf das Charisma einer Erleuchtung bezogen ist. Nur wer von dieser Erleuchtung in irgendeiner Form erfaßt ist, kann ein positiv religiöser Mensch sein und eine positive Theologie vertreten. Und dies schließt trotz der kognitiven Komponente, die gerade den erlösungsreligiösen Glauben auszeichnet, »an *irgend*einer Stelle das ›credo non quod, sed *quia* absurdum‹, – das ›Opfer des Intellekts‹«, mit ein.[32] Auch der säkulare Humanismus und die ihn rationalisierenden Disziplinen, die Philosophie und die Erfahrungswissenschaften, sind, wollen sie sich selbst treu bleiben, wenigstens zu zwei Voraussetzungen gezwungen: daß die Welt nicht nur ein von Naturkausalität durchherrschter, sondern auch ein von den Menschen ethisch zu beherrschender Kosmos sei und daß dafür die ständige Verbesserung unserer Erkenntnis über diese Welt mittels rationalen Begriffs und rationalen Experiments eine notwendige, wenngleich keine hinreichende Bedingung ist.[33] Eine sinnvolle säkular humanistische Lebensführung läßt sich nur vom Menschen her begründen. Ihre Basis bildet nicht der Glaube an ein Haben, sondern an ein Wissen, an ein »letztes intellektuelles Wissen über das Seiende oder normativ Geltende«, weil sie auf das Charisma der

---

30 Max Weber, RS I, S. 565.
31 So ebd., S. 564 und WL, S. 611.
32 Max Weber, RS I, S. 566.
33 Vgl. Max Weber, WL, S. 594 ff.

Vernunft bezogen ist.[34] Gewiß: Dieses Charisma der Vernunft, das in der Aufklärung und in den demokratischen Revolutionen des 18. Jahrhunderts seine Geschichtsmächtigkeit entfaltete, ist inzwischen weitgehend zerfallen. Die Dialektik der Aufklärung, die Paradoxie der durch sie ausgelösten Rationalisierung, hat schon lange an die Stelle ihrer Verklärung die Ernüchterung, ja Abkehr von ihr und Feindschaft treten lassen, und wie ein Gespenst geht der Gedanke der Weltbeherrschung durch Welterkenntnis angesichts der durch Wissenschaft ermöglichten Selbstzerstörung der Welt in unserem Leben um. Mehr noch: Die rational-empirisch orientierten Einzelwissenschaften, obgleich an Wertvoraussetzungen gebunden, haben das umfassende Sinnproblem von sich abgestoßen. Jedenfalls verspricht keine mehr, die sich ihrer Grenzen bewußt bleibt, heute noch den Weg zum wahren Glück. Auch die Philosophie hat Mühe, die von den Einzelwissenschaften in Anspruch genommenen Wertvoraussetzungen zu deuten, ihre Systematik zu entwickeln und sie gar in ein nachaufklärerisches kohärentes Weltbild einzubetten. Da nimmt es denn auch nicht Wunder, daß mancher, anstatt das wahrlich nicht mehr rosige Erbe der Aufklärung unter veränderten Bedingungen anzutreten, lieber die Posaune der Gegenaufklärung bläst. Und überhaupt: Wie schon in der Vergangenheit, so regen sich auch heute wieder nicht nur die Stimmen der Gegenaufklärung, sondern – gerade auch bei manchen Teilen der akademischen Jugend – die Stimmen derer, die nach dem Erlebnis suchen, das nicht mit, sondern nur gegen die moderne Wissenschaft zu haben sei. Dennoch: Die Entzauberung der Welt durch die moderne Wissenschaft ist ein irreversibles Faktum. Und wer immer eine säkular humanistische Lebensführung anstrebt, wird den Anspruch erheben, daß die moderne Wissenschaft für ihn heute »die einzig mögliche Form der denkenden Weltbetrachtung« sei.[35] Wer immer diese Lebensführung anstrebt, wird aber auch trotz der Einsicht in die Paradoxie der Wirkung gegenüber dem Wollen seines Handelns den

34 Max Weber, RS I, S. 566. Zur Formel vom Charisma der Vernunft bei Weber und zu ihrer Anwendung heute Guenther Roth, »Charisma and the Counterculture«, in: Guenther Roth und Wolfgang Schluchter, *Max Weber's Vision of History*, S. 144 ff.
35 Max Weber, RS I, S. 569.

weiteren Anspruch erheben, daß es »prinzipiell keine geheimnisvollen unberechenbaren Mächte gebe«, »daß man vielmehr alle Dinge – im Prinzip – durch *Berechnung beherrschen*« kann.[36] Damit ist der säkulare Humanismus zugleich auf rein innerirdische individuelle oder kollektive Vervollkommnungsziele verpflichtet, die für die Religion und selbst für diejenige Theologie, die die anthropologische Wende mitmacht, schlechthin inakzeptabel sein müssen. Deshalb herrschen zwischen einem religiösen Weltbild und einem säkularen Weltbild, zwischen einer religiösen und einer säkular humanistischen Lebensführung nicht Einheit, Anerkennung oder Indifferenz, sondern prinzipielle Spannung und Konflikt. Dies gilt auch dann, wenn die auf diesen Humanismus bezogene moderne Wissenschaft ihr Entlarvungsinteresse, mit dem sie lange Zeit der Religion begegnete, aus Einsicht in ihre eigenen kulturhistorischen Voraussetzungen und Grenzen mit gutem Grunde weitgehend aufgibt. Diese prinzipielle Spannung aber zeigt sich unter anderem darin, daß der wissenschaftsbezogene säkulare Humanismus die Religion aus dem »Reich des Rationalen« hinausdrängt: Sie gilt ihm zwar nicht unbedingt als »die irrationale oder antirationale«, wohl aber als die nichtrationale überpersönliche Macht.[37] Mehr noch: Mit seiner Vorstellung von einer im Prinzip durch Berechnung beherrschbaren und damit überraschungslosen modernen Welt trägt er, übrigens durch Teile der Theologie unterstützt, dazu bei, die Religion zu subjektivieren. Sie wird »aus Faktenzusammenhängen außerhalb des Individuums in die ›Binnenwelt‹ seines Bewußtseins ›übersetzt‹«.[38]

Dem religiösen Weltbild steht heute also ein säkulares Weltbild gegenüber. Beide sind dem Anspruch nach Gesamtweltbilder,

36 Max Weber, WL, S. 594.
37 Max Weber, RS I, S. 564. Auf die Bedeutung der Unterscheidung von irrational und nichtrational für die soziologische Theorie hat schon früh Parsons im Anschluß an Pareto und Durkheim hingewiesen. Vgl. auch Talcott Parsons, *Action Theory and the Human Condition*, S. 233 ff. Ferner *Religion und Lebensführung*, Kap. 2.
38 Peter L. Berger, *Zur Dialektik von Religion und Gesellschaft*, S. 158. Zu dieser Problematik auch Thomas Luckmann, *The Invisible Religion*, New York: MacMillan 1967.

eines, das man über alle inhaltlichen Variationen hinweg als theozentrisch, eines, das man über alle inhaltlichen Variationen hinweg als anthropozentrisch bezeichnen kann. Beide legen eine letzte Stellungnahme zur Welt nahe, mit der Menschen den Zusammenhang des Weltgefüges sowie seiner Wertsphären und Lebensordnungen sinnhaft deuten, einmal in erster Linie als Heilsgeschehen in der Dialektik von Sündhaftigkeit und Erlösung, einmal in erster Linie als Natur- und Kulturgeschehen in der Dialektik von Unmündigkeit und Emanzipation.[39] Wo die Träger dieser letzten Stellungnahmen zur Welt sich nicht aus dem Weg gehen, wo sie die Auseinandersetzung miteinander aufnehmen, ohne die zwischen ihnen herrschende prinzipielle Spannung auf der Ebene der Ideen durch sogenannte ›liberale‹ Übersetzungen und auf der Ebene des Handelns durch opportunistische Wertbefolgung zu neutralisieren, werden sie sich wechselseitig relativieren. Sie werden den jeweils anderen als den Träger eines Teilweltbildes definieren, der allenfalls ein beschränktes Deutungsangebot machen kann. In dieser Auseinandersetzung ist seit langem das säkulare Weltbild in der Offensive. Es hat das religiöse Weltbild nicht nur in die Defensive gezwungen, sondern es auch als dominantes Weltbild verdrängt. Natürlich herrschte das religiöse Weltbild niemals konkurrenzlos, auch nicht im Mittelalter nach dem Übergang vom karolingischen zum gregorianischen Typus der Kirche, mit dem nicht nur der Ansatz zur Verwirklichung einer kirchlich geleiteten Kultur, sondern auch zu einer christlichen Gesellschaft verbunden war.[40] Doch diese Konkurrenz vollzog sich hier und noch für lange Zeit in einem Rahmen, in dem das religiöse Weltbild dominierte und in dem die verfaßte Religion Institutionen erster Ordnung repräsentierte, d. h. »Regulativinstanzen für Denken und Handeln in der Welt«.[41] Diese Situation hat sich radikal geändert. Obgleich etwa die beiden christlichen

---

39 Vgl. dazu Wolfgang Schluchter, *Die Entwicklung des okzidentalen Rationalismus*, S. 76 f.

40 Dazu die klassische Studie von Ernst Troeltsch, *Die Soziallehren der christlichen Kirchen und Gruppen*, 3. Aufl., Aalen 1977, S. 206 ff. und, teilweise im Anschluß daran, Talcott Parsons, *Action Theory and the Human Condition*, S. 243 ff.

41 Peter L. Berger, *Zur Dialektik von Religion und Gesellschaft*, S. 129 f.

Kirchen bei uns nach wie vor den größeren Teil der Bevölkerung zu ihren Mitgliedern zählen, sind die Träger eines religiösen Weltbildes in der Gegenwart ganz allgemein in die Rolle »kognitiver Minderheiten« geraten.[42] Sie vertreten keine dominante Sinnwelt mehr, sondern allenfalls eine Teilsinnwelt unter vielen, eine Teilsinnwelt zumal, die die dominante Sinnwelt offenbar nicht nur variiert oder spezifiziert, sondern die von dieser abweicht und die deshalb vor besonderen Legitimationsproblemen steht. Dies hängt freilich nicht allein mit Konstellationen auf der Ebene der Weltbilder, sondern auch mit Konstellationen auf der Ebene der Institutionen zusammen. Und dies führt mich zu meiner zweiten These: daß die verfaßte Religion in einer funktional differenzierten Gesellschaft entpolitisiert ist und daß diese Gesellschaft prinzipiell nicht mehr über verfaßte Religion integriert werden kann.

Die Soziologie unterscheidet Gesellschaften unter anderem danach, auf welcher Form primärer Differenzierung sie beruhen: ob auf der segmentalen, der geschichteten oder der funktionalen Form. Die Übergänge von der einen zur anderen Form in dieser Folge sind mit Prozessen der Aus- und Innendifferenzierung verbunden: mit Prozessen der Ausdifferenzierung insofern, als dabei Aufgaben neu entstehen oder neu verteilt werden und sich deshalb Art und Stellung der Lebensordnungen der Gesellschaft verändern, mit Prozessen der Innendifferenzierung insofern, als die damit verbundenen neuen Umweltverhältnisse den vorhandenen Lebensordnungen in der Regel eine Reorganisation ihrer inneren Struktur abverlangen.[43] Beginnend mit dem Mittelalter, endgültig seit der Französischen Revolution hat die verfaßte Religion mit den Folgeproblemen funktionaler Differenzierung zu kämpfen.[44] Offenbar fällt es ihr besonders schwer, ihren Platz in einer Gesellschaft zu finden, deren individueller und kollektiver Handlungszusammenhang in erheblichem Umfang durch die Form funktionaler Differenzierung geprägt ist und wohl auch in Zukunft geprägt sein wird.

Worin aber bestehen diese Folgeprobleme, wie hat funktionale Differenzicrung sich auf Art und Stellung der religiösen Le-

42 Ebd., S. 145.
43 Vgl. dazu Niklas Luhmann, *Funktion der Religion*, S. 89 ff.
44 Ebd., S. 231 f.

bensordnung in der Gesellschaft ausgewirkt? Um diese Frage beantworten zu können, ist es nützlich, jene Konstellation kurz zu charakterisieren, von der dieser Prozeß ausgeht: die mittelalterliche Gesellschaft, die sich in idealtypischer Überzeichnung als eine Gesellschaft in der Form der geschichteten Differenzierung beschreiben läßt. Sie kennt zwar Lebensordnungen mit Selektivität, Besonderheit und Spezialisierung, doch werden diese so koordiniert, daß dabei tendenziell ein hierarchisch abgestuftes Gesamtgefüge entsteht. In diesem Gesamtgefüge spielt die Kirche eine besondere Rolle. Sie monopolisiert die religiösen Aufgaben und sucht, anders als noch die alte christliche Kirche, die Welt mit Religion zu durchdringen, und zwar in einem Rahmen, der nicht mehr der einer ›Landeskirche‹, sondern der einer Universalkirche ist. Das Ziel der mittelalterlichen Kirche ist die »sakramentale Gnadendurchdringung der Menschheit«,[45] und für seine Verwirklichung gibt sie – spätestens seit der gregorianischen Reform – nicht nur der papalen gegenüber der episkopalen Idee den Vorrang, sondern sie strebt auch nach der Überordnung der geistlichen über die weltliche Gewalt. Die Kirche als die Fortsetzung der Inkarnation Gottes in Christus hat zwischen Gott und der Welt zu vermitteln. Diese Vermittlung muß das Imperium sowohl schützen wie stützen: Auch die politische Gewalt gilt als ein Instrument zur Verchristlichung der Welt. Zwar ist es, wie insbesondere der Investiturstreit und seine Folgen zeigen, der religiösen Lebensordnung letztlich nicht gelungen, eine eindeutig vertikale Koordination zwischen Universalkirche und Reich, zwischen religiöser und politischer Herrschaft, durchzusetzen.[46] Doch zumindest der Idee nach rangieren religiöse Werte und Institutionen vor den weltlichen: Das institutionelle Arrangement unterbaut die Dominanz des religiösen Weltbildes, es untergräbt sie nicht. Im Sinne von Ernst Troeltsch läßt sich die mittelalterliche Gesellschaft als der institutionelle Ausdruck einer »relativen

45 Ernst Troeltsch, *Soziallehren*, S. 221.
46 Über die damit verbundene institutionelle Erfindung, die für die weitere Entwicklung von großer Bedeutung war, M. Rainer Lepsius, »Modernisierungspolitik als Institutionenbildung. Kriterien institutioneller Differenzierung«, in: Wolfgang Zapf (Hg.), *Probleme der Modernisierungspolitik*, Meisenheim 1977, S. 17 ff.

christlichen Einheitskultur« verstehen, die durch Universalkirche *und* Reich verwirklicht wird.[47] Zwar steht auch hier bereits der religiösen Kultur, die im wesentlichen eine Mönchs- und Priesterkultur ist, eine weltliche Kultur gegenüber, vor allem in Gestalt einer ritterlich-höfischen Feudalkultur und – in wachsendem Maße – einer städtischen Bürgerkultur. Doch tangiert dies zunächst weder die Dominanz des religiösen Weltbildes noch die zentrale Stellung der Kirche. Um noch einmal Ernst Troeltsch zu zitieren: »Es gab nur die Souveränetät (sic!) der Kirche, aber keine solche des Staates, der wirtschaftlichen Produktion, der Wissenschaft, der Kunst. Der überweltliche Lebenswert des Evangeliums mochte auf Weltsinn, Genußsucht, Roheit und Gewalttat stoßen; auf konkurrierende ideale Güter, auf eine von der Kirche unabhängige selbständige, Eigenrecht und Eigenkraft in sich besitzende Ordnung der weltlichen Kultur stieß sie (sic!) nicht.«[48]

Die zentrale Stellung der religiösen Lebensordnung in dem hierarchisch abgestuften Gesamtgefüge der mittelalterlichen Gesellschaft und die Dominanz des von ihr vertretenen Weltbildes aber werden durch den inneren Aufbau dieser Lebensordnung selber gefördert: Der Anspruch auf Autonomie und Autokephalie nach außen verbindet sich mit einem zentralistisch-hierarchischen Aufbau nach innen, mit einer im Vergleich zu den übrigen Lebensordnungen weit entwickelten rationalen Bürokratie.[49] Der relativen christlichen Einheitskultur der Gesellschaft liegt eine relative kirchliche Einheitskultur der religiösen Lebensordnung zugrunde.[50] Sie wird in die institutionelle Form einer bürokratischen priesterlich-sakramentalen Gnaden-*anstalt* gebracht. Zwar hat diese kirchliche Einheitskultur schon vor der Reformation ständig mit Oppositionsbewegungen zu kämpfen, mit heterodoxen religiösen Bewegungen, die das angestrebte religiöse Deutungs- und Organisationsmonopol der Universalkirche bestreiten, und vor allem: die dem kirchlichen

47 Ernst Troeltsch, *Soziallehren*, S. 240 f., ferner S. 223, S. 239, S. 252 ff.
48 Ebd., S. 247.
49 Vgl. Max Weber, WuG, S. 480 ff., S. 700 ff.
50 Vgl. Ernst Troeltsch, *Soziallehren*, S. 206 ff. In Webers Sicht fehlt allerdings dem okzidentalen Mittelalter weitgehend der Charakter einer Einheitskultur. Vgl. WuG, S. 721 f.

Organisationsmodell mit einem alternativen Organisationsmodell begegnen, mit dem der Sekte, das ja von Beginn an immer auch mit der Verwirklichung des Evangeliums verbunden ist. Doch die Universalkirche absorbiert ein gut Teil dieser Strömungen über Innendifferenzierung, über die Anerkennung religiöser Sonderorganisationen im Rahmen der Kirche, in denen religiöse Virtuosen ihre gesteigerten Heils- und Erlösungsbedürfnisse in einer Weise ausleben können, die produktiv auf die Kirche zurückwirkt, ohne daß dies zu einer grundlegenden Reform des gesamten Organisationsaufbaus zwingt.[51] So wie im Außenverhältnis der Idee nach die Kirche vor dem Imperium und den übrigen weltlichen Einrichtungen rangiert, so rangiert im Innenverhältnis der mit der Schlüsselgewalt ausgestattete und das Sakramentsmonopol verwaltende Priester vor dem Laien, der religiöse Virtuose, der Mönch, aber vor dem Priester, den seine Stellung als Vermittler zwischen dem Heiligen und dem Profanen in eine größere Nähe mit den Eigengesetzlichkeiten der innerweltlichen Ordnungen bringt. Das Ideal eines hierarchisch abgestuften Gesamtgefüges nach außen wie nach innen aber ist wohl am eindrucksvollsten in der thomistischen Ethik formuliert worden, die, in ihrem »architektonisch geordnete(n) System von Zweckstufen« mit der »das Menschentum abschließende(n) und zusammenschließende(n) Stufe der kirchlich-sakramentalen Gnadensittlichkeit« an der Spitze, die Einheit des Gesamtsystems denken und dennoch jeder Stufe ihr relatives Eigenrecht und ihre relative Eigengesetzlichkeit belassen kann.[52]

Die mittelalterliche Gesellschaft ist also eine religiöse Gesellschaft, dominiert von einem christlichen Weltbild und mitgeprägt von einer bürokratischen Universalkirche, die das Monopol auf die Vergabe begehrter Heilsgüter erfolgreich für sich in Anspruch nimmt. Religion zu haben wird in dieser Gesellschaft nicht der freien Wahl des einzelnen überlassen. Man hat sie zu haben, und die Frage ist nur, wie viel oder wie wenig man von ihr hat. Die Antwort darauf gibt nicht der einzelne, sondern die Kirche, die über die Heilschance jedes einzelnen entscheidet,

51 Dazu Webers Überlegungen zum Verhältnis von Hierokratie und Mönchtum in WuG, S. 703.
52 Ernst Troeltsch, *Soziallehren*, S. 277. Der erste Teil des Zitats ist im Original gesperrt.

weil es außerhalb ihrer Mauern kein Heil gibt. Ihre schärfste Sanktion ist der Ausschluß von den Sakramenten, die Exkommunikation, die nicht nur den Verlust der Heilschancen, sondern auch den Verlust weltlicher Lebenschancen bedeutet. Obgleich die religiöse Lebensordnung von den übrigen Lebensordnungen so weit ausdifferenziert ist, daß ihre inneren Schichtungen in Grenzen gegeneinander variieren können, gibt es für den Laien doch keine Entkoppelung der politischen Rolle von der religiösen. Mitglied der Gesellschaft ist er nur, wenn er einem politischen und einem religiösen Herrschaftsverband angehört.[53]

Diese Koppelung hat die moderne Gesellschaft beseitigt, eine Gesellschaft, die in erster Linie auf funktionaler Differenzierung beruht. Bei dieser Differenzierungsform wird auf die Koordination der Lebensordnungen zu einem hierarchisch abgestuften Gesamtgefüge verzichtet und damit die Selektivität, Besonderheit und Spezialisierung der Lebensordnungen enorm gesteigert: An die Stelle der starren und dauerhaften Hierarchie zwischen ihnen tritt ihre flexible und offene Konkurrenz. Natürlich muß auch eine funktional differenzierte Gesellschaft über die Koordination der Lebensordnungen integriert werden. Doch ist diese Integration jetzt nicht mehr positiv, sondern negativ gefaßt. Die Koordinationsregeln sollen keine dauerhafte Rangordnung zwischen den Lebensordnungen herstellen, die durch die »*Einheit* eines höchsten Wertes oder durch ein *Wertesystem* bzw. eine Werte*hierarchie*« legitimiert wäre, sondern sie sollen verhindern, »daß die Operationen eines Teilsystems in einem anderen Teilsystem zu unlösbaren Problemen führen«.[54]

Dort, wo dies geschieht, wird der entstehende Regelungsbedarf jetzt nicht mehr durch Rückgriff auf religiöse, sondern auf säkulare Werte befriedigt, insbesondere durch Rückgriff auf politische Werte, die zwar, wie schon Georg Jellinek am Beispiel der Menschen- und Bürgerrechte gezeigt hat, religiösen Ursprungs sein mögen, aber selbst nicht mehr religiöse Werte

---

53 Vgl. Talcott Parsons, *Action Theory and the Human Condition*, S. 243 f.
54 Niklas Luhmann, *Zweckbegriff und Systemrationalität. Über die Funktion von Zwecken in sozialen Systemen*, Frankfurt 1973, S. 38 und ders., *Funktion der Religion*, S. 242.

sind.[55] Die funktionale Differenzierung von religiöser und politischer Lebensordnung führt zur Trennung von Staat und Kirche, zur Verwandlung des christlichen Staates in einen ›freien Staat‹, einem Vorgang, der insbesondere von der linkshegelianischen Religionskritik des 19. Jahrhunderts als politische Emanzipation von der Religion abgehandelt wurde[56] und der die kulturpolitische Auseinandersetzung bis weit ins 20. Jahrhundert hinein bestimmt. Und nicht nur dies: Funktionale Differenzierung von religiöser und politischer Lebensordnung führt auch zur Privatisierung des religiösen Lebens. Mit der Trennung von Staat und bürgerlicher Gesellschaft wird die Religion der bürgerlichen Gesellschaft zugewiesen und damit aus strukturellen Gründen ›entpolitisiert‹.[57] Denn Religionsfreiheit als eines der Menschenrechte, das nach den demokratischen Revolutionen des 18. Jahrhunderts institutionalisiert wurde, bedeutet nicht nur das Recht, frei für die Religion, sondern auch das Recht, frei von ihr zu sein. Die religiöse Rolle wird für den Laien zu einer privaten Sonderrolle und sein Zugang zur Gesellschaft über die säkulare Staatsbürgerrolle reguliert.[58]

Diese strukturell erzwungene Entpolitisierung der Religion durch funktionale Differenzierung der Gesellschaft bedeutet natürlich nicht, daß die religiösen Verbände auf Politik verzichten würden. Und dazu gehört nach wie vor der Versuch einer Instrumentalisierung der politischen Lebensordnung für das religiöse Weltbild und für das damit verbundene Wertsystem. Auch besitzen religiöse Verbände im Vergleich zu anderen Verbänden trotz weitgehend vollzogener Säkularisierung eine Reihe von institutionellen Privilegien: Soziologisch gesehen haben wir es in der Gegenwart teilweise mit hinkenden Trennungskirchen zu tun. Doch trotz der Rolle, die die Religion nach wie vor etwa bei der politischen Entscheidung über Fragen der Erzie-

---

55 Vgl. dazu Guenther Roth, »Charisma and the Counterculture«, in: Guenther Roth und Wolfgang Schluchter, *Max Weber's Vision of History*, S. 133.

56 Vgl. etwa Bruno Bauer, *Feldzüge der reinen Kritik*, Frankfurt 1968.

57 Vgl. dazu die klassische Analyse Hegels in seiner Rechtsphilosophie und die Kritik von Marx daran in seiner Analyse des Hegelschen Staatsrechts.

58 Dazu auch Hermann Lübbe, *Philosophie nach der Aufklärung*, S. 60.

hung, der Familie und ähnlichem spielt, kann man nicht übersehen, daß die Zonen der Durchdringung der Welt mit religiösen
Werten außerhalb der religiösen Lebensordnung immer schma-
ler werden. Und auch die christlichen Parteien, die zwischen
der religiösen und der politischen Lebensordnung eine Brücke
zu schlagen suchen, müssen sich zwar nicht in ihrer Program-
matik, wohl aber in ihrer praktischen Politik an den Imperati-
ven einer funktional ausdifferenzierten politischen Lebensordnung orientieren, die nicht mehr ausschließlich, ja nicht einmal
in erster Linie an religiösen Werten ausgerichtet werden kann.
Die Religion ist heute nicht nur privatisiert, ihr Geltungsbereich ist durch die relative Autonomie der übrigen Lebensordnungen auch weitgehend eingegrenzt. Dies zwingt sie selbst zu
erhöhter Selektivität, Besonderheit und Spezialisierung. Diese
Spezialisierung kann angesichts des Zustandes der gesellschaftlichen Umwelt nicht auf Gebieten liegen, für die andere Lebensordnungen ausdifferenziert wurden, also nicht auf dem
Gebiet der Politik, der Ökonomie, der Wissenschaft, der Kunst
oder der Freizeitkultur. Obgleich gerade die Volkskirchen heute dazu neigen, auf ihre veränderte Stellung in der Gesellschaft
mit Übernahme von Aufgaben zu reagieren, die in diese Bereiche gehören, muß sich diese Spezialisierung auf die drei in der
christlichen Tradition entstandenen religiösen Zentralfunktionen richten: auf die geistliche Kommunikation, auf die Diako-
nie und auf die Reflexion dieser Innen- und Außenfunktion, die
Theologie.[59]
Die moderne Gesellschaft hat also im Vergleich zur mittelalterlichen die Stellung der religiösen Lebensordnung zu den übrigen Lebensordnungen strukturell geändert und damit eine Entpolitisierung und Privatisierung der Religion bewirkt. Doch ist
dies nur die eine Seite, die mit weitgehend vollzogener Säkularisierung auf institutioneller Ebene hervortritt. Die andere ist,
daß die religiöse Lebensordnung selber zugleich segmental differenziert worden ist. Dieser Prozeß hat mit der Reformation
begonnen. Mit ihr wird das Monopol der mittelalterlichen Kirche auf den religiösen Heilsbesitz gebrochen: innerlich durch

---

59 So bestimmt Niklas Luhmann die religiösen Zentralfunktionen. Vgl.
Funktion der Religion, S. 54 ff.

die neue Sakramentslehre, wodurch neben die Kirche als Gnadenanstalt die Kirche als eine Gemeinschaft der Gläubigen und neben den Priester als Gnadenspender der Lehrer im Glauben tritt; äußerlich durch die Spaltung der Kirche, wodurch die Konfessionalisierung des religiösen Lebens eingeleitet wird.[60] Daraus entwickelt sich ein religiöser Pluralismus, der verstärkend auf die Entpolitisierung und auf die Privatisierung der verfaßten Religion zurückwirkt. Der Bekenner einer religiösen Sinnwelt hat es nicht nur mit säkularen, sondern auch mit anderen religiösen Sinnwelten zu tun.[61] Dies macht es schwierig, die eigene Konfession als den einzigen Weg zum Heil zu sehen. An die Stelle der Universalkirche und der Sekte treten Partialkirchen und Denominationen, die von sich nur noch behaupten, ein Weg zum Heil unter anderen zu sein.[62] Zwar werden nach wie vor auch der Anspruch der Universalkirche und der der Sekte erhoben. Und der religiöse Pluralismus kann außerdem

60 Dazu die Analyse von Talcott Parsons, *Action Theory and the Human Condition*, S. 244 f. und S. 304 ff.
61 Dazu Peter L. Berger, *A Rumor of Angels*, S. 55 ff., für den Säkularisierung überhaupt mit einer Pluralisierung der sozial zugänglichen Welten verbunden ist.
62 In der Literatur gibt es eine lange und breite Diskussion über die Frage, welche Typologie religiöser Organisationen angemessen ist. Einen guten Überblick, verbunden mit einem eigenen Vorschlag, bietet Roland Robertson, *The Sociological Interpretation of Religion*, 2. Aufl., New York: Schocken 1972, S. 113 ff., bes. S. 123. In Anlehnung an seine Typologie unterscheide ich vier religiöse Organisationsformen: Universalkirche, Partialkirche, Sekte und Denomination.

Typologie religiöser Organisationsformen

Legitimations- anspruch ⟍ Mitglied- schaftsprinzip	einziger Weg zum Heil	ein Weg zum Heil
Geburt	Universalkirche	Partialkirche
Leistung	Sekte	Denomination

ein Motiv zumindest für christliche Ökumene sein. Doch schwächt er auch die institutionelle Stellung des einzelnen religiösen Verbandes, und zwar sowohl im Außenverhältnis, gegenüber anderen Lebensordnungen, wie auch im Innenverhältnis, zumindest gegenüber den geborenen Mitgliedern, die nun tendenziell in dem Bewußtsein leben, zufällig in einer Kirche zu sein.[63]

Unsere gegenwärtige religiöse Situation ist also gekennzeichnet durch zwei Tendenzen, die sich mit einer weitgehend vollzogenen Säkularisierung verbinden: durch die Tendenz der modernen Kultur, das religiöse Weltbild als Teilweltbild zu behandeln und die religiösen Glaubensmächte zu subjektivieren, und durch die Tendenz der modernen Gesellschaft, die verfaßte Religion zu entpolitisieren, zu privatisieren und ihre gesellschaftliche Funktion so zu spezifizieren, daß sie ausschließlich der Deutung und Organisation der Beziehung des Menschen zum Heiligen dient. Beide Säkularisierungstendenzen sind gegen die traditionelle Struktur und Stellung der Religion gerichtet und haben sie zu Reaktionen gezwungen. Der Katholizismus antwortete in erster Linie mit der institutionellen Stärkung der Universalkirche als sakramentaler Gnadenanstalt, der Protestantismus mit einer Stärkung der theologischen Reflexion.[64] Auch ist es zu Versuchen einer Gegensäkularisierung gekommen. Doch inzwischen scheinen die alten Konfliktfronten überwunden. Die Religion hat sich mit der säkularen Welt, die säkulare Welt mit der Religion versöhnt. Dies ist nicht zufällig.

63 Lübbe spricht in diesem Zusammenhang von einem »religionsbezogenen Historismus«. Vgl. *Philosophie nach der Aufklärung*, S. 84.

64 Der Katholizismus ist der Säkularisierung unter anderem mit dem 1. Vatikanischen Konzil begegnet. Man muß sich immer vor Augen führen, daß die Proklamation des päpstlichen Unfehlbarkeitsanspruchs erst hier erfolgte, weshalb manche Beobachter in diesem Konzil die Apotheose der Ausbildung der Idee der Kirche sehen. Vgl. dazu unter anderem das Buch von Thomas O'Dea, *The Catholic Crisis*, Boston: Beacon Press 1969, S. 18 ff., das allerdings in erster Linie der Analyse des 2. Vatikanischen Konzils gewidmet ist. Der Protestantismus ist der Säkularisierung unter anderem mit der Ausbildung der liberalen Theologie begegnet, von der etwa Berger meint, daß sie eine theologische Synthese erreiche, die nur der des Thomismus vergleichbar sei. Vgl. Peter L. Berger, *Zur Dialektik von Religion und Gesellschaft*, S. 150 f.

Denn moderne Kultur und moderne Gesellschaft können Religion tolerieren, solange sie sich auf eine bereichsspezifische Kompetenz beschränkt. Das säkulare Weltbild als Gesamtweltbild kennt einen offenen Pluralismus von individuellen und kollektiven Vervollkommnungszielen, in den sich auch religiöse Ziele einordnen lassen; funktionale Differenzierung als primäre Differenzierungsform kennt einen offenen Pluralismus von Funktionen, dem auch die religiöse Funktion zugeschlagen werden kann. Doch so plausibel diese Platzanweisung scheint, die Religion kann sich letztlich mit ihr nicht begnügen. Sie vertritt ein Gesamtweltbild und muß damit einen Anspruch verbinden, der nicht nur bereichsspezifisch, sondern auf das Ganze und damit auch politisch gerichtet ist.

3. Das religiöse und das wissenschaftliche Weltbild: Zwei Reaktionen auf die Herausforderung der modernen Welt

Dies bringt mich zum Abschluß zu meinen beiden Fragen: 1. Gibt es einen berechtigten religiösen Widerstand gegen das säkulare Weltbild, der mehr ist als Verweigerung der Aufklärung? 2. Gibt es einen berechtigten religiösen Widerstand gegen Entpolitisierung, der mehr ist als das Festhalten von überkommenen Privilegien?

Das säkulare Weltbild ist aus der charismatischen Verklärung der Vernunft entstanden. Es basiert auf der Idee der Selbstgenügsamkeit des Intellekts. Der Glaube ist gewichen, die Idee aber geblieben, und mit ihr das Ideal innerirdischer Selbstvervollkommnung, das dem Rationalismus der Weltbeherrschung zugrunde liegt, der unser Leben bestimmt. Dieses Ideal muß der Religion als sinnlos gelten. Denn auf seiner Grundlage läßt sich das vielleicht schwierigste Lebensproblem nicht sinnhaft deuten: der Tod. An ihm scheitert das Ideal innerirdischer Vollendung.[65] Dies ist aber nicht die einzige unbeherrschbare Kontingenz, unter der wir stehen. Gewiß: Manches, was in der Vergangenheit als nicht beherrschbar erschien, ist inzwischen beherrschbar geworden, und manches, was uns heute als nicht

---

65 Dazu Max Weber, RS I, S. 569 f.

beherrschbar erscheint, wird in Zukunft beherrschbar sein. Dennoch: Unser Leben bleibt von Zufälligkeiten abhängig, die uns niemals verfügbar sein werden. Und Fragen nach der Bedeutung, nach dem Sinn dieser unverfügbaren Kontingenzen sind Fragen, bei denen das säkulare Weltbild an seine Grenzen stößt. Die Erfahrung von dieser Abhängigkeit ist noch keine religiöse Erfahrung. Aber sie verweist doch auf das Existenzrecht der Religion. Denn religiöse Rede ist, wie Hermann Lübbe es formuliert hat, Vergegenwärtigung der Kontingenzen der Welt und unseres Daseins in ihr, religiöse Praxis aber Anerkennung dieses Faktums,[66] freilich nur dann, wenn Vergegenwärtigung und Anerkennung zugleich auf heilswichtige Tatsachen bezogen sind. Anerkennung des Faktums und Anerkennung einer bestimmten Deutung des Faktums, etwa in einem Offenbarungsmodell, sind also zwei Schritte. Und der zweite Schritt verlangt das Opfer des Intellekts. Wer es nicht zu erbringen vermag, wird religiös unmusikalisch bleiben. Aber vielleicht macht ihn die Anerkennung des Faktums zum Freund der Religion.

Die Träger der religiösen Weltbilder haben also gute Gründe, wenn sie dem säkularen Weltbild Widerstand leisten. Die Anerkennung nichtrationaler überpersönlicher Mächte, von denen unser Leben abhängt, ist nicht einfach Verweigerung der Aufklärung. Es gibt Sinnfragen, deren Lösung nicht möglich ist, ohne den innerweltlichen und innerirdischen Zusammenhang zu überschreiten. Und dies bleibt wahr, auch wenn die Mehrzahl der Menschen auf die Lösung dieser Sinnprobleme verzichtet hat. Es ist die Aufgabe der Religion, in diesem Sinne die existierende Welt zu transzendieren und sie an ihre Zufälligkeit zu erinnern. Deshalb hat die verfaßte Religion auch gute Gründe, sich gegen die mit ihrer bereichsspezifischen Eingrenzung verbundene Entpolitisierung zu sperren. Doch macht sie ihr Bezug auf das Ganze heute nicht mehr politisch dominant, sondern allenfalls politisch relevant.

Aber hat eine solche Religion überhaupt noch die Kraft, die existierende Welt zu transzendieren? Ist sie noch zu jener Umkehr fähig, die die Voraussetzung dafür ist, daß durch sie der

66 Dazu Hermann Lübbe, *Philosophie nach der Aufklärung*, S. 79 f.

säkulare Lebenszusammenhang nicht einfach ergänzt, sondern unterbrochen wird? Ist eine solche Religion noch in der Lage, das Charisma der Erleuchtung zu vermitteln? Ist ihre Fähigkeit, die Herzen umzuwenden, nicht durch ihre bürokratische Verfassung ruiniert? Johann Baptist Metz – und mit ihm wohl eine Reihe von politischen Theologen beider Konfessionen – ist dieser Meinung. Und er gibt dieser Religion nur eine Zukunft, wenn sie sich selbst umkehrt, wenn sie ihre messianische Dimension zurückgewinnt. Er sieht die Umkehr in einem neuen Verständnis von Erlösung und kirchlichem Leben: Erlösung als sinnhafte, anschauliche, sichtbare und befreiende Gabe; kirchliches Leben als die um die Eucharistie gruppierte Solidaritätsgemeinde, die nicht mehr notwendigerweise von einem ständigen Amtsträger geleitet wird. Metz plädiert deshalb für den Übergang von der Betreuungs- zur Befreiungskirche, zur Basiskirche, die nicht mehr eine Volkskirche, sondern eine Kirche des Volkes sein soll.[67]

Wie groß ist die Chance der verfaßten Religion, auf diesem Wege ihre messianische Dimension zurückzugewinnen? Denn daß sie diese bei uns weitgehend verloren hat, dies scheint mir richtig gesehen. Der Metzsche Weg könnte tatsächlich zu einer neuen Reformation führen, freilich mit Konsequenzen, die jedenfalls von einer *politischen* Theologie nicht beabsichtigt sein können. Was Metz vorschlägt, ist, soziologisch gesehen, die Preisgabe der bürokratischen religiösen Großorganisation zugunsten der demokratischen religiösen Kleingruppe oder gar der charismatischen Gemeinschaft. Diese wären zwar mit einer funktional differenzierten Gesellschaft strukturell durchaus verträglich, sie hätten aber zugleich in ihr nur eine bescheidene politische Durchschlagskraft. Ähnlich der Familie würde eine solche ›Kirche‹ eher zu einem Element der diffusen Hintergrundstruktur dieser Gesellschaft werden,[68] einem Ort vielleicht der ›privaten‹, kaum aber der ›öffentlichen‹ Revolution. Denn in einer funktional differenzierten Gesellschaft muß sich eine Lebensordnung, die nicht nur sich selbst, sondern vor allem ihre gesellschaftliche Umwelt revolutionieren will, auch ge-

67 Johann Baptist Metz, *Jenseits bürgerlicher Religion*, S. 87 ff.
68 Diesen Hinweis verdanke ich Friedhelm Neidhardt.

neralisierter Medien des Austausches und komplexer Organisationsformen bedienen. Und dafür reichen die christliche Liebe und die um die Eucharistie gruppierte Basisgemeinde allein nicht aus. Freilich bestätigt diese politische Theologie damit indirekt nur die andauernde Bedeutung eines Aspekts von Max Webers Gegenwartsdiagnose: daß die Entzauberung der Welt dem Charismatismus und damit auch dem religiösen Messianismus einen Teil seiner einst gesellschaftsrevolutionierenden Kraft genommen hat. Wie Weber am Ende seiner Rede über Wissenschaft als Beruf formuliert: »Es ist das Schicksal unserer Zeit, mit der ihr eigenen Rationalisierung und Intellektualisierung, vor allem: Entzauberung der Welt, daß gerade die letzten und sublimsten Werte zurückgetreten sind aus der Oeffentlichkeit, entweder in das hinterweltliche Reich mystischen Lebens oder in die Brüderlichkeit unmittelbarer Beziehungen der Einzelnen zueinander. Es ist weder zufällig, daß unsere höchste Kunst eine intime und keine monumentale ist, noch daß heute nur innerhalb der kleinsten Gemeinschaftskreise, von Mensch zu Mensch, im pianissimo, jenes Etwas pulsiert, das dem entspricht, was früher als prophetisches Pneuma in stürmischem Feuer durch die großen Gemeinden ging und sie zusammenschweißte.«[69]

Hat dann also das Christentum keine messianische Zukunft? Es erscheint mir nicht fraglich, daß die Zeichen der Zeit für ein neues prophetisches Pneuma, das die funktional differenzierte Gesellschaft revolutionieren könnte, nicht günstig stehen. Wir leben in einer Kultur und Gesellschaft, die sich zwar teilweise der Religion verdanken, die sich aber inzwischen weitgehend von ihr emanzipiert haben und ihr in weiten Teilen zwar nicht unbedingt mit Feindschaft, wohl aber mit Indifferenz gegenüberstehen. Es war wiederum Max Weber, der in seiner berühmt gewordenen Studie über die protestantische Ethik und den Geist des Kapitalismus diesen Zusammenhang am Beispiel der modernen Berufskultur eindringlich analysierte. Er fügt dieser Studie freilich auch einen ebenso eindringlichen Ausblick hinzu. Niemand weiß noch, so Max Weber, wer künftig in unserem Gehäuse einer technisch-wissenschaftlichen Zivilisa-

69 Max Weber, WL, S. 612.

tion wohnen wird und »ob am Ende dieser ungeheuren Entwicklung ganz neue Propheten oder eine mächtige Wiedergeburt alter Gedanken und Ideale stehen werden, *oder* aber – wenn keins von beiden – mechanisierte Versteinerung, mit einer Art von krampfhaftem Sich-wichtig-Nehmen«.[70] Wenn dies die Alternativen sind – und es spricht vieles dafür, daß sie es sind –, dann sollte man der Religion eine messianische Zukunft *wünschen*, auch wenn man religiös unmusikalisch ist.

70 Max Weber, RS I, S. 204.

12. Umbildung des Charismas
Überlegungen zur Herrschaftssoziologie

1. Umbildung als Veralltäglichung und als Versachlichung
2. Der ungeklärte Status des Charismabegriffs
   a. Bedeutungsschrumpfung und Bedeutungserweiterung
   b. Ambivalenzen in Webers Verwendungsweise
3. Eine Erweiterung der Herrschaftstypologie
4. Systematische Konsequenzen

> »Denn hier liegt der Uebergang zu jener eigentümli-
> chen *institutionellen* Wendung des Charisma: seine
> Anhaftung an ein soziales Gebilde als solches, als
> Folge der an die Stelle des charismatischen persönli-
> chen Offenbarungs- und Heldenglaubens tretenden
> Herrschaft der Dauergebilde und Traditionen.«
>
> Max Weber, WuG, S. 682

1. Umbildung als Veralltäglichung und als Versachlichung

Ich gehe von zwei Beobachtungen aus. Sie betreffen die Verwendung des Charismabegriffes außerhalb und innerhalb des
Weberschen Werkes. Zunächst: Der Charismabegriff, den Weber selbst aus der protestantischen Theologie seiner Zeit übernahm, ist inzwischen in die Alltagssprache eingegangen. Er erfuhr dabei eine Bedeutungsschrumpfung. Im umgekehrten Verhältnis zu der Popularität des Begriffs steht die Anstrengung in
der wissenschaftlichen Literatur, seine theoretische und historische Leistungsfähigkeit zu entfalten. Sodann: Betrachtet man
Max Webers Ausführungen zum Charisma in seinem Werk rein
äußerlich, so fällt auf, daß der größere Teil nicht dem Charisma,
sondern der Umbildung bzw. der Veralltäglichung des Charismas gilt. Im älteren Manuskript von *Wirtschaft und Gesellschaft*, dessen Entstehungszeit wir gewöhnlich auf die Jahre
1910–1914 datieren, folgt dem kurzen Kapitel »Wesen und
Wirken des Charisma« das viel längere Kapitel »Entstehung
und Umbildung charismatischer Autorität«. Im jüngeren Ma-

nuskript von *Wirtschaft und Gesellschaft*, das in den Jahren 1919/1920 entstand, folgt auf den Abschnitt »Charismatische Herrschaft« der dreimal so lange Abschnitt »Die Veralltäglichung des Charisma«, dann der Abschnitt über Feudalismus und schließlich der über »Die herrschaftsfremde Umdeutung des Charisma«. Während im älteren Manuskript die Behandlung der Umbildungsproblematik etwa dreimal so lang ist wie die des genuinen Charismas, ist im jüngeren Manuskript das Verhältnis gar eins zu vier. Man kann also vermuten, daß Webers Interesse an der Umbildungs- bzw. Veralltäglichungsproblematik im Laufe seiner eigenen Entwicklung nicht ab-, sondern zunahm.

Diese beiden Beobachtungen führen mich zu meiner Hauptthese. Sie lautet: Eine soziologisch angemessene Fassung des Charismabegriffs, die sowohl Webers eigener Verwendungsweise wie auch den Ansprüchen einer systematisch befriedigenden Verwendungsweise genügt, erhält man nur, wenn man den Begriff aus der Perspektive der Umbildungs- bzw. Veralltäglichungsproblematik, kurz: der Transformationsproblematik, deutet. Dabei zeigt sich, daß das »genuine Charisma« Ausgangspunkt für zwei radikal verschiedene Transformationsprozesse sein kann: 1. für eine Transformation von innen heraus, die Weber auch eine Revolutionierung von innen, eine Rationalisierung von innen, nennt und die zu einer Entpersönlichung des Sendungsprinzips mit verschiedenen Ausgängen führt; 2. für eine Transformation von außen, die Weber auch eine Revolutionierung von außen, eine Rationalisierung von außen, nennt und die mit einer Veralltäglichung des Sendungsprinzips mit wiederum verschiedenen Ausgängen verbunden ist.

Diese Hauptthese läßt sich in Teilthesen gliedern, die entweder auf Webers Werk (werkimmanent) oder auf die daran anknüpfende Diskussion (werktranszendent) bezogen sind. Diese Thesen lauten: 1. Webers eigene Analyse der Entwicklungsgeschichte des Christentums von der Jesusbewegung bis zur gregorianischen Reform, also seine Analyse der Ausbildung der mittelalterlichen christlichen Kirche, die er als eine rational-bürokratisch verfaßte Gnadenanstalt deutet, läßt sich nur dann widerspruchslos rekonstruieren, wenn man die beiden Transformationsprozesse unterscheidet. 2. Webers Gebildebegriff, den man auch als seinen Institutionsbegriff bezeichnen kann, und seine These vom modernen Anstaltsstaat als einem Rechts- und Verwaltungsstaat mit kontinuierlichem Betriebscharakter lassen sich nur unverkürzt entwickeln, wenn man die beiden Transformationsprozesse unterscheidet. 3. Die Unterscheidung der beiden Transformationsprozesse verbietet es, jedem Gebilde, jedem Institutionengefüge einen charismatischen Kern zuzuschreiben. 4. Die Unterscheidung der beiden Transformationsprozesse verbietet es ferner, den legalen Herrschaftstypus auf die zweckrationale Variante zu reduzieren und ihm die wertrationale Variante im Sinne der Unterscheidung von Legalität und Legitimität gegenüberzustellen. Dies nämlich führt dazu, die Begriffe positives Recht und Naturrecht zu polarisieren, und auch dazu, den Geschichtsprozeß in eine Dialektik von Bürokratisierung und charismatischer Revolutionierung zu verlegen, wobei Bürokratisierung mit Zweckrationalität und dem Gehäuse der Hörigkeit, Charisma aber mit Wertrationalität und individueller Freiheit gleichgesetzt wird.

Die ersten beiden Thesen haben, im Sinne der gegebenen Definition, werkimmanenten, die letzten beiden werktranszendenten Charakter. Diese werktranszendenten Thesen aber entstammen Positionen, die nicht auf dem von Weber bereits erreichten begrifflichen Differenzierungsniveau operieren und die deshalb mit seinen eigenen Argumenten kritisiert werden können, freilich nur dann, wenn man seine Vorschläge im Sinne der Unterscheidung der beiden Transformationsprozesse weiterdenkt.

Daraus ergibt sich folgender Aufbau für meine Ausführungen: Ich werde zunächst die Problemsituation genauer charakterisieren, die sich aus meinen beiden eingangs gemachten Beobachtungen ergibt. Dies bedeutet, daß ich auf das Problem der Bedeutungsschrumpfung des Begriffs eingehe, um dann Gegenbewegungen kurz zu skizzieren, die in der Sekundärliteratur nachweisbar sind. Ich wende mich dann dem Problem der Ambivalenz in Webers Verwendung des Charismabegriffs zu und suche zu zeigen, daß eine solche tatsächlich besteht. In einem zweiten Schritt möchte ich Webers Herrschaftssoziologie erweitern, und zwar aus der Perspektive eines Transformationskonzeptes, das mit der Unterscheidung der beiden genannten Transformationsprozesse operiert. Schließlich dikutiere ich in einem dritten Schritt einige Konsequenzen, die mit dieser Erweiterung verbunden sind.

2. Der ungeklärte Status des Charismabegriffs

a) Bedeutungsschrumpfung und Bedeutungserweiterung

Die Bedeutungsschrumpfung des Charismabegriffs ist dort am größten, wo Charisma als eine historisch invariante Persönlichkeitseigenschaft gilt. Dies ist meist dann der Fall, wenn gesagt wird, eine Person habe Charisma. Nun läßt sich gegen diese Sicht Weber selbst ins Feld führen. Denn er legte seine verstehende Soziologie handlungstheoretisch und, darauf aufbauend, ordnungstheoretisch an. Dies aber bedeutet: Nicht eine Persönlichkeitseigenschaft als solche ist wichtig, sondern ihre Beziehung auf eine soziale Situation. Es geht um die Charakterisierung von Situationen, in denen bestimmte Eigenschaften (Fähigkeiten, Kompetenzen) von Personen sozial anerkennungsfähig werden. Dies gilt ganz allgemein und nicht allein für den Charismabegriff. Was aber sind nun nach Weber Situationen und Eigenschaften, die in einer charismatischen Beziehung eine Rolle spielen? Er charakterisiert beides in seinen Texten sehr genau. Charismatisch relevante Situationen sind solche der inneren Not, in denen tradierte Lebensdeutungen zusammenbrechen. Diese Situationen der inneren Not verbinden sich häufig mit solchen der äußeren Not, in denen das tradierte Verteilungsmuster nicht mehr funktioniert. Charismatisch relevante Situationen sind also Situationen von existentieller Betroffenheit, in denen gewissermaßen das Leben auf dem Spiel steht. Es sind Situationen, in denen die Routine des Alltags zerbricht. In solchen Situationen kann es zur Suche nach Personen mit übernatürlichen oder übermenschlichen Eigenschaften bzw. Fähigkeiten oder Kompetenzen kommen. Es muß sich dabei um Eigenschaften handeln, die nicht jedermann besitzen kann, ja, die strenggenommen nicht erlernbar sind. Weber sprach zwar an verschiedenen Stellen seines Werkes von charismatischer Erziehung, doch macht er auch ganz klar, daß jedenfalls das genuine Charisma kein Produkt solcher Erziehung ist. Die übernatürlichen oder übermenschlichen, kurz: außeralltäglichen Eigenschaften sind nämlich solche, die es der damit ausgezeichneten Person erlauben, eine Beziehung zum Heiligen, zum Numinosen, aufzunehmen. Gewiß, Weber reserviert den Begriff des Charismas nicht für den Bereich von Magien oder Religionen. Er spricht auch von charismatischen Kriegshelden, bei denen eine solche Beziehung zum Heiligen oder Numinosen nicht zu bestehen scheint. Dennoch: Auch ein Kriegsheld muß wie ein Magier oder ein Prophet Wunder vollbringen, und diese sind niemals nur selbstgewirkt. Nur jene Eigenschaften gelten als übernatürlich oder übermenschlich, die an dem ganz Anderen teilhaben. Deshalb auch läßt sich das charismatische Legitimationsprinzip letztlich als ein Sendungsprinzip verstehen.

Was ist nun nach Weber die Beziehung zwischen der charismatisch relevanten Situation und den übernatürlichen oder übermenschlichen Eigenschaften? Seine Antwort ist eindeutig. Durch die übernatürlichen oder übermenschlichen Eigenschaften wird die Situation existentieller Betroffenheit neu gedeutet, und wer sich dieser neuen Situationsdefinition unterwirft, erfährt eine Wiedergeburt, eine Revolution von innen, eine Metanoia, er wird ein neuer Mensch. Charismatische Situationen führen deshalb typischerweise zu Gesinnungsrevolutionen; für sie sind Bekehrungserlebnisse charakteristisch. Handlungstheoretisch gesehen dominieren affektuelle Orientierungen, die ja nach Webers eigenen Ausführungen in einer engen Beziehung zu wertrationalen Orientierungen stehen.

Nun gibt es in meiner Sicht drei Positionen in der soziologischen Literatur, die auf diesem richtigen Verständnis des Charismabegriffs aufbauen und ihn weiterdenken. Daraus sind Beiträge entstanden, die auch für meine Erörterung wichtig sind. Diese Positionen wurden von Reinhard Bendix, von Guenther Roth sowie von Edward A. Shils und Shmuel N. Eisenstadt vertreten. Sie setzten an verschiedenen Aspekten des Charismabegriffs an. Von Reinhard Bendix stammt der Vorschlag, zwischen charismatischer Führung und charismatischer Herrschaft zu unterscheiden.[1] Während charismatische Führung sich auf jene extreme Ausnahmesituation bezieht, die Weber im Auge hat,

---

1 Vgl. Reinhard Bendix, *Max Weber – Das Werk*, München 1964, Kap. 9.

wenn er von genuinem Charisma spricht, ist bei der charismatischen Herrschaft diese labile Grenzsituation überwunden. Charismatische Herrschaft ist im Unterschied zu charismatischer Führung dauerhaft. Von Guenther Roth stammt der Vorschlag, daß auch das Charisma eine Entwicklungsgeschichte habe und daß sie nicht, wie man aus Bemerkungen Webers schließen könnte, mit dem Charisma der Vernunft abgeschlossen sei.[2] Von Edward A. Shils und Shmuel N. Eisenstadt stammt der Vorschlag, Charisma nicht als ein Randphänomen, sondern als ein zentrales Phänomen *jeder* Institutionenbildung zu betrachten. Es gibt keine stabile Gesellschaft ohne ein Zentrum, ohne einen charismatischen Kern.[3] Doch obgleich all diese Autoren wichtige Beiträge für ein besseres Verständnis des Charismabegriffs geleistet haben, reicht kein Vorschlag für sich genommen in meiner Sicht aus, um zu einer befriedigenden Klärung der werkimmanenten und wektranszendenten Problematik zu gelangen. Dafür bedarf es einer differenzierten Sicht des Transformationsprozesses. Dies nicht zuletzt deshalb, weil Weber selber in dieser Hinsicht ambivalent blieb. Und dies führt mich zum zweiten Aspekt der Problemsituation.

2 Vgl. Guenther Roth und Wolfgang Schluchter, *Max Weber's Vision of History. Ethics and Methods,* Berkeley: University of California Press 1979, Kap. III, sowie Guenther Roth, *Politische Herrschaft und persönliche Freiheit. Heidelberger Max Weber-Vorlesungen 1983,* Frankfurt 1987, Kap. 5.

3 Vgl. Edward A. Shils, *Center and Periphery. Essays in Macrosociology,* Chicago: University of Chicago Press 1975, S. 127 ff. und Shmuel N. Eisenstadt (ed.), *Max Weber. On Charisma and Institution Building,* Chicago: University of Chicago Press 1968, Introduction. Zuvor schon Talcott Parsons, *The Structure of Social Action. A Study in Social Theory with Special Reference to a Group of Recent European Writers,* 2. Aufl., New York: The Free Press, 1949, S. 658 ff. Ferner Wolfgang Schluchter, *Die Entwicklung des okzidentalen Rationalismus. Eine Analyse von Max Webers Gesellschaftsgeschichte,* Tübingen 1979, bes. S. 180 ff.

b) Ambivalenzen in Webers Verwendungsweise

Weber verbindet mit seiner Herrschaftssoziologie, zu der ja das Charismakonzept als integraler Bestandteil gehört, einen hohen Anspruch. Zwei Briefzitate belegen dies. Am 23. 1. 1913 schreibt er an seinen Verleger, er habe eine »vollständige soziologische Staatslehre« entwickelt. Und am 30. 12. 1913 spricht er gar von einer »umfassenden soziologischen Staats- und Herrschaftslehre«. An diesen Briefzitaten scheinen mir zwei Aspekte besonders bemerkenswert: Zum einen, daß er darin einen Vollständigkeitsanspruch erhebt, zum anderen, daß er von einer *soziologischen* Staatslehre bzw. Staats- und Herrschaftslehre spricht. Damit ist schon gesagt, daß er mit ihr gerade nicht an die tradierten normativen Staats- und Staatsformenlehren anknüpft. Im Gegenteil, sie stellt eine radikale Absage an diese Tradition des politischen Denkens dar.

Was ist der wissenschaftsgeschichtliche Hintergrund dieser Absage? Weber schließt auch in seiner Herrschaftssoziologie an die neukantianische Geltungslehre an. Was ist das Charakteristische dieser Geltungslehre, die sich auch als kritische Wertlehre versteht? Es ist die kopernikanische und axiologische Kehre gegen Naturrecht einerseits, gegen Historismus andererseits. Sie führt zu einem Dualismus von philosophischer und empirischer Betrachtungsweise. Während die philosophische Betrachtungsweise axiologisch ausgerichtet ist und der Analyse überempirischer Bedeutungen oder Werte dient, ist die empirische Betrachtungsweise historisch ausgerichtet und auf die Analyse von empirischen Bedeutungen oder Wertwirklichkeiten und ihren Wirkungen beschränkt. Doch damit nicht genug: Die nichtphilosophische Betrachtungsweise von Staat und Recht ist in sich selbst noch einmal gespalten. Sie kennt den Dualismus von juristischer und historisch-soziologischer Betrachtungsweise, der der Doppelnatur von Staat und Recht entspricht. Während die Rechtswissenschaft, die eine nicht-philosophische Disziplin ist, dogmatisch verfährt und die Wertwirklichkeit als Komplex von historischen Bedeutungen analysiert, verfährt die historisch-soziologische Betrachtungsweise kausal, indem sie diese Wertwirklichkeiten als reale Kulturfaktoren in ihrer Wirksamkeit untersucht. Daraus ergibt sich eine dreidimensionale Analyse, eine Art Dreiweltentheorie, mit Philosophie, Rechtswissenschaft und Soziologie als ihren Repräsentanten. Bezogen auf das Recht untersucht die Philosophie den Rechtswert in seiner überempirischen Geltung und damit ein Nichtexistierendes als Seinsollendes; die Rechtswissenschaft die Rechtswirklichkeit in ihrer empirischen Geltung und damit ein Existierendes als Seinsollendes; die Soziologie schließlich die Rechtswirklichkeit in ihrer empirischen Wirksamkeit und damit ein existierendes Seinsollendes als Wirkendes, in einem Wirkungszusammenhang. Daraus ergeben sich drei Sinnbegriffe: der Begriff des metaphysisch wahren Sinnes, der Gegenstand der Philosophie ist, der Begriff des dogmatisch richtigen Sinnes, der Gegenstand der Rechtswissenschaft ist, und der Begriff des subjektiv gemeinten Sinnes, der Gegenstand der Soziologie ist.

Auf der Grundlage dieser drei Sinnbegriffe hatte Georg Jellinek in seiner einflußreichen *Allgemeinen Staatslehre* aus dem Jahre 1900 zwischen Staatsphilosophie und Staatslehre unterschieden und diese in eine Staatsrechtslehre und in eine Soziallehre des Staates unterteilt.[4] Weber schließt an Jellinek an.[5] Doch ihn interessiert nicht die Staatsrechtslehre, sondern die Soziallehre des Staates. Und dies in einem doppelten Sinn. Sie ist ihm Ausgangspunkt für eine kausal verfahrende Herrschaftslehre. Der Staat ist nur ein Herrschaftsgebilde unter anderen. Eine kausal verfahrende Soziallehre der Herrschaft aber muß zwei Arten der Herrschaft voneinander unterscheiden: die Herrschaft kraft Interessenkonstellation und die Herrschaft kraft Autorität. Es ist wichtig, sich klarzumachen, daß dies eine Unterscheidung *innerhalb* der Soziallehre der Herrschaft ist, daß sie also nicht mit Jellineks Unterscheidung in Staatsrechtslehre und Soziallehre des Staates zusammenfällt. Weber entwickelte bekanntlich

4 Vgl. Georg Jellinek, *Allgemeine Staatslehre,* 3. Aufl. (7. Neudruck), Bad Homburg 1960, bes. S. 174 ff. Zur Doppelnatur des Staates mit Bezug auf Jellinek ausführlich Wolfgang Schluchter, *Entscheidung für den sozialen Rechtsstaat. Hermann Heller und die staatstheoretische Diskussion in der Weimarer Republik,* 2. Aufl., Baden-Baden 1983, Einleitung.

5 Vgl. dazu auch Pietro Rossi, *Vom Historismus zur historischen Sozialwissenschaft. Heidelberger Max Weber-Vorlesungen 1985,* Frankfurt 1987, Kap. 4 und 6.

die Unterscheidung zwischen Herrschaft kraft Interessenkonstellation und Herrschaft kraft Autorität in der älteren Fassung
von *Wirtschaft und Gesellschaft* und illustrierte diese am Markt
bzw. an der väterlichen Gewalt. Eine Herrschaft kraft Interessenkonstellation appelliert in erster Linie an Nutzenmotive, eine Herrschaft kraft Autorität dagegen an Gehorsamsmotive.
Nutzen und Pflicht sind zwei Grundbegriffe, die die ganze
Herrschaftssoziologie durchziehen. Und weiter: Jede Herrschaft mündet in eine Beziehung, eine Ordnung, die organisiert
sein will. Dies gilt sowohl für eine Herrschaft kraft Interessenkonstellation wie für eine Herrschaft kraft Autorität.
Was folgt aus dieser Theorieanlage? Zunächst: Die Analyse einer Herrschaftsbeziehung, einer Herrschaftsordnung muß immer das Verhältnis von Pflicht und Nutzen sowie von Quelle
und Träger klären. Sodann: Eine in dieser Perspektive entwik-
kelte Herrschaftstypologie muß von der klassischen Staatsfor-
menlehre abrücken. Tatsächlich entsprechen Webers berühmte
drei Typen der Herrschaft nicht den überkommenen Staatsfor-
men. Weder läßt sich die traditionale Herrschaft mit Monar-
chie oder Aristokratie gleichsetzen noch die legale Herrschaft
mit Demokratie. Mehr noch: Charismatische Herrschaft ist
nicht Tyrannis. Sie repräsentiert, wie die anderen beiden Typen, ein positiv charakterisierbares Strukturprinzip der Herrschaft, das eine Vielzahl von Strukturformen unter sich vereinigen kann.
Wie wird nun diese Anlage der Herrschaftssoziologie ausgearbeitet? Wie bereits angedeutet, entwickelt Weber die drei berühmten Typen der Herrschaft kraft Autorität, denen er den
Typus der Herrschaft kraft Interessenkonstellation gegenüberstellt. Diese Typen sind auf höchstem Abstraktionsniveau
angesiedelt und insofern auch vollständig. Das jedenfalls ist Webers Anspruch, dessen Berechtigung noch diskutiert werden
muß. Dabei gilt sein Interesse weniger der Herrschaft kraft
Interessenkonstellation, obgleich er ihr, besonders in seiner
Wirtschaftssoziologie, durchaus auch ausführlichere Analysen
widmet;[6] im Mittelpunkt der Aufmerksamkeit stehen vielmehr
die drei Typen der Herrschaft kraft Autorität. Wie lassen sie

6 Vgl. dazu auch *Religion und Lebensführung*, Kap. 14.

sich voneinander unterscheiden? Weber wählt dafür die Charakterisierung der Autoritätsstruktur. Sie kann in drei Hinsichten erfolgen: Art der Autoritätsquelle (außeralltäglich – alltäglich), Träger der Autorität (persönlich – unpersönlich), Beziehung zur Wirtschaft (wirtschaftsbezogen – wirtschaftsfremd).[7] Die erste Unterscheidung führt dazu, die außeralltäglichen den alltäglichen Herrschaftsgebilden gegenüberzustellen, die zweite dazu, die persönlichen Autoritätsstrukturen den unpersönlichen, sachlichen, zu kontrastieren. Die dritte Unterscheidung schließlich lenkt den Blick darauf, daß Herrschaftsgebilde bzw. Autoritätsstrukturen entweder wirtschaftsgebunden oder wirtschaftsentbunden, wirtschaftsfremd, sein können. Damit kommt es aber zu folgenden Begriffsreihen: alltäglich = stetig (stabil) = wirtschaftsgebunden; außeralltäglich = ephemer (labil) = wirtschaftsentbunden. Wichtig dabei ist, daß nicht die Persongebundenheit, sondern die Wirtschaftsgebundenheit über Stabilität oder Labilität eines Herrschaftsgebildes oder einer Autoritätsstruktur entscheidet. Kommen aber Wirtschaftsentbundenheit und Persongebundenheit zusammen, so wird die Labilität gleichsam potenziert. Dies aber ist der Fall beim genuinen Charisma. Weber sieht deshalb einen darin angelegten immanenten Zwang zur Transformation. Diese Transformation, die er Veralltäglichung nennt, kann, folgt man den Prämissen des Ansatzes, nur bedeuten, daß das genuine Charisma entweder traditionalisiert oder legalisiert wird. Tatsächlich hat Weber diesen Zusammenhang im jüngeren herrschaftssoziologischen Manuskript von *Wirtschaft und Gesellschaft* so gesehen. Dort findet sich unter dem Titel »Die Veralltäglichung des Charisma« folgende Formulierung: »In ihrer genuinen Form ist die charismatische Herrschaft spezifisch *außeralltäglichen* Charakters und stellt eine streng persönlich, an die Charisma-Geltung persönlicher Qualitäten und deren *Bewährung,* geknüpfte soziale Beziehung dar. Bleibt diese nun aber nicht rein ephemer, sondern nimmt sie den Charakter einer *Dauer*beziehung: – ›Gemeinde‹ von Glaubensgenossen oder Kriegern oder Jüngern, oder: Parteiverband, oder politischer, oder hierokrati-

7 Ausführlich Wolfgang Schluchter, *Die Entwicklung des okzidentalen Rationalismus,* Kap. 5.

scher Verband – an, so muß die charismatische Herrschaft, die sozusagen nur in statu nascendi in idealtypischer Reinheit bestand, ihren Charakter wesentlich ändern: sie wird traditionalisiert oder rationalisiert (legalisiert) oder: beides in verschiedenen Hinsichten. Die treibenden Motive dafür sind die folgenden: a) das ideelle oder auch materielle Interesse der *Anhängerschaft* an der Fortdauer und steten Neubelebung der Gemeinschaft, – b) das noch stärkere ideelle und noch stärkere materielle Interesse des *Verwaltungsstabes*: der Gefolgschaft, Jüngerschaft, Parteivertrauensmännerschaft usw., daran: 1. die Existenz der Beziehung fortzusetzen, – und zwar sie 2. so fortzusetzen, daß dabei die eigene Stellung ideell und materiell auf eine dauerhafte *Alltags*grundlage gestellt wird: äußerlich Herstellung der *Familien*-Existenz oder doch der *saturierten* Existenz an Stelle der weltenthobenen familien- und wirtschaftsfremden ›Sendungen‹.«[8]

Daraus ergibt sich die *offizielle Version* der Typologie der Herrschaft (siehe Tabelle 1).

Die dieser Typologie zugrundeliegende Begriffsreihe muß man in meiner Sicht auflösen, will man zu einem differenzierten Verständnis des Transformationsprozesses kommen. Daß dafür gute Gründe bestehen, ergibt sich, wie bereits angedeutet, aus Weber selbst. Zum einen liegt die Unterscheidung zwischen persönlicher und unpersönlicher bzw. sachlicher Herrschaft gleichsam quer zu dieser Begriffsreihe; zum anderen sagt Weber ausdrücklich, das Charisma könne eine »*institutionelle* Wendung« nehmen,[9] er spricht konkret vom Erb- und Amtscharisma, also von einer Art Institutionencharismatismus, der gerade nicht durch Labilität, sondern durch Stabilität gekennzeichnet ist.

3. Eine Erweiterung der Herrschaftssoziologie

Ich möchte diese Erweiterung mit zwei Argumentationen bestreiten, die beide ihre Grundlage in Weber haben, aber in der offiziellen Version der Herrschaftssoziologie nicht hinreichend

8 Max Weber, *WuG*, S. 142 f.
9 Ebd., S. 682.

Tabelle 1 Typologie der Herrschaft (die ›offizielle‹ Version)

Art der Herrschaftsquelle / Träger der Herrschaft	Herrschaft kraft Autorität (Pflichtmotive)		Herrschaft kraft Interessenkonstellation (Nutzenmotive)
	außeralltäglich	alltäglich	
persönlich	charismatische Herrschaft	traditionale Herrschaft	Appropriationskonstellation
unpersönlich		legale Herrschaft	Marktkonstellation

1. Umbildungsmodell: Charismatische Herrschaft wird traditionalisiert oder rationalisiert (legalisiert). Gründe: Strukturelle Labilität und Wirtschaftsfremdheit.

2. Beziehung zwischen Herrschaft kraft Autorität und Herrschaft kraft Interessenkonstellation: Wahlverwandtschaft zwischen traditionaler Herrschaft und Privilegienherrschaft, legaler Herrschaft und Marktherrschaft.

berücksichtigt werden, was zu verkürzten Interpretationen dieses zentralen Lehrstücks beigetragen hat. Beim ersten Argument greife ich zurück auf die soziologischen Grundbegriffe. Dort stellt Weber den Zusammenhang zwischen den Begriffen soziale Beziehung, soziale Ordnung und Verband klar. Ein Verband ist eine soziale Ordnung, in der die Einhaltung der oktroyierten oder paktierten Regeln erzwungen werden kann, sei es durch einen Leiter, sei es durch einen Leiter *und* einen Verwaltungsstab. Ein Verwaltungsstab wird immer dann nötig, wenn Verbände komplexer werden. Insofern ein Verband ein Herrschaftsverband ist, kann man also zweistellige von dreistelligen Herrschaftsverbänden unterscheiden, je nachdem, ob ein Verwaltungsstab vorhanden ist oder nicht. Tatsächlich verwendet Weber in seiner Herrschaftssoziologie diesen Unterschied zwischen einfachen und komplexen Herrschaftsgebilden, und zwar sowohl für die alltäglichen wie für die außeralltäglichen Herrschaftsgebilde. So unterscheidet er z. B. bei der traditionalen Herrschaft zwischen der patriarchal-traditionalen und der patrimonial-traditionalen Herrschaft, bei der charismatischen Herrschaft aber zwischen dem genuinen Charismatismus und charismatischen Herrschaftsformen, eine Unterscheidung, die, wie gesagt, Reinhard Bendix weiter ausgearbeitet hat. Bei einer dreistelligen Herrschaftsbeziehung differenziert sich das Gebilde in die strukturellen Positionen des Herrn, des Verwaltungsstabes und der Beherrschten. Und dies gilt offensichtlich auch dann, wenn aus dem genuinen Charismatismus charismatische Herrschaft wird. Tatsächlich trennt Weber deutlich den Fall, in dem ein Führer und eine Gefolgschaft zusammenwirken, von dem Fall, in dem ein Führer mit seiner Jüngerschaft eine Anhängerschaft mobilisiert und beherrscht. Dies zeigt nicht zuletzt das zuvor mitgeteilte Zitat. Zur strukturellen Differenzierung von Führer, Jüngerschaft und Anhängerschaft wird es aber immer dann kommen, wenn ein größeres Gebiet beherrscht und eine große Gefolgschaft betreut werden muß. Das läßt sich z. B. am Urchristentum, am Unterschied zwischen der Jesus- und der Paulusbewegung, zeigen. Obgleich Weber bekanntlich seine geplante Studie über das Urchristentum nicht mehr niederschreiben konnte, finden sich im religionssoziologischen Kapitel von

Wirtschaft und Gesellschaft genügend Hinweise, die diese Sicht bestätigen.[10]

Mein zweites Argument bezieht sich auf eine Unterscheidung, die Weber selbst verwendet, die er aber in meiner Sicht nicht richtig einordnet: die zwischen Traditionalisierung und Legalisierung des Charismas einerseits und Versachlichung des Charismas andererseits. Im jüngeren herrschaftssoziologischen Manuskript zu *Wirtschaft und Gesellschaft* werden alle drei Vorgänge unter dem Obertitel »Veralltäglichung des Charisma« verhandelt. Dies eben hat zu jener verkürzten Sicht des Transformationsprozesses geführt. Die Versachlichung des Charismas ist aber etwas grundsätzlich anderes als seine Traditionalisierung oder seine Legalisierung. Dies wird sofort deutlich, wenn man die charismatische Autoritätsstruktur einer detaillierteren Analyse unterzieht.

Die charismatische Autoritätsstruktur, das, was Weber das genuine Charisma nennt, repräsentiert ein totales und einfaches Herrschaftsgebilde. Total heißt, daß die soziale Beziehung nach außen geschlossen ist und daß sie *alle* Lebensvollzüge umfaßt. Diese Autoritätsstruktur läßt sich unter vier Gesichtspunkten charakterisieren: 1. Sie basiert auf einer personifizierten Sendung, ist also Ausdruck für ein Gottesgnadentum im echten Sinn. 2. Dieser Sendung und ihrem Träger wird pflichtmäßige Anerkennung geschuldet, sie leitet ihre Legitimation also niemals von den Beherrschten ab. 3. Der Träger der Sendung muß sich bewähren, d. h. er muß Wunder wirken. 4. Der Geltungsbereich des Herrschaftsanspruchs der Sendung und ihres Trägers ist nicht begrenzt. Eine solche Struktur, ein solches Gebilde ist in der Tat labil, und zwar aus folgenden Gründen: Die Verantwortungszuschreibung ist relativ eindeutig, die Bewährungskriterien sind relativ eindeutig, das Gebilde ist ökonomisch unselbständig, und es ist strukturell nicht differenziert.

Der Transformationsprozeß kann nun an jeder der vier oder an einer Kombination mehrerer dieser Komponenten ansetzen, mit unterschiedlichen Folgen, wie sich leicht zeigen läßt. Setzt er an der personifizierten Sendung an, so kommt es zu einer Trennung von Träger und Sendung oder zu einer *Entpersönli-*

10 Dazu *Religion und Lebensführung*, Kap. 9

chung der Sendung. Setzt er an der pflichtmäßigen Anerkennung der Sendung und ihres Trägers an, so wird aus der Anerkennung der Grund der Sendung, ein Vorgang, den Weber als *antiautoritäre Umdeutung* der Sendung bezeichnet hat. Setzt er an der Bewährung des Trägers der Sendung an, so kommt es zu einer Ausweitung des Bewährungsbereiches, im Extremfall zu einer *Kommerzialisierung* der Sendung. Setzt er an der absoluten Unterwerfung unter den Träger an, etwa dadurch, daß die Teilnehmer das Bedürfnis haben, Familien zu gründen, so kommt es zu einer *Einschränkung* des Geltungsbereiches der Sendung. Diese Transformationsvorgänge wirken für sich selber oder in Kombination in die gleiche Richtung: Sie stabilisieren eine zuvor labile Situation. Freilich haben sie auch eine Umbildung des Charismas zur Folge. Doch führt nicht jede stabilisierende Umbildung zu einer Ersetzung oder Zerstörung des Charismas selbst.

Ich schlage deshalb vor, mit Weber und zugleich gegen ihn zwei Wege zur Stabilisierung des genuinen Charismas scharf zu unterscheiden: die Traditionalisierung und Legalisierung einerseits, die das Charisma ersetzen oder zerstören, sowie die Entpersönlichung und die Versachlichung andererseits, bei denen die Sendung erhalten bleibt. Das aber bedeutet: Die Umbildung des genuinen Charismas kann entweder in alltägliche oder außeralltägliche Dauergebilde bzw. strukturell stabile Gebilde einmünden: in traditionale oder legale Dauergebilde einerseits, in personalcharismatische oder institutionencharismatische Dauergebilde andererseits. Für letztere sind das Erbcharisma und das Amtscharisma die herausragenden Beispiele. Entscheidend aber ist: Durch Kombination der beiden Argumentationen und ihrer Ergebnisse erhält man eine erweiterte Typologie der Herrschaft, die *inoffizielle Version* (vgl. Tabellen 2 und 3, S. 551 ff.).

4. Systematische Konsequenzen

Die erweiterte Typologie macht es nicht nur möglich, die in Webers materialen Untersuchungen auftauchenden Herrschaftstypen systematisch befriedigend einander zuzuordnen, sie hat auch Konsequenzen für die eingangs geschilderte Problemsituation. Daß mit einem persönlichkeitspsychologischen Charismabegriff wenig anzufangen ist, wurde bereits dargelegt. Doch nicht nur Journalisten, auch an Weber anschließende Wissenschaftler operieren häufig gleichsam unterhalb des von ihm bereits entwickelten begrifflichen Differenzierungsniveaus. Orientiert man sich an der erweiterten Typologie, so gewinnt man aber auch einen neuen Blick auf Weber selber. Sie hat nämlich zwei Konsequenzen, die bei Weber nicht immer eindeutig gezogen sind. Die erste Konsequenz ist, daß Gebilde mit Eigenwert, außeralltägliche Dauergebilde, sowohl unter traditionalen wie unter rationalen (modernen) Rahmenbedingungen auftreten können. Dies wirft ein neues Licht z. B. auf Webers Analyse des Feudalismus und des modernen Anstaltsstaats. Im Falle des Feudalismus unterschied er selbst ganz klar zwischen Pfründenfeudalismus und Lehensfeudalismus. Der Pfründenfeudalismus ist ein Gebilde mit Funktionswert, der Lehensfeudalismus dagegen ein Gebilde mit Eigenwert. Es ist sicherlich nicht zufällig, daß er im jüngeren herrschaftssoziologischen Manuskript von *Wirtschaft und Gesellschaft* den Feudalismus im Kapitel über charismatische Herrschaft und nach dem Abschnitt über die Veralltäglichung des Charismas behandelt. Denn der Lehensfeudalismus ist nicht nur charismatischen Ursprungs, er bewahrt auch diesen Ursprung und insofern ein Element von Außeralltäglichkeit. Überträgt man das Gesagte auf den modernen Anstaltsstaat, so liegt es nahe, zwischen einem Anstaltsstaat als bloßem Betrieb und einem Anstaltsstaat als Verwirklichung einer ›sittlichen Idee‹ zu unterscheiden. Jenem kommt bloß ein Funktionswert, dieser aber durchaus ein Eigenwert zu. Es wäre kurzschlüssig, diese Differenz mit der zwischen Zweckrationalität und Wertrationalität zusammenzubringen. Was den Anstaltsstaat mit Eigenwert vom Anstaltsstaat mit Funktionswert unterscheidet, ist die affektuelle Bindung der Beherrschten an ihn. Damit aber läßt sich eine zweite Konsequenz verbinden: Ob Dauergebilde eher einen ›instrumentalistischen‹ oder einen ›substantiellen‹ Charakter haben, ist eine historische Frage. Der Gebilde- bzw. der Institutionenbegriff muß so gefaßt werden, daß diese historische Frage nicht analytisch vorentschieden wird. Gewiß: Überall, wo sich Weber zu Fragen der modernen Staatsorganisation äußert, scheint er

Tabelle 2 Typologie der Herrschaft (die ›inoffizielle‹ Version)

Art der Herrschaftsquelle und Träger der Herrschaft / Grad der Komplexität und Stetigkeit der Handlungskoordination	Herrschaft kraft Autorität				Herrschaft kraft Interessenkonstellation	
	außeralltäglich		alltäglich			
	persönlich	unpersönlich	persönlich	unpersönlich	persönlich	unpersönlich
einfach (ohne Verwaltungsstab)	Charismatische Herrschaft: Genuine charismatische Bewegung	Charismatische Herrschaft: Institutionengebundene charismatische Bewegung	Traditionale Herrschaft: Von Patriarchalismus bis Gerontokratie	Legale Herrschaft: Von unmittelbarer Demokratie bis Honoratiorenverwaltung	mehr oder weniger komplexe Appropriationsverhältnisse	mehr oder weniger komplexe Marktverhältnisse
komplex (mit Verwaltungsstab)	Charismatische Herrschaft: Genuine charismatische Gemeinde	Charismatische Herrschaft: Charismatische Gebilde – Haus-, Erb- (Gentils-) und Amtscharisma	Traditionale Herrschaft: Von Sultanismus bis Ständestaat	Legale Herrschaft: Von plebiszitärer Demokratie bis zum bürokratischen Staat		

1. Umbildungsmodell: Genuine charismatische Herrschaft wird entweder institutionell gebunden (entpersonalisiert und versachlicht) oder veralltäglicht (traditionalisiert oder legalisiert bzw. rationalisiert). Gründe: Strukturelle Labilität und Wirtschaftsfremdheit.

2. Beziehung zwischen Herrschaft kraft Autorität und Herrschaft kraft Interessenkonstellation: Wahlverwandtschaft zwischen traditionaler Herrschaft und Privilegienherrschaft, legaler Herrschaft und Herrschaft kraft Interessenkonstellation, Indifferenz zwischen charismatischer Herrschaft und Herrschaft kraft Interessenkonstellation.

Tabelle 3 Max Webers Herrschaftssoziologie (typologischer Aufriß)

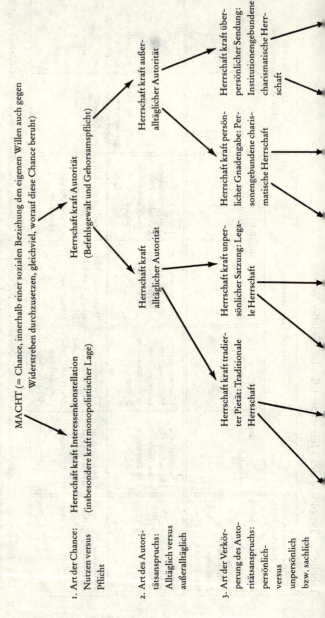

MACHT (= Chance, innerhalb einer sozialen Beziehung den eigenen Willen auch gegen Widerstreben durchzusetzen, gleichviel, worauf diese Chance beruht)

1. Art der Chance: Nutzen versus Pflicht

Herrschaft kraft Interessenkonstellation (insbesondere kraft monopolistischer Lage)

Herrschaft kraft Autorität (Befehlsgewalt und Gehorsamspflicht)

2. Art des Autoritätsanspruchs: Alltäglich versus außeralltäglich

Herrschaft kraft alltäglicher Autorität

Herrschaft kraft außeralltäglicher Autorität

3. Art der Verkörperung des Autoritätsanspruchs: persönlich versus unpersönlich bzw. sachlich

Herrschaft kraft tradierter Pietät: Traditionale Herrschaft

Herrschaft kraft unpersönlicher Satzung: Legale Herrschaft

Herrschaft kraft persönlicher Gnadengabe: Personengebundene charismatische Herrschaft

Herrschaft kraft überpersönlicher Sendung: Institutionengebundene charismatische Herrschaft

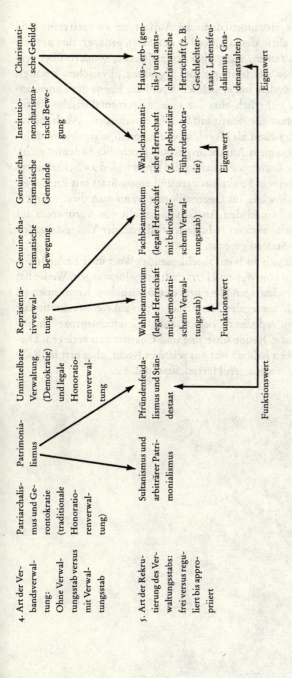

4. Art der Verbandsverwaltung: Ohne Verwaltungsstab versus mit Verwaltungsstab

5. Art der Rekrutierung des Verwaltungsstabs: frei versus reguliert bis appropriiert

Patriarchalismus und Gerontokratie (traditionale Honorationenverwaltung)	Patrimonialismus	Unmittelbare Verwaltung (Demokratie) und legale Honorationenverwaltung	Repräsentativverwaltung	Genuine charismatische Bewegung	Genuine charismatische Gemeinde	Institutionencharismatische Bewegung	Charismatische Gebilde
Sultanismus und arbiträrer Patrimonialismus	Pfründenfeudalismus und Ständestaat	Wahlbeamtentum (legale Herrschaft mit ›demokratischem‹ Verwaltungsstab)	Fachbeamtentum (legale Herrschaft mit bürokratischem Verwaltungsstab)		Wahlcharismatische Herrschaft (z. B. plebiszitäre Führerdemokratie)		Haus-, erb- (gentils-) und amtscharismatische Herrschaft (z. B. Geschlechterstaat, Lehensfeudalismus, Gnadenanstalten)

Funktionswert

Funktionswert

Eigenwert

Eigenwert

selbst eine instrumentalistische Auffassung zu vertreten. Und dies nicht allein deshalb, weil er den Staat, genauer: den modernen Anstaltsstaat, nicht über seine Zwecke, sondern über sein Mittel, über das Monopol des legitimen physischen Zwangs, definiert. Zudem hat er sich selbst, auf der Ebene der Lebensanschauung, sicherlich eher für eine instrumentalistische als für eine substantielle Staatsauffassung entschieden. Auch hierin folgt er eher Kant als Hegel, so wie schon in seiner Methodologie und in seinem Ansatz insgesamt. Doch dies bedeutet nicht, daß für die *historische* Analyse der Unterschied zwischen einem Staat mit reinem Funktionswert und einem Staat mit Eigenwert unerheblich wäre. Im Gegenteil, nur wenn man diesen Unterschied macht und den Anstaltsstaat nicht von vornherein auf seinen Funktionswert reduziert, wird man der Vielgestaltigkeit moderner Staaten gerecht.

Damit läßt sich auch ein abschließendes Wort über einige Interpretationen von Webers Herrschaftssoziologie sagen. Weder hat jedes Herrschaftsgebilde einen charismatischen Kern, noch ist es sinnvoll, den legalen Herrschaftstypus auf die zweckrationale Variante zu reduzieren oder gar den Geschichtsprozeß in die Dialektik von Rationalisierung und Charisma zu verlegen. Diese Positionen haben zwar ein relatives Recht, aber erst im Rahmen einer erweiterten Herrschaftstypologie.

Anhang

Teil IV:
Studien zur Werkgeschichte

13. Die Religionssoziologie
Eine werkgeschichtliche Rekonstruktion

1. Friedrich H. Tenbrucks Herausforderung
2. Zehn Überlegungen zur Religionssoziologie
3. Die Komplementarität der beiden Großprojekte

1. Friedrich H. Tenbrucks Herausforderung

In der neueren Diskussion um Max Webers Werk sind werkgeschichtliche Fragen zunehmend ins Zentrum des Interesses getreten. Ihre Klärung scheint eine der Voraussetzungen für die Klärung systematischer Fragen zu sein. Besonders Friedrich H. Tenbruck hat in seinem Aufsatz »Das Werk Max Webers« aus dem Jahre 1975 auf diesen Zusammenhang hingewiesen. Er hat darin zugleich eine provokative werkgeschichtlich-systematische These formuliert.[1]

---

1 Vgl. Friedrich H. Tenbruck, »Das Werk Max Webers«, in: *Kölner Zeitschrift für Soziologie und Sozialpsychologie*, 27 (1975), S. 663-702. Tenbrucks geistvoller Aufsatz hat der Weber-Diskussion sicherlich wichtige und fortwirkende Anstöße gegeben. Dies anzuerkennen bedeutet nicht, daß man auch mit seinen werkgeschichtlichen und systematischen Thesen einverstanden ist. Dazu habe ich mich bereits an anderer Stelle geäußert. Vgl. Wolfgang Schluchter, *Die Entwicklung des okzidentalen Rationalismus. Eine Analyse von Max Webers Gesellschaftsgeschichte*, Tübingen 1979, Einleitung. Zur Kritik an Tenbrucks Position vgl. auch Martin Riesebrodt, »Ideen, Interessen, Rationalisierung: Kritische Anmerkungen zu F. H. Tenbrucks Interpretation des Werkes Max Webers«, in: *Kölner Zeitschrift für Soziologie und Sozialpsychologie*, 32 (1980), S. 111-129. Ferner Stephen Kalberg, »The Search for Thematic Orientations in a Fragmented Œuvre: The Discussion of Max Weber in Recent German Sociological Literature«, in: *Sociology*, 13 (1979), S. 127-139, der sich darin auch kritisch auf meine Arbeiten bezieht. Inzwischen ist Tenbrucks Aufsatz auch in englischer Sprache erschienen. Vgl. Friedrich H. Tenbruck, »The Problem of Thematic Unity in the Works of Max Weber«, in: *British Journal of Sociology*, 27 (1980), S. 316-351. Es scheint, als würde sein Aufsatz gerade bei englischsprachigen Autoren, die die deutschen Texte nicht lesen können, zunehmend

Die Diskussion um Webers Werk, so Tenbruck, leide darunter, daß die meisten Forscher die Annahme akzeptieren, das von Marianne Weber überwiegend aus dem Nachlaß edierte Textkonvolut *Wirtschaft und Gesellschaft* sei das Hauptwerk. Es sei aber abwegig anzunehmen, ein Genius wie Max Weber habe seine geistigen Energien in die Entfaltung begrifflicher Nomenklaturen zu didaktischen Zwecken gesteckt. Obgleich er sich in dieser Hinsicht den einmal eingegangenen Verpflichtungen natürlich nicht habe völlig entziehen können, habe sein eigentliches Interesse der »Wirtschaftsethik der Weltreligionen« gegolten. Mehr noch: Die bleibenden Einsichten seiner »Soziologie« seien nicht in *Wirtschaft und Gesellschaft,* sondern in den systematischen Kapiteln der *Gesammelten Aufsätze zur Religionssoziologie,* also in »Vorbemerkung«, »Einleitung« und »Zwischenbetrachtung« formuliert. Darin ziehe er nachträglich die Summe seiner religionsgeschichtlichen und religionssoziologischen Sachforschungen, die mit den Studien über den asketischen Protestantismus einsetzten. In dieser frühen Arbeit habe er zunächst nur das Ende des religionsgeschichtlichen Entzauberungsprozesses, der die moderne Welt entbinden half, identifiziert. Doch fehlte ihm, als er diese Studien schrieb, sowohl dieser Begriff wie die Einsicht in den Ursprung dieses Prozesses. Beides, Begriff und Ursprung, habe er erst über den Studien zur »Wirtschaftsethik der Weltreligionen« entdeckt. Hier erst seien ihm die Eigenlogik religiöser Ideen und die historische Bedeutung des antiken Judentums für die okzidentale Entwicklung klargeworden. Dies habe ihn ins Lager des Evolutionismus geführt. Nachdem er Anfang und Ende des Prozesses sowie den Entwicklungsmechanismus entdeckt hatte, sei sein Interesse an Teilprozessen und wohl auch Teilmechanismen erloschen. Deshalb habe er sowohl das mit der »Protestantischen Ethik« wie das mit der »Wirtschaftsethik« zunächst verbundene Forschungsprogramm nicht weitergeführt. Zwar hätte er vermutlich ver-

als eine gültige Interpretation der Werkgeschichte angesehen. Deshalb ist es an der Zeit, sich mit den werkgeschichtlichen Thesen im Zusammenhang auseinanderzusetzen. Denn diese sind in meinen Augen anfechtbar. Das läßt sich auch vor Veröffentlichung des Briefwechsels, der erst genaueren Aufschluß über die Spezialprobleme der Werkgeschichte geben kann, belegen, wie die folgende Ausführung hoffentlich zeigt.

sucht, noch eine Darstellung der okzidentalen Sonderentwicklung zu geben, doch wäre diese nicht den alten Plänen gefolgt. Ihm
genügte es, die neue Einsicht in die zweite Fassung der »Protestantischen Ethik« einzuarbeiten. Wäre ihm noch Zeit geblieben, so
hätte er sich anderen, neuen Projekten zugewandt.

Tenbruck stützt seine Position außer auf inhaltliche auch auf
werkgeschichtliche Aussagen. Ihnen wende ich mich zu. Sie
lassen sich auf drei Behauptungen bringen: 1. Die alten Teile
von *Wirtschaft und Gesellschaft*, also auch der Abschnitt über
Religionssoziologie, sind *vor* der »Wirtschaftsethik der Weltreligionen« geschrieben. Nicht *Wirtschaft und Gesellschaft*, sondern der »Wirtschaftsethik der Weltreligionen« kommt in Webers »Leben und Werk eine zeitlich beherrschende Stellung zu.
Nach WG abgefaßt, muß die WEWR als die letzte der großen
Sachforschungen und somit als der letzte Erkenntnisstand gelten« (S. 676). 2. Von den Studien zur »Wirtschaftsethik der
Weltreligionen« waren zu Kriegsbeginn »sachlich durchgearbeitet, und wohl auch zu mehr oder weniger vorläufigen Manuskripten abgeschlossen, ... die Stoffmassen für die Kapitel über
China, Indien und Israel, nicht hingegen die ja ebenfalls geplanten über den Islam und das Christentum«. Und weiter: Als sich
Weber 1915 entschloß, die niedergeschriebenen Kapitel zu veröffentlichen, stellte er ihnen »die wohl 1915 geschriebene ›Einleitung‹ voran«, die er dann »in einer eilig eingeschobenen ›Zwischenbetrachtung‹ noch einmal« korrigierte und weiterführte
(S. 676). 3. Nachdem Weber so »eilig« das Ergebnis seiner zu
Kriegsbeginn vorliegenden Manuskripte in »Einleitung« und
»Zwischenbetrachtung« gezogen hatte, »schossen ihm uner-
wartet die Daten zu einer generellen Antwort auf die Frage
zusammen, wie sich die Rationalität zwischen Interessen und
Ideen entwickelt«, ein Aufschluß, den er sich »vorher« erst von
der (nicht durchgeführten) Studie über das Christentum erwar-
tet hatte« (S. 679). Diese – wie auch die geplante Studie über
den Islam – wurde dadurch überflüssig und aufgegeben (S. 699,
Fn. 47). Denn er hatte jetzt auch ohne diese beiden Studien die
»gültige Fortsetzung« und den »Abschluß« der mit der Protestantismusstudie aufgeworfenen Fragen gewonnen: »Protestantische Ethik« und »Wirtschaftsethik der Weltreligionen« »bildeten nun doch, in ihrer äußerlich unangemessenen Form, ein

Ganzes, das trotz Lücken und Uneinheitlichkeiten ein Verständnis der okzidentalen Sonderentwicklung bot, mittels der aus Vergleichen gewonnenen Einsicht in langfristige religiöse Rationalisierungsprozesse« (S. 679).

Ich behaupte, daß diese werkgeschichtlichen Thesen teils falsch sind, teils erheblich modifiziert werden müssen. Den Beweis suche ich mit Hilfe von Quellen anzutreten, die allgemein zugänglich sind. Zum einen prüfe ich Webers Dispositionen und Inhaltsverzeichnisse, um aus Anordnungen, aber auch aus Veränderungen von Anordnungen auf Absichten und auf Veränderungen von Absichten zu schließen, zum anderen nehme ich die von Weber immer wieder gegebenen werkgeschichtlichen Hinweise ernst. Es gibt inzwischen Autoren, die es für besonders ergiebig halten, sich den Texten so zu nähern, als habe Weber Absichten camoufliert, Fragestellungen versteckt, Dinge anders gemeint als gesagt, so daß man ihm erst auf die Schliche kommen müsse.[2] Doch bin ich der Meinung, daß dies abwegig ist.

2 Ein Beispiel für diese Art von ›Enthüllungswissenschaft‹ ist der Aufsatz von Wilhelm Hennis, »Max Webers Fragestellung«, in: *Zeitschrift für Politik*, 29 (1982), S. 241-281, der diese nach langem dramatischem Suchen schließlich im »Antikritischen Schlußwort zum ›Geist des Kapitalismus‹« (PE II, S. 303) findet, und zwar in Webers dort formuliertem Eingeständnis, daß es ihm letztlich um die »Entwicklung des [!] Menschentums« gehe, ein Interesse, das er tatsächlich in dieser Form an keiner anderen Stelle geäußert hat, weder in der »Einleitung« noch in der »Zwischenbetrachtung«, noch im »Resultat«, noch in der »Vorbemerkung«, noch in der überarbeiteten Fassung der »Protestantischen Ethik«, ja nicht einmal an der von Hennis angeführten Stelle, denn es ist durch dessen völlig irreführende Verkürzung des Satzes erst geschaffen worden. Um nicht mißverstanden zu werden: Ich bestreite selbstverständlich nicht, daß sich Weber für Lebensführungen (von Menschen, von wem denn sonst?) interessierte und daß er jenen besondere Aufmerksamkeit widmete, die mit der Entwicklung der okzidentalen Kultur verbunden sind. Doch ist ebenso wichtig, zu beachten, *wie* er sich dafür interessierte. Und er tat dies im Rahmen einer entwicklungsgeschichtlich und vergleichend angelegten Kultursoziologie, die die wechselseitige Abhängigkeit von Ordnungen und Lebensführungen historisch-empirisch untersucht, nicht durch Anwendung eines nebulösen anthropologisch-charakterologischen Prinzips [sic!]. (Denn merke: Hinter der Handlung steht nicht nur der Mensch, sondern auch die Ordnung, in

Weber legte seine Absichten und Fragestellungen offen, und er hat auch die werkgeschichtlichen Zusammenhänge ziemlich genau beschrieben. Ähnliches gilt übrigens auch für Marianne Webers *Lebensbild* und für ihre Vorworte, die zwar mitunter nur grobe Angaben enthalten, aber nach meiner Einschätzung in aller Regel verläßlich sind.

Ich stelle Tenbrucks Thesen drei Gegenthesen gegenüber:

1. *Wirtschaft und Gesellschaft* und die »Wirtschaftsethik der Weltreligionen« stehen weder in einem zeitlichen Folgeverhältnis noch in einem sachlichen Prioritätsverhältnis, sondern in einem Verhältnis wechselseitiger Ergänzung und Interpretation.

2. »Einleitung« und »Zwischenbetrachtung« geben zwar durchaus eine erste Summe von Webers religionssoziologischen Sachforschungen, sie sind aber weder 1915 *eilig* geschrieben noch *nach* der endgültigen Niederschrift wichtiger Teile dieser Sachforschungen entstanden. Diese Summe ist vielmehr früher Besitz und dient als Bezugsrahmen für die

der er lebt.) Diese Analyse ist über weite Strecken (nicht nur!) auf die Klärung der Rationalisierungsproblematik gerichtet. Darüber besteht, soweit ich sehe, trotz erheblicher anderer Kontroversen in der wichtigsten Sekundärliteratur Übereinstimmung. Hennis meint, eine unter diesen Gesichtspunkt gestellte Interpretation müsse die [verschleierte!] Absicht Webers gründlich mißverstehen. Sie habe eine unbefangene [!] Lektüre des Werkes verhindert. Den größten Teil dieser Literatur könne man deshalb vergessen. Es gelte, sich dem Werk wieder gänzlich neu zu nähern, was offenbar unter anderem durch eine Rückkehr zum Standpunkt von Webers Zeitgenossen [!] möglich sein soll. (Weber hatte einen Fortschritt in der Unbefangenheit allerdings in erster Linie in der Ablösung der Hegelschen Metaphysik und der Herrschaft der *Spekulation* über die Geschichte durch eine historisch-empirische Kulturwissenschaft gesehen.) Man darf gespannt sein, ob und, wenn ja, wie es Hennis gelingt, eine grundsätzlich neue Weber-Interpretation vorzulegen, eine, die den bisherigen Diskussionsstand entscheidend überschreitet. Dabei muß er zeigen – dies jedenfalls ist der selbstauferlegte Anspruch –, daß man das Werk als Ganzes aus *einer* leitenden Fragestellung heraus verständlich machen kann, die sich nicht auf Rationalismus und Rationalisierung bezieht! (Übrigens: Warum eigentlich müssen die Arbeiten eines Wissenschaftlers als ein Ganzes und dann noch aus *einer* leitenden Fragestellung heraus verständlich sein?)

Umarbeitung bereits geschriebener und für die Ausarbeitung der geplanten Teile der Religionssoziologie.

3. Weder hat Weber die »Wirtschaftsethik der Weltreligionen« als eine bloße Fortsetzung und Entfaltung der »Protestantischen Ethik« verstanden noch seine geplanten Studien über den Islam oder gar die über das Christentum aufgegeben. Im Gegenteil: Nur durch die Studie über das Christentum wäre er in der Lage gewesen, die »Protestantische Ethik« gleichsam auf die Ebene der »Wirtschaftsethik der Weltreligionen« zu heben und sie zum integralen Bestandteil dieser Serie zu machen.

Von den drei werkgeschichtlichen Thesen hat vor allem die dritte Bedeutung für die Klärung systematischer Fragen. Sie bedarf deshalb weiterer Erläuterung. Auch hier orientiere ich mich zunächst an Tenbruck. Er formuliert in diesem Zusammenhang: »Nicht wie These und Gegenprobe gehören PE und WEWR zusammen. Wohl aber ist die WEWR die legitime Fortsetzung und Entfaltung der PE, mit der Weber seinen Weg begonnen hatte: durch die Behandlung des Christentums sollte die WEWR hinter die PE zurückgreifen, durch die Behandlung der übrigen Weltreligionen sollte sie über die europäische Entwicklung hinausblicken, durch die Generalisierung der Frage nach dem Schicksal der Rationalität zwischen Ideen und Interessen sollte sie Webers Probleme auf ihren allgemeinen Nenner bringen und für sie eine allgemeine Lösung suchen« (S. 677). Dem stimme ich zu, allerdings mit einer Qualifikation, die Tenbruck allenfalls implizit anspricht: Die »Wirtschaftsethik der Weltreligionen« bringt nicht nur die Fortsetzung und Entfaltung der »Protestantischen Ethik«. Sie stellt ihr gegenüber vor allem eine *Erweiterung* von Thematik und Fragestellung dar. Zwischen beiden Aufsatzreihen liegt eine Entdeckung. Marianne Weber hat sie auf die Zeit zwischen 1909 und 1913 datiert und sie wie folgt beschrieben: »Für Weber bedeutet diese Erkenntnis der Besonderheit des okzidentalen *Rationalismus* und der ihm zugefallenen Rolle für die abendländische Kultur eine seiner wichtigsten Entdeckungen. Infolge davon erweitert sich seine ursprüngliche Fragestellung nach dem Verhältnis von Religion und Wirtschaft nun zu der noch umfassenderen, nach *der Eigenart der ganzen abendländischen Kultur*« (*Lebensbild*, S. 349). Der Klärung dieser erweiterten Thematik und der damit verbundenen Fragestellungen dienen *Wirtschaft und Gesellschaft* und die »Wirtschaftsethik der Weltreligionen«, und zwar in einer »arbeitsteiligen« Weise, die freilich nicht streng durchgeführt ist (und wohl auch letztlich nicht streng durchgeführt werden kann).

Ich werde die Diskussion der werkgeschichtlichen These weitgehend auf die Religionssoziologie beschränken. Doch ergeben sich dabei auch Gesichtspunkte zu dem Verhältnis von *Wirtschaft und Gesellschaft* und »Wirtschaftsethik der Weltreligionen«, die darüber hinausgehen. Man darf nicht vergessen, daß Weber in einem Anhang zur »Einleitung« von 1915 zum erstenmal einen Text über seine Herrschaftstypologie veröffentlichte, daß also nicht nur die Beziehung zum religionssoziologischen Abschnitt in *Wirtschaft und Gesellschaft* zur Debatte steht.

Ich stelle zunächst die von mir hauptsächlich benutzten Quellen im Überblick zusammen (vgl. Anlagen):

A. Ich benutze die Dispositionen zu *Wirtschaft und Gesellschaft* von 1909, 1914 und 1921/1922. Die erste Disposition ist im sogenannten Stoffverteilungsplan enthalten, den Weber 1909 für das geplante *Handbuch der politischen Ökonomie* entwarf. Dieses Gemeinschaftswerk sollte dem von G. von Schönberg herausgegebenen Handbuch gleichen Titels nachfolgen, das 1882 in erster, 1896-1898 in vierter Auflage erschienen war. Die zweite Disposition wurde unter der Jahresangabe 1914 in den vom Verlag J. C. B. Mohr (Paul Siebeck) und von der H. Laupp'schen Buchhandlung herausgegebenen Mitteilungen veröffentlicht. Sie ist mit der den ersten Lieferungen des Gemeinschaftswerkes beigegebenen Disposition identisch, das inzwischen in *Grundriß der Sozialökonomik* umbenannt worden war. Die dritte Disposition ist der ersten Auflage von *Wirtschaft und Gesellschaft* entnommen, also Max Webers Beitrag zum *Grundriß der Sozialökonomik*, der 1921/1922, nach seinem Tod, erschien. Nur der Erste Teil dieser Ausgabe ist noch von ihm selber zum Druck gegeben worden. Insofern ist dessen Disposition durch ihn sanktioniert. Der Zweite und der Dritte Teil dagegen entstammen dem Nachlaß. Die Disposition dieser Teile wurde von Marianne Weber bereits rekonstruiert. Dabei konnte sie sich wohl insbesondere bei der Gliederung einzelner Kapitel auf Angaben Webers stützen. Es ist aber nicht im einzelnen nachgewiesen, was im nachgelassenen Manuskript stand und was von ihr hinzugefügt wurde.

B. Ich benutze ferner die Planskizze zu den vier Bänden der *Gesammelten Aufsätze zur Religionssoziologie* aus dem Jahre 1919 und ihre Realisierung in den 1920/21 ausgelieferten *Gesammelten Aufsätzen zur Religionssoziologie*.

C. Ich benutze schließlich die Erscheinungsdaten, Titel und Seitenzahlen der im *Archiv für Sozialwissenschaft und Sozialpolitik* veröffentlichten Skizzen zur »Wirtschaftsethik der Weltreligionen«.

2. Zehn Überlegungen zur Religionssoziologie

Zur Entstehungsgeschichte der Religionssoziologie in *Wirtschaft und Gesellschaft* und der Aufsätze über die »Wirtschaftsethik der Weltreligionen« sowie zur Beziehung der beiden Textkonvolute zueinander diskutiere ich zehn Punkte, die aufeinander aufbauen:

1. 1909 ist Webers späteres religionssoziologisches Programm noch nicht zu erkennen. In dem von ihm 1909 entworfenen Stoffverteilungsplan ist in dem Abschnitt »Wirtschaft und Gesellschaft«, den er bearbeiten wollte, *keine* Sonderbehandlung der Religion vorgesehen. Wenn er überhaupt über Religion schreiben wollte, so unter dem Begriff der Kultur. Daß Weber bei der Behandlung des Verhältnisses von Wirtschaft und Kultur explizit eine Kritik des Historischen Materialismus vortragen wollte, läßt sich noch aus der in der »Protestantischen Ethik« eingeschlagenen Argumentationslinie erklären: Wirtschaftliche Phänomene sind nicht nur kulturrelevant, sie sind auch kulturbedingt. Vermutlich hatte Weber aber schon 1909 die Absicht, hier nicht einfach die Protestantismusthese zu wiederholen. Hätte er dies gewollt, so wäre dafür das Einleitungskapitel des zweiten Buches mit dem Titel »Prinzipielle Eigenart des modernen Kapitalismus als historischer Erscheinung« der geeignete Ort gewesen. Dieses Kapitel aber hatte er Werner Sombart zugeteilt.[3] Andererseits findet sich weder im Stoffver-

---

3 Diese Wahl war nicht unplausibel. Denn Sombart hatte gerade für das

teilungsplan von 1909 noch auch in den Antikritiken »Zur Protestantischen Ethik« ein Hinweis, daß Weber 1909/10 eine über das Christentum hinausgehende Religionsvergleichung vornehmen wollte, um dann, wie es später heißt, »die Resultate vergleichender Studien über die *universal*geschichtlichen Zusammenhänge von Religion und Gesellschaft niederzuschreiben« (RS I, S. 206, Fn. 1). 1908/09 arbeitete er hauptsächlich an den »Agrarverhältnissen im Altertum« und an der »Psychophysik der industriellen Arbeit«. Zudem wollte er, wie der Stoffverteilungsplan von 1909 ausweist, über Objekt und logische Natur der mit dem Handbuch verbundenen Fragestellungen schreiben. Einiges spricht dafür, daß er diese für das Gesamtprojekt wichtige Aufgabe sogar als erstes in Angriff nahm.

2. Teile des daraus entstandenen Textes wurden nämlich offensichtlich 1913 in dem Aufsatz »Über einige Kategorien der verstehenden Soziologie« veröffentlicht. Aus Webers eigenen Mitteilungen geht allerdings für mich nicht klar hervor, um welchen Teil es sich dabei handelt. Weber spricht in der erläuternden Fußnote zum Titel davon, der zweite Teil des Aufsatzes sei ein »Fragment aus einer schon vor längerer Zeit geschriebenen Darlegung, welche der methodischen Begründung sachlicher Untersuchungen, darunter eines Beitrags (›Wirtschaft und Gesellschaft‹) für ein demnächst erscheinendes Sammelwerk dienen sollte und von welcher andere Teile wohl anderweit gelegentlich publiziert werden. Die pedantische Umständlichkeit der Formulierung entspricht dem Wunsch, den *subjektiv* gemeinten Sinn von dem objektiv gültigen scharf zu scheiden (darin teilweise abweichend von Simmels Methode)« (WL, S. 427, Fn. 1, textgleich in *Logos*, IV [1913], S. 253, Fn. 1). Von der methodischen Begründung sachlicher Untersuchungen, insbesondere vom subjektiv gemeinten Sinn im Unterschied zum

Archiv einen mit Webers Position insbesondere in methodischer Hinsicht weitgehend übereinstimmenden Aufsatz zur Analyse und Genese des »kapitalistischen Geistes‹ unter dem Titel »Der kapitalistische Unternehmer« vorgelegt und dabei seine älteren Auffassungen revidiert. Vgl. Werner Sombart, »Der kapitalistische Unternehmer«, in: *Archiv für Sozialwissenschaft und Sozialpolitik*, 29. Band (1909), S. 689-758 und Max Weber, »Antikritisches zum ›Geist‹ des Kapitalismus«, in: Max Weber, PE II, S. 170 ff.

objektiv richtigen oder gültigen, ist in dem von I bis VII gegliederten Aufsatz vor allem unter I bis III die Rede. Unter IV bis VII werden soziologische Begriffe gebildet, wobei Weber zugleich eine Art positiver Kritik an Stammler gibt. Da seine Auseinandersetzung mit Stammler schon auf die Zeit 1906/07 zurückgeht, könnte dieser Teil (IV bis VII) alt, also der von ihm gemeinte »zweite Teil« sein. Doch angesichts des Inhalts halte ich eher den Abschnitt II dafür. Wie immer man sich in dieser Frage entscheidet: Dieser 1913 veröffentlichte Aufsatz bringt unter I bis III, besonders unter II, Bezüge auf Resultate vergleichender religionssoziologischer Forschungen: buddhistische Kontemplation und christliche Askese der Gesinnung (S. 429), magisches und religiöses Sichverhalten (S. 433), Entzauberung (S. 433), Nietzsches Theorie des Ressentiments (im Zusammenhang mit der Theorie des ökonomischen Materialismus, S. 434), die These, es komme gerade bei religiösem Handeln nicht auf die rational erschließbaren, sondern auf die »psychologischen« Zusammenhänge des realen Handelns an (mit Beispielen aus der Religionssoziologie, wobei Begriffe wie mystisch-kontemplativ, Liebesakosmismus usw. auftauchen, S. 436), die Rolle des Rationalen in der Geschichte (S. 438). All diese Stichworte verweisen auf Themen, die in der »Einleitung« zur »Wirtschaftsethik der Weltreligionen« zusammenhängend abgehandelt sind.

3. Wann dieses im Kategorienaufsatz enthaltene »Fragment« entstanden ist, läßt sich also nicht genau sagen. Die Entstehungszeit muß jedenfalls vor 1913 sein. Eine genauere Angabe hängt davon ab, ob es gelingt, das musiksoziologische Manuskript genauer zu datieren. Denn Weber verweist in einer Fußnote (WL, S. 438, Fn. 1) darauf, daß er die Absicht habe, die Frage, inwiefern die Spannung zwischen dem empirischen Verhalten und der rationalen Richtigkeitsnorm ein reales kausales Entwicklungsmoment darstellt, »gelegentlich an einem Beispiel (Musikgeschichte) zu erläutern«. Folgt man Marianne Webers Mitteilungen im *Lebensbild*, so hat Weber mit der Musiksoziologie bereits 1910 begonnen (vgl. *Lebensbild*, S. 349, S. 507). Dies würde sich in Webers Plan, eine Soziologie der Kunst zu schreiben, einfügen, von dem gleichfalls Marianne Weber spricht. Daß Weber sich tatsächlich 1910 mit Fragen der Kunst beschäf-

tigt haben dürfte, zeigt sein Diskussionsbeitrag zu Werner Sombarts Vortrag über »Technik und Kultur« auf dem Ersten Deutschen Soziologentag, der vom 19. bis 22. Oktober in Frankfurt a. M. stattfand. Denn hier skizziert er unter dem Stichwort »ästhetische Evolution« die Umrisse einer Soziologie der Kunst, wobei er Lyrik, Malerei, Architektur und vor allem Musik berührt. (Vgl. dazu auch den Wertfreiheitsaufsatz. Die Passagen über empirische Kunstgeschichte und -soziologie mit Beispielen aus Architektur, Musik und Malerei sind freilich Einfügungen aus dem Jahre 1917.) Allerdings behauptet Marianne Weber an anderer Stelle (Vorwort zur 2. Auflage von *Wirtschaft und Gesellschaft* aus dem Jahre 1925), Weber habe sich 1912 (noch?, erst?) mit musikgeschichtlichen und musiksoziologischen Fragen beschäftigt. Das gehe aus einem Brief an sie aus dem Jahre 1912 hervor: »Ich werde wohl über gewisse *soziale* Bedingungen der Musik schreiben, aus denen sich erklärt, daß *nur wir* eine ›harmonische‹ Musik haben, obwohl andere Kulturkreise ein viel feineres Gehör und viel mehr intensive Musikkultur aufweisen. Merkwürdig! – das ist ein Werk des Mönchtums, wie sich zeigen wird.« Auch bei Eduard Baumgarten finden sich Hinweise, die für 1912 sprechen.[4] Ferner ist die Diskussionsrede, die Weber auf dem Zweiten Deutschen Soziologentag vom 20. bis 22. Oktober 1912 in Berlin zu Franz Oppenheimers Vortrag über »Die rassentheoretische Geschichtsphilosophie« hielt und in der er sich auf Musik in vergleichender Perspektive bezieht, dafür ein Indiz. Es könnte allerdings auch sein, daß sich Weber zunächst den *rationalen* Grundlagen der modernen Akkordmusik zuwandte, um dann später die *sozialen* Bedingungen ihrer historischen Verwirklichung aufzuklären. Dafür spräche der Aufbau des im Nachlaß gefundenen musiksoziologischen Manuskripts. Jedenfalls hatte er es, wie die Fußnote im Kategorienaufsatz zeigt, 1913 noch nicht so weit gefördert, daß er es hätte veröffentlichen können.

Wichtiger ist freilich ein anderer Zusammenhang. Wie Marianne Weber ausführt, spielt die Beschäftigung mit der Entwick-

4 Vgl. Eduard Baumgarten, *Max Weber. Werk und Person*, Tübingen 1964, S. 482 f. Ferner Karl Loewenstein, »Persönliche Erinnerungen an Max Weber«, in: *Max Weber zum Gedächtnis*, hg. von René König und Johannes Winckelmann, Köln und Opladen 1963, S. 49.

lungsgeschichte der Musik eine zentrale Rolle für die Erweiterung der Protestantismusthese. So schreibt sie im Vorwort zur 2. Auflage von *Wirtschaft und Gesellschaft*: »Was ihn bei der erstmaligen Durchforschung der musikalischen Gebilde des Orients und Okzidents so packte, war die Entdeckung, daß auch und gerade in der Musik – dieser scheinbar am reinsten aus dem Gefühl quellenden Kunst – die Ratio eine so bedeutsame Rolle spielt und daß ihre Eigenart im Okzident, ebenso wie die seiner Wissenschaft und aller staatlichen und gesellschaftlichen Institutionen, durch einen spezifisch gearteten Rationalismus bedingt ist.« Diese Entdeckung reflektiert auch die »Einleitung« von 1915 (1913). Dort heißt es: »Wie in der Musik das pythagoreische ›Komma‹ der restlosen tonphysikalisch orientierten Rationalisierung sich widersetzt und wie daher die einzelnen großen Musiksysteme aller Völker und Zeiten sich vor allem durch die Art und Weise unterscheiden, wie sie diese unentfliehbare Irrationalität entweder zu überdecken und zu umgehen oder umgekehrt in den Dienst des Reichtums der Tonalitäten zu stellen wissen, so scheint es dem theoretischen Weltbild, noch weit mehr aber und vor allem der praktischen Lebensrationalisierung, zu ergehen« (S. 16). Das Problem der Musiksoziologie steht also in engster Verbindung mit dem zentralen Problem der »Wirtschaftsethik«.

Und nicht nur dies: Die Musiksoziologie steht auch in enger Verbindung mit *Wirtschaft und Gesellschaft*, wie das Vorwort zum *Grundriß* von 1914 verdeutlicht, das der ersten Lieferung beigegeben war und das von Weber stammt. Dort wird darauf hingewiesen, weder die systematische Erkenntnistheorie der Sozialwissenschaften noch die »materiale ökonomische Kultursoziologie« könnten in den *Grundriß* aufgenommen werden. Beide müßten vielmehr einem Beiheft vorbehalten bleiben (Vorwort, S. VII). Ziel des *Grundrisses* aber sei es, die Beziehungen der Wirtschaft zur Technik und zu den gesellschaftlichen Ordnungen zu behandeln, »und zwar absichtlich so, daß dadurch auch die Autonomie dieser Sphären gegenüber der Wirtschaft deutlich hervortritt. Es wurde von der Anschauung ausgegangen, daß die Entfaltung der Wirtschaft vor allem als eine besondere Teilerscheinung der allgemeinen Rationalisierung des Lebens begriffen werden müsse« (Vorwort, S. VII).

Daran aber lassen sich zwei Vermutungen knüpfen: 1. Werkgeschichtlich gesehen, könnte Weber tatsächlich zunächst entsprechend seiner ursprünglichen Disposition im Stoffverteilungsplan die Absicht gehabt haben, eine materiale ökonomische Kulturtheorie zu geben, die sich nicht auf das Verhältnis von Wirtschaft und Religion beschränkt hätte (Wirtschaft und Kultur!). Dafür spricht u. a. auch die Ausweitung seiner Interessen auf Musikgeschichte und Musiksoziologie, ja auf eine Soziologie der Kunst insgesamt. 2. Systematisch gesehen, stößt er während der Arbeit an seinem Beitrag zum *Grundriß* auf die Bedeutung der Rationalisierungsproblematik für *alle* Bereiche des Lebens, insbesondere aber auf die Sondergestalt des okzidentalen Rationalismus, die eben nicht auf Ökonomie beschränkt ist, sondern sich zum Beispiel auch auf die Musik erstreckt.

4. Würde sich die relativ frühe Entstehung der Musiksoziologie bestätigen, so hätten wir hier den ersten Text vor uns, in dem Weber den mittelmeerischen und westlichen Kulturraum bei seiner Analyse überschreitet und diese insbesondere auch auf ostasiatische Kulturverhältnisse ausdehnt. Zwar arbeitet er auch schon in den »Agrarverhältnissen im Altertum« mit der Gegenüberstellung von vorderasiatisch-okzidentaler und ostasiatischer Wirtschafts- und Sozialgeschichte, doch geht er auf ostasiatische Verhältnisse nicht ein. In der Musiksoziologie dagegen findet sich nicht nur der Vergleich zwischen Griechenland, dem okzidentalen Mittelalter und der okzidentalen Neuzeit, sondern auch der Vergleich dieser Kulturgebiete mit der übrigen Welt, insbesondere mit China, Japan und Indien. Allerdings steht der erste Vergleich im Mittelpunkt.[5]

---

5 Weber scheint dabei, wenn auch kritisch, einem Buch von Helmholtz zu folgen. Vgl. H. Helmholtz, *Die Lehre von den Tonempfindungen als physiologische Grundlage für die Theorie der Musik*, 3., umgearbeitete Aufl., Braunschweig 1870 (1. Aufl. 1862). Helmholtz schreibt über die Stilprinzipien der Hauptentwicklungsphasen der Musik S. 374: »Wir können sie für unsere Zwecke nach drei Hauptperioden unterscheiden. 1. Die *homophone* (einstimmige) Musik des Altertums, an welche sich auch die jetzt bestehende Musik der orientalischen und asiatischen Völker anschließt. 2. Die *polyphone* Musik des Mittelalters, vielstimmig, aber noch ohne Rücksicht auf die selbständige musikalische Bedeutung

5. Auch wenn man nicht ausschließen kann, daß Weber mit der Erforschung der universalgeschichtlichen Zusammenhänge von Religion und Gesellschaft schon relativ früh (vor 1910/11) begonnen hat, so wurden doch die Ereignisse nach Marianne Weber frühestens in den Jahren 1911 bis 1913 fixiert. Für die Erstfassung des religionssoziologischen Abschnitts von *Wirtschaft und Gesellschaft* wird dies durch einen bereits früher von mir zitierten Auszug eines Briefes von Weber an seinen Verleger Siebeck bestätigt.[6] Weber schreibt am 30. 12. 1913 unter anderem: »Ich habe eine geschlossene Theorie und Darstellung ausgearbeitet, welche die großen Gemeinschaftsformen zur Wirtschaft in Beziehung setzt: von der Familie und Hausgemeinschaft zum Betrieb, zur Sippe, zur ethnischen Gemeinschaft, zur Religion (alle großen Religionen der Erde umfassend: Soziologie der Erlösungslehren und der religiösen Ethiken, – was Troeltsch gemacht hat, jetzt für *alle* Religionen, nur wesentlich knapper) endlich eine umfassende soziologische Staats- und Herrschaftslehre. – Ich darf behaupten, daß es noch *nichts* dergleichen gibt, auch kein ›Vorbild‹...« Die Erstfassung der Aufsätze über die »Wirtschaftsethik der Weltreligionen« entstand 1913, wie Weber selber bezeugt. Als er im Septemberheft 1915 des *Archivs für Sozialwissenschaft und Sozialpolitik*, das am 14. Oktober 1915 ausgeliefert wurde, die »Einleitung« und die ersten beiden Kapitel des »Konfuzianismus« veröffentlicht, formuliert er in der erläuternden Fußnote auf S. 1: »Die nachstehenden Darlegungen erscheinen unverändert so wie sie vor zwei Jahren niedergeschrieben und Freunden vorgelesen waren.« Das Fehlen eines wissenschaftlichen Apparats, stilistische Mängel und die »verschieden eingehende Behandlung der einzelnen Gebiete« erklärt er mit der Einziehung zum Militärdienst im Herbst 1914. Zumindest die Artikel, die im September- und im Novemberheft 1915 erschienen sind (letzteres wurde am 23. Dezember 1915 ausgeliefert), geben also den Stand

der Zusammenklänge, vom 10. bis in das 17. Jahrhundert reichend, wo sie dann übergeht in 3. die *harmonische* oder *moderne* Musik, charakterisiert durch die selbständige Bedeutung, welche die Harmonie als solche gewinnt. Ihre Ursprünge fallen in das 16. Jahrhundert.

6 Vgl. Wolfgang Schluchter, *Die Entwicklung des okzidentalen Rationalismus*, S. 123.

der Niederschrift von 1913 wieder, sieht man von Änderungen und Einfügungen ab, die Weber möglicherweise kurz vor und während der Drucklegung vorgenommen hat. Der von Weber dargelegte Sachverhalt wird zumindest indirekt in einem Brief von Georg Lukács bestätigt. Er nämlich gehörte offensichtlich zu jenen Freunden, denen die Darlegungen zwei Jahre zuvor vorgelesen worden waren.[7]

Der bis 1913 fixierte Stand der religionssoziologischen Forschung schlägt sich zunächst in der veränderten Disposition des von Weber für das erste Buch des *Grundrisses* vorgesehenen Beitrags nieder: Der Untertitel »Wirtschaft und Kultur. Kritik des historischen Materialismus« verschwindet. Er wird, so scheint es, mit dem anderen »alten« Untertitel »Wirtschaft und soziale Gruppen« »verschmolzen« und dieser dann nach Arten sozialer Gruppen differenziert. Daraus entsteht eine neue Disposition mit acht Untertiteln. Einer davon lautet »Religiöse Gemeinschaften«. Er verweist auf die Existenz eines religionssoziologischen Manuskripts im engeren Sinn. In diesem Manuskript wird laut Disposition die Klassenbedingtheit der Religionen sowie die Beziehung zwischen Kulturreligionen und Wirtschaftsgesinnung behandelt. Der »erste Teil« ist einer Frage gewidmet, die in der »Protestantischen Ethik« noch ausgespart bleibt, der »zweite Teil« schließt an die Fragestellung der »Protestantischen Ethik« an, nun aber in einem weiteren Vergleichshorizont. Diese doppelte Zielsetzung findet ihren literarischen Niederschlag vor allem in den §§ 7-12 des religionssoziologi-

7 Vgl. Georg Lukács, *Briefwechsel 1902-1917*, Stuttgart 1982, S. 362. Lukács reagierte Mitte Dezember 1915 auf die Zusendung eines Sonderdrucks durch Weber folgendermaßen: »Ich danke Ihnen herzlichst für den Brief und den Abdruck. Ich rechne bestimmt damit, daß ich auch von den weiteren Fortsetzungen Separata erhalten werde. Das bisher gelesene [sic!] hat denselben großen Eindruck auf mich gemacht, wie seinerzeit die Vorlesung in Heidelberg, auch stilistisch scheint es mir Ihre Bedenken nicht zu rechtfertigen./Ich freue mich sehr auf die Vereinigung all dieser Aufsätze in einem Buch, und auf die Möglichkeit, sie in einem kontinuierlichen Zusammenhange zu lesen.« Den Herausgebern des Briefwechsels zufolge handelte es sich bei dem Sonderdruck um die »Zwischenbetrachtung« aus dem Novemberheft. Dies ist vermutlich ein Irrtum. Es dürfte sich um die »Einleitung« gehandelt haben.

schen Abschnitts von *Wirtschaft und Gesellschaft*. Aber auch die »Wirtschaftsethik der Weltreligionen« steht unter dieser doppelten Zielsetzung. Dies zeigt nicht nur ihr Aufbau, den wir der 1913 niedergelegten und 1915 weitgehend unverändert gedruckten Konfuzianismusstudie entnehmen können, sondern auch die 1920 gedruckte »Vorbemerkung«, die Weber dem 1. Band der *Gesammelten Aufsätze zur Religionssoziologie* voranstellt. Dort geht er unter anderem auf das Verhältnis von Protestantismusstudie und »Wirtschaftsethik der Weltreligionen« ein. Weber formuliert: »Es sind dabei zwei ältere Aufsätze an die Spitze gestellt, welche versuchen, in *einem* wichtigen Einzelpunkt der meist am schwierigsten zu fassenden Seite des Problems näher zu kommen: der Bedingtheit der Entstehung einer ›Wirtschaftsgesinnung‹: des ›Ethos‹, einer Wirtschaftsform, durch bestimmte religiöse Glaubensinhalte, und zwar an dem Beispiel der Zusammenhänge des modernen Wirtschaftsethos mit der rationalen Ethik des asketischen Protestantismus. Hier wird also nur der *einen* Seite der Kausalbeziehung nachgegangen. Die späteren Aufsätze über die ›Wirtschaftsethik der Weltreligionen‹ versuchen, in einem Ueberblick über die Beziehungen der wichtigsten Kulturreligionen zur Wirtschaft und sozialen Schichtung ihrer Umwelt, *beiden* Kausalbeziehungen so weit nachzugehen, als notwendig ist, um die *Vergleichs*punkte mit der weiterhin [!] zu analysierenden okzidentalen Entwicklung zu finden. Denn nur so läßt sich ja die einigermaßen eindeutige kausale *Zurechnung* derjenigen Elemente der okzidentalen religiösen Wirtschaftsethik, welche ihr im Gegensatz zu andern eigentümlich sind, überhaupt in Angriff nehmen« (RS I, S. 12 f.). Weber sagt also ausdrücklich: In der »Protestantischen Ethik« wird anders als in der »Wirtschaftsethik« nur eine Seite der Kausalbeziehung (Kulturreligion und Wirtschaftsgesinnung) diskutiert, und schon deshalb ist mit dieser Studie die Untersuchung der okzidentalen Entwicklung nicht abgeschlossen, die vielmehr weiterhin zu analysieren ist. Die wichtigsten Kulturreligionen aber, von denen hier die Rede ist, sind diejenigen, die Weber bereits im religionssoziologischen Abschnitt von *Wirtschaft und Gesellschaft* behandelt: Konfuzianismus; Hinduismus und Buddhismus; antikes und mittelalterliches Judentum; antikes, mittelalterliches und reformatorisches Christentum; Islam; sowie, allerdings nur am Rande, der Zarathustrismus; jene Kulturreligionen also, die wiederum in der »Einleitung« sowohl in der Fassung von 1913/15 wie in der von 1920 direkt oder indirekt erwähnt sind.

6. Webers Religionssoziologie für *Wirtschaft und Gesellschaft* besteht also 1913 vermutlich aus einem Manuskript über religiöse Gemeinschaften, in dem er die zweiseitige Kausalbeziehung zwischen Wirtschaft und Kulturreligion in vergleichender Perspektive behandelt, wobei der Vergleich zwischen Asien und Vorderasien/Europa im Mittelpunkt steht. Dieses Manuskript ist äußerlich unabgeschlossen in einem doppelten Sinne: Die Komposition der überlieferten Paragraphen und ihre Folge scheinen nicht endgültig, und es weist Lücken auf (vgl. besonders Anfang und Ende von § 12). Es läßt sich auch schwer sagen, welche Paragraphen 1913 schon fertig waren. Die §§ 1-6 scheinen sachlich und stilistisch zusammenzugehören, ebenso die §§ 7-12, sie könnten also zu verschiedenen Zeiten entstanden sein.

Daneben existierte 1913 ein Manuskript »Die Wirtschaftsethik der Weltreligionen«. Über seinen Zustand informiert die erste Fassung der Konfuzianismusstudie, die Weber 1915 im *Archiv* veröffentlichte: Sie ist nur etwa halb so lang wie die zweite Fassung von 1920.

Es könnte nun sein, daß er an dem ursprünglichen Manuskript über die Wirtschaftsethik, wie auch an *Wirtschaft und Gesellschaft*, noch bis Kriegsbeginn gearbeitet hatte. Jedenfalls mußte er dann, insbesondere wegen seiner Tätigkeit in der Lazarettverwaltung, diese Arbeit bis zur Veröffentlichung der ersten Partien im September- und Novemberheft des *Archivs* von 1915 einstellen. Dies bringt mich zu der Vermutung: Die Erstfassung des religionssoziologischen Abschnitts in *Wirtschaft und Gesellschaft* und die der vergleichenden religionssoziologischen Skizzen zur »Wirtschaftsethik der Weltreligionen« fußen auf denselben Forschungen und sind Resultate einer in zwei Richtungen zielenden Verarbeitung. In der einen Richtung dient das historische Material in erster Linie der soziologischen Begriffsbildung, in der anderen Richtung dient die Begriffsbildung in erster Linie der soziologischen Durchdringung des historischen Materials. Was Marianne Weber im Vorwort zur 1. Auflage von

Wirtschaft und Gesellschaft über das Verhältnis von altem und neuem Teil sagte, trifft zwar in meinen Augen darauf nicht zu,[8] wohl aber auf das Verhältnis der Religionssoziologie in *Wirtschaft und Gesellschaft* zu den Skizzen über die »Wirtschaftsethik der Weltreligionen«, ein Verhältnis, das man auch mit Sombart als das zweier Vorgehensweisen, der theoretisch-konstruktiven und der genetischen, bezeichnen kann. Das hier behauptete Verhältnis – Begriffsentwicklung einerseits, Begriffsanwendung andererseits – wird von Weber zwar nicht direkt bestätigt, doch es läßt sich aus mehreren Bemerkungen kombinieren. So schreibt er in der bereits zitierten erläuternden Fußnote zur »Einleitung« in die »Wirtschaftsethik der Weltreligionen« im Septemberheft des *Archivs* aus dem Jahre 1915: »Diese Aufsätze waren nebenbei auch bestimmt, gleichzeitig [!] mit der im ›Grundriß der Sozialökonomik‹ enthaltenen Abhandlung über ›Wirtschaft und Gesellschaft‹ zu erscheinen, den religionssoziologischen Abschnitt zu interpretieren und zu ergänzen (allerdings auch in vielen Punkten durch ihn interpretiert zu werden). Dieser Aufgabe werden sie wohl auch in ihrem jetzigen Zustand dienen können, wenn auch in unvollkommenerer Weise« (S. 1, Fn. 1). Hält man diese Bemerkung mit der im Vorwort zum *Grundriß* zusammen, derzufolge sowohl die systematische Erkenntnistheorie der Sozialwissenschaften wie die materiale ökonomische Kultursoziologie in einem Beiheft

8 Die Frage der Zusammengehörigkeit und der Anordnung der vermutlich in erster Linie im Zusammenhang mit der Arbeit am *Grundriß* entstandenen Manuskripte kann hier natürlich nicht nebenbei erledigt werden. Immerhin möchte ich soviel sagen: Bei der Antwort auf diese Frage stimme ich im Grundsatz mit der von Friedrich H. Tenbruck vorgetragenen Position überein. Vgl. dazu seine scharfsinnige Analyse »Abschied von *Wirtschaft und Gesellschaft*«, in: *Zeitschrift für die gesamte Staatswissenschaft*, 133 (1977), S. 703-736, in der er aus Anlaß der Veröffentlichung der von Johannes Winckelmann herausgegebenen 5. Auflage von *Wirtschaft und Gesellschaft* die bisherigen Editionsstrategien zur Präsentation dieses Werks einer grundlegenden Kritik unterzieht. In der Tat: Angesichts der werkgeschichtlichen Zusammenhänge wird man wohl die auf Marianne Weber zurückgehende und von Johannes Winckelmann mit großem Arbeitsaufwand und überragendem Sachverstand umgesetzte Idee *eines* Werkes in *zwei* Teilen aufgeben müssen. Vgl. dazu *Religion und Lebensführung*, Kap. 14.

veröffentlicht werden sollten, so liegt die Folgerung nahe, daß die Skizzen über die »Wirtschaftsethik der Weltreligionen« zumindest ein Teil dieser materialen ökonomischen Kultursoziologie sind. Man kann sie als materiale Kultursoziologie bezeichnen, weil in ihnen Begriffe nicht in erster Linie gebildet, sondern angewendet werden. Es sind jene Begriffe, die in einer eher formalen, besser: systematischen ökonomischen Kulturtheorie, eben in *Wirtschaft und Gesellschaft*, entwickelt werden. Die beiden Textkonvolute stehen in einem äußeren *und* inneren Ergänzungs- und Interpretationsverhältnis. Denn die monographische Stoffdurchdringung regt zwar zu neuen Begriffsbildungen an, sie setzt aber zugleich Begriffe voraus, die nicht nur am gerade bearbeiteten Stoff entwickelt sind. Das zeigt sich auch daran, daß im einen Textkonvolut die reinen Typen, im anderen aber die Typenkombinationen im Mittelpunkt stehen. In der Konfuzianismusstudie etwa interpretiert Weber das chinesische politische System unter verwaltungssoziologischem Gesichtspunkt weder als patrimonial noch als bürokratisch, sondern als patrimonialbürokratisch, d. h. als Kombination aus Amtspfründe und individueller Bildungsqualifikation. In der Hinduismusstudie etwa interpretiert er das indische soziale System unter religionssoziologischem Gesichtspunkt weder als Kirche noch als Sekte, sondern als Kaste, d. h. als eine Kombination aus Geburtsreligion und strenger Exklusivität. Diese Verhältnisbestimmung der beiden Textkonvolute macht auch deutlich, weshalb die Skizzen über die »Wirtschaftsethik der Weltreligionen« zwar in erster Linie religionssoziologische Arbeiten sind, aber doch auch darüber hinausgreifen: Darin sind, wie in *Wirtschaft und Gesellschaft*, religionssoziologische mit wirtschafts-, rechts- und herrschaftssoziologischen Analysen verzahnt. Sie behandeln auch nicht ausschließlich die religiösen Ethiken und Lehren in ihrer Wirkung, sondern auch andere Aspekte der »Kultur« eines Kulturkreises. Insofern stellen sie tatsächlich Beiträge zu einer materialen (ökonomischen) Kultursoziologie dar. Auch 1920, also nach Revision von Teilen beider Textkonvolute, hat Weber die oben zitierte Bemerkung in der »Einleitung« inhaltlich nicht geändert. Mit seiner formalen, besser: systematischen (theoretischen) *und* materialen (historischen) Wirtschafts-, Rechts-, Herrschafts- und Religions- bzw. Kultursoziologie sucht Weber aber zugleich seine Absicht von 1909 zu erfüllen: über Wirtschaft und Kultur so zu schreiben, daß damit zugleich eine Kritik am Historischen Materialismus verbunden ist. Wie die ökonomische Theorie der antiken Staatenwelt in den »Agrarverhältnissen« für ihn nicht Historischer Materialismus ist, so auch nicht die materiale (ökonomische) Kultursoziologie der späteren Schriften. Sie behandelt Kultur unter anderem zwar auch im Sinne einer ökonomischen Geschichtsinterpretation, nicht aber im Sinne einer ökonomischen Weltanschauung. Auf diesen Unterschied hatte Weber bereits im Objektivitätsaufsatz hingewiesen, und er diente gewissermaßen als methodologisches Leitmotiv, unter dem schon die »Protestantische Ethik« stand.

7. Die auch textlich sehr enge Verbindung von *Wirtschaft und Gesellschaft* mit der »Wirtschaftsethik der Weltreligionen« läßt sich daran zeigen, daß zumindest ein Text, der immer wieder in der Sekundärliteratur als einer der wichtigsten der »Wirtschaftsethik« herausgestellt wird, die »Zwischenbetrachtung«, in § 11 des religionssoziologischen Abschnitts von *Wirtschaft und Gesellschaft* vorformuliert ist. Gleiches läßt sich zwar nicht für die »Einleitung« sagen, aber eine parallele Lektüre von »Einleitung« und der Religionssoziologie in *Wirtschaft und Gesellschaft* macht deutlich, daß alle Gedanken, die hier auftauchen, auch dort entwickelt sind.[9] Diese Nähe ist nun in meinen

9 Die »Einleitung«, wie sie im Septemberheft 1915 des *Archivs* veröffentlicht ist, hat äußerlich drei Hauptabschnitte, die den darin verhandelten thematischen Schwerpunkten entsprechen. Der erste Abschnitt reicht von S. 1 bis S. 5 und behandelt Gegenstand und Ansatz der Studien; der zweite Abschnitt reicht von S. 5 bis S. 21 und beschäftigt sich mit dem Verhältnis von sozialer Schichtung und Religion; der dritte Abschnitt reicht von S. 21 bis S. 28 und ist dem Zusammenhang von Religion und Lebensführung gewidmet. Er schließt mit äußerlich nicht abgesetzten Passagen über den Zweck und die Gesichtspunkte der Analyse (Rationalismus und Rationalisierung). Ferner ist der »Einleitung« ein Anhang über die drei Typen der Herrschaft beigegeben, in dem Weber zum ersten Mal der Öffentlichkeit seine Herrschaftstypologie präsentiert. Interessant dabei ist, daß er hier nicht von traditionaler, sondern von traditionalistischer Herrschaft (Autorität) spricht. Er verweist darauf, daß die vorgeschlagene Typologie »an anderer Stelle, und zwar speziell unter dem Gesichtspunkt des Zusammenhangs mit der Wirtschaft, sy-

stematisch erörtert« werde (S. 30). Daran zeigt sich, daß er die Herrschaftssoziologie aus *Wirtschaft und Gesellschaft* gezielt in der »Wirtschaftsethik der Weltreligionen« benutzt.

Die drei Abschnitte lassen sich ferner intern gliedern. Ich tue dies dadurch, daß ich Stichworte gebe und ihre Zusammengehörigkeit andeute. Dadurch erhält man folgende Feinstruktur:

1. Abschnitt: (Gegenstand und Ansatz)	Wirtschaftsethik von Konfuzianismus, Hinduismus, Buddhismus, Islam, Judentum, Christentum / Wirtschaftsethik keine einfache Funktion wirtschaftlicher Organisationsformen, Wirtschaftsethik keine einfache Funktion der sozialen Schichtung.
2. Abschnitt: (soziale Schichtung und Religion)	Nietzsche, Theodizee des Glücks, Theodizee des Leidens / Religiöse Gemeinde, Magier, Mystagoge, Priester, Heiland, Prophet / die drei rationalen Theodizeen, Wiedergeburt und Erlösung / Interessenlagen von Intellektuellen, Hierokratie, politischen Beamten, ritterlichen Kriegern, Bauern, bürgerlichen Schichten / Bedeutung der Prophetie für Durchbrechung des Traditionalismus, exemplarische Prophetie und Sendungsprophetie, Zusammenhang mit Gottesvorstellungen, Scheidung der iranisch-vorderasiatisch-okzidentalen von der indischen und chinesischen Religiosität.
3. Abschnitt: (Religion und Lebensführung)	Virtuosen- und Massenreligiosität, Kirche und Sekte / kontemplative, orgiastisch-ekstatische und asketische Heilsgüter und Heilswege, Weltverhältnisse / Zweck und Gesichtspunkt der Analyse.

Es ist nicht schwer, diese Stichworte, teilweise in derselben Reihenfolge, im religionssoziologischen Abschnitt von *Wirtschaft und Gesellschaft* wiederzufinden. Sie stehen dort überwiegend in den §§ 7-10. In der »Zwischenbetrachtung« ist, wie bereits gesagt, der Zusammenhang noch enger. Hier sind zu vergleichen Teile von § 10 und der § 11. Sollte Weber tatsächlich, wie Tenbruck meint, »Einleitung« und »Zwischenbetrachtung« erst 1915 geschrieben haben (was ich für unwahrscheinlich halte), so würde sich an dem hier behaupteten inneren Zusammenhang dieser Texte mit der Religionssoziologie von *Wirtschaft und Gesellschaft* nichts ändern. Dazu sind die Übereinstimmungen zu groß. Sie würden dann die dort niedergelegte Summe nur etwas anders wenden. Folgt man Tenbrucks Konstruktionen, so müßte man sich übrigens eigentlich fragen, weshalb der von ihm so ins Zentrum gerückte Begriff der Entzauberung in der »Einleitung« meines Wissens nur einmal, in der »Zwischenbetrachtung« zwar zweimal, aber nur im Zusammenhang mit dem

Augen nicht zufällig. Schließlich repräsentieren »Einleitung« und »Zwischenbetrachtung« innerhalb der »Wirtschaftsethik der Weltreligionen« jene Texte, in denen die Begriffsentwicklung gegenüber der Begriffsanwendung im Vordergrund steht. Es ist nun meine These, daß in dem Maße, wie Weber seine materiale Religionssoziologie ausweitete, er die begriffliche verknappen konnte. Und dies gilt ganz allgemein für das Zusammenspiel von eher begrifflicher (theoretischer) und eher materialer (historischer) Soziologie. Weber hätte also den im Nachlaß gefundenen alten Teil von *Wirtschaft und Gesellschaft* vermutlich kaum in der uns heute vorliegenden Form veröffentlicht. Er hätte auch bei der Religionssoziologie eine Verdichtung vorgenommen, ähnlich wie er dies bei der Herrschaftssoziologie tat. Entscheidend dabei aber ist, daß die Reduktion der eher begrifflichen Teile und die Ausweitung der eher materialen Teile zusammenhängen. Dieses Prinzip der äußeren und inneren Arbeitsteilung hat, so lautet meine These, je länger je mehr, Webers »gleichzeitige« Arbeit an *Wirtschaft und Gesellschaft* und an der »Wirtschaftsethik der Weltreligionen« bestimmt. Leider kann man diese These für die Religionssoziologie deshalb nicht stringent beweisen, weil das religionssoziologische Kapitel von *Wirtschaft und Gesellschaft* für den neuen Teil offensichtlich nicht mehr gründlich bearbeitet wurde. Daß Weber diese Absicht hatte, ergibt sich aus der »Vorbemerkung«, wo er auf die noch zu leistende »systematische Bearbeitung der Religionssoziologie« verweist (RS I, S. 15).

›denkenden Erkennen‹ auftaucht. Er ist offenbar nicht *der* Schlüsselbegriff, um den Weber diese ›systematische Summe‹ organisiert. Seine Verwendung erfolgt zudem in jedem Falle früher als 1915, wie der Kategorienaufsatz zeigt. Offenbar spielte er auch in der Lesung von 1913 eine Rolle. Denn so würde sich erklären, weshalb dieser Begriff zwischen 1913 und 1915 in Manuskripten von Autoren auftaucht, von denen wir in einem Falle wissen, im anderen aber annehmen können, daß sie der Lesung beiwohnten: Georg Lukács und Emil Lask. Lukács' unvollendet gebliebene »Theorie des Romans« war Mitte 1915 in Teilen fertig und wurde unter Webers Mithilfe schließlich 1916 in der *Zeitschrift für Ästhetik und Allgemeine Kunstwissenschaft* in zwei Teilen veröffentlicht. Darin spricht Lukács auf S. 391 von Entzauberung. Lask hatte vor seinem Tode im Jahre 1915 noch Überlegungen »Zum System der Wissenschaften« entworfen. Auch darin taucht der Entzauberungsbegriff auf. Vgl. Emil Lask, *Gesammelte Schriften*, 11. Band, Tübingen 1924, S. 258.

8. Zumindest aber ein Aspekt der These läßt sich beweisen: Weber hat seit 1915 nicht nur kontinuierlich an seiner materialen Religionssoziologie gearbeitet, er hat dabei auch das bereits 1913 formulierte Programm gerade nicht reduziert, sondern ausgeweitet und es Schritt für Schritt realisiert. Das ursprüngliche Programm kann man der »Einleitung« von 1913/15, das ausgeweitete einer Anzeige vom Herbst 1919 und der »Einleitung« von 1920 entnehmen. Besonders aufschlußreich ist die Anzeige, in der sich Weber zur Disposition der *Gesammelten Aufsätze zur Religionssoziologie* und zu ihrer Zielsetzung äußert. Dort heißt es:

»Die hier gesammelten Aufsätze sind fast alle im ›Archiv für Sozialwissenschaft und Sozialpolitik‹ erschienen, aber nicht nur durchgesehen, sondern durch beträchtliche Einschiebungen und Beibringung von Belegen ergänzt. An der Spitze steht der viel diskutierte Aufsatz über ›Die protestantische Ethik und der Geist des Kapitalismus‹. Weiter folgen noch eine Skizze über ›Die protestantischen Sekten und der Geist des Kapitalismus‹ (Umarbeitung eines Aufsatzes aus der ›Christl. Welt‹), die Aufsätze über ›Wirtschaftsethik der Weltreligionen‹, erweitert durch eine kurze Darstellung der ägyptischen und mesopotamischen und der zarathustrischen religiösen Ethik, namentlich aber durch eine der Entstehung der sozialen Eigenart des Okzidents gewidmeten (sic!) Skizze der Entwicklung des europäischen Bürgertums in der Antike und im Mittelalter. Die Darstellung des Judentums reicht bis zum Beginn der Makkabäerzeit. Ein dritter Band wird die Darstellung des Urchristentums, des talmudischen Judentums, des Islam und des orientalischen Christentums enthalten, ein Schlußband das Christentum des Okzidents behandeln. Gegenstand ist überall die Behandlung der Frage: Worauf die ökonomische und soziale *Eigenart* des Okzidents beruht, wie sie entstanden ist und insbesondere in welchem Zusammenhang sie mit der Entwicklung der religiösen Ethik steht.«

Diese Anzeige von Webers Hand erschien am 25. Oktober 1919 in den *Neuigkeiten*, einem Informationsblatt des Verlags J. C. B. Mohr (Paul Siebeck) und der H. Laupp'schen Buchhandlung,[10] zu einem Zeitpunkt also, als Weber sowohl die erste

10 Zu dieser Anzeige vgl. Wolfgang Schluchter, *Die Entwicklung des okzidentalen Rationalismus*, S. 8 (mit Lesefehlern, u. a. »dicker« statt dritter) und den Beitrag von Johannes Winckelmann in: Wolfgang Schluchter (Hg.), *Max Webers Studie über das antike Judentum. Interpretation und Kritik*, Frankfurt 1981, S. 223, der den Text gleichfalls nicht ganz korrekt wiedergibt. Hier wird nach den *Neuigkeiten*, S. 11 zitiert.

Lieferung von *Wirtschaft und Gesellschaft* wie den ersten Band der *Gesammelten Aufsätze zur Religionssoziologie* für den Druck vorbereitete. Sie zeigt, daß er 1919 nicht einfach die bereits erschienenen religionssoziologischen *Darstellungen* in teilweise erweiterter Fassung wieder abdrucken, sondern daß er diese materiale Religionssoziologie erheblich ausweiten wollte, und zwar im Hinblick auf die behandelten »Gegenstände«, die Thematik und die Methodik.

Daß Weber die Bedingtheit der Kulturreligionen durch die soziale Schichtung dabei gleichrangig neben die »Religionsbedingtheit« dieser Schichtung gestellt hätte, läßt sich nicht allein an den beiden Fassungen der Konfuzianismusstudie ablesen, sondern auch dem Hinweis auf die Skizze über die Entwicklung des europäischen Bürgertums in der Antike und im Mittelalter entnehmen. Das talmudische Judentum und das okzidentale Christentum sind nämlich in seiner Sicht anders als Konfuzianismus, Hinduismus, Buddhismus und Islam spezifisch *bürgerliche* Kulturreligionen, Religionen also, deren Entwicklung eng mit der Entwicklung der Stadt zusammenhängt. Der Begriff soziale Schichtung steht nämlich keineswegs *nur* für eine Privilegienstruktur und die damit verbundenen materiellen und ideellen Interessen. Er verweist auch auf soziale Organisationsformen, auf die die jeweilige religiöse Entwicklung bezogen werden muß. Wie der Konfuzianismus mit dem chinesischen Patrimonialstaat[11] und der Hinduismus mit der Kastenordnung,[12] so ist insbesondere das okzidentale Christentum mit der relativ autonomen Gewerbestadt verbunden. Weber diskutiert diesen Zusammenhang ausführlich in seinem nachgelassenen Manuskript über die »Stadt«. Obgleich die Disposition für *Wirtschaft und Gesellschaft* von 1914 in dem Abschnitt über Herrschaft eine Typologie der Städte vorsieht, muß man sich fragen, ob das uns überlieferte Manuskript über die Stadt angesichts seiner, wie Marianne Weber formuliert, darstellenden

11 Vgl. dazu die Beiträge in Wolfgang Schluchter (Hg.), *Max Webers Studie über Konfuzianismus und Taoismus. Interpretation und Kritik*, Frankfurt 1983.

12 Vgl. dazu die Beiträge in Wolfgang Schluchter (Hg.), *Max Webers Studie über Hinduismus und Buddhismus. Interpretation und Kritik*, Frankfurt 1984.

Form[13] von Weber nicht in erster Linie für die »Wirtschaftsethik der Weltreligionen« verwendet worden wäre.

9. Daß Weber tatsächlich mit einer erstaunlichen Konsistenz und Kontinuität fast 10 Jahre lang an einer vergleichenden Soziologie der Kulturreligionen unter der in der Anzeige genannten Fragestellung arbeitete und dafür einen dreigliedrigen Ansatz wählte (»Erkenntnistheorie« der Soziologie, soziologische Begriffsbildung und Anwendung soziologischer Begriffe mit dem Ziel monographischer Darstellung), ergibt sich außer aus dem Vorwort zum *Grundriß* von 1914 auch aus der offensichtlich schon früh entstandenen Absicht, die Skizzen zur Wirtschaftsethik der Weltreligionen zu sammeln und in Buchform herauszugeben. Dieser Plan geht, wie Briefe zeigen, mindestens auf das Jahr 1915 zurück.

Der Plan wird von Weber gelegentlich der Veröffentlichung der ersten Folge über das »Antike Judentum« im 44. Band, 1. Heft des *Archivs für Sozialwissenschaft und Sozialpolitik*, ausgeliefert im Oktober 1917, soweit ich sehe, zum ersten Mal öffentlich geäußert. Denn auch hier fügt er dem Titel eine erläuternde Fußnote an, die Einblick in die Werkgeschichte erlaubt. Deren erster Absatz lautet: »Die nachstehende Darstellung wird hier unter Fortlassung der Erörterung der ägyptischen, babylonischen und persischen Verhältnisse publiziert. Bei einer künftigen Sammlung und umgearbeiteten (und für China mit Quellenzitaten versehenen und ergänzten) Veröffentlichung dieser in Verbindung mit andern ältern und einigen noch unpublizierten Aufsätzen wird der fehlende Teil eingefügt werden« (S. 52, Fn.). Dies ist keine vage Absichtserklärung. Sie stimmt sowohl mit der Anzeige wie mit einem umgearbeiteten Abschnitt der »Zwischenbetrachtung« aus dem Jahre 1920 voll überein. Dort schreibt Weber im Zusammenhang mit der Erörterung der drei konsequenten Theodizeen in bezug auf die persischen Verhältnisse: »Von der Bedeutung des Prädestinationsglaubens ist in dem ersten Aufsatz dieser Sammlung gesprochen [gemeint ist die »Protestantische Ethik«, W. S.]. Den zarathustrischen Dualismus behandeln wir später [!] und zwar nur kurz, weil die

13 Vgl. dazu das Vorwort zur ersten Auflage von *Wirtschaft und Gesellschaft*: »Eine vorwiegend darstellende Form ist nur für die in sich geschlossene Abhandlung ›Die Stadt‹ gewählt.«

Zahl seiner Bekenner gering ist [1913/15 hieß es noch: »behandeln wir hier nicht«, W. S.]. Er könnte hier gänzlich ausfallen, wenn nicht der Einfluß der persischen Endgerichtsvorstellungen, Dämonen- und Engellehre auf das Spät*judentum* eine erhebliche historische Bedeutung konstituierte« (RS I, S. 573). Projiziert man diese Formulierung von 1920 auf den zweiten Teil der Studie »Das antike Judentum«, der den Titel »Die Entstehung des jüdischen Pariavolkes« trägt und, anders als der erste Teil, in drei Abschnitte gegliedert ist, nämlich »Die vorexilische Prophetie«, »Die Entwicklung der rituellen Absonderung und der Dualismus der Binnen- und Außenmoral« und »Das Exil«, so wird deutlich, daß er bei Publikation des ersten Bandes der *Gesammelten Aufsätze zur Religionssoziologie* das »Antike Judentum« noch über die im *Archiv* bereits veröffentlichten Teile hinausführen wollte, ja, daß er vermutlich gerade dessen zweiten Teil, der ja im Vergleich zum ersten einen eher kursorischen Eindruck macht, zumindest weiter ausgestaltet hätte. Denn in der jetzigen Fassung reicht er weder bis zum Beginn der Makkabäerzeit, noch berücksichtigt er hinreichend den Einfluß der persischen Verhältnisse auf die frühe nachexilische Entwicklung, noch wird darin die nach Weber für die Prägung des talmudischen Judentums entscheidende Zeit von ca. 200 v. Chr. bis 200 n. Chr. analysiert (vgl. RS III, S. 405).
Wie ernst Weber aber sein Programm von 1913/1915/1917/1919 nahm, zeigt auch die letzte Fassung des ersten Abschnittes der »Einleitung« aus dem Jahre 1920. Darin kehrt der Inhalt der Anzeige wieder, wenn auch weniger detailliert. Zudem ist diese Fassung gegenüber der von 1913/1915 gerade im Hinblick auf die Behandlung von Judentum und Christentum geändert. Beide erhalten in der Gesamtanlage ein größeres Gewicht. Es heißt 1920: »Unter ›Weltreligionen‹ werden hier, in ganz wertfreier Art, jene fünf religiösen oder religiös bedingten Systeme der Lebensreglementierung verstanden, welche besonders große *Mengen* von Bekennern um sich zu scharen gewußt haben: die konfuzianische, hinduistische, buddhistische, christliche, islamitische religiöse Ethik. Ihr tritt als sechste mitzubehandelnde Religion [1915: »wenigstens teilweise mitzubehandelnde Religion«, W. S.] das Judentum hinzu, sowohl weil es für jedes Verständnis der beiden zuletzt genannten Weltreligionen ent-

scheidende [1915; »entscheidende« fehlt, W. S.] geschichtliche Voraussetzungen enthält, als wegen seiner teils wirklichen, teils angeblichen historischen Eigenbedeutung für die Entfaltung der modernen Wirtschaftsethik des Okzidentes, die in neuester Zeit mehrfach erörtert wurde. Andere Religionen werden nur soweit herangezogen, als für den historischen Zusammenhang unentbehrlich ist [1915: Satz fehlt, W. S.]. Für das Christentum wird zunächst [1915: statt zunächst »hier«, W. S.] auf die früher erschienenen, in dieser Sammlung vorangestellten, Aufsätze Bezug genommen, deren Kenntnis vorausgesetzt werden muß« (RS I, S. 237 f.). Ferner ist der Schlußsatz von 1915 gestrichen, der lautet: »Es [nämlich das Christentum, W. S.] wird nachstehend nur zum Vergleich herangezogen und soll nur am Schluß kurz in der Eigenart seiner Entstehungs- und Wirkungsbedingungen charakterisiert werden.« Daran aber wird deutlich: Weber veröffentlichte den ersten Band der *Gesammelten Aufsätze zur Religionssoziologie* in der festen Absicht, die in der Anzeige von 1919 gegebene Disposition auch tatsächlich durchzuführen. Als Bezugspunkt der Analyse dient *zunächst* die These der Studie über den asketischen Protestantismus, also die Behauptung, daß nur dieser zusammen mit einigen wenigen christlichen Vorläufern eine erlösungsreligiös motivierte innerweltliche Askese entwickelte, die mit der Vorstellung von der Heilsbedeutung der Berufsarbeit innerlich verbunden ist. Doch sollte dann dieser Bezugspunkt gleichsam in die *weiterhin* zu analysierende okzidentale Entwicklung eingebettet werden. Dazu war beispielsweise die Analyse der Weichenstellung, die zunächst das Urchristentum vom talmudischen Judentum, dann die Ost- von der Westkirche trennte, eine entscheidende Voraussetzung.[14] Es gibt deshalb keinen Grund, an Marianne Webers Darlegung der werkgeschichtlichen Zusammenhänge und der Absichten Max Webers am Ende seines Lebens zu zweifeln. Im Vorwort zum dritten Band der *Gesammelten Aufsätze zur Religionssoziologie* schreibt sie: »Der Verfasser hat die im ersten Band dieser Schriften zusammengefaßten Aufsätze noch überarbeitet und na-

14 Vgl. die Beiträge in Wolfgang Schluchter (Hg.), *Max Webers Sicht des antiken Christentums. Interpretation und Kritik*, Frankfurt 1985 und ders. (Hg.), *Max Webers Sicht des okzidentalen Christentums. Interpretation und Kritik*, Frankfurt 1988.

mentlich die Abhandlung über die chinesischen Religionsformen erheblich ergänzen können. Die im zweiten und dritten Band enthaltenen Schriften sind dagegen fast unverändert wie in der ersten Fassung geblieben. Die Vollendung dieses Werkes [gemeint ist das »Antike Judentum«, W. S.] war dem Verfasser nicht vergönnt. Er wollte das antike Judentum noch durch die Analyse der Psalmen und des Buches Hiob ergänzen und dann das talmudische Judentum darstellen. Ein fertiger Abschnitt über das Pharisäertum, der dazu überleitet, fand sich im Nachlaß und ist diesem Bande als Nachtrag beigefügt. Dann sollten Abhandlungen über das Frühchristentum und den Islam den Kreis schließen. Die Vorarbeiten dafür waren längst [!] gemacht.«

10. Weber hat aus dem 1913 niedergelegten Manuskript über die Wirtschaftsethik der Weltreligionen nur »Einleitung«, »Konfuzianismus« und »Zwischenbetrachtung« weitgehend unverändert im *Archiv* veröffentlicht. Weder die Studie über »Hinduismus und Buddhismus« noch die über das »Antike Judentum« waren bereits 1913 in der im *Archiv* dann veröffentlichten Fassung formuliert. Dafür gibt es drei Indizien. Der Zustand dieser Skizzen um 1913/1915 läßt sich durch Analogie aus der 1915 veröffentlichten Konfuzianismusstudie erschließen. Sie, die als erste im *Archiv* erschien, hat etwa nur die halbe Länge der anderen beiden – später im Archiv erschienenen – Studien. Für die Buchausgabe von 1920 wurde sie von Weber denn auch nahezu auf doppelte Länge gebracht und erst damit den beiden anderen Studien sowohl nach Umfang wie nach der inneren Verteilung der Gewichte in etwa ›gleichgestellt‹.[15] Aus Marianne Webers *Lebensbild* ist bekannt, daß Weber im Winter 1915/16 in Berlin intensiv an der Indienstudie arbeitete.[16] Und aus der Art und Weise, wie er die Studie über das antike Judentum publizierte, läßt sich schließen, daß er auch hier das Urmanuskript vor Veröffentlichung grundlegend verändert hat.[17] Die Indien- und die Israelstudie sind also wahrscheinlich erst von Ende 1915 an in die uns überlieferte Fassung gebracht worden.

15 Vgl. dazu *Religion und Lebensführung*, Kap. 5.
16 Dazu auch die bei Wolfgang J. Mommsen zitierten Briefe. Vgl. sein Buch *Max Weber und die deutsche Politik 1890–1920*, 2. Aufl., Tübingen 1974, S. 239 und 240, Fn. 115.
17 *Religion und Lebensführung*, Kap. 7.

Dieser werkgeschichtliche Sachverhalt zwingt in meinen Augen dazu, »Einleitung« und »Zwischenbetrachtung« eine Doppelrolle zuzuordnen: Darin werden sowohl die ersten Ergebnisse vergangener Sachforschungen wie der Bezugsrahmen für zukünftige formuliert. Dieser Bezugsrahmen ist spätestens 1913 weitgehend entwickelt. Er findet auch im religionssoziologischen Kapitel von *Wirtschaft und Gesellschaft* seinen Niederschlag. Er besteht, verglichen mit der »Protestantischen Ethik«, in einer erweiterten Thematik, in einer begrifflich differenzierten Fassung der Zusammenhänge von Religion und ›Gesellschaft‹ und in einer Methodik, die sich an der Zweiseitigkeit der Kausalbeziehung zwischen Religion und ›Gesellschaft‹ orientiert. Der Bezugsrahmen ist nicht schon die durchgeführte Darstellung. Diese hat Weber teilweise erst *nach* der Erarbeitung des Bezugsrahmens in Angriff genommen. Es ist nicht auszuschließen, daß sie Rückwirkungen auf den Bezugsrahmen gehabt hätte (oder bereits hatte, wenn man davon ausgeht, daß auch die Religionssoziologie wie andere Abschnitte in *Wirtschaft und Gesellschaft* nach 1913 noch ergänzt worden ist, wie Marianne Weber im Vorwort zur 1. Auflage von »Wirtschaft und Gesellschaft« sagt). Es ist gewiß kein Zufall, daß Weber in seiner Inhaltsübersicht für den ersten Band der *Gesammelten Aufsätze zur Religionssoziologie* die Studien über den asketischen Protestantismus *nicht* unter den Obertitel »Die Wirtschaftsethik der Weltreligionen« stellt und daß er den ›Geltungsbereich‹ von »Einleitung« und »Zwischenbetrachtung« anders als den der »Vorbemerkung« auf die seit 1913 niedergeschriebenen Studien beschränkt. Denn in den Protestantismusstudien ist die in »Einleitung«, »Zwischenbetrachtung« und in die Religionssoziologie von *Wirtschaft und Gesellschaft* aufgenommene Thematik nur zum Teil behandelt, sind die hier niedergelegten begrifflichen Mittel nur rudimentär entwickelt und ist die Zweiseitigkeit der Kausalbeziehung zwar reklamiert, aber nicht durchgeführt. Während sich begriffliche und methodische Unterschiede noch als Fortsetzung und Entfaltung der »Protestantischen Ethik« interpretieren lassen, steht es in meinen Augen mit der Thematik anders. Denn Weber behandelt zwar weiterhin vor allem das Verhältnis von religiöser Ethik und Wirtschaftsgesinnung, er bezieht zunehmend aber auch an-

dere Aspekte der ›Welt‹ mit ein. Die relative Autonomie der
Wertsphären und Lebensordnungen und die daraus entstehenden Spannungen und Konflikte sowie ihre Verbindung mit Rationalisierungsstrategien stehen nicht im Zentrum der »Protestantischen Ethik«, wohl aber im Zentrum der »Wirtschaftsethik« und auch des alten Teils von *Wirtschaft und Gesellschaft*,
wie man an den drei Varianten der »Zwischenbetrachtung« und
am Vorwort zum *Grundriß* von 1914 sehen kann. Denn Weber
bezieht hier die Sondergestalt der europäischen Kulturwelt
nicht mehr allein auf die ökonomische, sondern auch auf die
wissenschaftliche, künstlerische und politische Entwicklung.
Diese Einsicht, daß sich die europäische Kulturwelt in all diesen
Hinsichten von anderen Kulturwelten unterscheidet und daß
daran jüdische und vor allem christliche Entwicklungen mit
beteiligt sein müssen, ist aber vor der Arbeit am *Grundriß* und
an der »Wirtschaftsethik der Weltreligionen« nirgends formuliert. Dies macht es wahrscheinlich, daß sie, wie ja auch Marianne Webers Bemerkung über die »Musiksoziologie« zeigt, erst
nach den Protestantismusstudien gewonnen wurde und erst seit
ca. 1910 die Forschungen leitete und daß dies Weber zumindest
zu einer Qualifikation der mit der Protestantismusstudie verbundenen These gezwungen hat. Gewiß: Die neue Einsicht
steht nicht im Widerspruch zu der der »Protestantischen
Ethik«. Deshalb ist die »Vorbemerkung«, in der sie formuliert
ist, zu Recht der »Wirtschaftsethik« *und* der »Protestantischen
Ethik« vorangestellt. Aber dies heißt eben nicht, daß der Unterschied zwischen den Protestantismusstudien und der Studie
über die Wirtschaftsethik der Weltreligionen verwischt werden
dürfte. Weber hat dies auch nicht getan, wie der äußere Aufbau
des ersten Bandes der *Gesammelten Aufsätze zur Religionssoziologie* zeigt (Vorbemerkung – I. Die protestantische Ethik
und der Geist des Kapitalismus – II. Die protestantischen Sekten und der Geist des Kapitalismus – III. Die Wirtschaftsethik
der Weltreligionen). Die in der »Wirtschaftsethik« gegenüber
der »Protestantischen Ethik« erweiterte Thematik und Fragestellung sind auch der Grund, weshalb Weber sich in der »Einleitung« *zunächst* auf die Protestantismusstudien bezieht, diese
aber dann noch durch eine Darstellung des okzidentalen Christentums gleichsam untermauern will. Denn erst diese Darstel-

lung hätte die Einbettung der »Protestantischen Ethik« in die erweiterte Thematik, aber auch in die erweiterte Methodik gebracht. Insofern müßte man Marianne Webers Vorwort zum dritten Band der *Gesammelten Aufsätze zur Religionssoziologie* in einer Hinsicht korrigieren: Erst durch die Studie über das okzidentale Christentum schließt sich der Kreis.

Diese Studie hätte sicherlich nicht einfach in der Durchführung des am Ende der »Protestantischen Ethik« formulierten Forschungsprogramms von 1905 bestanden. Dafür hatte sich die Problemsituation zwischen 1905 und 1920 zu stark verändert, äußerlich unter anderem durch die Arbeiten von Ernst Troeltsch, insbesondere durch seine *Soziallehren der christlichen Kirchen und Gruppen*, wie Weber selbst betonte, innerlich durch jene Entdeckung, von der Marianne Weber sprach. Dieses erste religionssoziologische Programm war ja Weber schon 1910 zu eng geworden. Denn es sah letztlich nur die Erörterung der vor- und nachreformatorischen Entwicklungen in ihrem Zusammenhang mit dem asketischen Protestantismus und die Analyse der anderen Seite der Kausalbeziehung vor. Bereits im »Antikritischen Schlußwort zum ›Geist des Kapitalismus‹« hatte er dieses Programm erweitert: Ihn interessierten jetzt auch Entwicklungen im mittelalterlichen und im antiken Christentum. Wir können natürlich nur darüber spekulieren, wie die damit bereits 1910 antizipierte Studie über das okzidentale Christentum im vierten Band der *Gesammelten Aufsätze zur Religionssoziologie* schließlich ausgesehen hätte. Anknüpfungspunkte dafür bieten vor allem drei ›Quellen‹: Die Eröffnungspassagen des »Antiken Judentums«, die überarbeitete Fassung der »Protestantischen Ethik« und die alten Teile von *Wirtschaft und Gesellschaft*, insbesondere der religionssoziologische Abschnitt, in dem ja gerade das antike Christentum eine wichtige Rolle spielt, sowie der Abschnitt über die Stadt, den man unter anderem um die Gegenüberstellung von indischen Kasten und okzidentalen Berufsverbänden aus der Hinduismusstudie ergänzen kann (RS II, S. 35 ff.). Wie in den anderen Studien zur Wirtschaftsethik der Weltreligionen, so hätte sich Weber auch hier wohl ausführlich mit den »soziologischen Grundlagen« der christlichen Entwicklung beschäftigt, mit der Entwicklung der okzidentalen Stadt und des okzidentalen Ständestaats sowie mit

dem in seinen Augen für den Okzident charakteristischen Dauerkonflikt von politischer, hierokratischer und ›städtischer‹
Gewalt. Ferner hätte er wohl die ›religiösen Quellen‹ der orthodoxen und heterodoxen erlösungsreligiösen Strömungen analysiert und diese auf die Entwicklung der weiteren Ordnungskonfiguration bezogen, sowie auf die Entwicklung der religiösen
Lebensordnung selber im spannungsreichen Wechselspiel von
Kirche, Sekte und Spiritualismus. Wie immer man zu solchen
Spekulationen steht, eines scheint mir sicher: Weber hätte sich
dabei kaum mit dem Hinweis auf die »innere Zwangsläufigkeit«
einer Abfolge begnügt. Ihm wäre es um die »historische Identi-
fizierung der Teilvorgänge« gegangen, zumindest in dem Maße,
wie es ihm auch in den anderen Studien darum ging.[18]

3. Die Komplementarität der beiden Großprojekte

Wirtschaft und Gesellschaft und »Die Wirtschaftsethik der
Weltreligionen« stehen also tatsächlich, wie Weber sagt, sowohl
werkgeschichtlich wie systematisch in einem Ergänzungs- und
Interpretationsverhältnis. Nur wenn man dies berücksichtigt,
wird man seiner ›späten‹ Soziologie gerecht. Weder besteht zwischen den beiden Textkonvoluten eine zeitliche Folge, noch läßt
sich die Priorität des einen gegenüber dem andern begründen.
Die Unterschiede zwischen ihnen haben auch nichts mit der
üblichen Unterscheidung von Soziologie und Geschichte zu
tun. Sie sind vielmehr auf unterschiedliche Zwecksetzungen im
Rahmen des soziologischen als eines kulturwissenschaftlichen
Ansatzes zurückzuführen: *Wirtschaft und Gesellschaft* soll in
erster Linie der soziologischen Begriffsbildung und Begriffskasuistik dienen, »Die Wirtschaftsethik der Weltreligionen« in erster Linie der Darstellung wichtiger Kulturkreise unter Anwendung der soziologischen Begriffe und unter der Fragestellung,
worin die Eigenart des Okzidents besteht und worauf sie beruht.
Gewiß: Manche der Texte, die Marianne Weber im zweiten

18 Vgl. dazu Tenbruck, »Das Werk Max Webers« (Anm. 1 oben), S. 675,
der dort das Gegenteil behauptet. Zur Rekonstruktion vgl. *Religion und
Lebensführung*, Kap. 10.

und dritten Teil ihrer Ausgabe von *Wirtschaft und Gesellschaft* aus dem Nachlaß veröffentlichte, haben, bezogen auf diese Zwecksetzungen, eine Art Zwischenstellung. Sie sind weder nur Begriffsentwicklung noch nur begriffsorientierte Darstellung. Doch waren sie in *dieser* Form offenbar noch nicht für den Druck bestimmt.

Entscheidend für unseren Zusammenhang aber ist: Weder *Wirtschaft und Gesellschaft* noch »Die Wirtschaftsethik der Weltreligionen« ist Webers soziologisches Hauptwerk. Beide sind es, weil sie in einem Ergänzungs- und Interpretationsverhältnis stehen. Webers »späte« Soziologie läßt sich weder allein im einen noch allein im anderen Textkonvolut entdecken. Nur wenn man beide in ihrem äußeren und inneren Zusammenhang sieht, wird man Webers »später« Thematik und den darauf bezogenen Fragestellungen gerecht. Dies kann man lernen, wenn man bei einer Rekonstruktion der Werkgeschichte die von ihm selbst gegebenen Hinweise ernst nimmt. Über die Lösung der damit verbundenen systematischen Probleme ist damit freilich noch wenig gesagt.

Anlagen

Anlage A

Max Weber: Wirtschaft und Gesellschaft
Dispositionen des religionssoziologischen Kapitels

(Die Feingliederung wird nur für die hier interessierenden Abschnitte mitgeteilt)

1. Stoffverteilungsplan von 1909

Erstes Buch. Wirtschaft und Wirtschaftswissenschaft.

I.   Epochen und Stufen der Wirtschaft.

II. Wirtschaftstheorie.

III. Wirtschaft, Natur und Gesellschaft.
1. Bedarf und Konsum als Bedingungen und Bestandteile der Wirtschaft.
2. Naturbedingungen der Wirtschaft.
3. Technische Bedingungen der Wirtschaft.
4. Wirtschaft und Gesellschaft
   a) Wirtschaft und Recht (1. prinzipielles Verhältnis, 2. Epochen der Entwicklung des heutigen Zustands).
   b) Wirtschaft und soziale Gruppen (Familien- und Gemeindeverband, Stände und Klassen, Staat).
   c) Wirtschaft und Kultur (Kritik des historischen Materialismus).

IV. Wirtschaftswissenschaft.
1. Objekt und logische Natur der Fragestellungen.
2. Epochen der allgemeinen Dogmen- und Methodengeschichte.

V.   Entwicklungsgang der wirtschafts- und sozialpolitischen Systeme und Ideale.

(Randnotiz links neben III.4 und IV:) Bearbeiter Max Weber

2. Grundriß der Sozialökonomik von 1914

Erstes Buch. Grundlagen der Wirtschaft.

A. Wirtschaft und Wirtschaftswissenschaft.
B. Die natürlichen und technischen Beziehungen der Wirtschaft.
C. Wirtschaft und Gesellschaft.

I. Die Wirtschaft und die gesellschaftlichen Ordnungen und
Mächte.

1. Kategorien der gesellschaftlichen Ordnungen.
Wirtschaft und Recht in ihrer prinzipiellen Beziehung.
Wirtschaftliche Beziehungen der Verbände im allgemeinen.

2. Hausgemeinschaft, Oikos und Betrieb.

3. Nachbarschaftsverband, Sippe und Gemeinde.

4. Ethnische Gemeinschaftsbeziehungen.

5. Religiöse Gemeinschaften.
Klassenbedingtheit der Religionen; Kulturreligionen und Wirtschaftsgesinnung.

6. Marktvergemeinschaftung.

7. Der politische Verband.
Die Entwicklungsbedingungen des Rechts. Stände, Klassen,
Parteien. Die Nation.

8. Die Herrschaft.

a) Die drei Typen der legitimen Herrschaft.

b) Politische und hierokratische Herrschaft.

c) Die nichtlegitime Herrschaft. Typologie der Städte.

d) Die Entwicklung des modernen Staates.

e) Die modernen politischen Parteien.

II. Entwicklungsgang der wirtschafts- und sozialpolitischen Systeme und
Ideale.

Bearbeiter Max Weber

3. Grundriß der Sozialökonomik von 1921/1922

III. Abteilung, Wirtschaft und Gesellschaft, 1. bis 4. Lieferung 1921/1922

Bearbeiter Max Weber

Erster Teil: Die Wirtschaft und die gesellschaftlichen Ordnungen und Mächte.

Zweiter Teil: Typen der Vergemeinschaftung und Vergesellschaftung.

Kapitel I: Wirtschaft und Gesellschaft im allgemeinen.

Kapitel II: Typen der Vergemeinschaftung und Vergesellschaftung.

Kapitel III: Ethnische Gemeinschaften.

Kapitel IV: Religionssoziologie (Typen religiöser Vergemeinschaftung).

§ 1. Die Entstehung der Religionen.

§ 2. Zauberer – Priester.

§ 3. Gottesbegriff. Religiöse Ethik. Tabu.

§ 4. »Prophet«.

§ 5. Gemeinde.

§ 6. Heiliges Wissen. Predigt. Seelsorge.

§ 7. Stände, Klassen und Religion.

§ 8. Das Problem der Theodizee.

§ 9. Erlösung und Wiedergeburt.

§ 10. Die Erlösungswege und ihr Einfluß auf die Lebensführung.

§ 11. Religiöse Ethik und »Welt«.

§ 12. Die Kulturreligionen und die »Welt«.

Kapitel V: Markt

Kapitel VI: Die Wirtschaft und die Ordnungen.

Kapitel VII: Rechtssoziologie (Wirtschaft und Recht).

Kapitel VIII: Die Stadt.

Dritter Teil: Typen der Herrschaft.

Anlage B

Max Weber: Gesammelte Aufsätze zur Religionssoziologie
(Plan von 1919 und seine Realisierung)
Inhaltsübersicht

	Vorbemerkung	1920
	I. Die protestantische Ethik und der Geist des Kapitalismus	1904/05 umgearbeitet
	I. *Das Problem* – II. *Die Berufsethik des asketischen Protestantismus*	1920
1. Band von *Max Weber* zum Druck gegeben. Umbruch von *Marianne Weber* noch durchgesehen (Korrektur der Seitenüberschriften der »Zwischenbetrachtung« durch sie)	II. Die protestantischen Sekten und der Geist des Kapitalismus	1906 (zwei Versionen) umgearbeitet 1920
	III. Die Wirtschaftsethik der Weltreligionen *Einleitung*	1915 umgearbeitet 1920
	I. *Konfuzianismus und Taoismus*	
	I. Soziologische Grundlagen: A. Stadt, Fürst und Gott – II. Soziologische Grundlagen: B. Feudaler und präbendaler Staat – III. Soziologische Grundlagen: C. Verwaltung und Agrarverfassung – IV. Soziologische Grundlagen: D. Selbstverwaltung, Recht und Kapitalismus – V. Der Literatenstand – VI. Die konfuzianische Lebensorientierung – VII. Orthodoxie und Heterodoxie (Taoismus) – VIII. Resultat: Konfuzianismus und Puritanismus	1915 umgearbeitet 1920
	Zwischenbetrachtung: Theorie der Stufen und Richtungen religiöser Weltablehnung	1915 umgearbeitet 1920

II. *Hinduismus und Buddhismus*
I. Das hinduistische soziale System –
II. Die orthodoxen und heterodoxen
Heilslehren der indischen Intellektu-
ellen – III. Die asiatische Sekten- und
Heilandsreligiosität

(1916–1917 durchkorrigiert 1920)

Allgemeine Grundlagen der okzidentalen Sonderentwicklung (und/oder: Die Entwicklung des europäischen Bürgertums in der Antike und im Mittelalter)	*Neuigkeiten* des Verlags vom 25. Okt. 1919, S. 11

2. Band

vom Verlag aus technischen Gründen auf zwei Bände verteilt

Die ägyptischen, babylonischen und persischen Verhältnisse (oder: Die ägyptische, mesopotamische und zarathustrische religiöse Ethik)	*Archiv*, 44. Band, Heft 1, Okt. 1917, S. 52 und *Neuigkeiten*

Das antike Judentum
I. Die israelitische Eidgenossenschaft und
Jahwe – II. Die Entstehung des jüdischen
Pariavolkes

1917–1920 durchkorrigiert 1920
Vorwort RS III

Ergänzung: Psalmen und Buch Hiob

Die Pharisäer

Vorwort RS III und *Neuigkeiten*

3. Band

Das talmudische Judentum

Das Urchristentum

Das orientalische Christentum

Der Islam

4. Band

Das Christentum des Okzidents

Neuigkeiten

□ = geplant, aber nicht mehr ausgeführt.

»Gegenstand ist überall die Behandlung der Frage: Worauf die ökonomische und soziale *Eigenart* des Okzidents beruht, wie sie entstanden ist und insbesondere in welchem Zusammenhang sie mit der Entwicklung der religiösen Ethik steht.«

Neuigkeiten

Anlage C

Erscheinungsdaten und Titelei der »Wirtschaftsethik der Weltreligionen«

Erschienen im *Archiv für Sozialwissenschaft und Sozialpolitik*. In Verbindung mit *Werner Sombart* und *Max Weber* herausgegeben von *Edgar Jaffé*. Redaktions-Sekretär: *Emil Lederer*, Heidelberg.

Zeitangaben	Titel	Seitenzahlen
41. Band (1916), 1. Heft (ausgeg. am 14. 10. 1915)	*Die Wirtschaftsethik der Weltreligionen.* Religionssoziologische Skizzen Einleitung. Der Konfuzianismus I, II.	(S. 1–30) (S. 30–87)
41. Band (1916), 2. Heft (ausgeg. am 23. 12. 1915)	*Die Wirtschaftsethik der Weltreligionen.* (Zweiter Artikel.) Der Konfuzianismus III, IV. (Schluß). Zwischenbetrachtung. Stufen und Richtungen der religiösen Weltablehnung.	(S. 335–386) (S. 387–421)
41. Band (1916), 3. Heft (ausgeg. am 29. 4. 1916)	*Die Wirtschaftsethik der Weltreligionen.* (Dritter Artikel.) Hinduismus und Buddhismus.	(S. 613–744)
42. Band (1916/17), 2. Heft (ausgeg. am 2. 12. 1916)	*Die Wirtschaftsethik der Weltreligionen.* Hinduismus und Buddhismus. (Fortsetzung.)	(S. 345–461)
42. Band (1916/17), 3. Heft (ausgeg. am 16. 5. 1917)	*Die Wirtschaftsethik der Weltreligionen.* Hinduismus und Buddhismus. (Schluß.)	(S. 687–814)

Erschienen im *Archiv für Sozialwissenschaft und Sozialpolitik*. In Verbindung mit *Werner Sombart, Max Weber* und *Joseph Schumpeter* herausgegeben von *Edgar Jaffé*. Schriftleitung: *Emil Lederer*, Heidelberg.

Zeitangaben	Titel	Seitenzahlen
44. Band (1917/18), 1. Heft (ausgeg. im Oktober 1917)	*Die Wirtschaftsethik der Weltreligionen.* Das antike Judentum.	(S. 52–138)
44. Band (1917/18), 2. Heft (ausgeg. im März 1918)	*Die Wirtschaftsethik der Weltreligionen.* Das antike Judentum. (Fortsetzung.)	(S. 349–443)
44. Band (1917/18), 3. Heft (ausgeg. im Juli 1918)	*Die Wirtschaftsethik der Weltreligionen.* Das antike Judentum. (Fortsetzung.)	(S. 601–626)
46. Band (1918/19), 1. Heft (ausgeg. Ende Dezember 1918)	*Die Wirtschaftsethik der Weltreligionen.* Das antike Judentum. (Fortsetzung.)	(S. 40–113)
46. Band (1918/19), 2. Heft (ausgeg. Ende Juni 1919)	*Die Wirtschaftsethik der Weltreligionen.* Das antike Judentum. (Fortsetzung.)	(S. 311–366)
46. Band (1918/19), 3. Heft (ausgeg. Mitte Januar 1920)	*Die Wirtschaftsethik der Weltreligionen.* Das antike Judentum. (Schluß.)	(S. 541–604)

14. »Wirtschaft und Gesellschaft« Das Ende eines Mythos*

1. Drei offene Fragen
2. Überblick über die Werkentwicklung
3. Diskussion der Fragen
4. Ergebnisse

1. Drei offene Fragen

Die Edition der Texte, die bislang unter dem Titel »Wirtschaft und Gesellschaft« veröffentlicht wurden, stellt sicherlich eine der schwierigsten Aufgaben im Rahmen der Max Weber-Gesamtausgabe dar. Dafür gibt es vor allem zwei Gründe: Zum einen sind diese Texte, die eine außerordentliche historische und systematische Spannweite aufweisen, weitgehend ›nackt‹, d.h. praktisch ohne wissenschaftlichen Apparat, überliefert, zum anderen wurden sie bisher im Sinne einer interpretierenden, nicht aber einer dokumentierenden Edition bearbeitet und

---

* Für kritische Anmerkungen zur 1. Fassung dieser Überlegungen danke ich Herrn Dr. Karl-Ludwig Ay (München), Frau Dipl.-Soz. Sabine Frommer (Heidelberg) und Herrn Dr. Hans G. Oel (Heidelberg). Sie wurden für die Herausgeber der Max Weber-Gesamtausgabe als Beratungsunterlage zur Erarbeitung einer Editionsstrategie für *Wirtschaft und Gesellschaft* verfaßt. Ich schrieb die erste Fassung des Manuskripts im Dezember 1985, die ich dann zwischen Januar und März 1986 noch einmal überarbeitete. Das Manuskript war also abgeschlossen, bevor Johannes Winckelmanns Schrift *Max Webers hinterlassenes Hauptwerk: Die Wirtschaft und die gesellschaftlichen Ordnungen und Mächte*, Tübingen 1986, erschien. Diese Schrift war mir vor Veröffentlichung unbekannt. Ich sehe auch nach ihrer Lektüre keinen Anlaß, meine Ausarbeitung an irgendeiner Stelle zu ändern. Sie geht also jetzt so in Druck, wie sie im März 1986 den Herausgebern der Max Weber-Gesamtausgabe vorgelegen hat. Immerhin macht Johannes Winckelmanns Schrift die wichtigsten Dokumente, die auch ich benutzte, jetzt leicht zugänglich. Sie werden deshalb nach dieser Schrift zitiert.

präsentiert.[1] Bevor man sich Fragen der Textbearbeitung zuwendet (die allerdings aufgrund der für die Gesamtausgabe geltenden Editionsprinzipien als weitgehend entschieden gelten können), sollte man sich deshalb zur bisherigen Editionsweise eine begründete Meinung bilden. Dies will ich in der Folge versuchen. Dafür eignen sich drei Fragen:

1. Frage: Ist »Wirtschaft und Gesellschaft« *ein* Werk in zwei (oder mehreren) Teilen, oder gehören die bisher darin abgedruckten Texte zu verschiedenen buchähnlichen Fragmenten, die zwar im Zusammenhang eines Projekts, nicht aber alle in einem Textzusammenhang stehen?

2. Frage: Gehören die bisher in »Wirtschaft und Gesellschaft« abgedruckten Texte aus dem Nachlaß zusammen, oder handelt es sich um Texte verschiedener Provenienz, die nicht insgesamt eine Einheit bilden?

3. Frage: Ist »Wirtschaft und Gesellschaft« der autorisierte Titel, oder muß man auf einen anderen Titel (gar auf andere Titel) übergehen?

Meine These ist, daß die bisherigen Editoren von »Wirtschaft und Gesellschaft« diese drei Fragen nicht angemessen beantwortet haben. Da ihre Ausgaben auf in meinen Augen falschen Antworten auf diese Fragen beruhen, sollte eine historisch-kritische Edition weder der Editionsstrategie von Marianne Weber und Melchior Palyi noch der von Johannes Winckelmann folgen.

Ich werde die drei Fragen in der genannten Reihenfolge diskutieren. Der Diskussion schicke ich eine Darstellung der Sachlage voraus. Dann fasse ich die Antworten zusammen, die die bisherigen Herausgeber gegeben haben. Diese Antworten werde ich kritisieren und aus der Kritik editorische Konsequenzen ziehen.

---

1 Zu dieser Unterscheidung vgl. Wolfgang Schluchter, »Einführung in die Max-Weber-Gesamtausgabe«, in: *Prospekt der Max-Weber-Gesamtausgabe*, Tübingen 1981, S. 4-15, bes. S. 8.

2. Überblick über die Werkentwicklung

Webers erste – in diesem Falle: halboffizielle – Disposition für
»Wirtschaft und Gesellschaft« findet sich bekanntlich im Stoffverteilungsplan für das *Handbuch der politischen Ökonomie*
(später: *Grundriß der Sozialökonomik*). Dieser Plan sollte den
Mitarbeitern (später: Mitherausgebern) »einen Ueberblick über
die voraussichtliche Gesamteinteilung« geben, »wie sie sich zur-
zeit nach den zum Teil langwierigen Korrespondenzen stellt«.
Der gedruckte Plan ist vermutlich im Juni 1910 vom Verlag an
die Mitarbeiter verschickt worden.[2] Die Arbeit daran, die vor
allem von Max Weber geleistet wurde, geht aber laut Marianne
Weber auf den Sommer 1909 zurück.[3] Die langwierige Korrespondenz, von der die Rede ist, dürfte sich also über nahezu ein
Jahr erstreckt haben. Nicht zuletzt als Folge davon wurde der
zunächst offensichtlich früher angesetzte Abgabetermin für die
Manuskripte auf den 15. Januar 1912 verlegt. Die »Vorbemerkung« macht klar, daß die Beiträge in »streng *›lehrhafter‹*
Form« gehalten sein sollten und daß die Auseinandersetzung
mit der Literatur in Petitdruck voranzustellen war. Das in fünf
Bücher gegliederte Sammelwerk sieht im Ersten Buch mit dem
Titel »Wirtschaft und Wirtschaftswissenschaft« neben Beiträgen anderer auch fünf Beiträge von Max Weber vor. Drei davon
sind unter dem Titel »Wirtschaft und Gesellschaft« zusammengefaßt (der Titel ist der Untertitel eines Kapitels!). Diese drei
Beiträge lauten: »a) Wirtschaft und Recht (1. prinzipielles Verhältnis, 2. Epochen der Entwicklung des heutigen Zustands).
b) Wirtschaft und soziale Gruppen (Familien- und Gemeindeverband, Stände und Klassen, Staat). c) Wirtschaft und Kultur
(Kritik des historischen Materialismus).« Webers übrige Beiträge zum Ersten Buch, die nicht unter dem Titel »Wirtschaft und
Gesellschaft« geführt werden, heißen: »Wirtschaft und Rasse«
sowie »Objekt und logische Natur der Fragestellungen«. Darüber hinaus hatte sich Weber in den restlichen Büchern weitere
Beiträge zugewiesen. Um nur einige zu nennen: Im Zweiten

2 Dokumente in Johannes Winckelmann, *Max Webers hinterlassenes
  Hauptwerk*, Tübingen 1986, S. 150 ff.
3 Vgl. Marianne Weber, *Max Weber. Ein Lebensbild*, Tübingen 1926,
  S. 446.

Buch den Beitrag »Der moderne Staat und der Kapitalismus«, im Fünften Buch, das mit »Die gesellschaftlichen Beziehungen des Kapitalismus und die soziale Binnenpolitik des modernen Staates« überschrieben ist, den Beitrag »Arten und Tragweite der Hemmungen, Reflexwirkungen und Rückschläge der kapitalistischen Entwicklung« sowie weitere Beiträge, die, wie dieser, Einzelproblemen gewidmet sind. Denn dies muß man schon hier festhalten: Die fünf Bücher des Sammelwerks lassen eine Gliederung nach dem Grundsatz »allgemeine Probleme – Einzelprobleme« erkennen, die später, 1913/14, im Rundschreiben an die Mitherausgeber und im »Vorwort« zum *Grundriß* auch explizit gemacht ist.[4] Dort heißt es, im Ersten und im Zweiten Buch würden allgemeine Probleme, in den restlichen Büchern aber Einzelprobleme behandelt. Projiziert man dies auf den Stoffverteilungsplan, so sind Webers Beiträge etwa zur Hälfte als Analysen zu allgemeinen Problemen und zur Hälfte als Analysen zu Einzelproblemen gedacht.

Blickt man nun vom Stoffverteilungsplan von 1909/10 auf die »Einteilung des Gesamtwerks« von 1914,[5] so fällt zunächst auf, daß sich an *dieser* Zweiteilung der Beiträge Max Webers nichts Wesentliches ändert. Was sich vor allem ändert, sind die Beiträge, die für das Erste Buch (allgemeine Probleme!) vorgesehen sind. Zunächst: Der Beitrag »Wirtschaft und Rasse« geht an Robert Michels über, der Beitrag »Objekt und logische Natur der Fragestellungen« entfällt (dazu unten mehr). Sodann: Das Erste Buch erhält insgesamt einen neuen Aufbau. Es trägt jetzt den Titel »Grundlagen der Wirtschaft« und ist in drei Abteilungen – »A. Wirtschaft und Wirtschaftswissenschaft« (Abteilung I), »B. Die natürlichen und technischen Beziehungen der Wirtschaft« (Abteilung II), »C. Wirtschaft und Gesellschaft« (Abteilung III) – unterteilt. (Die Gliederung des *Grundrisses* in Abteilungen ist Folge der mit der schrittweisen Publikation verbundenen Koordinationsprobleme.) Schließlich: Webers ›verbleibender‹ Beitrag zeigt sich in neuer Gliederung und mit neuem Titel. An die Stelle der dreigliedrigen Disposition von 1909/10 ist eine achtgliedrige getreten, an die Stelle des Unter-

---

4 Vgl. Johannes Winckelmann, *Hauptwerk*, S. 156 ff. und S. 165 ff.
5 Ebd., S. 168 ff.

kapiteltitels »Wirtschaft und Gesellschaft« der Beitragstitel »Die Wirtschaft und die gesellschaftlichen Ordnungen und Mächte«, während »Wirtschaft und Gesellschaft« zum Abteilungstitel avanciert. Die Abteilung ist in *zwei* ›Teile‹ gegliedert, in den Beitrag Max Webers (I) und in den Beitrag »Entwicklungsgang der wirtschafts- und sozialpolitischen Systeme und Ideale« von E. von Philippovich (II). (S. Seite 602.) Wie ist es zu dieser Entwicklung gekommen? Weber gibt schon Ende 1913 seinen Mitherausgebern gegenüber Rechenschaft. Diese hatten ja alle den Stoffverteilungsplan von 1909/10 erhalten, und sie konnten beanspruchen, darüber informiert zu werden, weshalb das Erste Buch im allgemeinen und Webers Beitrag darin im besonderen so erheblich modifiziert worden waren. Denn wiewohl die »Einteilung des Gesamtwerks« Veränderungen gegenüber dem Stoffverteilungsplan in *allen* Büchern aufweist – die im Ersten Buch sind die weitestgehenden. Weber rechtfertigt nun die Umdisposition seines eigenen Beitrags für das Erste Buch mit Schwierigkeiten, die zunächst vorgesehene »Stoffgruppierung« des Sammelwerks durchzuhalten. Namentlich der Ausfall »besonders wichtiger Beiträge«, für die er keinen Ersatz habe finden können, habe ihn zu dem Entschluß kommen lassen, »für das Werk, um ihm ein anderweitiges Äquivalent zu liefern und so seine Eigenart zu heben, unter Opferung anderer, mir weit wichtigerer Arbeiten in dem Abschnitt (!) ›Wirtschaft und Gesellschaft‹ eine ziemlich umfassende soziologische Erörterung liefern zu sollen, eine Aufgabe, die ich sonst in dieser Art niemals übernommen hätte«.[6] Dies ist die offizielle Version, die Weber auch ins »Vorwort« aufnimmt. Privat beklagt er sich gegenüber Siebeck freilich außerdem über Minderleistungen anderer, insbesondere von Karl Bücher, aber auch von von Wieser.[7] Immerhin: Die erhebliche Modifikation der Disposition von 1909/10, die ja mit einer Ausweitung verbunden ist, spiegelt zugleich einen Fortschritt seiner Arbeit. Am 30. Dezember 1913 nennt er diese umfassende soziologische Erörterung in einem Brief an Siebeck gar eine »geschlossene Theorie und Darstellung«, die er ausgearbeitet habe und

6 Ebd., S. 158.
7 Ebd., S. 35 f.

GRUNDRISS DER SOZIALÖKONOMIK.

ERSTES BUCH.

GRUNDLAGEN DER WIRTSCHAFT.

C. Wirtschaft und Gesellschaft.

I. Die Wirtschaft und die gesellschaftlichen Ordnungen und Mächte.   Max Weber.
  1. Kategorien der gesellschaftlichen Ordnungen.
     Wirtschaft und Recht in ihrer prinzipiellen Beziehung.
     Wirtschaftliche Beziehungen der Verbände im allgemeinen.
  2. Hausgemeinschaft, Oikos und Betrieb.
  3. Nachbarschaftsverband, Sippe, Gemeinde.
  4. Ethnische Gemeinschaftsbeziehungen.
  5. Religiöse Gemeinschaften.
     Klassenbedingtheit der Religionen;
     Kulturreligionen und Wirtschaftsgesinnung.
  6. Die Marktvergemeinschaftung.
  7. Der politische Verband.
     Die Entwicklungsbedingungen des Rechts.
     Stände, Klassen, Parteien.
     Die Nation.
  8. Die Herrschaft:
     a) Die drei Typen der legitimen Herrschaft.
     b) Politische und hierokratische Herrschaft.
     c) Die nichtlegitime Herrschaft.
        Typologie der Städte.
     d) Die Entwicklung des modernen Staates.
     e) Die modernen politischen Parteien.

II. Entwicklungsgang der wirtschafts- und sozialpolitischen Systeme und Ideale.
    E. von Philippovich.

»welche die großen Gemeinschaftsformen zur Wirtschaft in Beziehung setzt: von der Familie und Hausgemeinschaft zum Betrieb, zur Sippe, zur ethnischen Gemeinschaft, zur Religion... endlich eine umfassende soziologische Staats- und Herrschafts-Lehre. Ich darf behaupten, daß es noch *nichts* dergleichen gibt, auch kein ›Vorbild‹ – ...«[8] Wenn aber diese »geschlossene Theorie und Darstellung« Ende 1913 existierte, warum hat sie Weber nicht mit der ersten Lieferung des *Grundrisses* Mitte 1914 veröffentlicht, und vor allem: warum hat er den Kategorienaufsatz, in dem die methodischen und vor allem die begrifflichen Grundlagen dieses Manuskripts entwickelt werden (Massenhandeln, Gemeinschaftshandeln, Gesellschaftshandeln, Einverständnishandeln, Verbandshandeln, Anstaltshandeln, Einverständnisvergemeinschaftung, Vergesellschaftung usw.) im September 1913 separat publiziert?[9] Mit der Klärung dieser Fragen muß jede editorische Arbeit an »Wirtschaft und Gesellschaft« beginnen. Die bisherigen Herausgeber haben dazu wenig Aufschlußreiches gesagt.

Einen ersten Aufschluß erhält man durch einen genauen Vergleich der Dispositionen von 1909/10 und 1914, deren Unterschied – dies jedenfalls ist meine Unterstellung – auch den Fortgang der Arbeit reflektiert. Die Disposition von 1909/10 läßt auf drei Arbeitsgänge schließen: die Arbeit an einer ›Rechtssoziologie‹, die Arbeit an einer ›Soziologie sozialer Gruppen‹ (ein Ausdruck, den Weber später kaum mehr verwendet) und die Arbeit an einer ›Kultursoziologie‹. Diese Arbeitsgänge scheinen in etwa ›gleichgewichtig‹ und gegeneinander relativ selbständig. Da als Abgabetermin der 15. Februar 1912 vereinbart war, nehme ich an, daß Weber an diesen drei Sachkomplexen, sei es parallel oder in Folge, in den Jahren 1910 und 1911 arbeitete. Ende 1911, als sich zeigte, daß der Abgabetermin von wichtigen Mitarbeitern nicht eingehalten würde und zudem erhebliche Sachlücken zu befürchten waren, könnte er sich entschlossen haben, die Arbeit vor allem am *zweiten* Sachkomplex zu intensivieren und auszuweiten. Denn die Disposition von 1914 läßt sich als Resultat einer solchen Ausweitung verstehen. Gewiß:

8 Ebd., S. 36.
9 Vgl. Max Weber, WL, S. 427 ff. Der Aufsatz wurde zuerst veröffentlicht in: *Logos*, IV (1913), S. 253 ff.

Auch die beiden anderen Komplexe werden in die neue Disposition aufgenommen. Ich vermute, daß die Abschnitte »Wirtschaft und Recht in ihrer prinzipiellen Beziehung« und »Die Entwicklungsbedingungen des Rechts« ›Nachfolger‹ des rechtssoziologischen Abschnitts (»1. prinzipielles Verhältnis, 2. Epochen der Entwicklung des heutigen Zustands«) sind und das Kapitel »Religiöse Gemeinschaften. Klassenbedingtheit der Religionen; Kulturreligionen und Wirtschaftsgesinnung« die Stelle des kultursoziologischen Abschnitts (»Wirtschaft und Kultur. Kritik des historischen Materialismus«) im Stoffverteilungsplan eingenommen hat. Doch haben diese ›alten‹ Abschnitte in der neuen Disposition sowohl ihre ursprüngliche ›Gleichrangigkeit‹ wie ihre ursprüngliche ›Selbständigkeit‹ verloren. Sie sind jetzt viel stärker mit anderen neuen Abschnitten verzahnt. Im Mittelpunkt des Gesamtaufbaus aber stehen die Beziehungen der Wirtschaft zu den großen Gemeinschaftsformen, die Weber unter einem doppelten Gesichtspunkt auswählt. Sie sollen weitverbreitet sein, und die Analyse ihrer Entwicklungsformen soll unser Verständnis »jenes Rationalisierungs- und Vergesellschaftungsprozesses« fördern, »dessen fortschreitendes Umsichgreifen in allem Gemeinschaftshandeln wir auf allen Gebieten als wesentlichste Triebkraft der Entwicklung zu verfolgen haben werden«.[10] Man muß sich diese Leitidee, die ähnlich im Kategorienaufsatz[11] ausgedrückt ist, und die damit verbundene *doppelte* Aufgabenstellung ganz klarmachen. In seinem Beitrag zum Ersten Buch des *Grundrisses* will Weber sowohl eine allgemeine Charakteristik universeller Arten von Gemeinschaften *wie* eine Analyse ihrer Entwicklungsformen geben, und zwar unter dem Gesichtspunkt, wie dadurch die fortschreitende Rationalisierung und Vergesellschaftung des Gemeinschaftshandelns, später: des sozialen Handelns, beeinflußt worden ist. Diese doppelte Aufgabe soll in einer geschlossenen Theorie und Darstellung erfüllt werden. Theorie bedeutet hier allgemeine Betrachtung, idealtypische Charakterisierung unter Verwendung von historisch-empirischen Beispielen. Dabei bewegt sich Weber zwar auf verschiedenen Abstraktionsniveaus (allgemeine Cha-

10 Vgl. Max Weber, WuG, S. 195.
11 Vgl. WL, S. 470f.

rakteristik – historisch bedeutsame Entwicklungsformen), aber er geht damit nicht schon von der theoretischen Konstruktion zur geschichtlichen Untersuchung über, sondern verbleibt im Bereich des abstrakt Typischen. In der Eröffnungspassage zur Untersuchung der »Hausgemeinschaft« im sogenannten ›Zweiten Teil‹ von »Wirtschaft und Gesellschaft« sagt er dazu:

»Die Erörterung der speziellen, oft höchst verwickelten Wirkungen der Bedarfsdeckung der Gemeinschaften gehört nicht in diese allgemeine, auf alles einzelne nur exemplifizierende Betrachtung.
Wir wenden uns vielmehr, unter Verzicht auf jede systematische Klassifikation der einzelnen Gemeinschaftsarten nach Struktur, Inhalt und Mitteln des Gemeinschaftshandelns – welche zu den Aufgaben der allgemeinen Soziologie gehört – zunächst einer kurzen Feststellung des Wesens der für unsere Betrachtung wichtigsten Gemeinschaftsarten zu. An dieser Stelle ist dabei nicht die Beziehung der Wirtschaft zu den einzelnen Kultur*inhalten* (Literatur, Kunst, Wissenschaft usw.), sondern lediglich ihre Beziehung zur ›Gesellschaft‹, das heißt in diesem Fall: den allgemeinen Struktur*formen* menschlicher Gemeinschaften zu erörtern. Inhaltliche Richtungen des Gemeinschaftshandelns kommen daher nur soweit in Betracht, als sie aus sich heraus spezifisch geartete Strukturformen desselben erzeugen, welche zugleich ökonomisch relevant sind. Die dadurch gegebene Grenze ist zweifellos durchaus flüssig, bedeutet aber unter allen Umständen: daß nur einige sehr universelle Arten von Gemeinschaften behandelt werden. Dies geschieht im folgenden zunächst nur in allgemeiner Charakteristik, während – wie wir sehen werden – ihre Entwicklungsformen in einigermaßen präziser Art erst später im Zusammenhang mit der Kategorie der ›Herrschaft‹ besprochen werden können.«[12]

Weber hatte seine »geschlossene Theorie und Darstellung« Ende 1913 offensichtlich bereits weit vorangetrieben, sie war aber noch nicht in allen Hinsichten zu Ende geführt. Mindestens vier Lücken lassen sich im Rückblick identifizieren: Das Kapitel »Religiöse Gemeinschaften« war noch unvollständig, das über »Die Marktvergemeinschaftung« (im Manuskript: »Die Marktgemeinschaft«) erst im Entwurf vorhanden, der Abschnitt »Die Nation« noch nicht abgeschlossen, und vor allem: die Analysen des modernen Staates und der modernen politischen Parteien waren noch nicht bis zur Niederschrift gediehen. Geht man davon aus, daß Weber in seinem Beitrag zum Ersten Buch des

12 WuG⁵, S. 212.

Grundrisses den Rationalisierungs- und Vergesellschaftungs-
prozeß bis zu seinem vorläufigen ›Endpunkt‹, zum modernen
Kapitalismus und zum modernen Staat, führen wollte (und genau dies mußte ja als ›Vorarbeit‹ für die übrigen Bücher geleistet
sein), so fehlten dem Manuskript Ende 1913 mindestens noch
zwei Schlüsseltexte, der über den modernen Kapitalismus und
der über den modernen Staat. Trotz ›geschlossener Theorie und
Darstellung‹ ging es also zu Beginn des Jahres 1914 immer noch
um ›Textkonstitutionen‹, nicht bloß um ›Textrevisionen‹. Eine
weitere Überlegung läßt sich anschließen. Zunächst: Die Verla-
gerung des Schwerpunkts der Analyse zwischen 1909/10 und
1914 schlägt sich im neuen Titel nieder. Er bedeutet in meinen
Augen, daß die Beziehungen zwischen der wirtschaftlichen
Ordnung sowie den wirtschaftlichen Mächten und anderen
wichtigen gesellschaftlichen Ordnungen und Mächten im Zentrum der Analysen stehen. Dies aber hätte strenggenommen
eine ›gleichrangige‹ Behandlung beider ›Seiten‹ erfordert. Die
Wirtschaft aber ist, ausweislich von Disposition und überliefer-
tem Textbestand, Ende 1913 selbständig erst in Ansätzen behandelt. In der Disposition zum ›alten Manuskript‹ war keine
ausgearbeitete »Wirtschaftssoziologie« vorgesehen. Diese wurde, so jedenfalls die bisherige herrschende Meinung, dann auch
erst zwischen 1918 und 1920, möglicherweise unter Verwendung alter, auch vor der Jahrhundertwende entstandener Manuskripte, geschrieben. Dafür spricht auch, daß man sie als eine
grundstürzende Umarbeitung von Kapitel II (»Wirtschaftliche
Beziehungen der Gemeinschaften«) lesen kann. Dem Manuskript von Ende 1913 fehlten also noch mehrere Schlüsseltexte.
Selbst wenn man der letzten, zugegebenermaßen höchst speku-
lativen Überlegung nicht folgt, bleibt ein Sachverhalt wohl unbestreitbar: daß die geschlossene Theorie und Darstellung von
Ende 1913 wegen fehlender Schlüsseltexte noch nicht druckreif
war.

Einen weiteren Aufschluß gewinnt man, wenn man den Publi-
kationsplan des *Grundrisses* beachtet. Die einzelnen Beiträge
sollten »als selbständige Einheiten gelesen werden« können,[13]
und das Erscheinen des Sammelwerkes sollte, »in großen Abtei-

13 Johannes Winckelmann, *Hauptwerk*, S. 166.

lungen, nacheinander lieferungsweise vor sich gehen, und zwar soll tunlichst jedesmal parallel eine Abteilung des ersten und eine des zweiten Bandes nebeneinander versendet werden«.[14] Die erste Lieferung vom Juni 1914 enthielt bekanntlich die I. und die II. Abteilung des Ersten Buches. Die Auslieferung der III. Abteilung mit Webers eigenem Beitrag war also von vornherein frühestens für den Anfang des Wintersemesters 1914 oder für das Jahr 1915 vorgesehen.[15] Dieser Zeithorizont hätte es Weber sicherlich erlaubt, zumindest die vier Lücken (ohne Wirtschaftssoziologie) zu schließen. Daß er sich darauf eingerichtet hatte, ergibt auch die Korrespondenz. So schreibt Weber an Siebeck am 21. April 1914: »Mein Ms. wird 15. IX. druckfertig werden, so daß der Satz beginnen kann.« Dann aber begann der Krieg.

Doch wie hat man sich die Veröffentlichung des Kategorienaufsatzes zu erklären, der doch eindeutig im Zusammenhang mit der Arbeit am *Grundriß* steht und ohne den man die Begriffswahl im sogenannten zweiten (= alten) Teil von »Wirtschaft und Gesellschaft« überhaupt nicht versteht? Der nächstliegende Grund ist: Weber wollte einen Teil der glänzenden Resultate seiner Arbeit, jenen, der auch über den *Grundriß* hinaus auf Interesse stoßen würde, der wissenschaftlichen Öffentlichkeit präsentieren und zugleich im Vorfeld der Werturteilsdebatte im *Verein für Sozialpolitik* seine Position markieren.[16] Schließlich geht es hier ja um die methodische und begriffliche Grundlegung einer Soziologie, die beansprucht, im Vergleich mit *allen* vorhandenen Positionen, seien sie mit den Namen Stammler, Simmel, Tarde, Tönnies oder welchen sonst verbunden, wirklich neu zu sein. Doch gibt es dafür auch eine gleichsam grundrißimmanente Begründung. Und diese ist in meinen Augen wichtiger. In der Eröffnungsfußnote zum Kategorienaufsatz

14 Ebd., S. 156; Weber weist darauf hin, daß der zweite Band mit Buch III, 1, Abschnitt: »Handel« beginnt.

15 Vgl. die Ankündigung der Veröffentlichung des *Grundrisses der Sozialökonomik* durch den Verlag in den Verlagsmitteilungen 1914, Nr. 4 vom 2. Juni. Das Dokument ist bei Johannes Winckelmann nicht abgedruckt.

16 Vgl. Brief an Heinrich Rickert vom 5. September 1913. Weber wollte Rickert unbedingt als Mitstreiter gewinnen!

kann man lesen: »Der zweite Teil des Aufsatzes ist ein Fragment aus einer schon vor längerer Zeit geschriebenen Darlegung, welche der methodischen Begründung sachlicher Untersuchungen, darunter eines Beitrags (›Wirtschaft und Gesellschaft‹) für ein demnächst erscheinendes Sammelwerk dienen sollte und von welcher andre Teile wohl anderweit gelegentlich publiziert werden.«[17] Im Vorwort zum *Grundriß* kann man lesen: »Seiner Eigenschaft als *Sammelwerk* entspricht es, wenn vermieden worden ist, neben der rein historisch darstellenden Analyse der wissenschaftlichen Methoden der Sozialökonomik (in Buch I) auch eine systematische Erkenntnistheorie der Sozialwissenschaften – welche, ebenso wie die materiale ökonomische Kultursoziologie, einem besonderen Beiheft vorbehalten bleibt – in das Werk selbst aufzunehmen.«[18] Diese ›Ausgliederung‹ wird damit gerechtfertigt, daß die Mitherausgeber »den methodisch und politisch verschiedensten Lagern zugehören«[19] und daß in keinem Fall der Anschein erweckt werden solle, als gäbe es einen gemeinsamen, insbesondere einen gemeinsamen *methodischen* Standpunkt. Liest man nun diese beiden Stellen zusammen und hält man sich den Stoffverteilungsplan von 1909/10 vor Augen, so liegen drei Folgerungen nahe: 1. Im ursprünglichen Plan waren eine systematische Erkenntnistheorie der Sozialwissenschaften und eine materiale ökonomische Kultursoziologie vorgesehen. Dafür kommen in Frage: »Objekt und logische Natur der Fragestellungen« und »Wirtschaft und Kultur. Kritik des historischen Materialismus.« 2. Zu den sachlichen Untersuchungen, die im Kategorienaufsatz methodisch begründet werden, gehört nicht nur der Beitrag für den *Grundriß*, sondern auch Webers »weit wichtigere Arbeiten«, mit denen er sich bereits beschäftigte, als die Mitwirkung am *Grundriß* ihn zur Schwerpunktsverlagerung zwang. Für diese »wichtigeren Arbeiten« gibt es vor allem zwei Kandidaten: Die Arbeiten an einer Wirtschaftsethik der Kulturreligionen und die Arbeiten an einer Kunstsoziologie, insbesondere an einer Soziologie der Musik. Später hat Weber die religionssoziologi-

17 WL, S. 427; zu den Interpretationsproblemen, die diese Stelle aufwirft, vgl. *Religion und Lebensführung*, Kap. 13.
18 Johannes Winckelmann, *Hauptwerk*, S. 165.
19 Ebd., S. 166.

schen Aufsätze als »Vorarbeiten und Erläuterungen der systematischen Religionssoziologie im ›G.d.S.Ö.‹« bezeichnet.[20] Es ist also sehr wahrscheinlich, daß er an diese, 1913 niedergeschriebenen Skizzen dachte,[21] als er sich zur Einrichtung eines im »Stoffverteilungsplan« nicht vorgesehenen Beiheftes entschloß. 3. Die methodische Begründung sachlicher Untersuchungen verlangt, daß man die Methode an den Sachproblemen entwickelt. Diese ›Notwendigkeit‹ hat gerade Weber immer wieder betont. Die methodischen Überlegungen müssen deshalb wenigstens bis zur Bildung soziologischer Begriffe vorangetrieben werden. Das genau leistet der Kategorienaufsatz. Ohne die darin entwickelten soziologischen Begriffe würde nicht verständlich, worin sich die verstehende Soziologie von anderen Zugangsweisen zum Handeln unterscheidet: von der rechtswissenschaftlichen, der sozialökonomischen, aber auch der psychologischen, und hier sowohl in deren naturwissenschaftlicher *wie* in deren verstehender Version.

Weber hat also 1913 zwar das methodische und grundbegriffliche Resultat seiner vierjährigen Arbeit in Gestalt des Kategorienaufsatzes, nicht aber dessen sachliches Korrelat veröffentlicht. Dies gilt für den gesamten Umkreis der sachlichen Untersuchungen, nicht nur für die »geschlossene Theorie und Darstellung« des Ersten Buches. Bei Ausbruch des Krieges gab es in *allen* sachlichen Untersuchungen noch Lücken. Daß er dann ab September 1915 als erstes die Versuche über die »Wirtschaftsethik der Weltreligionen« veröffentlicht, hat keinen prinzipiellen, sondern einen pragmatischen Grund. Die Korrespondenz mit dem Verleger weist aus, daß es sich dabei um eine Art ›Entschädigung‹ handelt, wobei Weber das für ihn kleinere Übel wählte. Statt der Zustimmung zu einem Wiederabdruck einer nicht überarbeiteten »Protestantischen Ethik«, aber auch statt des Beitrags für das Erste Buch des *Grundrisses* werden, um den drängenden Verleger zufriedenzustellen, die Skizzen angeboten. Ihre Veröffentlichung ab September 1915 hat Weber in erhebliche Bearbeitungsprobleme gestürzt. Große Teile davon sind erst ab Ende 1915 geschrieben. Für die Arbeit am

20 Brief vom 22. Juni 1915.
21 Vgl. Max Weber, RS I, Tübingen 1920, S. 237.

Grundriß blieb schon deshalb zwischen 1915 und 1918/19 wenig Zeit. Erst im Sommer 1918, im Zusammenhang mit seiner Tätigkeit in Wien, hat er sich, stimuliert durch diesen Anlaß, offenbar wieder intensiver dem Grundrißbeitrag zugewandt. Resultat ist das Manuskript, das im Juni 1920, bei Webers Tod, im Satz stand. Es ist unvollendet und folgt *nicht* der alten Disposition. Im Vergleich zum alten ist es lehrhafter formuliert, außerdem verdichtet, aber auch erweitert. Drei Kapitel sind abgeschlossen, eines ist begonnen, ein weiteres in Umrissen erkennbar. Eine systematische Rechts-, Religions- und Staatssoziologie schien geplant. Jedenfalls gibt es darauf Hinweise im Manuskript. Es ist aber zunächst eine offene Frage, ob diese Hinweise *Ver*weise sind und, wenn ja, ob sie auf bereits geschriebene oder noch zu schreibende Manuskripte verweisen und ob sie als interne oder als externe Verweise aufzufassen sind (dazu unten mehr). Das Titelblatt des 1921 erschienenen Bandes hat folgendes Aussehen:

GRUNDRISS
DER
SOZIALÖKONOMIK
III. Abteilung
Wirtschaft und Gesellschaft

I
Die Wirtschaft und die gesellschaftlichen
Ordnungen und Mächte.

Bearbeitet
von
MAX WEBER.

Erster Teil.

Das Inhaltsverzeichnis lautet:

Kapitel I: Soziologische Grundbegriffe
Kapitel II: Soziologische Grundkategorien des Wirtschaftens
Kapitel III: Die Typen der Herrschaft
Kapitel IV: Stände und Klassen

Das Kapitel V hätte, dies zeigen interne Verweise unzweideutig, die großen Gemeinschaftsformen behandelt, von der Hausgemeinschaft über den Nachbarschaftsverband vermutlich bis zum Staat. Wie bereits gesagt: Es ist denkbar, daß dem eine Religions-, eine Rechts- und eine Staatssoziologie gefolgt wären, aber es gibt für den Aufbau des Ganzen keinen Plan. Marianne Weber hat dann bekanntlich, unterstützt von Melchior Palyi, die »Fortsetzung (!) von ›Wirtschaft und Gesellschaft‹« mit Hilfe der im Nachlaß gefundenen Manuskripte hergestellt.[22] Sie gehörten zweifellos zum überwiegenden Teil zu jener »geschlossenen Theorie und Darstellung«, von der Weber 1913 sprach. Interessanterweise ging Marianne Weber zunächst *nicht* davon aus, daß *alle* größeren Nachlaßmanuskripte für den *Grundriß* bestimmt gewesen seien. So gliederte sie zunächst das Manuskript »Die Stadt« aus und übergab es Emil Lederer zum Abdruck im *Archiv*. Auch das musiksoziologische Fragment ließ sie zunächst separat veröffentlichen. Sie hat es erst ihrer zweiten Auflage von »Wirtschaft und Gesellschaft« als Anhang ›einverleibt‹. Auch einige kleinere Texte blieben ausgegliedert. Dennoch: Der bei weitem überwiegende Teil des literarischen Nachlasses wurde von ihr als »Fortsetzung« des neuen Manuskripts interpretiert. Für die Gliederung dieser »Fortsetzung« orientierte sie sich zwar auch an der Disposition von 1914, doch vor allem an ›internen Verweisen‹ und an Sinnzusammenhängen. Bereits die erste Anordnung der nachgelassenen Manuskripte ist Folge dieser weitgehend interpretierenden Editionsstrategie. Die ursprüngliche Lage der Manuskripte ist deshalb nicht überliefert. Es existieren auch keine Zeugenbeschreibungen oder andere Berichte, aus denen man den Zustand des Nachlasses einigermaßen zuverlässig rekonstruieren könnte. Die Überlieferungsgeschichte ist also von Anfang an gestört.

---

22 Vgl. WuG⁵, S. XXXII (Vorwort zur ersten Auflage).

Nicht zuletzt dies begünstigte die Entwicklung zu einer interpretierenden Editionsweise, die dann vor allem Johannes Winckelmann perfektioniert hat. Das Dokument für diese Weichenstellung ist der Brief von Marianne Weber an den Verlag vom 23. März 1921, mit dem sie die Übersendung der »Fortsetzung« von »Wirtschaft und Gesellschaft« ankündigt. Darin heißt es unter anderem: »... Ich habe soeben das Manuskript eingepackt und schicke es noch heute hochversichert an Sie ab... Dem Manuskript liegt ein genaues Verzeichnis der Kapitelfolge, so, wie ich sie in Gemeinschaft mit Dr. Palyi festgestellt habe, bei: zwei Kapitel sind leider unvollendet. Einige Seiten müssen noch abdiktiert werden, ich habe sie zurückbehalten und schicke sie von Heidelberg aus oder aber lege sie der Fahnenkorrektur bei. Ob wir an der vorläufig beschlossenen Kapitelfolge genau festhalten können (sic!), läßt sich heute noch nicht übersehen. Es ist möglich, daß Verschiebungen vorgenommen werden müssen, das würde ja aber der Druckerei nichts ausmachen.«

Verschieben, umstellen, das ist das Spiel, das von den ersten Herausgebern bereits ausgiebig gespielt wird. Solche Verschiebungen und Umstellungen gegenüber der ersten Aufstellung vom 23. März 1921 sind mit Schreiben vom 15. Juli 1921, vom 3. August 1921, vom 20. Oktober 1921, vom 24. Januar 1922 und, kurz vor Erscheinen, von Ende Juli 1922 bezeugt. Sie sind motiviert hauptsächlich durch die Absicht, die Texte einem ›Sinnganzen‹ zu integrieren. Wiewseit die Herausgeber dabei selbst in die Texte eingriffen, ist unbekannt. Interessant aber ist, daß ihnen die Integration vor allem von zwei Texten besondere Schwierigkeiten bereitete. Es handelt sich um die »Rechtssoziologie« und um das schließlich doch noch in den *Grundriß* aufgenommene Manuskript »Die Stadt«.

Obgleich die erkennbare Disposition des neuen Manuskripts von der von 1914 erheblich abwich, und obgleich keine neue Gesamtdisposition vorhanden war, verfolgten die Herausgeber von Beginn an und ohne erkennbare Zweifel den »Fortsetzungsgedanken«. Der wichtigste Anhalt dafür war ihnen offenbar die Tatsache, daß Weber unter den Gesamttitel des im Satz stehenden Manuskripts »Erster Teil« drucken ließ. Daraus schlossen sie nicht nur, es sei ein »Zweiter Teil« geplant gewesen (sicherlich zu Recht, aber warum nicht auch ein »Dritter«

oder gar »Vierter«), sondern auch, daß dieser »Zweite Teil« der um einige Stücke verminderte Nachlaß sein müsse. Daß dies zur doppelten Behandlung einzelner Themen führte, schien sie nicht zu stören, ja, sie erfanden dafür gar einen ›systematischen‹ Grund. Es lohnt sich, sich diese Konstruktion anhand von Marianne Webers eigener Formulierung zu vergegenwärtigen. In ihrem »Vorwort zur ersten Auflage« der Veröffentlichung der Nachlaßmanuskripte heißt es:

»Die in dieser und den beiden folgenden Lieferungen erscheinende Fortsetzung von »Wirtschaft und Gesellschaft« fand sich im Nachlaß des Verfassers. Diese Schriften sind *vor* dem Inhalt der ersten Lieferung: der systematischen soziologischen Begriffslehre fixiert, wesentlich, d. h. bis auf einige später eingeschobene Ergänzungen, in den Jahren 1911-1913. Der systematische Teil, der vermutlich noch fortgeführt worden wäre, setzte ja für den *Forscher* die Bewältigung des empirischen Stoffs, den er in eine möglichst prägnante soziologische Begriffslehre einbauen wollte, voraus; dagegen wird deren Verständnis und Aufnahme für den *Leser* wesentlich erleichtert durch die mehr schildernde Darstellung soziologischer Erscheinungen. Auch in diesen Teilen, die als »konkrete« Soziologie im Unterschied zur »abstrakten« des ersten Teils bezeichnet werden könnten, ist der riesenhafte historische Stoff schon »systematisch«, d. h. im Unterschied zu bloß schildernder Darstellung, durch »idealtypische« Begriffe geordnet. (Eine vorwiegend darstellende Form ist nur für die in sich geschlossene Abhandlung »Die Stadt« gewählt.) Während aber im ersten, abstrakten Teil das auch dort überall herangezogene Historische wesentlich als Mittel zur Veranschaulichung der Begriffe dient, so treten nunmehr, umgekehrt, die idealtypischen Begriffe in den Dienst der verstehenden Durchdringung welthistorischer Tatsachenreihen, Einrichtungen und Entwicklungen.«

Ferner äußert sich die Herausgeberin über ihre Editionsweise im selben Vorwort mit aller wünschenswerten Klarheit:

»Die Herausgabe dieses nachgelassenen Hauptwerkes des Verfassers bot naturgemäß manche Schwierigkeiten. Für den Aufbau des Ganzen lag kein Plan vor. Der ursprüngliche, auf S. X und XI Band I des Grundrisses der Sozialökonomik skizzierte gab zwar noch Anhaltspunkte, war aber in wesentlichen Punkten verlassen. Die Reihenfolge der Kapitel mußte deshalb von der Herausgeberin und ihrem Mitarbeiter entschieden werden. Einige Abschnitte sind unvollendet und müssen so bleiben. Die Inhaltsangabe der Kapitel war nur für die »Rechtssoziologie« fixiert. Einige zur Erläuterung wichtiger typischer Vorgänge herangezogene Beispiele, ebenso einige besonders bedeutsame Thesen wiederholen sich mehrere Male, allerdings immer in anderer Beleuchtung. Es ist möglich, daß der Verfasser, wenn ihm die zusammenhängende Überarbeitung des Gesamtwerks vergönnt worden wäre, einiges herausgelöst hätte. Die Herausgeberin durfte sich dies nur an vereinzelten Stellen gestatten.«[23]

Diese von Marianne Weber eingeschlagene Linie wurde auch vom zweiten Herausgeber von »Wirtschaft und Gesellschaft«, Johannes Winckelmann, beibehalten. Er hat sich freilich stärker als jene bei der Edition der Nachlaßmanuskripte an der Disposition von 1914 orientiert. Dies führte ihn zunächst zur Auffüllung des »Zweiten Teils« bis hin zu einer »Staatssoziologie«, die seine Erfindung, seine Textkompilation, ist, dann zu einer Rückführung des Textbestandes auf einen Umfang, der in etwa dem der 1. Auflage entspricht. Doch obgleich zwischen beiden Herausgebern nicht unerhebliche Differenzen wegen der unterschiedlichen Einschätzung der Disposition von 1914 bestehen, sind ihre Leitideen ähnlich, ja identisch. Identisch ist auch die Strategie der interpretierenden Edition.

Fassen wir zusammen: Zu »Wirtschaft und Gesellschaft« gibt es drei Dispositionen. Sie bauen zwar aufeinander auf, aber durch die Disposition von 1914 wird die von 1909/10, durch die von 1920 die von 1914 erheblich modifiziert. Seit Weber für den *Grundriß* arbeitet, also seit etwa 1910, verwendet er zwar einen gut Teil seiner Arbeitszeit darauf, doch in wechselnden Anteilen. Sie scheinen in einem beträchtlichen Ausmaß von außen bestimmt. Wie bereits vor 1910, so verläuft aber auch danach seine Arbeit ›mehrgleisig‹. Nicht einmal diejenigen Manuskripte, die im Zusammenhang mit der Arbeit am *Grundriß* entstehen, scheinen nur für diesen oder gar nur für dessen »Erstes Buch« bestimmt. Dies führt zur letztlich entscheidenden Frage: Wie hat oder hätte Weber diese Manuskripte innerlich aufeinander bezogen und äußerlich verteilt? Die bisherigen Herausgeber von »Wirtschaft und Gesellschaft« beantworten diese Frage in erster Linie mit der Zweiteilungsthese. Ihr wende ich mich zuerst zu und beginne damit zugleich die Diskussion.

23 Ebd.

3. Diskussion der Fragen

1. Frage: Ist »Wirtschaft und Gesellschaft« *ein* Werk in zwei (oder mehreren) Teilen, oder gehören die darin abgedruckten Texte zu verschiedenen buchähnlichen Fragmenten, die zwar im Zusammenhang eines Projekts, nicht aber alle in einem Textzusammenhang stehen?

Wie bereits ausgeführt, haben die bisherigen Herausgeber von »Wirtschaft und Gesellschaft«, Marianne Weber und Johannes Winckelmann, die Auffassung von *einem* Buch in *zwei* Teilen vertreten. Es gilt ihnen als Webers Hauptwerk, das in zwei aufeinander bezogenen, durch Verweise verzahnten und sich komplettierenden Teilen überliefert ist. Im bereits zitierten »Vorwort der ersten Auflage« nennt Marianne Weber den ersten (= neueren) Teil die abstrakte, den zweiten (= älteren) Teil aber die konkrete Soziologie, von der sie noch die bloß schildernde Darstellung absetzt. Diese zweite Unterscheidung hat ihr offensichtlich ursprünglich auch bei der Sortierung der Manuskripte gedient. Darauf ist es nämlich zurückzuführen, daß sie zunächst »Die Stadt« im *Archiv* veröffentlichte. Erst die Diskussion mit Melchior Palyi hat sie schließlich davon überzeugt, daß auch dieses Manuskript zur »Fortsetzung« von »Wirtschaft und Gesellschaft« gehört. Marianne Weber spielte übrigens vorübergehend mit dem Gedanken, den ersten Teil »Allgemeine Soziologie«, den zweiten Teil aber »Spezielle Soziologie« zu nennen. Diesen hat sie dann verworfen zugunsten der Unterscheidung in abstrakte und konkrete Soziologie. Johannes Winckelmann dagegen hat diesen Gedanken wieder aufgegriffen. Er nennt den ersten (= neuen) Teil eine »Allgemeine Soziologie«, eine »umfassende, wenngleich unvollendet gebliebene, klassifikatorische Kategorienlehre«, die die »allgemeinsten Kategorien der Gesellschaftswissenschaft« entwickle (von den »minima socialia« bis zu den »umgreifenden« Vergemeinschaftungs- und Vergesellschaftungskomplexen), dem er den zweiten (= alten) Teil mit den »konkret-empirischen Analysen der gesellschaftlichen Sonderformen«, mit den Sachanalysen, gegenüberstellt.[24] Zudem behauptet er, die beiden Manu-

24 Vgl. die Vorworte zur fünften und vierten Auflage in WuG⁵, S. XVI f. und XXVI.

skriptmassen stünden »unter einer verschiedenen Themenstellung«. »Denn während das jüngere Manuskript die Begriffstypologie entwickelt, gibt das ältere Manuskript eine Darstellung der soziologischen Zusammenhänge und Entwicklungen.« Und weiter: »Im Titel der noch von Max Weber selbst herausgegebenen ersten Lieferung von ›Wirtschaft und Gesellschaft‹, die den Anfang der unabgeschlossenen begrifflichen Ausführungen brachte, werden diese als ›Erster Teil‹ bezeichnet, was durch die häufige Verweisung in der Kategorienlehre auf die spätere ›Einzeldarstellung‹ ebenso unterstrichen wird wie durch die Bemerkung im Zweiten Teil über die von der Einzeldarstellung verschiedene ›allgemeine Soziologie‹.«[25] Zudem möchte Winckelmann, wie bereits erwähnt, den ›Zweiten Teil‹ möglichst nah an die Disposition von 1914 ›heranführen‹. Zwar sieht auch er, daß sich nicht alle Texte, die dem Korpus gewöhnlich zugeordnet werden, der Kompositionsidee von 1914 umstandslos fügen. Doch bringt seine fünfte Auflage in seinen Augen die größtmögliche Annäherung (wobei er in der Studienausgabe allerdings eine erneute Umstellung vorschlägt). Gewiß: Auch diese Lösung zwingt ihn zu Abweichungen von der Disposition von 1914. Doch reflektieren diese nach seiner Ansicht nur Umdispositionen, die Weber selbst zwischen 1914 und 1920 vorgenommen hat. Mit der fünften Auflage ist also die vom Herausgeber erfaßte Intention des Autors optimal erfüllt!

Prüft man die Einlassungen der bisherigen Herausgeber, so sind es im wesentlichen drei Argumente, die für die Zweiteilungsthese ins Feld geführt werden: 1. Jeder Teil verweist auf den anderen. 2. Weber hat die Disposition von 1914 durch seine Weiterarbeit am Grundrißmanuskript zwar teilweise gesprengt, er hat sie aber nie offiziell zurückgenommen, und dies war auch nicht nötig, weil ihr bereits eine Leitidee zugrunde lag, die auf die dann später tatsächlich realisierte Zweiteilung verweist. 3. Folgt man der Kompositionsidee von 1914 unter Einschluß der von Weber selbst angedeuteten Modifikationen für den ›Zweiten Teil‹, so zeigt sich, »daß die einzelnen Teile sich nun-

25 Vgl. das Vorwort zur vierten Auflage in WuG⁵, S. XXVI.

mehr zwanglos und sinngerecht aneinander anschließen und zusammenfügen«.[26] Weil aber der ›Zweite Teil‹ ein ›Sinnganzes‹ bildet, hätte ihn Weber auch nicht von Grund auf umgearbeitet. Er war für ihn, von redaktionellen Verbesserungen abgesehen, im wesentlichen fertig. Was noch fehlte, war seine begriffliche Fundierung durch den ›Ersten Teil‹.

Ich behaupte, daß sich mit keinem dieser Argumente die Zweiteilungsthese im hier gemeinten Sinn zwingend begründen läßt.

Zu 1: Zweifellos existieren in den Texten viele Hinweise auf andere Texte. Zunächst fällt freilich auf, daß kein Hinweis auf einen ›Zweiten Teil‹ darunter ist (und natürlich im ›Zweiten Teil‹ keiner auf einen ›Ersten‹). Immerhin gibt es im Kapitel I, schon seltener in den Kapiteln II und III, Hinweise auf die obengenannten drei (Winckelmann behauptet: vier) Soziologien – in der Häufigkeit ihres Vorkommens: auf die Rechts-, die Staats- und die Religionssoziologie. Doch auf was genau wird da verwiesen? Die Formulierung lautet meist: »Alles Nähere (oder das Nähere) gehört in die (jeweilige) Soziologie.« Nur an ganz wenigen Stellen heißt es: »darüber später in der (jeweiligen) Soziologie«. Hier kann man zwar einigermaßen sicher sein, daß ein Text gemeint ist, der in den *Grundriß* aufgenommen werden sollte, nicht aber, daß dies auch ein Text des älteren Manuskripts ist. Noch vieldeutiger ist die Sachlage für die These, die allgemeine Soziologie des *neuen* Teils verweise auf die Einzelanalysen des *alten* Teils und diese auf jene. Ich gebe einige Formulierungen wieder, mit denen diese These gestützt werden soll. Im ›Neuen Teil‹ finden sich unter anderem folgende Formulierungen[27]: S. 24: »Alle Einzelheiten gehören in die sachliche Einzelanalyse«; S. 25: »daß aber im übrigen zahlreiche erst in der Einzelanalyse festzustellende Sonderumstände dafür maßgebend waren und sind«; ebd.: »Alles Einzelne dieses Sachverhalts läßt sich nicht generell, sondern erst bei der soziologischen Einzelanalyse darlegen«; S. 31: »Jegliche ›Dynamik‹ bleibt vorerst noch beiseite«; S. 63: »Es ließen sich diese materialen Seiten der Problematik aber nur unter *sehr* bedenklichen Einseitigkeiten in Thesenform in eine derartige allgemeine Vorbemerkung hineinarbeiten.«

26 Vgl. das Vorwort zur fünften Auflage in WuG⁵, S. XVII.
27 Benutzt ist in der Folge die 4. Auflage von WuG, zitiert als WuG.

Im ›Alten Teil‹ unter anderem diese: S. 207: »Es weiter ins Einzelne zu verfolgen, müssen wir uns versagen, da dies eine Spezialuntersuchung aller einzelnen Arten von Vergesellschaftungen bedingen würde«; S. 212: »Wir wenden uns vielmehr, unter Verzicht auf jede systematische Klassifikation der einzelnen Gemeinschaftsarten nach Struktur, Inhalt und Mitteln des Gemeinschaftshandelns – welche zu den Aufgaben der allgemeinen Soziologie gehört – zunächst einer kurzen Feststellung des Wesens der für unsere Betrachtung wichtigsten Gemeinschaftsarten zu«; S. 530: »Eine soziologische Kasuistik müßte, dem empirisch gänzlich vieldeutigen Wertbegriff ›Idee der Nation‹ gegenüber, alle einzelnen Arten von Gemeinsamkeits- und Solidaritäts-Empfindungen in ihren Entstehungsbedingungen und ihren Konsequenzen für das Gemeinschaftshandeln der Beteiligten entwickeln. Das kann hier nicht versucht werden«; S. 542: »Eine umfassende Kasuistik aller Formen, Bedingungen und Inhalte des ›Herrschens‹ in jenem weitesten Sinn ist hier unmöglich.« Abgesehen davon, daß einzelne Formulierungen schlicht als Einschränkungen der Analyseabsicht interpretiert werden können, bleibt bei denen, die als Verweise gelten müssen, völlig offen, ob sie sich auf zu schreibende oder auf geschriebene Manuskripte und ob sie sich auf grundrißinterne oder grundrißexterne Manuskripte beziehen. Wie unkritisch mit diesen ›Indikatoren‹ bislang umgegangen wurde, mag ein Beispiel aus dem ›Zweiten Teil‹ von »Wirtschaft und Gesellschaft« zeigen. Es findet sich im Abschnitt »Klassen, Stände, Parteien«, wo Weber das Würdegefühl der positiv und der negativ privilegierten Schichten behandelt und den negativ privilegierten Schichten eine Affinität zur Idee einer ›Umwertung aller Werte‹ im Diesseits oder im Jenseits zuschreibt: »Dieser einfache Sachverhalt, dessen Bedeutung *in anderem Zusammenhang* zu besprechen ist, und nicht das in Nietzsches vielbewunderter Konstruktion (in der ›Genealogie der Moral‹) so stark hervorgehobene ›Ressentiment‹ ist die Quelle des – *übrigens wie wir sahen,* – nur begrenzt und für eins von Nietzsches Hauptbeispielen (Buddhismus) gar nicht zutreffenden Charakters der von den Pariaständen gepflegten Religiosität.«[28] Die Stelle ent-

28 Ebd., S. 536f.

hält die zwei herausgehobenen Referenzen. Der Herausgeber gibt die erste als intern und die zweite gar nicht an. Es ist aber keineswegs sicher, daß die erste Referenz, zumal im Kontext der zweiten, intern gemeint ist. Der Herausgeber kommt überhaupt nicht auf den Gedanken, daß in einem Text aus »Wirtschaft und Gesellschaft« auf einen Text referiert werden könnte, der *nicht* für den *Grundriß* bestimmt war, in diesem Falle möglicherweise auf die »Wirtschaftsethik der Weltreligionen«, wo diese Problematik sowohl in der »Einleitung« wie im »Antiken Judentum« abgehandelt ist.

Für die Behauptung, daß die beiden Teile aufeinander verweisen, existieren also keine eindeutigen Indikatoren. *Alle* Formulierungen, die dafür in Anspruch genommen werden können, lassen offen, ob der ›andere Teil‹ ein bereits geschriebener oder ein noch zu schreibender ist und ob er zum alten oder zum neuen Manuskript gehört. Die Zweiteilungsthese verlangt aber nicht nur die Umdeutung von mehrdeutigen Indikatoren in eindeutige, sie beruht auch auf einer verengten Sicht des Teilungsgedankens selber. Wie der werkgeschichtliche Überblick gezeigt hat, gibt es mehrere Bedeutungen von ›Zweiteilung‹ im Zusammenhang mit der Arbeit für den *Grundriß*: 1. ›Zweigeteilt‹ sind Webers Beiträge in die einen, die allgemeine Probleme, und die anderen, die Einzelprobleme behandeln. 2. ›Zweigeteilt‹ sind Webers Beiträge in die einen, die die Beziehungen zwischen der Wirtschaft und den gesellschaftlichen Ordnungen und Mächten analysieren, und die anderen, die eine materiale ökonomische Kultursoziologie entwickeln. 3. ›Zweigeteilt‹ sind Webers Beiträge in die einen, die die methodischen und begrifflichen Grundlagen einer verstehenden Soziologie klären, und die anderen, die Ergebnisse sachlicher Untersuchungen präsentieren. 4. ›Zweigeteilt‹ sind schließlich Webers Beiträge in die einen, die universelle Gemeinschaftsformen allgemein charakterisieren, und die anderen, in denen deren Entwicklungsformen im Mittelpunkt stehen.

Zu 2: Nun könnte man den mehrdeutigen Indikatoren dadurch zu Eindeutigkeit verhelfen, daß man die Zweiteilung *systematisch* begründet. Dies genau wird mit dem zweiten Argument versucht. Danach lassen sich Webers Texte unter dem Gesichtspunkt gruppieren, ob sie in erster Linie der Begriffsbildung oder der Begriffsanwendung dienen. Am deutlichsten hat dies Marianne Weber formuliert. So heißt es in einem bereits zitierten »Vorwort zur ersten Auflage«: »Während aber im ersten, abstrakten Teil das auch dort überall herangezogene Historische wesentlich als Mittel zur Veranschaulichung der Begriffe dient, so treten nunmehr, umgekehrt, die idealtypischen Begriffe in den Dienst der verstehenden Durchdringung welthistorischer Tatsachenreihen, Einrichtungen und Entwicklungen.« Die Unterscheidung in Begriffsbildung und Begriffsanwendung halte ich grundsätzlich für richtig. Sie stimmt mit Webers eigenen Aussagen überein. Nur: Sie fällt weder notwendig mit der Unterscheidung in abstrakt und konkret noch mit der in allgemeine Soziologie und soziologische Einzelanalyse zusammen. Sie bezeichnet deshalb auch keinen prinzipiellen Unterschied zwischen altem und neuem Manuskript. *Beide* sind ja abstrakt, *beide* enthalten ja eine ›allgemeine‹ Soziologie im Sinne einer auf ihre Zwecke zugeschnittenen soziologischen Kategorienlehre, *beide* gehen ja von einer allgemeinen Charakterisierung universeller Arten von ›Gemeinschaften‹ zur Analyse ihrer Entwicklungsformen über – das alte Manuskript zweifellos weit ausladender als das neue, aber dies ist eben ein gradueller, kein prinzipieller Unterschied. *Beide* Manuskripte sind zudem lehrhaft gehalten, wenn auch auf verschiedenen ›Verdichtungsniveaus‹. Nun kann man ihnen auch durchaus verschiedene ›Abstraktionsniveaus‹ bescheinigen. Nur: Eine Veränderung des Abstraktionsniveaus führt nicht notwendigerweise auch zu einer Veränderung der Zielsetzung.

Begriffsbildung, Begriffsanwendung: Dies sind also verschiedene Ziele, die Webers Arbeit leiten. Sie liegen gleichsam quer zur Gegenüberstellung von Natur- bzw. Gesetzeswissenschaft und Kultur- bzw. Sozial- bzw. Wirklichkeitswissenschaft. Schon im Objektivitätsaufsatz hat Weber klar zwischen »*theoretische(n)* Konstruktionen unter *illustrativer* Benutzung des Empirischen« und »*geschichtliche(r)* Untersuchung unter Benutzung der theoretischen Begriffe als idealer Grenzfälle« unterschieden[29] und zugleich betont, daß dies eine Unterscheidung *innerhalb* einer mit genetischen Begriffen operierenden Kultur- bzw. So-

29 WL, S. 205.

zial- bzw. Wirklichkeitswissenschaft ist.[30] Die Kampflinie verläuft für ihn nicht zwischen theoretischer Konstruktion und geschichtlicher Untersuchung, sondern zwischen einer Arbeit mit genetischen und einer Arbeit mit generischen oder kollektiven Begriffen. Sie verläuft auch nicht zwischen theoretischen Entwicklungskonstruktionen und der Untersuchung geschichtlicher Abläufe, sondern zwischen einer Arbeit mit idealtypischen Entwicklungskonstruktionen und einer Arbeit mit einer emanatistischen (begriffslogischen) oder einer organizistischen (biologisch-teleologischen) Entwicklungskonstruktion. Auch genetische (oder idealtypische oder wertbeziehende) Begriffe verlangen natürlich Klassifikationen. Und auch solche Klassifikationen gliedern sich unter anderem nach Ebenen der Abstraktion (Idealtypen – idealtypische Gattungsbegriffe). Ich sehe nicht, daß Weber diese Auffassung zwischen 1904 und 1920 von Grund auf geändert hätte. Sie hat auch seine Definition der Rolle des *Grundrisses* bestimmt. Es kann in meinen Augen keinem Zweifel unterliegen, daß er von Beginn an seine Arbeit für das Erste Buch des *Grundrisses* als theoretische Konstruktion unter illustrativer Benutzung des Empirischen angelegt hatte. Das zeigt nicht nur die bereits zitierte Eröffnungspassage zur Hausgemeinschaft im alten Manuskript, sondern auch das »Vorwort zum Grundriß« selbst. Dort wird ganz generell darauf hingewiesen, daß historische Untersuchungen nicht beabsichtigt seien. Marianne Webers terminologisch zwar mißverständliche, in der Sache aber richtige Unterscheidung zwischen

---

30 Besonders aufschlußreich ist in diesem Zusammenhang eine Stelle aus dem Meyer-Aufsatz, wo Weber gleichfalls von diesen beiden logisch prinzipiell verschiedenen Verwendungsweisen der »gegebenen Tatsachen der Kulturwirklichkeit« spricht, sie zunächst der Windelband-Rickertschen Unterscheidung in nomothetische bzw. naturwissenschaftliche und historische Erkenntnis zuordnet, diese Zuordnung laut Marianne Weber aber in seinem Handexemplar dann dahin modifiziert, daß eine »gegebene Tatsache der Kulturwirklichkeit«, als Exemplar eines Gattungsbegriffs aufgefaßt, zwar für die historische Erkenntnis stets nur Erkenntnismittel sein könne, daß aber nicht jedes Erkenntnismittel für historische Erkenntnis Gattungsexemplar sei, zum Beispiel, so kann man ergänzen, die – recht verstandenen – Mengerschen Schemata nicht! Vgl. WL, S. 237, Fn. 1.

zwei Zielsetzungen gilt nicht für das Verhältnis der beiden Grundrißbeiträge, sondern zum Beispiel für das Verhältnis der Grundrißbeiträge zur vergleichenden Religionssoziologie.[31]

Daß die Zweiteilungsthese systematisch auf tönernen Füßen steht, zeigt auch das neue Manuskript selber. Hätte Weber nur das alte Manuskript im Sinne der Leitidee von 1914 komplettieren wollen, so hätte es dazu keiner radikalen Umarbeitung und Neuformulierung des Kategorienaufsatzes, vor allem aber keiner Neufassung der Herrschaftssoziologie bedurft. Weber hätte vielmehr die verbliebenen Lücken schließen, vielleicht noch eine Wirtschaftssoziologie (siehe oben) hinzufügen können. Daß er sich damit nicht begnügte, zeigt, wie wenig die Disposition von 1914 für die Arbeit ab 1918 noch leitend war. Marianne Weber hat dies klar gesehen. Doch zog sie daraus den falschen Schluß. Denn schon die Anlage des neuen Manuskripts macht in meinen Augen deutlich, daß es weder als Ergänzung noch gar als Kurzfassung des alten gemeint sein konnte. Es repräsentiert vielmehr äußerlich und innerlich einen gegenüber 1913/14 neuen Erkenntnisstand. Das zeigt sich schon an der Wahl der Grundbegriffe. Sie weichen an terminologisch und sachlich wichtigen Punkten von denen von 1913/14 ab. Ich gebe drei Beispiele: 1. Aus Gemeinschaftshandeln wird soziales Handeln. 2. Der im alten Manuskript so zentrale Begriff des Einverständnishandelns bzw. der Einverständnisvergemeinschaftung verschwindet. 3. Das Verbandshandeln (als eine bestimmte Art des Einverständnishandelns) steht nicht mehr dem Anstaltshandeln (als einem Vergesellschaftungshandeln) polar gegenüber, sondern der Verband wird zum fundierenden Begriff für Anstalt und Verein. Vor allem aber: Der Kategorienaufsatz kennt noch nicht die Typologie der Handlungsorientierungen. Er ist handlungstheoretisch enger als die »Soziologischen Grundbegriffe«. Der neue Erkenntnisstand zeigt sich auch im Aufbau. Die soziologische Diskussion der Beziehungen zwischen den wirtschaftlichen und den nichtwirtschaftlichen Ordnungen und Mächten setzt die soziologische Klärung der Grundkategorien des Wirtschaftens voraus. Dies vor allem deshalb, weil wirtschaftliches Handeln eine Sonderform des sozialen Handelns

31 Vgl. dazu ausführlicher *Religion und Lebensführung*, Kap. 13.

darstellt und weil weder wirtschaftliche Zweckrationalität den Begriff der Zweckrationalität ausschöpft noch der Begriff der Zweckrationalität den der Rationalität. Vor allem aber: Wirtschaften ist als Erwerben und Haushalten, als Arbeiten und Konsumieren orientiert an Nutzleistungen im weitesten Sinne. Es ist insoweit Inbegriff von Zweckhandeln, dem, im Rationalitätsfalle, das Grenzkosten- bzw. das Grenznutzenprinzip als Maxime dient. Nicht alles Handeln aber ist Zweckhandeln. Handeln ist auch eigenwertorientiert. Schon deshalb darf es keinen ökonomischen Reduktionismus geben. Und was für die Handlungsebene gilt, gilt für die Ordnungsebene auch. Gerade in einem *Grundriß der Sozialökonomik*, der wirtschaftstheoretisch weitgehend von der subjektiven Wertlehre ausgeht, muß eine Wirtschaftssoziologie entwickelt werden, die daran zwar anknüpft, deren Kategorien aber so transformiert, daß sie sich für nichtwirtschaftliche Handlungs- und Ordnungszusammenhänge gleichsam öffnen. Die wichtigste ›Gegenkategorie‹ zu den aus der Grenznutzentheorie heraus entwickelten soziologischen Kategorien des Wirtschaftens ist nicht zufällig der Legitimitätsbegriff. Er verweist darauf, daß es neben dem Interesse an (äußeren oder inneren) Nutzleistungen auch ein Interesse an (äußerem oder innerem) Gehorchen gibt. Mit dieser Kategorie leitet die Wirtschafts- in die Herrschaftssoziologie über, die Analyse von Nutzenkalkülen und Markt in die Analyse von Verpflichtungen und Autorität. Gewiß: Auch das alte Manuskript kennt diese grundlegend wichtige Unterscheidung. Doch sie ist dort noch nicht zum organisierenden Prinzip des Aufbaus gemacht. Natürlich verbinden sich Erfolgs- und (Eigen-) Wertorientierung in der historischen Wirklichkeit zu verschiedenen Legierungen. Aus Nutzen- und Verpflichtungsmotiven ist der empirische Stoff des Handelns gemacht. Doch bei den wirtschaftlichen Abläufen haben die ersten, bei den ›herrschaftlichen‹ die zweiten die Führung. Und deshalb folgt jetzt, anders als im alten Manuskript, auf eine wesentlich erweiterte, ja allererst grundbegrifflich entfaltete Wirtschaftssoziologie die Herrschaftssoziologie. Diese ist in ihrem ersten Teil nach Aufbau und Inhalt mit der Herrschaftssoziologie des alten Manuskripts weitgehend identisch (die andere Stellung des Feudalismus im alten Manuskript ist Folge einer Intervention von Melchior

Palyi kurz vor Drucklegung), in ihrem zweiten Teil aber im Vergleich zur alten Herrschaftssoziologie erweitert. Es ist der Teil über Gewaltenteilung und Repräsentation. Darin werden zweifellos Überlegungen aufgenommen, die Weber ursprünglich in der Rechtssoziologie entwickelt hatte und vielleicht noch weiter entwickeln wollte. Doch anders als im alten Teil kommt im neuen die Herrschaftssoziologie *vor* der Rechtssoziologie und ist die Diskussion über die immanenten Legitimationsschranken mit der über die immanenten Organisationsschranken von Herrschaft verbunden. Ich halte deshalb die Behauptung, Weber habe, nach *dieser* Reorganisation der Herrschaftssoziologie, das alte Manuskript im ›Zweiten Teil‹ des *Grundrisses* weiterhin abdrucken wollen, für ausgesprochen unplausibel. Sicherlich aber hätte er große Teile daraus für seine Analyse der okzidentalen Sonderentwicklung in der vergleichenden Religionssoziologie benutzt sowie für jene noch zu schreibende Staatssoziologie (und vielleicht noch zu revidierende Rechtssoziologie?), mit der wohl die Herrschaftssoziologie im Rahmen des Grundrißbeitrags fortgesetzt worden wäre und in deren Zentrum wohl gleichfalls die Eigenart und das Entstehen der okzidentalen politischen Verbände gestanden hätte.[32]

Zu 3: Dies leitet zum dritten Argument über. Danach ist angeblich gerade die Kohärenz des ›Zweiten Teils‹ ein Indikator dafür, daß er durch den ›Ersten Teil‹ zwar ergänzt, nicht aber ersetzt werden sollte. Nun möchte ich keineswegs bestreiten, daß die alten Manuskripte durchaus ein relatives ›Sinnganzes‹ bilden und daß für die Rekonstruktion dieses ›Sinnganzen‹ die Disposition von 1914 von grundlegender Bedeutung ist. Nur: Gerade *weil* sie ein relatives ›Sinnganzes‹ bilden, sehen sich ja die Vertreter der Zweiteilungsthese wegen der Verdopplung der Herrschaftssoziologie vor ein in meinen Augen unlösbares Problem gestellt. Wohl lassen sich die Umarbeitung des Kategorienaufsatzes und die Ausarbeitung der Wirtschaftssoziologie im Sinne der Zweiteilungsthese, nämlich als Ergänzung und Erweiterung der »geschlossenen Theorie und Darstellung« von 1913/14 deuten, nicht aber die Neufassung der Herrschaftssoziologie. Denn hätte Weber ab 1918 das alte Manuskript bloß zu Ende schrei-

32 WuG, S. 130, 137, 139, 140, 151, 158, 162, 165, 168.

ben wollen (und das bedeutet ja Ergänzung und Erweiterung), hätte er die Herrschaftssoziologie nicht nur an ihrer ursprünglichen Stelle, sondern auch in ihrer ursprünglichen Fassung belassen können. Sie ist ja bereits in dieser alten Gestalt integraler Bestandteil der geschlossenen Theorie und Darstellung. Man sieht: Die ›Verknüpfung‹ des neuen Manuskripts mit den alten mittels der Zweiteilungsthese ergibt zwar Verdoppelungen (übrigens auch für die Themen der Kapitel II und IV), aber gewiß kein ›Sinnganzes‹. Mit Friedrich H. Tenbruck bin ich deshalb der Meinung, daß die Zweiteilungsthese eine Erfindung von Marianne Weber ist, die weder philologisch noch systematisch begründet werden kann.[33]

Aber die These vom ›Sinnganzen‹ ist selbst für den ›alten Teil‹ keineswegs ohne Probleme. Gewiß: Wir haben Webers Disposition von 1914 und sein offensichtlich darauf bezogenes Wort von der »geschlossenen Theorie und Darstellung«. Und weil Johannes Winckelmann, anders als Marianne Weber, beides als verbindlich ansah, stellt seine Editionstätigkeit für die Rekonstruktion des Manuskripts von 1913/14 eine wichtige, ja unentbehrliche Vorarbeit dar. Aber ob sich am Ende die einzelnen Manuskripte tatsächlich »zwanglos und sinngerecht aneinander anschließen und zusammenfügen«, muß sich erst noch auf der Ebene der Texte erweisen. Es ist nämlich keineswegs geklärt, welche Texte wirklich im Zusammenhang der »geschlossenen Theorie und Darstellung« stehen. Wir müssen schon für die Jahre 1913/14 mit einer ›gemischten‹ Textlage rechnen. Einzelne Texte können Resultat der ersten Arbeitsphase am Beitrag für das Erste Buch des *Grundrisses* sein, und sie ließen sich dann zwar auf die neue Disposition von 1914 beziehen, voll integrieren aber ließen sie sich nicht. Mehr noch: Bricht man mit der Zweiteilungs- und Verdoppelungsthese, so wird der Blick frei für neue Textverbindungen. Dies führt zur zweiten Frage, zur Frage nach der angemessenen Abgrenzung des Textkorpus für die »geschlossene Theorie und Darstellung« von 1913/14.

---

33 Vgl. dazu auch Friedrich H. Tenbruck, »Abschied von *Wirtschaft und Gesellschaft*«, in: *Zeitschrift für die gesamte Staatswissenschaft*, 133 (1977), S. 703-736, bes. S. 715 ff.

2. Frage: Gehören die bisher in »Wirtschaft und Gesellschaft«
abgedruckten Texte aus dem Nachlaß zusammen,
oder handelt es sich um Texte verschiedener Provenienz, die nicht insgesamt eine Einheit bilden?

Wie bereits dargelegt, haben Marianne Weber und Melchior
Palyi die Strategie verfolgt, möglichst viele der im Nachlaß gefundenen Texte in den ›Zweiten Teil‹ von »Wirtschaft und Gesellschaft« zu integrieren. Diese Integrationsstrategie wurde
dann von Johannes Winckelmann exzessiv fortgesetzt. Er ›er-
fand‹ nicht nur die Staatssoziologie, sondern integrierte auch
das von Marianne Weber in den *Preußischen Jahrbüchern* separat veröffentlichte kleinere Nachlaßfragment »Die drei reinen
Typen der legitimen Herrschaft«. In der fünften Auflage ließ er
es dann wieder weg. Auch die Musiksoziologie, seit der zweiten
Auflage im Anhang abgedruckt, ist in der fünften Auflage ver-
schwunden, nicht aber die Staatssoziologie, »aus anderweitig
veröffentlichten Textteilen Max Webers zusammengefügt, systematisiert und mit Überschriften versehen« (!).[34] Auch in
Überschriften und Paragraphenfolgen wurde von Auflage zu
Auflage ›verbessernd‹ eingegriffen. Die Folge: Keine der nicht
bloß fotomechanisch nachgedruckten Auflagen von »Wirtschaft und Gesellschaft« ist mit einer anderen textgleich. Der
Textbestand des ›Ersten Teils‹ stand zwar von Anfang an fest,
nicht aber der des ›Zweiten‹. Dieser wurde vielmehr schon von
den bisherigen Herausgebern als variabel angesehen. Allerdings
hielten sich ihre Variationen in sehr engen Grenzen. Das hat mit
der Integrationsthese zu tun. Läßt man sie, die ja eng mit der
Zweiteilungsthese verbunden ist, fallen, so stellt sich das Problem der Textgruppierung neu.

Wie gezeigt, müssen wir mit drei Textentstehungsphasen im
Zusammenhang mit der Arbeit am Ersten Buch des *Grundrisses*
rechnen. Sie spiegeln sich in den drei Dispositionen, teils als
Pläne, teils als Resultate. Die dritte Phase läßt sich relativ klar
abgrenzen. Sie dürfte Mitte 1918 beginnen, und ihr Resultat ist
das neue Manuskript (»Die Wirtschaft und die gesellschaftlichen Ordnungen und Mächte. Erster Teil«). Weit schwieriger
dagegen ist es, die erste von der zweiten Phase abzugrenzen und

34 Vgl. WuG⁵, S. 815.

ihr Resultate zuzuordnen. Hier zu präziseren Angaben zu kommen, müßte eine der ersten Aufgaben bei der Auswertung des Briefwechsels sein. Weber hat ja im Zusammenhang mit dem *Grundriß* eine enorme Korrespondenz bewältigt und dabei viele inhaltliche Anregungen gegeben, ferner aber auch, wie etwa im Falle von Gottls Beitrag über »Technik und Wirtschaft«, umfangreiche Verbesserungsvorschläge gemacht.[35] Immerhin läßt sich vorab eine Vermutung formulieren: Die erste Phase dürfte bis Ende 1911, Anfang 1912 reichen. Ihre Resultate könnten in Teilen des Kategorienaufsatzes (»vor längerer Zeit geschrieben«), in der Rechtssoziologie (»Wirtschaft und Recht«, schon die Titelwahl verweist auf Stammler, und die Rechtssoziologie entstand vermutlich vor der Herrschaftssoziologie), in Teilen der Religionssoziologie (»Wirtschaft und Kultur. Kritik des historischen Materialismus«, die Religionssoziologie scheint ja geteilt, die §§ 1-6 und die §§ 7-12 könnten stilistisch und sachlich zusammengehören),[36] aber auch unter Umständen in der »Stadt« niedergelegt sein. Denn die »Stadt« könnte sowohl durch die Schlußpassagen der »Agrarverhältnisse« wie durch die Beschäftigung mit der in der »Protestantischen Ethik« ausgelassenen anderen Seite der Kausalbeziehung motiviert sein. Sie wäre dann zugleich eine Art Stufe zur Herrschaftssoziologie. Was diese Manuskripte verbindet, ist ihr stark entwicklungsgeschichtlicher Grundzug. Vielleicht ist es nicht zufällig, daß Marianne Weber durch zwei von ihnen, nämlich durch die »Rechtssoziologie« und »Die Stadt«, zu mehreren Umstellungen gezwungen worden ist. Dies gilt allerdings nicht für die »Religionssoziologie«. Dies vielleicht deshalb, weil sie, wie der Brief vom Dezember 1913 zeigt, anders als die »Rechtssoziologie« und »Die Stadt« im Zentrum der zweiten Arbeitsphase stand. Sollte hier ein Manuskript aus der ersten Arbeitsphase vorhanden gewesen sein, was ich annehme, so ist es vermutlich in der zweiten überarbeitet und erweitert worden. Es ist also der neuen Disposition integriert. Schließlich könnte auch die Musiksoziologie während der ersten Arbeitsphase ent-

---

35 Vgl. Margit Schuster und Helmut Schuster, »Industriesoziologie im Nationalsozialismus«, in: *Soziale Welt*, 35 (1984), S. 94-123, hier S. 101, Fn. 27.

36 Vgl. *Religion und Lebensführung*, Kap. 13.

standen sein. Auch sie ist ja stark entwicklungsgeschichtlich ausgerichtet und paßt zu Arbeiten über das Verhältnis von Wirtschaft und Kultur, die sich zugleich um eine Kritik des historischen Materialismus bemühen.[37]

Damit sind schwierige Fragen der Textgruppierung aufgeworfen, die sich hier nicht definitiv klären lassen. Ihre Klärung setzt weitere Forschung voraus. Ein anderer Zusammenhang aber läßt sich bereits jetzt aufzeigen. Es ist der Zusammenhang, der zwischen den alten Manuskripten und dem Kategorienaufsatz besteht. Nicht nur, daß im Kategorienaufsatz die Grundbegriffe für die alten Manuskripte entwickelt werden, dieser ist für sie auch insofern unentbehrlich, als sie ohne ihn textlich unvollständig bleiben. Das wurde bisher nur deshalb übersehen, weil man, gemäß der Zweiteilungsthese, die Verweise, die sich bereits in den jetzigen Kapiteln I und II des ›Zweiten Teils‹ finden, auf die »Soziologischen Grundbegriffe« von 1920 bezog. Ich behaupte nun, daß alle diese Rückverweise Rückverweise auf den Kategorienaufsatz darstellen, daß dieser also einmal, zumindest in Teilen, Bestandteil der »geschlossenen Theorie und Darstellung« gewesen ist. Warum Weber ihn separat veröffentlichte, wurde bereits erörtert. Dafür gab es einen grundriß-externen und einen grundrißinternen Grund. Grundrißextern ging es um Propaganda, grundrißintern um methodische Abstinenz. Das heißt aber nicht, daß Weber, hätte er seinen Grundrißbeitrag Ende 1914 oder im Laufe des Jahres 1915 publiziert, mit dem Abschnitt »Wirtschaft und Recht in ihrer prinzipiellen Beziehung« begonnen hätte. Davor hätte er vielmehr einen Text »Kategorien der gesellschaftlichen Ordnungen« gestellt. Dieser wäre zu diesem Zeitpunkt zweifellos im wesentlichen mit den Abschnitten IV bis VII des Kategorienaufsatzes identisch gewesen. Wegen der Zweiteilungsthese wurde das 1. Kapitel der Disposition von 1914 (»Kategorien der gesellschaftlichen Ordnungen. Wirtschaft und Recht in ihrer prinzipiellen Beziehung. Wirtschaftliche Beziehungen der Verbände im allgemeinen«) bisher nicht angemessen rekonstruiert. Winckelmann beispielsweise ließ den ersten Abschnitt einfach fallen (weil dieser – so die These – durch die »Soziologischen Grundbegriffe« des

37 Vgl. dazu bes. WL, S. 438, Fn. 1.

›Neuen Teils‹ abgelöst wurde; warum eigentlich, wenn doch zugleich die Zweiteilungsthese gilt?) und machte aus den beiden anderen Abschnitten Kapitel. Die nun leerlaufenden Rückbezüge wurden einfach auf die »Soziologischen Grundbegriffe« umgelenkt. Daß diese Grundbegriffe mit den im ›Zweiten Teil‹ verwendeten nicht übereinstimmten, schien ihn nicht zu kümmern, obgleich doch begriffliche Kohärenz sicherlich mit zum ›Sinnganzen‹ gehört.

3. Frage: Ist »Wirtschaft und Gesellschaft« der autorisierte Titel, oder muß man auf einen anderen Titel (oder gar auf andere Titel) übergehen?

Wie die Darstellung der drei Dispositionen und der damit verbundenen Arbeitsprogramme gezeigt hat, änderte Weber im Fortgang seiner Arbeit an seinem Beitrag für das Erste Buch zum *Grundriß* mit der Disposition auch den Beitragstitel. Aus »Wirtschaft und Gesellschaft« als Titel eines Unterkapitels wurde 1914 ein Abteilungstitel und für den Beitrag selber der neue Titel »Die Wirtschaft und die gesellschaftlichen Ordnungen und Mächte« eingeführt. Diese Entscheidung ist von ihm 1920 offenbar *nicht* revidiert worden. Das jedenfalls zeigt das oben mitgeteilte Titelblatt der 1. Lieferung. Nun ließe sich einwenden, zwischen Webers Tod und der Veröffentlichung der 1. Lieferung sei immerhin etwa ein dreiviertel Jahr verstrichen, und man könne deshalb nicht ausschließen, daß das Titelblatt nicht vom Autor, sondern von Marianne Weber stamme. Mehr noch: Der Verlagsvertrag, den Weber Ende 1919 für seinen Beitrag zum Ersten Buch des *Grundrisses* mit dem Seniorchef des Verlags, mit Paul Siebeck, abschloß, laute auf »Wirtschaft und Gesellschaft«. Und diesen Titel habe Weber zudem von Beginn an und bis zuletzt auch in Fußnoten und Korrespondenzen benutzt. Dennoch bin ich der Meinung, daß wir das Titelblatt der 1. Lieferung bis zum *Beweis* des Gegenteils als autorisiert ansehen müssen. Und keines der angeführten Gegenargumente liefert diesen Beweis. Daß Marianne Weber das Titelblatt der 1. Lieferung nicht bestimmt haben dürfte, ergibt sich aus sachlichen Gründen. Es widerspricht nämlich ihrer ›Konzeption‹. Nicht zufällig hat sie sich ab der von ihr verantworteten 2. Lieferung nicht mehr daran gehalten. In ihrem für das Gesamtwerk erstellten Inhaltsverzeichnis ist ›Erster Teil‹ nicht mehr, wie im Titelblatt der 1. Lieferung, dem Titel »Die Wirtschaft und die gesellschaftlichen Ordnungen und Mächte« nach-, sondern vorangestellt. Daß der Verlagsvertrag den Beweis erbringe, läßt sich gleichfalls bestreiten. Der hier relevante § 1 lautet: »Herr Professor Max Weber beteiligt sich an dem obengenannten, nach anliegender Einteilung (sic!) erscheinenden Sammelwerk und übernimmt die Bearbeitung des Abschnittes: ›Wirtschaft und Gesellschaft‹«. Für den Vertragsabschluß wurde ein gedrucktes Formular benutzt, das in dieser Form ersichtlich bereits früher für Vertragsabschlüsse im Zusammenhang mit dem *Grundriß* verwendet wurde. Und gemäß der früher geltenden Nomenklatur bedeutet Abschnitt nicht Beitrag, sondern Abteilung. Einen Beweis stellte der Verlagsvertrag nur dann dar, wenn Weber, der ja bis zu seinem Tode für die »anliegende Einteilung« verantwortlich zeichnete, diese offiziell geändert hätte. Dies aber ist nicht der Fall. Daß schließlich Weber auch nach 1914 in Fußnoten und Korrespondenzen noch den Titel »Wirtschaft und Gesellschaft« wählt, ist nicht weiter verwunderlich. Dies ist eben die Kurzform, die trotz ihrer mangelnden Präzision für Zwecke der Kommunikation vollauf genügt.

Die ›Botschaft‹ des Titelblatts der 1. Lieferung haben natürlich auch die bisherigen Herausgeber gehört, allein, sie wollten, nicht zuletzt aufgrund der Suggestivkraft der Zweiteilungsthese, nicht so recht an sie glauben. Denn *ein* Titel ist ja für *zwei* systematisch geschiedene Teile nicht genug. Da man unbedingt aber die zwei Teile, einen abstrakten und einen konkreten, einen allgemeinen und einen mit soziologischen Einzelanalysen, unterscheiden wollte, konnte man sich von vornherein nicht mit einem Titel befreunden. Denn es wurden ja insgesamt mindestens drei gebraucht: Ein Gesamttitel und zwei weitere für die Teile, sofern man es bei zwei Teilen beließ. Sowohl Marianne Weber wie Johannes Winckelmann wählten »Wirtschaft und Gesellschaft« als Gesamttitel. Immerhin konnten sie für ihre Entscheidung in Anspruch nehmen, daß Weber diesen Titel auch *nach* 1914 in Fußnoten und in Korrespondenzen gebrauchte. So kann er zweifellos als autoreigen, wenn auch keineswegs als autorisiert gelten. Damit blieb noch ein autoreigener Titel übrig: »Die Wirtschaft und die gesellschaftlichen Ordnungen und Mächte«, jener Titel also, mit dem Weber seinen Grundrißbeitrag 1914 und 1920 überschrieb. Er wurde sowohl von Marianne Weber wie von Johannes Winckelmann verwendet, einmal für den 1. Teil (Marianne Weber), einmal für den 2. Teil (Johannes Winckelmann). Die jetzt noch fehlenden Titel wurden dazuerfunden, wobei Marianne Weber sich entschloß, aus der systematischen Zweiteilung äußerlich eine Dreiteilung zu machen (was für sie, weil sie sich, anders als Johannes Winckelmann, nicht mehr streng an der Disposition von 1914 orientierte, also nicht von der Kohärenz des alten Manuskripts ausging, eine rein pragmatische Frage war).

So ergibt sich folgendes Bild:

Marianne Weber	Wirtschaft und Gesellschaft
	1. Teil: Die Wirtschaft und die gesellschaftlichen Ordnungen und Mächte
	2. Teil: Typen der Vergemeinschaftung und Vergesellschaftung
	3. Teil: Typen der Herrschaft
Johannes Winckelmann	Wirtschaft und Gesellschaft
	1. Teil: Soziologische Kategorienlehre
	2. Teil: Die Wirtschaft und die gesellschaftlichen Ordnungen und Mächte

Gibt man die Zweiteilungsthese auf, so ist die Lösung der Titelfrage einfach. Es existiert nur ein autorisierter Titel: »Die Wirtschaft und die gesellschaftlichen Ordnungen und Mächte.«[38] Er ist von Weber sowohl seiner »geschlossenen Theorie und Darstellung« von 1914 wie seinem Manuskript von 1920 zugeordnet worden. Er entspricht zudem dem Inhalt seines Beitrags weit besser als der Abteilungstitel. Denn Webers verstehende Soziologie umgeht bekanntlich den Gesellschaftsbegriff. Allenfalls für die erste Arbeitsphase könnte man den Titel »Wirt-

38 Davon hat sich auch Johannes Winckelmann vor seinem Tode noch überzeugt.

schaft und Gesellschaft« als autorisiert reklamieren. Doch ist diese von der zweiten nicht völlig isolierbar und hat kein abgeschlossenes Resultat.

4. Ergebnisse

Die Diskussion der drei Fragen hat ergeben, daß sie alle im Sinne der zweiten Alternative beantwortet werden müssen. Die bisherigen Herausgeber von »Wirtschaft und Gesellschaft« haben jeweils die erste Alternative gewählt. Dies führt zur Zweiteilungs-, Verdoppelungs- und Integrationsthese. Alle drei sind in meinen Augen unhaltbar. Insofern komme ich zum selben Ergebnis wie Friedrich H. Tenbruck: »Keine Zweiteilung und keine Verdoppelung, kein Beleg für ein ›Festhalten‹ am alten Plan, selbst keine überzeugende Übereinstimmung zwischen alten Mss. und altem Plan, auch keine interne Evidenz durch Verweisungen, – damit eben sind wir wieder in der Lage Marianne Webers, die sich 1920 der im Satz stehenden 1. Lieferung, dazu den im Nachlaß aufgefundenen älteren Mss. und einem Plan aus dem Jahre 1914 gegenübersah.«[39] Zu ergänzen wäre nur: Und dem »Stoffverteilungsplan« von 1909/10.
Wie können wir diese Lage *heute* bewältigen? Zunächst: Die Zerstörung der Überlieferung läßt sich nicht rückgängig machen. Der editorische Spielraum ist dadurch sehr klein. Sodann: Die Analyse hat gezeigt, wie wichtig es ist, die drei Arbeitsphasen genauer zu bestimmen. Hier bedarf es weit gründlicherer Recherchen, als sie von den bisherigen Herausgebern durchgeführt wurden. Doch auch ohne diese Recherchen lassen sich bereits jetzt Leitlinien formulieren, denen die historisch-kritische Ausgabe in jedem Fall folgen sollte. Sie lauten:
1. Die bisher unter dem Titel »Wirtschaft und Gesellschaft« veröffentlichten Texte entstammen drei Arbeitsphasen. Die erste ist von der zweiten schwer zu trennen. Die dritte dagegen ist von den beiden anderen deutlich abgesetzt. Dies schlägt sich auch in den Resultaten nieder, die aus diesen Arbeitsphasen

---

39 Vgl. Friedrich H. Tenbruck, »Abschied von *Wirtschaft und Gesellschaft*«, S. 729.

hervorgehen. Das Resultat der dritten Arbeitsphase ist in sich kohärent und gegenüber den Resultaten der vorausgehenden Arbeitsphasen selbständig. Das Resultat der ersten beiden Arbeitsphasen dagegen ist weit weniger kohärent. Es bestehen jedoch zwischen mehreren Manuskripten Text- und Sinnzusammenhänge, die sich mit Hilfe der Disposition von 1914 zumindest annäherungsweise rekonstruieren lassen. Hierfür ist die Editionstätigkeit von Johannes Winckelmann eine wichtige Vorarbeit. Doch gehören die älteren Manuskripte und der neue Text nicht als Teile zu einem Werk, sondern sie markieren Bearbeitungsstufen mit identischer Zielsetzung. Man könnte sie als zwei gegeneinander selbständige Fassungen bezeichnen. Die eine stellt deshalb auch keine Variante der anderen dar.

2. Die bisher im ›Zweiten‹ bzw. im ›Zweiten‹ und ›Dritten Teil‹ von »Wirtschaft und Gesellschaft« veröffentlichten Texte müssen erneut daraufhin überprüft werden, ob sie alle zur ersten Fassung gehören. Das betrifft insbesondere die »Rechtssoziologie« und »Die Stadt«. Der bislang in der *Wissenschaftslehre* abgedruckte Kategorienaufsatz sollte in jedem Falle der alten Fassung vorangestellt werden. Dafür sprechen sowohl textliche wie inhaltliche Gründe. Sollte sich zeigen lassen, daß einzelne Texte tatsächlich nicht zur ersten Fassung gehören, so wären sie vor dieser anzuordnen, sofern sie datiert werden können, nach dieser, sofern die Datierung nicht gelingt.

3. Es gibt für Webers Grundrißbeitrag nur einen autorisierten Titel: »Die Wirtschaft und die gesellschaftlichen Ordnungen und Mächte.« Dieser Titel gilt für die erste und für die zweite Fassung gleichermaßen. Um diese im Titel unterscheiden zu können, empfiehlt sich für die ältere Fassung der Zusatz »Nachlaß«.

4. Die beiden Fassungen müssen chronologisch angeordnet werden. Die Textpräsentation beginnt also mit dem »Stoffverteilungsplan« und endet mit Kapitel IV der jüngeren Fassung. Beide Fassungen sind fragmentarisch. Dies muß durch die Textpräsentation sichtbar bleiben. Bei der Analyse der Entstehung des »Stoffverteilungsplans« sind auch mögliche Beziehungen zu den nationalökonomischen Vorlesungen vor der Jahrhundertwende, insbesondere zum »Grundriss zu den Vorlesungen über Allgemeine (›theoretische‹) Nationalökonomie« von 1898 zu

beachten. Laut Marianne Weber sollte *dieser* Grundriß ja bereits das Gerüst für ein Lehrbuch sein.[40]

Von den Rezensionen der durch Johannes Winckelmann besorgten fünften Auflage von »Wirtschaft und Gesellschaft« trugen zwei das Wort »Abschied« im Titel (»Abschied von Wirtschaft und Gesellschaft« von Friedrich H. Tenbruck; »Abschied oder Wiedersehen?« von Guenther Roth). Der Abschied scheint mir angesichts der Unhaltbarkeit von Zweiteilungs-, Verdoppelungs- und Integrationsthese unvermeidlich. Welches Wiedersehen es geben wird, hängt davon ab, ob die historisch-kritische Ausgabe einen neuen Anfang jenseits dieser Thesen wagt.

40 Vgl. Marianne Weber, *Max Weber. Ein Lebensbild*, S. 241.

Literaturverzeichnis

Für die häufiger benutzten Werke Max Webers werden folgende
Abkürzungen verwendet:

WuG *Wirtschaft und Gesellschaft. Grundriß der verstehenden Soziologie*, hg. von Johannes Winckelmann, 4. Auflage, Tübingen 1956.

WuG⁵ 5. Auflage 1976.

RS I, II, III *Gesammelte Aufsätze zur Religionssoziologie*,
3 Bände (zuerst Tübingen 1920), fotomechanisch
gedruckte Auflage, Tübingen 1972 (I), 1972 (II),
1971 (III).

WL *Gesammelte Aufsätze zur Wissenschaftslehre*, hg.
von Johannes Winckelmann, 3. Auflage, Tübingen 1968.

PS *Gesammelte Politische Schriften*, hg. von Johannes Winckelmann, 2., erweiterte Auflage, Tübingen 1958.

SW *Gesammelte Aufsätze zur Sozial- und Wirtschaftsgeschichte*, Tübingen 1924.

SS *Gesammelte Aufsätze zur Soziologie und Sozialpolitik*, Tübingen 1924.

Wirtschafts- *Abriß der universalen Sozial- und Wirtschafts-*
geschichte *geschichte*, Berlin 1958.

PE II *Die protestantische Ethik II. Kritiken und Antikritiken*, München und Hamburg 1968.

MWG *Max Weber-Gesamtausgabe*, Tübingen 1984 ff.
Ferner:

Lebensbild Marianne Weber: *Max Weber. Ein Lebensbild*,
Tübingen 1926.

Alexander, Jeffrey C.: *Theoretical Logic in Sociology*, 4 Bände,
Berkeley: University of California Press 1982 f.

Allerbeck, Klaus: »Zur formalen Struktur einiger Kategorien
Max Webers«, in: *Kölner Zeitschrift für Soziologie und Sozialpsychologie*, 34 (1982), S. 665 ff.

Anderson, Perry: *Die Entstehung des absolutistischen Staates*,
Frankfurt 1979.

Bauer, Bruno: *Feldzüge der reinen Kritik*, Frankfurt 1968.

Baumgarten, Eduard: *Max Weber. Werk und Person*, Tübingen 1964.

Bechert, Heinz: »Max Webers Darstellung der Geschichte des Buddhismus in Süd- und Südostasien«, in: Wolfgang Schluchter (Hg.), 1984, S. 274 ff.

Becker, Carl Heinrich: *Islamstudien*, Leipzig 1924.

Becker, Marvin B.: »Der Umschwung zur Zivilität in Westeuropa vom späten 13. bis zum 16. Jahrhundert. Eine Untersuchung ausgewählter Regionen«, in: Wolfgang Schluchter (Hg.), 1988, S. 498 ff.

Bell, Daniel: *The Cultural Contradictions of Capitalism*, New York: Basic Books 1976.

Bellah, Robert N.: *Beyond Belief. Essays on Religion in a Post-Traditional World*, New York: Harper and Row 1970.

Bellah, Robert N. and Glock, Charles (eds.): *The New Religious Consciousness*, Berkeley: University of California Press 1976.

Bendix, Reinhard: *Max Weber: An Intellectual Portrait*, Garden City: Doubleday 1960.

Ders.: *Max Weber. Das Werk*, München 1964.

Ders.: »Die ›Protestantische Ethik‹ im Rückblick«, in: *PE* II, S. 380 ff.

Ders. and Roth, Guenther: *Scholarship and Partisanship: Essays on Max Weber*, Berkeley: University of California Press 1971.

Ders.: »Two Sociological Traditions«, in: Reinhard Bendix and Guenther Roth, *Scholarship and Partisanship. Essays on Max Weber*, Berkeley: University of California Press 1971, S. 282 ff.

Ders.: *Könige oder Volk. Machtausübung und Herrschaftsmandat*, Zwei Teile, Frankfurt 1980.

Ders.: *Freiheit und historisches Schicksal. Heidelberger Max Weber-Vorlesungen 1981*, Frankfurt 1982.

Ders.: »Umbildungen des persönlichen Charismas. Eine Anwendung von Max Webers Charismabegriff auf das Frühchristentum«, in: Wolfgang Schluchter (Hg.), 1985, S. 404 ff.

Ders.: »Der Anspruch auf absolute Wahrheit im frühen Christentum«, in: Wolfgang Schluchter (Hg.), 1988, S. 129 ff.

Berger, Peter L.: »Charisma and Religious Innovation: The Social Location of Israelite Prophecy«, in: *American Sociological Review*, 28 (1963), S. 940 ff.

Ders.: *The Sacred Canopy. Elements of a Sociological Theory of Religion*, New York: Doubleday 1967 (deutsch: *Zur Dialektik von Religion und Gesellschaft*, Frankfurt 1979).

Ders.: *A Rumor of Angels. Modern Society and the Rediscovery of the Supernatural*, New York: Doubleday 1969.

Ders.: *The Heretical Imperative. Contemporary Possibilities of Religious Affirmation*, New York: Doubleday 1979 (deutsch: *Der Zwang zur Häresie. Religion in der pluralistischen Gesellschaft*, Frankfurt 1980).

Berman, Harald J.: *Law and Revolution. The Formation of the Western Legal Tradition*, Cambridge: Harvard University Press 1983.

Blake, Stephen P.: »The Patrimonial-Bureaucratic Empire of the Mughals«, in: *Journal of Asian Studies*, XXXIX (1979), S. 77 ff.

Bloch, Marc: *Die Feudalgesellschaft*, Frankfurt–Berlin–Wien 1982.

Brentano, Lujo: *Die Anfänge des modernen Kapitalismus*, München 1916.

Breuer, Stefan und Treiber, Hubert (Hg.): *Zur Rechtssoziologie Max Webers. Interpretation, Kritik, Weiterentwicklung*, Opladen 1984.

Breuer, Stefan: »Blockierte Rationalisierung. Max Weber und die italienische Stadt des Mittelalters«, in: *Archiv für Kulturgeschichte*, 66 (1984), S. 47 ff.

Ders.: »Stromuferkultur und Küstenkultur. Geographische und ökologische Faktoren in Webers ›ökonomischer Theorie der antiken Staatenwelt‹, in: Schluchter (Hg.), 1985, S. 111 ff.

Ders.: »Der okzidentale Feudalismus in Max Webers Gesellschaftsgeschichte«, in: Schluchter (Hg.), 1988, S. 437 ff.

Brown, Peter: *The Cult of the Saints. Its Rise and Function in Latin Christianity*, Chicago: The University of Chicago Press 1981.

Brubaker, Roger: *The Limits of Rationality. An Essay on the Social and Moral Thought of Max Weber*, London: Allen & Unwin 1984.

Buber, Martin: *The Prophetic Faith*, New York: Harper and Row 1966.

Bücher, Karl: »Gewerbe«, in: *Handwörterbuch der Staatswissenschaften*, Vierter Band, dritte, gänzlich umgearbeitete Aufl., Jena 1909, S. 847 ff.

Ders.: »Volkswirtschaftliche Entwicklungsstufen«, in: *Grundriß der Sozialökonomik*, I. Abteilung: Wirtschaft und Wirtschaftswissenschaft, Tübingen 1914, S. 1 ff.

Ders.: *Die Entstehung der Volkswirtschaft*, 1. Band, 16. Aufl., Tübingen 1922 (zuerst 1893).

Bynum, Caroline Walker: *Holy Feast and Holy Fast. The Religious Significance of Food to Medieval Women*, Berkeley: University of California Press 1987.

Dies.: »Mystik und Askese im Leben mittelalterlicher Frauen. Einige Bemerkungen zu den Typologien von Max Weber und Ernst Troeltsch«, in: Wolfgang Schluchter (Hg.), 1988, S. 355 ff.

Cahnmann, Werner J.: »Der Pariah und der Fremde: Eine begriffliche Klärung«, in: *Europäisches Archiv für Soziologie*, 15 (1974), S. 166 ff.

Causse, Antonin: *Du groupe ethnique à la communauté religieuse. Le problème sociologique de la religion d'Israel*, Paris: Alcan 1937.

Chon, Song-U: *Max Webers Stadtkonzeption. Eine Studie zur Entwicklung des okzidentalen Bürgertums*, Göttingen 1985.

Collins, Randall: *Weberian Sociological Theory*, Cambridge: Cambridge University Press 1986.

Crone, Patricia: *Slaves on Horses. The Evolution of the Islamic Polity*, Cambridge: Cambridge University Press 1980.

Dies.: »Max Weber, das islamische Recht und die Entstehung des Kapitalismus«, in: Schluchter (Hg.), 1987, S. 294 ff.

Deininger, Jürgen: »Die politischen Strukturen des mittelmeerisch-vorderorientalischen Altertums in Max Webers Sicht«, in: Wolfgang Schluchter (Hg.), 1985, S. 72 ff.

Deissmann, Adolf: *Das Urchristentum und die unteren Schichten*, 2. Aufl., Göttingen 1908.

Ders.: *Licht vom Osten. Das Neue Testament und die neuentdeckten Texte der hellenistisch-römischen Welt*, Tübingen 1909.

Ders.: *Paulus. Eine kultur- und religionssoziologische Skizze*, Tübingen 1911.

Derrett, J. Duncan M.: »Die Entwicklung des indischen Rechts«, in: Wolfgang Schluchter (Hg.), 1984, S. 178 ff.

Ders.: »Recht und Religion im Neuen Testament (bis zum Jahr 135)«, in: Wolfgang Schluchter (Hg.), 1985, S. 317 ff.

Drijvers, Han J. W.: »Askese und Mönchtum im frühen Christentum«, in: Wolfgang Schluchter (Hg.), 1985, S. 444 ff.

Dumont, Louis: »A modified view of our origins: the Christian beginnings of modern individualism«, in: Michael Carrithers et al. (eds.), *The Category of the Person. Anthropology, Philosophy, History*, Cambridge: Cambridge University Press 1985, S. 93 ff.

Durkheim, Emile: *Soziologie und Philosophie*, Frankfurt 1967.

Ders.: *Die elementaren Formen des religiösen Lebens*, Frankfurt 1981.

Ders.: »Pragmatismus und Soziologie«, in: ders., *Schriften zur Soziologie der Erkenntnis*, hg. von Hans Joas, Frankfurt 1987.

Eaton, Richard M.: »Islamisierung im spätmittelalterlichen Bengalen«, in: Wolfgang Schluchter (Hg.), 1987, S. 156 ff.

Eberhard, Wolfram: »Die institutionelle Analyse des vormodernen China. Eine Einschätzung von Max Webers Ansatz«, in: Wolfgang Schluchter (Hg.), 1983, S. 55 ff.

Eisenstadt, Shmuel, N. (ed.): *Max Weber. On Charisma and Institution Building*, Chicago: The University of Chicago Press 1968.

Ders.: »Max Webers antikes Judentum und der Charakter der jüdischen Zivilisation«, in: Wolfgang Schluchter (Hg.), 1981, S. 134 ff.

Ders.: »Innerweltliche Transzendenz und die Strukturierung der Welt. Max Webers Studie über China und die Gestalt der chinesischen Zivilisation«, in: Wolfgang Schluchter (Hg.), 1983, S. 363 ff.

Ders.: »Webers Analyse des Islams und die Gestalt der islamischen Zivilisation«, in: Wolfgang Schluchter (Hg.), 1987, S. 342 ff.

Ders.: »Max Webers Überlegungen zum okzidentalen Christentum«, in: Wolfgang Schluchter (Hg.), 1988, S. 554 ff.

639

Elias, Norbert: *Über den Prozeß der Zivilisation. Soziogeneti-sche und psychogenetische Untersuchungen*, 2 Bände, 2. Aufl., Bern 1969.

Elvin, Mark: »Warum hat das vormoderne China keinen indu-striellen Kapitalismus entwickelt? Eine Auseinandersetzung mit Max Webers Ansatz«, in: Wolfgang Schluchter (Hg.), 1983, S. 114 ff.

Emmet, Dorothy: »Prophets and Their Societies«, in: *Journal of the Royal Anthropological Society*, 86 (1956), S. 18 ff.

Feuerbach, Ludwig: *Kleine Schriften*, Frankfurt 1966.

Fleischmann, Eugène: »Max Weber, die Juden und das Ressen-timent«, in: Wolfgang Schluchter (Hg.), 1981, S. 263 ff.

Frank, K. Suso (Hg.): *Askese und Mönchtum in der alten Kir-che*, Darmstadt 1975.

Freud, Sigmund: *Gesammelte Werke*, 17 Bände, 3. Aufl., Frankfurt 1963.

Gager, John G.: *Kingdom and Community. The Social World of Early Christianity*, Englewood Cliffs, N. J.: Prentice Hall 1975.

Ders.: »Paulus und das antike Judentum. Eine Kritik an Max Webers Interpretation«, in: Schluchter (Hg.), 1985, S. 386 ff.

Geertz, Clifford: *The Interpretation of Cultures. Selected Es-says*, New York: Basic Books 1973.

Gellner, Ernest: *Leben im Islam. Religion als Gesellschaftsord-nung*, Stuttgart 1985.

Ders.: »Warten auf den Imam«, in: Wolfgang Schluchter (Hg.), 1987, S. 272 ff.

Goldziher, Ignaz: *Vorlesungen über den Islam*, Heidelberg 1910.

Golzio, Karl-Heinz: »Zur Verwendung indologischer Literatur in Max Webers Studie über Hinduismus und Buddhismus, in: Wolfgang Schluchter (Hg.), 1984, S. 363 ff.

Gould, Mark: *Revolution in the Development of Capitalism. The Coming of the English Revolution*, Berkeley: University of California Press 1987.

Grundmann, Herbert: *Religiöse Bewegungen im Mittelalter*, Darmstadt 1970.

Gupta, Krishna Prakash: »Probleme der Bestimmung des Hinduismus in Max Webers Indienstudie«, in: Wolfgang Schluchter (Hg.), 1984, S. 149 ff.

640

Guttmann, Julius: »Die Juden und das Wirtschaftsleben«, in: *Archiv für Sozialwissenschaft und Sozialpolitik*, 36 (1913), S. 149 ff.

Habermas, Jürgen: *Theorie des kommunikativen Handelns*, 2 Bände, Frankfurt 1981.

Hahn, Alois: »Zur Soziologie der Beichte und anderer Formen institutionalisierter Bekenntnisse: Selbstthematisierung und Zivilisationsprozeß«, in: *Kölner Zeitschrift für Soziologie und Sozialpsychologie*, 34 (1984), S. 408 ff.

Ders.: »Sakramentale Kontrolle«, in: Wolfgang Schluchter (Hg.), 1988, S. 229 ff.

Hall, John A.: *Powers and Liberties. The Causes and Consequences of the Rise of the West*, Berkeley: University of California Press 1985.

Hamilton, Gary: »Patriarchalism in Imperial China and Western Europe. A Revision of Weber's Sociology of Domination«, in: *Theory and Society*, 13 (1984), S. 393 ff.

Hardy, Peter: »Islamischer Patrimonialismus: Die Mogulherrschaft«, in: Wolfgang Schluchter (Hg.), 1987, S. 190 ff.

von Harnack, Adolf: *Marcion; das Evangelium vom fremden Gott. Neue Studien zu Marcion*, 2. Aufl., Leipzig 1924.

Ders.: *Die Mission und Ausbreitung des Christentums in den ersten drei Jahrhunderten*, 4. Aufl., Wiesbaden o. J. (unveränderter Nachdruck der Ausgabe von 1924).

Ders.: *Lehrbuch der Dogmengeschichte*, 5. Aufl., Tübingen 1931.

Heesterman, Jan C.: »Kaste und Karma. Max Webers Analyse der indischen Sozialstruktur«, in: Wolfgang Schluchter (Hg.), 1984, S. 72 ff.

Helmholtz, H.: *Die Lehre von den Tonempfindungen als physiologische Grundlage für die Theorie der Musik*, 3., umgearbeitete Aufl., Braunschweig 1870.

Hennis, Wilhelm: »Max Webers Fragestellung«, in: *Zeitschrift für Politik*, 29 (1982), S. 241 ff.

Ders.: »Im langen Schatten einer Edition. Zum ersten Band der Max Weber-Gesamtausgabe«, in: *FAZ*, Nr. 207, 1984, S. 10.

Ders.: *Max Webers Fragestellung. Studien zur Biographie des Werkes*, Tübingen 1987.

Henrich, Dieter: *Die Einheit der Wissenschaftslehre Max Webers*, Tübingen 1952.

Ders.: »Max Weber und das Projekt der Moderne. Eine Diskussion mit Dieter Henrich, Claus Offe und Wolfgang Schluchter«, in: *Max Weber. Ein Symposion*, hg. von Christian Gneuss und Jürgen Kocka, München 1988, S. 155 ff.

Herberg, Will: *Protestant – Catholic – Jew. An Essay in American Religious Sociology*, 2. Aufl., New York: Doubleday 1960.

Hinneberg, Paul (Hg): *Die Kultur der Gegenwart. Ihre Entwicklung und ihre Ziele*, Berlin und Leipzig 1906 ff.

Honigsheim, Paul: *Die Staats- und Sozial-Lehren der französischen Jansenisten im 17. Jahrhundert*, Darmstadt 1969 (zuerst 1914).

Honnefelder, Ludger: »Die ethische Rationalität des mittelalterlichen Naturrechts. Max Webers und Ernst Troeltschs Deutung des mittelalterlichen Naturrechts und die Bedeutung der Lehre vom natürlichen Gesetz bei Thomas von Aquin«, in: Wolfgang Schluchter (Hg.), 1988, S. 254 ff.

Huffmon, Herbert B.: »The Origins of Prophecy«, in: F. Cross, W. Lemke and P. Miller (eds.), *Magnalia Dei: The Mighty Acts of God*, New York: Doubleday 1976, S. 171 ff.

Jaspers, Karl: *Allgemeine Psychopathologie. Ein Leitfaden für Studierende, Ärzte und Psychologen*, Berlin 1913.

Ders.: *Psychologie der Weltanschauungen*, Berlin 1919.

Jellinek, Georg: *Allgemeine Staatslehre*, 3. Aufl., 7. Neudruck, Bad Homburg 1960 (zuerst 1900).

Kalberg, Stephen: »The Search for Thematic Orientations in a Fragmented Œuvre: The Discussion of Max Weber in Recent German Sociological Literature«, in: *Sociology*, 13 (1979), S. 127 ff.

Ders.: »Max Weber's Types of Rationality: Cornerstones for the Analysis of Rationalization Processes«, in: *American Journal of Sociology*, 85 (1980), S. 1145 ff.

Keller, Franz: *Unternehmung und Mehrwert. Eine sozial-ethische Studie zur Geschäftsmoral*, Paderborn 1912.

Kimbrough, T.: »A Non-Weberian Sociological Approach to Israelite Religion«, in: *Journal of Near Eastern Studies*, 31 (1972), S. 195 ff.

Kippenberg, Hans G.: »Intellektualismus und antike Gnosis«, in: Wolfgang Schluchter (Hg.), 1981, S. 201 ff.

Ders.: »Agrarverhältnisse im antiken Vorderasien und die mit ihnen verbundenen politischen Mentalitäten«, in: Wolfgang Schluchter (Hg.), 1985, S. 151 ff.

Kirchheimer, Otto: *Politische Herrschaft. Fünf Beiträge zur Lehre vom Staat*, Frankfurt 1967.

Klages, Ludwig: *Prinzipien der Charakterologie*, Leipzig 1910.

Kocka, Jürgen: »Karl Marx und Max Weber. Ein methodologischer Vergleich«, in: *Zeitschrift für die gesamte Staatswissenschaft*, 122 (1966), S. 328 ff.

Ders. (Hg.): *Bürger und Bürgerlichkeit im 19. Jahrhundert*, Göttingen 1987.

Kohler, Joseph: »Zum Islamrecht«, in: *Zeitschrift für vergleichende Rechtswissenschaft*, 17 (1905), S. 194 ff.

Kraus, Hans-Joachim: »Israel«, in: Golo Mann und Alfred Heuss (Hg.), *Propyläen Weltgeschichte*, Zweiter Band, 1. Halbband, Frankfurt–Berlin 1976, S. 239 ff.

Kuenzlen, Gottfried: »Unbekannte Quellen der Religionssoziologie Max Webers«, in: *Zeitschrift für Soziologie*, 7 (1978), S. 215 ff.

Ders.: *Die Religionssoziologie Max Webers. Eine Darstellung ihrer Entwicklung*, Berlin–München 1981.

Kulke, Hermann: Hinduization, Legitimation and the Patrimonial State in the Context of Max Weber's Studies on India, MS, Heidelberg 1984.

Ders.: »Orthodoxe Restauration und hinduistische Sektenreligiosität im Werk Max Webers«, in: Wolfgang Schluchter (Hg.), 1984, S. 293 ff.

Lapidus, Ira M.: »Die Institutionalisierung der frühislamischen Gesellschaften«, in: Wolfgang Schluchter (Hg.), 1987, S. 125 ff.

Lask, Emil: *Gesammelte Schriften*, 3 Bände, Tübingen 1923.

Lehmann, Hartmut: »Asketischer Protestantismus und ökonomischer Rationalismus: Die Weber-These nach zwei Generationen«, in: Wolfgang Schluchter (Hg.), 1988.

Lenhart, Volker: »Allgemeine und fachliche Bildung bei Max Weber«, in: *Zeitschrift für Pädagogik*, 32 (1986), S. 529 ff.

Lepsius, M. Rainer: »Modernisierungspolitik als Institutionenbildung. Kriterien institutioneller Differenzierung«, in: Wolfgang Zapf (Hg.), *Probleme der Modernisierungspolitik*, Meisenheim 1977, S. 17 ff.

Ders.: »Ideen und Interessen. Die Zurechnungsproblematik bei Max Weber«, in: Friedhelm Neidhardt, M. Rainer Lepsius, Johannes Weiss (Hg.), *Kultur und Gesellschaft*, Opladen 1986, S. 20 ff.

Lerner, Robert E.: »Waldenser, Lollarden und Taboriten. Zum Sektenbegriff bei Weber und Troeltsch«, in: Wolfgang Schluchter (Hg.), 1988, S. 326 ff.

Levine, Donald N.: »Rationality and Freedom: Weber and Beyond«, in: *Sociological Inquiry*, 51 (1981), S. 5 ff.

Levtzion, Nehemia: »Aspekte der Islamisierung: Eine kritische Würdigung der Beobachtungen Max Webers«, in: Wolfgang Schluchter (Hg.), 1987, S. 142 ff.

Levy, Hermann: *Die Grundlagen des ökonomischen Liberalismus in der Geschichte der englischen Volkswirtschaft*, Jena 1912.

Lidz, Victor and Parsons, Talcott (eds.): *Readings on Premodern Societies*, Englewood Cliffs, N. J.: Prentice Hall 1972.

Liebeschütz, Hans G.: *Das Judentum im deutschen Geschichtsbild von Hegel bis Max Weber*, Tübingen 1967.

Little, Lester K.: *Religious Poverty and the Profit Economy in Medieval Europe*, London: Paul Elek 1978.

Ders.: »Laienbruderschaften in norditalienischen Städten«, in: Wolfgang Schluchter (Hg.), 1988, S. 383 ff.

Loewenstein, Karl: »Persönliche Erinnerungen an Max Weber«, in: *Max Weber zum Gedächtnis*, hg. von René König und Johannes Winckelmann, Köln und Opladen 1963, S. 48 ff.

Löwith, Karl: »Max Weber und Karl Marx«, in: ders., *Gesammelte Abhandlungen. Zur Kritik der geschichtlichen Existenz*, Stuttgart 1960, S. 1 ff.

Ders.: *Von Hegel zu Nietzsche. Der revolutionäre Bruch im Denken des neunzehnten Jahrhunderts*, Stuttgart 1969.

Luckmann, Thomas: *The Invisible Religion*, New York: MacMillan 1967.

Lübbe, Hermann: *Säkularisierung. Geschichte eines ideenpolitischen Begriffs*, München 1965.

Ders.: *Philosophie nach der Aufklärung. Von der Notwendigkeit pragmatischer Vernunft*, Düsseldorf 1980.

Luhmann, Niklas: *Funktion und Folgen formaler Organisation*, Berlin 1964.

Ders.: *Zweckbegriff und Systemrationalität. Über die Funktion von Zwecken in sozialen Systemen*, Frankfurt 1973.

Ders.: *Soziologische Aufklärung 2. Aufsätze zur Theorie der Gesellschaft*, Opladen 1975.

Ders.: »Differentiation of Society«, in: *Canadian Journal of Sociology*, 2 (1977), S. 29 ff.

Ders.: *Funktion der Religion*, Frankfurt 1977.

Lukács, Georg: »Theorie des Romans«, in: *Zeitschrift für Ästhetik und Allgemeine Kunstwissenschaft*, XI (1916), S. 225 ff., 390 ff.

Ders.: *Briefwechsel 1902-1917*, Stuttgart 1982.

McNeill, William H.: *The Pursuit of Power*, Chicago: The University of Chicago Press 1982.

Malamat, Abraham: »Charismatische Führung im Buch der Richter«, in: Wolfgang Schluchter (Hg.), 1981, S. 110 ff.

Malherbe, Abraham J.: *Social Aspects of Early Christianity*, Baton Rouge–London: Louisiana State University Press 1977.

Mannheim, Karl: *Strukturen des Denkens*, Frankfurt 1980.

Marshall, Gordon: *Presbyteries and Profits. Calvinism and the Development of Capitalism in Scotland, 1560-1707*, Oxford: Clarendon Press 1980.

Ders.: *In Search of the Spirit of Capitalism. An Essay on Max Weber's Protestant Ethic Thesis*, New York: Columbia University Press 1982.

Marx, Karl: *Werke. Schriften. Briefe*, hg. von Hans-Joachim Lieber, VII Bände, Darmstadt 1962 ff.

Mauss, Marcel und Hubert, Henri: »Entwurf einer allgemeinen Theorie der Magie«, in: Marcel Mauss, *Soziologie und Anthropologie I*, München 1964, S. 43 ff.

Meeks, Wayne: *The First Urban Christians. The Social World of the Apostle Paul*, New Haven and London: Yale University Press 1983.

Ders.: »Die Rolle des paulinischen Christentums bei der Entstehung einer rationalen ethischen Religion«, in: Wolfgang Schluchter (Hg.), 1985, S. 363 ff.

Metcalf, Barbara: »Islamische Reformbewegungen«, in: Wolfgang Schluchter (Hg.), 1987, S. 242 ff.

Metz, Johann Baptist: *Jenseits bürgerlicher Religion. Reden über die Zukunft des Christentums*, 2. Aufl., München 1980.

Metzger, Thomas: *Escape from Predicament*, New York: Columbia University Press 1977.

Ders.: »Max Webers Analyse der konfuzianischen Tradition. Eine Kritik«, in: Wolfgang Schluchter (Hg.), 1983, S. 229 ff.

Mitteis, Heinrich: »Über den Rechtsgrund des Satzes ›Stadtluft macht frei‹«, in: Carl Haase (Hg.), *Die Stadt des Mittelalters*, 3 Bände, Zweiter Band, Darmstadt 1976, S. 182 ff.

Mitzman, Arthur: *The Iron Cage. An Historical Interpretation of Max Weber*, New York: Grosset & Dunlap 1971 (Universal Library Edition).

Ders.: *Sociology and Estrangement. Three Sociologists of Imperial Germany*, New York: Alfred A. Knopf 1973.

Mommsen, Wolfgang J.: *Max Weber und die deutsche Politik 1890–1920*, 2. Aufl., Tübingen 1974.

Ders.: »Persönliche Lebensführung und gesellschaftlicher Wandel. Versuch einer Rekonstruktion des Begriffs der Geschichte bei Max Weber«, in: *Geschichte und politisches Handeln. Theodor Schieder zum Gedächtnis*, hg. von P. Alter, W. J. Mommsen und Th. Nipperdey, Stuttgart 1985, S. 216 ff.

Ders.: »Max Webers Begriff der Universalgeschichte«, in: Jürgen Kocka (Hg.), *Max Weber, der Historiker*, Göttingen 1986, S. 51 ff.

Nelson, Benjamin: *The Idea of Usury. From Tribal Brotherhood to Universal Otherhood*, Second Edition, Enlarged, Chicago and London: The University of Chicago Press 1969.

Nietzsche, Friedrich: *Werke in drei Bänden*, hg. von Karl Schlechta, 2. Aufl., München 1960.

Obeyesekere, Gananath: »Exemplarische Prophetie oder ethisch geleitete Askese? Überlegungen zur frühbuddhistischen Reform«, in: Wolfgang Schluchter (Hg.), 1984, S. 247 ff.

O'Dea, Thomas: *The Catholic Crisis*, Boston: Beacon Press 1969.

O'Flaherty, Wendy: »Emotion und Karma. Überlegungen zu

Max Webers Interpretation der indischen Theodizee«, in: Wolfgang Schluchter (Hg.), 1984, S. 87 ff.

Oldenberg, Hermann: *Die Religion des Veda*, Stuttgart o. J.

Otsuka, Hisao: *The Spirit of Capitalism. The Max Weber Thesis in an Economic Historical Perspective*, Tokyo: Iwanami Shoten 1982.

Pagels, Elaine: *The Gnostic Gospels*, New York: Random House 1979.

Parkin, Frank: *Marxism and Class Theory: A Bourgeois Critique*, London: Tavistock 1979.

Parsons, Talcott: *The Structure of Social Action. A Study in Social Theory with Special Reference to a Group of Recent European Writers*, 2. Aufl., New York: The Free Press 1949.

Ders.: *Societies. Evolutionary and Comparative Perspectives*, Englewood Cliffs, N. J.: Prentice Hall 1966.

Ders.: *Sociological Theory and Modern Society*, New York: The Free Press 1967.

Ders.: *The System of Modern Societies*, Englewood Cliffs, N. J.: Prentice Hall 1971.

Ders.: *Action Theory and the Human Condition*, New York: The Free Press 1978.

Peters, Rudolph: »Islamischer Fundamentalismus: Glaube, Handeln, Führung«, in: Wolfgang Schluchter (Hg.), 1987, S. 217 ff.

Pipes, Daniel: *Slave Soldiers and Islam. The Genesis of a Military System*, New Haven and London: Yale University Press 1981.

Poggi, Gianfranco: *Calvinism and the Capitalist Spirit. Max Weber's Protestant Ethic*, London: MacMillan 1983.

Ders.: »Max Webers Begriff des okzidentalen Feudalismus«, in: Wolfgang Schluchter (Hg.), 1988, S. 476 ff.

Raphaël, Freddy: »Die Juden als Gastvolk im Werk Max Webers«, in: Wolfgang Schluchter (Hg.), 1981, S. 224 ff.

Ders.: *Judaïsme et capitalisme. Essai sur la controverse entre Max Weber et Werner Sombart*, Paris 1982.

Reyerson, Kathryn L.: »Der Aufstieg des Bürgertums und die religiöse Vergemeinschaftung im mittelalterlichen Europa: Neues zur Weber-These«, in: Wolfgang Schluchter (Hg.), 1988, S. 410 ff.

Richter, Helmut (Hg.): *Cluny. Beiträge zu Gestalt und Wirkung der cluniazensischen Reform*, Darmstadt 1975.

Rickert, Heinrich: *Die Grenzen der naturwissenschaftlichen Begriffsbildung. Eine logische Einleitung in die historischen Wissenschaften*, Tübingen und Leipzig 1902 (5. Aufl. 1929).

Ders.: »Geschichtsphilosophie«, in: Wilhelm Windelband (Hg.), *Die Philosophie im Beginn des 20. Jahrhunderts. Festschrift für Kuno Fischer*, 2. Aufl., Heidelberg 1907, S. 321 ff.

Riesebrodt, Martin: »Ideen, Interessen, Rationalisierung: Kritische Anmerkungen zu F. H. Tenbrucks Interpretation des Werkes Max Webers«, in: *Kölner Zeitschrift für Soziologie und Sozialpsychologie*, 32 (1980), S. 111 ff.

Robertson, Roland: *The Sociological Interpretation of Religion*, 2. Aufl., New York: Schocken 1972.

Robinson, Francis: »Säkularisierung im Islam«, in: Wolfgang Schluchter (Hg.), 1987, S. 256 ff.

Rodinson, Maxime: *Islam und Kapitalismus*, Frankfurt 1986.

Ders.: »Islamischer Patrimonialismus: Ein Hindernis für die Entstehung des modernen Kapitalismus?«, in: Wolfgang Schluchter (Hg.), 1987, S. 180 ff.

Rösel, Jakob A.: *Zur Hinduismus-These Max Webers. Eine kritische Würdigung*, München 1982.

Rosenwein, Barbara H.: »Reformmönchtum und der Aufstieg Clunys. Webers Bedeutung für die Forschung heute«, in: Wolfgang Schluchter (Hg.), 1988, S. 276 ff.

Rossi, Pietro: *Vom Historismus zur historischen Sozialwissenschaft. Heidelberger Max Weber-Vorlesungen 1985*, Frankfurt 1987.

von Rosthorn, Arthur: »Religion und Wirtschaft in China«, in: Melchior Palyi (Hg.), *Hauptprobleme der Soziologie. Erinnerungen für Max Weber*, Band 2, München–Leipzig 1923, S. 221 ff.

Roth, Guenther: »Introduction«, in: Max Weber, *Economy and Society*, hg. von Guenther Roth and Claus Wittich, New York: Bedminster Press 1968, S. XXXIII ff.

Ders. and Schluchter, Wolfgang: *Max Weber's Vision of History*, Berkeley: University of California Press 1979.

Ders.: *Politische Herrschaft und persönliche Freiheit. Heidelberger Max Weber-Vorlesungen 1983*, Frankfurt 1987.

Schacht, Joseph: »Zur soziologischen Betrachtung des islamischen Rechts«, in: *Der Islam*, 22 (1935), S. 207 ff.

Schäfer, Christa: »Stadtstaat und Eidgenossenschaft. Max Webers Analyse der vorexilischen Gesellschaft«, in: Wolfgang Schluchter (Hg.), 1981, S. 78 ff.

Dies.: *Stadt und Eidgenossenschaft im Alten Testament. Eine Auseinandersetzung mit Max Webers Studie ›Das antike Judentum‹*, Berlin 1983.

Schelkle, Karl Hermann: *Paulus*, Darmstadt 1981.

Schiele, Friedrich Michael und Zscharnack, Leopold (Hg.): *Die Religion in Geschichte und Gegenwart. Handwörterbuch in gemeinverständlicher Darstellung*, 5 Bände, Tübingen 1909 ff.

Schluchter, Wolfgang: *Die Entwicklung des okzidentalen Rationalismus. Eine Analyse von Max Webers Gesellschaftsgeschichte*, Tübingen 1979.

Ders.: *Rationalismus der Weltbeherrschung. Studien zu Max Weber*, Frankfurt 1980.

Ders. (Hg.): *Verhalten, Handeln und System. Talcott Parsons' Beitrag zur Entwicklung der Sozialwissenschaften*, Frankfurt 1980.

Ders.: »Einführung in die Max Weber-Gesamtausgabe«, in: *Prospekt der Max Weber-Gesamtausgabe*, Tübingen 1981, S. 4 ff.

Ders. (Hg.): *Max Webers Studie über das antike Judentum. Interpretation und Kritik*, Frankfurt 1981.

Ders.: *The Rise of Western Rationalism. Max Weber's Developmental History*, Berkeley: University of California Press 1981.

Ders.: *Entscheidung für den sozialen Rechtsstaat. Hermann Heller und die staatstheoretische Diskussion in der Weimarer Republik*, 2. Aufl., Baden-Baden 1983.

Ders. (Hg.): *Max Webers Studie über Konfuzianismus und Taoismus. Interpretation und Kritik*, Frankfurt 1983.

Ders. (Hg.): *Max Webers Studie über Hinduismus und Buddhismus. Interpretation und Kritik*, Frankfurt 1984.

Ders.: *Aspekte bürokratischer Herrschaft. Studien zur Interpretation der fortschreitenden Industriegesellschaft*, Frankfurt 1985 (zuerst 1972).

Ders. (Hg.): *Max Webers Sicht des antiken Christentums. Interpretation und Kritik*, Frankfurt 1985.

Ders. (Hg.): *Max Webers Sicht des Islams. Interpretation und Kritik*, Frankfurt 1987.

Ders.: »Modes of Authority and Democratic Control«, in: Volker Meja, Dieter Misgeld, Nico Stehr (Hg.), *Modern German Sociology*, New York: Columbia University Press 1987, S. 291 ff.

Ders. (Hg.): *Max Webers Sicht des okzidentalen Christentums. Interpretation und Kritik*, Frankfurt 1988.

Ders.: »Max Weber und das Projekt der Moderne. Eine Diskussion mit Dieter Henrich, Claus Offe und Wolfgang Schluchter«, in: *Max Weber. Ein Symposion*, hg. von Christian Gneuss und Jürgen Kocka, München 1988, S. 155 ff.

Ders.: *Rationalism, Religion and Domination. A Weberian Perspective*, Berkeley: University of California Press 1989.

Schmid, Michael: »Struktur und Selektion: Emile Durkheim und Max Weber als Theoretiker struktureller Evolution«, in: *Zeitschrift für Soziologie*, 10 (1981), S. 17 ff.

Schmidt-Glintzer, Helwig: »Viele Pfade oder ein Weg? Betrachtungen zur Durchsetzung der konfuzianischen Orthopraxie«, in: Wolfgang Schluchter (Hg.), 1983, S. 298 ff.

Schmitt, Jean-Claude: »Vom Nutzen Max Webers für den Historiker und die Bilderfrage«, in: Wolfgang Schluchter (Hg.), 1988, S. 184 ff.

Schneemelcher, Wilhelm: *Das Urchristentum*, Stuttgart 1981.

Schöllgen, Gregor: *Handlungsfreiheit und Zweckrationalität. Max Weber und die Tradition der praktischen Philosophie*, Tübingen 1985.

Schreiner, Klaus: »Die mittelalterliche Stadt in Webers Analyse und die Deutung des okzidentalen Rationalismus«, in: Jürgen Kocka (Hg.), *Max Weber, der Historiker*, Göttingen 1986, S. 119 ff.

von Schultze-Gaevernitz, Gerhard: *Britischer Imperialismus und Englischer Freihandel zu Beginn des zwanzigsten Jahrhunderts*, Leipzig 1906.

Schumpeter, Joseph A.: »Sombarts Dritter Band«, in: Bernhard vom Borcke (Hg.), *Sombarts ›Moderner Kapitalismus‹. Materialien zur Kritik und Rezeption*, München 1987, S. 196 ff.

Schuster, Margit und Schuster, Helmut: »Industriesoziologie im Nationalsozialismus«, in: *Soziale Welt*, 35 (1984), S. 94 ff.

Selge, Kurt-Victor: »Max Weber, Ernst Troeltsch und die Sekten und neuen Orden des Spätmittelalters (Waldenser, Humiliaten, Franziskaner)«, in: Schluchter (Hg.), 1988, S. 312 ff.

Shils, Edward A.: *Center and Periphery. Essays in Macrosociology*, Chicago: The University of Chicago Press 1975.

Shmueli, Efraim: »The ›Pariah-People‹ and its ›Charismatic Leadership‹. A Revaluation of Max Weber's Ancient Judaism«, in: *Proceedings of the American Academy for Jewish Research*, Vol. XXXVI (1968), S. 167 ff.

Shulman, David: »Die Integration der hinduistischen Kultur durch die Brahmanen: »Große«, »mittlere« und »kleine« Versionen des Parasurama-Mythos«, in: Wolfgang Schluchter (Hg.), 1984, S. 104 ff.

Simmel, Georg: *Die Philosophie des Geldes*, zweite, vermehrte Aufl., Leipzig 1907.

Sivin, Nathan: »Chinesische Wissenschaft. Ein Vergleich der Ansätze von Max Weber und Joseph Needham«, in: Wolfgang Schluchter (Hg.), 1983, S. 342 ff.

Snouck Hurgronje, Christian: *Mekka, 1. Band: Die Stadt und ihre Herren*, Den Haag 1888.

Sohm, Rudolph: *Kirchenrecht. Band 1: Die geschichtlichen Grundlagen*, Berlin 1892.

Sombart, Werner: *Der moderne Kapitalismus. Erster Band: Die Genesis des Kapitalismus, Zweiter Band: Die Theorie der kapitalistischen Entwicklung*, Leipzig 1902 (2., neubearbeitete Auflage 1916).

Ders.: *Die deutsche Volkswirtschaft im neunzehnten Jahrhundert*, Leipzig 1903.

Ders.: »Der kapitalistische Unternehmer«, in: *Archiv für Sozialwissenschaft und Sozialpolitik*, 29 (1909), S. 689 ff.

Ders.: »Verlagssystem (Hausindustrie)«, in: *Handwörterbuch der Staatswissenschaften*, Achter Band, dritte, gänzlich umgearbeitete Aufl., Jena 1911, S. 233 ff.

Ders.: *Die Juden und das Wirtschaftsleben*, Leipzig 1911.

Ders.: *Der Bourgeois. Zur Geistesgeschichte des modernen Wirtschaftsmenschen*, München und Leipzig 1913.

Speer, Heino: *Herrschaft und Legitimität. Zeitgebundene*

Aspekte in Max Webers Herrschaftssoziologie, Berlin 1978.

Stemberger, Günter: »Das rabbinische Judentum in der Darstellung Max Webers«, in: Wolfgang Schluchter (Hg.), 1981, S. 185 ff.

Stock, Brian: *The Implications of Literacy. Written Language and Models of Interpretation in the Eleventh and Twelfth Centuries*, Princeton: Princeton University Press 1983.

Ders.: »Rationality, Tradition and the Scientific Outlook: Reflections on Max Weber and the Middle Ages«, in: Pamela O. Long (ed.), *Science and Technology in Medieval Society. Annals of the New York Academy of Sciences*, 441 (1985), S. 7 ff.

Ders.: »Schriftgebrauch und Rationalität im Mittelalter«, in: Wolfgang Schluchter (Hg.), 1988, S. 165 ff.

Strathmann, H.: *Geschichte der frühchristlichen Askese bis zur Entstehung des Mönchtums. 1. Band: Die Askese in der Umgebung des werdenden Christentums*, Leipzig 1914.

Strieder, Jakob: *Zur Genesis des modernen Kapitalismus. Forschungen zur Entstehung der großen bürgerlichen Kapitalvermögen am Ausgang des Mittelalters und zu Beginn der Neuzeit, zunächst in Augsburg*, Leipzig 1904.

Ders.: *Studien zur Geschichte kapitalistischer Organisationsformen. Monopole, Kartelle und Aktiengesellschaften im Mittelalter und zu Beginn der Neuzeit*, München und Leipzig 1914.

Stroumsa, Gedaliahu G.: »Die Gnosis und die christliche ›Entzauberung der Welt‹«, in: Wolfgang Schluchter (Hg.), 1985, S. 486 ff.

Tadmor, Hayim: »›The People‹ and the Kingship in Ancient Israel. The Role of Political Institutions in the Biblical Period«, in: *Journal of World History*, 11 (1968), S. 46 ff.

Talmon, Shemaryahu: »Jüdische Sektenbildung in der Frühzeit der Periode des Zweiten Tempels. Ein Nachtrag zu Max Webers Studie über das antike Judentum«, in: Wolfgang Schluchter (Hg.), 1985, S. 233 ff.

Tambiah, Stanley J.: »Max Webers Untersuchung des frühen Buddhismus. Eine Kritik«, in: Wolfgang Schluchter (Hg.), 1984, S. 202 ff.

Taubes, Jacob: »Die Entstehung des jüdischen Pariavolkes«,

in: K. Engisch et al. (Hg.), *Max Weber. Gedächtnisschrift der Ludwig-Maximilians-Universität München*, Berlin 1966, S. 185 ff.

Tenbruck, Friedrich H.: »Das Werk Max Webers«, in: *Kölner Zeitschrift für Soziologie und Sozialpsychologie*, 27 (1975), S. 663 ff.

Ders.: »Abschied von *Wirtschaft und Gesellschaft*«, in: *Zeitschrift für die gesamte Staatswissenschaft*, 133 (1977), S. 703 ff.

Ders.: »The problem of thematic unity in the works of Max Weber«, in: *British Journal of Sociology*, 31 (1980), S. 316 ff.

Theißen, Gerd: *Studien zur Soziologie des Urchristentums*, 2. Aufl., Tübingen 1983.

Tibi, Bassam: *Der Islam und das Problem der kulturellen Bewältigung des sozialen Wandels*, Frankfurt 1985.

Treiber, Hubert und Steinert, Heinz: *Die Fabrikation des zuverlässigen Menschen. Über die ›Wahlverwandtschaft‹ von Kloster- und Fabrikdisziplin*, München 1980.

Troeltsch, Ernst: *Der Historismus und seine Probleme. Erstes Buch: Das logische Problem der Geschichtsphilosophie*, Tübingen 1922.

Ders.: *Die Soziallehren der christlichen Kirchen und Gruppen*, Aalen 1977 (3. Neudruck der 2. Aufl., Tübingen 1922).

Ders.: *Aufsätze zur Geistesgeschichte und Religionssoziologie*, Aalen 1981 (zuerst Tübingen 1925).

Ders.: *Zur religiösen Lage, Religionsphilosophie und Ethik*, Aalen 1981 (2. Neudruck der Aufl., Tübingen 1922).

Turner, Bryan S.: *Weber and Islam. A Critical Study*, London and Boston: Routledge & Kegan Paul 1974.

Turner, Stephen P. and Factor, Regis A.: »Objective Possibility and Adequate Causation in Weber's Methodological Writings«, in: *Sociological Review*, 29 (1981), S. 5 ff.

Ulrich, F.: *Die Vorherbestimmungslehre im Islam und Christentum. Eine religionsgeschichtliche Parallele*, Gütersloh 1912.

Wagner, Gerhard und Zipprian, Heinz: »Methodologie und Ontologie – Zum Problem der kausalen Erklärung bei Max Weber«, in: *Zeitschrift für Soziologie*, 14 (1985), S. 115 ff.

Wasserstein, Abraham: »Die Hellenisierung des Frühjudentums. Die Rabbinen und die griechische Philosophie«, in: Wolfgang Schluchter (Hg.), 1985, S. 281 ff.

Watt, W. Montgomery: *Muhammad: Prophet and Statesman*, Oxford: Oxford University Press, 1964.

Wax, Murray: »Ancient Judaism and the Protestant Ethic«, in: *American Journal of Sociology*, LXV (1960), S. 449 ff.

Weber, Alfred: *Kulturgeschichte als Kultursoziologie*, München 1960.

Weber, Marianne: *Max Weber. Ein Lebensbild*, Tübingen 1926.

Weber-Schäfer, Peter: »Die konfuzianischen Literaten und die Grundwerte des Konfuzianismus«, in: Wolfgang Schluchter (Hg.), 1983, S. 202 ff.

Wellhausen, Julius: *Prolegomena zur Geschichte Israels*, 4. Aufl., Berlin 1985.

Ders.: *Reste arabischen Heidentums, gesammelt und erläutert*, 2. Aufl., Berlin 1897.

Ders.: *Das arabische Reich und sein Sturz*, Berlin 1902.

Ders.: *Israelitische und jüdische Geschichte*, 7. Aufl., Berlin 1914.

Winckelmann, Johannes: »Max Webers Dissertation«, in: René König und Johannes Winckelmann (Hg.), *Max Weber zum Gedächtnis*, Köln und Opladen 1963, S. 10 ff.

Ders.: »Die Herkunft von Max Webers ›Entzauberungs‹-Konzeption«, in: *Kölner Zeitschrift für Soziologie und Sozialpsychologie*, 32 (1980), S. 12 ff.

Ders.: »Exkurs zur werkgeschichtlichen Stellung des ›Antiken Judentums‹«, in: Wolfgang Schluchter (Hg.), 1981, S. 219 ff.

Ders.: *Max Webers hinterlassenes Hauptwerk: Die Wirtschaft und die gesellschaftlichen Ordnungen und Mächte. Entstehung und gedanklicher Aufbau*, Tübingen 1986.

Wuthnow, Robert: *Experimentation in American Religion*, Berkeley: University of California Press 1978.

Zingerle, Arnold: »Max Webers Analyse des chinesischen Präbendalismus. Zu einigen Problemen der Verständigung zwischen Soziologie und Sinologie«, in: Wolfgang Schluchter (Hg.), 1983, S. 174 ff.

Nachweise

1. Wirtschaft und Kultur: Von Karl Marx zu Max Weber – unveröffentlicht.

2. Gesellschaft und Kultur: Von Talcott Parsons zu Max Weber – zuerst erschienen unter dem Titel: Gesellschaft und Kultur – Überlegungen zu einer Theorie institutioneller Differenzierung, in: Wolfgang Schluchter (Hg.), *Verhalten, Handeln und System. Talcott Parsons' Beitrag zur Entwicklung der Sozialwissenschaften*, Frankfurt 1980, S. 106–149, revidiert.

3. Gesinnungsethik und Verantwortungsethik: Probleme einer Unterscheidung – unveröffentlicht.

4. »Der Kampf der Götter«: Von der Religionskritik zur Religionssoziologie, unveröffentlicht; japanische gekürzte Fassung in: *Shakai Bunseki*, 16 (1987); englische gekürzte Fassung in: *National Taiwan University Journal of Sociology*, 19 (1988).

5. Rationalismus der Weltanpassung. Konfuzianismus und Taoismus – zuerst erschienen unter dem Titel: Max Webers Konfuzianismusstudie – Versuch einer Einordnung, in: Wolfgang Schluchter (Hg.), *Max Webers Studie über Konfuzianismus und Taoismus. Interpretation und Kritik*, Frankfurt 1983, S. 11–54.

6. Rationalismus der Weltflucht und des organischen Relativismus: Hinduismus und Buddhismus – zuerst erschienen unter dem Titel: Weltflüchtiges Erlösungsstreben und organische Sozialethik. Überlegungen zu Max Webers Analysen der indischen Kulturreligionen, in: Wolfgang Schluchter (Hg.), *Max Webers Studie über Hinduismus und Buddhismus. Interpretation und Kritik*, Frankfurt 1984, S. 11–71.

7. Ursprünge des Rationalismus der Weltbeherrschung: Das antike Judentum – zuerst erschienen unter dem Titel: Altisraelitische religiöse Ethik und okzidentaler Rationalismus, in: Wolfgang Schluchter (Hg.), *Max Webers Studie über das antike Judentum. Interpretation und Kritik*, Frankfurt 1981, S. 11–77.

8. Ursprünge des Rationalismus der Weltbeherrschung: Das

antike Christentum – zuerst erschienen unter dem Titel: Max Webers Analyse des antiken Christentums. Grundzüge eines unvollendeten Projekts, in: Wolfgang Schluchter (Hg.), *Max Webers Sicht des antiken Christentums. Interpretation und Kritik*, Frankfurt 1985, S. 11–71.

9. Zwischen Welteroberung und Weltanpassung: Der frühe Islam – zuerst erschienen unter dem Titel: Zwischen Welteroberung und Weltanpassung: Überlegungen zu Max Webers Sicht des frühen Islams, in: Wolfgang Schluchter (Hg.), *Max Webers Sicht des Islams. Interpretation und Kritik*, Frankfurt 1987, S. 11–124.

10. Religion, politische Herrschaft, Wirtschaft und bürgerliche Lebensführung. Die okzidentale Sonderentwicklung – unveröffentlicht.

11. Die Zukunft der Religionen – zuerst erschienen in: *Kölner Zeitschrift für Soziologie und Sozialpsychologie*, 33 (1981), S. 605–622; spanische Fassung in: *tierra nuova*, XI (1982); englische Fassung in: *Religion and America. Spirituality in a Secular Age*, hg. von Mary Douglas und Steven M. Tipton, Boston: Beacon Press 1983.

12. Umbildung des Charismas. Überlegungen zur Herrschaftssoziologie – unveröffentlicht.

13. Die Religionssoziologie. Eine werkgeschichtliche Rekonstruktion, zuerst erschienen in: *Kölner Zeitschrift für Soziologie und Sozialpsychologie*, 36 (1984), S. 342–365, revidiert in: Wolfgang Schluchter (Hg.), *Max Webers Sicht des antiken Christentums. Interpretation und Kritik*, Frankfurt 1985.

14. »Wirtschaft und Gesellschaft«: Das Ende eines Mythos – unveröffentlicht; italienische Fassung in: *Rassegna Italiana di Sociologia*, XXVIII (1987); japanische Fassung in: Shi Sō, Nr. 767 (1988).

Personenregister

Alberti, Leo Battista 485 ff., 490 f.
Alexander, Jeffrey C. 266
Allerbeck, Klaus 28 f.
Alter, Peter 272
Anderson, Perry 337
Ay, Karl-Ludwig 597

Barcley 489
Bauer, Bruno 526
Baumgarten, Eduard 64 f., 567
Baxter, Richard 489
Bechert, Heinz 123 f.
Becker, Carl Heinrich 275, 319, 322, 324, 335 ff.
Becker, Marvin B. 475
Bell, Daniel 509
Bellah, Robert 148, 154, 170, 507
Bendix, Reinhard 54, 136 f., 142 ff., 196, 208, 226, 231, 311, 324, 402, 407, 411, 450, 469, 539, 547
Benn, Gottfried 319
Berger, Peter L. 152, 178, 507 ff., 519 f., 528 f.
Berman, Harald J. 421, 441, 443, 448, 456
Bernstein, Eduard 383
Blake, Stephen P. 373 f.
Bloch, Marc 423, 457
Borcke, Bernhard vom 405
Brentano, Lujo 73, 292, 404 f., 410, 484, 486 f., 496
Breuer, Stefan 265, 333, 353, 456, 467
Brown, Peter 247
Brubaker, Roger 69, 379
Buber, Martin 182
Bücher, Karl 389, 413 f., 433, 601
Bünger, Karl 53, 55, 59
Bynum, Caroline Walker 452, 490

Cahnmann, Werner J. 188 f.
Carrithers, Michael 500
Causse, Antonin 152, 161
Chon, Song-U 341
Collins, Randall 266, 280, 285, 298, 400, 402, 422, 425, 504 f.
Cook, Michael 374, 376, 378
Crone, Patricia 316, 319, 333 f., 353, 355, 374, 378, 379 f.
Cross, Frank Moore 152

Deininger, Jürgen 265
Deissmann, Adolf 214
Derrett, J. Duncan M. 112, 119, 237
Drijvers, Han J. W. 247, 255
Duby, Georges 456
Dumont, Louis 499 f.
Durkheim, Emile 36, 141 ff., 161 f., 226, 266, 482, 510, 512, 519

Eaton, Richard M. 328, 373 f.
Eberhard, Wolfram 46, 55, 59
Eisenstadt, S. N. 46, 56, 98, 120, 177, 187, 235, 263, 328, 372, 461, 539 f.
Elias, Norbert 475
Elvin, Mark 59 f.
Emmet, Dorothy 147
Engels, Friedrich 369 f.
Engisch, Karl 188

Factor, Regis A. 69
Feuerbach, Ludwig 510
Fischer, Karl H. 264
Fleischmann, Eugène 30, 172, 188, 192
Frank, K. Suso 255
Franklin, Benjamin 485 f., 490 f., 500, 502

Freud, Sigmund 506 ff.
Frommer, Sabine 597

Gager, John G. 203, 231, 235
Geertz, Clifford 492
Gellner, Ernest 309, 352, 372
Glock, Charles 507 f.
Gneuss, Christian 423, 504
Goethe, Johann Wolfgang von 62, 78, 311
Gogol, Nikolai W. 508
Goldziher, Ignaz 275, 318
Golzio, Karl-Heinz 108, 116
Gottl-Ottlilienfeld, Friedrich von 627
Gould, Mark 498
Groot, Johann Jakob Maria de 45
Grundmann, Herbert 447, 451 f.
Gunkel, Herrmann 263
Guttmann, Julius 484, 488, 495

Haase, Carl 345
Habermas, Jürgen 37, 40, 74 f., 103, 270 f., 290, 379
Hahn, Alois 455
Hall, John A. 304, 309, 325, 340, 352
Hamilton, Gary 60, 375
Hardy, Peter 328, 373 f.
Harnack, Adolf von 207, 212, 220, 229, 231, 236 f., 244, 253
Heesterman, Jan C. 111, 114, 116, 118, 120
Hegel, Georg Wilhelm Friedrich 412, 423, 526, 554, 561
Helmholtz, Hermann von 569
Hennis, Wilhelm 264, 270 f., 311 f., 560 f.
Henrich, Dieter 311 f., 377, 423, 504
Herberg, Will 507
Heuss, Alfred 174
Hildebrand, Karl 412
Hinneberg, Paul 263

Honigsheim, Paul 401
Honnefelder, Ludger 445
Hubert, Henri 141
Hübinger, Gangolf 311
Huffmon, Herbert B. 152

Jaffé, Edgar 291, 595 f.
James, William 142, 293, 482
Jaspers, Karl 75 f., 476 f.
Jellinek, Georg 525, 542
Joas, Hans 482

Kalberg, Stephen 40, 379, 557
Kant, Immanuel 289 f., 311, 506, 554
Kautsky, Karl 202, 383
Keller, Franz 485
Kimbrough, T. 153
Kippenberg, Hans G. 187, 253, 260
Kirchheimer, Otto 172
Klages, Ludwig 75
Kocka, Jürgen 272, 341, 423, 435, 504
König, René 383, 567
Kohler, Joseph 275
Kraepelin, Ernst 477
Kraus, Hans-Joachim 174
Kuenzlen, Gottfried 26, 263
Kulke, Hermann 114, 117 f.

Lapidus, Ira M. 262, 308, 372
Lash, Scott 269
Lask, Emil 578
Lederer, Emil 595 f., 611
Lehmann, Hartmut 498
Lemke, Werner E. 152
Lenhart, Volker 349
Lepsius, M. Rainer 22, 411, 435, 522
Lerner, Robert E. 401, 453
Levine, Donald N. 40, 379
Levtzion, Nehemia 308, 323, 372

Levy, Hermann 64
Lidz, Victor 154
Lieber, Hans-Joachim 368
Liebeschütz, Hans G. 189
Little, Lester K. 471, 481
Loewenstein, Karl 567
Löwith, Karl 311 f.
Long, Pamela O. 421
Luckmann, Thomas 519
Lübbe, Hermann 510, 512 f., 526,
    529, 531
Luhmann, Niklas 222, 270, 449,
    509, 512 f., 515, 521, 525, 527
Lukács, Georg 571, 578
Luther, Martin 96, 106

Machiavelli, Niccolò 122, 410, 484
McNeill, William H. 55
Malamat, Abraham 144, 169
Malherbe, Abraham J. 214
Mann, Golo 174
Mannheim, Karl 75 f., 516
Marshall, Gordon 129, 498
Marx, Karl 114, 286, 311 f., 332,
    358, 363 ff., 368 ff., 403 ff.,
    422 ff., 426, 435, 472, 482, 498,
    508 ff., 526
Mauss, Marcel 141
Meeks, Wayne 207, 212, 214, 222,
    227 ff.
Meja, Volker 449
Menger, Carl 272, 621
Metcalf, Barbara 306, 372
Metz, Johann Baptist 507 ff., 532
Metzger, Thomas 45, 56 ff., 61
Meyer, Eduard 18, 130, 472
Michels, Robert 600
Miller, Patrick D. 152
Misgeld, Dieter 449
Mitteis, Heinrich 345
Mitzman, Arthur 65, 417
Mommsen, Wolfgang J. 271 f.,
    311 f., 584

Needham, Joseph 58
Neidhardt, Friedhelm 411, 532
Nelson, Benjamin 58, 284, 481
Nietzsche, Friedrich 157, 203, 206,
    311, 504, 566, 577, 618
Nipperdey, Thomas 272
Noth, A. 318

Obeyesekere, Gananath 92, 123
O'Dea, Thomas 529
Oel, Hans G. 597
Offe, Claus 423, 504
O'Flaherty, Wendy 116 ff.
Oldenberg, Hermann 116
Oppenheimer, Franz 567
Otsuka, Hisao 498

Pagels, Elaine 260
Palyi, Melchior 19, 385, 598, 611 f.,
    615, 623 ff.
Pareto, Vilfredo 519
Parkin, Frank 98, 186
Parsons, Talcott 23, 29, 80, 142,
    154, 196, 279, 449, 507, 513 ff.,
    519 f., 525, 528, 540
Peters, Rudolph 262, 301, 372
Philippovich, Eugen von 602
Pipes, Daniel 334
Platon 78
Poggi, Gianfranco 333, 457, 498

Rachfahl, Felix 264, 371, 397, 477
Rad, Gerhard von 174
Raphaël, Freddy 30, 188, 235
Reyerson, Kathryn L. 384, 462, 481
Richter, Helmut 447
Rickert, Heinrich 69, 269 ff., 312,
    366, 407 f., 413, 607, 621
Riesebrodt, Martin 557
Robertson, Roland 528
Robinson, Francis 372
Rodinson, Maxime 328, 352, 364 ff.,
    373 f.

Rösel, Jakob A. 111
Rosenwein, Barbara H. 447
Rossi, Pietro 542
Rosthorn, Arthur von 19, 22
Roth, Guenther 142, 265, 269, 407, 507, 518, 526, 539 f., 634

Schacht, Joseph 351 ff., 359, 363
Schäfer, Christa 128, 154
Scheel, Otto 263
Schelkle, Karl Hermann 208, 210, 221, 253
Schiele, Friedrich Michael 145, 263
Schluchter, Wolfgang 28, 30, 36, 40 f., 45, 55, 63 f., 67 f., 74, 82 f., 86, 100, 102, 128, 140, 144, 163, 190, 193 f., 199, 204, 216 f., 232, 235, 253, 262, 265 f., 270 ff., 284, 297, 327, 333, 372, 379, 401, 406 f., 415, 423, 433, 437, 445 ff., 449 f., 453, 455 f., 469, 471, 475, 481, 490, 498, 502, 504, 507, 511, 515, 518, 520, 526, 540, 542, 544, 557, 570, 579 f., 583, 597
Schmid, Michael 266
Schmidt-Glintzer, Helwig 41, 47, 51, 56
Schmitt, Jean-Claude 445, 490
Schneemelcher, Wilhelm 237
Schöllgen, Gregor 290
Schönberg, Gustav von 563
Schreiner, Klaus 341
Schultze-Gaevernitz, Gerhard von 64
Schumpeter, Joseph A. 405, 596
Schuster, Helmut 627
Schuster, Margit 627
Selge, Kurt-Victor 401, 452
Shils, Edward 143, 539 f.
Shmueli, Efraim 150 ff.
Shulman, David 116 f.
Siebeck, Paul 17, 265, 276, 391, 396, 563, 570, 579, 601, 607, 629

Sigrist, Christian 154
Simmel, Georg 404 f., 565, 607
Sivin, Nathan 47, 55 ff., 284
Snouck Hurgronje, Christian 275, 346
Sohm, Rudolph 245
Sombart, Werner 129, 234, 291, 387 f., 401, 404 f., 414 ff., 420, 434, 473, 475, 484 ff., 502 f., 564 f., 567, 574, 595 f.
Speer, Heino 457
Spener, Phil. Jakob 489
Stammler, Rudolf 566, 607, 627
Stehr, Nico 449
Steinert, Heinz 453
Stemberger, Günter 30, 189, 235
Stock, Brian 421, 462
Strack, Max 395
Strathmann, H. 255
Strieder, Jakob 472 f.
Stroumsa, Gedaliahu G. 260

Tadmor, Hayim 154
Talmon, Shemaryahu 199
Tambiah, Stanley J. 86, 117, 124
Tarde, Gabriel 607
Taubes, Jacob 188
Tauler, Johannes 82, 88
Tenbruck, Friedrich H. 143, 196, 270 f., 278, 284, 557 ff., 574, 577, 588, 625, 632 ff.
Theißen, Gerd 20, 203, 208, 210 ff., 225, 252
Tibi, Basam 304, 369
Tönnies, Ferdinand 311, 607
Treiber, Hubert 353, 453
Troeltsch, Ernst 82, 138, 220, 223, 227, 244 f., 248 ff., 276, 390, 415, 419, 439 ff., 448, 450, 454 f., 485 f., 497, 499, 513, 520 ff., 570, 587
Turner, Bryan S. 68, 266, 364, 369 ff.
Turner, Stephen P. 69

Ulrich, F. 300 ff.

Wagner, Gerhard 69, 366
Wasserstein, Abraham 235
Watt, W. Montgomery 321
Wax, Murray 148, 169
Weber, Alfred 136 f., 263
Weber, Marianne 256, 263 ff., 272 ff.,
  359, 385, 387, 558, 561 ff., 566 f.,
  570, 573 f., 580, 583 f., 586 ff., 593,
  598 f., 611 ff., 620 f., 625 ff., 629 ff.
Weber-Schäfer, Peter 36, 45 ff., 59
Wehler, Hans-Ulrich 435
Wei-ming, Tu 55
Weiss, Johannes 411
Wellhausen, Julius 130 ff., 138, 275,
  318 ff.

Wesley, John 403
Whimster, Sam 269
Wieser, Friedrich von 601
Windelband, Wilhelm 205 f., 270,
  621
Winckelmann, Johannes 16, 79,
  136, 196, 276 ff., 383, 391, 414,
  567, 574, 579, 597 ff., 606 ff., 612,
  614 ff., 625 f., 628, 630 ff.
Wittich, Claus 265
Wittich, Werner 413
Wuthnow, Robert 508

Zapf, Wolfgang 522
Zingerle, Arnold 60
Zipprian, Heinz 69, 366
Zscharnack, Leopold 145, 263

Sachregister

Abendland (s. Okzident)

Ästhetik 76, 273

Alltag (s. a. Veralltäglichung) 119 f., 142, 210 f., 238 ff., 306 ff., 334, 448, 538, 544 f., 549

Anreiz 142, 310, 390

Anstalt 355, 363, 375 f., 464 f., 469, 473 f.
  – -sgnade 89, 124 f., 444 ff., 454 f., 497
  – -sprinzip 345 ff.
  – -ssakramentalismus 452, 454 ff.
  – -sstaat 274, 285, 332, 373, 390, 474, 513, 537, 550, 554

Anthropologie 510, 519, 560

Anthropozentrismus 510 f., 520

Antike 67, 137, 194, 268, 345, 347, 392 f., 403, 410, 432 f., 435, 437 ff., 463 ff., 472

Antrieb 30, 84, 142, 310, 390, 478, 495

Appropriation 332, 431

Arbeit 453, 493
  – freie 403 f., 406, 420, 427 ff., 433, 435, 462, 490
  – unfreie 428 f., 433 f.

Arbeiter 478 f., 502, 509

Askese 27 f., 48, 66, 68, 80 ff., 99 ff., 119 f., 190, 254 ff., 260, 315 f., 372, 447, 452 f., 455 f., 566
  – innerweltlich 30, 81, 86 ff., 100, 298, 307, 394, 483, 499 f., 503, 583
  – außerweltlich 81, 86 ff., 503

asketischer Protestantismus (s. Protestantismus)

Assimilation 449, 452

Aufklärung 40, 510, 515 f., 518, 530 f.

Außeralltäglichkeit 119, 142, 210 f., 228, 231, 238 ff., 306 ff., 334, 539, 544, 549, 550

Autokephalie 342 f., 464 ff., 473 f., 523

axiologische Kehre 290 f., 358, 541

Austauschmedien 532 f.

Beamtentum 153, 203, 287, 340, 348 ff., 437, 466, 468
  – modernes 43, 287, 348
  – patrimoniales 46 ff., 50

Bedarfsdeckungsprinzip 415 ff., 420, 426 ff., 433, 475, 501

Begriffs-Wirklichkeitsverhältnis (s. a. hiatus irrationalis) 412

Begriffsbildung 24, 28 f., 78, 366, 374 ff., 412, 505, 573 ff., 581, 588, 619 ff.
  – idealtypische (s. Idealtypus)
  – kulturwissenschaftliche 366, 620 f.
  – naturwissenschaftliche 620 f.

Beobachter-Teilnehmer 72 f., 111 f.

Berufskultur
  – asketische 296 ff., 372, 476 ff., 483, 493, 498 ff.
  – moderne 397, 410, 502 ff., 533

Berufsverbände 110 ff.

Berufsmenschentum (s. a. Fachmenschentum) 298, 420, 431, 453, 462, 479, 500, 502 ff.

Betrieb 427 f., 433 f., 481, 493
  – bürokratischer (s. a. Bürokratie) 257, 448
    Erwerbs- 426 ff., 432 f., 435, 472, 475
  – Handwerks- 285
  – kapitalistischer 285

Bewegung
- charismatische 203 ff., 215 ff.,
  247
- religiöse 451 f., 455, 507, 509,
  523
- soziale 202 ff., 508
Bewußtsein 85, 513 f., 519
Beziehung, soziale 544, 547
- Öffnung 98, 199, 468
- Schließung 98, 108 ff., 186, 548
Binnen- und Außenmoral 187, 225,
  356, 488, 494 f.
Brahmanen 112 ff., 118 ff.
Buddhismus 31, 33, 36, 42 f., 51, 56,
  67, 79, 83, 103, 106, 123 f., 232 f.,
  261 f., 308, 507, 511, 572, 580, 582
Bürgertum 49, 218, 233, 266, 287,
  344 f., 347, 391, 394 ff., 399, 423,
  435, 442, 462 ff., 468 ff., 473 ff.,
  502 f., 523, 526, 580
Bürokratie 53 f., 248, 257, 376, 448,
  460 f., 523, 532
  - moderne 43, 424, 455
  - patrimoniale 50 f., 53, 399
Bürokratisierung 245, 257, 460,
  504, 537

Calvinismus 79, 81, 89, 95 f., 105,
  133, 185, 291 ff., 361 ff., 489, 497
Chance 508 f.
Charisma (s. a. Veralltäglichung;
  Versachlichung) 143, 147, 154,
  162, 178, 208 ff., 227 ff., 238 ff.,
  325, 330, 442, 452, 458, 517 f.,
  532 f., 535 ff., 544 ff.
  - Amts- 177, 240 ff., 247, 257,
    442, 447, 449, 452, 456, 461 f.,
    473, 545, 549
  - Erb- 46, 177, 325, 458, 545,
    549
  - Gentil- 114
  - Personal- 220 ff., 240 ff., 246 f.,
    257, 447, 449, 455 f., 461, 473

- Typologie von charismatischen
  religiösen Führern 92
- Umbildung des 238 ff., 535 ff.,
  544 ff., 548 ff.
China 21 ff., 42 ff., 53 ff., 66 ff., 119,
  158 f., 284, 370, 406, 575
Christentum 30, 67, 81 ff., 89 ff.,
  136 ff., 191 ff., 227, 232 ff.,
  250 ff., 261 f., 302, 324, 439 ff.,
  467 ff., 479, 507 ff., 533, 582 f.
  - antikes 82, 132, 195, 198 ff.,
    236 f., 246 ff., 258, 265, 387,
    547, 572, 587
  - frühes 79, 232 ff., 251 ff.,
    256 ff., 358, 360 ff.
  - mittelalterliches 249, 265, 572,
    587
  - okzidentales 248, 386 ff.,
    444 ff., 450, 465, 511, 515 ff.,
    580, 587
  - orientalisches 248, 387

Demokratie 221 f., 241, 317, 344 f.,
  376, 463, 467, 471, 473, 543
Demokratisierung 474
Deuteronomium 138, 144, 173 ff.,
  180
Deutungsmonopol 97 f., 523 f.
Diagnose 274, 511, 515
  - der Gegenwart 40, 504, 511,
    533
Dialektik 172, 185 f., 211 f., 366,
  513, 518, 520, 537, 554
  - Real- 212, 246
Diesseits 68, 89, 95, 304 ff., 372
  - -hoffnung 68, 95, 304 ff.
  - -verheißung 30, 44, 181, 184,
    190, 491
Differenzierung 246, 380
  - funktionale 432, 514, 521 f.,
    525 ff., 530, 532 f.
  - geschichtete 512 f.
  - institutionelle 327

– interne – von Lebensordnungen 527 f.
– segmentale 224, 521, 527
– strukturelle 222, 231, 246 f.,
547
Dogmatik 115 ff., 244 ff., 294 ff.,
444 f., 450 f., 489, 541 f.
Dualismus 170, 194, 541
– axiologischer 170, 194, 541
– theoretischer 541

Eigenart der okzidentalen Kultur
24, 49 ff., 74, 274, 287, 385 f.,
393 f., 402 ff., 562, 568, 579, 588
Eigengesetzlichkeit 40, 78, 106,
121 f., 125, 147, 292, 313, 398,
415, 444, 524
Eigenrecht 78, 106, 121 f., 125, 313,
329 ff., 415, 444, 523 f.
Eigentum 285, 368, 423
Ekstase 84, 91, 145, 179, 255
Eliten
– politische 186, 191
– religiöse 25, 67, 80, 97 ff., 137,
144, 147 ff., 156, 164, 173, 175,
186, 191, 198, 201, 247, 257,
449
– Typologie religiöser 150
Emanatismus 173, 412 f., 621
Entpolitisierung 514, 521, 526 ff.,
530 f.
Entwicklung 193 ff., 237, 393, 412
– -sdynamik 52, 59, 70, 98 ff.,
162, 455
– -sepochen 365, 409, 411 ff.,
417 f., 505
– -sformen 458, 604 f.
– -skonstruktion 268 ff., 621
– -sniveaus 97, 140, 148 ff., 161,
181, 195 f., 512
– -sphasen 271, 284, 411 ff.
– -sstadien 271, 411 ff.
– -sstufen 148, 192 ff., 268 ff.,

373, 411 ff., 414, 417 f., 444,
515
Entwicklungsgeschichte 139 f.,
193 ff., 268 ff., 383, 392 f., 411 ff.,
417, 460, 513, 540, 560, 627 f.
– des modernen Kapitalismus
267 ff., 344
– -en des Rationalismus 75,
404 ff.
Entwicklungstheorie 192 ff., 271
– des Rationalismus 75, 404 ff.
Entzauberung 41, 57, 133, 136, 146,
236, 249 f., 254 ff., 499, 514, 518,
533, 558, 566, 577 f.
Erkenntnis 517
– -theorie 366, 581, 608
– -ziele
– generell 621
– individuell 621
Erklären 69, 403 ff.
– beobachtendes 477
– kausales 366
– verstehendes 418, 477, 505
Erlösung (s. a. Heil)
– -sbedürfnis 67, 118 ff., 124,
143, 155, 294, 307, 372, 479,
482, 491 f., 520, 524
– -sethik 26, 30, 36, 72
– -sidee 26 ff., 33 ff., 43, 67, 167,
225, 251 ff., 301 f., 532
– -slehre 124 f., 206
– -smethodik 67, 89
– -stechnik 93 f.
– -sweg 93 f., 206, 256
– -sziele 95
Erotik 38, 76
Erwerb
– -sbetrieb 426 ff., 432 f., 435,
472, 475
– -skapital 339
– -sprinzip 338 f., 416, 433
– -strieb 478 ff., 484 f., 494, 500 f.
Ethik 23, 35, 39, 42 ff., 69, 82, 85,

161 ff., 188, 200 ff., 233 f., 246,
265, 330 f., 336 f., 352, 370 f., 476,
483, 490 ff.
- Gesetzes- 30, 43, 140, 180 f.,
  188, 190 f., 195, 302
- -Gesinnungs- 30, 43, 140, 149,
  175, 180 ff., 188, 190 f., 195,
  199, 225, 296, 317, 496
- Laien- 105, 124
- Massen- 97, 228
- Mönchs- 124
- Normen- 181
- Prinzipien- 181
- protestantische 369 f., 397,
  401 f., 484 ff., 489
- religiöse 57 f., 66, 69, 124,
  129 ff., 135 ff., 145 ff., 171,
  175 f., 182 ff., 289 ff., 308 ff.,
  364, 371, 386, 446, 460, 479,
  481, 484, 490 ff., 575, 579
- Sozial- 104 ff., 125
- Virtuosen- (Helden-) 97, 105,
  228, 306 f.
Ethos 287, 476, 493, 500, 503,
572
Eudämonismus 488
Eurozentrismus 22, 511
- heuristisch 22, 60, 274, 283,
  377
- normativ 22, 274, 377, 422
Evolutionstheorie 195 f., 368, 411,
558
- klassische 270 f., 515
- moderne 270 f., 515

Fachmenschentum 298, 348, 431,
479
Feudalismus 46, 50, 55, 328 ff.,
337 ff., 424, 457 ff., 468, 550, 623
- Lehens- 330 ff., 336 ff., 356,
  456 ff., 461, 473, 550
- Pfründen- 328 f., 337 ff., 347,
  356, 367, 550

Fortschritt 192, 236, 270 f.
- kulturell (Wertsteigerung) 412
- technisch 267
Freiheit 148, 504, 537
Funktion 292, 511

Gattungsbegriff 375, 408 f., 425,
621
- genetischer 375 ff.
- reiner 375
Gefäßgefühl 31, 85 ff., 89, 94 ff., 99,
491
Gefühlkultur 81 ff., 93 ff.
Geist und Form 107, 266 ff., 313 f.,
330, 338 f., 344, 348, 357, 407 ff.,
417, 420, 477, 501
Geist 51 f., 199 f., 211 f., 234, 246,
328, 353, 356, 379, 406, 414, 430,
479, 483 ff.
Geld 337, 403 f., 428 f., 474, 483 ff.,
508
Geltungsgrundlage
- der Ordnung 457, 543
- des Rechts 352, 542
Gemeinde 184, 207 ff., 214 ff., 238,
244 ff., 257 f., 321 f., 345, 363,
463
Gerechtigkeit, materiale 48, 53,
352 f.
Geschichte 194
- -stheorie 508
Gesellschaft
- Begriff der 284, 631
- Referenz- 324
Gesetz 104, 145 ff., 181, 186, 199 f.,
211 f., 233, 246, 303, 412
Gesinnungsethik (s. Ethik)
Glauben 89, 98, 148, 179, 210, 246,
302, 367, 451, 497, 517
- -slehre 293 ff., 307 ff.
- -sreligiosität 204 ff., 236, 246,
  252, 257, 260, 451
- -ssystem 115 ff., 141 f.

Gnadenanstalt (s. a. Anstaltsgnade)
249, 299, 315, 442, 445 f., 496,
523 f., 528 f., 536, 550
Gnadenwahllehre 293 f.
Gnosis 85, 89, 233, 252 ff., 259 ff.
Gott 81, 146, 160 ff., 298 ff.
 − -eskonzeption 27 ff., 44 f., 68,
   85, 88 f., 91 f., 94 ff., 100 f.,
   124, 137, 156 ff., 166 ff., 193 f.,
   202, 299 ff., 307 ff., 493, 497
   − Spiritualisierung der 163, 171
   − Typologie von 169
 − -esuniversalismus 182
Götter 25, 32 f., 45, 116, 135,
   158 ff., 323, 512
Göttliches (s. a. Heiliges) 31, 85,
   300
Grenznutzenschule 478, 623

Handeln 80 ff., 121, 171, 194, 479,
   510, 512, 603, 609, 622 f.
 − affektuales 539
 − eigenwertorientiert 290, 623
 − erfolgsorientiert 290, 623
 − kommunikatives 75
 − wissensbestimmtes 164 f.
Handlung 80 ff., 255, 285, 290, 560
 − -sbezugsrahmen 80
 − -koordinierung 310
 − -skultur 83 ff., 93 ff.
 − -stheorie 61, 290, 312, 368,
   538 f., 622 f.
Haushalt (Oikos) 222 ff., 385,
   426 ff., 432, 501, 605, 611
 − sprinzip 338 f., 433
Heiliges (Numinose) 45, 141 ff.,
   166, 512, 524, 539
Heil
 − -saristokratismus 97, 105, 205,
   250, 253
 − -sbedürfnis 84, 187, 295 ff.,
   444 ff., 480 f., 524
 − -sdemokratismus 98, 250

 − -sgewißheit 84, 182, 295 ff.,
   305, 446, 453, 479, 483, 496
 − -sgüter 80, 85, 95, 98 ff., 144,
   167, 233, 252, 436, 512, 524,
   527
 − -sidee 67
 − -slehre 307
 − -smethode 27 ff., 57, 85, 96
 − -smittel 56, 80 ff., 98 f., 233,
   236, 499
 − -stechniken 84, 91, 119
 − Typologie heilsbezogener Gemeinschaften 149
 − -sweg 57, 80 ff., 98 ff., 115,
   194, 233, 452, 528
 − -sziel 56 f., 76, 98, 115 ff., 122,
   181, 187 f.
 − -szustand 95 f., 98 f., 122, 202,
   233, 236
Herrschaft 50, 108, 284, 288, 320,
   327 ff., 343, 357, 389, 399, 441 ff.,
   455 ff., 522 ff.
 − kraft Autorität 542 ff.
 − charismatische 208 ff., 229,
   238 ff., 327, 539 ff., 543 ff.
 − -sformen 55, 217, 242 f., 247,
   273 f.
 − kraft Interessenkonstellation
   542 ff.
 − rationale 238, 242, 543, 549
 − -ssoziologie 203, 208 ff.,
   220 ff., 238 ff., 265, 329 ff.,
   340, 344, 373 f., 380, 424,
   541 ff., 547, 552 ff., 575, 622 ff.
 − traditionale 224, 238, 242, 327,
   339, 356, 543, 547, 549
 − -stypologie 473, 546, 551 ff.,
   576
Heterodoxie 41, 51, 56, 106, 117 f.,
   123, 189
 − -praxie 41
hiatus irrationalis 78, 412
Hierokratie 49, 106, 186, 191, 230,

244, 315, 356, 376, 441 ff.,
448 ff., 452, 455, 458
Hinduismus 35, 106 ff., 232 f.,
261 f., 507, 512, 572, 580, 582
Hinterwelt 25 ff., 37 ff., 56, 167 f.,
499, 511
historische Individuen 270 f., 312,
366
Historismus 541
Humanismus 410, 515 ff.

Idealismus 266, 271, 313, 358, 399,
412, 439
Idealtypus 23, 69, 72 ff., 140, 196,
269 f., 375 f., 408 f., 621
 – individuellen Charakters
269 f., 408 f.
Ideen 120, 157, 173 f., 178, 190,
201, 246, 365, 368, 478, 505, 514,
520, 558 f.
 – -diffusion 291 ff.
 – -innovation 291 ff.
Ideologie 156, 195 f., 364 f., 367 f.
Indien 67, 83 ff., 89 ff., 103, 106 ff.,
284, 370, 406, 575
Individualismus 451, 455, 499 f.
 – absoluter 82, 250 ff.
Individualität 78
Inklusion 448 f., 451, 469 f.
Institution 104 ff., 117, 120, 178,
190 f., 217, 222, 233, 239 f., 249,
266 f., 289, 311 ff., 354, 370 f.,
385, 410 f., 444, 478, 482, 504 f.,
520 ff., 537, 540, 545, 550
 – ökonomische 513
 – politische 513
 – religiöse 173, 207, 513 f.,
527 ff.
Institutionalisierung 74, 137, 228,
240
Integration 448, 525
Intellektualismus 206 ff., 252,
450 f., 533

 – Anti- 205 ff., 252
Intellektuelle 76, 178, 186, 509
 – kleinbürgerliche 34, 209, 214
 – Laien- 139, 179 ff.
 – Paria- 34, 129
 – vornehme 33, 118 ff., 126, 233,
442
Interessen 38 f., 143, 246, 292 ff.,
559
 – äußere 95, 166, 310, 478
 – ideelle 24 f., 32 ff., 43, 46 ff.,
109, 156 f., 201, 292 ff., 326,
371, 478, 491 f., 498, 514, 545,
580
 – innere 95, 166, 310, 478
 – materielle 24 f., 32, 43, 46 ff.,
109, 156 f., 201, 292 ff., 326,
371, 478, 492, 498, 514, 545,
580
Internalisierung 74
Irrationalität 70 ff., 78 ff., 155 ff.,
519, 568
Islam 30 ff., 67 f., 79, 92, 135, 232,
261 ff., 279, 298 ff., 340, 360,
387, 508, 511, 573, 580, 582
Jainismus 123
Jenseits 95, 171, 296, 304 f., 372
 – -hoffnung 304 f., 372
 – -verheißung 491
Judentum 27, 30 ff., 67, 79, 91 f.,
127 ff., 182 ff., 192 ff., 198 ff.,
216 ff., 231 ff., 249 f., 258 ff., 261,
267, 306, 308, 322, 324, 358, 397,
483, 485 f., 488, 492 ff., 500,
511 f., 516, 582
 – antikes 131 f., 157 ff., 172,
186 ff., 198 ff., 254, 360 ff.,
394, 397, 558, 572
 – mittelalterliches 387, 494, 572
 – neuzeitliches 387, 494
 – talmudisches 134, 140, 182,
185, 198, 229, 232 ff., 255,
258, 387, 580, 582

Justiz 379
  - Kadi-
  - patrimoniale 353
  - theokratische 353

Kampf 98 ff., 292, 430
  - Macht- 442, 466 ff.
  - Markt- (friedlich) 430
Kapital 403, 427 ff.
  - Erwerbs- 339
  - Handels- 338
  - Produktions- 338
Kapitalismus 129, 400, 408 f., 414,
    425 f., 501
  - Abenteurer- 308, 404, 483, 493
  - antiker 388, 432, 435
  - Bank- 431
  - Betriebs- 404, 417, 419 f.,
    430 ff., 435, 462, 513
  - Börsen- 429, 431
  - Gewerbe- 403, 483
  - Handels- 367, 404, 483
  - moderner 22, 42 f., 187, 266 ff.,
    365, 367, 388 f., 397, 403 f.,
    409 ff., 421 f., 425 f., 435 f.,
    463 ff., 474 f., 482 ff., 496,
    502 ff., 606
  - politischer 286, 308, 404, 417
  - rationaler 285 ff., 309, 328,
    330, 338 f., 341, 347, 354 f.,
    379 f., 390, 406
  - traditionaler 308
Karmanlehre 116 ff.
Kasten 108 ff., 123, 400, 580
Katholizismus 33, 67, 82, 100, 105,
    124, 244, 303, 308, 358, 401 f.,
    415, 443, 445, 455, 483, 485,
    492 ff., 516, 529
Kausalbeziehung 265 ff., 284,
    309 ff., 370, 398 ff., 402, 425, 436,
    504 f., 572 f., 585, 587, 627
Kausalität 517, 541
Kirche 49, 53 f., 60, 82, 89, 105, 138,
    141, 200, 216, 230, 236 f., 244 ff.,
    257 f., 289, 299, 314 f., 332, 340,
    347, 354, 356 f., 374 ff., 394, 415,
    421, 439 ff., 447 ff., 454 ff., 469,
    480 f., 499, 508 f., 520 f., 526 ff.,
    532, 536
  - -nrecht 245, 456
Klassen 109, 176, 234, 265, 391,
    435, 470
  - Besitz- 108
  - Erwerbs- 108, 390
Klassenbegriffe 375 ff.
Klugheitslehre 290, 292, 490 ff.
Kompromiß 516
Konflikt 104 ff., 177, 238, 461, 588
  - -bewältigung (s. a. Spannungs-
    bewältigung) 70 ff., 76 ff., 104
Konfuzianismus 22 ff., 30 ff., 42 ff.,
    56 ff., 66 ff., 79, 101 ff., 137,
    157 f., 235, 255, 261, 308, 572,
    580, 582
Konstellationsanalyse 59, 202, 238,
    412, 417 f., 454, 505, 521 f.
Kontemplation 31, 66, 84 ff., 99 ff.,
    119, 233, 255, 566
Kontingenz 512, 530 f.
Kontrolle 499
  - äußere 455, 479
  - innere 455, 479
Korporation 355, 363, 456, 461 ff.,
    463, 465, 468, 474
Kosmologie 88, 153, 301 f., 517
Kosmozentrismus 28
Kultivierung 27
Kultur 506, 520, 523, 529 f., 564
  - -bedeutung 127 ff., 194, 218,
    421, 505, 511
  - Einheits- 443 f., 446 ff., 451 ff.,
    469 ff., 475, 523
  - geistige 51 f., 55 ff.
  - intellektuelle 155 ff., 177
  - -kreis 21, 54, 158, 263, 269 ff.,
    377, 575, 588

668

– asiatisch 66, 85, 88, 90 ff., 135,
   358, 392 ff., 492, 569
– mittelländisch 389, 392 f.
– mittelmeerisch-okzidental 40,
   70, 88, 90 ff., 135 ff., 192 ff.,
   232, 284 ff., 369, 389, 392 ff.,
   562, 569, 586
– vorderasiatischer Orient 88,
   139, 192 ff., 232, 369, 392
– -theorie 569, 575 f.
– -vergleich 18 ff., 60, 74, 166,
   274 ff., 283, 357, 392, 560
– -werte 38, 274, 377
– -wissenschaften 59, 69, 233,
   274, 418, 478, 500, 561, 620
– historisch 313, 418
– theoretisch 418
Kulturalität 140
Kultus 146 ff., 170 f., 175, 182,
   218 ff., 244 f., 323
Kunst 38, 273, 284, 389, 523, 527,
   533, 566 ff., 608

Laien 25, 97 f., 149, 217, 230,
   247 ff., 376, 449, 451, 497, 524 f.
Lebensführung 20 ff., 26 ff., 30 ff.,
   41, 76, 80, 99 ff., 107 ff., 119 f.,
   180 ff., 204 ff., 255, 265, 268 ff.,
   287 ff., 306 ff., 331, 336 f., 358,
   367, 371, 394, 406, 436 f., 454,
   457 ff., 462, 468, 476, 484, 500,
   517 ff., 560 f.
– bürgerliche 394, 406, 436 ff.,
   468, 482 f., 487 f., 493 ff.,
   498 ff., 502 f.
– -stilisierung 266
Lebensordnungen (s. a. Ordnung)
   76, 87, 104 ff., 120 ff., 125, 297,
   310 ff., 357, 507, 520 ff., 586
– Konflikt zwischen (s. a. Spannung) 63, 69 ff., 75 ff., 121 f.,
   204, 444, 471, 519 f., 586
Legalität 43, 134, 140, 240, 537

Legitimation 115 f., 149 f., 208, 211,
   239, 297, 306, 310, 324 f., 344,
   446, 450, 521, 543, 548
– -sprinzip 217, 344, 460, 464 ff.,
   472, 539
Legitimität 221 f., 442, 537, 623
– -sglaube 240 ff.
– -sprinzip 242
Luthertum 81, 303, 308, 358, 483,
   492 ff.

Macht (s. a. Kampf) 108, 156, 431,
   436, 440
Magie 25 ff., 32 ff., 44 ff., 51, 56 ff.,
   119, 135 ff., 141 ff., 145 ff., 154,
   181, 184 f., 202, 236, 256, 291,
   306, 539
Markt (s. a. Kampf) 285 f., 341, 403,
   428 ff., 474, 623
Masse 57, 97, 104 ff., 118, 135, 175,
   201, 449
– -enreligiosität 32, 228, 247, 315
Materialismus 266, 271, 313 f., 368,
   398 f., 412, 439, 566
– : Geschichtsauffassung 165,
   368, 436
– historischer 157, 268, 564, 576,
   627 f.
– Vulgär- 373
Maximen
– Norm- 290
– Zweck-290
Menschenrechte 526
Mentalität, primitive 153 f.
Metaphysik 25, 42 f., 301, 542, 561
Moderne 41
Möglichkeit, objektive 69
Mönchtum 123, 252, 401, 567
– asiatisches 66, 86, 105, 123, 211
– okzidentales 81, 86, 205, 211,
   252, 447 f., 453 ff., 468, 496,
   500
Monotheismus 68, 135, 137, 152,

162, 194, 232, 309, 316, 318,
320 ff., 373
Moral 187, 454 f., 495
Moralität 43, 134, 140
Motivation 69, 142 f., 266 f., 289,
298, 311 ff., 371, 386, 410 f., 422,
478, 482
Musiksoziologie 70 ff., 273, 453,
566 ff., 608, 627 f.
Mystik 27 f., 31, 48, 80 ff., 100 f.,
125

Nation 618
Nationalökonomie 476
– historische 478
– theoretische 478
Natur 506, 520
– -recht 90, 168, 354, 537, 541
– -wissenschaft 58, 620
Naturalität 140
Neukantianismus, südwestdeut-
scher 541
Norm (s. a. Ethik) 57, 181, 194, 200,
356, 379 f.
Nutzen 290, 543, 623

Ökonomie (s. Wirtschaft)
Okzident 16 ff., 21, 30, 41, 49 ff.,
67, 103, 106, 125, 133, 172, 287,
332 f., 342 ff., 354 ff., 443, 461 ff.,
474
Opfer des Intellekts 205, 517, 531
Ordnung (s. a. Handlung) 23, 38 f.,
284, 310 ff., 524, 560, 606
– -skonfiguration 43, 49 ff., 173,
177, 191, 284, 355, 417, 447,
461, 472, 504, 588
– ökonomische 76, 157 ff., 310,
408 ff., 426 ff., 446, 622 f.
– politische 76, 157 ff., 165,
175 ff., 310, 423, 526 ff.
– religiöse 157 ff., 165 f., 175 ff.,
310 ff., 447, 523 ff., 526 ff.

– soziale 108 ff., 116, 184, 310,
547
– -theorie 61, 312, 368, 538
Organisation 203, 222 ff., 249, 446,
449, 460, 543
– -sformen 245, 273, 524, 533,
580
– Typologie religiöser 528
– -smonopol 523 f.
– -sprinzip 460, 464 ff., 473
Orientierung 23, 290, 513
Orthodoxie 41, 51, 56, 118, 120 ff.,
373
– -praxie 41

Palästina 154 ff., 209
Paradoxie der Wirkung 518
Partikularismus 162, 318, 321 ff.,
373
Patriarchalismus 60, 175, 224, 547
Patrimonialismus 46 ff., 55, 175,
328 ff., 338, 347, 353, 373, 440 f.,
457 ff., 547
Persönlichkeit 290, 297, 303, 311 f.,
358, 500, 538
– innengeleitete 458, 497
Pflicht (s. a. Verpflichtung) 119 f.,
121, 288, 290, 298, 321, 331, 352,
436, 446, 458 f., 478 f., 543
Philosophie 43, 55, 98, 205 f.,
252 ff., 287, 483 f., 517 f., 542
Pietät 54, 60, 224, 331
Polis (s. a. Stadt) 202, 226, 233, 343,
471 f.
Politik (s. a. Ordnung) 38, 47, 106,
139, 156, 172, 191, 308, 326 f.,
376, 441 ff., 455 ff., 474, 501,
522 ff., 527
Polytheismus 309, 318, 320 ff.
Positivismus 366
Präbendalismus 47, 328, 331 f., 388
Prädestination 68, 183, 294 ff., 367,
496, 581

Prädetermination 301 ff.

Prämie 28, 190, 305, 490 f., 497

Pragmatismus 293, 482

Priester 147 ff., 164, 173 ff., 183 ff.,
191, 215, 244, 247 ff., 315, 376,
447, 524

Produktionsmittel 332, 426 f.

Produktionsweise 414, 457
– feudalistische 422 ff.
– kapitalistische 364, 423

Profanes 141 f., 512, 524

Prophet 147 ff., 173 ff., 186, 191,
214 ff., 247, 299, 318 ff., 394, 539

Prophetie 42, 133, 135, 150 ff., 162,
175 ff., 182 ff., 191, 204, 247, 255,
514, 533 f.
– ethische 92, 123, 128, 299, 320
– exemplarische 91 f., 123
– Sendungs- 91 f., 129, 139, 539,
548 f.

Protestantismus 81, 100, 394 f., 415,
516, 529
– asketischer (s. a. Ethik) 17,
22 ff., 30 ff., 42 f., 58, 81 f.,
124 ff., 133 ff., 183, 188 ff.,
195, 205, 249, 256, 262, 306,
308 f., 357 f., 360 ff., 385,
401 ff., 411, 421, 452, 483 f.,
492 ff., 498 ff., 514, 587

Prozeß 270, 513 f., 558

Psychologie 476 ff., 489 f., 495, 609
– experimentelle 476 f.
– Trieb- 476
– verstehende 477

Puritanismus 66, 255, 309, 485 f.,
493 ff.

Rationalisierung 37 ff., 114, 116,
122, 125, 190, 246 ff., 406, 408,
453, 455, 476, 483, 487, 500, 516,
533, 536, 554, 560 f., 568 f., 586,
604
– musikalische 70 ff.

– Paradoxie der 518
– religiöse 66, 149 f., 163, 171 ff.,
299

Rationalismus (s. a. Soziologie)
16 ff., 21, 37 ff., 71 ff., 125, 480,
561
– okzidentaler 134 f., 138, 249,
256, 273, 287, 404 ff., 414, 421,
562, 568 f.
– praktischer 22, 33 ff., 48, 52,
58, 119, 248
– religiöser 125, 167, 185, 202 ff.
– theoretischer 33 ff., 119
– Typologie des 23, 36, 75, 103,
121, 366
– der Weltbeherrschung 52, 74,
192 ff., 298, 358, 371, 406, 530

Rationalität 69, 72 ff., 81, 364 f.,
379 f., 472, 559
– formale 271, 363, 428 ff., 433
– materiale 271, 286, 363, 429
– religiöse 236
– Wert- 290, 537, 539, 550
– Zweck- 290, 537, 550, 623

rationalistisches Vorurteil 72 ff.,
364 f.

Recht 53, 134, 161 ff., 248, 273 f.,
284 ff., 329, 333, 345, 348 ff., 357,
379, 383 ff., 389, 423 f., 456, 459,
462, 464 f., 474, 476, 537, 541 f.
– formales 53, 134, 287, 353, 374,
378 ff., 390, 488
– heiliges 348 ff., 354 ff., 363,
367, 398
– materiales 374, 378 ff., 488
– profanes 348 ff., 354 ff., 363,
367, 398
– -sschulung 349 ff.
– -ssoziologie 352, 359, 379 f.,
424, 575, 610 ff., 623, 627, 633
– -sstaatlichkeit 332, 458 ff.
– Theologisierung des 163,
171 ff.

– -swissenschaft 542
Rechtfertigungslehre 88 ff., 209
Reformation 254, 256, 402, 410,
    419, 421, 508, 514, 523, 527, 532
Regeln 238 f., 547
    – moralische 161 f.
    – technische 161 f.
Relativismus 74
Religion (s. a. Ordnung) 20 ff., 38,
    43 ff., 48, 58, 105 ff., 141 ff.,
    156 ff., 172, 191, 226, 265, 273,
    284, 326 f., 357, 367 ff., 386,
    389 ff., 442, 470, 492, 501, 506 ff.,
    522 ff., 526 ff., 564 f., 569 ff., 576,
    585
    – Erlösungs- 24 ff., 36 f., 41 f.,
        44, 58, 63, 67 ff., 78 ff., 88 ff.,
        101, 128 f., 232 ff., 252 f.,
        261 f., 322, 326 f., 498, 516 ff.,
        583
    – Vergleich von -en 360 ff.
    – Grundformen religiöser Bezie-
        hungen u. Entwicklung 259
    – -skritik 526
    – Kultur- 17, 24 ff., 37, 58, 67,
        77, 79, 90 f., 97 f., 128, 145 ff.,
        166, 193 f., 258, 261 ff., 291,
        306 ff., 356, 359, 391, 449, 511,
        515 f., 571 ff., 580
    – Klassifikation von -en 102
    – Natur- 145 ff.
    – politische 30, 37, 41 f., 308, 318
    – Privatisierung der 526 ff.
    – Referenz- 324
    – -ssoziologie 26 ff., 54, 75 ff.,
        141 ff., 192 ff., 208 ff., 233,
        238 ff., 264 ff., 358, 366, 374,
        380, 424, 439, 508, 510 ff.,
        564 ff., 570, 575 ff., 579 ff.,
        610 f., 627
    – vergleichende 54, 100 f., 166,
        232 ff., 262 f., 516, 581
    – Subjektivierung der 514 ff., 519

– Typologie der 29
– Welt- 24 ff., 68, 131, 166, 195,
    258, 261 f., 372, 480, 511,
    515 f., 582
– Zivil- 36, 67
Revolution 186, 419, 421 ff., 532 f.
    – äußere (institutionell) 409, 536
    – feudale 456 ff., 460 ff.
    – innere (Gesinnungs-) 204, 409,
        462, 482, 487, 498, 536 f., 539
    – päpstliche 421, 443, 461 f.
    – städtische 462 ff.
Ritual 115 f., 145 f., 182, 202 f.,
    218 f., 234 f., 352
Ritualismus 25, 57, 235, 318, 322
Rolle 120
    – religiöse 148 ff., 228, 247 f.

Säkularisierung 351, 372, 500, 507,
    509, 513 ff., 526 ff.
Sakramente (s. a. Anstalt) 236, 249,
    299, 444 f., 450, 454, 496 f., 524 f.
Sanktion 162, 525
    – äußere 310
    – innere 310
Schichten 21, 50, 107, 156, 618
    – bäuerliche 34
    – bürgerliche 34, 198, 234, 296,
        430, 436 ff., 470 ff., 505
    – Herren-33
    – kleinbürgerliche 213 f., 307 f.,
        494, 498
    – plebejische 33 f., 171, 248, 494
    – religiöse 32, 97, 228, 248, 257,
        432, 449
    – soziale 32, 97, 108 ff., 214, 248,
        310, 341, 449, 572, 580
Sekte 60, 89, 105, 138, 199 f., 216,
    230, 250 f., 254, 315, 317, 374 ff.,
    449, 452, 499, 524, 528
Sinn 488, 542
    – -adäquanz 69
    – -deutungsmonopol 97 f., 523 f.

– -gebung 233
– objektiver 565 f.
– -problem 67, 504, 518, 531
– subjektiver 312, 542, 565 f.
Sinologie 59 ff.
Situation 538 f.
Sonderentwicklung der okzidentalen Kultur 262, 267 ff., 349, 355,
   388 ff., 395 ff., 439, 461 f., 504,
   559 f.
Sozialismus 74, 508
Sozialstruktur 108 ff., 165, 370
Soziologie 73 f., 311, 358, 510, 542,
   607, 615, 620 f.
– des Rationalismus 23, 36, 103,
   121, 366
– vergleichende 196, 343, 515
– verstehende 255, 312, 358, 368,
   477, 538, 609, 631
Spannung zwischen verschiedenen
   Ordnungen (s. a. Lebensordnungen) 238, 293 f., 352, 446, 455,
   482, 516 ff., 586
– äußere 316, 390, 471
– innere 246, 449, 451, 482,
   498 ff.
Spannungsbewältigung (s. a. Konflikt) 70 ff., 104, 390, 482, 498
– relativierende 104 ff.
– verabsolutierende 104 ff.
Staat (s. a. Anstaltsstaat) 153 f., 333,
   428 f., 432, 440 ff., 446, 463 ff.,
   523, 526, 541 ff., 550, 554, 606,
   611
– Patrimonial- 46 ff., 55, 332,
   348, 373, 438 f., 464, 474 f., 580
– Stände- 53, 332, 338, 461, 464,
   474 f.
Stadt 34, 49 ff., 139, 153, 175, 191,
   202, 212 f., 233, 287, 320 ff.,
   341 ff., 394 ff., 399, 437 f., 463 ff.,
   469 ff., 501, 505, 580, 611 ff., 627,
   633

Stände 49, 109, 315, 327, 390, 468,
   470 f.
– Geburts- 108 ff.
– Lebensführungs- 109
Struktur 203 f., 317, 328, 330
Sünde 36, 174, 185, 227, 301 f., 307,
   454, 479, 520
Symbol 25, 478, 489 f.
System 408 ff., 414, 492
– Sozial- 108 ff.
– einfache -e 222
– -theorie 515

Tabu 145 ff.
Taoismus 47, 51, 56 ff., 157
Technik 39, 123, 287, 390, 398,
   415 f., 476, 568
Teilentwicklungen 268, 380, 423,
   464
– -ordnungen 380, 390, 504
Teleologie 271, 301 f., 621
Theodizee 26, 33, 60, 76, 89, 103,
   116 f., 129, 170, 182 f., 201, 300,
   581
Theokratie 105, 165, 171, 186, 191,
   316, 432 f.
Theologie 88, 253, 287, 319, 354,
   451, 510, 517, 519, 529, 532 f.
Theozentrismus 28, 194, 510 f., 520
Thomismus 485 f., 495, 524, 529
Traditionalismus 33, 49, 52, 59, 114,
   117, 124, 186, 292, 308, 410,
   480 f., 484, 492, 495
Trägerschichten (s. a. Schichten)
   31 ff., 46, 68, 91, 149, 156, 190,
   212, 233, 306 f., 337, 353 f., 371,
   468, 498, 501, 520 f.
– Typologie von 35
Transformation 393, 419 ff., 437,
   443, 457, 462, 488, 503, 544 f.,
   548 f.
– äußere (institutionell) 390, 399,
   409, 411, 422, 536 ff.

– innere (motivationell) 390, 400, 409 ff., 475, 501, 536 ff.
Trennung von Haushalt und Betrieb 384 f., 427 f., 435

Überbau 291 f., 312, 368 f.
Universalgeschichte 18, 54, 100, 137, 173, 181, 269 ff., 377, 404, 417, 463
Universalisierung 165, 218, 373
Universalismus 74, 162, 182, 225, 323, 469
– absoluter 82, 250 ff.
Unterbau
– ideeller 117, 123, 420, 468, 481
– materieller 312, 368 f., 436
Unternehmer 384, 433 ff., 478 f., 487 f., 502 f.
Unternehmung 426 ff.
Utilitarismus 290, 307, 478, 482, 488

Veralltäglichung 216, 228, 231, 238 ff., 246 ff., 258, 307, 373, 448, 457, 535 ff., 544, 548, 550
Verbände 310, 321, 344 ff., 375 f., 398, 419, 428 f., 432, 464 f., 469 ff., 473, 512, 547
Verein 375 f.
Verfahrensrationalität 285 f., 379
Verfassung 310
Vergemeinschaftung 215, 222, 229 f., 238, 254, 257 f., 390, 414, 603
– Dauer- 215 ff., 231, 246, 257
– Gelegenheits- 215 ff., 257
Vergesellschaftung 215, 222, 254, 257 f., 390, 414, 464, 469, 603 f.
Vernunft 205, 302, 367, 506, 518, 530, 540
Verpflichtung (s. a. Pflicht) 289 f., 503, 623
Versachlichung 240, 244 ff., 394, 402, 458, 474, 502 ff., 548 f.

Verstehen (s. a. Soziologie; Erklären) 477, 490
Vertrag 285, 330 ff., 338 f., 459 ff., 474
Verwaltung 43, 46 ff., 50, 244, 248, 310, 327 f., 330, 334, 340, 348, 376, 463, 545, 547
Virtuosenreligiosität 32, 67, 97, 104 ff., 107, 118 ff., 205, 228, 252, 315, 448 f., 451, 524
– Typologie erlösungsreligiöser Virtuosen 99

Wahlverwandtschaft 34, 47, 91, 107, 134, 148, 234, 266, 285, 313 f., 317, 409, 412, 414, 417, 420, 468
Weltbild 41, 88 ff., 93, 157, 162, 184, 292, 296 ff., 368, 444, 468, 482, 512, 514 ff., 519 ff., 529 ff., 568
– magisch-mythisch 25, 41, 44, 51, 57, 145 ff., 167 ff.
– ethisch-metaphysisch 145 ff., 167 ff.
Weltverhältnisse 35 ff., 75 ff., 128, 185, 192 ff., 232 ff., 291, 308, 358, 440
– -ablehnung 33, 37, 42, 66 ff., 76 f., 79, 83, 90 ff., 97 ff., 167, 194, 235 f., 307 f.
– -abwendung 95, 101, 194
– -anpassung 36, 41, 66, 79, 102, 190, 192 ff., 308
– -beherrschung 36, 90 f., 105, 185, 193 ff., 307 f., 518
– -bejahung 37, 41, 58, 66 ff., 76 ff., 90, 101
– -entwertung 68
– -eroberung 303, 307 f., 326
– -flucht 36, 79, 82 ff., 90 f., 102, 122, 193 ff., 308
– -haltungen 79 ff., 87 ff., 121
– Typologie von 97 ff.

- -überwindung 193 ff.
- -verneinung 66 ff., 76 ff., 90
- -zuwendung 79, 95, 101,
  192 ff., 235
Werkheiligkeit 89, 125, 294 ff., 303,
  306
Werkzeuggefühl 31, 85 ff., 89, 94 ff.,
  99, 205, 256, 299, 324, 491, 499
Wert 26, 38, 77, 289, 513, 516, 525,
  527, 541
  - -beziehung 269 f., 274, 312,
    374, 377, 412
  - -konflikt 69, 76
  - -sphären 38 f., 69, 75 ff., 106,
    120 ff., 125, 310, 444, 520, 586
  - -steigerung (s. Fortschritt)
  - -theorie 39 f., 270, 311 f., 358,
    541
  - -urteile 78, 192
Werte, System der 525
Wertung 270, 312, 377
Wirklichkeitssphäre 512
Wirtschaft 38, 98, 187 ff., 257, 265,
  273 f., 284 ff., 309, 338, 356 f.,
  364, 367, 386, 388 ff., 398 f.,

  415 ff., 432, 471, 474, 480 ff., 487,
  523, 527, 544, 564, 568 ff., 599 ff.,
  604 ff.
  - -sethik 16, 187 ff., 356, 367,
    386, 390, 398, 402, 480 ff., 496,
    572
  - Geld- 49, 335, 337, 438, 462
  - Natural- 335, 437, 456
  - -ssoziologie 265, 344, 380, 409,
    426 ff., 575, 606, 622 ff.
Wissen 234 f., 246, 252, 451, 517
Wissenschaft 38, 57 f., 268, 273 f.,
  284, 287 f., 348 ff., 389 f., 398,
  510, 513, 517 ff., 523, 527, 568
  - Wirklichkeits- 620 f.

Zauber 26, 57 f., 133, 145 f.
  - -ritual 146 ff.
Zauberer 147
Zivilisation 263, 475, 533 f.
Zurechnung, kausale 54, 158, 274,
  366, 371 f., 392, 397, 403, 411,
  418, 505, 572
Zweck-Mittel-Schema 289 f.,
  476

SV